復旦大學出土文獻與古文字研究中心
高等學校創新能力提升計劃（二〇一一計劃）
出土文獻與中國古代文明研究協同創新中心

簡帛研究論集

廣瀨薰雄　著

上海古籍出版社

圖書在版編目(CIP)數據

簡帛研究論集 /（日）廣瀨薰雄著. —上海：上海古籍出版社，2019.9
ISBN 978-7-5325-9325-5

Ⅰ.①簡… Ⅱ.①廣… Ⅲ.①竹簡－中國－文集②帛書－中國－文集 Ⅳ.①K877.54-53

中國版本圖書館 CIP 數據核字（2019）第 189300 號

簡帛研究論集

廣瀨薰雄 著

上海古籍出版社出版發行

（上海瑞金二路 272 號　郵政編碼 200020）

(1) 網址：www.guji.com.cn
(2) E-mail：guji1@guji.com.cn
(3) 易文網網址：www.ewen.co

上海展強印刷有限公司印刷

開本 700×970　1/16　印張 34.25　插頁 5　字數 493,000
2019 年 9 月第 1 版　2019 年 9 月第 1 次印刷
印數：1—1,800
ISBN 978-7-5325-9325-5
H・216　定價：128.00 元

如有質量問題，請與承印公司聯繫
電話：021-66366565

前　言

　　本書收錄的是我過去所寫的有關簡帛研究的論文,共 32 篇。本書所收論文都曾經通過刊物、學術會議、網站等渠道發表過。此次收錄基本保持原貌,但每篇論文在文章格式、中文表達上或多或少都作了修改。如果論文中有必須補充說明的地方,文末加"編校追記",其他的"附記""補記"等是發表原論文時所加。

　　我根據簡帛文獻的性質和研究内容,把本書分爲五部分:楚簡研究、秦漢簡牘研究、馬王堆帛書研究、秦漢律令研究、簡帛醫書研究。前三部分是根據簡帛文獻的性質分類,後兩部分是根據研究内容分類。由於采用了兩種不同的分類標準,前三部分和後兩部分之間有交叉的地方。這樣劃分雖然不夠嚴謹,但我覺得比較忠實地反映了我簡帛研究的經歷和框架。

　　"楚簡研究"收録 9 篇文章。這部分有一半是碩博期間的習作。現在看來,無論是内容還是中文表達,這些論文都有不少問題。尤其開頭兩篇原來是我碩士學位論文(東京大學大學院人文社會系研究科,2001 年 3 月)的一部分,文中引用的出土文獻釋文幾乎每一條都有問題。但這些論文是我簡帛研究的出發點,要介紹我過去的研究,不得不收録這些論文。

　　"秦漢簡牘研究"收録 9 篇文章。第一~四篇是官文書研究,第五、六篇是書信研究,第七~九篇是遣策研究。第九篇是我和古橋紀宏師兄共同研究的成果,雖然文中涉及簡牘考釋的地方很少,但我認爲這篇文章對漢魏時期遣策的研究有所幫助,因此取得古橋師兄的同意,把這篇論文收進本書。

　　"馬王堆帛書研究"收録 4 篇文章。我曾參加由復旦大學出土文獻與古文字研究中心、湖南省博物館、中華書局組織的《馬王堆漢墓簡帛集成》編纂出版工作,此次收録的 4 篇論文是通過這個項目得到的一些心得,主要是討論帛書的復原。其中關於《陰陽五行》甲篇的論文是我和名和敏光先生共同研究的成果,我是這篇論文的第二作者,但名和先生慷慨地同意我把這篇論文收進本書。

"秦漢律令研究"收録 7 篇文章。我曾出版過以"秦漢律令研究"爲名的小書（汲古書院，2010 年 3 月），這部分的大部分内容與此書重複（只有《秦漢墓葬出土律令的資料性質試論（之一）》《青川郝家坪秦墓木牘補論》兩篇是在小書出版後撰寫的）。但《秦漢律令研究》是用日文寫的，對不以日語爲母語的學者而言不方便利用，因此我决定此次收録我過去用中文發表的秦漢律令研究論文。

"簡帛醫書研究"收録 3 篇文章。自從在《馬王堆漢墓簡帛集成》編纂出版項目中負責馬王堆帛書《五十二病方》和《導引圖》的整理工作，我對簡帛醫書有了濃厚的興趣。現在參加裘錫圭先生主持的"中國古典學的重建"項目（復旦大學"人文社會學科傳世之作學術精品研究項目"），負責"從出土文獻看方技著作"的任務。此次收録的 3 篇文章算是這些研究項目的初步成果。

各部分論文的排序主要是考慮研究内容而定的，内容相關的論文儘量連續排列。例如楚簡研究，第一～三篇是包山楚簡文書類的研究，第四、五篇是楚簡典籍的研究，第六篇是楚簡喪葬文書的研究，最後 3 篇是利用楚簡進行的器物名研究。至於内容相關的論文，按照我思考的順序排列。因此，排在前面的文章往往很不成熟，而後面的文章大都是爲糾正和補充前面的文章寫的。可以説，本書的論文排序基本反映了我思考的過程，與論文的發表時間順序不一定相應。

感謝復旦大學出土文獻與古文字研究中心主任劉釗教授和中心同仁的支持，慨允將小書列入中心及"2011 計劃"出版資助項目。我的研究能持續到今天，以及本書能够出版，全靠周圍的師友、家人等很多人的支持。本該一一列舉他們的名字，寫一些感謝的話。但我覺得，寫出大家（尤其是名氣很大的老師們）的名字，只是給自己貼金。大恩不言謝，我把感謝銘記在心，請大家諒解。

廣瀨薰雄
2019 年 2 月 18 日寫於復旦大學
出土文獻與古文字研究中心

目　錄

前言　　001

楚簡研究

包山楚簡所見的證據制度　　003
包山楚簡所見的"盟"　　033
包山楚簡131～139號簡文書所見"僉殺"之"僉"字之釋
　　袪疑　　049
郭店楚簡《尊德義》和《成之聞之》的簡背數字補論　　056
釋清華大學藏楚簡(叁)《良臣》的"大同"
　　——兼論姑馮句鑃所見的"昏同"　　066
新蔡楚簡所謂"賵書"簡試析
　　——兼論楚國量制　　073
釋卜缶　　086
釋卜鼎
　　——《釋卜缶》補説　　096
淅川下寺3號墓出土的"瓮"　　109

秦漢簡牘研究

也談里耶秦簡《御史問直絡裙程書》　　117
益陽兔子山遺址J9⑦出土簡牘初探　　137

談小方盤城出土漢簡中的"詣府"簿與"詣府"文書　　156
長沙五一廣場東漢簡牘中所見的"山徒"小議　　170
安徽天長紀莊漢墓"賁且"書牘解釋　　178
長沙尚德街東漢簡牘拼綴二則　　191
張家山二四七號漢墓遣策釋文考釋商榷(六則)　　201
"覉"字小記　　214
王肅《喪服要記》與漢魏時期的喪葬習俗(與古橋紀宏合寫)　　219

馬王堆帛書研究

《五十二病方》的重新整理與研究　　263
馬王堆漢墓帛書《導引圖》整理瑣記(三題)　　315
馬王堆漢墓帛書《陰陽五行》甲篇整體結構的復原
　(與名和敏光合寫)　　328
談《太一將行圖》的復原問題　　371

秦漢律令研究

秦漢時代律令辨　　391
秦漢墓葬出土律令的資料性質試論(之一)　　408
出土文獻中的廷尉决事　　424
青川郝家坪秦墓木牘補論　　437
張家山漢簡所謂《史律》中有關踐更之規定的探討　　457
更徭辨　　476

論松柏1號墓出土的記更數的木牘　　　　　　　　　　492

簡帛醫書研究

讀馬王堆漢墓帛書《脈法》小札
　　——兼論張家山漢簡《脈書》的一處釋文　　503
敦煌漢簡中所見的韓安國受賜醫藥方的故事　　508
談老官山漢簡醫書中所見的診損至脈論　　　　　517

楚簡研究

包山楚簡所見的證據制度

序　言

　　關於包山楚簡的史料價值，以往有不少研究從各種角度進行闡述，現在也許没有必要再過多説明。可是，如果特意從復原戰國時代楚國訴訟制度的角度來闡述的話，就可以説包山楚簡是能夠俯瞰當時楚國訴訟制度全貌的很珍貴的資料。其理由有兩點：其一，此資料出土於左尹這一幾乎是訴訟處理機構的最高層人物的墓葬；其二，該墓中出土了大量且多樣的與訴訟有關的文書。

　　然而就目前的包山楚簡研究情況而言，利用包山楚簡試圖復原楚國訴訟制度全貌的研究，可以舉出的只有陳偉先生的研究成果①。因此可以説，這個問題仍有不少研究的餘地。爲了使其研究進一步發展，本文以陳偉先生的研究爲出發點，對楚國的訴訟制度，尤其是其中的證據調查程序進行探討。

　　陳偉先生把楚國的訴訟程序分爲五個階段：告，"逞"與"執"（逮捕被告人），聽獄，"盟"與"證"，"斷"與"成"（判決與和解）。筆者認爲，他的見解雖然需要調整，但基本上是合理的。而本文要對其中的第三、第四階段進行討論。簡而言之，這個階段是聽取紛争的雙方當事人的主張，並以某

---

　　①　陳偉《包山楚簡初探》第五章"司法制度"，武漢大學出版社，1996年，第132～149頁。

些證據來證明其主張的程序。通過這兩個程序，案件的事實被認定，訴訟得到最後的結論。在這個意義上，這兩個程序可以說既是訴訟制度的核心，也是確定楚國訴訟制度之特徵的最爲重要的因素。這就是本文專門探討證據制度的原因。

一、訴訟處理機構

在以往對訴訟處理機構進行探討的研究成果中，首先要舉出的是彭浩先生的研究①。其主要觀點大致可以概括如下：

第一，在縣廷，縣公是最高負責人。縣廷受理告訴，並進行一審和復審，直接對左尹負責。但實際負責司法的官員是司敗，其下有"正"及若干執事人負責日常工作。

第二，楚國政府的許多職能部門以及封君的封邑中也設有司敗，這兩種司敗直接對各自的長官負責。

第三，左尹負責全國的司法工作，受理上訴案件，並指導復審。鄝公賜、儔尹牒、正䕫宭、正敏翠、王厶司敗遏、少里喬墾尹翟、郯逃尹虘、發尹利協助左尹，負責日常司法業務的管理。

此說的特徵是，在縣廷、中央政府的職能部門、封邑中，都由司敗進行實質的訴訟業務，因而在整個訴訟程序中司敗所發揮的作用相當大。這是因爲彭浩先生認爲《受期》"是受理各種訴訟案件的時間與審理時間及初步結論的摘要記錄"②。就是說，按照這個理解，司敗頻頻出現於《受期》之中，這說明是司敗受理訴訟並下初步的判決。但是，根據陳偉先生的研究③，《受期》是"左尹官署給對被告負責任的人或被告本人所下指令的記錄"。如果此說不誤，那麼彭浩先生的研究就從根本上被顛覆了。基

---

① 彭浩《包山楚簡反映的楚國法律與司法制度》，湖北省荆沙鐵路考古隊編《包山楚簡》，文物出版社，1991年，附錄二二。
② 《包山二號楚墓簡牘概述》，湖北省荆沙鐵路考古隊編《包山楚簡》，文物出版社，1991年。
③ 陳偉《關於包山"受期"簡的讀解》，《江漢考古》1993年第1期；後收入陳偉《包山楚簡初探》第47～57頁。

於陳偉先生對《受期》的解釋來看，司敗的業務内容幾乎都是押送訴訟當事者，没有司敗真正負責審理訴訟的記録。而且司敗以外的職官也從事訴訟當事者的押送工作，並非只有司敗從事這個工作。從這種狀況來看，恐怕司敗只不過是從事訴訟業務的爲數衆多的官吏之一，並不能説只有司敗從事訴訟業務。

關於訴訟處理機構的研究，除此之外，還有陳偉先生的研究成果①。陳偉先生以他對地方統治機構的研究爲基礎，把統治機構分爲縣—㦸—敓—邑或里、封邑、州、中央四個系統進行分析。在此只介紹其結論：

（1）縣—㦸—敓—邑（或里）

縣級官府是最基本的司法機關。縣下基層組織的官吏，有時候根據縣級官員的指示參與執法活動，但這種基層組織並不是正式的司法機關。楚王、左尹尊重縣級官府，不作過多干預。但楚王與左尹對縣中居民的訟案有較多涉及，也有直接向中央起訴的案件，但直呈於中央、牽涉縣中居民的起訴局限於跨地區的訟案。

（2）封邑

設有司敗等官職，他們應對封邑治安負責。但是他們是否接受告訴、審理案件，缺乏記載。中央有權過問封地的司法。

（3）州

設有加公、里公等官吏，這些州級官吏負責維護日常治安。州級官吏無受理告訴的記録，州中的司法事務由左尹直接管轄。

（4）中央

中央政府的職能部門設有司敗，司敗不僅負責本部門的司法工作，而且也對本部門的治安負責。

陳偉先生考慮地方統治機構之别，對每個系統分别進行分析，其分析非常細緻。他認爲中央政府對各統治機構的影響力各有強弱，這是他分析的一個特徵。不過，根據此説，左尹對像封邑、州這樣的封建制度性質很強的地方統治機構影響力很大，而中央政府却對像縣這樣的中央集權

---

① 陳偉《包山楚簡初探》第146～149頁。

性質很强的統治機構不作過多干預,至於在中央政府內所發生的案件則被交付給各職能部門的司敗來處理,楚王與左尹幾乎完全不干預。這樣一來,越是中央集權性質很强的統治機構,楚王與左尹越不干涉其訴訟事務,統治機構的存在方式與訴訟事務的處理方式就完全相反了。

彭、陳兩位先生看法的最大問題是,他們强調司敗或地方官吏的訴訟活動,反而認爲楚王與左尹對訴訟事務的權限有相當大的局限性。但是,查閱一下包山楚簡便可知,有關楚王或左尹干預訴訟的記述其實很多,楚王或左尹對訴訟事務的權限似乎不像二位先生所說的那麼小。根據筆者對《所誋》的研究①,大部分的"告"、"訟"可能是向楚王或左尹提出的。我們再看《所誋》告者之中"某地之人＋人名"的一類,其大部分是"縣名之人＋人名"的例子,"州名之人＋人名"的例子則有五例;至於可以確定爲"封邑名之人＋人名"的例子,只有"聖夫人之鄁邑人嘈"(179號簡)一例。據此可知,左尹可以受理縣、州、邑的任何一個訴訟,其中縣的訴訟占相當大的部分。但是,雖說"告"、"訟"是向楚王或左尹提出的,但他們並不是直接審理案件,而是將"告"、"訟"交付給屬下的官吏(這就是"誋")。在這點上,不能不說楚王或左尹的訴訟權限是有限的,但他們在交付案件的同時下達拘捕被告人的命令,指示審理、調查證據等具體處置事宜,因此楚王或左尹的權限仍然很大。

下面,我們通過具體的案件了解有人向楚王或左尹"告"、"訟"後,楚王或左尹將該案件交付給屬下的官吏的過程。因爲通過考察案件從楚王、左尹經過哪些人物之手到負責審案的官吏之過程,就可知參與訴訟的官吏的統屬關係。首先,在15~17號簡的案件中,關於案件的交付,有如下記載:

> 僅(僕)以告君王,君王誋(屬)僅(僕)於子左尹,子左尹誋(屬)之新偖迅尹丹,命爲僅(僕)至典。(15~16號簡)
>
> (我向君王起訴,君王將我的案子交付給左尹閣下,左尹閣下將其交付給新偖迅尹丹,並命令爲我提出"典"。)

---

① 拙稿《包山楚簡〈所誋〉分析》,東京大學郭店楚簡研究會編《郭店楚簡の思想史的研究》第五卷,2001年2月。

根據這個記載,該案件的交付順序是楚王→左尹→新佲迅尹丹。此外,從這一段可知,楚王在交付案件的同時指示通過"典"來進行調查證據的程序。

在131~139號簡的案件中,案件的交付是分兩次進行的。第一次交付如下所記:

> 僅(僕)以諩告子郚公,子郚公命郚右司馬彭懌爲僅(僕)笶(券)
> 崶(等),以舍(敘)金(郚)之數客会(郚)郦(侯)之慶李(李)百宜君,命
> 爲僅(僕)搏(捕)之。(133號簡)
> (我向郚公閣下控告,郚公閣下命令郚之右司馬彭懌製作我的文件,
> 並將此事告知郚之數客郚侯之慶李百宜君,命令爲我逮捕苛冒與赸卯。)

在此按照郚公→郚右司馬→郚之數客慶李百宜君的順序來交付,與此同時指示拘捕被告人。

關於第二次的交付則如下所記:

> 左尹以王命告湯公。(135號簡背面)
> (左尹將王命告訴湯公。)

同一件事也見於137號簡背面:

> 以至(致)命於子左尹。僅(僕)軍造言之。視日以郚人漁(舒)慶
> 之告諨(屬)僅(僕),命速爲之剚(斷)。
> (將此事報告給左尹閣下。卑職競軍前來報告。視日將郚人舒慶的訴
> 訟交付給卑職,並命令要儘快爲此案下判決。)

將這兩段記述綜合起來看,此案件是以楚王(=視日?)→左尹→湯公競軍的順序來進行交付的,與此同時指示要儘快下判決。湯公又將此事交付給自己的屬下:

> 郚司敗某軛告湯公競軍言曰:鞁(執)事人諨(屬)郚人亘梢、苛
> 冒、漁(舒)逖、漁(舒)腥、漁(舒)慶之獄於郚之正,囟(使)聖(聽)之。
> (131、136號簡)①

---

① 關於131~139號簡的竹簡排列,從陳偉《包山楚司法簡131~139號考析》(《江漢考古》1994年第4期)之說。

（鄝之司敗某軑向湯公競軍報告。執事人將鄝人恆稍、茍冒、舒逊、舒㱃、舒慶的案件交付給鄝之正，並命令他聽取案情。）

湯公把案件交付給鄝之正，與此同時下指示要求向當事人聽取案情。因此，第二次交付就是按照楚王（＝視日？）→左尹→湯公→鄝之正這樣的順序來進行的。

綜上所述，訴訟制度的最高負責人是楚王，其下的左尹負責將王命傳達到各地。此時拘捕被告人、聽取案情、調查證據等關於訴訟進行的命令是以左尹之名義下發的，但其命令實際上是他的七個親信即正婁悡、發尹利、郊逊尹虒、正敏㸒、僞尹、少里喬嬰尹翌、王私司敗遏以左尹之名發的①。根據以上的程序復原其指揮命令系統，就可以得到以下的圖表②：

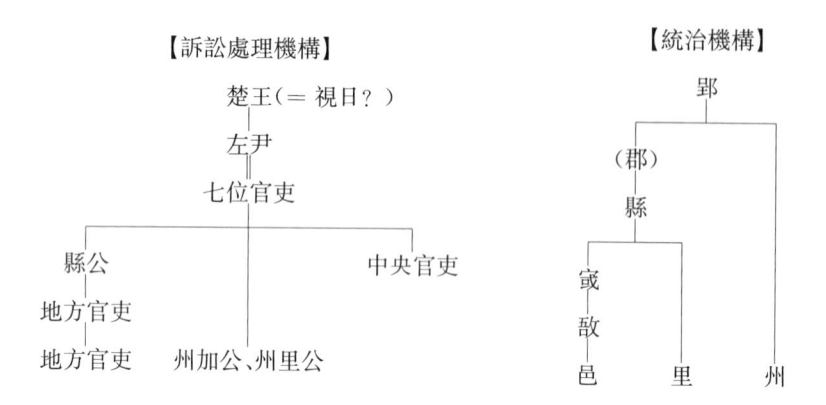

【訴訟處理機構】　　　　　　　　【統治機構】

楚王（＝視日？）　　　　　　　　　郡
　　｜　　　　　　　　　　　　　　｜
　　左尹　　　　　　　　　　　　（郡）
　　｜　　　　　　　　　　　　　　｜
　七位官吏　　　　　　　　　　　　縣
　　｜　　　　　　　　　　　　　　｜
縣公　　　中央官吏　　　　　　　　或
｜　　　　　　　　　　　　　　　　｜
地方官吏　　　　　　　　　　　　　敔
｜　　　　　　　　　　　　　　　　｜
地方官吏　州加公、州里公　　　　邑　里　州

陳偉先生指出楚國的地方統治機構可以分爲三個系統：① 郡（？）—縣—或—敔—邑／里，② 州，③ 封邑。將其與訴訟處理的指揮命令系統相比較，就可知 120～123 號簡、124～125 號簡、126～128 號簡、131～139 號簡等大部分的案件是在①或③地區發生的。在這些案子中，楚王或左尹的命令被傳達給汜陽公（124～125 號簡）、漾陵之宮大夫③（126～128

---

① 參看上引拙稿《包山楚簡"所訌"分析》。
② 在製作其中的統治機構圖時，參考了上引陳偉《包山楚簡初探》第三章"地域政治系統"（第 67～107 頁）。
③ 上引陳偉《包山楚簡初探》認爲，"宮大夫"可能是楚國縣之長官的一種稱呼（第 98～100 頁）。

號簡)、湯公①(131～139號簡)這些縣公②,通過他們再傳達給鄀昼之客、畂尹癸、東敔公、敔司馬(124～125號簡),大宫疟、大駐尹帀(126～128號簡),鄀之正(131～139號簡)等基層官吏。

至於②州發生的案件,有141～144號簡的案例,其中有"秦大夫忌之州里公周瘀言於左尹與鄴公賜,儞尹堞、正婁悥、正敏瞾、王厶司敗邊、少里喬罂尹翚、鄴逡尹虖、發尹利"的記述,說明州里公這個州之官吏直接與左尹聯繫。此外,在《受期》中,左尹給州里公及州加公下命令。可見州的案件是由左尹直接給基層官員下命令的。

此外,在15～17號簡的案件中,原告是官吏,即五師宵官的司敗,被告人也是官吏,即卻行之大夫。也就是說,這是在官吏之間發生的糾紛,有可能是與在地方發生的訴訟不同的另一系統。至於命令的傳達路徑,由左尹傳達給新佫迅尹,這也與地方的訴訟案件不同。

以上是訴訟處理機構大致的整體結構。雖說是訴訟處理機構,但它與楚國的一般統治機構沒有什麼不同之處。就是說,楚國並不存在專門處理訴訟的司法機構,各自的官吏負責處理自己管轄區域內所發生的案件。如果這個理解不誤,那麼當時訴訟處理並不是"司法"這一特別的統治業務,而是與其他業務同樣的普通的統治業務。

---

① 上引陳偉《包山楚簡初探》認爲,因爲命令經由鄀公、湯公傳達給鄀之官吏,而且鄀侯是封君,所以鄀公、湯公是郡級官員(第101頁)。但鄀公、湯公是把命令傳達給鄀之官吏,並非傳達給鄀侯其人,所以未必是比鄀侯更高級別的官吏。另外,在包山楚簡中,除此之外似乎沒有暗示郡存在的記載,因此,目前推定"郡級官員"存在的根據還不夠。因此,認爲鄀公、湯公是縣公的看法,在目前是比較妥當的。

② 從包山楚簡的記載來看,陽城公(120～123號簡)和鄀公是直接受理告訴人的控告,沒有記載說告訴人向楚王或左尹控告。但筆者懷疑最初是告訴人向楚王或左尹控告,左尹將此案交付給陽城公和鄀公,所以告訴人再次向他們二人告訴。關於120～123號簡,既然有關這個案件的記錄放入左尹之墓,左尹肯定以某種方式參與過這個案件的處理。關於131～139號簡,139號簡背面有"左尹以王命告子鄀公"一句,因此可以確認楚王、左尹與鄀公取得過聯繫。由此可見,該案件首先是由左尹交付給鄀公,其後又交付給湯公的。左尹將同一個案件交付給不同的人物,這種情況還有若干例子,如《受期》46、52、55、56號簡(只有52號簡的受期者不同),《所詎》的重複事案等(參見上引拙稿《包山楚簡"所詎"分析》)。

二、雙方當事人的主張與聽取案情

如前所述,陳偉先生將"聽獄"這一程序從包山楚簡中抽出來進行考察。他將"聽獄"理解爲訊問之意,並認爲"聽獄"時必須兼聽當事人雙方的陳述,這就是《尚書·呂刑》所説的"兩辭"。本章的目的是,在這個意見的基礎上,進一步探討雙方當事人申明自己主張的具體情景。

告訴人要在告訴之中闡明自己的主張,然後被告訴的當事人(被告訴人)陳述是否同意告訴人的主張。包山楚簡所見的訴訟常常是以告訴人通過告訴提出主張、被告訴人是否同意其主張的形式進行的。

□客監臣迡(蹠)楚之哉(歲)亯(享)月乙卯之日,下鄵(蔡)莪里人舍䫉告下鄵(蔡)谷(執)事人易(陽)城公羕罪。䫉言胃(謂):"邦侾幾(竊)馬於下鄵(蔡)䍒(而?)儥(鬻)之於易(陽)城,或殺下鄵(蔡)人舍辜。小人命爲䎦(契)以傳之,易(陽)城公羕罪命倞邦解句(拘),傳邦侾得之。"

亯(享)月丁巳之日,下鄵(蔡)山易(陽)里人邦侾言於易(陽)城公羕罪、大敓尹屈達、郼易(陽)莫囂臧(臧)蘁、舍羊。侾言胃(謂):"小人不信幾(竊)馬,小人信䍒下鄵(蔡)闌(關)里人雇女返、東邗里人場貯、薑里人競不割(害)昏殺舍罪於競不割(害)之官(館),䍒(而?)相䍒棄之於大逄(路)。"……(120～122 號簡)

(□客監臣來到楚國這年享月乙卯之日,下蔡之莪里人舍䫉向下蔡之谷執事人陽城公羕罪控告。舍䫉説:"邦侾在下蔡盜竊馬並到陽城賣馬,接着殺了下蔡人舍辜。我建議製作符契並逮捕邦侾①,陽城公羕罪給倞的邦解下達逮捕的命令,捕獲了邦侾。"

---

① 關於"小人命爲䎦(契)以傳之"之"命"的解釋,周鳳五先生認爲是"請求"的意思(《〈舍罪命案文書〉箋釋——包山楚簡司法文書研究之一》,《文史哲學報》第 41 期,臺灣大學文學院,1994 年),此説可從。在包山楚簡中,訴訟當事人"命"的例子還有"鄰人夆(舒)㢸命諯(證)"(138 號簡),這也是請求采用證人的意思。在傳世文獻中,下級官員對上司"命"的例子見《尚書·呂刑》:"惟呂命王:享國百年,耄荒。度作刑,以詰四方。"關於此處,孔疏引用《史記·周本紀》"甫侯言於王,作脩刑辟"。此外,孫星衍《尚書今古文注疏》指出《禮記·緇衣》鄭注云:"傅説作書以命高宗。"

享月丁巳之日，下蔡的山陽里人郝倖向陽城公羔罪、大鮁尹屈達以及郙陽的莫嚣臧蒞、舍羊提出了自己的主張。郝倖説："我真的没有竊馬。我確實與下蔡關里人雇女返、東邧里人昜貯、蘁里人競不害一起在競不害館殺舍罪，並將其屍體遺棄在大路上。"）

在這個案件中，首先，告訴人就盜竊馬與殺害舍罪這兩個事件進行控告。接着，兩天後，被告訴人對告訴人的主張進行陳述，否認盜竊馬，而承認殺害舍罪。

東周之客䢼（許）烴遻（歸）復（胙）於栽（哉）郢之戠（歲）顕（夏）柰之月癸丑之日，邔司敗某敳告湯公競軍言曰："䞸（執）事人誳（屬）邔人恒秢、苛冒、羍（舒）遊、羍（舒）烴、羍（舒）慶之獄於邔之正，囟（使）聖（聽）之。遊、烴皆言：'苛冒、恒卯㲋殺羍（舒）明。小人與慶不信殺恒卯，卯自殺。'恒秢、苛冒言曰：'羍（舒）慶、羍（舒）烴、羍（舒）遊殺恒卯，慶逃。'"（131、136號簡）

（東周之客許烴將祭肉贈給哉郢這年夏柰之月癸丑之日，邔之司敗某敳向湯公競軍報告："執事人將邔人恒秢、苛冒、舒遊、舒烴、舒慶的案件交付給邔之正，並命令他聽取案情。舒遊、舒烴都説：'苛冒與恒卯殺害了舒明。我和舒慶確實没有殺恒卯，恒卯是自殺的。'恒秢、苛冒説：'舒慶、舒烴、舒遊殺了恒卯，舒慶逃跑了。'"）

這是關於舒明與恒卯二人的死亡紛争的案件。邔之正在受託處理該事件的同時，受命重新從雙方當事人聽取情况。根據作爲嫌疑人被逮捕的舒遊、舒烴的主張，舒明是被苛冒與恒卯二人殺害的，恒卯是自殺的。然而，根據恒秢和苛冒的主張，則恒秢和苛冒並没有殺舒明，恒卯是被舒慶、舒烴、舒遊三人殺害的。就是説，兩者的主張是針鋒相對的。

東周之客䢼（許）烴遻（歸）複（胙）於栽（哉）郢之戠（歲）叟（爨）月乙巳之日，秦大夫怨之州里公周瘷言於左尹與鄩公賜、儵尹煤、正㚒悆、正敏㸖、王厶（私）司敗邊、少里喬塈尹罕、郊遊尹虙、發尹利。瘷言曰："甲唇（辰）之日小人之州人君夫人之故憎之㝛（拘）一夫，遊（失）趣（取）至州衙（巷），小人牁（將）敢（捕）之，夫自剔（傷）。小人安

（焉）獸（守）之，以告。"郙齊哉（識）之，刖鄸（蔡）爲李（李）。"(141～142號簡)

复（夏）月乙巳之日，鄸寅（域）厲敔郱君之肼邑者黃欽言於左尹與鄸公賜、僞尹煠、正娶忞、正敏翌、王厶（私）司敗邊、少里喬塑尹翆、郕迼尹虜、發尹利。欽言曰："鄙迼尹憍墊（執）小人於君夫人之故愴，甲晨（辰）之日，小人取愴之刀以解小人之桎，小人逃至州迹（巷），州人牂（將）敔（捕）小人，小人信以刀自獸（傷），州人安（焉）以小人告。"（143～144號簡）

（東周之客許烴將祭肉贈送給藏郢的這年夏月乙巳之日，秦的大夫恩之州的里公周疵向左尹與鄸公賜、僞尹煠、正娶忞、正敏翌、王厶（私）司敗邊、少里喬塑尹翆、郕迼尹虜、發尹利報告。疵說："甲辰之日，我的州人、君夫人的故倉的一名囚犯①，掙脫了拘束跑到了州巷。我想要去抓他時，他自己傷了自己。我於是保護他，特此報告。"郙齊記錄這個案件，刖蔡負責審理。

夏月乙巳之日，鄸域厲敔郱君之肼邑人黃欽向左尹與鄸公賜、僞尹煠、正娶忞、正敏翌、王厶（私）司敗邊、少里喬塑尹翆、郕迼尹虜、發尹利報告。欽說："鄙迼尹的憍在君夫人的故倉抓捕了我。甲辰之日，我拿了倉的刀打開了腳銬，然後我就逃到了州巷。在州的人想抓我的時候，我確實用刀傷了自己，州的人於是把我的情況報告了官府。"）

---

① "旬"當是"拘"的假借字，但其意義有必要討論。在包山楚簡中，"旬"的用例有一例（123號簡"郑倅未至刺，有疾，死於旬"），"旬"的用例除此之外還有二例（137號簡"违旬而逃"、137號簡反"违旬"），都用爲"牢獄"的意思。但如果將此處"旬"解釋爲牢獄，文意難以講通。而且從包山楚簡中的文例來看，此處的"旬"應該是人。

刔畋之少僮（童）鹽族郯一夫、疾一夫、尻（處）於郘迼區湯邑。凡君子二夫，敔是其箸之。（3～4號簡）

悥之子庚一夫，尻（處）郢里。司馬徒箸之。庚之子昭一夫，昭之子疪一夫，未在典。（7～8號簡）

鄸畋上連嚻之還棗（集）瘥族蜩一夫，尻（處）於鄸寅之少桃邑，在陞（陳）豫之典。（10～11號簡）

根據以上的例子來看，此處的"小人之州人君夫人之故愴之旬一夫"之"一夫"前的"小人之州人君夫人之故愴之旬"指的當是人。因此，雖然在傳世文獻中沒找到類似的例子，但我們認爲"旬"一字是被拘禁者，即囚犯之意。

這是囚犯逃跑並自傷的事件。在此,雙方當事人的主張完全一致。

根據以上所舉的三個案件中雙方當事人的陳述,當一方當事人承認對方的主張時就說"信",不同意時則說"不信"。用表格表示如下:

案　件	論點　1	論點　2
120～123 號簡	盜竊→不信	殺人→信
131～139 號簡	殺人→不信	
141～144 號簡	自傷→信	

當事人的答辯內容在邏輯上都很清楚,論點也被充分整理。這可能是在告訴人控告後,負責審判者首先整理論點,然後對被告訴人進行訊問的緣故。接著,通過被告訴人對此所做"信"或"不信"的答辯,就可以判明雙方當事人的主張存在出入的地方。這可以說是一種論點整理。

在這裏,重要的是雙方當事人並不是在一個法庭上交換其各自之主張的,就是說雙方並未進行過對質辯論。例如 120～123 號簡的案件,雙方當事人隔日分別提出自己的主張,這顯然不是在同一法庭上交換主張。141～144 號簡的案件分別被載於 141～142 號簡、143～144 號簡兩個文件也值得注意。在 141～142 號簡中,只聽取一方當事人的陳述就說"郙齊戠之,刉郙爲栘"。就是說,只聽取一方當事人的主張就結束一個程序。這說明聽取雙方當事人的陳述就被當作兩個不同的程序來處理。如果將這種情況與論點整理結合起來考慮的話,當時的程序應該是這樣的:首先聽取一方當事人的主張,將其主張整理爲若干要點;然後聽取被控告的另一方當事人的主張。

三、調　查　證　據

(一)"謢"的意義

經過整理論點,判明雙方當事人的主張哪裏有出入之後,接着進入下一個程序——就這些論點調查哪一方的主張是真的——，這就是調查證據的程序。包山楚簡稱之爲"𧨸"①。"𧨸"字不見於字書，關於此字的解釋衆說紛紜②，目前處於其說難以歸一的情況。筆者認爲，從郭店楚簡"𧨸"字的用例來看，目前比較妥當的看法是該字相當於"察"字③。也就是說，"𧨸"是"察"的假借字，是"調查"的意思。

由下面的案件可知，"𧨸"用爲調查證據的意思：

僕（僕）五帀（師）宵佸（官）之司敗若敢告視日：邵行之大夫盤𦊓咎（今）䡎（執）僕（僕）之佸（官）登虞、登異（期）、登僕（僕）、登墼（墼）而無古（故）。僕（僕）以告君王，君王諹（屬）僕（僕）於子左尹，子左尹諹（屬）之新佸迅尹丹，命爲僕（僕）至（致）典。既皆至（致）典，僕（僕）又（有）典，邵行無典。新佸迅尹不爲僕（僕）剾（斷）。僕（僕）袠（勞）佸（官），顋（夏）事栖（將）瀘（廢），不𧨸（懟）新佸迅尹，不敢不告視日。（15～17 號簡）

（我五師宵官之司敗若謹此向視日報告：邵行之大夫盤𦊓現在毫無理由地抓捕了我的部下登虞、登期、登僕、登墼。因此我向君王控告，君王將

---

① 在楚文字中，此字有好幾種字形，其隸定也有好幾種說法。本文中統一寫作"𧨸"。關於此字的字形，參見《包山楚簡文字編》，藝文印書館，1992 年，第 1147 條。

② 管見所及，有以下七說：[Ⅰ]《包山二號楚墓簡牘釋文與考釋》（上引《包山楚墓》附錄一）作"譡"，其考釋（30）說："譡，讀如對，應對。"[Ⅱ] 劉信芳《包山楚簡司法術語考釋》（《簡帛研究》第 2 輯，法律出版社，1996 年）作"譡"，認爲是"對"的假借字，是"審理對證"的意思。[Ⅲ] 葛英會《包山楚簡釋詞三則》（《于省吾教授百年誕辰紀念文集》，吉林大學出版社，1996 年）作"譺"，認爲是"蔽"的假借字，是"斷"的意思。[Ⅳ] 胡平生《說包山楚簡的"謀"》（《第三屆國際中國古文字學研討會論文集》，香港中文大學中國文化研究所、中國語言及文學系，1997 年）作"謀"，認爲是"驗"的假借字，是"證"、"徵"、"效"的意義。[Ⅴ] 董蓮池《釋楚簡中的"辯"字》（《古文字研究》第 22 輯，中華書局，2000 年）認爲是"辯"字，是"明察"之意。[Ⅵ] 裘錫圭先生在《郭店楚墓竹簡》（荆門市博物館編，文物出版社，1998 年）《五行釋文注釋》【注釋】〔七〕〔六三〕、《語叢一釋文注釋》【注釋】〔一五〕中認爲是"察"字；在《〈太一生水〉"名字"章解釋——兼論〈太一生水〉的分章問題》（《古文字研究》第 23 輯，中華書局，安徽大學出版社，2002 年）的"附識"中，指出此字是"戔"的變體。[Ⅶ] 黃錫全《楚簡"譡"字簡釋》（《簡帛研究 2001》，廣西師範大學出版社，2001 年）認爲是"譡"字，是"審查"之意。

③ 在郭店楚簡中，"𧨸"有四例，其中讀爲"察"的最可靠的例子有兩例，即郭店楚簡《五行》8 號簡"思不清不𧨸"，12～13 號簡"清則𧨸，𧨸則安"。馬王堆帛書《五行》中與此相對應之處則分別作"思晴不察"（177 行）、"晴則察，察則安"（181 行）。

我的案件交付給左尹閣下，左尹閣下將此事交付給新偌迅尹丹，並命令爲我提交"典"。大家都已經提交了"典"，我有"典"，邵行却無"典"。儘管這樣，新偌迅尹也沒有爲我下判決。我使得部下疲勞，夏天的工作恐怕做不成了。我不願意由新偌迅尹來審理。以上無論如何不能不向視日報告。）

這是一種不當逮捕成爲問題的案件。因爲這是訴狀，只記載一方當事人的主張，所以並不清楚在此案中雙方當事人的主張有什麼出入。不管怎樣，左尹在此指示以"典"之有無來下判決。也就是說，左尹命令雙方提出"典"作爲證據。

這個訴狀的背面有訴狀的概要：

五帀（師）宵倌（官）之司敗告胃（謂）：邵行之大夫唪（今）鞎（執）其倌（官）人，新偌迅尹不爲其諓（察），不憗。（15號簡反）

（五師宵官之司敗控告說，邵行之大夫現在抓捕他屬下的官吏，但新偌迅尹不進行"察"，他不想由新偌迅尹審理。）

其中與訴狀的"既皆至典，儵又典，邵行無典。新偌訊尹不爲儵剌"對應的部分是"新偌訊尹不爲其諓"。就是說，這裏"諓"的具體內容是調查"典"之有無並據此來斷案。由此可以確認"諓"用爲調查證據的意思。

但"諓"並不是那麼嚴格地作爲調查證據的意思來使用的。例如，以下這個案件便能説明這點：

八月癸酉之日，邻昜（陽）君之州里公登睗受期。乙亥之日，不以死於其州者之諓（察）告，阩（徵）門（問）又（有）敗。（27號簡）

（八月癸酉之日，邻陽君之州的里公登睗接受日期。乙亥之日，如果不報告死於其州的人的調查情況，就要在傳喚審訊之後做出處罰。）

這是《受期》中的一個案件。在乙亥之三日後，左尹再下同一個命令：

八月戊寅之日，邻昜（陽）君之州里公登綏受期。辛巳之日。不以所死於其州者之居凥（處）名族至（致）命，阩（徵）門（問）又（有）敗。（32號簡）

（八月戊寅之日，邻陽君之州的里公登綏接受日期。辛巳之日，如果不報告死於其州的人的住所、姓名，就要在傳喚審訊之後做出處罰。）

在此,"不以死於其州者之䛦告"與"不以所死於其州者之居凥名族至命"的意思應該相同。就是説,在這個案件中,將對被害者來歷調查稱做"䛦"。這可能處於案件的搜查階段,大概是左尹受理某人的告訴,就着手處理案件。這個例子表明,"䛦"不是指證據調查這一特定程序的用語,而是指調查這個意義的普通名詞。這一點是我們必須要注意的。

(二) 通過"典"調查證據

在包山楚簡中,"䛦"字共有 16 例。通過其中幾個案件可以知道"䛦"的具體内容。其典型之例就是前面提到過的 15~16 號簡。在這個案件中,"䛦"指的是調查"典"之有無。所謂"典"就是户籍①,如由 15~16 號簡所見可知,在訴訟時"典"常常作爲證據來使用。關於某人住所在何處的問題,在當時的訴訟中似乎常常成爲争論的焦點,這是因爲在包山楚簡中可以看到很多關於住所的調查命令。

東周之客䣍(許)䋣經至(致)復(胙)於䓘(蔵)郢之䣉(歳)顕(夏)层(夷)之月癸卯之日,子左尹命漾陵之邑大夫䛦(察)州里人墜鋤之與其父墜年同室與不同室。大邑疾、大駐(駒)尹帀(師)言冑(謂):"墜鋤不與其父墜年同室。鋤居郢,與其季父鄧䣊墜必同室。"大邑疚内(入)氏(是)䇞(等)。(126~127 號簡)

    (東周之客許䋣將祭肉贈給葴郢的這年夏夷之月癸卯日,左尹閤下命令漾陵之邑大夫調查州里人之墜鋤是否與父親墜年同居。大邑疾、大駒尹師説:"墜鋤没有與父親墜年同居。墜鋤居住在郢,與其叔父鄧䣊墜必同居。"大邑疚奉上這支簡册。)

我們並不清楚在該案件中到底發生了怎樣的紛争,但墜鋤這個人的居住地似乎是解决紛争的重要關鍵。筆者推測,其調查也是使用"典"來進行的。

根據以上的討論,可以説根據"典"來進行"䛦"和"斷"是當時訴訟的一個典型方式。根據"典"進行的"䛦",是以確認"典"的内容、確認有問題

---

① 關於包山楚簡中"典"的意義,上引《包山二號楚墓簡牘釋文與考釋》考釋(10)云:"典,典册。"上引彭浩《包山楚簡反映的楚國法律與司法制度》亦云:"登記名籍的簿册稱作'典'。"

的人是否真的被記載於該"典"上的形式來進行的。關於"典"的確認程序,這個案例中有詳細的記載:

> 東周之客響(許)緹至(致)復(胙)於莪(蔵)郢之戠(歲)顕(夏)层(夷)之月甲戌之日,子左尹命漾陵宮大夫諓(察)郚室人某瘇之典之在漾陵之厽(參)鈢(璽)。漾陵大宮疨、大駣(駟)尹帀(師)、鄰公丁、士帀(師)墨、士帀(師)鄢(陽)慶吉啟漾陵之厽(參)鈢而在之,某瘇在漾陵之厽(參)鈢,鬩(間)御之典匱。大宮疨內(入)氏(是)等(等)。(12~13號簡)
>
> (東周之客許緹將祭肉贈給蔵郢的這年夏夷之月甲戌日,左尹閤下命令漾陵之宮大夫調查郚室人某瘇之典①是否在漾陵的參璽中。漾陵的大宮疨、大駟尹師、鄰公丁、士師墨、士師陽慶吉打開漾陵的參璽查看②,果然某瘇〔之典〕在漾陵的參璽中,並被放入間御之典的盒子中。大宮疨奉上這支簡冊。)

該案件與126~127號簡,命令者、命令的執行者乃至文例,都有很多共通之處。據此可以推測,在這兩個案件中,幾乎同樣的命令被下達。所謂"漾陵之厽鈢",如整理者所指出,當是由三個部分組成的印璽③。爲了調查"典"之有無,必須打開參璽,而且這個"典"被放在一個叫"間御之典匱"的盒子裏。在打開參璽確認其內容時,必須記下何時、誰打開了參璽。"典"受到如此嚴密的保管,其確認工作也非常慎重。就是因爲如此,"典"所記載的內容才具有很高的可靠性,"典"作爲證據就具有極高的價值。

(三) 通過證人調查證據

在包山楚簡中,除了根據"典"之有無來調查某人的住所、姓名之外,

---

① 在包山楚簡中,使用"某某之典"稱呼的共有4例,即"玉瀆之典"(3號簡)、"陣豫之典"(11號簡)、"某瘇之典"(12號簡)、"鬩御之典"(13號簡)。關於其意義,陳偉先生已經在上引《包山楚簡初探》(第126頁)中作過探討,他認爲"玉瀆"是存放名籍的府庫,"陣豫"是歲名的簡稱("齊客陛(陳)豫訧王之戠"〔7號簡〕),"鬩御"也是歲名的簡稱("□客監臨迠楚之戠"〔120號簡〕),"某瘇"是需要查驗名籍的人名。除了"鬩御"的解釋之外,都可從。

② 關於"啟漾陵之厽鈢而在之"之"在"字的解釋,上引陳偉《包山楚簡初探》(第125頁)認爲是"察"的假借字,是"察看"、"查驗"之意。本文從其說。

③ 上引《包山二號楚墓簡牘釋文與考釋》考釋(32)云:"參璽即三合之璽。"

還有"譤"的另一個典型例子,即調查被害人的死傷原因。

　　八月己巳之日,邡司馬之州加公㝅(李)瑞、里公陸(隋)得受期。辛未之日,不譤(察)陞(陳)宔(主)誰之刜(傷)之古(故)以告,阩(徵)門(問)又(有)敗。(22號簡)

　　（八月己巳之日,邡司馬之州的加公李瑞、里公隋得接受了日期。在辛未之日,如果不報告陳主誰的受傷原因,就要在傳喚審訊之後作出處罰。）

這是讓人調查被害人負傷原因的命令。

調查死亡原因的命令,《受期》中有如下二例:

　　八月𠧑(丙)申之日,霝(靈)里子州加公文壬、里公苛譀(諽)受期。九月戊戌之日,不譤(察)公孫虢之佢之死,阩(徵)門(問)又(有)敗。(42號簡)

　　（八月丙申之日,靈里子之州的加公文壬、里公苛諽接受日期。九月戊戌之日,如果不調查公孫虢之佢①的死因,就要在傳喚審訊之後作出處罰。）

　　九月辛亥之日,喜君司敗叓善受期。𠧑(丙)昏(辰)之日,不譤(察)長陵邑之死,阩(徵)門(問)又(有)敗。(54號簡)

　　（九月辛亥之日,喜君的司敗叓善接受了日期。丙辰之日,如果不調查長陵邑的人們〔?〕的死因,就要在傳喚審訊之後作出處罰。）

調查死傷原因的命令,大概是在審理傷害案件或者殺人案件時所下達的。因爲不清楚在這些案件中使用了什麽樣的證據,我們只能通過其他傷害案件或者殺人案件來做些推測。首先,關於傷害案件,可以舉出141~144號簡的自傷事件,但在這個案件中,雙方當事人的主張一致,所以並未進行證據調查,因此沒有綫索可以探討在傷害事件審理之時是如何調查證據的。關於殺人案件,131~139號簡的案件是使用證人來調查證據的。如前所述,這是關於舒朋與佢卯二人之死因紛爭的案件,一方當

---

① "佢"的意義不詳。上引《包山二號楚墓簡牘釋文與考釋》考釋(79)云"佢,讀作鬭",認爲"佢"是動詞,此說可商。上引陳偉《包山楚簡初探》認爲是作爲"豎"的假借字,並說"'佢'(豎)大概是未成年的奴隸"。

事人舒慶的訴狀如下：

> 秦競夫人之人慇(舒)慶坦尻(處)邻郦(侯)之東鄘(鄰)之里，敢告於視日：邻人苛冒、赴卯以宋客盛公䴦之哉(歲)習(刑)层(夷)之月癸巳之日，**殺**僡(僕)之甡(兄)朗。僡(僕)以誥告子郰公，子郰公命郰右司馬彭懌爲僡(僕)笑(券)䛿(等)，以舍(敘)僡(僕)舍(邻)之歎客舍(邻)郦(侯)之慶李(李)百宜君，命爲僡(僕)搏(捕)之，得苛冒，赴卯自殺。歎客百宜君既以至(致)命於子郰公，得苛冒，赴卯自殺。子郰公諆(屬)之於舍(邻)之歎客，囟(使)剸(斷)之。吟(今)舍(邻)之歎客不爲其剸(斷)，而倚韄(執)僡(僕)之甡(兄)經，舍(邻)之正或韄(執)僡(僕)之父逜(迪)。苛冒、赴卯**殺**僡(僕)之甡(兄)朗，舍(邻)人陲(陳)脊、陲(陳)旦、陲(陳)䢵、陲(陳)鄯、陲(陳)寵、連利皆智(知)其殺之。僡(僕)不敢不告於視日。(132～135 號簡)
>
> （秦·競夫人之人、〔戶籍上〕居住在邻侯的東鄘之里的舒慶，謹此向視日控告：邻人苛冒與赴卯在宋客盛公䴦這年的刑夷之月癸巳日，殺害了我哥哥舒朗。我因此向郰公閣下控告，郰公閣下命令郰的右司馬彭懌製作我的文件，並將此事告知邻之歎客邻侯之慶李百宜君，命令爲我逮捕苛冒與赴卯，結果抓到了苛冒，赴卯却自殺了。歎客百宜君已經向郰公閣下報告：抓到了苛冒，而赴卯自殺了。郰公閣下將此事交付給邻之歎客，並命令他對該案下判決。但是至今邻之歎客也不下判決，而且非法抓了我哥哥經，邻之正又抓了我父親迪。苛冒與赴卯殺害我哥哥舒朗，邻人陳脊、陳旦、陳䢵、陳鄯、陳寵、連利他們都知道是苛冒與赴卯殺了朗。無論如何不能不向視日報告。）

這個訴狀說舒慶對邻之歎客的訴訟進行方法有所不服。在此引人注目的是，舒慶是因證人的存在而對官吏之訴訟進行方法提出不服。換句話說，爲什麼因爲有證人就必須按照自己的主張來下判決呢？舒慶舉出了陳脊、陳旦、陳䢵、陳鄯、陳寵、連利五個證人，如果他們是跟舒慶有關係的人，那麼他們做出對舒慶有利的證言是在情理之中的。即使他們跟舒慶沒關係，他們的證詞也有錯誤之虞。舒慶竟然在官方沒有對那些證言的真實性進行審查的情況下，只是因爲他有證人，就要求官員下判決，這是不是太過分了？

解開這個疑問的鑰匙還是保留在包山楚簡中，就是如下一段文字：

左尹以王命告子郚公：命繫上之哉（識）獄爲鄒人夲（舒）𨟻累（盟）。其所命於此箸（書）之中以爲訐（證）。(139 號簡反)

囟（使）𨟻之戝（仇）敘於𨟻之所訐（證）。與其戝（仇）又（有）悁（悁）不可訐（證）。同社、同里、同官不可訐（證），匿（暱）至孞（從）父兄弟不可訐（證）。(138 號簡反)

鄒人夲（舒）𨟻命訐（證）：鄒人御君子陞（陳）旦、陞（陳）龍、陞（陳）無正、陞（陳）哭與其戠客百宜君、大弁連中、左闌（關）尹黃惕、酪差鄒（蔡）惑、坪㢟公鄒（蔡）冒、大䚯尹連虞、大朋尹公夢必與戠卅=（三十）。(138～139 號簡)

（左尹將王命轉告給郚公閣下：命令繫上的識獄爲鄒人舒𨟻舉行盟。把在這個文件中請求的人作爲證人。

讓舒𨟻的對方當事人就舒𨟻提出的證人講自己的看法。與對方有怨仇者不能作爲證人。同社、同里、同官的人不能作爲證人。從父兄弟以內的親屬不能作爲證人。①

鄒人舒𨟻請求提供證言者：鄒人的御君子陳旦、陳龍、陳無正、陳哭，及鄒的戠客百宜君、大弁連中、左關尹黃惕、酪差蔡惑、坪㢟公蔡冒、大䚯尹連虞、大朋尹公夢必，及戠三十人。）

這是左尹發給郚公的文件，其内容講的是應該采用誰作爲證人。如前所述，該案件是舒慶向郚公控告，郚公交付給鄒之數客的。但筆者懷疑，該案原來是向左尹控告，左尹交付給郚公的。左尹在交付給郚公時，就采用誰作爲證人的問題下指示。

接下來看這個文件的内容。開頭作出"把在這個文件中請求的人作爲證人"的命令，其次説明選定證人的標準，最後列出證人的名單。在此值得注意的是第二段的選定證人的標準。根據這個文件，選用證人的原

---

① 關於 138 號簡背面的解釋，本文從大西克也《包山楚簡「囟」字の訓釋をめぐって》（《東京大學中國語中國文學研究室紀要》3 號，2000 年）的解釋。

則有如下三條：

　　　第一，是對對方當事人没有怨仇的人。
　　　第二，不是同社、同里、同官的人。
　　　第三，不是從父兄弟以内的親屬。

根據這個原則，與當事人關係密切的人幾乎都不能做證人。這應當是考慮到以下情况：與當事人關係密切的人會偏袒一方當事人，其所提供的證詞存在有利於其當事人而與事實截然不同之虞。反過來説，如果證人與當事人的關係不密切，就可以處於中立的立場而講事實。的確，只有與事件無關的人，其所言才不會爲任何利益所左右，也才能令人相信其真實性。但是，按照這個原則，了解事情真相的人幾乎都不能做證人。可以説，做證人的資格過於嚴格。

我們回過頭來看訴訟人舒慶的主張。舒慶提出的"知道是苛冒與赶卯殺了舒昄"的陳𦥑、陳旦、陳鄝、陳䣛、陳寵、連利這五人之中，陳旦、陳寵（龍）①二人在左尹采用爲證人的名單中。因此，至少這兩個人的證詞是絕對可靠的。儘管如此，負責此案審理的鄝之斁客百宜君不肯根據他們的證詞下判决。因此，舒慶不服並訴諸視日。這應該就是事實的真相。如此看來，證人的證詞可靠性很高，作爲證據的價值也很大。

（四）盟證

盟作爲證詞起到了確定事實的作用，當時稱爲"盟證"。關於這個問題，筆者已有另文論述②，此不贅述。在此只談其具體程序。

"盟"是以第三者陳述自稱爲真實之事實的形式進行的：

　　　東周之客䚂（許）埕逞（歸）復（胙）於栽（戚）郢之戠（歲）顕（夏）柰之月癸丑之日，鄝司敗某敔告湯公競軍言曰："敥（執）事人誈（屬）鄝人恒㭆、苛冒、李（舒）逝、李（舒）埕、李（舒）慶之獄於鄝之正，囟（使）

---

①　"寵"當是"龍"的假借字。二字聲符相同，可以相通。
②　詳見《包山楚簡所見的盟》，"百年來簡帛發現與研究暨長沙吴簡國際學術研討會"提交論文，2001年8月（後收入李學勤、謝桂華主編《簡帛研究2002、2003》，廣西師範大學出版社，2005年）。

聖（聽）之。迻、烓皆言曰：'苛冒、恆卯**劦**殺夅（舒）肙。小人與慶不信殺恆卯，卯自殺。'恆𥹸、苛冒言曰：'夅（舒）慶、夅（舒）烓、夅（舒）迻殺恆卯，慶逃。'頙（夏）层（夷）之月癸亥之日，𢼸（執）事人爲之䚢（盟）誩（證）。凡二百人十一人既䚢（盟），皆言曰：'信謸（察）𦣞（問）智（知），夅（舒）慶之殺恆卯，迻、烓與慶皆（偕）。謸（察）𦣞（問）智（知），苛冒、恆卯不殺夅（舒）肙。夅（舒）烓𢼸（執），未又（有）剸（斷），迖窝（拘）而逃。'"（131、136～137號簡）

（東周之客許烓將祭肉贈給咸郢的這年夏夜之月癸丑日，郘之司敗某軌向湯公競軍報告："執事人將郘人恆𥹸、苛冒、舒迻、舒烓、舒慶的案件交付給郘之正，命令他聽取案情。舒迻、舒烓都説：'苛冒與恆卯殺害了舒肙。我和舒慶確實没有殺害恆卯，恆卯是自殺的。'恆𥹸、苛冒則説：'舒慶、舒烓、舒迻殺了恆卯，舒慶逃跑了。'夏夷之月癸亥日，執事人爲此舉行了盟證。總共有210人舉行盟，他們都説：'確實調查、盤問、知道，舒慶殺了恆卯，舒迻與舒烓和舒慶一起殺的。調查、盤問、知道，苛冒與恆卯没有殺舒肙。舒烓被捕，並在尚未下達判决期間就越獄逃跑了。'"）

在盟辭中出現了"謸"這個詞。從盟可以起到證據的作用這一情況看，此"謸"也是"察"的假借字，是調查的意思①。"察問"一詞亦見於傳世文獻，是向人們進行盤問、調查的意思②。從這些例子來看，"謸𦣞智"是"調查、盤問、知道"的意思，可能是舉行盟時在陳述某事實之前要説的固定套語。或許當時的人以爲，既然如此强調自己所講的是事實，並且以盟

---

① 此外，關於此處"謸"字的解釋，陳偉《楚簡與楚史研究》（中國出土資料學會2001年度第一次例會報告，2001年7月）認爲是"竊"的假借字，爲謙辭。上引黄錫全《楚簡"諻"字簡釋》將"謸𦣞智"解釋爲"審問便會知道""審問結果得知"。

② 管見所及，"察問"一詞有一例，見於《管子·小匡》：

於是乎鄉長退，而俯德進賢順。公親見之，遂使役之官。公令官長期而書伐以告，且令選官之賢而復之，曰："有人居我官，有功，休德維順，端慤以待時使，使民恭敬以勸。其稱秉言，則足以補偿之不善政。"公宣問其鄉里，而有考驗，乃召而與之坐，省相其質，以參其成功成事，可立而時。設問國家之患而不肉，退而察問其鄉里，以觀其所能，而無大過，登以爲上卿之佐。名之曰三選。

這是闡述徵用人才方法的一段文字。此處是説向鄉里的人們打聽想要徵用的那個人的情況，"察問"指的是調查那個人是怎樣的人。

的形式向某些鬼神發誓,那麽如果撒了謊就要受懲罰而死①。反過來說,如果舉行了盟也沒有發生什麽事,這說明他所講的是真的。就是因爲這樣,當時的人相信盟絕對是陳述事實的證詞。

此外,也有就某人的住所舉行盟的案件:

> 八月己巳之日,邻少司敗臧(臧)未受期。九月癸丑之日,不遲(將)邻大司敗以䕻(盟)邻之椷里之敀無又(有)李㚒凶(思),阩(徵)門(問)又(有)敗。(23號簡)
>
> (八月己巳日,邻之少司敗臧未接到期日。九月癸丑之日,如果不帶邻之大司敗來,跟他一起舉行盟說邻之椷里的確沒有李㚒思這個人的話,就要在傳唤審訊之後做出處罰。)

確定住所的證據有"典",所以在一般情況下應該會用"典"來證明。在此却舉行盟,這意味着"盟"也可以與"典"起到同樣的作用。由此來看,或許可以說當時"盟"被當作一個萬能的證據。也就是說,只要舉行盟,任何事實就都能證明是真的。

四、包山楚簡所見證據制度的特徵

(一) 法定證據主義

作爲理解包山楚簡所見訴訟制度之關鍵而發揮重要作用的,就是15～17號簡、132～135號簡這兩個訴狀。陳偉先生早就指出②,這兩個

---

① 雖與包山楚簡中的盟證略有不同,但《墨子·明鬼下》有在訴訟中舉行盟之際因撒謊而死的故事:

> 昔者齊莊君之臣有所謂王里國、中里徼者。此二子者訟三年而獄不斷。齊君由謙殺之,恐不辜;猶謙釋之,恐失有罪。乃使二人共一羊,盟齊之神社,二子許諾。於是泏〈洫〉洫〈盟〉,摐羊而漉其血,讀王里國之辭既已終矣,讀中里徼之辭未半也,羊起而觸之,折其腳,祧神之而橐之,殪之盟所。當是時,齊人從者莫不見,遠者莫不聞,著在齊之春秋。諸侯傳而語之曰:"請品先不以其請者,鬼神之誅,至若此其憯遫也。"以若書之說觀之,鬼神之有,豈可疑哉。

據此可知,當時的人相信,如果在舉行盟的時候撒謊,就會在陳述盟辭時死亡。

② 上引陳偉《包山楚簡初探》,第31頁。

訴狀在文章形式、訴訟經過、出現人物等方面有很多類似之處，可以認爲兩者是性質完全相同的文書。饒有趣味的是，這兩個訴狀都不是報案件的發生，而是對審案人始終不肯下判決之事表示不服。既然對官員遲遲不肯下判決表示不服，當事人的意思是判決應該可以下而官員却不肯下。那麼爲什麼當事人認爲應該可以下判決呢？這是因爲當事人有證據證明自己的主張。其證據就是證人和典。這些證據的可信度極高，只要被采用爲證據，其内容的真實性就能得到認可。

從法律政策的角度講，證據制度中最重要的問題是如何確保證據的真實性。確保證據真實性的方法，根據證據調查程序的性質，大致可以分爲兩種。調查證據的程序有兩個階段：

　　第一階段：證據能力的審查，即關於是否可以作爲證據采用的審查。

　　第二階段：證明力的審查，即關於其證據有多少可信度能證明當事人主張事實的審查。

就是説，首先審查某個東西是否可以作爲證據采用，然後就以經過此審查選定的證據爲對象審查該證據能有多大的可信度。因此，若想提高證據的真實性，則可以有兩個方法：其一，盡可能嚴把入口關，只采用確實可靠的證據；其二，在入口階段盡可能放寬尺度，而在其後的證明力審查階段則盡可能地嚴格把關。

下面我們探討一下包山楚簡所見證據制度。上文討論的證據有三種，即典、證人、盟證。這些證據都具有非常高的可信度。典受到嚴格管理，證人則只有能够陳述事實的人才可以當，盟證則是通過鬼神來擔保其真實性的。反過來説，没有可信度的證據就不能采用。據此可知，楚國的證據制度采用了確保證據真實性的兩個方法之中的前者。就是説，能否采用某個東西作爲證據，要進行嚴格審查；而它一旦作爲證據被采用，其證據就被認爲是真的。與此相反，今日很多國家的訴訟制度采用的是後者的方法，即只要當事人申請就允許把它作爲證據采用，但通過對方當事人的反駁等方式盡可能嚴格審查其證明力。由此可知，古人對證據的想法與今日截然不同。就是説，在包山楚簡中，所謂證據就是"表示事實的東西"，凡是有可能不表示事實的東西就不能作爲證據得到認可。因此，雖然被采用爲證據的資格非常嚴格，但賦予證據的價值相當高。

根據以上的分析，爲什麽只要有對自己有利的證據就可以要求下判决也就不難理解。這是因爲一旦作爲證據被認可，它們就被認爲是真的。事先規定證據證明力的立場稱爲法定證據主義，而包山楚簡所見證據制度雖然不是通過法律規定證據的證明力，但認爲所有證據都是真的，即承認其有一定的證明力，因此可以稱爲法定證據主義的一類。如果采用法定證據主義，因爲事先有證據的評價方法，所以無論誰負責審案，都會得出同樣的結論。也就是説，負責案件的官員的個人素質不會影響到審案的結論。在這種證據制度下，决定證據采用與否的是奉了王命的左尹，這一事實非常重要。證據的評價方式事先已有規定，這意味着訴訟的結果完全取决於采用什麽樣的證據，也就是説取决於有證據采用决定權的人。其决定權爲王、左尹這些中央政府的人物所獨占，這等於將訴訟的結果繫於王、左尹這樣的中央極少數人身上。因此，如果通過訴訟的决定權來看戰國時期楚國的權力結構的話，可以説楚國的權力相當集中於中央。

（二）紛争當事者的供認與拷問——以與秦漢訴訟制度的比較爲中心

我們整理一下包山楚簡所見的證據調查程序：首先，雙方當事人交换其主張；如果雙方的主張一致，程序就終止；如有不同之處，就實施證據調查，判斷其真僞。若在傳世文獻中尋找與此類似的證據調查程序，則可以舉出《左傳·襄公十年》如下的記載：

> 王叔陳生與伯輿争政，王右伯輿。王叔陳生怒而出奔。及河，王復之，殺史狡以説焉。不入，遂處之。晉侯使士匄平王室，王叔與伯輿訟焉。王叔之宰與伯輿之大夫瑕禽坐獄於王庭，士匄聽之。王叔之宰曰："筚門閨竇之人而皆陵其上，其難爲上矣。"瑕禽曰："昔平王東遷，吾七姓從王，牲用備具，王賴之，而賜之騂旄之盟，曰：'世世無失職。'若筚門閨竇，其能來東底乎？且王何賴焉？今自王叔之相也，

政以賄成，而刑放於寵。官之師旅，不勝其富，吾能無筆門閨竇乎？唯大國圖之。下而無直，則何謂正矣。"范宣子曰："天子所右，寡君亦右之。所左，亦左之。"使王叔氏與伯輿合要，王叔氏不能舉其契。王叔奔晉。

兩者的主張大致如下：王叔陳生一方根據身份的上下等級主張自己的正當性：① 伯輿是卑賤者，② 因此不可違抗上位者。伯輿一方則反駁說：① 自己本來不是卑賤者，② 即使現在是卑賤者，也不妨礙自己的主張是對的，不應該根據身份的上下等級來判斷其主張的對錯。如此看來，兩者主張的爭執點很清楚，其主張內容也各自對應。那麼當時曾事先整理論點也不是完全不可能的事。

其次，看一下糾紛的解決方法。他們在此進行"合要"。關於"合要"，杜預注云"合要辭"；關於"其契"，則解釋爲"要契之辭"。可見此"要"是"要契"即證明文書的意思。就是說，在這個案件中，只要提出證據，糾紛就得到解決。關於這個問題，滋賀秀三先生説："這不像是通過提交文書就能解決的糾紛"①，並認爲"要""契"都不是證明文書的意思，將"合要"解釋爲"對伯輿一方的主張逐一進行答辯"，將"其契"解釋爲"有根據的合適的答辯"。但是若將這個記載與包山楚簡的訴訟制度對照起來看，則可知"通過提交文書解決糾紛"也不是那麼奇怪的事。在這個糾紛中，身份的上下等級成爲爭論的焦點。從范宣子所説"天子所右，寡君亦右之。所左，亦左之"這句話來看，范宣子大概是要求他們各自提出天子保障他們身份的證據。王叔陳生究竟要提出什麼樣的文件，我們不得而知。但伯輿應該提出了東遷之際周平王所盟的、寫有"世世無失職"這一盟辭的文書。結果，王叔陳生沒能提出證據，而伯輿提出了證據，於是伯輿就勝訴了。寫有周王盟辭的文件自然很難偽造，所以伯輿所提出的證據可信度應該很高。反過來説，（根據伯輿一方的主張）王叔陳生是進行賄賂政治的人，連像他那種人都無論如何也拿不出證據來，這不就正好說明當時只

---

① 滋賀秀三《左傳に現われる訴訟事例の解説》，《國家學會雜誌》第 102 卷第 1、2 號，有斐閣，1989 年，注(20)。

有來歷明確的東西才可以作爲證據嗎？就是説，在這個糾紛中，證據能力的審查是相當嚴格的。

如果可以對《左傳·襄公十年》的記載作如上的解釋，那麼雙方當事人交換主張的情形以及對證據的看法基本上與包山楚簡所見證據調查的程序相同。若此看法可以成立（而且假如《左傳》的這個記載是真實的故事），則當時楚國的訴訟程序仍保持着春秋時期訴訟程序的傳統。

下面比較一下包山楚簡的訴訟程序與秦漢的訴訟程序。在此從供認的角度進行考察。供認是糾紛當事人承認對自己不利的事實的意思，而對糾紛當事人施以肉體的痛苦强迫他供認是拷問。拷問可以説是秦漢訴訟程序中最爲顯著的特徵之一。拷問廣泛見於《史記》、《漢書》等史書中，睡虎地秦簡裏也有允許拷問的記載，據此可知秦國確實有拷問。

> 治獄　治獄，能以書從迹其言，毋治（笞）諒（掠）而得人請（情）爲上；治（笞）諒（掠）爲下；有恐爲敗。（《封診式》1號簡）
>
> （治獄：審理案件時，能通過文書追查當事人的口供，不用拷打而察得事實，是上策；拷打爲下策；恐嚇則是失敗。）①

這一條雖然説要盡可能避免拷問，但並非否定拷問。它也承認拷問是調查取證的一個方法，只不過説儘量不用這個方法爲好而已。

> 訊獄　凡訊獄，必先盡聽其言而書之，各展其辭，雖智（知）其訑，勿庸輒詰。其辭已盡書而毋（無）解，乃以詰者詰之。詰之有（又）盡聽書其解辭，有（又）視其它毋（無）解者以復詰之。詰之極而數訑，更言不服，其律當治（笞）諒（掠）者，乃治（笞）諒（掠）。治（笞）諒（掠）之必書曰：爰書：以某數更言，毋（無）解辭，治（笞）訊某。（《封診式》2～5號簡）
>
> （訊獄：凡是在審訊案件時，必須先聽完當事人的口供，並將其記録在案。使其各自陳述，即使知道其主張有假，也不要馬上詰問。已經記録其各自的主張而當事人不辯解時，才開始詰問。詰問時再次聽取其辯解，如

---

① 關於睡虎地秦簡的解釋，從籾山明《秦の裁判制度の復元》（林巳奈夫編《戰國時代出土文物の研究》，京都大學人文科學研究所，1985年）之説。

没有辯解則再進行詰問。如果詰問到當事人辭窮,屢屢説謊,改變口供並且不認罪,依律應該拷打者,才開始拷打。拷打時必須記録在案,要寫下:"爰書:某屢屢改變口供,因無從辯解,故拷打訊問。")

這是一條關於進行拷打的條件的記録。據此,已經聽取當事人的主張,然後詰問疑似説謊之處。按照這個步驟反復進行幾次之後,當事人仍然屢屢説謊,而且符合規定的條件,才可以進行拷打。進行拷打的條件非常嚴格,而且拷打後還要寫報告。這可以説是基於上述1號簡"治掠爲下"這一理念的條文。但反過來説,只要符合以上的條件就可以拷問。

漢代的情況與此相同。例如有如下的記載:

至周爲廷尉,詔獄亦益多矣。二千石繫者新故相因,不減百餘人。郡吏大府舉之廷尉,一歲至千餘章。章大者連逮證案數百,小者數十人;遠者數千,近者數百里。會獄,吏因責如章告劾,不服,以笞掠定之。於是聞有逮皆亡匿。獄久者至更數赦,十有餘歲而相告言,大抵盡詆以不道以上。廷尉及中都官詔獄逮至六七萬人,吏所增加十萬餘人。(《史記·酷吏列傳》)

劃綫的"會獄,吏因責如章告劾,不服,以笞掠定之"一句,與上面引的睡虎地秦簡"詰之極而數訑,更言不服,其律當治諒者,乃治諒"一句很相似。筆者推測,漢代也有像睡虎地秦簡一樣的規定,即如果進行詰問後,受審者仍然不認罪的話,審案者可以進行拷問。"會獄,吏因責如章告劾,不服,以笞掠定之"説的就是當時按照這一規定進行審問。

可以説,如果一個國家采用像秦這樣的審判制度,這種拷問制度是其必然的結果。這是因爲秦的訴訟程序大致分爲告→逮捕、拘禁→訊問→判决四個階段,其中訊問以嫌疑人的認罪結束①。换句話説,如果嫌疑人不認罪,訴訟程序就此結束,嫌疑人被釋放,因此供認是處罰的不可或缺

---

① 關於這一點,上引籾山明《秦の裁判制度の復元》正確地指出:"總之,'笞訊'是在嫌疑人不肯供認罪狀時(按照律的規定)使用的手段。若果真如此,由此可以推測,訊問是(如果嫌疑人有罪的話)以嫌疑人的認罪結束的。"

的條件。要處罰，必須得到嫌疑人的認罪。爲此哪怕用拷問，也要逼嫌疑人認罪。

　　回過頭來看一下楚國的訴訟制度，則糾紛當事人的認罪不是必須的條件，即使當事人不認罪也可以根據其他證據來處罰。若當事人認罪，訴訟就此結束，審案也簡單多了。然而即使雙方當事人的主張不一致，審案人還可以進行調查證據的程序，根據事件的第三者或"典"等證據來確定雙方主張的是非。按照這個制度，當事人的認罪既不是處罰的條件，也不是進入下一道訴訟程序的條件。既然如此，就不必進行拷問了。這可以認爲是楚國與秦漢訴訟制度的一個十分明顯的區別。

　　但其實也有記載説楚國與秦漢一樣存在過拷問：

　　　　張儀已學而游説諸侯。嘗從楚相飲，已而楚相亡璧，門下意張儀，曰："儀貧無行，必此盜相君之璧。"共執張儀，掠笞數百，不服，釋之。其妻曰："嘻！子毋讀書游説，安得此辱乎？"張儀謂其妻曰："視吾舌尚在不？"其妻笑曰："舌在也。"儀曰："足矣。"（《史記·張儀列傳》）

　　官員逮捕嫌疑犯，以拷問來訊問，但嫌疑人仍然不認罪，因此被釋放，這個過程與前述的秦漢訴訟程序完全相同。而與包山楚簡所見訴訟程序對照起來看，兩者是截然不同的程序。在包山楚簡中，例如在120～123號簡的案件中，嫌疑人在没有認罪的情況下，一直被關押在監獄中；又如在131～139號簡的案件中，雙方當事人都没有認罪，審案人卻要下判決。根據這些情況，筆者懷疑張儀的這個故事是在秦漢時代的訴訟程序成爲常識的社會中形成的。

　　如果楚國的訴訟制度與秦漢的訴訟制度存在如上所述的區別，我們可以知道，對統治者來説，秦漢的訴訟制度是多麽省事。按照楚國的訴訟制度，如果没有證據，案子永遠不能下判決，紛争也解決不了。即使知道誰是兇手，由於采用證據的條件非常嚴格，往往不能證明他的犯罪行爲，因而不能處罰他。與此相比，按照秦漢的訴訟制度，如果在一定的期間内得不到嫌疑人的認罪，訴訟就結束，因此任何案件都能在一定的期間内結束。而且審案人可以通過拷問逼迫嫌疑人認罪，因此尋找證據也就變得簡單易行，也利於訴訟處理的快速化①。這種高效率應該是漢代繼承秦國訴訟制度的一個原因吧。

結　語

本文利用包山楚簡探討楚國的訴訟制度，並在此基礎上把包山楚簡所見訴訟制度與春秋時代及秦漢時代的訴訟制度進行比較。但是，無論是包山楚簡還是傳世文獻，關於訴訟的記載都不全面，因此本文所得出的結論尚不出蓋然性的範圍。尤其是，包山楚簡所見訴訟制度究竟是不是當時在楚國通行的一般制度？包山楚簡所記載的會不會都是特殊的案件？這些問題不能不說尚有進一步探討的餘地。

例如同是包山楚簡的卜筮祭禱簡、望山楚簡、天星觀楚簡、秦家嘴楚簡等大量的同類文獻出土於楚墓②，從這個情況看，卜筮祭禱簡所記載的內容應該可以看作是當時楚國廣泛流行的風俗。楚國的訴訟文書與此不同，包山楚簡以外的類似文獻目前只有江陵磚瓦廠 M370 楚墓竹簡而已③。不得不說的是，要對楚國訴訟制度進行多角度的探討，目前還缺乏足夠的資料。

爲了解決這些問題，我們必須要搞清楚包山楚簡的資料性質。也就是說，包山楚簡所見訴訟制度究竟有多普遍？不過，目前筆者對這個問題的看法是比較樂觀的。因爲縣、州、封邑等不同系統的各地方統治機構都

---

①　不過，這只不過是在制度上可以這樣說而已，實際上秦的訴訟程序不見得那麼快。例如睡虎地秦簡《法律答問》6 號簡云："甲盜牛，盜牛時高六尺，毄（繫）一歲，復丈，高六尺七寸，問可（何）論？當完城旦。"據此可知，秦國有時也將嫌疑人拘禁一年以上，秦國的訴訟也未必是快速的。

②　關於卜筮祭禱簡的出土情況，工藤元男先生有很好的介紹，參見工藤元男《包山楚簡"卜筮祭禱簡"の構造とシステム》，《東洋史研究》第 59 卷第 4 號，2001 年；《中國古代の社會史研究と出土文字資料》，殷周秦漢時代史基本問題編委會編《殷周秦漢時代史的基本問題》，汲古書院，2001 年。

③　陳偉《楚國第二批司法簡芻議》，《簡帛研究》第 3 輯，廣西教育出版社，1998 年。滕壬生、黃錫全《江陵磚瓦廠 M370 楚墓竹簡》，《簡帛研究 2001》，廣西師範大學出版社，2001 年。

采用相同的訴訟程序,而且各種地方、各種身份的人都向左尹控告。從這些情況看,包山楚簡所見的訴訟制度可能相當普遍。

附記

本文是以筆者2000年度所提交的碩士學位論文的一部分爲基礎修改而成的。其中承蒙導師池田知久教授賜教之處不少。另外,在大西克也副教授(東京大學研究生院)2000年度開設的"楚系文字研究"課程上研讀包山楚簡,大西先生提供了很多重要的論文與信息。謹記於此,致以謝意!

編校追記

本文首次發表至今已有17年。這17年來楚文字研究發展迅速,從現在的研究水平來看,本文中引用的簡文釋文、對簡文的理解有很多問題。如果對簡文釋文進行全面修改,勢必會影響到本文的論述。這樣一來,等於幾乎重新寫一篇文章。因此,爲了儘量保持原貌,本文中引用的簡文釋文,除了誤植以外,都没有改動。但在此對本文中存在的比較嚴重的問題講一下筆者目前的看法:

第一,本文中懷疑"視日"指的是楚王,不確。"視日"出現於上博簡《昭王毀室》中,據此可知視日是介於楚王與臣下之間的職位,負責對楚王的上通下達。參看陳偉《關於楚簡"視日"的新推測》(陳偉《新出楚簡研讀》第五章第一節,武漢大學出版社,2010年)。包山楚簡中的"視日"指的應該是左尹,當時左尹擔任視日這個職務。

第二,131~139號簡案件中出現的"陰侯之慶李百宜君"之"慶李",讀爲"卿士"。參看劉信芳《楚系簡帛釋例》(安徽大學出版社,2011年)第38頁。

第三,131~139號簡案件中的"慶逃"一句(136號簡、137號簡),本文分别看作桓稍、苛冒的供詞和211個證人的證詞,不確。此"慶逃"是敘述文,說明當時的客觀情況。

第四,142號簡"失逗至州巷"之"逗",本文讀爲"取",不確。此字當讀爲"趣","失趣至州巷"是"逃跑到州巷"的意思。

第五,包山楚簡《受期》的所謂"期",當釋讀爲訓作"期"的"幾"。參看裘錫圭《釋戰國楚簡中的"旨"字》(收入裘錫圭《裘錫圭學術文集·簡牘帛書卷》,復旦大學出版社,2012年)。因此,"《受期》"當改稱爲"《受幾》"。

第六,《受期》的結束句"阩門又敗",本文一律讀爲"徵問有敗",理解爲"在傳唤審訊之後做出處罰"的意思。關於這一句,筆者曾發表《包山楚簡〈受期〉"阩門又敗"再探》一文(收入《簡帛》第2輯,上海古籍出版社,2007年),展開了討論。但這個解釋很有問題,筆者早已放棄了。此句應該怎麼理解,筆者目前沒有確定的看法。

日文版載郭店楚簡研究會編《楚地出土資料と中國古代文化》(東京:汲古書院,2002年),中文版(李力譯)載中國政法大學法律史學研究院編《日本學者中國法論著選譯》(中國政法大學出版社,2012年),今據中文版收入,但在中文表述上作了一些修改。

包山楚簡所見的"盟"

先秦時代，訴訟程序中存在某種形態的盟誓。有許多文獻記載可以證實這一點。但是，西周金文中所見盟誓形式叫作"誓"，包山楚簡則叫"盟"，而且發誓的內容也不同。訴訟中所見的這種"盟"在傳世文獻中沒有出現過，這種盟的存在是因爲包山楚簡的出土才得到確認的。本文首先概觀與訴訟有關的金文中所見的"誓"及春秋時代的"盟"，然後把包山楚簡所見的"盟"和這些"誓""盟"相比較，以明確包山楚簡所見"盟"的性質。

一、金文所見與訴訟相關的"誓"

與訴訟相關的金文數量極爲有限，目前要全面了解西周時代訴訟情況還很困難，但可以知道的是，通過這些與訴訟有關的金文，可看出它們大都通過"誓"終結訴訟。敗訴者與勝訴者及裁定者之間形成約定後結束訴訟，敗訴者表示服從、履行其約定。其典型的例子可舉五祀衛鼎、曶攸從鼎：

> 隹正月初吉庚戌，衛以邦君厲告于井白（伯）、白（伯）邑父、定白（伯）、𤔲白（伯）、白（伯）俗父曰："厲曰'余執聾（恭）王卹（恤）工于邵大室東逆燚（榮）二川'，曰'余舍女（汝）田五田'。"正廼訊厲曰："女（汝）貯田不？"厲廼許曰："余審貯田五田。"井白（伯）、白

(伯)邑父、定白(伯)、琼白(伯)、白(伯)俗父廼顝(講)，事(使)厲誓。廼令參有嗣(司)嗣(司)土邑人趞、嗣(司)馬頌人邦、嗣(司)工隆(隋)矩、内史友寺芻帥履裘衛厲田三(四)田。廼舍寓(宇)于厥邑。(五祀衛鼎，《集成》02832)

（時値正月，月相爲初吉，庚戌這一天，衛同邦君厲一起告於井伯、伯邑父、定伯、琼伯、伯俗父前。衛說："厲說了'我正在督促位於邵大室東側與北側的榮之二川的恭王河川工程。我給汝田五田。'"長官於是問厲："汝賣田了沒有？"厲承認："我的確賣了田五田。"井伯、伯邑父、定伯、琼伯、伯俗父於是作了協議，並讓厲發誓。命三有司即司土邑人趞、司馬頌人邦、司工隋矩，及内史友、寺芻，帶着裘衛踐履厲之田四田。於是厲在其邑中給了衛房屋。）

這裏，裁定者井伯、伯邑父、定伯、琼伯、伯俗父讓敗訴者邦君厲發誓。

隹卅又二年三月初吉壬辰，王才(在)周康宫徲大室。爾从以攸衛牧告于王曰："女(汝)覓我田。"牧弗能許爾从。王令眚(省)，史南以即虢旅。虢旅廼事(使)攸衛牧誓曰："我弗具付爾从其且(租)，射分田邑，則殺(釋)。"攸衛牧則誓。(爾攸从鼎，《集成》02818)

（時在三十二年三月，月相爲初吉，壬辰這一天，王在周康宫的徲大室。爾从和攸衛牧一起告於王前。爾从說"你要了我的田。"牧不能承認爾从的說法。王命令前去調查，於是史南到了虢旅那裏。虢旅讓攸衛牧作了如下誓言："如果我不向爾从交納租稅，而要分其田邑的話，願受放逐。"攸衛牧發誓了。）

這也是强制讓敗訴者攸衛牧發誓的記錄。

從以上與訴訟有關的金文，可以確認這些訴訟大致有着以下的程式：

一方當事者(甲)的主張："曰……"。
另一方當事者(乙)的主張："許曰……"。
裁定者(丙)的裁定："廼曰……"或"廼使乙誓曰……"。
另一方當事者(乙)的誓約："則誓"。

如"廼使乙誓曰……"之文句所示，在訴訟終了之際，先由裁定者陳述誓辭，然後將相同的話強制性地讓敗訴者發誓①。

還有這樣的例子：

> 佳三月既死霸甲申，王在莽上宫。白（伯）揚父廼成𩈁，曰："牧牛。𢿱乃可湛（堪）。女（汝）敢以乃師訟。女（汝）上𢼌先誓。今女（汝）亦既又（有）𠂤誓。專、趙、斎、靚、𤞞僉，亦兹五夫亦既𠂤乃誓。女（汝）亦既從譖（辭）從誓。必可（苛）。我義（宜）便（鞭）女（汝）千，𩊯𩊦女（汝）。今我赦女（汝），義（宜）便（鞭）女（汝）千，黜𩊦女（汝）。今大赦女（汝），便（鞭）女（汝）五百，罰女（汝）三百乎。"白（伯）揚父廼或事（使）牧牛誓曰："自今余敢擾乃小大事，乃師或以女（汝）告，則到，乃便（鞭）千，𩊯𩊦。"牧牛則誓，厥以告吏𩰬、吏𠷎于會。牧牛辭誓成，罰金。𤞞用作旅盉。（𤞞匜，《集成》10285）

𤞞匜是非常難懂的金文，對文意的解釋至今諸説紛呈、並不一致。但從"女上𢼌先誓（汝違背〔?〕了以前的誓言）"②、"白揚父廼或事牧牛誓（伯揚父於

---

① 關於金文所見的"誓"字，孫常叙《則、灋度量則、則誓三事試解》（吉林大學古文字研究室編《古文字研究》第 7 輯，中華書局，1982 年）作過綜合性考釋，他正確地指出"誓"是受制裁的敗訴者被强制執行的行爲。

② 關於"上𢼌"、"𠂤"的解釋有多種説法。筆者從文意推測"上𢼌"、"𠂤"是"違背"的意思。

現簡單地歸納一下至今爲止的各種見解。龐懷清、鎮烽等《陝西省岐山縣董家村西周銅器窖穴發掘簡報》（《文物》1976 年第 5 期）把"𢼌"釋作"卲"，認爲是"弌"的假借字，解釋爲"違背"的意思；將"𠂤"釋作"卪"（卩古文），並引用《説文》"卪，瑞信也"，理解爲"恪守"的意思。程武《一篇重要的法律史文獻——讀𤞞匜銘文札記》（《文物》1976 年第 5 期）、李學勤《岐山董家村訓匜考釋》（吉林大學古文字研究室編《古文字研究》第 1 輯，中華書局，1979 年）、劉海年《𤞞匜銘文及其所反映的西周刑制》（法學研究編輯部編《法學研究》1984 年第 1 期，中國科學出版社，1984 年）等也基本上持以上立場。唐蘭《陝西省岐山縣董家村新出西周重要銅器銘辭的譯文和注釋》（《文物》1976 年第 5 期）將"𢼌"釋作"邟"，認爲是"挺"的假借字，並引用《説文》的"挺，拔也"，理解爲"背離"的意思；將"𠂤"釋作"邟"，認爲是"御"的假借字，理解爲"辦理"的意思。白川静《金文通釋・𤞞匜》（《白鶴美術館誌》第四九輯，白鶴美術館，1978 年）將"𢼌"釋作"卲"，認爲是使用聖器舉行誓約的"表示誓約方法的字"；將"𠂤"釋作"卪"，認爲是"忤"的假借字，理解爲"違背"的意思。伊藤道治《中國古代國家の支配構造——西周封建制度と金文》（中央公論社，1987 年，第 283～286 頁）將"𢼌"釋作"卲"，在其注（10）中認爲是"遷"的假借字；將"𠂤"釋作"卪"，理解爲"違背"的意思。松丸道雄、竹内康浩《西周金文中の法制史料》（滋賀秀三編《中國法制史——基本資料の研究》，東京大學出版會，1993 年）將"𢼌"釋作"卲"，但説此字意義不明；將"𠂤"讀爲"印"，理解爲記録的意思。

是又讓牧牛按以下誓辭發誓)"、"乃師或以女告(汝的上官再和汝發生訴訟)"來看,以前曾經有過一次訴訟,訴訟的結果是讓牧牛發誓,但他未履行,所以有了第二次訴訟。這就是這段金文的内容。

"必苛。我宜鞭汝千,毆黜汝。今我赦汝,宜鞭汝千,黜黜汝。今大赦汝,鞭汝五百,罰汝三百寽"這段話中的三種刑罰的意思是,因爲牧牛没有履行第一次訴訟的誓言,所以被處罰。有意思的是,處罰的内容分三種,即"鞭女千,毆黜汝"→"鞭女千,黜黜汝"→"鞭汝五百,罰汝三百寽",有個逐步減輕的過程。從最後"牧牛辭誓成,罰金"來看,牧牛接受了第三種的處罰,即支付了"鞭汝五百,罰汝三百寽"的罰金。那麽,第一種的處罰"鞭汝千,毆黜汝"爲什麽會先提出來? 也許這是因爲牧牛在第一次訴訟中發過誓,如果不履行誓言的話,就接受"鞭汝千,毆黜汝"的處罰。這樣看來,也許第一次訴訟中發的誓也和第二次訴訟的誓言即"自今余敢擾乃小大事,乃師或以汝告,則至鞭千,毆黜"幾乎一樣。也就是說,兩次訴訟中重複着幾乎一樣的誓言。這個案件在誓言的履行上給了我們重要的啓發,即需要發誓的人僅僅是敗訴者一方,而且是否履行誓言也由敗訴者自己決定。

根據以上分析可以確認,與訴訟相關的金文中所見的誓,作爲終結訴訟的手段發揮着作用。此外,舉行誓的主體是敗訴者,勝訴者强制性地讓敗訴者發誓。從誓辭的内容來看,勝訴者和裁定者制定某個約定,敗訴者發誓服從通過訴訟形成的約定,並加以履行(但敗訴者是否真的履行誓言,由他自己決定)。同時還要注意的是,在與訴訟相關的金文中,舉行"盟"的例子一個也没有。可以這樣認爲,西周時代的訴訟中,較之盟,誓發揮着更重要的作用。

二、春秋時代的盟

在傳世文獻中,有關盟的記述很多,但其大部分是春秋時代的盟。特别是《左傳》中涉及盟的記載格外豐富,我們從中可以知道舉行盟的具體情况。

首先簡單地概括一下盟的特徵①。關於盟的定義，常常被引用的是《禮記·曲禮下》中的一段：

> 諸侯未及期相見曰遇，相見於邻地曰會。諸侯使大夫問於諸侯曰聘。約信曰誓，涖牲曰盟。

如"涖牲曰盟"所示，盟最大的特徵是用犧牲立盟某事。反過來說，誓不用犧牲而只用語言約定某事。在這一點上誓與盟不同。還必須注意的是舉行盟、誓的主體，誓的主體只是宣誓的一個人，盟則是多數人。在這點上盟與誓大不相同。

關於盟所發揮的功能，大致可以分爲四個類型。

第一，會盟。會盟是多國間締結的政治協約。霸者召集其他諸侯舉行會盟最爲典型。這樣的盟不勝枚舉。最有名的是齊桓公主持的葵丘之盟：

> 秋，齊侯盟諸侯于葵丘，曰："凡我同盟之人，既盟之後，言歸于好。"（《左傳》僖公九年）

關於葵丘之盟，《孟子·告子下》有更詳細的記述。《左傳》中所記的"凡我同盟之人，既盟之後，言歸于好"這句話，在《孟子》中是盟辭的最後一句：

> 五霸，桓公爲盛。葵丘之會，諸侯束牲載書而不歃血。初命曰："誅不孝，無易樹子，無以妾爲妻。"再命曰："尊賢育才，以彰有德。"三命曰："敬老慈幼，無忘賓旅。"四命曰："士無世官，官事無攝，取士必得，無專殺大夫。"五命曰："無曲防，無遏糴，無有封而不告。"曰："凡我同盟之人，既盟之後，言歸于好。"今之諸侯皆犯此五禁，故曰：今之諸侯，五霸之罪人也。

第二，宣誓絕交的盟。衆多的人集聚在一起結黨宣誓要放逐敵對者。

---

① 關於春秋時代的誓和盟，筆者較多地參考了滋賀秀三《中國上代の刑罰についての一考察——誓と盟を手がかりとして》（《石井良助先生還曆祝賀法制史論集》，創文社，1976年）。

這可以看做是"盟某"的表現方式。滋賀先生的論文中詳細地研究了這樣的盟。它也是政治協約的一種,不過不同的是這是由國內的權貴召集的。例如《左傳》襄公三十年有如下記載:

夏四月己亥,鄭伯及其大夫盟。君子是以知鄭難之不已也。……

（秋七月）辛丑,子產斂伯有氏之死者而殯之,不及謀而遂行。印段從之。子皮止之。衆曰："人不我順,何止焉？"子皮曰："夫子禮於死者,況生者乎？"遂自止之。壬寅,子產入。癸卯,子石入。皆受盟于子晳氏。乙巳,鄭伯及其大夫盟于大宮,盟國人于師之梁之外。伯有聞鄭人之盟己也怒,聞子皮之甲不與攻己也喜,曰："子皮與我矣。"癸丑晨,自墓門之瀆入,因馬師頡介于襄庫,以伐舊北門。駟帶率國人以伐之。皆召子產。子產曰："兄弟而及此,吾從天所與。"伯有死於羊肆。子產襚之,枕之股而哭之,斂而殯諸伯有之臣在市側者,既而葬諸斗城。子駟氏欲攻子產。子皮怒之,曰："禮,國之幹也。殺有禮,禍莫大焉。"乃止。於是游吉如晋還,聞難,不入。復命于介。八月甲子,奔晋。駟帶追之,及酸棗。與子上盟,用兩珪質于河。使公孫黑肱入盟大夫。己巳,復歸。

這段記載描述了鄭國內亂的一個場面。紛争發生在子晳和伯有之間,鄭大夫們關於支持誰、打倒誰,國內分成了兩派。最終亡命國外的伯有攻回鄭國。這一年裏爲了收拾鄭國的局勢,人們多次舉行了盟的活動。

第三,戰爭中的盟。這是決定戰争勝敗,約定和解條件的盟。例如有這樣的例子:

冬十月,諸侯伐鄭。……鄭人恐,乃行成。……諸侯皆不欲戰,乃許鄭成。十一月己亥,同盟于戲,鄭服也。將盟,鄭六卿公子騑、公子發、公子嘉、公孫輒、公孫蠆、公孫舍之及其大夫、門子,皆從鄭伯。晋士莊子爲載書曰："自今日既盟之後,鄭國而不唯晋命是聽,而或有異志者,有如此盟。"公子騑趨進曰："天禍鄭國,使介居二大國之間,大國不加德音,而亂以要之,使其鬼神不獲歆其禋祀,其民人不獲享其土利,夫婦辛苦墊隘,無所厎告。自今日既盟之後,鄭國而不唯有禮與彊可以庇民者是從,而敢有異志者,亦如之。"荀偃曰:"改載書。"公孫舍之曰:"昭大神要言焉。若可改也,大國亦可叛也。"知武子謂獻子曰:"我實不德,而要人以盟,豈禮也哉? 非禮,何以主盟? 姑盟而退,修德、息師而來,終必獲鄭,何必今日? 我之不德,民將棄我,豈唯鄭? 若能休和,遠人將至,何恃於鄭?"乃盟而還。(《左傳》襄公九年)

從這段文字看,盟是當事者雙方爲取得和解而締結的,並不是約定敗者必須遵從勝者的要求。

戰争中有時也舉行誓,但其性質與盟完全不同。例如《左傳》昭公四年云:

秋七月,楚子以諸侯伐吴,宋大子、鄭伯先歸,宋華費遂、鄭大夫從。使屈申圍朱方,八月甲申,克之,執齊慶封而盡滅其族。將戮慶封,椒舉曰:"臣聞無瑕者可以戮人。慶封唯逆命,是以在此,其肯從於戮乎? 播於諸侯,焉用之?"王弗聽,負之斧鉞,以徇於諸侯,使言曰:"無或如齊慶封弑其君,弱其孤,以盟其大夫。"慶封曰:"無或如楚共王之庶子圍弑其君兄之子麇而代之,以盟諸侯。"

這裏,楚靈王强制慶封誓("使言曰……"),其做法與上述金文所見使某人誓的做法("廼使乙誓曰……")是相似的。通過比較盟辭和誓辭,可知盟是爲了達成和解舉行的,誓是勝者强制敗者舉行的。

第四,君主爲保障臣下地位而舉行的盟。我們往往可以看"賜盟"這樣的表現方式。與其它的盟不同的是,這個盟是君主一個人舉行的。例如《左傳》僖公二十六年云:

夏,齊孝公伐我北鄙,衛人伐齊,洮之盟故也。公使展喜犒師,使受命于展禽。齊侯未入竟,展喜從之,曰:"寡君聞君親舉玉趾,將辱於敝邑,使下臣犒執事。"齊侯曰:"魯人恐乎?"對曰:"小人恐矣,君子則否。"齊侯曰:"室如縣罄,野無青草,何恃而不恐?"對曰:"恃先王之命。昔周公、大公股肱周室,夾輔成王。成王勞之,而賜之盟,曰:'世世子孫無相害也。'載在盟府,大師職之。桓公是以糾合諸侯而謀其不協,彌縫其闕而匡救其災,昭舊職也。及君即位,諸侯之望曰:'其率桓之功。'我敝邑用不敢保聚,曰:'豈其嗣世九年,而弃命廢職?其若先君何?君必不然。'恃此以不恐。"齊侯乃還。

從侯馬盟書中我們可以得知春秋時代盟的具體面貌。侯馬盟書是春秋晚期晉國有關盟的記錄。當時韓、魏、趙的勢力壯大,晉處於分裂前夜。在權力紛爭過程中,各種貴族勢力互相締結了許多盟,因此通過侯馬盟書我們可以了解春秋時代盟的真實情況。研究結果表明,傳世文獻所記錄的由衆多的人使用犧牲完成的盟並非單純的虛構。其中一個盟書是這樣的:

郘纆敢不開(判)其腹心以事其宔(主),而敢又(有)志【復】逋䞨及其子孫、史䣛及其子孫于晉邦,及群虖(呼)明(盟),䖏(吾)君其明(盟)惡(殛?)規(示)之,麻䡡(夷)非是(氏)。(四九:二)①

（如果郘纆敢不明確其真心以幫其主,意圖讓逋䞨及其子孫、史䣛及其子孫返回晉邦,跟他們的黨徒結盟,吾君就通過盟宣告誅殺,消滅他,誅滅其氏族。）

侯馬盟書多次重複"不許敵人進入晉地"這種盟,這是國内大夫們宣誓齊心合力對抗敵人,屬於上述盟的第二種類型。

根據以上的分析,可知盟的機能跟誓大不一樣。也就是説,盟不是勝者強制敗者執行的,而是有着共同意志的人們為強化他們的同盟關係舉行的。在傳世文獻中我們找不到春秋時代在訴訟中舉行盟的記錄。筆者認為這一點很重要。

三、包山楚簡所見的盟

包山楚簡所記載的訴訟中,没有舉行過誓的迹象,但可以確認舉行過

---

① 山西省文物工作委員會《侯馬盟書》"宗盟類三",文物出版社,1976年。

盟。就是説，在訴訟中不舉行誓，這一點包山楚簡和西周時代不一樣，而在訴訟中舉行盟這點又和春秋時代不一樣。那麽，包山楚簡所見的盟究竟起着怎麽樣的作用？

包山楚簡所見的盟，以131～139號簡所記最詳：

> 僕軍造言之：視日以鄀人**(舒)慶之告誼(屬)僕，命速爲之剴(斷)。鄀之正既爲之**(盟)諓(證)。慶逃，**(拘)，其余**(執)，牀(將)至昏(時)而剴(斷)之。視日命一**(執)事人至(致)命，以行古榮上恒①。僕倚(倚)之，以至(致)命。(137號簡背)
>
> （本人軍謹向您作以下的報告。視日把鄀人舒慶的訴案委託給了我，命從速爲之作出判决。鄀之正已經爲之舉行過盟證。舒慶逃亡，舒**越獄，其他人均已拿獲，預定不久之後可下决斷。視日命某個執事人報告此事，派遣了古榮上的恒。我托他向您作報告。）②

這裏，視日發出"從速决斷"的命令，(湯公競)軍對此作出的回覆是"因爲已經舉行過盟證，所以不久之後可下决斷"。由此可知，盟是下决斷前的前提條件、必要手續。

那麽，這個"盟證"實際上是怎麽樣舉行的呢？

---

① "以行古榮上恒"這一句非常難解。劉信芳《包山楚簡司法術語考釋》（《簡帛研究》第2輯，法律出版社，1996年）把"榮"讀爲"讞"，理解爲"議罪"之意，並把"以行古榮上恒"解釋爲"按故例應議案於上恒"。史傑鵬《關於包山楚簡中的四個地名》（《陝西歷史博物館館刊》第5輯，西北大學出版社，1998年）把"榮"釋作"湛"的假借字，把"榮上"看作是湛水河岸地。並將"古"看作是"故"的假借字，把"恒"理解爲常法，"行古榮上恒"即"按照過去'湛上'的制度行事"。

筆者認爲這一句與"命榮上之識獄爲鄀人**牂票(命令榮上之識獄爲鄀人舒**作盟)"(139號簡背)意思大致相同。通過比較可知，"古榮上"乃地名，"恒"乃擔任識獄這一官職的人的名字。關於"行"，筆者認爲即"派遣"之意。"行某人"即將人作爲"行"的賓語的例子，在包山楚簡中還可舉出一例：

> 九月辛酉之日，新大廄陳漸受期。十月辛未之日，不行代易(陽)廄尹郬之人或找於長**(沙)公之軍，阩(證)門(問)又(有)敗。(61號簡)
>
> （九月辛酉之日，新大廄陳漸受期。十月辛未之日，如不把代陽廄尹郬之人或找"行"至長沙公軍那裏，受期人要受審訊、受處罰。）

② 湖北省荆沙鐵路考古隊編《包山楚簡》，文物出版社，1991年。

逤、㹁皆言曰："苛冒、恒卯**殺**夆（舒）叴。小人與慶不信殺恒卯，卯自殺。"恒䊷、苛冒言曰："夆（舒）慶、夆（舒）㹁、夆（舒）逤殺恒卯，慶逃。"

頤（夏）㞕（夷）之月癸亥之日，䎽（執）事人爲之䊷（盟）䇔（證）。凡二百人十一人既䊷（盟），皆言曰："信謰（察）䎽（問）智（知），夆（舒）慶之殺恒卯，逤、㹁與慶皆（偕）。謰（察）䎽（問）智（知），苛冒、恒卯不殺夆（舒）叴。夆（舒）㹁䎽（執），未又（有）剬（斷），迲笏（拘）而逃。"（136～137 號簡）

（舒逤和舒㹁都說："苛冒和恒卯殺害了舒叴。我和舒慶確實沒有殺恒卯，卯是自殺的。"恒䊷和苛冒說："舒慶和舒㹁、舒逤殺了恒卯，舒慶逃了。"

夏夷之月癸亥之日，執事人爲之舉行了盟證。總共二百十一人參盟，大家都這麽說："確實察此事，問此事，知此事。舒慶殺了恒卯，舒逤和舒㹁及舒慶都參與了。我們對以下的事情都察之，問之，知之。苛冒和恒卯沒有殺舒叴。舒㹁被捕後，還沒有下判決，就從牢獄脫逃了。"）

這個案子是因舒叴和恒卯死亡而引發的爭訴。提訴人舒慶提出是苛冒和恒卯殺害了舒叴，恒卯自殺。與此相對，對方恒䊷和苛冒提出是舒慶和舒㹁、舒逤三人殺害了恒卯。在兩當事人意見截然相反的情況下，盟被舉行了。人們盟證的内容是"確實察此事，問此事，知此事。舒慶殺了恒卯，舒逤和舒㹁及舒慶都參與了。我們對以下的事情都察之，問之，知之。苛冒和恒卯沒有殺舒叴。"通過舉行這樣的盟，可以確定兩當事人究竟哪一位所主張的事實是真實的。

除了 131～139 號簡的事案以外，包山楚簡裏還有 120～123 號簡、23 號簡兩個案件中有關於盟的記述：

□客監臣迡（蹠）楚之䞇（歲）享月乙卯之日，下鄡（蔡）菽里人舍鼫告下鄡（蔡）旮䎽（執）事人昜（陽）城公羕睪。鼫言冐（謂）："郱倖歗（竊）馬於下鄡（蔡）**䕒**（而？）儥（鬻）之於昜（陽）城，或殺下鄡（蔡）人舍睪。小人命爲誓（契）以傳之，昜（陽）城公羕睪命倞郱解句（拘），傳郱倖得之。"

享月丁巳之日，下鄡（蔡）山昜（陽）里人郱倖言於昜（陽）成（城）公羕睪、大敓尹屈達、郫昜（陽）莫䴇䭮（臧）葯、舍羕。倖言冐（謂）：

"小人不信歔(竊)馬,小人信✦下鄴(蔡)閶(關)里人雇女返、東邙里人昜貯、䓕里人競不割(害)昬殺舍㮈於競不割(害)之官(館),✦(而?)相✦弃之於大迻(路)。"……

郑倞未至剚(斷),有疾,死於笱(拘)。雇女返、昜貯、競不割(害)皆既䚑(盟)。(120～123號簡)

(□客監臣來到楚國那一年享月乙卯之日,下蔡的莜里人舍䚁告於下蔡的夲的執事人陽城公羕㮈。舍䚁説:"郑倞在下蔡竊馬而在陽城賣這匹馬,接着殺了下蔡人舍㮈。我建議製作符契並逮捕郑倞,陽城公羕㮈命令倞的郑解下達逮捕的命令,捕獲了郑倞。"

享月丁巳之日,下蔡的山陽里人郑倞向陽城公羕㮈、大敓尹屈達以及郢陽的莫嚻臧㩹、舍羋提出了自己的主張。郑倞説:"我真的没有竊馬。我確實與下蔡閶里人雇女返、東邙里人昜貯、䓕里人競不害一起在競不害館殺舍㮈,並將其屍體遺棄在大路上。"

郑倞未及裁斷,因病在獄中死亡了。雇女返、昜貯、競不害都舉行了盟。)

這裏同時審理的是竊馬和舍㮈被殺的兩個案子。被告人郑倞承認他自己殺害了舍㮈,不過否認竊馬。但没到判決之前郑倞就死了。雇女返、昜貯、競不害舉行了盟。事案就此終結了①。

根據131～139號簡的案子再來看這個案子,這裏也是兩個當事人的意見正好相反,所以他們必須通過盟來確定哪一位的主張是正確的。可是在盟舉行之前郑倞就死了,無法再作決斷。

下面再來看23號簡的案子:

八月己巳之日,邻少(小)司敗臧未受期。九月癸丑之日,不逞(將)邻大司敗以䚑(盟)邻之㭝里之㪣(亶)無又(有)李㪯凶(思)②,

---

① 123號簡"郑倞未至剚,有疾,死於笱"的後面,有8字左右的空白,接着又寫"雇女返、昜貯、競不割皆既䚑"。筆者認爲,這説明,因被告人郑倞的死亡,此事件告一段落,文章可以終結了。然後作爲這個事件的事後處理,記載了雇女返、昜貯、競不割三個人所進行的盟。

② 劉樂賢先生讀"㪣"爲"亶",意爲"信"。見《楚文字雜識(七則)》,《第三届國際中國古文字學研討會論文集》,香港中文大學中國文化研究所、中國語言及文學系,1997年。

阩（證）門（問）又（有）敗。秀不孫。(23號簡)

　　八月己巳之日，邻的小司敗臧未受期。九月癸丑之日，如果不把邻的大司敗帶來盟證邻的梄里確實没有李㱿思的話，那受期人就要受審而受處罰。秀不孫(作記録)。

這個案子關涉到李㱿思居住地的問題。可能是想通過盟證證明李㱿思不在邻之梄里。那麼這裏所使用的盟辭可能類似於"邻之梄里之敗無又李㱿凶"。也就是説，在這裏盟也同樣起着確定什麼是事實的作用。

通過以上案例來整理一下包山楚簡中盟的特徵。首先是關於盟的主體。131~139號簡是跟事件没有什麼關係的二百十一個第三者，120~123號簡是事件的共犯(不過他們不是被告人)，23號簡是紛争發生地方的官吏。就是説，盟不是由訴訟當事人舉行的，而是由第三者舉行的。

其次是關於盟辭。131~139號簡是"信察問知，舒慶之殺佢卯，迶、俚與慶皆。察問知，苛冒、佢卯不殺舒朋。舒俚執，未又斷，迬拘而逃"，23號簡是"邻之梄里之亶無又李㱿思"。這些盟只宣誓肯定哪一位的主張是事實。根據以上的分析，可知包山楚簡中的盟跟與訴訟有關的金文中的誓的内容完全不同。就是説，誓是敗者宣誓將遵從訴訟的結果。盟則是確定所争執的事實是否確鑿無疑。

最後是關於盟在訴訟中發揮的作用。訴訟首先要基於證據作事實的認定，然後在確認事實的基礎上下判决。包山楚簡中的盟是關於事實認定的宣誓，而與訴訟有關的金文中的誓就是一種最終判决。在程序上可以説包山楚簡中的盟早於與訴訟有關的金文中的誓。所以"盟"和"證"結合而形成"盟證"這樣的詞句。因爲"盟證"的舉行，事實認定得以終結，可以下判决了，即可以下"斷"了。所以盟是作爲斷的前提條件、必要手續。

至今爲止，關於中國古代訴訟中的盟，常常引用《周禮·司盟》中的這段文字來考慮問題：

　　司盟：掌盟載之灋。凡邦國有疑會同，則掌其盟約之載及其禮儀，北面詔明神，既盟，則貳之。盟萬民之犯命者，詛其不信者亦如之。凡民之有約劑者，其貳在司盟。有獄訟者，則使之盟詛。凡盟詛,各以其地域之衆庶共其牲而致焉。既盟,則爲司盟共祈酒脯。(鄭注:不信則不敢聽此盟詛,所以省獄訟。)

據此,可以説訴訟中所舉行的盟是在作證之前舉行的,人們盟誓自己説的是真話。事實上包山楚簡中的盟也是這樣被解釋的①。不過再看看包山楚簡中盟的實例,即知它不是宣誓要説真話,而是確定什麽是真話。從傳世文獻中找類似的盟,也許可舉出這個例子:

> 昔者齊莊君之臣有所謂王里國、中里徼者。此二子者訟三年而獄不斷。齊君由謙殺之,恐不辜;猶謙釋之,恐失有罪。乃使二人共一羊,盟齊之神社,二子許諾。於是泏〈洷〉洫〈盟〉,攖羊而漉其血,讀王里國之辭既已終矣;讀中里徼之辭未半也,羊起而觸之,折其脚,祧神之而槀之,殪之盟所。當是時,齊人從者莫不見,遠者莫不聞,著在齊之春秋。諸侯傳而語之曰:"請品先不以其請者,鬼神之誅,至若此其憯遫也。"以若書之説觀之,鬼神之有,豈可疑哉。(《墨子·明鬼下》)

這裏,兩個當事人各自盟誓自己所説的事實是真話,并不是盟誓自己要説真話。可以説這也是作爲立證手段的盟。

還有這樣的例子:

> 孟嘗君相齊,其舍人魏子爲孟嘗君收邑入,三反而不致一入。孟嘗君問之,對曰:"有賢者,竊假與之,以故不致入。"孟嘗君怒而退魏子。居數年,人或毁孟嘗君於齊湣王曰:"孟嘗君將爲亂。"及田甲劫湣王,湣王意疑孟嘗君,孟嘗君乃奔。魏子所與粟賢者聞之,乃上書言:"孟嘗君不作亂,請以身爲盟。"遂自剄宫門以明孟嘗君。湣王乃驚,而蹤迹驗問,孟嘗君果無反謀,乃復召孟嘗君。孟嘗君因謝病,歸老於薛。湣王許之。(《史記·孟嘗君列傳》)

---

① 例如,李零《包山楚簡研究(文書類)》(中國古文字研究會第九届學術討論會論文,1992年10月;《王玉哲先生八十壽辰紀念文集》,南開大學出版社,1994年;李零《李零自選集》,廣西師範大學出版社,1998年)中,將120~123號簡、131~139號簡的"既盟",解釋爲"起誓"。周鳳五〈臿睪命案文書〉箋釋——包山楚簡司法文書研究之一》(《文史哲學報》第41期,國立臺灣大學文學院,1994年6月)也引用《周禮·司盟》的文章,以支持其説。

這裏説的是孟嘗君曾遭受了謀反的嫌疑。其中作盟的人通過自殺設盟，不跟某人約定某事，只爲了證明孟嘗君的無罪。這也是作爲立證手段的盟，跟包山楚簡中的盟有着類似的性質。

從以上的例子看，應該説在戰國時代訴訟中所舉行的盟有着多種多樣的形態。所以，筆者認爲，我們不能只據《周禮・司盟》的一段文字來解釋訴訟中出現的所有的盟，也不應該這樣去做。

附記

2001年8月於湖南長沙舉行的"百年來簡帛發現與研究暨長沙吳簡國際學術研討會"上，關於"盟證"的解釋，陳偉先生給筆者提出意見，説"盟證"指的是"盟"與"證"兩個手續；首先"盟誓（發誓）"説真話，然後"證言"某個事實。其實，陳先生在《包山楚簡初探》中已經指出："簡文雖然有時盟證連言，但盟與證實際上是兩件事。盟是兩周時流行的一種儀式。……上舉簡書的盟施於證人，目的則是爲了舉證的真實性（即信）"（第143頁）。不過筆者仍然認爲"盟證"是一個手續，並不是"盟"與"證"兩個手續。這是因爲包山楚簡裏有一個例子按照陳先生的説法不能解釋。

八月己巳之日，邻少（小）司敗臧（臧）未受期。九月癸丑之日，不遅（將）邻大司敗以䚈（盟）邻之樴里之敀（亶）無又（有）李㲋囚（思），阩（證）門（問）又（有）敗。（23號簡）

如果像陳先生所説的那樣，"盟"只是舉行"證"前的一種儀式，那麼"盟邻之樴里之亶無有李㲋思"的"盟"不應該是"盟"而應該是"證"，即"'盟'邻之樴里之亶無有李㲋思"應該是"'證'邻之樴里之亶無有李㲋思"。因爲"邻的樴里確實沒有李㲋思"這樣的事實是"盟"的賓語，"盟"只能是講述事實、提供證言的意思，而不是僅僅發誓説真話的意思。

陳先生把"盟證"分成"盟"與"證"兩個手續之最大根據是139號簡背的記述。

左尹以王命告子郚公：命繋上之戠（識）獄爲邻人牵（舒）䞓䚈

(盟)其所命於此箸(書)之中以爲諆(證)。

陳先生把"盟其所命於此書之中以爲證"作爲一句,並根據這個斷句說"盟爲證的必然附屬物"。但此文應該斷句爲"命縈上之識獄爲鄰人舒赶盟。其所命於此書之中以爲證",意思是"命令縈上之識獄爲鄰人舒赶作盟。將他在此所請求的人作爲證人"。所以這是讓"證人"作"盟"的記述。這樣的話,"盟"在這裏跟"證"也是一樣的。

編校追記

本文的基本情況與前一篇《包山楚簡所見的證據制度》相同,在此只對一些比較嚴重的問題講一下筆者目前的看法:

第一,五祀衛鼎"汝貯田不"之"貯",當改釋爲"賈"。參看李學勤《重新估價中國古代文明》(收入李學勤《新出青銅器研究》,文物出版社,1990年)。

第二,本文對"鬲攸從鼎"銘文的理解頗有問題。"鬲攸从鼎"之"从",當改釋爲"比";鬲攸比鼎銘文"汝覓我田"之"覓",當改釋爲"叏",是付的意思;"其且射分田邑"構成一句,"且射"讀爲"沮敗";"敓",當改釋爲"殺"。綜上所述,誓詞的意思是"如敢不把鬲比所應得的都付給他,而沮止破壞分田邑之事的話,就應被殺"。以上解釋都見於裘錫圭《釋"叏"》(收入裘錫圭《裘錫圭學術文集·金文及其他古文字卷》,復旦大學出版社,2012年),請讀者參看。

第三,本文對僕匜銘文的理解也頗有問題。"贅"字,當讀爲"決",參看鄔可晶《讀金文"贅"及相關之字》(收入《出土文獻與古文字研究》第5輯,上海古籍出版社,2013年)。"孚"字,讀音與"孚"相同或相近,參看裘錫圭《䚄公盨銘文考釋》(收入裘錫圭《裘錫圭學術文集·金文及其他古文字卷》)。"孚(孚)誓"當是遵守誓辭的意思。"僉",當改釋爲"寽",讀爲"造",參看李學勤《釋"出入"和"逆造"——金文釋例之一》(收入李學勤《通向文明之路》,商務印書館,2010年)。此"造"是到的意思。"必可(苟)"之"必",當改釋爲"弋"。在此讀爲"式",是語首助詞。

第四，包山簡 137 號簡背"漖"、139 號簡背"漖"，是郭店簡《老子》甲 22 號簡"漖"字所从。不从水的"嗀"在楚文字中有不少例子，大都讀爲"噬"（關於相關字的例子和研究，參看王子楊《關於〈別卦〉簡 7 一個卦名的一點看法》，復旦大學出土文獻與古文字研究中心網站，2014 年 1 月 9 日）。"漖上"之"漖"當讀爲"滐"。此"滐"是水名，"滐上"是意爲滐水邊的地名。《書·禹貢》云："過三滐，至于大別。"僞孔傳云："三滐，水名，入漢。"包山簡所見滐水可能與此"三滐"有關。"古漖上"之"古"當讀爲"故"，"故滐上恒"的意思是"原滐上【之識獄的】恒（即人名）"。

此外，關於包山簡中應該改釋之處，請讀者也參看《包山楚簡所見的證據制度》編校追記。

　　本文爲曹峰譯，原載李學勤、謝桂華主編《簡帛研究 2002、2003》（廣西師範大學出版社，2005 年），今據以收入，但在中文表述上作了一些修改。

包山楚簡 131～139 號簡文書所見"僉殺"之"僉"字之釋祛疑

一

　　包山楚簡 131～139 號簡是關於舒昀被殺案的一組文書①,由三個文書構成②。此案案情錯綜複雜,辦案過程撲朔迷離。當初舒慶控告苛冒、桓卯二人,説他們殺害了舒慶之兄舒昀;但後來這位控告人之父舒逾和兄舒盈二人以殺害桓卯之嫌疑被捕(舒慶當時早已出逃,因此没有被捕),211 人作盟證説苛冒、桓卯没有殺害舒昀,而舒慶他們殺害了桓卯。再後來舒慶向楚王告狀,請求爲他主持公道。案情的發展頗富戲劇性,甚至超出情理。關於三個文書的前後順序和關係,學界至今存在不同意見③,而

---

① 湖北省荆沙鐵路考古隊《包山楚簡》,文物出版社,1991 年。
② 陳偉先生把這組文書分爲如下三個文書:
　　(A) (AI) 132—133—134—135　(AII) 135 前　(AIII) 132 背
　　(B) (BI) 131—136—137　(BII) 137 背
　　(C) (CI) 138—139　(CII) 139 背　(CIII) 138 背
參看陳偉《包山楚司法簡 131～139 號考析》,《江漢考古》1994 年第 4 期。
③ 相關討論參看朱曉雪《包山楚簡綜述》第 43～47 頁,福建人民出版社,2013 年。這三個文書中,文書(A)和文書(B)的關係可以確定。簡單地說,文書(B)是對文書(A)的回覆。問題是文書(C)和其他兩個文書的關係。李佳興先生認爲文書(C)是文書(B)的附件(李佳興《〈包山楚簡〉司法文書簡研究——以訴訟事件爲例》,臺灣暨南國際大學碩士學位論文,2000 年。筆者未見,此根據《包山楚簡綜述》轉述),朱曉雪先生也同意此説。(轉下頁)

且這組文書中沒有相當於判決的文書,此案最後如何收場,我們不得而知①。

朱曉雪先生回顧過去的包山楚簡研究情況説:當初整理者整理包山楚簡時,"由於對楚簡的研究剛起步,能爲文字釋讀提供綫索的相關資料有限,所以釋文的誤字和未釋字還是很多。針對這一情況,研究者們陸續發表了很多文章,糾正考釋錯誤之字,釋讀未釋之字,這使得包山楚簡中很多摹寫原字形的字、僅作隸定的字和釋讀錯誤的字得到了正確釋讀。……隨着楚簡新材料(郭店楚簡、新蔡楚簡、上博楚簡、清華楚簡等)的公布,學者們的視綫逐漸轉移,包山楚簡的研究略顯沉寂。但也正是這些新材料的出現,提高了包山楚簡的文字釋讀水準,很多學者的説法得到了證實,很多不識之字也得到了解決。"②這種情況對於131~139號簡文書也不例外。本文也試圖利用所謂"楚簡新材料"來證明過去對這組文書中所見一個字的釋讀。

二

本文要討論的是這組文書中與"殺"連文的一個字(下引a、b、c三例)。首先列出相關字形:

(接上頁)李守奎先生則認爲文書(C)和文書(A)、(B)没有任何關係,是由另外一件原發文書産生的,是一組下行文書(李守奎《包山司法簡致命文書的特點與138~139號簡文書内容的性質》,《古文字研究》第28輯,中華書局,2010年)。筆者同意李守奎先生的看法。文書(B)説組織211人盟證的是陰司敗和陰之正,而在文書(C)中楚王是命令宛公讓滏上之識獄執行盟,盟證的組織者不同。進一步説,文書(A)、(B)的命令系統是楚王—左尹—湯公—陰司敗、陰之正,文書(C)的命令系統是楚王—左尹—宛公—滏上之識獄。兩者系統截然不同,因此文書(C)不大可能是文書(A)、(B)的附件。根據舒慶的訴狀,舒慶向宛公控告的是盛公邊之歲,而陰司敗、陰之正組織盟證的是其下一年之東周之客許盈歸胙於戚郢之歲。據此,筆者懷疑文書(C)在文書(A)、(B)之前,舒慶在盛公邊之歲申請過舉行盟證,文書(C)是那個時候舒慶擬的盟證人名單。

① 《所證》184號簡有"(東周之客許盈歸胙於戚郢之歲)八月辛未,李程"的記載。這是陰司敗向湯公匯報的夏夕之月癸丑之日的18日後。據此可知此案不是以湯公的這個匯報結束的。

② 朱曉雪《包山楚簡綜述》第11頁。

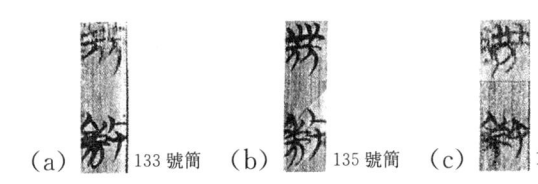

(a) 133號簡　(b) 135號簡　(c) 136號簡　(d)  121號簡

辭例如下(本文中用"△"代替我們要討論的字)：

(a) 陰人苛冒、赶卯以宋客盛公邊之歲刑夷之月癸巳之日△殺僕之兄昁。

(b) 苛冒、赶卯△殺僕之兄昁。

(c) 苛冒、恆卯△殺夆昁。

整理者把△釋爲"並",其注云："並,簡文作𣏟。"① 其後周鳳五先生、陳偉先生、李零先生釋爲"僉",其中周、陳二位先生訓爲皆②。裘錫圭先生認爲這是"戔"(包山簡、郭店簡所見"察""竊"等字所從的聲旁)字變體,並説讀"戔"或讀"殘"均可③。

周、陳二位先生釋爲"僉"的根據是120～123號簡文書中所見的"督殺",即上引的例(d),在此把它隸作"督殺"。相關簡文如下：

(d) 小人信与(與)④下蔡關里人應女返、東邨里人煬賈、蓋里人競不割督殺夆䍛於競不割之館,而相与(與)弃之於大路。

---

① 湖北省荆沙鐵路考古隊《包山楚簡》,考釋(232),第49頁。
② 周鳳五《舍罘〈命案文書〉箋釋——包山楚簡司法文書研究之一》,《文史哲學報》第41期,國立臺灣大學文學院,1994年6月。陳偉《包山楚司法簡131～139號考析》第68頁。李零《讀〈楚系簡帛文字編〉》(第(133)條,《出土文獻研究》第5輯,科學出版社,1999年8月。但周鳳五先生的解釋與其他二位有所不同,他説："𣏟爲僉字省其上部倒口之訛變,督省倒口則爲督,更省其二小口則爲皆(皆)。"按照此説,"皆"字本是從"僉"字訛變過來的。但"皆"應該別有來源,周先生的這種解釋恐怕有問題。
③ 裘錫圭《〈太一生水〉"名"字"章解釋——兼論〈太一生水〉的分章問題》,《古文字研究》第22輯,中華書局,2000年。此文亦收入裘錫圭《中國出土古文獻十講》,復旦大學出版社,2004年;裘錫圭《裘錫圭學術文集·簡牘帛書卷》,復旦大學出版社,2012年。但裘先生在把這篇文章收入《文集》時對此句加編按,云："作者後來對'△'字(引者按,即包山簡、郭店簡所見'察''竊'等字所從的聲旁)的看法已有改變,認爲'△'與'戔'無關。"
④ "与"之釋,從周鳳五先生意見(説見《舍罘〈命案文書〉箋釋——包山楚簡司法文書研究之一》)。朱曉雪先生指出此字很可能是"與"字的省略寫法(《包山楚簡綜述》第419頁),可從。

周、陳二位先生認爲"晉"和△是一字異體,並同意劉釗先生釋"晉"爲"僉"的意見①。看辭例,"△殺"和"晉殺"的主語都是複數。再看字形,△的形體和晉所从"双"有些相似。如此看來,△和晉是異體字的可能性確實值得考慮。此說也獲得了不少學者的贊同,如《古文字譜系疏證》把此字歸在"僉"字條下,云"包山簡'一殺',讀'劍殺',用劍殺死"②。但"双"怎麼能寫成"𣎵"這種形體呢?他們都没有解釋清楚這一點。

我們看關於包山簡的代表性研究,了解一下當今學界對△字的看法。第一是 2009 年出版的《楚地出土戰國簡册[十四種]》,包山楚簡釋文注釋的作者是陳偉、劉國勝、胡雅麗三位先生③。他們對△字不加隸定,在注釋[46](第 64 頁)云:"今按:是 121 號簡𥎦字的異寫。"而對晉字,在注釋[10](第 60 頁)云:"今按:此字似應釋爲'競'。《離騷》'衆皆競進以貪婪兮',王逸注:'競,並也。''競殺'即共同殺害。"可見陳偉先生雖然仍然認爲△和"晉"是一字異體,但放棄了釋爲"僉"的意見,提出了新看法。然而,120~123 號簡文書中有五例"競"字,131~139 號簡文書中有兩例"競"字,此七例"競"的字形都差不多,却與△、"晉"很不相同。說△、"晉"應釋爲"競",在字形上没有充分的根據。而且所引《離騷》"競進"之"競"應當理解爲競爭的意思④,根據這個例子主張"競"有共同的意思,難以令人信服。

第二是 2012 年出版的《包山楚墓文字全編》⑤。李守奎等三位先生把此字作爲未識字處理,但對此字加按語,云"或釋爲僉之省形"(第 565

---

① 劉釗《包山楚簡文字考釋》,中國古文字研究會第九屆學術討論會論文,1992 年 10 月;後收入劉釗《出土簡帛文字叢考》第[97]條,[臺北]臺灣古籍出版有限公司,2004 年。

② 黄德寬主編《古文字譜系疏證》第 4056 頁,商務印書館,2007 年。附帶一提,把此字讀爲"劍"本是劉釗先生的意見。劉先生在 1992 年發表上引文章時提出了這個意見,但在 2004 年把此文收入《出土簡帛文字叢考》時放棄了這個說法,采用訓爲"皆"的意見。

③ 陳偉等《楚地出土戰國簡册[十四種]》,經濟科學出版社,2009 年。釋文注釋作者的信息見於後記。

④ 例如金開誠、董洪利、高路明《屈原集校注》(中華書局,1996 年)云"競:爭。進:追逐。'競進',指争奪權勢。"(第 31 頁)

⑤ 李守奎、賈連翔、馬楠《包山楚墓文字全編》,上海古籍出版社,2012 年。

頁）。在釋文中摹寫原字形，在其下寫"(僉)"(第578～579頁)。看得出來，他們傾向於釋爲"僉"之説，但因爲沒能解釋清楚其字形結構，才如此處理。

第三是2013年出版的《包山楚簡綜述》。朱曉雪先生直接釋爲"僉"（第445頁），但其注釋只引用相關研究，沒有説明其理由，也沒有對此字的字形作解釋（注釋[6]，第446～447頁）①。

隨着討論的深化，學界對△的看法逐漸取得一致：第一，△和"瞽"可能是一字異體；第二，△、"瞽"是"皆"的意思。但至今仍然沒有人能解釋清楚△的字形結構。因此這究竟是什麽字，學界仍存在多種看法。

首先要指出的是，此字後來又出現在上博簡《用曰》17號簡：

（原字形）　（摹本）　△之不骨(過)，而塵(展)之亦不能違。②

此字上部作"吅"，口形一橫筆衝出豎筆。"口"的這種寫法在楚文字中已經出現了一些例子。例如新蔡簡"台"字作✗這種形體③。《繫年》5號簡用作"褎姒"之"姒"的字作✗，整理者釋爲"怠"，但顯然是"台"④。郭永秉先生系統蒐集過這種寫法的例子，根據他的研究，目前鄂君啟節、新蔡簡、郭店簡《老子》甲組、清華簡《繫年》四種資料中都出現過這種寫法⑤。"口"的這種寫法雖然比較特殊，但能看得出在楚文字中廣泛存在。因此，《用曰》17號簡的✗和包山簡所見的✗無疑是一個字。

---

① 這可能是因爲朱先生同意△和"瞽"是異體字的看法。但她對"瞽"字加的按語是"釋爲'僉'，訓爲'皆'的意見可從"（注釋[26]，第421頁）。也沒有對△的字形作解釋。
② 馬承源主編《上海博物館藏戰國楚竹書（六）》，上海古籍出版社，2007年。
③ 河南省文物考古研究所《新蔡葛陵楚墓》，大象出版社，2003年。也參看張新俊、張勝波《新蔡葛陵楚簡文字編》，巴蜀書社，2008年，"台"字條（第39頁）。
④ 蘇建洲、吳雯雯、賴怡璇《清華二〈繫年〉集解》，[臺北]萬卷樓圖書股份有限公司，2013年，第51～52頁。
⑤ 郭永秉《清華簡〈繫年〉抄寫時代之估測——兼從文字形體角度看戰國楚文字區域性特徵形成的複雜過程》，清華簡《繫年》與古史新探學術研討會，北京，2015年10月30～31日。

《用曰》17號簡的△，整理者釋爲"競"。何有祖先生指出此字和包山簡所見的△是一個字，釋爲"僉"①。蘇建洲先生同意《用曰》的字和△是一個字，但引用裘先生的研究，認爲這是所謂"戔"字變體，讀爲"殘"②。

關於《用曰》17號簡這句話的意思，何有祖先生在上引文章中懷疑"僉"讀作"儉"或"斂"，並釋出了"廬"字（整理者釋爲"庶"），說"疑與'僉'意義相對。"其後董珊先生讀"骨"爲"過"：

> "不骨"應讀"不過"，與"不違"對言，見《周易·繫辭上》："與天地相似，故不違；知周乎萬物，而道濟天下，故不過。"又："範圍天地之化而不過。""違"謂"離"，句意謂展、斂皆有範圍，行動不自由。③

此說確不可移。我們據此可以確定△是"僉"的簡省體。反過來說，釋△爲"競"的說法、認爲△是所謂"戔"字變體的說法都應該根據這個例子否定。上博簡的整理者和蘇建洲先生根據這個例子仍然主張這兩種說法，但在字形和字義上都無法作出合理的解釋。

但釋爲"僉"簡省體的說法還有一個問題需要解釋，即△和"双"相比，"吅"和"从"間多一橫筆。爲了醒目，在此把原字形列出來作比較：

（"䀠"所从）　（《用曰》17號簡）　（包山簡）

這恐怕只能理解爲類化現象④。上引蘇建洲先生文章引用了楚文字"無"的各種形體（、等）⑤，其上半部的形狀很接近。△可能受了這個影響，在"吅"和"从"間加上一橫筆。

楚文字中"僉"或从"僉"的字已經有不少例子，如僉、會、斂、隨、鐱、

---

① 何有祖《讀〈上博六〉札記》，簡帛網，2007年7月9日。
② 蘇建洲《初讀〈上博六〉》，簡帛網，2007年7月19日。這則考釋後收入《〈上博楚竹書（六）〉字詞叢考》一文中，蘇建洲《〈上博楚竹書〉文字及相關問題研究》，[臺北]萬卷樓圖書股份有限公司，2008年。
③ 董珊《讀〈上博六〉雜記》，簡帛網，2007年7月10日。
④ 參看劉釗《古文字構形學（修訂本）》"受同一系統內其他文字影響而發生的類化"，福建人民出版社，2011年，第100~108頁。
⑤ 也可參看李守奎《楚文字編》，華東師範大學出版社，2003年，第358~359頁。

韜、贖、輸、繪等①。但省略"入"的例子，除了本文引用的三例，一例也没有。目前有些學者采取慎重的態度，不把△、"習"和"會"看作一個字，可能是因爲這個原因。要徹底消除這個懷疑，還有待新材料的出現。

編校追記

本文對上博簡《用曰》17號簡"△之不骨"的解釋有問題。關於"骨"字，筆者在中國古文字研究會第二十一屆年會（北京，2016年10月21～23日）宣讀時，分別得到蘇建洲先生和范常喜先生指教，他們都認爲此字應該釋爲"肯"（蘇建洲先生告訴筆者説這個解釋是陳劍先生在彰化師範大學進行學術交流時講的）。我同意他們的意見。

此外，本文發表後不久，清華大學出土文獻研究與保護中心《清華大學藏戰國竹簡》(柒)(中西書局，2017年)出版，其所收《子犯子餘》5號簡也出現了本文討論的字，辭例是"幸得有利，不忎獨，欲皆△之"。整理者注〔二一〕説此字"疑爲'僉'字，《小爾雅·廣言》：'同也。'"此説似可從。此句的意思是"如果有幸得到利益，不願意獨占，而希望與大家共享"。從這個例子看，《用曰》的△應該也是這個意思，"△之不肯"的意思是"要與別人共享，不肯"。

如此看來，目前出現的△都表示"共同"一類的意思。包山簡的△是副詞用法，上博簡、清華簡的△是動詞用法。

　　　　原載中國古文字研究會等編《古文字研究》第31輯（中華書局，2016年），今據以收入。

---

① 參看李守奎《楚文字編》會字條（第319頁）、斂字條（第197頁）、鐱字條（第802頁）、韜字條（第154頁）、輸字條（第822頁）、繪字條（第750頁）。李守奎、曲冰、孫偉龍《上海博物館藏戰國楚竹書（一—五）文字編》（作家出版社，2007年）會字條（第277頁）、斂字條（第169頁）、贖字條（第337頁）、隋字條（第626頁）。"僉"見於上博簡《凡物流形》甲本24號簡、乙本17號簡，《顏淵問於孔子》7號簡等。

郭店楚簡《尊德義》和《成之聞之》的簡背數字補論

最近拜讀了陳劍先生《郭店簡〈尊德義〉和〈成之聞之〉的簡背數字與其簡序關係的考察》[①]。對其着眼、立論之精妙，筆者感嘆不已。

但正如陳先生自己所言，其"考察的結果是頗爲令人失望的"。因爲按照陳先生的排列方案，簡背數字和簡序之間的對應關係難以統一解釋。因此筆者也翻檢了各家排列方案，發現若在陳劍先生研究成果的基礎上，采用陳偉先生對《尊德義》簡序的調整方案[②]，那麼簡背數字和簡序的對應關係基本上可以得到合理的解釋。在此借助兩位陳先生的研究成果，對《尊德義》和《成之聞之》的簡背數字陳述愚見，懇請識者批評指正。

一

據介紹，《尊德義》和《成之聞之》中有 5 枚竹簡背面有數字：《尊德義》11 號簡（【百八】），12 號簡（【百四】），15 號簡（【百一】），28 號簡

[①] 陳劍《郭店簡〈尊德義〉和〈成之聞之〉的簡背數字與其簡序關係的考察》，武漢大學簡帛研究中心主辦《簡帛》第 2 輯，上海古籍出版社，2007 年。以下引用的陳劍先生的看法都出自此文。

[②] 陳偉《〈大常〉、〈德義〉、〈賞刑〉三篇編連問題》，陳偉《郭店竹書別釋》，湖北教育出版社，2002 年。與本文有關的討論集中在第 105～108 頁。

(【百】),《成之聞之》13號簡(【七十二】)。整理者將其特徵概括爲五點,但其中真正與簡背數字有關的只有以下三點:

(1) 除《成之聞之》1支記數簡的數文距竹簡上端17.5釐米外,《尊德義》篇4支簡的記數文,上距竹簡頂端14.5釐米,在一個橫行高度上。

(2) 背面有數文的5支簡,其書文方向均與正面文字相反。應爲翻面後順手書寫而成。

(3) 背面有數文的5支簡,其書寫風格相同,極有可能是同一位抄手所爲。①

陳劍先生將這些數字與《尊德義》和《成之聞之》的簡序一一對比,尤其注目於《尊德義》12號簡(【百四】)和15號簡(【百一】)。他説"簡12～16原就編聯爲一組,研究者亦皆無異議。如果從15號簡'百一'倒數上去至12號簡,正好是'百四',是完全相合的"。他據此得出了一個推論:

這些數字是在有關竹簡已經抄好之後,出於某種目的從後往前清點數目,並隨手將竹簡提起倒過來翻面後記下的數目字。

這一推論應該是可以支持的。

簡背數字的原理已經由陳劍先生闡明了,那麼接下來要做的只是按照這一原理去探討《尊德義》和《成之聞之》的簡序而已。

二

依筆者之見,在陳劍先生的論證中,最值得商榷的是《尊德義》的排列。陳劍先生將《尊德義》分爲四個編聯組,認爲編聯組内部的簡序都没

---

① 劉祖信、鮑雲豐《郭店楚簡背面記數文字考》,"新出楚簡國際學術研討會"論文,武漢,2006年6月26～28日。收於《新出楚簡國際學術研討會會議論文集》(郭店·其他簡卷)第158～161頁。

有問題。但陳偉先生早已指出，11號簡和26號簡可以連讀。陳偉先生云：

> 《尊德義》2號簡至11號簡爲一個編連組。……11號簡在該組末尾，最後數字讀作"善取人乃從之，上也"，語義不明。與此同時，26～27號簡爲一組，開頭便説"不以嗜欲害其義"，語氣突兀，又缺少主語。合併觀之，應將26～27號簡接於11號簡之後，而"上也"當改屬下讀。簡文中"上"爲主語，"也"是所謂句中表示提示的助詞。①

經過這一調整，相關部分的釋文如下（釋文采用寬式，阿拉伯數字是簡號）：

> ……善取，人能從之。上也(11)不以嗜欲害其儀軌②。民愛則子也，弗愛則讎也。民五之方格(26)，十之方争，百之而後服。善者民必富，富未必和，不和不安，不安不樂。(27)善者民必衆，衆未必治，不治不順，不順不平。是以爲政者教道之(12)取先。……

考慮此處的前後關係，這一調整有充分的説服力：

第一，8號簡有"是以君子人道之取先"一句。此句與12～13號簡的"是以爲政者教道之取先"相對應。因此12～13號簡應該位於離8號簡不遠的地方③。而陳劍先生將8號簡歸於第二組，將12～13號簡歸於第四組，這種排列方案恐怕不可取。

第二，參考8號簡"是以君子人道之取先"和12～13號簡"是以爲政者教道之取先"，11號簡"善取，人能從之"的"取"當是"取先"之"取"，而且其主語是"君子"或"爲政者"。所以陳偉先生對"上也"之"上"的解釋也

---

① 陳偉《〈大常〉、〈德義〉、〈賞刑〉三篇編連問題》第105頁。
② 軌，本作匓。關於此字的解釋，參看陳劍論文第222～223頁。但讀此字爲"軌"是李零先生的意見。李零《郭店楚簡校讀記（增訂本）》，北京大學出版社，2002年，第142頁。另外，參看陳偉《〈賞刑〉校釋》，《郭店竹書別釋》第155～156頁。
③ 這一點雖然陳偉先生沒有在論文中提到，但也是他指出的。筆者在武漢大學求學的時候，陳偉先生在課堂上給我們講過。

非常合理。郭店楚簡中"上"意爲"爲政者"的例子不勝枚舉,例如《尊德義》36～37號簡云"下之事上也,不從其所命,而從其所行。上好是物也,下必有甚焉者"。

第三,這是最關鍵的,若采用這一調整,簡背數字和簡序有了明確的對應關係。我們來看看相關部分的釋文。【百八】、【百四】、【百一】、【百】是簡背數字:

> 知禮而不知樂者,亡知樂而不知禮者。善取,人能從之。上也(11)【百八】不以嗜欲害其儀軌。民愛則子也,弗愛則讎也。民五之方格,(26)十之方爭,百之而後服。善者民必富,富未必和,不和不安,不安不樂。(27)善者民必衆,衆未必治,不治不順,不順不平。是以爲政者教道(12)【百四】之取先。教以禮,則民果以輕。教以樂,則民弗(?)德清將。教(13)以辯說,則民艷陵長貴以忘。教以勢,則民野以爭。教以技,(14)則民小以吝。教以言,則民訏以寡信。教以事,則民力嗇以衛利。(15)【百一】教以權謀,則民淫惛遠禮亡親仁。先之以德,則民進善安(16)化①。故率民向方者,唯德可。德之流,速乎置郵而傳。(28)【百】命。其載也亡重焉,交矣而弗知也。明德者②,且莫大乎禮樂。(29)

這樣一來,如果從28號簡【百】數起的話,到11號簡正好是【百八】。

很奇怪的是,如果從【百】數起的話,只有【百八】是對的,【百一】【百四】都對不上。相反,如果從【百一】數起的話,只有【百四】是對的,【百】【百八】就對不上了。陳劍先生說"可以設想,在從某個起點開始計數數到一百左右時,容易出現一兩號的差錯,這是完全可以理解的"。據此筆者進一步推測,當時清點的人很有可能好幾次從頭計數。比如說,第一次計數的時候,他數到28號簡,以爲這是第一百枚,記下了"百";第二次計數的時候,他數到15號簡,以爲這是第一百零一枚,結果出了一枚簡的差錯,但只好記下"百一";他後來又計數,這次12號簡是第一百零四枚,正

---

① 陳偉先生認爲,16號和28號簡可以連讀,將16號簡末尾"安"如字讀,將28號簡開頭"爲"讀爲"化"。參看陳偉《〈大常〉、〈德義〉、〈賞刑〉三篇編連問題》,第106頁。

② "明德"之"明",本作"亡"。關於此字的解釋,參看陳偉《〈賞刑〉校釋》,第161頁。

好與第二次計數的結果符合；到後來再次計數，這次11號簡是第一百零八枚，又與第一次計數的結果符合。

雖然簡背數字和簡序不能完全對上，但其對應關係還是很清楚的。正如陳劍先生所說，簡背數字是從後往前清點的數目。根據這些簡背數字，《尊德義》11—26—27—12—13—14—15—16—28 的編連應該可以說是鐵案了。

三

由於11號簡和26號簡的連讀，陳劍先生的《尊德義》四個編聯組中，第二組和第四組必須得重新調整。筆者的調整結果如下：

（Ⅰ）2—3—4—5—6—7—8—9—10—11—26—27—12—13—14—15—16—28—29

（Ⅱ）1—30—31—32—33—34—35—36—37—38

（Ⅲ）39—17—18—19—20—21—22—23—24—25

在此將《尊德義》分爲三個編聯組。筆者認爲（Ⅰ）（Ⅱ）（Ⅲ）都連接不是不可能，甚至其可能性很大。

與陳劍先生的方案相比，有以下五點不同：

（1）連讀11—26—27—12。此點上節已經詳述。

（2）隔開29號簡和30號簡。29號簡末句是"明德者，且莫大乎禮樂"，這作爲一個段落的結束句非常合適。

（3）將1號簡放在第二組開頭。1號簡開頭是"尊德義，明乎民倫，可以爲君"，這作爲一個段落的首句非常合適（所以整理者也拿它作爲篇名）。那麽剩下的問題只有1號簡是哪一段落的開頭而已。看（Ⅰ），其開頭是"賞與刑，禍福之基也，或前之者矣"，這顯然是一個段落的開頭。（Ⅲ）的開頭是"凡動民必順民心，民心有恒，求其養"，這作爲一個段落的開頭也很不錯。而1號簡作爲（Ⅱ）的開頭正好很合適。以下是（Ⅱ）的全部釋文：

郭店楚簡《尊德義》和《成之聞之》的簡背數字補論　061

　　尊德義,明乎民倫,可以爲君。淮忿戾①,已忌勝②,爲人上者之務也。(29)故爲政者,或論之,或養之,或由中出,或設之外。論列其類(30)焉③:治樂和哀,民不可惑也。反之,此枉矣。刑不逮於君子,禮不(31)逮於小人。公【則】往者復依④,惠則民財足⑤。不時則亡勸也,不(32)愛則不親,不□則弗懷⑥,不理則亡威,不忠則不信,弗勇則(33)亡復。咎則民懫,正則民不吝,恭則民不怨。均不足以平政,緩(34)不足以安民,勇不足以沫衆,博不足以知善,慧不足以知倫⑦,殺(35)不足以勝民。下之事上也,不從其所命,而從其所行。上好是物也,(36)下必有甚焉者。夫唯是,故德可易而施可邅也。有是施,小(37)有利,邅而大有害者,有之。有是施,小有害,邅而大有利者,有之。(38)

　　"尊德義,明乎民倫,可以爲君。淮忿戾,已忌勝,爲人上者之務也。故爲政者,或論之,或養之,或由中出,或設之外"是開宗明義。接着説"論列其類",列舉具體的統治原理。看其具體內容,都可看作與"尊德義""明乎民倫""淮忿戾""已忌勝"有關的記述。例如35號簡"慧不足以知倫"顯

---

①　淮,簡文作𢓊。"隹"的左邊有"丹"形的筆畫,這當是飾筆。作這種字形的"隹"不少,如《語叢四》1號簡"舊"作𦾔,《昭王與龔之脽》7號簡"獲"作𥝩。疑此處"淮"讀爲推,意爲排除。《詩·大雅·雲漢》"旱既太甚,則不可推",鄭注云:"推,去也。"戾,本作繲。關於此字的解釋,參看李零《郭店楚簡校讀記(增訂本)》,第141頁。

②　已,本作改,在此從陳偉先生意見,讀爲已。陳偉《〈德義〉校釋》,《郭店竹書別釋》,第136～137頁。《孔子詩論》10號簡、11號簡有"關雎之改"一句,曹峰先生將其讀爲"關雎之已",可參。曹峰《〈孔子詩論〉中有關"關雎"的幾支簡》,《上博楚簡思想研究》,萬卷樓圖書股份有限公司,2006年。

③　論列之列,本作隶。李零先生讀爲列。李零《郭店楚簡校讀記(增訂本)》,第141頁。

④　公,本作攻。讀攻爲公,承蒙曹峰先生指教。傳世文獻中有功、公通假的例子,參看高亨纂著、董治安整理《古字通假會典》,齊魯書社,1989年,第1～2頁。復依之依,原釋文屬下讀,陳劍先生同。陳偉先生屬上讀,讀依爲萃(陳偉《〈賞刑〉校釋》,第164頁)。按,"復依"一詞見《論衡·論死》:"已死,形體壞爛,精神散亡,無所復依。"

⑤　惠,簡文作𢛇。陳劍先生釋作惠。此暫從原釋文。

⑥　懷,從裘錫圭先生按語。

⑦　慧,本作快。此從陳劍先生解釋。《老子》十八章"智慧出,有大僞",馬王堆帛書《老子甲》"慧"作"快"(第125行)。參高亨纂著《古字通假會典》,第504頁。

然是承"明乎民倫"説的。

（4）連讀 23—24。但這其實是陳劍先生的意見，只是陳劍先生爲慎重起見在釋文中將此二枚隔開而已。

（5）將陳劍先生的第三組移動到《尊德義》最後一段，將 25 號簡末句"治民非還生而已也"看作一個段落的結束句。這是重新調整第二組和第四組的必然措施。

四

《尊德義》的簡背數字基本上得到解決了。那麼《成之聞之》13 號簡【七十二】又該如何解釋？

我們先看《成之聞之》全篇的排列。筆者的結論如下：

（Ⅰ）4—5—6—7—8—9—10—11—12—13—14—15—16—17—18—19—20—34—35—36

（Ⅱ）22—23—21—29—30—1—2—3—24—25—26—27—28

（Ⅲ）31—32—33—37—38—39—40

與陳劍先生的方案相比，其不同點只有一處，即 22—23—21—29—30。陳劍先生從顧史考先生的意見將第二組的開頭排列爲 29—23—22—30，並將 21 號簡接於 28 號簡之後。此説可商。

21 號簡開頭云"是以智而求之不疾"，而 22、23 號簡都討論"疾""不疾"的問題。可見 21 號簡和 22、23 號簡有密切的關係。若承認 21、22、23 號簡密切相關，那麼這三枚都應該連讀。其理論上的可能性有六種（21—22—23、21—23—22、22—21—23、22—23—21、23—21—22、23—22—21），其中文意最通順的是 22—23—21。至於 29 號簡，應該接於 21 號簡之後。則這一段的釋文如下：

是故凡物在疾之。《君奭》曰："唯冒丕單稱德"曷？言疾也。君子曰："疾之。(22) 行之不疾，未有能深之者也。勉之遂也，强之工也；陳之弇也，詞之工也。"(23) 是以智而求之不疾，其去人弗遠矣。勇而行之不果,其疑也弗枉矣。(21)《君奭》曰:"襄我二人,毋有合在音"曷?道不悦之詞也。君子曰:"唯有其恒而(29)可能,終之爲難。""槁木三年,不必爲邦旗"曷?言寅之也。是以君子貴(30)成之。……(1)

雖然其中還有不少字句不好解釋,但此段的邏輯結構很清楚。就是説,首先強調"疾"(努力)的重要性,然後引用《君奭》,最後引用"君子曰":

是故凡物在疾之。《君奭》曰:……。君子曰:……。
是以智而求之不疾……。《君奭》曰:……。君子曰:……。

將21號簡移到第二組開頭之後,28號簡成爲此組的結尾。有關部分的釋文如下:

……聖人之性與中人之性,其生而未有非之節。於而也(26),則猶是也。雖其於善道也,亦非有譯婁以多也。及其博長而厚(27)大也,則聖人不可由與塆之。此以民皆有性而聖人不可模也。(28)

此段大概的意思是這樣的:聖人的性和普通人的性之間本來沒有什麽區別,生下來的時候人都是一樣的①。就你而言,也是這樣②。即使在善道上,也不是因爲聖人有很好的底子才能做得多③。但當長大的時候,聖人和普通人有了天壤之別,聖人成爲普通人不能模仿的存在。若這樣解釋大致不誤,28號簡作爲此組的結尾沒有什麼不合適的。

根據以上的排列,再來考察《成之聞之》13號簡的簡背數字【七十

---

① 這是"聖人之性與中人之性,其生而未有非之節"的解釋。"未有非之節"之"非",讀爲分。參看周鳳五《郭店楚簡識字札記》,《張以仁先生七秩壽慶論文集》,臺灣學生書局,1999年。"節"意爲等級。

② 這是"於而也,則猶是也"的解釋。而,讀爲爾。而和爾的通假例,參看高亨纂著《古字通假會典》,第397頁。

③ 這是"雖其於善道也,亦非有譯婁以多也"的解釋。周鳳五先生讀"譯婁"爲"澤藪",説:"簡文此句謂聖人之成就,非依賴外在有利之環境如澤藪之孕育萬卉群生,而在不斷的自我要求,自我提升,以'信於衆乃可以成德'自勵,終爲成德之君子。"(周鳳五《郭店楚簡識字札記》,第358頁)似近是。但"澤藪"指的可能不是環境,而是人内在的才能。此句的意思是,人本來擁有的才能是一樣的,但聖人通過自己的努力才有了很大的成就。

二]。如果將《成之聞之》放在《尊德義》後的話，其簡背數字和簡序確實有對應關係：

尊德義	11【百八】	26	27	12【百四】	13
	14	15【百一】	16	28【百】	29
	1	30	31	32	33
	34	35	36	37	38
	39	17	18	19	20
	21	22	23	24	25
成之聞之	4	5	6	7	8
	9	10	11	12	13【七十二】

如果從《成之聞之》13號簡（【七十二】）數起的話，28號簡（【百】）是【百三】，15號簡（【百一】）是【百五】，12號簡（【百四】）是【百八】，11號簡（【百八】）是【百十一】。其誤差都在三～四內。此誤差不小，但也不大。可見這些簡背數字都是從同一起點開始計數的。

也許我們的排列方案還有需要修正的地方，但至少能感覺到我們確實越來越接近《尊德義》和《成之聞之》的真面貌。根據簡背數字，我們有充分的理由說，《尊德義》和《成之聞之》本來是寫在同一册書上（但是否同一篇還有討論的餘地），而且《尊德義》在前，《成之聞之》在後。

五

陳劍先生說"我們在最初着手將《尊德義》和《君子之於教》兩篇的簡背所記數字，跟其簡序結合起來考察時，曾希望能夠對個別竹簡的編聯起到某種決定性的作用。但考察的結果是頗爲令人失望的"。筆者就是因爲這個失望，才重新考慮這個問題。結果發現，陳劍先生對簡背數字的理解是對的，而且《尊德義》和《成之聞之》的排列方案只需要作部分調整，大部分都可從。更重要的是，作這一調整時，簡背數字確實起到了決定性的作用。

　　如果從【七十二】數起的話，《成之聞之》40號簡的簡背數字爲【四十一】。那麼其後面本來應該還有40枚左右的簡。在郭店楚簡中，與《尊德義》、《成之聞之》竹簡的形制、編繩的位置相同的還有《性自命出》、《六德》兩篇。按整理者的分篇，《性自命出》、《六德》都有49枚簡。

　　由於上博簡《性情論》的發現，《性自命出》的排列順序基本上可以確定，也可以確認其中沒有屬於其他篇的簡。與此相比，《六德》篇的排列頗有爭論。那麼，如果《性自命出》《六德》中的一篇原來在《成之聞之》之後的話，唯一的可能是《六德》的大部分在《成之聞之》之後，而《六德》的一部分在《尊德義》之前。

　　　　本文是發表於簡帛網（http：//www.bsm.org.cn/show_article.php？id＝793，2008年2月19日）的論文，今據以收入。

釋清華大學藏楚簡(叁) 《良臣》的"大同"
——兼論姑馮句鑃所見的"昏同"

一

清華大學藏楚簡《良臣》7號簡記有越王勾踐的兩位臣下：

雩(越)王句賤(踐)▃又(有)大同▃，又(有)鮀(范)羅(蠡)。■

大同，原釋文作："大[夫]同(種)"，其注釋云："'大'字下應脱合文符號。同、種均定母東部字。大夫種，見《古今人表》'中上'。"①

此説最大的問題是設想脱文的存在。這可以説是校勘學所謂理校，除非有可靠的根據，否則很難令人信從。

今按，此"大同"當讀爲"舌庸"。"舌"古音爲船母月部，"大"爲定母月部，兩者韻母相同，船母、定母同爲舌音。齊、楚兩系文字中的有些達字從舌聲②，《説文》説"達"有或體"达"，可以作爲"舌"、"大"相通的一個證據。

"庸"與"同"相通也毫無問題。裘錫圭先生在討論甲骨文"庸"字(𤰑、𤰏等)時指出"庸"是從"庚""用"聲的形聲字，《説文》把"庸"解釋

---

① 清華大學出土文獻研究與保護中心編，李學勤主編《清華大學藏戰國竹簡(叁)》，中西書局，2012年。釋文見第157頁，注釋見第161頁。
② 參看孫剛《試説戰國文字中的"達"》，復旦大學出土文獻與古文字研究中心網站，2011年12月20日。後孫剛先生與李瑤先生聯名發表《試説戰國齊、楚兩系文字中的"達"》，中國文字學會第七屆學術年會論文，2013年9月21～22日。

爲會意字是錯誤的；甲骨文"庸"字所從片可以讀爲"同",讀爲"同"的片本是筒、桶一類東西的象形字①。其後王子楊先生指出片就是"同"字②。

《國語・吳語》有兩段記載提到舌庸：

(1) 吳王夫差既殺申胥,不稔於歲,乃起師北征。闕爲深溝,通於商、魯之間,北屬之沂,西屬之濟,以會晉公午於黃池。<u>於是越王句踐乃命范蠡、舌庸</u>,率師沿海泝淮以絕吳路。敗王子友於姑熊夷。越王句踐乃率中軍泝江以襲吳,入其郢,焚其姑蘇,徙其大舟。

(2) 越王句踐乃召五大夫,曰："吳爲不道,求殘吾社稷宗廟,以爲平原,不使血食。吾欲與之徼天之衷,唯是車馬、兵甲、卒伍既具,無以行之。吾問於王孫包胥,既命孤矣；敢訪諸大夫,問戰奚以而可？句踐願諸大夫言之,皆以情告,無阿孤,孤將以舉大事。"<u>大夫舌庸乃進對曰："審賞則可以戰乎？"王曰："聖。"</u>大夫苦成進對曰："審罰則可以戰乎？"王曰："猛。"大夫種進對曰："審物則可以戰乎？"王曰："辯。"大夫蠡進對曰："審備則可以戰乎？"王曰："巧。"大夫皋如進對曰："審聲則可以戰乎？"王曰："可矣。"

(1)只提到舌庸、范蠡二人；(2)舌庸在"五大夫"中第一個向勾踐提問。可見舌庸和范蠡同樣在越王勾踐滅吳中扮演了極爲重要的角色。從舌庸在勾踐臣下中的地位看,釋《良臣》的"大同"爲"舌庸"也是很合適的。

二

下面討論姑馮句鑃銘文。姑馮句鑃的作器者叫"姑馮昏同之子",有

---

① 裘錫圭《甲骨文中的幾種樂器名稱——釋"庸""豐""韶"》,收入裘錫圭《裘錫圭學術文集・甲骨文卷》,復旦大學出版社,2012年。
② 王子楊《甲骨文舊釋"凡"之字絕大多數當釋爲"同"——兼談"凡"、"同"之別》,復旦大學出土文獻與古文字研究網站,2011年7月14日。後收入復旦大學出土文獻與古文字研究中心《出土文獻與古文字研究》第5輯,上海古籍出版社,2013年。其修改版收入王子楊《甲骨文字形類組差異現象研究》,中西書局,2013年。

不少學者認爲"昏同"是"舌庸"。現在因爲"大同"的發現,需要重新討論這個問題。

我們先看姑馮句鑃銘文全文:

隹(惟)王正月初吉丁亥,姑馮,昏同之子,羣(擇)氒(厥)吉金,自乍(作)商句鑃。㠯(以)樂賓客及我父兄(兄)。子=(子子)孫=(孫孫),永保(寶)用之。《集成》00424)

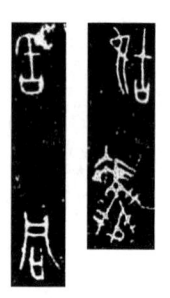

我們先説明一下所謂"姑馮"之"馮"。雖然我們爲了方便起見采用目前最通行的説法,把這件句鑃稱爲"姑馮句鑃",並在釋文中用"馮"字表示這個字,但此字應該不是"馮"而是"虞"。孫詒讓最早指出此字是"虞"①。何琳儀先生在《戰國古文字典》中將姑馮句鑃稱爲"姑虞句鑃",可見他也釋爲"虞"②。最近李家浩先生對"姑馮昏同之子"加以考釋③,指出以往關於此字的説法都有問題,然後雖然説"至於究竟是什麽字,待考",但此處加了注,説此字也有可能是"虞"字的訛體。我們認爲他們的意見是對的。

昏同　姑馮

我們切入正題。最早主張"昏同"爲"舌庸"的是楊樹達,其具體解釋如下:

《左傳》及《國語》之舌庸,亦即昏同也。《左傳》襄公二十六年云:"夏五月,叔孫豹師師會越皋如、舌庸(今本誤作后庸,此據石經及宋本注疏)。宋樂茷納衛侯。"又二十七年云:"春,越子使舌庸來聘。"《國語·吴語》云:"越王勾踐乃命范蠡、舌庸(今本誤作后庸,此據宋庠本),率師沿海泝淮以絶吴路,敗王子友於熊夷。"此舌庸之事見於二書者。昏字隸變作舌,

----

① 説見《名原·象形原始第三》上卷第 29 葉。此説之存在,承蒙斯行之(網名)先生指教。
② 何琳儀《戰國古文字典》,中華書局,1998 年,第 907 頁。
③ 李家浩《關於姑馮句鑃的作者是誰的問題》,《傳統中國研究集刊》第 7 輯,上海人民出版社,2010 年。本文所引李家浩先生的意見都來自本論文,以下一一注記。

與口舌之舌形同，刮括諸字所從是也，庸與同古音近。以銘文證之，春秋內外傳之舌庸實是昏同，不惟今本之后庸爲誤字，讀昏庸之昏爲口舌之舌，亦誤讀也。①

此説得到了一些學者的贊同，如何琳儀先生説"姑虡句鑃'一同'，《左·襄二六》譌作'舌庸'，越國大臣。"②趙平安先生也説"楊先生指出'昏同'即'舌庸'，昏即舌，不可移易。"③

李家浩先生認爲"姑馮"是"昏同"的兒子，"昏同"是"舌庸"。在此引用李家浩先生對"昏"字的考釋：

> 楊氏"昏字隸變作舌，與口舌之舌形同，刮括諸字所從是也"。段玉裁在注《説文》"昏"字時，也有類似的説法："凡昏聲字，隸變皆爲舌，如刮、括之類。"段、楊二氏所舉的例子，都是"昏"作爲偏旁隸變作"舌"。其實作爲獨體的"昏"，也有隸變作"舌"的。《廣韻》入聲鎋韻下刮切頡小韻："舌，塞口。《説文》作昏，話、括之類從此。""舌"的俗字作"昏"，"昏"的俗字也作"舌"。《正字通》口部："昏，舌字之訛。"此是"舌"同"昏"的例子。

如上所引，過去主張"昏同"即"舌庸"的學者都認爲"昏"隸變作"舌"。但現在我們發現了《良臣》"大同"的例子。如果"大同"果真是"舌庸"，此例證明"舌庸"之"舌"就是口舌之舌，而不是昏字之訛。也就是説，古書寫作"舌庸"不誤。因此"'昏'隸變作'舌'"這種説法就不能成立了。

過去將姑馮句鑃銘文的那個字釋爲"昏"，是因爲此字的字形與"昏"的小篆基本相同。但古文字中的刮、括等所從"舌（即昏）"並不寫作這種形體。郭店楚簡《緇衣》30號簡有"《詩》云：慎爾出話，敬爾威儀"

---

① 楊樹達《姑鸍句鑃再跋》，《積微居金文説》，上海古籍出版社，2007年，第225～226頁。
② 《戰國古文字典》，第907頁。
③ 趙平安《續釋甲骨文中的"毛"、"舌"、"枯"——兼釋舌（昏）的結構、流變以及其他古文字資料中從舌諸字》，收入趙平安《新出簡帛與古文字古文獻研究》，商務印書館，2009年。

一句，其"話"字作🅐①。趙平安先生據此認出了一系列"舌（昏）"字和從"舌（昏）"之字②。在此根據趙先生的研究列舉一些古文字"舌（昏）"的例子。首先是西周時代的例子：

話：[圖] 話簋（《集成》03840）

其次是東周時代的例子：

舌：[圖] 古璽③

适：[圖] 陶文④

話：[圖] 郭店楚簡《緇衣》30號簡

侞：[圖] 古璽⑤

再看秦漢時代的例子：

活：[圖] 秦印⑥

闊：[圖] 漢印⑦

栝：[圖] 馬王堆漢墓帛書《老子乙》225行⑧

聒：[圖] 《易之義》11行下⑨

可見"舌（昏）"的形體從西周時代到漢代一脈相承，與小篆昏的寫法完全不同。

《説文》説昏从氐省聲，從上述字形看，《説文》對"昏"字的分析很可能

---

① 荊門市博物館《郭店楚墓竹簡》，文物出版社，1998年。
② 趙平安《續釋甲骨文中的"乇"、"舌"、"栝"——兼釋舌（昏）的結構、流變以及其他古文字資料中從舌諸字》。
③ 故宮博物院編，羅福頤主編《古璽彙編》附錄八六（第537頁），文物出版社，1981年。
④ 高明、葛英會《古陶文字編》，中華書局，1991年，第236頁。
⑤ 《古璽彙編》附錄三二（第430頁）。
⑥ 許雄志《秦印文字彙編》，河南美術出版社，2001年，第218頁。
⑦ 羅福頤《漢印文字徵》第12卷第5葉，文物出版社，1978年。
⑧ 國家文物局古文獻研究室《馬王堆漢墓帛書〔壹〕》，文物出版社，1980年。
⑨ 張政烺《馬王堆帛書〈周易〉經傳校讀》，中華書局，2008年。

是有問題的。即使我們相信《說文》的意見,恐怕也得不出"🅰"應釋爲"昏"的結論。姑馮句鑃銘文有"乓"字("擇厥吉金"),其寫法和🅰所從明顯有別:

🅰(昏)　乓(乓)

所以,從字形看,將🅰隸定作"昏"形是可以的,但此形恐不能與秦篆的"昏"字認同爲一字。甚至我們認爲將此字拆分爲"氐""口"兩個構件也不一定對。此字究竟是什麼字,目前只好待考。

我們並不完全否定"昏同"爲"舌庸"的可能性,但也不能排除"昏同"是"舌庸"以外的其他人的可能性①。如果要主張"昏同"即"舌庸",必須對"昏"字作合理的解釋,而不是反過來認爲古書的"舌"字有誤。

附記

筆者在撰寫本文的過程中與郭永秉先生討論過,郭永秉先生提供了不少有意義的意見。本文初稿在出土文獻與古文字研究網上發表,其後斯行之(網名)先生提出了一些修改意見,本文逐一吸收。在此一併致謝。

編校追記

清華簡(柒)所收《越公其事》61號簡出現名字叫"太甬"的人,原文爲"此乃屬邦政於大夫住,乃命軚羅、太甬大歷越民"云云。在此出現的"大夫住"、"軚羅"、"太甬"三個人顯然分別是大夫種、范蠡、舌庸,而"大同"和"太甬"應該是同一個人。關於清華簡中所見的"大同"和"太甬",石小力

---

① 郭永秉先生說"同"上一字的原形也有可能是"🅱",若果真如此,此字就應是"缶"字,所以過去王國維等人認爲此人是《越絕書》的"馮同"的可能性仍然很大("缶"是幫母幽部字,"馮"是並母蒸部字,聲母相近,幽部的陽聲冬部與蒸部關係極爲密切,學者已有共識)。

《據清華簡（柒）補證舊説四則》（清華大學出土文獻研究與保護中心網站，2017年4月23日）、胡敕瑞《"太甬""大同"究竟是誰？》（復旦大學出土文獻與古文字研究網站，2017年4月26日）有討論，請讀者參看。

原載中國古文字研究會、中山大學古文字研究所編《古文字研究》第30輯（中華書局，2014年），今據以收入。

新蔡楚簡所謂"賵書"簡試析
——兼論楚國量制

一

新蔡楚簡中有一批叫"賵書"的竹簡,整理小組指出:

這批竹簡,內容較爲豐富,大致可分爲兩類。……
第二類爲以往被統稱爲遣策的文書,內容爲別人對墓主饋贈物品的清單,有學者稱之爲"賵書"。數量很少,僅20餘枚。①

雖然整理小組没有交代到底哪些簡相當於"賵書",但據筆者推測,整理小組所謂"賵書"可能是如下之簡:

吴殹無受一赤,又籿,又弇重,又顔首╚。吴惪受一臣,二赤,弇囗 (甲三：203)②

這類簡的句式是"(人名)受～臣,～赤……",每次寫完一個人"受"的所有東西後,打個墨釘,接着寫另一人"受"的東西,其列舉順序爲臣、赤、刵、籿、弇重、顔首。雖然每個人的内容有差異,但其列舉順序無一例外。例如:

---

① 河南省文物考古研究所編著《新蔡葛陵楚墓》,大象出版社,2003年,第173頁。
② "弇重"之"重",簡文作"𤴔"。徐先生指出此字與郭店楚簡《唐虞之道》19號簡"重"形體相同(參下注)。這裏暫從徐先生的意見。但此字與郭店楚簡《唐虞之道》19號簡"重"形體不盡相同。

>吴敓無受一赤，又籵，又弇重，又顏首┗。(甲三：203)
>王孫達受一臣，又三赤┗。(甲三：206)
>☐受二臣，又二赤，又刖，又籵┗。(甲三：211)
>宋良志受三臣，又一赤┗。(甲三：220)
>衛轄、馭炅受九臣，又刖┗。(甲三：292)
>靮不害、鄼回二人受二臣。(甲三：294＋零：334)

據筆者翻檢，在新蔡楚簡中有23枚竹簡可以歸屬於此類。這類簡墨迹甚淡，書體都一致，顯然出於一人之手，可編爲一冊。

不過，關於這類簡的性質，徐在國先生發表了非常重要的意見①。他認爲，這是涉及數量單位的簡。若果真如此，這類簡所記載的只是某些東西的數量而已，那麼這類簡根本就不是賵書了。

本文受到徐在國先生意見的啟發，對這類簡的內容做一些分析。

二

在開始討論之前，我們首先將所有此類簡加以收集。在此，爲了整理之便，將這類簡分爲三類，即上端完整的簡、下端完整的簡、上下端都殘缺的簡。釋文儘量使用通行字體。

第一類：上端完整的簡：

>吴敓無受一赤，又籵，又弇重，又顏首┗。吴憙受一臣，二赤，弇☐(甲三：203)
>一臣┗，亓鈺一勻。宋良志受三臣，又一赤┗。李紳爲☐(甲三：220)
>王徙於鄢郢之歲八月庚辰之日，所受盟於☐(甲三：221)
>受二赤，弇重。匋人昆聞受二，又籵☐(甲三：244)
>衛轄、馭炅受九臣，又刖┗。晋☐(甲三：292)
>以瑗┗。靮不害、鄼回二人受二臣。攻婁連爲攻人受六臣

---

① 徐在國《新蔡葛陵楚簡札記（二）》，簡帛研究網（http://www.jianbo.org/），2003年12月17日。本文引用徐先生的看法時，都引自此文。以下不一一注記。

☐（甲三：294＋零：334）

　　　　臣一☐☐。莫迢受二☐☐（乙三：4）

第二類：下端完整的簡：

　　　　☐八十臣又三臣，又一刖，籾，顏首。（甲三：90）

　　　　☐三赤∟。王孫達受一臣，又三赤∟。文嬰受三（甲三：206）

　　　　☐受二臣，又二赤，又刖，又籾∟。卜差金受（甲三：211）

　　　　☐某楉、冬御鈛受十臣，又二赤，或受三臣，二赤（甲三：224）

　　　　☐受二臣，又二赤。☐☐☐二赤，又弁重。☐連嚻受（甲三：311＋零：354）

第三類：上下端都殘缺的簡：

　　　　☐重∟。象良受一☐（甲三：89）

　　　　☐弁重∟。長陽人☐（甲三：92）

　　　　☐……三赤，又刖……☐（甲三：254）

　　　　☐與休君受十☐（甲三：273-1）

　　　　☐鐘佗、鐘豎受☐（甲三：293）

　　　　☐繁旟受☐（零：37）

　　　　☐宋木受一臣，又☐（零：343）

　　　　☐臣，又☐（零：373）

　　　　☐六臣，又☐（零：375）

　　　　☐赤∟。某楉☐（零：525）

　　新蔡楚簡全部殘斷，沒有整簡。以上收集的殘簡中，上端完整的有甲三：203、甲三：220、甲三：221、甲三：244、甲三：292、甲三：294＋零334、乙三：4，計7枚。第一契口距頂端約11.5釐米①。整理者認為甲三：203和乙三：4上端殘缺，但根據其形狀、契口的位置，我們可以確定

---

　　① 在此依據《新蔡葛陵楚墓》的圖版測定長度。雖然整理者沒有說明圖版有無放大或縮小，但第173頁有這麼一句話："原簡長度不詳，寬度一般為0.8釐米左右，窄者約0.6釐米，寬者可達1.2釐米左右。"圖版中竹簡的寬度與此完全一致。因此推定，圖版沒有放大或縮小。

甲三：203 上端完整。乙三：4 雖然沒有契口，不能確定上端是否完整，但上端形狀整齊，似不殘缺。

下端完整的有甲三：90、甲三：206、甲三：211、甲三：224，計 4 枚。整理者認爲甲三：90 和甲三：224 下端殘缺，但根據下端的形狀、契口的位置，此二枚下端顯然完整。契口距尾端約 9.5 釐米。但只有甲三：224 契口距尾端 11.5 釐米，這可能是因爲抄寫者疏忽了契口的位置，將竹簡的上下端顛倒的緣故。這意味着抄寫者書寫時竹簡還沒有編綴。換言之，這些簡是書寫完畢後編綴成册的。關於甲三：311 和零：354 的綴合，筆者從徐在國先生的意見。綴合此二簡之後就可以發現，甲三：311＋零：354 的長度與甲三：206、甲三：211 大致相同。而且甲三：311 編繩的痕迹與甲三：206 情况相似。據此推測，甲三：311＋零：354 的下端只殘缺了一點點，下面没有字。因此將其歸於下端完整的一類。

下面，補正一下原釋文的錯誤。

(1) 重ㄴ。象良受一（甲三：89）

"重"，原釋文作"一"。此字下面有墨釘，可見此字是某一個人"受"的最後一字，因此不可能是"一"。

(2) 王孫達受一臣，又三赤。（甲三：206）

"王孫達"的"王"，原釋文作"三"。此字可能殘缺了豎筆。

(3) 一臣ㄴ，亓（其）鉒（重）一勻（鈞）。（甲三：220）

"亓"，原釋文作"六"。"六"字見於甲三：294＋零：334、乙四：58、乙四：131、零：375，簡文都作 **六**（甲三：294＋零：334）。而此處的簡文作 **亓**，其字形與"六"顯然不同，故此字當是"亓"。

"鉒"，《説文》未收。楚簡中也只有此處一例。此字當讀爲"重"。楚文字中有"貯"字，見於鄴陵君銅豆"鄴鄴(?)府所告(造)，貯十**晉**三**晉**坒朱""次(?)襄，貯三朱二坒朱四囗"①，信陽楚簡 2－016"鈞貯八益簡益一

---

① 李零、劉雨《楚鄴陵君三器》，《文物》1980 年第 8 期。

朱"。李學勤先生、李家浩先生、何琳儀先生將郡陵君銅豆"肵"字讀爲"重"①,劉國勝先生將信陽楚簡"肵"字讀爲"重"②,此二例都是重量的意思。

"一勻"應屬上讀,讀爲"一鈞",指臣的重量。

(4) 王徙於鄩郢之歲八月庚辰之日,所受盟於☐ (甲三：221)

這裏釋爲"盟"之字(以下用△代替),亦見於乙四：149＋150,其簡文云："☐筮於東陵△以長刺"。原釋文作"盟"。

此字形體確實與楚文字"盟"相似,但其上半部分的形體有所不同③。而且楚文字"盟"一般作"眔",新蔡楚簡中也有三例,即甲三：227"於眔詛,無"、甲三：231"於眔詛☐"和零：281"塞眔禱,是日"。可見△與"眔"在形體、用法上都有區別。因此,△也有可能不是"盟"字。待考。

(5) 某楢、冬(終)御鈊受十臣,又二赤,或受三臣,二赤。(甲三：224)

"某楢冬御鈊"當是"某楢"和"冬御鈊"兩個人的名字。"某楢"亦見於零：525。"冬",讀爲"終"。漢代有一個叫"終軍"的人,可參④。

除此之外,這類簡中還有兩個人一起"受"的例子,即甲三：292"衛轅、馭炅受九臣,又刖"、甲三：293"鐘佗、鐘豎受"、甲三：294＋零：334"靳不害、鄦回二人受二臣"。此外,甲三：294＋零：334云"攻婁連爲攻人受六臣"。因此幾個人一起"受"是不足爲怪的。

(6) 匋(陶)人昆聞受二,又籿☐ (甲：244)

---

① 李學勤《從新出青銅器看長江下游文化的發展》,《文物》1980年第8期。李家浩《戰國時代的"冢"字》,《著名中年語言學家自選集·李家浩卷》,安徽教育出版社,2002年。何琳儀《句吳王劍補釋——兼釋冢、主、开、勻》,《第二屆國際中國古文字學研討會論文集》,香港中文大學中國語言及文學系,1993年。

② 劉國勝《楚喪葬簡牘文字釋叢》,中國古文字研究會、浙江省文物考古研究所編《古文字研究》第25輯,中華書局,2004年。

③ 關於楚文字"盟"的字形,參看李守奎編著《楚文字編》,華東師範大學出版社,2003年,第20、432頁。此外,上海博物館藏楚簡《子羔》2號簡、《曹沫之陳》31號簡有作"皿"的盟字。

④ 此事承蒙東京大學大西克也先生指點。

“匋”,原釋文作從“宀”從“缶”之字。此字亦見於郭店楚簡《窮達以時》2號簡,作“舜耕於鬲山,匋(陶)拍於河匝”。

“昆”,原釋文作“黽”。“匋人昆聞受二”後似有脱文。

(7) 衛轅、馭昃受九匿,又刖。(甲三:292)

“轅”,原釋文右旁缺釋。衛轅、馭昃都是人名。

三

本節在以上整理的基礎上對這類簡的内容進行討論。

如上所述,這類簡只有六個詞的記載:匿、赤、刖、杓、弇重、顔首。徐在國先生認爲這些都是數量單位。其重要根據是九店楚簡1~12號簡的記載。以下列舉其中有關部分①:

1. ▨□□□,方七,麇一。䉛五秭又六來。䉛四【檐(擔),方,中□一。䉛十】檐(擔)又三檐(擔),三赤,二篸,方,顔首一。䉛二十檐(擔),方▨(4號簡)

2. ▨三赤,二篸,方三,顔首一。䉛□檐(擔)□□▨(5號簡)

3. ▨【䉛】□檐(擔)三檐(擔),三赤,二篸,方▨(6號簡)

4. ▨䉛四十檐(擔)六檐(擔)。粆三䂤,一篸▨(7號簡)

5. ▨□□□。粆三䂤,一篸,方一▨(8號簡)

如《九店楚簡》考釋[一]所説,這些簡所記載的是䉛和粆等的數量②,擔、赤、䂤、篸、方、顔首是其數量單位。徐先生據此認爲,新蔡簡“匿”與九店簡“擔”相當;新蔡簡“赤”與九店簡“赤”相同;新蔡簡“刖”與九店簡“䂤”相當。

徐先生的研究對簡文的解釋提供了很大的幫助。若匿、赤、刖、杓、弇重、顔首都是數量單位,那麽我們就完全可以理解爲什麽這六詞的排列順序有一定的規律。以下,在徐先生研究的基礎上,對這六詞進行

① 簡號從湖北省文物考古研究所、北京大學中文系編《九店楚簡》,中華書局,2000年。
② “粆”,原釋文作“梅”。據圖版,此字右旁上部作山,下部作升。

分析。

(1) 臣

徐先生懷疑臣讀爲"石"。但這一解釋缺乏足夠的證據。古是魚部見母字,石是鐸部禪母字。雖然韻部是陰入對轉關係,但聲母的發音部位不同,可以說兩者的音韻關係有距離。作爲古石通假的旁證,徐先生引用的是《楚辭·九章·悲回風》"重任石之何益"一例[1],這只能說明"石"一本作"䄷",不能證明"䄷"和"石"的通假關係。爲確認這一點,這裏再來看看《楚辭·九章·悲回風》的相關部分:

> 曰:吾怨往昔之所冀兮,悼來者之愁愁。浮江淮而入海兮,從子胥而自適。望大河之洲渚兮,悲申徒之抗迹。驟諫君而不聽兮,重任石之何益。心絓結而不解兮,思蹇産而不釋。

關於"石"字,《屈原集校注》說:"洪興祖、朱熹皆引一本作'䄷'。洪興祖曰:'䄷當作䄷,音石,百二十斤也。'朱熹又引一本作'䄷'。按當作'石'。"而對"驟諫君而不聽兮,重任石之何益"的解釋是:"申徒狄屢次進諫,君王都聽不進他的話,他抱著沉重的石頭投水又有什麼益處?"[2] 根據這一說法,"䄷"極有可能是"䄷"的訛體或錯寫,而"䄷"讀爲"石"。因此,此例恐怕不是"䄷"和"石"的通假例。

其實,新蔡簡中有一例臣我們不能釋爲數量單位:

> 一臣,亓(其)鉒(重)一勻(鈞)。(甲三:220)

關於此句的釋讀,請看第二節之(3)。這一例明確地表明,臣是器名,其重量是一鈞[3]。因此我們不得不認爲,新蔡簡中的臣還是器名。

---

① 高亨纂著、董治安整理《古字通假會典》,齊魯書社,1989年,第866頁。
② 金開誠、董洪利、高路明《屈原集校注》,中華書局,1996年,第660~665頁。
③ 自稱臣的器物目前已出土了不少,一般都認爲此字通爲"簠"。但據高明先生考證,臣和簠是兩種不同的禮器。臣相當於《說文》皿部"𥂴",是方形斗狀器物(即宋代以後所謂的"簠"),而"簠"是盛黍稷的圓形禮器。筆者認爲此說可從。參看高明《臣、簠考辨》,《文物》1982年第6期。此外,大西克也《古代漢字の解讀——文字と言葉(古代漢字的解讀——文字與語言)》(《文化資源學》第1號,[東京]文化資源學會,2002年)詳細地介紹了臣的解釋史,可以參考。

(2) 赤

九店簡中的"赤"確實用爲數量單位。但作爲器名的"赤"見於信陽楚簡 2-011：

　　　　□匕。二郃（漆）□。二彫（雕）□。二彫（雕）瓚。一厚奉之旆（旄）。三彫（雕）旆（旄）。一笁。一□。二赤。一畬（尊）椇（槪），漆【彫（雕）】。二箧。一白。二牆白膚，屯雀韋之纂、紃。

"二赤"的釋文從劉國勝先生①。"二雕（雕）瓚。一厚奉之旗（旄）。三雕（雕）旆（旄）"和"一畬（尊）椇（槪），漆【雕（雕）】"的釋文和解釋從李家浩先生②。關於"牆白膚"，包山楚簡 253 號簡有"二牆白之膚"，考釋（498）説"牆，醬字，此指醬色。膚，借作瓿，《説文》：'盛饎厄也'"③。

雖然還有不少器名的解釋沒有得到定論，但至少可以確認，信陽簡 2-011 所記載的都是木器。那麼，"赤"很有可能指的也是木器。若參考信陽簡"二赤"，新蔡簡"赤"也有可能不是數量單位，而是一種器物。

(3) 刖、杓、弇重、顔首

這四詞中，"刖"和"顔首"亦見於九店楚簡，而且銘文自稱"刖"和"顔首"的量杯也已經發現。對此邴尚白先生已有詳細的研究④。在此，參考邴先生研究，對這四詞加以分析。

自稱"刖"的量杯是燕客銅量，其銘文云：

　　　　燕客臧嘉聞（問）王于藏郢之歲亨月己酉之日，羅（？）莫囂臧旡、連囂屈上以命攻尹穆丙、攻差（佐）競之、集尹陳夏、少集尹觠賜、少攻差（佐）李癸，鑄二十金刖，以賵本爵。⑤

---

① 劉國勝《楚喪葬簡牘集釋》，武漢大學博士學位論文（指導教師：陳偉教授），2003 年，第 19～22 頁。
② 李家浩《包山 266 號簡所記木器研究》，《著名中年語言學家自選集・李家浩卷》。
③ 湖北省荆沙鐵路考古隊《包山楚簡》，文物出版社，1991 年。關於"牆白"和"膚"的解釋有爭論，但本文在此不作討論。
④ 邴尚白《九店五十六號楚墓一至十二號簡試探》，《中國文學研究》第 16 期，2002 年。
⑤ 周世榮《楚邴客銅量銘文試釋》，《江漢考古》1987 年第 2 期；何琳儀《長沙銅量銘文補釋》，《江漢考古》1988 年第 4 期；李零《楚燕客銅量銘文補正》，《江漢考古》1988 年第 4 期。

"本",下從"口"。此字也見於包山楚簡95號簡,用爲人名。"爵",也見於上海博物館藏竹簡《緇衣》15號簡,讀爲"爵"。爲便於排印,在此將其直接釋作"爵"。這個量杯的容量是2 300毫升。

自稱"顏首"的量杯是大市銅量,其銘文云:

> 郑公卲果者迮(蹠)秦之歲夏柰之月辛未之日,攻差(佐)競之、上以爲大市鑄武(模)顏首。①

這個量杯的容量是500毫升。由於這兩種量杯的發現,我們可以確認新蔡簡所見"刖"和"顏首"確實是量器。這同時意味着,"刖"和"顏首"也是容量單位。就是説,"刖"指的是2 300毫升,"顏首"指的是500毫升。

既然"刖"和"顏首"是容量單位,那麽出現在"刖"和"顏首"之間的"籿"和"䇞重"也極有可能是容量單位。現在出土的楚國量器有五種:2 300毫升、1 110毫升、746.7毫升、500毫升、200毫升②。如上所述,2 300毫升的容器叫"刖",500毫升的容器叫"顏首",因此這兩者之間還有1 110毫升和746.7毫升的兩種容量單位,而在這類簡中,"刖"和"顏首"之間正好有"籿""䇞重"兩種。那麽,這兩種是否就是剩下的兩種容量單位?

按此假説,1 110毫升的量器應該叫"籿",而鄝大府銅量銘文自稱"筊"。裘錫圭先生認爲此字應是"筲"字的異體,並且他引用了《説文·竹部》"䈰,飯筲也,受五升""籍,……一曰飯器,容五升",以及《漢書·敘傳上》音義引《字林》"筲,飯筲也,受五升"等③。丘光明先生的看法與此相同。勺是藥部禪母字,少是宵部書母(或禪母)字,筲是宵部山母字。藥部和宵部是對轉關係,禪母和書母發音部位相同,因此勺和少音理上可通。關於勺和筲的通假關係,雖然聲母的發音部位不同,但馬王堆帛書《戰國

---

① 唐友波《"大市"量淺議》,安徽大學古文字研究室編《古文字研究》第22輯,中華書局,2000年。
② 參看丘光明編著《中國歷代度量衡考》,科學出版社,1992年,第150~153頁。以下引用丘先生的看法時,都引自此書。
③ 《讀者·作者·編者》欄,《文物》1978年第12期。

縱橫家書》"趙"往往寫作"勺",可以作爲佐證①。

至於746.7毫升的量器,目前只發現大冶出土銅量一件,並且此銅量沒有銘文。因此其名稱無法對照。

丘光明先生解釋大冶出土銅量時,有如下的說明:

> 大冶出土銅量上口雖已破碎,經測量完整一邊的深和底徑尚可得計算容積爲746.7立方釐米,與前幾器比較,此器容積約相當於三分之一斗。秦量中常見有二分之一斗量、三分之一斗量、四分之一斗量,魏國銅鼎又常見有半齋、三分之一齋、四分之一齋。可見,這種以分數的形式來表示某一個計算單位在戰國時已普遍使用。

此說現在已經得到了證實。就是說,楚文字"刖"意爲"半"②。九店楚簡有兩例"秏三韌一籩",對此李學勤先生說:"韌"讀爲"半","半"爲二分之一,"籩"讀爲"參",是三分之一③。李先生這一解釋與丘先生的研究不謀而合(也許李先生是從丘先生的研究中受到啟發而作出這一解釋)。因此,既然"刖"是2 300毫升,那麼一"斗"當是4 600毫升,"籩"當是約1 530毫升。作爲記容器知名的桃源三元村銅鼎的容量是4 700毫升,這就是楚國的一"斗"鼎④。至於"籩",邢尚白先生懷疑"笓"和九店簡"籩"是同一種單位的不同寫法。但從"籩"的字義考慮,此說不能成立。"籩"當是"刖"和"笓(杓)"之間的單位。

若進一步推測,楚國標準的一"斗"是4 500毫升。其他單位的容量是由4 500毫升除算後確定的:

---

① 高亨纂著、董治安整理《古字通假會典》第800頁。
② 參看黃錫全《試說楚國黃金貨幣稱量單位"半鎰"》,《先秦貨幣研究》,中華書局,2001年。李學勤《楚簡所見黃金貨幣及其計量》,收入李學勤《中國古代文明研究》,華東師範大學出版社,2005年。雖然黃先生認爲楚文字"刖"是"間"字省文,李先生則認爲此字從"辨"省聲,讀爲"半",兩者的釋讀不同,但他們一致認爲"刖"意爲"半"。
③ 李學勤《楚簡所見黃金貨幣及其計量》。
④ 常德地區文物工作隊等《桃源三元村一號楚墓》,《湖南考古輯刊》總第4期,1987年(此文筆者未見,據《中國歷代度量衡考》引用)。李學勤《釋桃源三元村鼎銘》,《江漢考古》1988年第2期。

"斗"　　＝4 500 毫升（桃源三元村銅鼎 4 700 毫升）①

刖　　　＝二分之一"斗"＝2 250 毫升（燕客銅量 2 300 毫升）

篸　　　＝三分之一"斗"＝1 500 毫升

㲼（籿）＝四分之一"斗"＝1 125 毫升（鄴大府銅量 1 110 毫升、王銅量 1 125 毫升、朱家集出土銅量 1 140 毫升）

盦　重　＝六分之一"斗"＝750 毫升（1985 年大冶出土銅量 746.7 毫升）

顔　首　＝九分之一"斗"＝500 毫升（大市銅量 500 毫升）

"升"　　＝225 毫升（朱家集出土銅量 200 毫升）②

在此假設"盦重"是六分之一"斗"，但也有不是六分之一斗的可能性。據九店楚簡 5 號簡"三赤，二篸，方三，顔首一"可知，"方"也是"篸"和"顔首"之間的容量單位。那麼，"方"和"盦重"當是五分之一"斗"和六分之一"斗"。至於這兩者哪一個是五分之一"斗"，哪一個是六分之一"斗"，還要待以後的考古發現才能解決。

根據以上的考證，楚國一"斗"相當於二十"升"。換言之，楚國的"斗"和"升"是二十進位。桃源三元村銅鼎的銘文云"容廿□□"。"廿"的下一個字，以往學者釋爲"五"。此字形體作叉形，其字形雖然是戰國文字常見的"五"字，但楚文字"五"字沒有一例作此字形的③。而且若這果真是"容廿五"，則折算出一"升"爲 188 毫升，這與由其他量器推算出的一"升"容量有很大的差距。因此筆者懷疑，此字不是"五"。即使是"五"，"容廿五□"的斷句應當是"容廿，五□。"

---

① 在此假定的資料比桃源三元村銅鼎的容量差 200 毫升，這的確是不可忽視的差距。但丘光明先生説："這件銅鼎也衹是記有一定容量的容器，這類記容器單位量值往往不很準確，故不與專用量器等同對待。……記容器僅作旁證和參考。"參考丘先生的意見，筆者認爲，雖然有不小差距，但此假定也並非毫無道理。

② 關於楚國一"升"的容量，參看《中國歷代度量衡考》第 187 頁"戰國各國容量單位和量值資料表"。

③ 關於楚文字"五"的字形，參看李守奎編著《楚文字編》第 832、866、867 頁。

四

根據以上的考證，臣、赤、刑、豹、畬重、顏首這六詞中，臣不能釋爲數量單位，只能釋爲器名；赤可以釋爲數量單位，也可以釋爲器名；刑、豹、畬重、顏首是量器名，同時也是容量單位。此外，臣、赤和刑、豹、畬重、顏首之間有一個不同點，即前二者前面寫有具體數字，而後四者基本上沒有（只有甲三：90作"一刑"）。根據這種情況，臣、赤和刑、豹、畬重、顏首之間也許有性質上的差異。

那麼，這類簡到底是賵書，還是其他性質的記錄？

若看這類簡"（人名）受……"的句式，很容易想到這是賵書的書寫方式①。而且甲三：221云"王徙於鄩郢之歲八月庚辰之日，所受盟於"，這當是此類簡的開頭，其日期是新蔡楚簡所見紀年中最晚的一天②。因此將這類簡視作賵書也完全説得通。但若將這類簡視作賵書，也有不合理的地方。其中最大的問題是，這些東西作爲賵贈品實在奇怪。例如，包山楚簡和曾侯乙墓竹簡賵書所記載的賵贈品是車馬器，這完全符合傳世文獻"車馬曰賵"的記載③。據介紹，天星觀楚簡賵書也是"以車輛爲主"的④。與此相比，若赤、刑、豹、畬重、顏首是容量單位，不管它們表示的是什麼東西的數量，都是目前出土的賵書中未曾有的。反之，若將這些詞都釋爲器名，那麼這些器物大部分是量器，我們很難想象當時人會賵贈這種東西。

再説，上文已經證明，臣至少不是容量單位。如果赤、刑、豹、畬重、顏首是數量單位的話，臣和其他五種的關係又該作如何解釋？還有，刑、豹、

---

① 例如，包山楚簡277號簡云"苟鄩受一筭……"，1號牘云"大司馬悼滑救鄩之歲享月丙戌之日，舒寅受一軺正車"。參看陳偉《包山楚簡初探》，武漢大學出版社，1996年，第187～192頁。

② 參看劉信芳《新蔡葛陵楚墓的年代及相關問題》，《長江大學學報》2004年第2期。

③ 《春秋公羊傳》隱公元年："賵者何？喪事有賵。賵者蓋以馬，以乘馬、束帛。車馬曰賵，貨財曰賻，衣被曰襚。"《春秋穀梁傳》隱公元年："賵者何也？乘馬曰賵，衣衾曰襚，貝玉曰含，錢財曰賻。"《荀子·大略篇》："貨財曰賻，輿馬曰賵，衣服曰襚，玩好曰贈，玉貝曰唅。"

④ 湖北省荆州地區博物館《江陵天星觀1號楚墓》，《考古學報》1982年第1期。

弅重、顔首的前面爲什麽没有具體數字？

目前筆者還没找到合理的解釋，因此只能到此擱筆。希望學界同仁批評、指教。

附記

在本文的撰寫過程中，武漢大學教授陳偉先生給我提供了很多重要的意見，並介紹了相關研究。在此深表謝意。

補記

本文發表後，有一些學者發表了相關研究，其中最重要的是董珊《楚簡簿記與楚國量制研究》(《考古學報》2010 年第 2 期)和宋華强《新蔡葛陵楚簡初探》(武漢大學出版社，2010 年)第 105～112、306～310、464～465 頁。筆者拜讀這些研究，認爲當時有許多問題筆者没有考慮清楚，本文的部分結論需要糾正。

例如，甲三：221"所受盟於☐"之"盟"，董珊先生指出是從鹵從皿的"鹽"字，並說"這些鹽有可能是爲了平夜君成的喪事而做的專項實物賦斂，賦斂是爲了助葬，有些類似於賻贈死者的禮金"。筆者同意這個意見。此外，筆者在本文中説"匜"是器名，"赤"可以釋爲數量單位，也可以釋爲器名。這些看法也不妥當，"匜""赤"應該都是數量單位。甲三：220"一匜，其重一鈞"不是指匜的重量，而是指鹽的重量。

儘管如此，筆者仍然認爲本文對楚國量制研究有一些發明之處，因此選擇此文獻給本集。

原載武漢大學簡帛研究中心主辦《簡帛》第 1 輯(上海古籍出版社，2006 年)，又載復旦大學中文系編《卿云集三編——復旦大學中文學科發展八十五周年紀念論文集》(復旦大學出版社，2010 年)，今據後者收入。

釋卜缶

一

楚簡遣策有缶的記載，一共有"圓缶"、"卵缶"、"辻缶"、"淺缶"四種：

(1) 長臺關1號墓楚簡

　　□□□器：……二圓缶。(2-01號簡)

　　一辻缶，一湯鼎，屯有蓋。二淺缶。(2-014號簡)①

(2) 望山2號墓楚簡

　　☐金器：……二卵缶，有蓋。(46號簡)

　　二卵缶。二剌☐(53號簡)

　　一辻缶。一湯鼎。☐(54號簡)②

(3) 包山2號墓楚簡

　　大兆之金器：……二卵缶。二辻缶。一湯鼎。(265號簡)③

本文要討論的是"辻缶"之"辻"的意思。

"辻"字簡文作"辻"，過去不少學者把它釋爲"迅"。例如彭浩先生把這個字釋爲"迅"，讀爲"酳(酳)"，認爲酳是"進食後含水漱口的意思"，

---

① 河南省文物研究所《信陽楚墓》，文物出版社，1986年。
② 湖北省文物考古研究所《江陵望山沙冢楚墓》，文物出版社，1996年。
③ 湖北省荊沙鐵路考古隊《包山楚墓》，文物出版社，1991年。

"'迅缶'應爲'酳缶',是專門用於盛漱口所用之水"①。劉彬徽先生也把它釋爲"迅",但讀爲"尊",認爲"迅(尊)缶"專指酒器類的缶②。

1998年,郭店楚簡公開,"卜筮"一詞見於《緇衣》46號簡,"卜"作"ㄣ"③。其後李零先生指出"㣪"字从"卜",並對"赴缶"作考釋:

> "～缶"則爲器名,乃浴缶或盥缶之別名。此字从卜聲(古幫母侯部字),疑讀爲"瓿"(古並母侯部字,也有人認爲是古之部字,但古从音聲之字多在侯部),據《方言》卷五,瓿是缶類器物。東周缶類器物分兩種,一種是作酒器的缶,自銘"尊缶",來源是商代、西周的"罍",一種是作水器的缶,自銘"浴缶"或"盥缶",則與安徽境内(也波及到山東南部、江蘇北部的鄰近地區)的"舒式缶"形態相似。後一種缶,有一件邾子邾(引者按:是"鬶"之誤)缶,自銘"赴缶"(1983年湖北穀城禹山廟嘴出土)。應即楚簡所見的"赴缶"("趆"、"赴"皆"赴"之異文)。……"赴缶"應是體型矮胖,習慣上稱爲"瓿"的那種缶。④

在郭店楚簡之後發表的楚簡中,還出現了不少"卜"字。例如新蔡楚簡甲三189號簡"卜筮"之"卜"作"ㄣ"⑤,上博楚簡《簡大王泊旱》有占卜的記載,其"卜"字作"ㄣ"⑥。根據這些例子,"赴"的字釋得到了學界的公認,"赴缶"即"趆缶"這一看法也沒有疑義了。

與李零先生幾乎同時,陳昭容先生也注意到郭店簡《緇衣》的"卜"字,指出"㣪"是"赴"字,並把"赴缶"和"趆缶"聯繫起來討論⑦。陳先生在文

---

① 彭浩《信陽長臺關楚簡補釋》,《江漢考古》1984年第2期。
② 劉彬徽《論東周青銅缶》,收入劉彬徽《早期文明與楚文化研究》,嶽麓書社,2001年,第123~128頁。
③ 荆門市博物館《郭店楚墓竹簡》,文物出版社,1998年。
④ 李零《讀〈楚系簡帛文字編〉》,《出土文獻研究》第5集,科學出版社,1999年,第141~142頁。
⑤ 河南省文物考古研究所《新蔡葛陵楚墓》,大象出版社,2003年。
⑥ 馬承源主編《上海博物館藏戰國楚竹書》(四),上海古籍出版社,2004年。
⑦ 陳昭容《從古文字材料談古代的盥洗用具及其相關問題——自淅川下寺春秋楚墓的青銅水器自名說起》,《中研院歷史語言研究所集刊》第71本第4分,2000年,第857~932頁。

中介紹過去對"赴"字的解釋：陳千萬先生以爲假借爲"福"或"賓"①。施謝捷先生認爲"赴"即"赴"字之繁化，"赴缶"即"趨缶""行缶"之謂②。劉彬徽先生認爲"'赴'也可能是'浴'之通假字"③。陳先生比較傾向於將"赴"讀爲"浴"的説法，但還提出另外兩種可能性：

  "赴"字或可讀爲"沐"，从卜聲與"沐"聲韻並近。究竟"赴"是讀爲"浴"或"沐"，需再研究。筆者認爲"赴"也有讀爲"湢"的可能，《禮記·内則》謂男女"不共湢浴"，《注》"湢，浴室也"。（第898頁）

陳先生注記説，"赴"讀爲"沐"是"季旭昇先生與筆者討論時提出的"。
  我們同意季旭昇先生的意見，認爲"赴（辻）"當讀爲"沐"。以下説明其理由。

二

  我們從"辻缶"的形制和用途開始討論。
  在"辻缶"出現的三批遣策中，包山簡的保存狀態最好，而且出土這些遣策的三座墓中，只有包山2號墓没有遭到盗掘。因此，要把遣策的記載内容和墓中的隨葬物相對照，包山簡和包山2號墓是最理想的例子④。
  包山簡有"卵缶"、"辻缶"兩種缶的記載，它們都屬於"大兆之金器"。

---

① 陳千萬《〈中子賓缶〉初探》，《江漢考古》1985年第3期。
② 施謝捷《楚器"邨子鬢缶"跋》，《江漢考古》1989年第4期。
③ 劉彬徽《湖北出土兩周金文補記》，《早期文明與楚文化研究》第167頁。
④ 包山簡265號簡"辻缶"之"辻"字，簡文作"〔字〕"，與常見的"辻"字形不同。這個字亦見於上博楚簡《孔子見季桓子》第22號簡，如果把這個字釋爲"辻"，意思就很難講通，這説明"〔字〕"確實不是"辻"。關於《孔子見季桓子》第22號簡"〔字〕"的解釋，我們同意陳劍先生的看法，認爲"〔字〕"是从"年"省聲的字（《〈上博（六）·孔子見季桓子〉重編新釋》，復旦大學出土文獻與古文字研究中心編《出土文獻與古文字研究》第2輯，復旦大學出版社，2008年，第181頁）。但已經有不少學者指出（請參看陳劍先生文章），包山簡265號簡"二〔字〕缶，一湯鼎"的文例與信陽簡2-014號簡"一辻缶，一湯鼎"、望山簡54號簡"一辻缶，一湯鼎"一致，因此包山簡265號簡"〔字〕"另當别論。我們認爲它是"辻"的訛體。

而包山2號墓的隨葬物中有以下三種青銅缶，各有兩件（圖一）①：

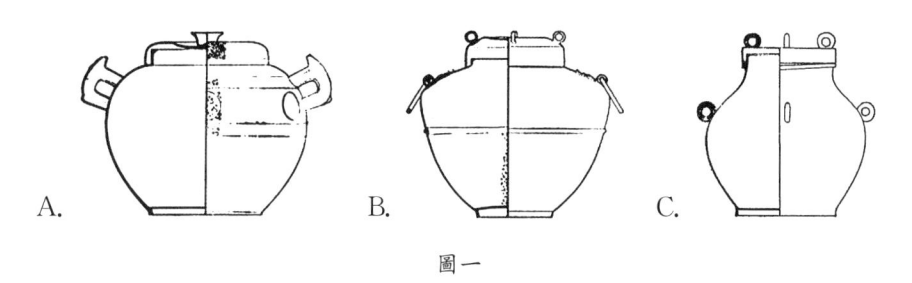

A.　　　　　B.　　　　　C.

圖一

包山楚墓的發掘報告認爲 A 類缶是"卵缶"，B 類缶是"迅缶"（即"辻缶"），稱 C 類缶爲"四鈕缶"。這完全是錯的。如上所述，邿子鬵缶銘文自名爲"趄缶"，"趄缶"就是"辻缶"，其形制是圖二：1②。一比較就可知，A 類缶才是"辻缶"。邿子鬵缶雖然現在缺了腹部的兩個首耳，但原來的器形當與 A 類缶幾乎相同。

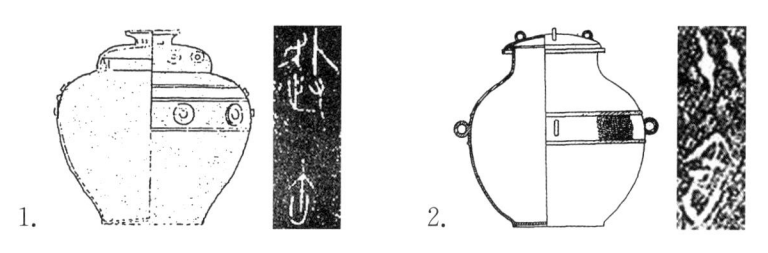

1.　　　　　　　　2.

圖二

我們也知道 C 類缶是"卵缶"。朱德熙、裘錫圭、李家浩三位先生指出，"1983 年江蘇丹徒出土一件徐嘘君之孫缶，銘文自名爲'卵缶'"③。其形制如圖二：2④，這正是所謂"四鈕缶"，即 C 類缶。劉國勝先生懷疑 C

---

① 《包山楚墓》第 107 頁。
② 圖引自劉彬徽、劉長武《楚系金文彙編》，湖北教育出版社，2009 年，第 138 頁。
③ 朱德熙、裘錫圭、李家浩《望山一、二號墓竹簡釋文與考釋》之《補正》，《江陵望山沙冢楚墓》第 308 頁。
④ 商志䭲《次□缶銘文考釋及相關問題》，《文物》1989 年第 12 期。銘文拓片采自楊正宏、蕭夢龍主編《鎮江出土吳國青銅器》，文物出版社，2008 年，第 140 頁。

類缶是 254 號簡所見"二鈗"①,不確。

A 類缶是"辻缶",C 類缶是"卵缶",那麼 B 類缶是什麼呢？這類缶的器形整體上和 A 類缶差不多,但腹部的環紐和 A 類缶不同,蓋子的形狀和 C 類缶相同。可以說,這是 A 類缶和 C 類缶的中間形態。淅川下寺 2 號墓也出土較爲類似的缶（圖三：2）,此缶自名爲"浴缶",可見這類缶也是水器。值得注意的是,A 類缶也有自名爲"浴缶"的缶（如淅川下寺 1 號墓出土的缶,M1：60、M1：72,圖三：1）。據此可知,A 類缶和 B 類缶的名稱、用途都可以相同。也就是說,對當時的楚人來說,A 類缶和 B 類缶沒有本質的區別。那麼 B 類缶也有可能是包山簡 265 號簡所謂"辻缶"。

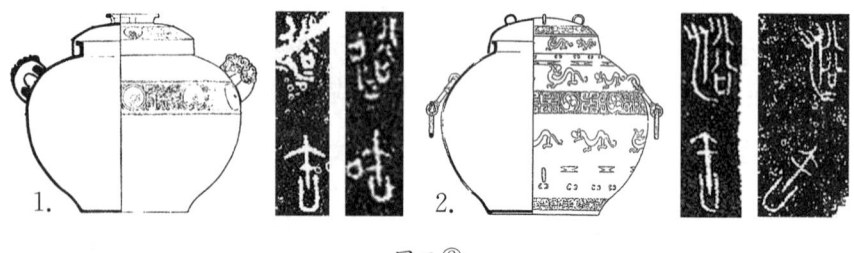

圖三②

A 類缶和 B 類缶常常與斗一起出土。可見這類缶盛熱水,用斗舀水洗浴③。

三

通過以上的討論,我們知道了"赾缶""辻缶"（以下徑稱"卜缶"）是 A 類缶或 B 類缶。在目前出土的 A 類缶、B 類缶中,有不少自名的器,管見

---

① 劉國勝《楚喪葬簡牘集釋》,武漢大學博士學位論文（指導教師：陳偉教授）,2003 年,第 71 頁。

② 河南省文物研究所、河南省丹江庫區考古發掘隊、淅川縣博物館《淅川下寺春秋楚墓》,文物出版社,1991 年,第 68~69、130~132 頁。

③ 參看陳昭容《從古文字材料談古代的盥洗用具及其相關問題——自淅川下寺春秋楚墓的青銅水器自名說起》。

所及，有以下 10 件，器名有 6 種：①

    (1) 缶：倗缶(三三5②)、蔡侯朱缶(五九)、襄陽山灣 23 號墓出土缶(補編二八)②
    (2) 赾缶：中子賓缶(五六)
    (3) 浴缶：鄬子倗缶(三三5①)、孟縢姬缶(三四)
    (4) 盥缶：大孟姬缶(七-7①)、蔡侯申缶(七-7②)
    (5) 鬲□：蔡公子姬安缶(七八)
    (6) □罍(?)：緒兒缶(四七)

此外還有"行缶"這一名稱：

    (7) 行缶：曾子遯缶(八三2)

可惜此缶佚失，無法確認其器形。但美國沙可樂博物館所藏的孟嬴䚈不缶也自名爲"行缶"(圖四)③。這是 A 類缶，但比楚國典型的缶扁了許多。介紹此器的蘇芳淑先生認爲，這"可能就是春秋中期徐國之器"。

    參考這個例子，曾子遯缶也有可能是 A 類缶或 B 類缶，認爲"卜缶"是"赾缶""行缶"的意見也似乎很有道理。但我們認爲這個可能性不大。從目前的出土文物來看，稱爲"卜～"的器物只有缶一種，看來"卜"只能與"缶"結合，不像"行"一樣可以廣泛地與多種器物名稱結合。因此"卜"很有可能是一個專門表示缶的用途的詞。

---

    ① 這些器物的形制和銘文，請參看《楚系金文彙編》。器名後括號内的數字是此書的器物編號。各青銅器的出土時間、地點及圖版的出處等也請參看此書的"楚系金文器目一覽表"。
    ② 這件缶銘文的拓片如圖。陝西省考古研究院《商周金文資料通鑒》組把它釋爲"貴(浣)缶"(《商周金文資料通鑒》，2007 年)。劉彬徽先生釋爲"浴(浴)缶"，其簡注云"銘文在腹部紋飾之間，浴字僅存左半部，右旁筆畫爲紋飾所掩"(劉彬徽、劉長武《楚系金文彙編》第 709 頁)。這些看法似都不可信。我們懷疑此字不一定表示器物的用途，而很有可能是器主之名(疑是"尸"字)，因此暫且把此例歸屬於 (1)"缶"。
    ③ 蘇芳淑《介紹美國華盛頓沙可樂博物館所藏的嬴䚈不瓿》，《第二屆國際中國古文字學研討會論文集(續編)》，香港中文大學中國語言及文學系，1995 年，第 279～284 頁。器影見於鍾柏生等《新收殷周青銅器銘文暨器影彙編》1806，藝文印書館，2006 年。

圖四

　　按照同樣的道理,(5)"鬲□"也應該和"卜缶"意思不同。因爲"鬲"字也可以和其他類的器物名結合,如"鬲䈪""鬲鼎""鬲簠""鬲壺"等①。而且根據整理者所作摹本②,"鬲□"之"□"下從"皿",顯然不是"缶"字。

　　至於(6)"□罍(?)",拓片字迹不清晰,難以討論。

　　我們要注意的是(3)"盥缶"和(4)"浴缶"。"盥""浴"都是與盥洗有關的詞。參考這些例子,我們認爲"卜缶"之"卜"很有可能也是與盥洗有關的意思。那麽最有可能的是,如季旭昇先生所說,讀"卜"爲"沐"。"卜"是幫母屋部字(中古音是屋韻合口一等),"沐"是明母屋部字(中古音是屋韻合口一等),声母都是唇音,韻部完全相同。如果只看音、義,"卜"讀爲"浴"也不是不可能,但既然"浴"字已經出現在缶的銘文上,那麽不太可能再用"卜"字表示{浴}這個詞。

　　1992年,西安市東郊席王鄉唐家寨出土了一件鎏金鎏銀銅缶(圖五)③。這是西漢時代的器物,孫機先生認爲此缶的造型源於楚器④。其銘文云"元成家沐鈺,容六斗六升,重卅二斤"(器刻)、"元成家沐鈺蓋,重七斤"、"太(?)后(?)家,重六斤十三兩,第巳(?)"(蓋刻)⑤。據解說,器刻

---

①　關於"鬲"的辭例,參看吳振武《釋鬲》,《文物研究》第6輯,1990年。
②　湖北省博物館《襄陽蔡坡戰國墓發掘報告》,《江漢考古》1985年第1期。
③　陝西歷史博物館編《尋覓散落的瑰寶——陝西歷史博物館徵集文物精粹》,三秦出版社,2001年,第26頁。
④　孫機《漢代物質文化資料圖說(增訂本)》,上海古籍出版社,2008年,第299頁。
⑤　暫從原發表者的釋文。有疑問處加問號。

還有"容六斗六升"、"第二"、"尚浴"等銘文。這個器物自名爲"沐鍂"。這是"卜缶"讀爲"沐缶"的很好的佐證。

圖五

此沐缶的形制或許勉强可以說與 B 類缶較爲相似,但與楚器的缶明顯不同。因此此缶的造型是否真的源於楚器還有商討的餘地。不過劉彬徽先生指出:"中原系統的這類水器爲罍,楚系統的水器則爲缶,兩者似乎涇渭分明。其器物形態各有特點……。正是這種器形上的差別,導致名稱亦異。"①根據此說,稱水器爲"缶"是楚國特有的習慣,那麽"沐缶"這一名稱也很有可能來自楚國的語言習慣。

管見所及,"沐"字在先秦時代的出土文獻中還没有出現,表示{沐}這個詞的字也没有。"沐"字最早的例子是睡虎地秦簡《日書》甲種 104 號簡"沐浴"②、岳麓書院秦簡《官箴》(《爲吏治官及黔首》)1496 號簡"洗沐浴(?)"③。除了這兩例,其他都是漢代的例子,如張家山漢簡遣策 40 號簡"沐部嬰"④、馬

---

① 劉彬徽《論東周青銅缶》,《早期文明與楚文化研究》第 127 頁。
② 睡虎地秦墓竹簡整理小組《睡虎地秦墓竹簡》,文物出版社,1990 年。
③ 圖版收入《中國史研究》2009 年第 3 期。
④ 張家山二四七號漢墓竹簡整理小組《張家山漢墓竹簡[二四七號墓]》,文物出版社,2001 年。劉釗先生指出,此"沐部嬰"之"部嬰"應讀作"瓿甄",指小甖(《〈張家山漢墓竹簡〉釋文注釋商榷(一)》之二十七,收入《出土簡帛文字叢考》,臺灣古籍出版有限公司,2004 年,第 202 頁)。那麽此"沐部嬰"應該是與"沐缶"用途相類的東西,可惜不見於張家山二四七號墓出土的隨葬器物中。

王堆1號漢墓遣策202號簡"漆畫沐般（盤）容五斗"①、徐州石橋2號墓出土的"趙姬沐槃（盤）"②、長沙楊家嶺西漢墓出土的"張端君沐槃（盤）"③等。根據這些情況，我們作這樣的推論：戰國時代楚國用從"卜"聲的字來表示{沐}這個詞；"沐"字是秦系文字的用字習慣，在秦國統一文字後，全國統一使用"沐"字；漢代也沿用"沐"字④。

附記

在撰寫本文的過程中，承蒙劉釗先生、郭永秉先生、周波先生的指教。謹致謝忱。

編校追記

本文中引用的"行缶"當是隨葬用的"遣器"，此"行"是死者遠行不返的意思。關於這種行器，楊華《"大行"與"行器"——關於上古喪葬禮制的一個新考察》（《湖南大學學報〔社會科學版〕》第32卷第2期，2018年3月）有全面系統的研究，請讀者參看。自名為"行缶"的浴缶後來又出土於隨州義地崗6號墓，其發掘簡報云："蓋内及腹内壁有毛疵未打磨，器底有澆鑄時大大小小的穿孔，器腹圓餅飾内側殘留有橘紅色範土，據此推測，該器並不能實用，當為明器。"（湖北省文物考古研究所、隨州市博物館《湖北隨州義地崗曾公子去疾墓發掘簡報》，《江漢考古》2012年第3期）這個例子也能夠證實楊先生的看法。

但楊華先生認為"辻缶"之"辻"讀為"赴"，此"赴"是"赴告"之"赴"，"赴器"是赴陰間報到之器，這一點筆者不敢苟同。筆者已在本文中指出，器名修飾語的"赴（辻）"只用於洗浴器，與用於多種器物的

---

① 湖南省博物館、中國科學院考古研究所《長沙馬王堆一號漢墓》，文物出版社，1973年。
② 徐州博物館《徐州石橋漢墓清理報告》，《文物》1984年第11期。
③ 湖南省博物館《長沙楊家嶺西漢墓清理報告》，《考古》1966年第4期。
④ 張振林先生說"赵"是方言字（此說見於施謝捷《楚器〈邻子鬚缶〉跋》）。我們認為他的思路基本上是對的。

"行"有所不同,另當別論。

　　原載中國古文字研究會、中華書局編輯部編《古文字研究》第 28 輯(中華書局,2010 年),又載復旦大學出土文獻與古文字研究中心編選《探尋中華文化的基因(一)》(商務印書館,2018 年),今據後者收入。

釋 卜 鼎
——《釋卜缶》補説

筆者在《古文字研究》第 28 輯（中華書局，2010 年）上發表了《釋卜缶》（以下簡稱"前文"）。前文的主要結論是：楚簡遣策所見"辻缶"之"辻"與中子賓缶所見"赸缶"之"赸"是同一個詞的不同寫法；根據"赸缶"的形制可知"辻（赸）缶"是一般所謂"浴缶"，這說明"辻（赸）缶"是洗浴用的；從"辻（赸）"的讀音、意思看，"辻缶"、"赸缶"當讀爲"沐缶"。

謝明文先生看前文後告知，"辻缶"以外也有"辻鼎"。筆者看了"辻鼎"的銘文及器形，發現此"辻鼎"是楚簡遣策中與"辻缶"並列出現的"湯鼎"，其用途也是洗浴。本文對"辻鼎"作分析，以作《釋卜缶》的補充。

一

2006 年河南淅川縣徐家嶺 11 號墓出土的蔦夫人嬭鼎自稱"辻鼎（鼎）"，這就是我們要討論的"辻鼎"[1]。我們先確認"辻鼎"的形制、名稱和用途。

蔦夫人嬭鼎是一般所謂"小口鼎"（圖一）[2]。這類鼎最大的特徵是直

---

[1] 王長豐、喬保同《河南南陽徐家嶺 M11 新出陁夫人嬭鼎》，《中原文物》2009 年第 3 期。以下簡稱"王喬文"。王喬文稱這件鼎爲"陁夫人嬭鼎"，我們把"陁"直接讀爲"蔦"。"陁"讀爲"蔦"，參看李零《"楚叔之孫佣"究竟是誰——河南淅川下寺二號墓之墓主和年代問題的討論》，《中原文物》1981 年第 4 期；後收入李零《入山與出塞》，文物出版社，2004 年。

[2] 管見所及，"小口鼎"之稱始自高崇文《東周楚式鼎形態分析》，《江漢考古》1983 年第 1 期。

釋卜鼎——《釋卜缶》補説　097

領小口,蓋口掩住器口,蓋沿落於肩部。此特徵與"辻缶"相同①。

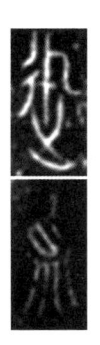

图一　蔦夫人嬭鼎

小口鼎的自名,除了蔦夫人嬭鼎的"辻鼎"外,還有"䰜(湯)鼎"(淅川下寺 2 號墓所出鼎 M2：56)②、"湯鼎"(徐鼒尹晉鼎)③、"盪(湯)鼎"(彭公之孫無所鼎)④、"䰜(湯)鼎"(彭子射鼎)⑤、"浴(浴)䰜(瓮)"(淅川下寺 3 號墓所出鼎 M3：4)⑥、"鄝(辻)"(襄脤子湯鼎)⑦。總之,小口鼎的自名至今有"湯鼎""浴瓮""辻(鼎)"三種。

---

①　此處器形特徵的描述,大部分引自劉彬徽《楚系青銅器研究》,湖北教育出版社,1995 年,第 130 頁。
②　河南省文物研究所、河南省丹江庫區考古發掘隊、淅川縣博物館《淅川下寺春秋楚墓》,文物出版社,1991 年,第 111 頁。"䰜"讀爲"湯",參看李零《楚國銅器類説》,《江漢考古》1987 年第 4 期;後收入《入山與出塞》。
③　浙江省文物管理委員會等《紹興 306 號戰國墓發掘簡報》,《文物》1984 年第 1 期。關於"徐鼒尹晉"的釋讀,參看本文第 103 頁注①。
④　董全生、李長周《南陽市物資城一號墓及相關問題》,《中原文物》2004 年第 2 期。
⑤　南陽市文物考古研究所《河南南陽春秋楚彭射墓發掘簡報》,《文物》2011 年第 3 期。有關彭射墓的信息,承蒙謝明文先生告知。
⑥　《淅川下寺春秋楚墓》第 218 頁。關於"䰜(瓮)",筆者另有專文加以討論《淅川下寺 3 號墓出土的"瓮"》,武漢大學簡帛研究中心主辦《簡帛》第 7 輯,上海古籍出版社,2012 年)。
⑦　崔恒昇《安徽出土金文訂補》,黄山書社,1998 年,第 364～367 頁。程鵬萬先生函告,他同意劉彬徽先生釋爲"鄝"的意見(《楚系金文彙編》,湖北教育出版社,2009 年,第 129 頁),進而認爲邦、卜音近,當是以用途作爲鼎的自名。今按,其説可從。小口鼎稱爲"鄝(辻)"當是"器名修飾語向器名的轉化"現象,如"升鼎"可簡稱爲"升",又加鼎作"䵼",作升鼎的專字。參看陳劍《青銅器自名代稱、連稱研究》,李圃主編《中國文字研究》第 1 輯,廣西教育出版社,1999 年,第 341～342 頁。

小口鼎的用途,從"湯鼎"、"浴缶"的名稱看,當是洗浴。李零先生最早明確指出小口鼎"與作爲食器的鼎無關",當是"煮開水的鼎"①。但有不少學者認爲"湯鼎"和"浴缶"意思不同,"湯鼎"是煮肉用的。如劉彬徽先生根據《廣雅·釋詁二》"湯,爓也"王念孫《疏證》"沉肉於湯謂之爓",認爲"湯鼎""是用爲煮肉湯的鼎","浴缶""則是作煮熱水、開水用的鼎"②。王人聰先生也認爲"鼎銘之湯字係指用沸水燙熟食物之意",湯鼎"是作烹煮用的炊器。"③董全生、李長周兩位先生也說"浴鼎是日用品,而湯鼎據銘文'永寶用之'知,爲傳之後代的祭祀重器,似乎與浴鼎有所區別。古代食用的湯漿也稱湯,湯鼎可能是盛湯漿用的"④。今按,"湯鼎"亦見楚簡遣策中,都與辻缶並列出現:

信陽長臺關1號墓楚簡:一辻缶,一湯鼎,屯有蓋。(2-014號簡)⑤
望山2號墓楚簡:一辻缶,一湯鼎。(54號簡)⑥
包山2號墓楚簡:二辻缶,一湯鼎。(265號簡)⑦

辻缶不可能用以煮肉。辻缶和"湯鼎"的組合只能說明"湯鼎"也是洗浴用的,"湯鼎"之"湯"是熱水的意思。而且小口鼎的器形並不適合煮肉。朱德熙、裘錫圭、李家浩三位先生對小口鼎的器形作過解釋,說:"鼎口小,不易散熱,搬動時所盛液體不易晃出,用來盛熱水比較適宜。"⑧根據小口鼎的名稱和形制,我們認爲小口鼎不管自稱"湯鼎"或"浴缶",其用途都是洗浴。

我們在前文中說"從目前的出土文物來看,稱爲'卜~'的器物只有缶一種,看來'卜'只能與'缶'結合,不像'行'一樣可以廣泛地與多種器物名

---

① 《楚國銅器類說》。
② 《楚系青銅器研究》第131~132頁。
③ 《徐器銘文雜釋》,《南方文物》1996年第1期。
④ 《南陽市物資城一號墓及相關問題》。
⑤ 河南省文物研究所《信陽楚墓》,文物出版社,1986年。
⑥ 湖北省文物考古研究所《江陵望山沙冢楚墓》,文物出版社,1996年。
⑦ 湖北省荆沙鐵路考古隊《包山楚墓》,文物出版社,1991年。
⑧ 《望山一、二號墓竹簡釋文與考釋》之考釋(145),《江陵望山沙塚楚墓》第301頁。

稱結合。因此'卜'很有可能是一個專門表示缶的用途的詞"。這個説法與事實不符。但根據目前的情況，"卜"一詞只用爲洗浴用器物的修飾語。這能更好地説明"卜"是專門表示"洗浴"意的詞。

缶只能盛熱水，不能燒水；鼎則能燒水，却不方便拿起來使用。當時楚人可能在沐浴時，用沐鼎燒水；等燒好了水，用勺子把熱水盛到沐缶裏，然後把沐缶拿到沐浴的地方，用勺子澆熱水沐浴。洗浴用的缶、鼎和勺一起隨葬正是這個原因。

我們順便談談蔦夫人嬭鼎的製作年代。王喬文認爲此器是春秋晚期物：

依據墓葬出土器物推斷，M11時代爲戰國早期。……陁夫人嬭鼎器形與1986年春安徽六安市九里溝鄉九里溝村出土的春秋晚期器裏脽子湯鼎（略）形制相近，比1979年湖北隨縣曾侯乙墓（中室185）出土的戰國早期器曾侯乙鼎（略）略早。從器形時代特徵看，陁夫人嬭鼎應爲春秋晚期器，其製作年代要早於墓葬下葬的年代。①

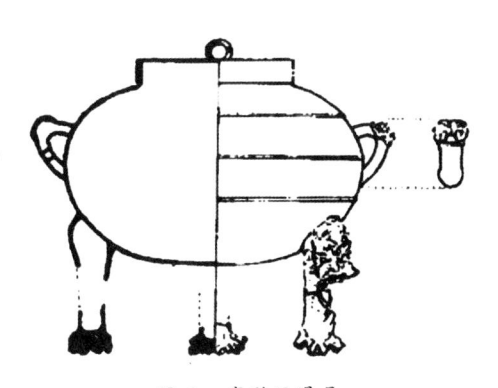

圖二　裏脽子湯鼎

此説的根據是裏脽子湯鼎和曾侯乙鼎，但這兩個根據都是站不住脚的。蔦夫人嬭鼎和裏脽子湯鼎，蓋、腹、足、耳的形狀都不同，並不是"形制相

---

① 王長豐先生在《中原文物》2009年第3期上還跟郝本性先生聯名發表《河南新出"陁夫人嬭鼎"銘文紀年考》。他們在此文中説"古人對歲星的記録應是實測的結果，而不是上世紀30年代部分疑古學者所説的是根據一個點上推而得的天象"，進而認爲銘文所記"唯正月初吉，歲在涒灘，孟春在奎之際"是公元前507年。王喬文定蔦夫人嬭鼎製作年代的最重要的根據疑是此紀年。但"古人對歲星的記録應是實測的結果"等説法，完全忽視以往研究所提出的種種根據，是我們不能接受的。而且他們所謂"孟春"之"春"其實是"甲"字（詳下），其推算的依據本身有誤。

近"。王喬文説蔦夫人嬭鼎比曾侯乙鼎"略早",但没有説有什麽根據能如此斷定。根據目前的情况,認爲這件鼎和墓葬下葬的年代一樣屬於戰國早期也没什麽明顯不合理的地方,反而應該是最合理的解釋。

二

下面討論蔦夫人嬭鼎的銘文。管見所及,關於本銘文,除了王喬文外,還有王長豐、郝本性兩位先生①和馮時先生②的研究。我們參考他們的研究,重新作釋文:

佳(唯)正月初吉,歲(歲)③才(在)歈(芮)難(灘),孟甲才(在)奎之遴(際),陀(蔦)夫人嬭毀(擇)亓(其)古金,乍(作)鑄址(沫)鼎(鼎),以和御湯。長購□④亓(其)吉,羕(永)壽無彊(疆)。陀(蔦)大尹赢(嬴)乍(作)之,逡(後)民勿惶(忘)。

歈難,即歲名"浧灘"(王喬文)。浧灘還有"芮漢""汭漢"等名⑤。在過去發現的出土文物中,除了蔦夫人嬭鼎外,此歲名最早的例子是馬王堆漢墓帛書《五星占》3 行上的"芮莫"。⑥歈所从之衰古音是心母微部,浧是

---

① 《河南新出"陀夫人嬭鼎"銘文紀年考》,《中原文物》2009 年第 3 期。
② 《陀夫人嬭鼎銘文及相關問題》,《中原文物》2009 年第 6 期。
③ 歲,王喬文釋作"貳",此從馮時先生釋。
④ 王喬文釋文"購"和"亓"間没有字。但根據拓片(下圖),"購"和"亓"間有一個字的距離,而且此處還有殘筆。

⑤ 《史記·曆書》"商横浧灘三年"《索隱》云:"《天官書》及《爾雅》申爲汭漢。""横艾浧灘始元元年"《集解》云:"浧灘,一作芮漢。"
⑥ 《五星占》的整體彩色照片見於陳松長《馬王堆漢墓藝術》,上海書店出版社,1996 年。

透母文部，芮、汭是日母月部。三者聲母的發音部位、韻部都不同，三者相通的原因待考。附帶指出，欪字亦見包山楚簡 87、151、152 號簡，都用爲人名。

甲，原字形作⟩，王喬文釋作"屯"，讀爲"春"。王長豐、郝本性兩位先生認爲這是"屯"的倒寫，並特意否定這個字是"甲"："楚簡文字'甲'字……與本字形相近，但遍查古今文獻無'孟甲在奎'之類的旁證。"今按，從字形看，這個字只能是"甲"①。蔡侯申紐鐘、蔡侯申鎛有"孟庚"的例子，可作爲旁證(釋文采用寬式)：

　　　　唯正五月初吉孟庚，蔡侯【申】曰：……②

本銘文"唯正月初吉……孟甲"與此同例，孟甲當是初甲，即上旬之甲日的意思。徐鱉尹瞀鼎"唯正月吉日初庚"可以與蔡侯申紐鐘、鎛"唯正五月初吉孟庚"相對照。"孟甲在奎"是二十八宿紀日法，意思是此年正月上旬之甲日値奎宿。

辿，王喬文等都釋作"迅"。關於"辿"字的解釋，參看前文，此不贅述。

和御湯，即調和沐浴用的熱水。洗浴的湯爲什麽要"和"呢？首先是因爲需要調溫度。第二是因爲洗浴用的湯不是簡單的白開水。正如劉彬徽先生所指出："在浴鼎内則可能會放些芳香物，經過熱後，香溢滿室；'浴蘭湯兮沐芳'(《楚辭·九歌·雲中君》)，可能即此之謂。"③"御湯"的"御"是"進"的意思，如《左傳·哀公三年》"命周人出御書俟於宫"，杜注云："御書，進於君者也。""御湯"的"御"與此同例，"御湯"當是供主人洗浴的熱水。

蔦大尹嬴，應讀爲"蔦大尹、嬴"，即蔦大尹和其妻嬴姓。秦子簋蓋有"秦子姬□享"一句④，李學勤先生對此做過如下解釋：

----

① 相關字形，參看李守奎《楚文字編》，華東師範大學出版社，2003 年，第 836～837 頁。
② 蔡侯申紐鐘銘文見於中國社會科學院《殷周金文集成》第 1 册(中華書局，1984 年。以下簡稱爲"《集成》")00210、00211、00217、00218，蔡侯申鎛見《集成》00219～00222。
③ 《楚系青銅器研究》第 132 頁。
④ 《珍秦齋藏金·秦銅器篇》，澳門基金會，2006 年。

"秦子姬"應讀爲"秦子、姬",即器主秦子和其妻姬姓。寰盤有"鄭伯鄭姬",同人同銘的寰鼎省作"鄭伯、姬",與此同例。①

"蔿大尹嬴"亦與此同例。既然上文説"蔿夫人嬭……作鑄沐鼎",下文又説"蔿大尹、嬴作之",蔿夫人嬭和蔿嬴當是同一人,蔿大尹是她丈夫。對夫人來説,丈夫是她主人,"御湯"當是進於丈夫的。換句話説,這件沐鼎是蔿夫人爲她丈夫做的。所以本銘文最後説蔿大尹和夫人嬴做這件鼎。

大尹,似是某種身份稱呼,過去只在傳世文獻中作爲宋國的官名出現過,《左傳·哀公二十六年》"因大尹以達",《戰國策·宋策》"謂大尹曰"。《韓非子·説林下》亦載《戰國策·宋策》一事,作"白圭謂宋令尹曰"。令尹是楚特有的官名,爲何有如此異文則耐人尋味。

湯、疆、忘,押陽部韻。

根據以上對本銘文的理解,談談淅川縣徐家嶺11號墓的墓主。發掘簡報説:

目前整理發現有銘文的銅器2件,内容涉及蓮夫人及歲星紀年等。因此,初步推斷墓主爲蓮夫人,身份應相當於大夫級貴族。②

可見他們的根據正是蔿夫人嬭鼎銘文。但根據我們對"蔿大尹嬴"的解釋,蔿夫人只是這件沐鼎的作者,蔿大尹才是真正的器主。根據發掘簡報,此墓出土了5件兵器(包括4件戈、1件矛),墓主確實很有可能是男性,而不像發掘報告所説是女性。因此我們認爲此墓的墓主是這件沐鼎的器主蔿大尹。

三

最後談談徐䎽尹謽鼎銘文中的過去釋爲"丩律涂俗,以知屾謞"

---

① 《〈珍秦齋藏金·秦銅器篇〉前言》,後收入李學勤《文物中的古文明》,商務印書館,2008年,第341頁。

② 河南省文物管理局南水北調文物保護辦公室、南陽市文物考古研究所《河南淅川縣徐家嶺11號楚墓》,《考古》2008年第5期。

的一句①。雖然已有不少研究討論本銘文②,但在明確了湯鼎的用途後,這一句的解釋需要重新討論。

銘文全文如下:

　　隹(唯)正月吉日初庚,郐(徐)賚(釐)尹晉自乍(作)湯鼎(鼎)。囨(溫)良聖每(敏),余敢③敬明祀。<u>丩律涂俗</u>,以知<u>卹諞(辱)</u>。壽躬敄(毅)子,黌(眉)壽無諆(期),永保用之。

我們以"涂俗"爲切入點。最早研究本銘文的曹錦炎先生說"涂通塗,塗地得名可能與涂山有關","俗字作風俗解……涂俗應指涂山地方的風俗"④。到目前爲止,未見有人對此提出反對意見。所謂"涂"字,原字形如下:

　　（器）　　（蓋）

此字右旁並不是"余",而是"木"上部有"∧"之形。此字過去在信陽長臺關1號墓楚簡、包山2號墓楚簡中出現過。我們看信陽簡的4例(以下此字以△代替):

　　2-08號簡:二△䀇(盤),一洴(浣)䀇(盤)

---

① 這件鼎的作者者名最早被釋爲"徐䞇尹瞀",因此學界一般稱這件鼎爲"徐䞇尹瞀鼎"。我們改"䞇"爲"賚(釐)",從周波先生意見(《試説徐器銘文中的官名"賚尹"》,《出土文獻與古文字研究中心》第4輯,上海古籍出版社,2011年);改"瞀"爲"晉",從何琳儀先生意見(《吳越徐舒金文選釋》,《中國文字》新19期,藝文印書館,1994年9月)。但釋"晉"是根據林澐先生的研究(《新版〈金文編〉正文部分釋字商榷》,中國古文字學會太倉年會論文,1990年11月)。林澐先生的文章未曾在刊物上發表過,說見董蓮池《〈金文編〉校補》第34~35頁,東北師範大學出版社,1995年。

② 孫偉龍《徐國銅器銘文研究》(吉林大學碩士論文,2004年,指導教師:李守奎副教授)做了徐國銅器銘文的集釋工作,關於徐釐尹晉鼎銘文的討論見於第30~33頁。爲討論之便,除非有孫先生沒有引用的研究,否則我們不一一介紹以往研究成果。

③ 謝明文先生說此"敢""似當讀作'嚴',訓作'敬'。秦公簋(《集成》4315)'嚴恭寅天命',中山王䰯方壺(《集成》9735)'嚴敬不敢怠荒'以及金文中習見的'嚴在上'等'嚴'字皆訓作'敬'即其例"。

④ 曹錦炎《紹興坡塘出土徐器銘文及其相關問題》,《文物》1984年第1期。

[图] 2-09號簡：一洝（浣）帕，一△帕

[图] 2-14號簡：一△之鈽鼎

[图] 2-14號簡：一△鎜（盤）①

李家浩先生認爲△是"澮"，讀之爲"沬"②，此說得到很多學者的同意。後來白於藍先生指出其說之非，認爲△右旁是"采（穗）"之原始象形字，"采"上古同時代表"穗"、"秀"兩個同義詞。但關於上引4例△的解釋，白先生認爲右旁所从之聲符爲"穗"字，與李先生同樣讀爲"沬"③。今按，雖然對字形的解釋還沒有定論，有待進一步研究，但至少我們可以確定△是表洗浴意的字。從△和"浣"並列的例子看，把△釋爲洗面的意思確實最合適。有一件青銅器銘文中有如下之字：

[图] 鼎（《集成》01502）

此字比△增加一個"人"，情況與洗浴之"浴"在楚文字常作"浴"相同。

"俗"可讀爲"浴"。過去發現的"浴鼎""浴缶"的"浴"字都从"俗"：

蔿子朋浴缶：[图]（M2：51器）[图]（M2：51蓋）[图]（M2：55器）

[图]（M2：55蓋）

孟滕姬浴缶：[图]（M1：60器）[图]（M1：60蓋）[图]（M1：72器）

---

① 《信陽楚墓》。
② 《信陽楚簡"澮"字及从"关"之字》，《中國語言學報》第1期，商務印書館，1983年4月；後收入李家浩《著名中年語言學家自選集·李家浩卷》，安徽教育出版社，2002年。
③ 《釋褎——兼談秀、采一字分化》，吉林大學古文字研究室編《中國古文字研究》第1輯，吉林大學出版社，1999年。

楚叔之孫朋浴缶：▨①

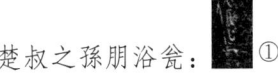

△、"俗"在楚系文字中都可以表洗浴意，而徐鼇尹暨鼎是湯鼎。若把"△俗"解釋爲洗浴的意思，與湯鼎的用途密合。

所謂"律"也是表洗浴意的字。此字的原字形如下：

▨（器）　▨（蓋）

關於此字，過去有"律""盡""津""瀟"四説②。今按，此字可以隷定爲"淕"，讀爲"洗"。《説文·水部》云："洗，洒足也。"此字很有可能是在"津"上加注意符"止"而形成的字③。此字右旁下部象左脚向水之形，以表洗足意。上部"聿"當是"聿"的簡省體。這是"借用偏旁"的例子，因爲"聿"的三撇與"止"形體比較類似，借用了其筆畫④。"聿"是聲符。曾侯乙墓出土編鐘、編磬"姑洗"的"洗"大都作"韋"，裘錫圭、李家浩兩位先生説："'韋'應該先從'先'聲，可以與'洗'相通。'聿'當即'津'字所以得聲的'聿'的省體。'先'屬文部，'聿'屬真部，二部古音相近。'韋'大概也是'薔''祠'一類兩半皆聲的字。"⑤這可以作爲"聿""洗"相通的證據。

我們不由得聯想到甲骨文"▨"。關於此字，過去有"洗"、"沚"、"榮""涅"、"列"、"旅"、"跣"、"失"、"者"、"棘"等説法⑥。其中引起我們注意的

---

① 此三件銅器銘文都收入《淅川下寺春秋楚墓》，分别見於第 132、69、218 頁。
② 參看《徐國銅器銘文研究》。
③ 在已有的文字上加注意符而形成的字例，參看裘錫圭《文字學概要》，商務印書館，1988 年，第 153～156 頁。
④ 關於"借用偏旁"，參看《戰國文字通論（訂補）》，江蘇教育出版社，2003 年，第 208～209 頁。
⑤ 參看裘錫圭、李家浩《曾侯乙墓鐘、磬銘文釋文與考釋》之考釋（4），湖北省博物館《曾侯乙墓》，文物出版社，1989 年，第 555 頁。
⑥ 參看李孝定《甲骨文字集釋》，中研院歷史語言研究所，1965 年，第 3317～3324 頁；松丸道雄、高嶋謙一《甲骨文字字釋綜覽》，東京大學出版會，1993 年，第 304～305 頁；于省吾《甲骨文字詁林》，中華書局，1996 年，第 766～774 頁。

是"洗"説。羅振玉把🖐和🖐、🖐聯繫起來作解釋，説🖐"置足於水中，是洗也。或增🖐象盤形(引者按，其實是桶形)，是洒足之盤也。中有水，置足於中"①。現在找到了從止的"津(洗)"字，可知"洗"字在古代確實表"洒足"意。"🖐"、"🖐"中間有很大的缺環，難以判斷兩者之間有無承襲關係，但看來"🖐"確實有釋爲"洗"字的可能性。

"洗"是洗足，"沫"是洗面，"浴"是洗身，三者洗浴的部位各不相同。連續用三個表洗浴意的動詞例見嶽麓書院藏秦簡《爲吏治官及黔首》64號簡(原始編號爲1496)："不洗沐浴"②。

剩下的是所謂"丩"字。原字形如下：

(器)　　(蓋)

此字與其他的"丩"形體不同，釋爲"丩"其實很可疑。陳劍先生看過本文初稿後告知③，從押韻的角度看，"温良聖敏，余敢敬明祀"(押之部韻)、"丩洗沫浴，以去(此字詳下)卹辱"(押屋部韻)當是結構基本相同的兩句；從"温良聖敏"看，"丩洗沫浴"的"丩"應該也是表洗浴意的字。此字究竟該怎麽解釋，待考。

所謂"以知卹辱"之"知"，原字形如下：

(器)　　(蓋)

古文字"知"沒有"矢"、"口"上下結構的例子，而且一般都用"智"表"知"。陳劍先生賜告，此字應釋爲"去"，"大"和"矢"在形體上很容易相混④。"去卹辱"是洗掉憂念和污垢的意思。這句話可以參考儒家"澡身浴德"的

---

① 《殷虛書契考釋》中卷第68葉右，1915年。
② 朱漢民、陳松長《岳麓書院藏秦簡》(壹)，上海辭書出版社，2010年。
③ 筆者在初稿中同意陳秉新先生釋爲"㠯"的意見(《徐器銘文考釋商兌》，《東南文化》1991年第2期)，並把温縣盟書WT1：K17：131的🖐作爲旁證。
④ 如楚文字"因"有從"大"和從"矢"的兩種寫法，"矢"當是由"大"訛變。參看《楚文字編》第378～379頁。

說法：

> 儒有澡身而浴德，陳言而伏，靜而正之，上弗知也，麤而翹之，又不急爲也；不臨深而爲高，不加少而爲多；世治不輕，世亂不沮；同弗與，異弗非也。其特立獨行有如此者。（《禮記·儒行》）

孔疏云："澡身而浴德者，澡身謂能澡絜其身，不染濁也；浴德謂沐浴於德，以德自清也。"也就是說，儒家以洗浴身體來比喻修養身心。本銘文"丩（?）洗沐浴，以去卹辱"與"澡身浴德"的說法可以相印證。

附記

本文初稿寫完後，向陳劍、郭永秉、程鵬萬、謝明文、程少軒五位先生請教過。各位先生都給筆者提供了許多非常重要的意見。謹致謝忱。

編校追記

《釋卜缶》、《釋卜鼎》發表後，馬智忠先生函告，"辻缶"、"辻鼎"以外還有"辻斗"。"辻斗"出土於隨州義地崗6號墓，銘文爲"曾公子去疾之辻斗"。這件斗與一般所謂浴缶（自名爲"行缶"）一起出土，顯然是沐浴時舀水用的。馬智忠先生後來發表《釋"沐斗"——隨州義地崗曾國銅器銘文補說》一文（《江漢考古》2014年第1期），請讀者參看。

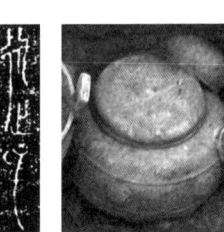

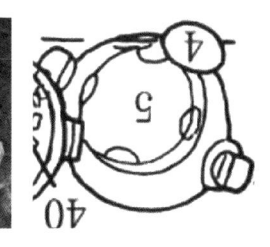

曾公子去疾斗

（采自《湖北隨州義地崗曾公子去疾墓發掘簡報》，《江漢考古》2012年第3期，圖版八和拓片七、圖版一、圖二）

楚文字𣲟所從的𥁕，出現於安徽大學藏戰國竹簡《詩經》中。安大簡的字从鳥从🈯,與《毛詩·鄘風·柏舟》"髧彼兩髦,實維我儀"之"髦"相應(《齊詩》、《韓詩》作"髳")。介紹這個資料的徐在國先生認爲,🈯是"矛"字或體,上部所從是"矛"頭的象形,下部從"木"可能爲矛柄。至於🈯,徐先生説"可讀爲'沐',也可以讀爲'沫'。典籍中'昧'與'柳''茆'與'茅'相通假(原注:高亨:《古字通假會典》,齊魯書社 1989 年,第 611、752 頁)"。參看徐在國《試説古文字中的"矛"及從"矛"的一些字》(武漢大學簡帛研究中心主辦《簡帛》第 17 輯,上海古籍出版社,2018 年)。安大簡《詩經》的例子和徐先生的研究對🈯的解釋具有很重要的意義,故特此引用。

本文第 100 頁注④中認爲蔦夫人嬛鼎銘文"購"和"亓"間有字,此説不確。2018 年 6 月 14 日筆者訪問安徽大學漢字發展與應用研究中心時,馮聰先生告訴筆者説,她看過原器,"購"和"亓"間没有字。據此,相關釋文應當改爲"長購(賴)亓(其)吉"。

　　原載中國古文字研究會、復旦大學出土文獻與古文字研究中心編《古文字研究》第 29 輯(中華書局,2012 年),今據以收入。

淅川下寺 3 號墓出土的"瓮"

本文要討論的是 1978 年 8 月淅川下寺 3 號墓所出青銅鼎(M3∶4)的銘文①。我們先看銘文全文：

> 楚弔(叔)之孫朋羃(擇)其吉金，自乍(作)浴(浴)□，賹(眉)壽無諆(期)，永保用之。

作器者名"朋"，原字形作🦅，一般釋作"倗"②。整理者稱這件鼎爲"倗浴龔鼎"(關於"龔"字，詳下)，此外還有人使用過"倗浴鼎""楚叔之孫倗鼎"等稱呼③。

上引銘文中有一個未釋字("自作浴□"之"□"，見圖一)。從上下文看，此字應該用爲器物名，這件鼎應該稱爲"朋浴□"才對。但由於此字的解釋還沒有定論，爲便於稱引，本文暫且稱這件鼎爲"朋浴鼎"，用"△"表示此字。

△過去發表的拓本頗爲模糊。我們參考拓本試做了一個摹本(圖二)。整理者把△摹寫成🦅，隸定爲"龔"。△的上半可以理解爲雙手持一器皿翻倒之形，下半是"共"，可以隸定爲"龔"。可以説整理者對字形的

---

① 河南省文物研究所、河南省丹江庫區考古發掘隊、淅川縣博物館《淅川下寺春秋楚墓》，文物出版社，1991 年，第 218～220 頁。
② 🦅其實就是"朋"的直接來源。此字的變形🦅見於《説文·鳥部》"鳳"字條，《説文》内偏旁"朋"皆如此作。參看張富海《漢人所謂古文之研究》，綫裝書局，2007 年，第 74 頁。
③ 例如劉彬徽先生使用"倗浴鼎"這一稱呼(《楚系青銅器研究》，湖北教育出版社，1995 年)；《商周金文資料通鑒》課題組《商周金文資料通鑒(電子版)》(2009 年 1 月)使用"楚叔之孫倗鼎"這一稱呼。

理解沒有什麼明顯的問題。我們的摹本和整理者的摹本相比較,最大的不同點是整理者的摹本沒有"共"部分"廾"的一橫筆。但把此部分放大看(圖三),此橫筆還能看得出來。

圖一　圖二　圖三　　　圖四

目前此字還有另一種解釋。李零先生把△釋作"鼖",讀爲"鬧",引用《説文·鬥部》"所以枝鬲者"作解釋。但他也在注釋(32)裏説"《汗簡》釋鬧爲鬲,與《説文》異"①。陳劍先生認爲△是"鬲"的繁文②。劉彬徽、劉長武兩位先生釋作"鬻",讀爲"鬲"③。他們的意見有一定的道理。淅川下寺2號墓所出鬲(M2:59)的"鬲"字作如下之形④:

這個字左半从"圭",右半从"鬲"从"貝(鼎之省形)"。此字从"圭"聲,是"鬲"的異體字⑤。从"圭"聲的"鬲"字還有另一種字形,如:

---

　　① 李零《楚國銅器類説》,《江漢考古》1987年第4期;後收入李零《入山與出塞》,文物出版社,2004年。
　　② 陳劍《青銅器自名代稱、連稱研究》,李圃主編《中國文字研究》第1輯,廣西教育出版社,1999年。
　　③ 劉彬徽、劉長武《楚系金文彙編》,湖北教育出版社,2009年,第99頁。
　　④ 《淅川下寺春秋楚墓》第125頁。
　　⑤ 關於"鬲"字和相關字的解釋,參看施謝捷《首陽齋藏子犯鬲銘補釋》,《中國古代青銅器國際研討會論文集》(上海博物館、香港中文大學文物館,2010年11月);郭永秉《釋三晉銘刻"鬲"字異體——兼談國博藏十七年春平侯鈹銘的真僞》(武漢大學簡帛研究中心主辦《簡帛》第6輯,上海古籍出版社,2011年)。下面引用的與"鬲"有關的字都見於這兩篇文章。

淅川下寺 3 號墓出土的"瓮"　111

君子之弄鬲①　　□年宅陽令戟②　　古璽③

這些字从"鼠"从"圭",可以隸定爲"𩰬",但"鼠"部分簡省了"鬲"的中間一足(即"丫"部分),把"圭"放在"鬲"中。參考這些例子,把△的上半視爲"鼠"的省形,把△隸定爲"𩰬"也未嘗不可。

無論采用哪一種隸定,認爲△从"共"聲應該是没有問題的。上海博物館藏楚簡《平王與王子木》有兩例"䤈"字④:

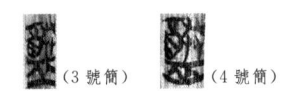

(3號簡)　(4號簡)

原文如下:

吾先君莊王迓(踐)河雍(雍)之行⑤,暑(曙)⑥飤(食)於雎寬(宿)⑦,䤈(酪)盌(羹)⑧不𩛆(酸)⑨。王曰:"䤈不盍(蓋)。"先君智(知)䤈不盍(蓋),䤈(酪)不𩛆(酸)。(2～4號簡)

---

① 故宫博物院《故宫青銅器》,紫禁城出版社,1999年,第269頁。
② 《珍秦齋藏金·吴越三晋篇》,澳門基金會,2008年。
③ 菅原石廬《中國璽印集粹》2.109,二玄社,1997年。
④ 馬承源主編《上海博物館藏戰國楚竹書》(六),上海古籍出版社,2007年。
⑤ "雍"字之釋,從凡國棟先生意見,見《〈上博六〉楚平王逸篇初讀》(簡帛網,2007年7月9日)。但"河雍"的解釋,從陳偉先生意見,見《讀〈上博六〉條記》(簡帛網,2007年7月9日)。
⑥ 關於"暑(曙)"字的解釋,參看郭永秉《〈吴命〉篇"暑日"補説》(出土文獻與古文字研究中心網站,2009年1月5日)。此文後收入《楚竹書字詞考釋三篇》,華東師範大學中國文字研究與應用中心編《中國文字研究》第13輯,大象出版社,2010年;郭永秉《古文字與古文獻論集》,上海古籍出版社,2011年。
⑦ "寬"字之釋,從何有祖先生意見,説見《讀〈上博六〉札記》(簡帛網,2007年7月9日)。但讀爲"宿"是陳劍先生的意見,説見《釋上博竹書和春秋金文的"羹"字異體》,2007中國簡帛學國際論壇論文,2007年11月10～11日;又發表於復旦大學出土文獻與古文字研究中心網站,2008年1月6日。
⑧ "盌(羹)"字之釋,從陳劍先生意見,説見《釋上博竹書和春秋金文的"羹"字異體》。另外參看郭永秉《上博藏西周寓鼎銘文新釋——兼爲春秋金文、戰國楚簡中的"羹"字祛疑》,《出土文獻與傳世典籍的詮釋——紀念譚樸森先生逝世兩週年學術研討會論文集》,上海古籍出版社,2010年;後收入《古文字與古文獻論集》。
⑨ "𩛆(酸)"字之釋,從單育辰先生意見,見《佔畢隨録》(簡帛網,2007年7月27日)。

關於"䀑"字,陳劍先生有很精闢的解釋:

"䀑"从"共"聲从意符"皿",當釋讀爲"瓮"或"甕"。兩字古常通用無別,《說文》有"瓮"無"甕"。《禮記·檀弓上》:"宋襄公葬其夫人,醯醢百甕。"《禮記·雜記上》"甕甒筲衡"釋文:"甕,盛醯醢之器。"醯醢醬醋等調料盛於小口大腹的容器瓮/甕中,平常還需加以覆蓋,以防止揮發。《莊子·田子方》:"孔子(見老子後,自老子處)出,以告顏回曰:'丘之於道也,其猶醯雞與!微夫子之發吾覆也,吾不知天地之大全也。'"此即"發覆"之出典。郭象注:"醯雞者,瓮中之蠛蠓。"成玄英疏:"醯雞,醋瓮中之蠛蠓。每遭物蓋瓮頭,故不見二儀也。"又如著名的"覆醬瓿"的典故(《漢書·揚雄傳下》"吾恐後人用(揚雄《太玄》)覆醬瓿也"),後世也說"蓋醬瓿"、"蓋醬"、"覆甕"(見《北史·韓麒麟傳》)。"甕/瓮不蓋,酪不酸"當指盛酪漿之甕/瓮平常沒有加以覆蓋,導致其揮發而無酸味,故以之調味的"酪羹"也不酸了。①

從朋浴鼎的器形看,△跟"䀑"同樣讀爲"瓮"非常合適。根據陳劍先生研究,楚人心目中的"䀑"應該是小口大腹、有蓋的容器,而朋浴鼎的器形正是如此(圖四)。朋浴鼎是一般所謂小口鼎,可能是因爲朋浴鼎的作器者看小口鼎的口、身的形狀與瓮相似,所以稱之爲"瓮"。

饒有趣味的是陳劍先生在解釋"䀑(酪)盉(羹)"時引用的馬王堆3號墓遣策103號簡的例子:

鮮魿、榆華洛(酪)羹一鼎。②

這是酪羹盛在鼎中的例子。同是羹,有時盛在瓮中,有時盛在鼎中。這與小口鼎有時候稱"鼎",有時候稱"瓮"的情況一致。或許楚人確實有時候

---

① 陳劍《釋上博竹書和春秋金文的"羹"字異體》。
② 湖南省博物館、湖南省文物考古研究所《長沙馬王堆二、三號漢墓》第一卷"田野考古發掘報告",文物出版社,2004年。魿,原釋文作"魿"。《玉篇·魚部》:"魿,魚名。""鮮魿、榆華酪羹"是以新鮮的魿和榆樹花爲主料,以酪爲調料的羹。此考釋承蒙陳劍先生指教。

把小口鼎當作瓮用。只可惜在馬王堆3號墓没有發現盛酪羹的鼎,我們無法確認其鼎的形狀。

根據△的讀音,△讀爲"瓮"是可以確定了。那麽在"覮""䍺"兩種隸定中,究竟哪一種是對的? 换句話説,作爲表示"瓮"的字的意符,"皿"和"鬲"哪一個更合適? 陳劍先生看本文草稿後告知,此字應該理解爲從"皿"的字①。要解釋△的字形,要從"沫"字談起。朋浴鼎銘文△的下一個字正好是"頮(沫)":

此字異體很多,如果很簡約地描述此字的形成過程,大致如下②:

《甲骨文合集》31951 → 㸚伯沫盤 → 齊侯盤,庚兒鼎 →

其中甲骨文的字"象人就皿掬水洒面之形";㸚伯沫盤的字象用手將一個器皿裏的水灑到另一器皿,人用其水洗面;齊侯盤的字簡省了下面的"皿",庚兒鼎的字則簡省了"水";朋浴鼎的字再簡省了"水"或皿。△所從的"皿"就是"頮"所從"皿"。朋浴鼎是洗浴用的鼎,寫朋浴鼎銘文的人可能用從"皿"的"覮"來表達洗浴的意思。

附記

此文主要是筆者和郭永秉先生討論的成果。郭永秉先生將朋浴鼎的"覮"字和《平王與王子木》的"䀇"字結合起來,並參考陳劍先生的研究,讀"覮"爲"瓮"。本文初稿寫完後,請教過陳劍先生,陳劍先生提供了重要的修改意見。在此謹致謝忱。

---

① 筆者在初稿中采用了"䍺"這種隸定,認爲"鬲"是"鬲"的繁體,作爲表示器物名的字的意符很合適。

② 關於"沫"字,參看李孝定《甲骨文字集釋》,中研院歷史語言研究所,1965年,第3363~3367頁。金文"沫"的形體,參看容庚編著,張振林、馬國權摹補《金文編》,中華書局,1985年,第237~242頁。

編校追記

淅川縣博物館編著《淅川楚國青銅器精粹》(中州古籍出版社,2013年)第14~15頁收錄朋浴瓮的彩色照片,"㲃"的筆畫很清晰,發現本文對字形的分析有一些問題。此字的照片和筆者重新製作的摹本如下:

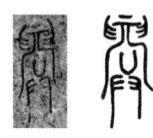

"共"部分"廾"的一橫筆確實沒有,這一點本文的論述不對。但這個偏旁仍然是"共",字形相同的"共"亦見於犢共卑戟銘文(《集成》11113)。

原載武漢大學簡帛研究中心主辦《簡帛》第 7 輯(上海古籍出版社,2012 年),今據以收入。

秦漢簡牘研究

也談里耶秦簡
《御史問直絡裙程書》

一

里耶秦簡8-159號木牘是所謂"御史問直絡裙程書",即秦始皇三十二年二月御史大夫向洞庭郡詢問絡裙價格的文書①。這件文書經由洞庭守府轉發給洞庭郡轄下的各縣,洞庭郡詳細指定這件文書的傳遞路綫,並要求各縣在收到這件文書後互相告知。我們看到的當是從洞庭郡通過幾個縣傳到遷陵縣的一件。

根據《里耶秦簡〔壹〕》所收圖版測量,這枚木牘的長度是約23釐米,即秦代的一尺。這件木牘雖説是"牘",但其實是側面有好幾面的棱柱,按照目前學界的慣例可稱爲"觚",而按照漢代的習慣應該稱爲"檄"②。《里耶秦簡〔壹〕》所收簡牘中,這種"檄"很少見。我們注意到的例子,除了8-159外,只有8-47、8-742、8-746+8-1588③、8-1719、8-2005五件,而且這五件都有殘斷,保存狀態基本完整的只有8-159一件而已。更珍

---

① 湖南省文物考古研究所《里耶秦簡〔壹〕》,文物出版社,2012年,圖版第38頁,釋文第19～20頁。
② 居延漢簡中,"檄"表示書寫材料的一種,具體指多面體的"觚"。參看冨谷至《檄書攷——視覺簡牘の展開》,收入冨谷至《文書行政の漢帝國》,名古屋大學出版會,2010年;中譯本:劉恒武、孔李波譯《文書行政的漢帝國》,江蘇人民出版社,2013年。
③ 8-746和8-1588的綴合,從陳偉主編《里耶秦簡校釋(第一卷)》(武漢大學出版社,2012年,第214～215頁)的意見。以下將此書簡稱爲《校釋》。

貴的是，這本來是秦中央政府發來的文書。根據以上幾點，可以説這件文書是目前公開的里耶秦簡中特別值得關注的一件。

這件文書的照片最早在 2003 年發表的發掘簡報上公開（彩色照片）①，其後 2007 年出版的發掘報告也收録彩色照片②，但不知是什麽原因，發掘簡報、發掘報告都没有收録其釋文。根據當時發表的照片，字迹很不清晰，難以對這枚木牘進行考釋。2012 年出版的《里耶秦簡〔壹〕》改變了這種局面，此書所收的 8-159 木牘黑白照片，字迹比過去公開的彩色照片清晰，而且不僅公開了正面和背面的照片，還有側面的照片；釋文也在此書中首次發表。與此同時，陳偉先生主編的《校釋》出版，對 8-159 的釋文也有所改進（第 96～97 頁）。在這兩部書出版後不久，于洪濤先生專門對"御史問直絡裙程書"進行討論，提出了不少值得參考的意見③。

此外值得一提的是 9-712 號木牘的公開④。這枚木牘的内容和 8-159 木牘背面很相似，我們通過兩者的比較可以釋出 8-159 號木牘上一些過去難以辨識的字。最早注意到這兩件文書的關係的是游逸飛、陳弘音兩位先生。他們在 2012 年 11 月参觀了里耶秦簡博物館，其後對當時博物館展出的簡牘作考釋，其中就有 9-712 號木牘⑤。他們利用 9-712 號木牘對 8-159 號木牘背面的釋文提出了許多修改意見，目前可以解決

---

① 湖南省文物考古研究所、湘西土家族苗族自治州文物處、龍山縣文物管理所《湖南龍山里耶戰國——秦代古城一號井發掘簡報》，《文物》2003 年第 1 期，圖一〇（正面）、一一（背面）。

② 湖南省文物考古研究所《里耶發掘報告》，嶽麓書社，2007 年，彩版二十（正面）、二十一（背面）。

③ 于洪濤《試析里耶簡"御史問直絡裙程書"》，簡帛網，2012 年 5 月 30 日。此文的修改版正式發表於如下兩個刊物上：《試析里耶秦簡"御史問直絡帬程書"的傳遞過程》，重慶中國三峽博物館、重慶博物館編《長江文明》第 13 輯，重慶出版社，2013 年；《里耶簡"御史問直絡帬程書"傳遞復原——兼論秦漢〈行書律〉的實際應用》，王沛主編《出土文獻與法律史研究》第 2 輯，上海人民出版社，2013 年。以下根據《長江文明》第 13 輯版引用。

④ 鄭曙斌、張春龍、宋少華、黄樸華《湖南出土簡牘選編》，嶽麓書社，2013 年，第 104 頁。

⑤ 游逸飛、陳弘音《里耶秦簡博物館藏第九層簡牘釋文校釋》，簡帛網，2013 年 12 月 22 日。

的問題基本上都得到了解決。

雖説如此,這件文書的字迹很不清晰,而且上面有不少污點,往往難以分辨有没有筆畫、是否筆畫。此外,這件文書是多面體,要看清楚所有字,必須從多角度看。但整理者公開的只有正面、背面和右側面的照片,根據這些照片,正面左側的字根本無法看清楚。加上背面的内容行款很亂,字的大小不統一,我們連把簡文和釋文對照起來都不容易。因此,爲了研究方便,我們製作了這件文書的摹本(附圖)。在這個過程中,我們發現還有一些字可以辨識,在解釋文意的方面也可以提出一些新的看法。於是撰寫本文,向各位請教。

衆所周知,在目前公開的里耶秦簡中,與 8-159 號木牘相關的簡牘還有四件: 8-152、8-153、8-155①、8-158。在進入正題之前,先簡單説明這些文書的關係:

(1) 8-153: 標題簡,原文是"御史問直絡帬程書"。
(2) 8-159: 秦始皇三十二年二月五日,《御史問直絡帬程書》正文。
(3) 8-155: 秦始皇三十二年四月八日,遷陵縣廷把《御史問直絡帬程書》發給少内,云:"謹案致之。書到言,署金布發。它如律令。"
(4) 8-152: 秦始皇三十二年四月九日,少内向遷陵縣廷呈上的回覆,云:"今書已到。"
(5) 8-158: 秦始皇三十二年四月九日,遷陵縣寫給酉陽縣的回覆,云:"令史②下絡帬直書已到。"

遷陵縣在收到《御史問直絡帬程書》後,立即把這件文書發給其轄下的少内。第二天少内給遷陵縣回覆,説收到了御史書。遷陵縣在收到這個回覆後,給酉陽縣回覆,説收到了御史書。關於絡裙的價格遷陵縣給洞

---

① 8-155 屬於這組文書的看法,從李學勤先生意見(但當時這枚簡的簡號是 8-156),説見《初讀里耶秦簡》,《文物》2003 年第 1 期;後收入李學勤《中國古代文明研究》,華東師範大學出版社,2005 年。

② 此"令史"是平行文書中常見的特殊用法,指收件人。參看陳偉《秦平行文書中的"令史"與"卒人"》,《古文字研究》第 31 輯,中華書局,2016 年。

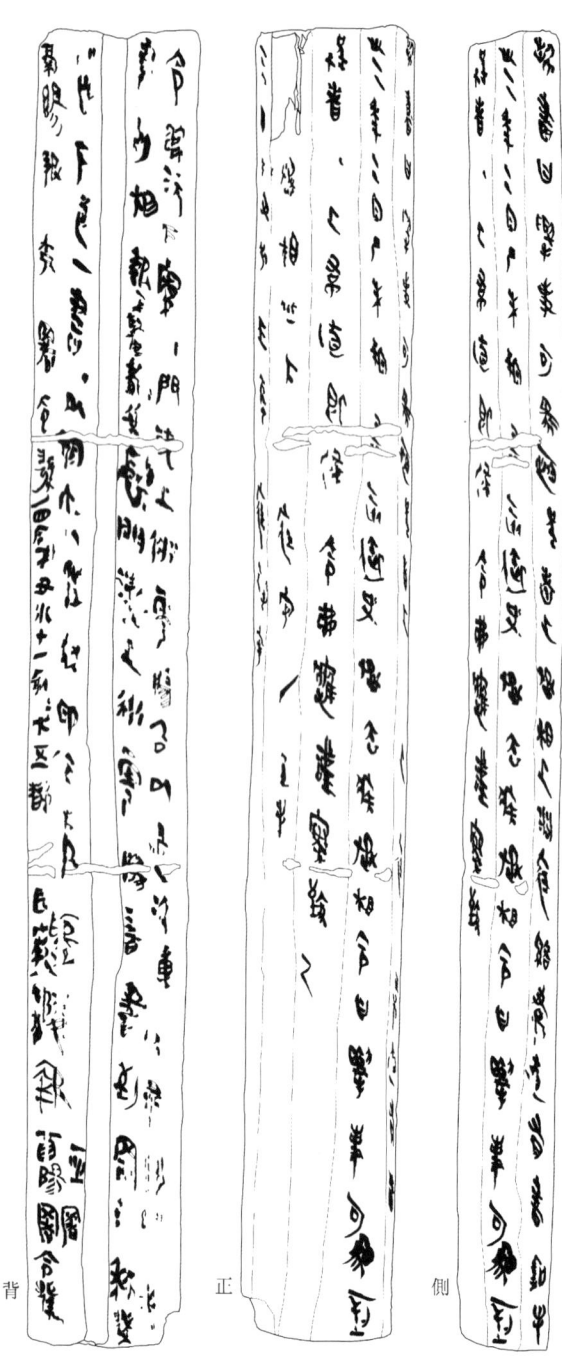

附圖　里耶秦簡 8-159 號木牘摹本

庭郡怎麼回答,現在找不到相關文件,我們不得而知。

二

本節對《御史問直絡帬程書》正文作考釋。在此根據內容把這件文書分兩個部分進行討論,然後試作白話譯文。

(一) 中央政府發給洞庭郡的文書

【釋文】

8-159 正

　　制書曰:"舉事可爲恒程者,上丞相。"[1]上洞庭絡帬直,有書[2]。鈤(?)手[3]。(第一行)

　　卅二年二月丁未朔辛亥[4],御史丞去疾:丞相令曰:"舉事可爲恒(第二行)程者」。"上帬直[5]。即律(?)令弗應(應),謹案致□[6]。(第三行)

　　【□□】丞相□下【洞】庭守[7]。/□手。(第四行)

【注釋】

[1] 制書曰:舉事可爲恒程者,上丞相。

　　《校釋》此處的釋文和斷句是:"制書曰:舉事可爲恒程者上丞相,上洞庭絡帬(裙)程有□□□",並把"舉事"解釋爲"行事"(8-152【校釋】[3])。今按,下文云:"丞相令曰:舉事可爲恒程者」。上帬直。"8-152云:"廷下御史書:舉事可爲恒程者。洞庭上帬直。"可見"舉事可爲恒程者"構成完整的一句,"舉"是動詞,"事可爲恒程者"是其賓語。這一句的意思是,舉出可以作爲"恒程"(一般標準)的事。

　　以上是制書的引文。可能有不少學者認爲下一句"上洞庭絡帬直"也是制書的引文。但從下文"舉事可爲恒程者」"看,制書的內容只有這一句。參看下注[5]。

[2] 上洞庭絡帬直,有書。

　　直,整理者釋作"書",《校釋》釋作"程",胡平生先生補"直"(《讀

〈里耶秦簡(壹)〉筆記(三)》,簡帛網,2012年4月26日)。今按,此字筆畫還能辨認,確實是"直"。

書,整理者、《校釋》未釋。

和8-152"洞庭上帬直"結合起來看,此"上洞庭絡帬直"當是"洞庭上洞庭絡帬直"的意思。也就是説,洞庭郡過去向丞相上報過洞庭郡的"絡帬(用絡布做的裙子)"的價格。"有書"是官文書的常用套句(目前公開的里耶秦簡中8-539、8-756也有"有書"句),意思是"關於此事,已經有文書"。《漢書·朱博傳》云:

姑幕縣有群輩八人報仇廷中,皆不得。長吏自繫,書言府;賊曹掾史自白請至姑幕。事留不出。功曹諸掾即皆自白,復不出。於是府丞詣閤,博乃見丞掾曰:"以爲縣自有長吏,府未嘗與也,丞掾謂府當與之邪?"閤下書佐入,博口占檄文曰:"府告姑幕令丞:言賊發不得,有書(師古曰:言已得縣之文書如此)。檄到,令丞就職,游徼王卿力有餘,如律令。"

"有書"似是引用下級官署的文書時用的。若果真如此,我們可以確定"上洞庭絡帬直"是御史大夫從洞庭郡所發文書引用的話。

[3] 釦(?)手。

釦,整理者、《校釋》未釋。今按,根據殘筆,此字似是"釦"。

手,整理者、《校釋》未釋,此從于洪濤先生釋。

"釦手"説明的當是"有書"之"書"的書寫者。關於"手"的解釋,參看《校釋》5-1簡【校釋】[12](第5頁)。

[4] 卅二年二月丁未朔辛亥

辛,整理者未釋,《校釋》懷疑是"辛"。今按,《校釋》的意見當可從。

[5] 丞相令曰:"舉事可爲恒程者∟。"上帬直。

《校釋》此處的釋文是:"丞相令曰舉事可爲恒程者□上帬(裙)直"。今按,"恒程者"下的"□"不是字,而是符號。可以參看背面第一行"索∟"之"∟"。此處的"∟"可能表示制書的引用在此結束。

也談里耶秦簡《御史問直絡裙程書》 123

這一句重複前面文書的内容,上文和此處的對應關係如下:

(上文)制書曰:"舉事可爲恒程者,上丞相。"

(此處)丞相令曰:"舉事可爲恒程者└。"

這是大庭脩先生所謂的"復唱原則"(參看大庭脩著,徐世紅譯《漢簡研究》,廣西師範大學出版社,2001年,第11頁)。"丞相令"在此不能理解爲"丞相下命令"的意思,因爲這是皇帝的命令。此"丞相令"恐怕只能理解爲律令之令的一種。若果真如此,"丞相令"可能是漢代所謂"挈令"的一種。

8-152木牘復唱"御史書"的内容,云:"廷下御史書:舉事可爲恒程者,洞庭上帬直。"這顯然是此"丞相令曰:舉事可爲恒程者└。上帬直"的重複。既然這是御史書的主要内容,其中(除制書的引用以外)應該包含御史大夫自己下的命令。而且本文書的標題簡云"御史問直絡帬程書",可見向洞庭郡詢問絡裙價格的是御史大夫。據此可以確定,制書的引用只有"舉事可爲恒程者"一句,"上帬直"是御史大夫的命令。

[6] 即律(?)令弗應,謹案致□。

"即"下一字,整理者、《校釋》都釋作"應"。今按,此字雖然殘缺嚴重,但仍能看出其字形與下"應"不一致,而且"即應令弗應"意思不通順。根據殘筆和上下文考慮,此字疑是"律"。

致,整理者未釋,此從《校釋》釋。

"致"字下,《校釋》認爲還有字。今按,"致"字下變黑,無法確認是否有字,但似乎隱約有一些筆畫。因爲此變黑處下無字,即使此處有字,最多也只有一、兩個字。根據8-155"謹案致之"和隱約可見的殘筆考慮,"案致"下很有可能只有"之"一字。

這一句也是御史大夫的命令。"即"意爲假若(《校釋》),"即律令弗應"是"如果律令的規定與洞庭郡上報的絡裙價格不符的話"的意思。"案致"是考查,參看《校釋》8-155簡【校釋】[3](第94頁)。

[7] □【□□】丞相□下【洞】庭守。

丞、相、下、守,整理者,《校釋》未釋。從這一句看,這件文書是丞相發來的。這可能是因爲這件事與丞相有密切的關係。

(二)洞庭郡發給轄下各縣的文書

【釋文】

8-159 正

三月丁丑朔壬辰,【洞】庭叚守□□□□□□□□【如律】(第五行)[1]

8-159 背

令[2]。臨沅下索(索)ㄴ、門淺、上衍、零陽,各以道次傳[3]。別書□□□[4]。(第一行)書到,相報。不報,追[5]。索(?)、□□、門淺、上衍、零陽言[6]:"書到,署□□發。"(第二行)□□□[7]。道一書[8]。以洞庭發弩印行事。

恒署(第三行)

遷陵報酉陽,署令發。(第三行和第四行間)[9]

鬲〈酉〉陽報充,署令發。[10]/四月【癸】丑水十一刻=(刻刻)下五,都【郵人】□以來。/□【發】。[11](第四行)

【參考:9-712 釋文】

正面

六月壬午朔戊戌,洞庭叚守齮下□:聽書從事。臨沅(第一行)下索(索)ㄴ、門淺、零陽、上衍,各以道次傳。別書:臨(第二行)沅下洞庭都水、蓬下鐵官,(第三行)皆以郵行。書到,相報。不報,追。臨沅、門淺、零陽、(第四行)上衍、□言:"書到,署兵曹發。"/如手。道一書。●以洞庭候印□(第五行)

背面

遷陵報西陽,署主令發。(第一行)

充報零陽,金布發。恒署丁四。(第二行)

西陽報充,署令發。(第三行)

七月己未水十一刻,刻下十,都郵人□以來。/□發。(第四行)

【注釋】

[1] 8-159 正第五行

整理者、《校釋》都把這一行歸於背面。按，這一行當是圖版正面最後一行。

叚、守，整理者、《校釋》未釋。

[2]【如律】令。

正面第五行和背面第一行當可連讀。若果真如此，根據下行文書的固定格式，"令"上可以補"如律"二字。"守""【如律】"間的缺字數，暫且從整理者釋文。此處寫的是洞庭郡給轄下各縣下的命令，其內容很有可能與 8-155 "謹案致之。書到言，署金布發。它如律令"差不多。

[3] 臨沅下索(索)└、門淺、上衍、零陽，各以道次傳。

"臨沅下"和"各以道"六字，從游逸飛、陳弘音兩位先生釋。此"道"是路綫的意思。例如 8-657 云："新武陵別四道，以次傳，別書寫上洞庭尉。"辭例與此極爲相似。《校釋》對"別四道"加注云："分四條路綫。"（第 194 頁）

[4] 別書□□□。

"別書"二字，從游逸飛、陳弘音兩位先生釋。

[5] 不報，追。

此三字，整理者、《校釋》未釋，與其他的字相比，寫得很小，並且極爲草率，難以辨認，當是後來補寫的字。我們根據 9-712 "書到，相報。不報，追"的文例釋。

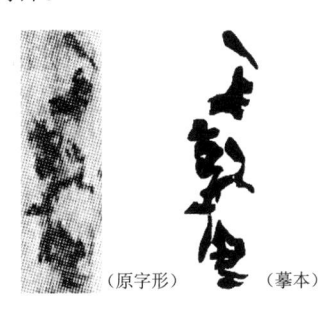

（原字形） （摹本）

[6] 索₍?₎、□□、門淺、上衍、零陽言：

　　"索₍?₎",整理者、《校釋》未釋。但地名的"索"一般都寫作"索",此釋或許有問題。

[7] □□□。

　　此三個殘字,游逸飛、陳弘音兩位先生根據 9‐712 的文例認爲是"□□手"。今按,最後一字筆迹較爲清晰,從目前能看到的筆畫看,不像是"手",而很有可能是"下"。

[8] 道一書。

　　道,從游逸飛、陳弘音兩位先生釋。

[9] 遷陵報酉陽,署令發。

　　報,從游逸飛、陳弘音兩位先生釋。但他們把"酉陽"屬於下句,恐怕不對。"遷陵報酉陽"是"遷陵縣給酉陽縣回覆"的意思。8‐158 是遷陵縣寫給酉陽縣的回覆（的抄件）,云："令史下絡幂直書已到。""遷陵報酉陽"指的當是這個回覆。

　　這一句的書寫位置和其他的字很不協調,"遷陵報"三字寫在第三行"以洞庭發弩印行事"和"恒署"間,"酉陽署令發"五字寫在第三行"恒署"左。因此我們用"第三行和第四行間"表示這一句的位置。"遷陵報"和"酉陽署令發"的筆迹明顯不同,當是分兩次書寫的。

[10] 鬲〈酉〉陽報充,署令發。

　　"鬲〈酉〉",整理者未釋,《校釋》釋作"酉"。游逸飛、陳弘音兩位先生認爲這一句應該釋爲"酉陽報,充署令發"。今按,從字形看,"陽"上一字似是"鬲"。但根據上下文和 9‐712 的文例,此字只能是"酉"。因此此字應該是"酉"的誤字。"鬲〈酉〉陽報充"的斷句,參看上注。

[11] 四月【癸】丑水十一刻═下五,都【郵人】□以來。／□【發】。

　　"四月【癸】丑"之"【癸】",雖然從殘筆看不出是什麽字,但從文書傳遞的時間看只能是"癸"。這個日期當是遷陵縣收到《御史問直絡幂程書》的時間。8‐155 云："四月癸丑水十一刻刻下五,守府快行少内",其時間與此完全相同。也就是説,遷陵縣廷在收到《御史問直絡幕程書》後,立即把這件文書發給了少内。8－158 説四月甲寅遷陵縣給酉陽縣回覆,"四月丙辰旦,守府快行旁"。也就是説,遷陵縣廷在接到《御史問直絡幕程書》的第二天給酉陽縣寫回覆,其兩天後的早晨把這個回覆寄出去。

"都【郵人】□以來。/□【發】"的釋文,從游逸飛、陳弘音兩位先生的意見。

(三)白話譯

制書云:"舉出可以作爲一般標準的事,把它上報給丞相。"(洞庭郡)曾經上報過洞庭郡的絡裙價格,此事有文書,是釦書寫的。

(秦始皇)三十二年二月五日,御史丞去疾説:《丞相令》云:"舉出可以作爲一般標準的事。"你們要上報絡裙的價格。如果律令的規定與這個價格不符的話,好好考查此事。

……丞相□下達給洞庭守。這件文書是□書寫的。

三月十六日,洞庭叚守□……按照律令辦事。臨沅縣把這件文書發給索、門淺、上衍、零陽各縣,各自按照路綫的順序傳遞過去。另外一份發給……。等文書到,各縣要互相通報。如果不通報,去跟踪調查。索、□□、門淺、上衍、零陽各縣説:如果文書到了,(通報文書上)請寫"請□□開啓"。□□□。每條路綫製作一份文書。用洞庭發弩的官印辦理。恒署

四月八日水十一刻刻下五,都郵人□送來了這件文書。□開啓了這件文書。

遷陵縣給酉陽縣回覆,上面寫"請縣令開啓"。

酉陽縣給充縣回覆,上面寫"請縣令開啓"。

三

上節對 8－159 文書進行了解讀。本節在這個理解的基礎上,對與這件文書相關的幾個問題作一些討論。

（一）這件文書的文本性質

8-159文書雖説是"御史問直絡帬程書"，但當然不是御史大夫所發的原件。最原始的《御史問直絡帬程書》應該在洞庭守府存檔，遷陵縣收到的是洞庭郡轉發、經過幾個縣傳過來的東西。那麽我們現在能看到的8-159是遷陵縣從酉陽縣收到的文書本身，還是遷陵縣爲存檔製作的副本？

從這件文書的形制看，8-159不像是副本。這是所謂檄書，這種多面體的形狀並不適合存放，如果是爲了存檔，恐怕不大可能用這種書寫材料製作副本。我們認爲這件文書之所以采用檄書的形狀是因爲本來的《御史問直絡帬程書》是檄書。冨谷至先生在研究西北地區出土漢代檄書時指出，檄書的傳遞不僅要把檄文謄寫出來，而且所用簡牘的形狀也需保持原樣①。秦代已經有這個規定一點也不奇怪。如果這個推測不誤，8-159當是酉陽縣複製並傳給遷陵縣的檄書原件。

但情況並不是那麽簡單。這件《御史問直絡帬程書》還有洞庭郡給轄下各縣的命令。這個部分的筆迹與《御史問直絡帬程書》主體部分不同，前者的筆畫明顯比後者粗。這説明洞庭郡命令部分是後加的，不是酉陽縣送來的時候原有的內容。這種情形也見於漢代檄書，例如居延新簡《卅井關守丞匡檄》(EPF22.151)云：

甲渠鄣候，以郵行。☐

府告居延甲渠鄣候：卅井關守丞匡十一月壬辰檄言："居延都田嗇夫丁宫、禄福男子王歆等入關。"檄甲午日入到府。匡乙未復檄言：(A面)"男子郭長入關。"檄丁酉食時到府。皆後官等到，留遲。記到，各推辟界中，定吏主當坐者名，會月晦。有(B面)

教。　建武四年十一月戊戌起府。(C面)

十一月辛丑，甲渠守候　告尉，謂不侵候長憲等：寫移檄到，各推辟界中相付受日時具狀，會月廿六日，如府記、律令。(D面)

---

① 冨谷至《檄書攷——視覺簡牘的發展》，《文書行政的漢帝國》第50頁。

這件檄書由居延都尉府下達給甲渠候官的命令(A、B、C)和甲渠候官下達給其下屬的命令(D)兩個部分構成。D部分的筆迹與A、B、C部分不同，字寫得比較草率，而且空着甲渠守候的署名，説明D是後加的文書副本。參考這個例子，我們認爲8-159的《御史問直絡帬程書》部分是酉陽縣送來的原件，洞庭郡命令部分是遷陵縣後加的副本。

8-159背面，除了洞庭郡的命令外，還有關於這件文書傳遞情況的信息，這個部分的筆迹又和洞庭郡命令部分不同。依我們看，"遷陵報""酉陽署令發""鬲陽報充署令發""四月【癸】丑水十一刻₌下五都【郵人】□以來／□【發】"是分別由不同的人書寫的，可見當時隨着事情的進展一點一點地增加這些内容。

綜合以上討論，我們推測這件文書的書寫過程大致如下：

一、酉陽縣複製《御史問直絡帬程書》和洞庭郡的命令書，傳給遷陵縣。

二、遷陵縣在《御史問直絡帬程書》原件上抄寫洞庭郡的命令。(正面第五行、背面第一一三行)

三、爲了執行"書到，相報"的命令，先寫"遷陵報"。在遷陵縣給酉陽縣通報後，補了"酉陽署令發"。(背面第三行和第四行間)

四、在知道了酉陽縣給充縣通報後，寫"鬲陽報充署令發"。(第四行上)

五、記録遷陵縣收到《御史問直絡帬程書》和洞庭郡命令的時間。(第四行下)

(二) "恒署"的意思

8-159"恒署"二字，雖説寫在背面第三行，但和上面"以洞庭發弩印行事"是隔着空白寫的。從這種寫法看，"恒署"云云和上下文没有任何關係。過去因爲只知道這一例，無法討論這句話的意思。現在因爲知道9-712"恒署丁四"的例子，可以做一些推測了。

根據圖版，8-159"恒署"下似乎確實没有字。但參考9-712"恒署丁四"，8-159"恒署"下原來應該還要寫像"丁四"這種文字。這顯然是某種編號。當時可能先寫好"恒署"，以待將來補編號，但不知是什麽原因，後來没有補上。

"署"是題署之署。《釋名·釋書契》云：

　　書文書檢曰署。署，予也，題所予者官號也。

我們認爲，"恒署丁四"的意思是這件文書上都要寫"丁四"。這個編號當是御史大夫或洞庭郡給這件文書的編號。這可能是爲了以後工作的方便。如果這件文書有統一的編號，今後官員在引用這件文書時，只要用這個編號就可以説明自己引用的是哪一件文書。

具有這種統一編號的文書稱爲"恒署書"。根據陳松長先生的介紹，嶽麓書院藏秦簡律令中有如下一條令文：

　　●恒署書皆以郵行。●卒令丙二(1173)①

按照我們的理解，這條令文的意思是"恒署書"都要用郵遞送。看 8-159 和 9-712，它們確實都是由郵人送來的。這説明"恒署書"是一種特殊的重要文書。也就是説，不是所有文書有這種編號，而是只有重要的文書才有編號。如果當時人認爲這件文書今後有可能會被人經常引用，就事先定好這件文書的編號。

如果以上的推測能夠成立，就意味着秦代把文書分爲永久性文書和非永久性文書兩種，並給前者編號。對秦代文書制度研究而言，這是一個很重要的發現。

此外值得注意的是，這種編號也見於嶽麓書院藏秦簡律令中。例如上引的令文是"卒令丙二"。《嶽麓書院所藏秦簡綜述》引用的律令中還有如下幾例：

　　●内史旁金布令乙四(1768)
　　内史倉曹令甲卅(1921)
　　●縣官田令甲十六(1105)
　　●遷吏令甲廿八(1775)
　　●□官官所治，它官獄者治之。●廷卒甲二(1617)

---

① 陳松長《嶽麓書院所藏秦簡綜述》，《文物》2009 年第 3 期。

嶽麓書院藏秦簡律令中也有只標干支編號的，也有只標數字編號的，如：

> ●田律曰：黔首居田舍者，毋敢酤酒①。有不從令者，䙴(遷)之。田嗇夫、士吏=(吏、吏)部弗得，貲二甲。●第乙(0994/280)②

這種例子在《嶽麓書院藏秦簡(肆)》中已經出現了不少，在此不一一介紹。我們懷疑這是省略數字或干支的簡略方式。

《漢書·蕭望之傳》有"金布令甲"的記載：

> 望之、彊復對曰：先帝聖德，賢良在位，作憲垂法，爲無窮之規，永惟邊竟之不贍，故金布令甲曰"邊郡數被兵，離飢寒，夭絕天年，父子相失，令天下共給其費"，固爲軍旅卒暴之事也。

此"金布令甲"當是金布令第甲中的一條。

這些律令的編號是怎麼定的呢？"恒署"制度似乎可以解決這個問題。根據我們的研究，秦漢時代的"令"是皇帝詔本身，"律"是皇帝詔制定的規定③。因此我們懷疑，律令的編號可能是其詔書的編號。也就是說，皇帝詔也有"恒署"制度，重要的詔書要編號。這樣，所有重要的詔書都有全國統一的編號，像蕭望之那樣引用令文也就成爲可能。

---

① 酤字，整理者釋爲"酤〈醯(酤)〉"(《嶽麓書院藏秦簡》(肆)第161頁)。內容幾乎相同的律文亦見於 115/1400 號簡和睡虎地秦簡《秦律十八種·田律》(12 號簡)，睡虎地秦簡的整理者把與此相對應的字釋爲"醯(酤)"(睡虎地秦墓竹簡整理小組《睡虎地秦墓竹簡》，文物出版社，1990年，第22頁)。今按，此字原字形如下：

［圖］嶽麓簡 280/0994 號簡　［圖］嶽麓簡 115/1400 號簡　［圖］《秦律十八種》12 號簡

115/1400 號簡的字最清晰，顯然是"醯"字(這一點承蒙吳博文先生指教)。"醯"字已出現於馬王堆帛書《五十二病方》和《養生方》，參看陳松長編著《馬王堆簡帛文字編》"醯"字條(文物出版社，2001年，第202頁)。《秦律十八種》的字雖然不是很清楚，但仍能看出是"醯"。從這兩例看，280/0994 號簡的字只能認爲是"醯"的訛體或簡省體。"醯酒"的意思待考。

② 陳松長《嶽麓書院藏秦簡(肆)》，上海辭書出版社，2015年。

③ 參看《秦漢時代律令辨》，中國政法大學法律古籍整理研究所編《中國古代法律文獻研究》第7輯，社會科學文獻出版社，2013年。

（三）洞庭郡治的所在地

關於洞庭郡治的所在地，可以説學界衆説紛紜。根據游逸飛先生的梳理①，目前有七種意見：臨湘説②、臨沅説③、沅陵説④、長沙説⑤、索説⑥、新武陵説⑦、從新武陵徙至沅陽説⑧。我們根據 8-159 文書對這個問題提出我們的意見。

根據 8-159，再參考 9-712，洞庭郡把文書發給轄下各縣的郵遞路綫大致如下：

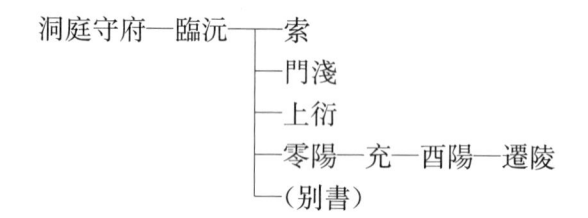

```
洞庭守府—臨沅——索
              ├門淺
              ├上衍
              ├零陽—充—酉陽—遷陵
              └（別書）
```

洞庭郡所發的文書在臨沅縣分四條路綫傳遞過去（別書除外）。簡文説"道一書"，這句話的意思是説臨沅縣爲這四條路綫分別抄寫這件文書。這四條路綫中，從零陽縣到遷陵縣的路綫基本上可以搞清楚。零陽縣和充縣是澧水沿岸的縣，酉陽縣在酉水中游，遷陵縣在酉水上游。也就是説，文書從臨沅縣送到零陽縣後，上溯澧水送到充縣，然後走陸路送到酉陽縣，上溯酉水送到遷陵縣。

在此要注意的是臨沅縣的位置。臨沅縣是洞庭郡所發文書的第一

---

① 游逸飛《戰國至漢初的郡制變革》，臺灣大學文學院歷史學系博士論文，指導教授：邢義田，2014 年 6 月，第 119～121 頁。
② 趙炳清《秦洞庭郡略論》，《江漢考古》2005 年第 2 期。
③ 王焕林《里耶秦簡校詁》，中國文聯出版社，2007 年，第 204～211 頁。
④ 徐少華、李海勇《從出土文獻析楚秦洞庭、黔中、蒼梧諸郡縣的建置與地望》，《考古》2005 年第 11 期。
⑤ 陳蒲清《長沙是楚國"洞庭郡"的首府》，《長沙大學學報》2006 年第 3 期。
⑥ 鍾煒、晏昌貴《楚秦洞庭蒼梧及源流演變》，《江漢考古》2008 年第 2 期。
⑦ 《校釋》第 6 頁，第 190～191 頁。
⑧ 鄭威《里耶秦簡牘所見秦即墨、洞庭二郡新識》，復旦大學歷史系、復旦大學出土文獻與古文字研究中心主辦"簡牘文獻與古代史——第二屆出土文獻青年學者論壇"（上海，2013 年 10 月 19～20 日）報告。

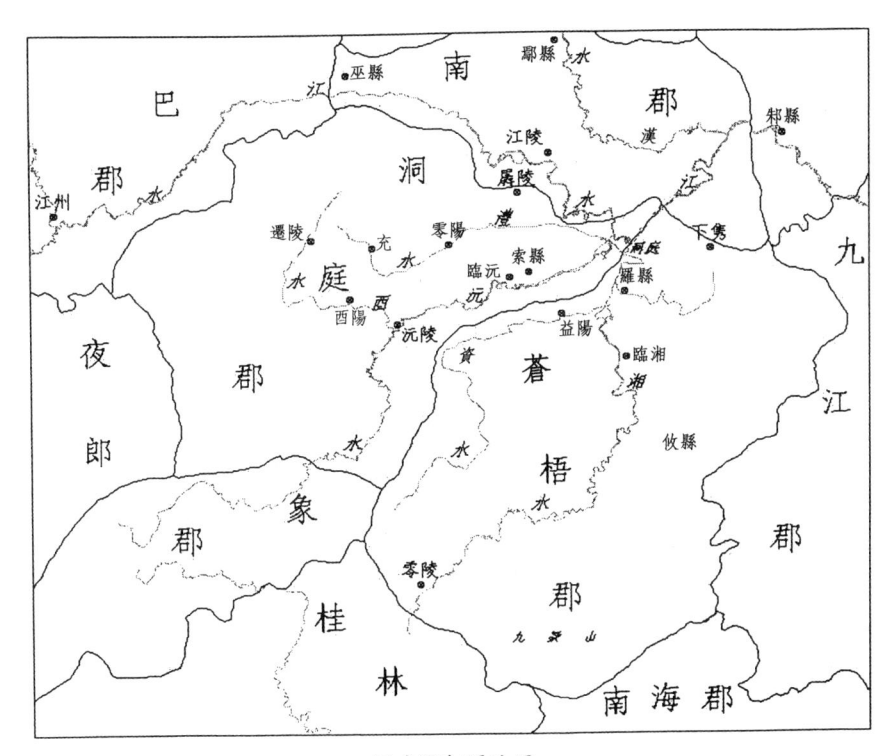

洞庭郡相關地圖

(利用周振鶴《秦代洞庭蒼梧兩郡懸想》(《復旦學報》2005年第5期)所載圖版製作)

站,文書從此分四條路綫傳給洞庭郡各縣。從這個路綫看,臨沅縣應該是當時洞庭郡治所在地。衆所周知,睡虎地秦簡《語書》也有類似的句子,其開頭一句和最後一句如下:

　　廿年四月丙戌朔丁亥,南郡守騰謂縣、道嗇夫:……。以次傳。別書江陵布,以郵行。

這是南郡守發給南郡各縣的文書,其中有"別書江陵布"一句,説明江陵縣是南郡所發文書的第一站,這當然是因爲江陵是南郡治所在地。參考這個例子,臨沅縣在洞庭郡的地位就顯而易見了。

于洪濤先生早已用這件文書討論洞庭郡治的位置,説"臨沅及索一帶正處於文書傳遞的中心,也就是説其郡治在這一範圍的可能性極大"。這個思路應該是可取的,我們只不過是知道了"臨沅下索、門淺、零陽、上衍,各以道次傳"的"臨沅下"三個字,能夠更準確地確定洞庭郡治所在地而已。

按照這個邏輯,《校釋》認爲洞庭郡治在新武陵的看法也不能否定。8-657指定的文書傳遞路綫如下:

> 六月乙未,洞庭守禮謂縣嗇夫:……。新武陵別四道,以次傳,別書寫上洞庭尉。

根據這個記載,新武陵是洞庭郡所發文書的第一站。因此我們不得不認爲,洞庭郡治至少遷徙過一次。那麽洞庭郡治是先在臨沅、後徙至新武陵,還是先在新武陵、後徙至臨沅?爲了解決這個問題,需要確定8-657文書的年代。關於8-657開頭的紀日"☐亥朔辛丑",許名瑲先生推測爲秦二世元年九月己亥朔辛丑①,鄭威先生推測爲秦始皇二十八年五月己亥朔辛丑②。游逸飛先生説"由於該簡出現的官吏'遷陵守丞膻之',又見於簡8-75+8-166+8-485(秦始皇二十八年十二月)、8-1563(二十八年七月),該文書製作於秦始皇二十八年的可能性大於秦二世元年"③。此説似可從。若果真如此,8-657的年代比8-159(秦始皇三十二年)早,因此可知洞庭郡治先在新武陵,後徙至臨沅。

鄭威先生説有些洞庭郡的文書從沅陽發出,據此認爲洞庭郡治有一段時間在沅陽。其實這種看法是有問題的。我們看一下他所舉的例子(游逸飛先生指出也有一些文書從上衍發出,在此一併列出來):

> (1)(三十三年)二月壬寅朔甲子,洞庭叚守齰追縣,丞上勿留。/郎手。●以上衍印行事。(12-1784)④
>
> (2)(三十四年)七月甲子朔癸酉,洞庭叚守繹追遷陵。/歇手。

---

① 許名瑲《〈里耶秦簡(壹)〉曆日校注補正》,簡帛網,2013年9月7日。
② 鄭威《里耶秦簡牘所見秦即墨、洞庭二郡新識》。
③ 游逸飛《戰國至漢初的郡制變革》注638,第120頁。
④ 這枚木牘的圖版收入《湖南出土簡牘選編》。

●以沅陽印行事。(8-759)

(3)(三十四年)七月甲子朔庚寅,洞庭守繹追遷陵,亟言。/歐手。●以沅陽印行事。(8-1523)

(4)(三十四年)八月癸巳朔癸卯,洞庭叚守繹追遷陵,亟,日夜上,勿留。/卯手。●以沅陽印行事。(8-1523)①

鄭威先生是根據"以~印行事"的記載來判斷洞庭郡治所在地的。但這一句說明的是洞庭假守(即郡守代理)用什麼印章辦理洞庭守的事務。例如(2)~(4)的"以沅陽印行事"說明洞庭假守繹用沅陽縣令的官印辦理洞庭守的事務②,這當是繹的本職是沅陽縣令的緣故。至於他在哪裏辦理洞庭守的事務,從"以沅陽印行事"根本看不出來。按理說,洞庭假守也應該在洞庭守府辦事,與他所用的印章沒有關係。或許他在沅陽縣廷辦理洞庭守的事務,但即使如此,這也是縣廷,而不是洞庭守府。因此這些記載並不能說明洞庭郡治的所在地。

8-159是洞庭假守□"以洞庭發弩印行事"的文書,9-712是洞庭假守齮"以洞庭候印"行事的文書。他們都是洞庭郡的官員,他們的辦公地點很有可能在洞庭郡治所在地。因此即使這些文書從他們的辦公地點發出,我們也可以根據這兩個例子判斷洞庭郡治所在地。

總之,根據目前可知的資料看,可以確認的是洞庭郡治曾經在新武陵、臨沅兩個地方。

編校追記

筆者在本文中認爲8-159本來是酉陽縣傳遞給遷陵縣的原件。但筆者在"簡牘與戰國秦漢歷史:中國簡帛學國際論壇2016"上宣讀本文時,游逸飛先生告訴筆者説,他看過8-159原件,這件文書做得很粗糙。承蒙游先生指教後,筆者才注意到了這個問題。按照筆者的理解,這件《御史問直絡帬程書》是所謂"恒署書",如此重要的文書原件不大可能做

---

① 第八層出土簡牘的圖版收入《里耶秦簡〔壹〕》。
② (3)寫作"洞庭守繹",這當是"洞庭叚守繹"之誤。

得這麼粗糙。因此筆者目前認爲，8-159 的《御史問直絡帬程書》部分有可能也不是原件，而是遷陵縣爲工作之便製作的備份。

另外，本文對"別書"的解釋有誤。筆者在本文中把簡文中所見"別書"一律屬下讀，但里耶秦簡 9-1861 有如下一句話（湖南省文物考古研究所《里耶秦簡〔貳〕》，文物出版社，2017 年）：

  新武陵布四道，以次傳，別書。書到，相報。不報者，追之。

這是"別書"要屬上讀的確鑿證據。"別書"是文書傳遞用語，是分道別傳的意思。參看張馳《讀里耶秦簡（貳）9-1861、9-2076 小札》（簡帛網，2018 年 5 月 17 日）。

據此，8-159 背、9-712 相關部分的斷句應當作如下改動：

  臨沅下索（索）⌒、門淺、上衍、零陽，各以道次傳，別書。□□□。書到，相報。不報，追。(8-159 背)

  臨沅下索（索）、門淺、零陽、上衍，各以道次傳，別書。臨沅下洞庭都水、蓬下鐵官，皆以郵行。書到，相報。不報，追。(9-712)

8-159 白話譯"各自按照路綫的順序傳遞過去。另外一份發給……"要改爲"……各自按照路綫的順序傳遞過去，分道別傳。……"。

  本文是提交給"簡牘與戰國秦漢歷史：中國簡帛學國際論壇 2016"（香港，2016 年 12 月 12～13 日）的論文，今據以收入。

益陽兔子山遺址 J9⑦ 出土簡牘初探

前　　言

　　湖南益陽兔子山遺址是 2013 年 5～11 月由湖南省文物考古研究所與益陽市文物處聯合發掘的。發掘面積 1 000 平方米,清理各類遺迹近百處。其中有古井 16 口,11 口井出有簡牘,據説出土簡牘總數在 16 000 枚以上①。發掘結束後不久的 2013 年 12 月,《中國文物報》刊登了兔子山遺址發掘的報導②;其半年後的 2014 年 6 月,周西璧先生發表了《洞庭湖濱兔子山遺址考古古井中發現的益陽》一文③,我們通過這兩篇文章能夠比較全面地了解兔子山遺址的發掘情况。

　　這兩篇文章都説,兔子山遺址出土的簡牘中有戰國時代楚國的文書,這個消息引起了許多學者的興趣。根據上引的兩篇文章,四號井、八號井和九號井出土了楚簡。《文物報》報導云:

　　　　戰國楚簡出土於四號井(J4)。該井底部有方形木框三層,共出

---

①　下引周西璧先生文章説"室內發掘與整理工作已開展 10 個月,目前已清洗簡牘 13 000 餘枚,初步估計,兔子山遺址出土簡牘總數在 16 000 枚以上"。
②　湖南省文物考古研究所《二十年風雲激蕩　兩千年沉寂後顯真容》,《中國文物報》2013 年 12 月 6 日,第 6 版。以下簡稱爲"《文物報》報導"。
③　周西璧《洞庭湖濱兔子山遺址考古古井中發現的益陽》,《大衆考古》2014 年第 6 期。以下簡稱爲"周文"。

簡牘八枚,均殘斷、破裂。通過紅外掃描器掃描成像,其文字爲戰國時楚國文字,內容爲衣物織物記錄。

九號井(J9)內堆積可分多層,其中底層出土簡牘字迹爲戰國時楚文字風格,其上爲秦代文字風格簡牘。……

見有"張楚"字樣的簡牘出土於八號井(J8)。該井出土簡牘十餘枚,其中有的簡文爲楚國文字,其中一枚觚上(J8⑥:1)記有"張楚之歲"。……

從這個報導看,四號井、八號井出土的楚簡並不多。看來所謂楚國文書大都出自九號井。

2016年5月,《文物》刊登了九號井的發掘簡報①,公開了第三層(J9③)出土的2枚簡牘的照片和釋文、第七層(J9⑦)出土的151枚簡牘的釋文(其中14枚簡有照片)、第八層(J9⑧)出土的1枚簡牘的照片和釋文。其中J9⑦出土簡牘和J9⑧出土簡牘的文字具有楚文字特徵,這些簡牘當是《文物報》報導、周文所說的戰國時代楚國文書的一部分。

雖然目前公開的兔子山遺址出土所謂楚國文書數量很有限,但《九號井發掘簡報》給我們帶來的新信息包含許多值得關注的內容。本文拟對《九號井發掘簡報》所收的所謂楚國文書作初步探討。

一、九號井出土簡牘中的所謂楚國文書的年代問題

在討論兔子山遺址出土所謂楚國文書的具體內容前,我們有必要先搞清楚這些文書的製作年代。如上所述,《文物報》報導說兔子山遺址出土簡牘中有"戰國楚簡"。《九號井發掘簡報》說"九號井出土簡牘表明兔子山遺址是戰國楚益陽公(縣)治所在",暗示整理者認爲九號井出土的所謂楚國文書正是他們所謂的戰國楚簡。然而這個看法恐怕難以成立,因

---

① 湖南省文物考古研究所、益陽市文物處《湖南益陽兔子山遺址九號井發掘簡報》,《文物》2016年第5期。以下簡稱爲"《九號井發掘簡報》"。

爲兔子山遺址出土的所謂楚國文書中存在着楚、秦兩種文字的寫法。

最早討論這個問題的是李松儒先生。《九號井發掘簡報》發表後不久，李先生在簡帛網論壇上以"松鼠"之名發表了《益陽兔子山九號井簡牘的楚秦文字問題》一文①。她在這篇文章中舉了一些具體例子，指出九號井簡牘中既有楚文字寫法，又有秦文字寫法。她説：

> 這些簡中之所以既有楚文字寫法，又有秦文字寫法，應該是楚人所寫雜糅了秦文字因素的寫法，並且，因爲楚人不習慣秦文字寫法，所以秦人初占楚地之時，楚人習寫秦字常常把文字寫得非秦非楚，較爲怪異，如"丙"、"申"、"奈"、"命"等字的寫法。
>
> 兔子山九號井這些簡牘是難得的楚文字向秦文字過渡的材料，同時豐富了我們對楚秦交替時期文字書寫風格的認識。

按照這個説法，兔子山九號井出土的所謂楚國文書是益陽歸於秦國統治後不久的楚人寫的文書。李先生在這篇文章中還説"楚人書寫秦文字"，"楚人有意向秦文字寫法靠攏"等，表明了李先生對這些文書年代的看法。

其後田煒先生也指出這些簡牘中存在着秦、楚兩種文字的寫法。但他對這些文書年代的看法與李松儒先生不同。他説："兔子山簡牘是秦楚之際反秦政權試圖恢復六國古文的實物證據。"②也就是説，兔子山遺址出土的所謂楚國文書既不是戰國楚的簡牘，也不是戰國秦的簡牘，而是秦楚之際的簡牘。按照這個説法，這些文書的時代比秦簡更晚。

通過李、田二位先生的研究，我們能夠很清楚地知道兔子山九號井出土的所謂楚國文書兼具楚秦兩種書寫風格，因此這批簡牘不能視爲戰國時代楚國的文書。那麼可以考慮的可能性有兩種，一種是李松儒先生所

---

① 《益陽兔子山九號井簡牘的楚秦文字問題》，簡帛網論壇，2016 年 6 月 13 日，http://www.bsm.org.cn/bbs/read.php?tid=3376。李先生後來撰寫《益陽兔子山九號井簡牘中楚秦過渡字體探析》一文（《中國書法》2019 年第 6 期），更全面詳細地討論這個問題。承蒙李先生的好意，筆者能夠提前拜讀未刊稿，在此謹致謝忱。

② 田煒《從秦"書同文字"的角度看秦印時代的劃分和秦楚之際古文官印的判定》，西泠印社《第五屆孤山證印西泠印社國際印學峰會論文集》，西泠印社出版社，2017 年。

説的"楚秦交替時期"説;另一種是田煒先生所説的"秦楚之際"説。我們看了他們的研究和相關資料之後,認爲後一種可能性大。

如果只從字體的角度看,這兩種説法都能成立,因此我們有必要從別的角度思考這個問題。我們關注的是《九號井發掘簡報》的"簡文中'卒'、'倅'並出,應爲同一字"這句話。如下所述,J9⑦出土簡牘中,"卒"、"倅"兩個字都表示士卒之卒。如果這些文書的書手是熟悉楚國用字習慣、不熟悉秦文字寫法的楚人,不會出現這種情況。衆所周知,戰國楚文字"卒"字是从"爪"的①。既然官文書中可以用"倅"字,只要是楚人,就不會用"卒"字表示士卒之卒。"卒"、"倅"的混同只能説明這些文書的書手深受秦"書同文字"政策的影響,經常不小心按照秦國的習慣用"卒"字表示士卒之卒。

我們在下文對J9⑦出土簡牘的一些字詞作考釋。通過我們的考釋也可以看得出這些文書的書手很熟悉秦國的用字法,却不清楚有些楚文字的寫法。如果設想書手是不熟悉秦文字寫法的楚人,無法解釋這個情況。因此我們認爲,這些文書不是不習慣秦文字寫法的楚人寫的,而是習慣秦文字寫法的人努力用楚文字寫的。

另外,J9⑦出土簡牘中出現了"屈柰之月"、"賺柰之月"這種楚月名。也就是説,如果這是"楚秦交替時期"的官文書,這些例子説明故楚地的秦國官文書使用楚國月名表示時間。這種設想,即使説當時還是秦始皇推行"書同文字"之前,還是令人感到有點奇怪。認爲這些文書不是秦國文書,恐怕是最簡單合理的解釋。

兔子山簡牘中確實有可以確定爲"秦楚之際的古文簡"的實例②。根

---

① 管見所及,楚文字文獻中用不從"爪"的"卒"表示〈卒〉的例子只有1例,見於郭店楚簡《唐虞之道》第18號簡。而《唐虞之道》是具有齊系文字特點的抄本,馮勝君先生在討論《唐虞之道》具有的齊系文字特點時,提到了"卒"字的問題,參看馮勝君《郭店簡與上博簡對比研究》,綫裝書局,2007年,第295~296頁。

② "秦楚之際的古文簡"這個稱呼是田煒先生提出來的。田煒先生告知筆者,在此所謂的"古文"是比較廣泛的概念,也包括後世轉抄戰國文字或模擬戰國文字、但有些變形走樣的那些材料。秦楚之際書寫的所謂"楚文字"與戰國時代的真正的楚文字不同,其性質比較類似於後世模擬戰國文字書寫的那種。

據《文物報》報導，八號井出土的"張楚之歲"瓠是用"楚國文字"寫的。這件瓠雖然不是九號井所出，但能夠證明張楚政權確實試圖恢復楚文字。這是對田煒先生的看法極爲有利的證據。

總言之，我們認爲，只有知道兔子山遺址出土的所謂楚國文書其實是"秦楚之際的古文簡"，才能正確地釋讀這些簡文的內容。下面在以上認識的基礎上，對J9⑦出土的簡牘進行考釋。

二、J9⑦1～5釋文

《九號井發掘簡報》公開圖版的"秦楚之際的古文簡"中，文字內容最豐富的是J9⑦1～5的五枚簡（文末附圖）。在此根據圖版重新製作釋文，並按照我們的理解把這五枚簡重排列：

［1］J9⑦4(圖二六)①＋J9⑦5(圖二七)
　　☐係凡一人，屈②柰之月甲寅之日行。　事黃迎迬事係③☐

［2］J9⑦1(圖二三)
　　☐事係凡五十四人，賕柰之月乙亥之日行④。　□正(?)⑤紀不患迬係☐

［3］J9⑦3(圖二五)
　　☐凡三⑥人，賕柰之月丙子之日行。　事黃努⑦迬事係凡卅二人，賕柰之月☐

---

① 簡號後的"圖二六"說明這枚簡的圖版見於《九號井發掘簡報》圖二六。以下同。
② 此字，《九號井發掘簡報》漏釋。今按，此字原字形如下，從這個字形和楚月名看，這個字當是楚文字"屈(屈)"的訛形。從字形看，此字或可以分析爲從屈從白，但在此爲方便直接釋作"屈"。

　　(J9⑦4)　　(包山4號簡"屈")

③ 此字，《九號井發掘簡報》缺釋。
④ 此字，《九號井發掘簡報》缺釋。
⑤ 此字，《九號井發掘簡報》缺釋。
⑥ 此字，《九號井發掘簡報》缺釋。
⑦ 此字，《九號井發掘簡報》缺釋。

142　簡帛研究論集

[4] J9⑦2(圖二四)
　　☐人,賕柰之月丙申之日行。　　　事①監☐迻事僕百一人,䎡屈之月☐

這五枚簡(四枚簡)的文章格式基本相同,因此簡文雖然都有殘缺,但基本可以復原。每一枚簡分上下兩欄書寫,各欄的書寫格式大致如下:

　　事(人名)迻事僕凡……人,……之月……之日行。

只要知道這個格式,《九號井發掘簡報》没能釋出的一些字就可以容易釋出來,如[1]"事黄迆迻事僕"之"僕"、[2]"賕柰之月乙亥之日行"之"行"等。

J9⑦4和J9⑦5的拼綴也是根據書寫格式想到的。J9⑦4的原釋文是"☐僕凡一人屈柰之月甲寅之日行　☐☐☐",其實簡文末尾只有一個字,當是"事"的殘字。J9⑦5的原釋文是"☐事黄☐……",第一個字正好是"事"字。

　　J9⑦4 下端 　　J9⑦5 上端 　　拼綴後 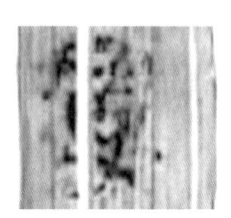　　J9⑦"事"

這兩枚簡茬口部分的形狀不一致,但殘筆正好可以互補,我們認爲這不是偶然的。這兩枚簡很有可能本來是一枚簡,後來被人爲地折斷並廢棄,因此成爲現在我們看到的樣子。

關於這幾枚簡的排列順序,《九號井發掘簡報》說"根據簡文内容調整了J9⑦竹簡順序",不知此"内容"具體指的是什麼。我們則按照簡文中

---

①　此字,《九號井發掘簡報》缺釋。

的日期重新排列。在此，爲了方便，用表格的形式引用一下睡虎地秦簡《日書甲》中的所謂"秦楚月名對照表"(64～67號簡)①：

| 秦 | 十月 | 十一月 | 十二月 | 正月 | 二月 | 三月 | 四月 | 五月 | 六月 | 七月 | 八月 | 九月 |
| 楚 | 冬夕 | 屈夕 | 援夕 | 刑夷 | 夏㽥 | 紡月 | 七月 | 八月 | 九月 | 十月 | 爨月 | 虜馬 |

上引的五枚簡（四枚簡）是"屈柰（屈夕）"、"賸柰（援夕）"、"䎃𡱂（刑夷）"三個月的記錄，這三個月相鄰，這幾枚簡應該是同一年的記錄。

《九號井發掘簡報》公開的釋文中，除了以上五枚簡（四枚簡），還有如下兩枚簡可能是同一類文書的一部分：

[5] J9⑦6

　　☐之月庚寅之日☐

[6] J9⑦7

　　☐胐迋事倳凡五☐

以上引用的這些簡顯然是某種簿籍。《九號井發掘簡報》云：

　　簡七·一"事卒凡五十四人，遠柰之月乙亥之日，☐☐☐☐不☐將卒"，參照其他簡文，我們認爲應是一種簿籍，其記錄書寫順序爲"事卒"之數量、事件發生之時間、"將（率領）"事卒之官吏姓名（監某人、事某人），所執行之任務"行（進行某種活動）"，然後分別記錄"事卒"姓名、所在之"里"名，參與其事的其他官吏的姓名和職位。簡文未記載年名，記月用楚國獨有的方式"遠柰"、"刑柰"（引者按，當是"刑𡱂"之誤）等，以干支記日。記錄事卒和吏員的格式爲州、邑、里＋人名、縣名＋職位＋人名、身份（或爵位）＋人名＋所居之里名，參與"行"的官員官職與姓名。

　　簡文中"卒"、"倳"並出，應爲同一字。"事"讀爲"使"，有安排、差遣之意，或者是行役、從事某種工作的平民的專稱。

---

① 睡虎地秦墓竹簡整理小組《睡虎地秦墓竹簡》，文物出版社，1990年。

......
　　由此看來，J9⑦的竹簡大多數是益陽縣（益陽也作□昜）縣署記錄"事卒"的簿籍。簡文未見題名，……考慮到簡七·一至八多有"事卒"一名，我們將其稱爲"事卒簿"。

這些意見具有很高的參考價值，但似乎還有一些可以補充或商榷的地方。下面以《九號井發掘簡報》的解釋爲出發點，討論簡文的意思。

三、簡文的解釋

（一）官名"事"

　　我們從"事（人名）送事俖凡……人"的"事（人名）"開始討論。上引的《九號井發掘簡報》說：這件簿籍的"記錄書寫順序爲……'將（率領）'事卒之官吏姓名（監某人、事某人）"云云。我們看一下簡文中的官吏姓名部分：

　　　　[1] 事黃□
　　　　[2] □正(?)紉不串
　　　　[3] 事黃努
　　　　[4] 事監□

　　在以上四例中，只有[2]不是"事（人名）"。如果我們"正"字的釋讀不誤，此"正"當是官名。"正"在包山楚簡中多次作爲官名出現①。"正"上的"□"可能是地名或官署名，"正"下的"紉不串"是人名。

　　下面討論[1][3][4]的"事（人名）"。《九號井發掘簡報》說"官吏姓名（監某人、事某人）"，把"監"和"事"放在同一個位置，而且似乎把"監"和"事"看作官吏的姓，這個解釋顯然有問題。此"事"是官名，"黃"和"監"是官吏的姓氏。

---

　　① 具體例子參看劉信芳《楚系簡帛釋例》一"職官名例"之17，安徽大學出版社，2011年，第20頁。

《九號井發掘簡報》發表的釋文中還有一些官名"事"的例子,如:

賹(益)①昜(陽)事笘(J9⑦47,圖三〇:4)
計事苛□(J9⑦90)
悉事□快(J9⑦102)

第一例"益陽事笘"最好懂,"益陽"是地名,"事"是官名,"笘"是人名。從這個例子看,第二例"計"、第三例"悉"可能也是地名。

此官名"事"當讀爲"史"。"史"這個官名在包山楚簡中多見②,但值得注意的是包山楚簡中官名"史"都是用"叓"字表示的,如:

　　138號簡"大史連中"　　　　161號簡"腎仿史妻佗"③

由於這個字的形體與"弁"很相似,過去有些學者把它釋爲"弁"④。但後來公開的上博簡中"叓"字經常讀爲"使"⑤,因此官名"叓"可以確定爲"史"。兔子山簡牘中用"事"字表示官名"史",可能是因爲書寫者不知道楚文字"史"怎麼寫的緣故。

我們進一步懷疑,兔子山簡牘的書寫者選擇"事"字表示官名"史"與當時的用字習慣有關。里耶秦簡8~461簡有如下一句:

吏如故,更事。

這句話的意思是"記錄官吏之{吏}仍用'吏'字,記錄事物之{事}改用'事'字"⑥。據此可知,秦人明確地意識到,在"書同文字"之前有"吏"和"事"

---

① "賹"字,《九號井發掘簡報》漏釋。
② 參看劉信芳《楚系簡帛釋例》一"職官名例"之44,第35頁。
③ 參看李守奎、賈連翔、馬楠《包山楚墓文字全編》,上海古籍出版社,2012年,第124頁。
④ 關於過去對包山簡中所見"叓"字的各種意見,參看朱曉雪《包山楚簡綜述》,福建人民出版社,2013年,第203頁。
⑤ 參看李守奎、曲冰、孫偉龍《上海博物館藏戰國楚竹書(一——五)文字編》,作家出版社,2007年,第5~7頁。
⑥ 參看陳侃理《里耶秦方與"書同文字"》,《文物》2014年第9期;繁體字修改版收入《簡帛文獻與古代史——第二屆出土文獻青年學者國際論壇論文集》,中西書局,2015年。

通用的現象。秦文字"使"有時也寫作"俥",同樣説明這一點①。秦漢文獻中,"吏"不僅有時被用爲"事",也有時被用爲"史"。例如《秦律十八種・置吏律》有如下兩條律文:

  ……嗇夫之送〈徙〉見它官者,不得除其<u>故官佐、吏</u>以之新官。 置吏律(159~160號簡)

  官嗇夫節(即)不存,令君子毋害者若令史守官,毋令<u>官佐、史</u>守。 置吏律(161號簡)

"官佐、史"在睡虎地秦簡中比較多見,偶爾寫作"官佐、吏"。此外,雖然是漢代傳世文獻的例子,但《説文解字》敘所引尉律有"學僮十七已上始試,諷籀書九千字,乃得爲<u>吏</u>"一句,張家山漢簡《二年律令》475號簡云"試史學童以十五篇,能風(諷)書五千字以上,乃得爲<u>史</u>"。這個異文應該與秦漢時代的史—吏通用現象有關。我們推測,兔子山簡牘用"事"字表示官名"史",其背後有秦國的吏—史、吏—事通用現象。

(二)"送"與"行"

官吏姓名後的簡文是"送事俘凡……人"。此"送",《九號井發掘簡報》讀爲"將",理解爲率領的意思。此説可從。楚簡中有"送"讀爲"將"的例子②,如清華簡《繫年》第15章(81~82號簡):"五(伍)雞送(將)吳人以回(圍)州來"③。

此"送"相當於包山楚簡《受幾》中常見的"遷"字。例如包山楚簡19號簡云:

  顕(夏)夙(夕)之月乙丑之日,䣛(鄂)正婁郘(蔡)虞(號)受旨(幾)。八月乙亥之日,不遷(將)䑞倉以廷,阩門又敗。 義䏪④

---

① 此事承蒙周波先生提醒。具體例子可以參看王輝主編《秦文字編》(中華書局,2015年)1792"使"條(第1289~1291頁)。其中第1290頁引用的兩詔斤權有寫作"俥"的例子。

② 參看白於藍《簡帛古書通假字大系》,福建人民出版社,2017年,第1039頁。

③ 清華大學出土文獻研究與保護中心《清華大學藏戰國竹簡(貳)》,中西書局,2011年。

④ 湖北省荆沙鐵路考古隊《包山楚簡》,文物出版社,1991年。

"遅(將)韇倉以廷"是"帶韇倉出庭"的意思。"送事俘"之"送"的用法與此相同,是帶領人去某個地方的意思。

從"遅/送"的用法看,"……之月……之日行"之"行"應該是去的意思。《九號井發掘簡報》把此"行"理解爲"進行某種活動"的意思,不確。根據《九號井發掘簡報》釋文,J9⑦出土簡牘中有如下名籍:

  俘黄軍 居在□里 行(J9⑦133)
  卒王慶忌 居在工里 見在□(J9⑦141)

這些名籍當是官吏所"送"的卒的名單,J9⑦133 的"行"與 J9⑦1～5 的"行"意思顯然相同。J9⑦141 與"行"相對應的地方寫"見在□",此"見在"大致是在自己常住之地的意思,例如居延漢簡中如下例子,可以參考①:

  □□病死,妻中君見在觻得。(253.1/A33)
  ☑石十石,約至九月糶必(畢)以(已)。即有物故,知責家中見在者。(273.12/A10)

"行"與"見在"意思相對,可見"行"是去、離開的意思。

(三)"事俘"

最後解釋"送事俘"之"事俘"。

《九號井發掘簡報》關於"事俘"之"事"字提出了兩種解釋,說"'事'讀爲'使',有安排、差遣之意,或者是行役、從事某種工作的平民的專稱"。

我們認爲第二種解釋基本可從。參考上引的《繫年》"送吳人"、包山簡《受幾》"遅韇倉"的例子,"送"是動詞,"事俘"是其賓語,因此"事俘"只能理解爲某種身份。但"事"和"俘"應該是兩個不同的身份。我們再次看一下上文引用的名籍:

  俘黄軍 居在□里 行(J9⑦133)
  卒王慶忌 居在工里 見在□(J9⑦141)

---

① 下引兩枚居延漢簡的紅外綫照片收入簡牘整理小組《居延漢簡(參)》,中研院歷史語言研究所,2016 年。

根據《九號井發掘簡報》發表的釋文，這類名籍還有不少（詳下），身份都寫"僕/卒"，而"事僕/卒"的例子一個也沒有。這說明當時並沒有一個叫"事僕"的身份。

我們認爲"事僕"當讀爲"吏卒"。"吏卒"在秦漢文書簡中常見，是吏和卒的意思。在此把秦簡和漢簡的例子各舉一例：

（a）里耶秦簡 9-452①

　　□□年十一月甲申朔庚子，丹陽將奔命尉虞敢言之：前日□

　　稟丹陽奔命吏卒食遷＝陵＝（遷陵，遷陵）弗稟，請安□，謁報，敢言之。

（b）居延漢簡 99.1②

	候史一人	……
甲渠武賢隧	隧長一人	……
北到誠北隧四里	卒四人	……
	凡吏卒六人	……

例（a）是關於"丹陽將奔命尉"在遷陵縣領取"丹陽奔命吏卒"的糧食的文書。"將奔命尉"、"奔命吏卒"這些名稱饒有趣味。睡虎地秦簡《爲吏之道》22～28 號簡第五欄引用"魏奔命律"：

　　●廿五年閏再十二月丙午朔辛亥，　　告將軍：叚（假）門逆閭（旅），贅壻後父，或衛（率）民不作，不治室屋，寡人弗欲。且殺之，不忍其宗族昆弟。今遣從軍，將軍勿卹（恤）視。享（烹）牛食士，賜之參飯而勿鼠（予）殽。攻城用其不足，將軍以埋豪（壕）。魏奔命律

嶽麓書院藏秦簡有"奔警律"，陳偉先生認爲"奔警"與"奔命"相當③，也可以參考。"奔命吏卒"當是爲軍事被徵發的吏和卒，"將奔命尉"是率領這

---

①　湖南省文物考古研究所《里耶秦簡〔貳〕》，文物出版社，2017 年。
②　簡牘整理小組《居延漢簡（壹）》，中研院歷史語言研究所，2014 年。
③　陳偉《"奔警律"小考》，簡帛網，2009 年 4 月 22 日；《嶽麓秦簡奔警律》，收入陳偉《秦簡牘校讀及所見制度考察》，武漢大學出版社，2017 年。

些"奔命吏卒"的官員。兔子山簡牘率領人的"事"和"事倅"的關係與此相類。

例(b)説"候史一人、隧長一人,卒四人,凡吏卒六人","吏"和"卒"的區别非常清楚。

兔子山J9⑦出土簡牘中有如下一枚簡:

☒□士事□良☒ (J9⑦79)

"士事"亦見於里耶簡中的具有楚文字風格的簡:

☒逡(遷)夌(陵)行士事昌戈☒ (5-5背) ①

此"士事"可能是"士吏"的古文寫法。"士吏"這個官名見於里耶秦簡,例如5-1説"獄佐辨、平,士吏賀具獄"云云。如果這個解釋不誤,這是古文"事"字被用爲"吏"的實例。

總言之,兔子山簡的"事倅"當是秦楚之際"吏卒"的古文寫法。上文已經講過,秦代存在"吏"和"事"的通用現象。恐怕秦楚之際的官員根據當時的用字習慣和自己對楚文字的了解,用楚文字"事"代替秦文字"吏",這樣才出現了"事倅"這一寫法。

四、J9⑦出土的名籍

除了J9⑦1～7外,《九號井發掘簡報》公開釋文的簡牘基本上都是人的名單。用漢代文書的説法,這些簡是名籍。根據簡文的格式,這次公開釋文的名籍主要可以分爲四種。

(一) 卒名籍

第一種是與J9⑦1～7相關的名籍,即官吏所"送"的卒的名單,我們稱之爲"卒名籍"。目前可以舉出來的有如下幾枚:

倅□新里王夥☒ (J9⑦75)

---

① 湖南省文物考古研究所《里耶秦簡〔壹〕》,文物出版社,2012年。

【卒】□祿　　　　　居在□里　　　　　　　　　(J9⑦112)

卒公□孫吉☒　　　　　　　　　　　　　　　　(J9⑦114)

□□□　　　　　　　居……　　　　　　　　　　(J9⑦115)

□□□□　　　　　　居在□里　　……　　　　　(J9⑦116)

□□□□□　　　　　居在□里　　　　　　　　　(J9⑦117)

卒陽□　　　　　　　居在□□　　　　　　　　　(J9⑦122)

卒宋□　　　　　　　□□□……　　　　　　　　(J9⑦123)

卒朱□　　　　　　　……　　　　見在□□　　　(J9⑦124)

卒公紆㭒　　　　　　□□□　　　　　　　　　　(J9⑦130)

俘□□　　　　　　　居在□昌　　　行　　　　　(J9⑦131)

俘□迎　　　　　　　居在□里　　　【行】　　　(J9⑦132)

俘黃軍　　　　　　　居在□里　　　行　　　　　(J9⑦133)

□□惑　　　　　　　居在【贏】昌　行　　　　　(J9⑦134)

卒蘇齒　　　　　　　□□□□　　　□□□　　　(J9⑦140)

卒王慶忌　　　　　　居在工里　　　見在□　　　(J9⑦141)

在此引用的釋文本身與《九號井發掘簡報》完全相同，但爲醒目我們改了一些釋文的格式。這類名籍開頭是"俘/卒＋人名"；其次是"居在……"，説明這個人住的里名（這些里應該都是益陽縣轄下的里）；最後寫"行"或"見在……"，"行"表示已經服役去了，"見在"表示待服役。

其中J9⑦75格式不同，在"俘"和人名中間寫里名。雖然格式不同，但内容和其他簡相同，因此我們暫且把它歸於這一類。

根據《九號井發掘簡報》介紹，這類名籍有時候寫"俘"，有時候寫"卒"。這個現象我們已在《前言》中討論過，值得注意。

（二）吏名籍

第二種是官員的名單，在此稱之爲"吏名籍"：

　　　益陽都□□大官首□☒ (J9⑦9)
　　　益陽□□大官首樂☒ (J9⑦10)
　　　　　☒□大官首行　　☒ (J9⑦25)

益陽兔子山遺址 J9⑦出土簡牘初探　151

　　　益陽□□大官首□☑ (J9⑦30)
　　　絮昜剻四貲芋 (J9⑦41)
　　　右訮差貲倚 (J9⑦42)
　　　曾夫=（大夫）①宋癸 (J9⑦43)
　　　芋州公苛□ (J9⑦44,圖三〇：1)
　　　□豀公䎽癸 (J9⑦45,圖三〇：2)
　　　冀豀公宋□ (J9⑦46,圖三〇：3)
　　　賏昜事笚 (J9⑦47,圖三〇：4)
　　　計事苛□ (J9⑦90)
　　　□事□ (J9⑦97)
　　　恭事□快 (J9⑦102)

　　這類名單基本上都是"地名＋官名＋人名"的格式,官名有"大官首"、"剻(宰)"、"差(佐)"、"大夫"②、"公"、"事"。值得注意的是,益陽縣的官吏只寫名,而其他地方的官吏都寫姓名。這當是因爲這個名籍是益陽縣的簿籍,益陽縣的官吏不用寫姓。

　　"益陽"有時寫作"賏昜"③,這應該是與"俘/卒"同樣的現象。也就是説,"益陽"是來自秦的用字習慣,"賏昜"是故意用楚文字寫的古文寫法。

　　我們懷疑,這個"吏名籍"也與 J9⑦1～7 相關,這些官員是官吏所"送"的"事俘"之"事"的名單。若果真如此,此"事"讀爲"吏"就可以確定了。

（三）與"佰"相關的名籍

以下四枚簡都出現"佰",目前性質不明,暫時歸爲一類：

　　　下佰令□□　　居在□□ (J9⑦125)
　　　上佰司馬揚州□□□□　……(J9⑦137)

---

①　《九號井發掘簡報》釋文寫作"夫（大夫）",恐怕"夫"下漏了合文符號。
②　在此暫時把"大夫"看作官名,但"大夫"也有可能是爵位之類的身份。
③　《九號井發掘簡報》説"益陽縣（益陽也作□昜）",指的當是此事。"□昜"之"□"恐怕是誤植。

152　簡帛研究論集

下佰□□□　　居……(J9⑦138)
上佰　　　徐朝(J9⑦139)

"上佰"、"下佰"似表示地點。若果真如此,此"佰"可能是阡陌之陌。張家山漢簡《二年律令·田律》(246～248號簡)中,阡陌寫作"千佰"。建寧二年王未卿買地券有"臯門亭部什三邳(陌)西袁田"一句①,"上佰"、"下佰"這種説法與"什三陌"相類。

從J9⑦139"上佰"下的"徐朝"看,"上佰"、"下佰"下似有人名。其下是"居在……",與我們所謂的卒名籍一致。從這一點看,這枚名籍有可能也是卒名籍的一種。

(四) 與"里"相關的名籍

以下幾枚簡都出現"里",暫時歸爲一類:

市里　　□□攻　　☑(J9⑦31)
□里　　□　　☑(J9⑦32)
渠里　　□□　　☑(J9⑦33)
□里　　☑(J9⑦34)
□里　　☑(J9⑦35)
鄉里【隋】(J9⑦135)
工里□布□　　☑(J9⑦147)
襄邑宛里□☑(J9⑦148)
□□里□□☑(J9⑦149)

這些簡都似乎只寫地名。還有兩枚簡出現"里",但格式不同,在此順便引一下:

□里人救□□利里人鄭紲□□☑(J9⑦111)
冀里陽里(J9⑦120)

《九號井發掘簡報》公開釋文的J9⑦出土簡牘中還有不少簡不屬於

---

① 羅振玉《貞松堂集古遺文》卷15,26～27葉。

以上四類。由於目前無法確知文意,在此不討論。

結　言

　　以上,我們闡釋了 J9⑦1～5 簡文的意思,並初步整理了 J9⑦出土的幾種名籍。目前可知的 J9⑦出土簡牘中,具有關鍵意義的是 J9⑦1～5。在此,以 J9⑦3 的"事黃努迻事俜凡卅二人,賺柰之月【……之日行】"爲例,作白話文譯:

　　　　史黃努率領吏和卒共 32 人,遠夕之月……之日出發。

　　這些簡都沒有交代這些人要去哪裏。我們懷疑他們要去的是戰場。秦楚之際一直處於戰争狀態,對後方而言,徵集和輸送壯丁是首要任務之一。我們在此想到的是蕭何的故事。在劉邦平定三秦後,蕭何留在關中,不斷地向前綫輸送糧食和壯丁。因爲這個貢獻,劉邦在統一天下後把蕭何的功績排在第一。《史記·蕭相國世家》云:

　　　　漢二年,漢王與諸侯擊楚,何守關中,侍太子,治櫟陽。……關中事:計户口轉漕給軍。漢王數失軍遁去,何常興關中卒,輒補缺。上以此專屬任何關中事。

　　我們能想象得到,不僅關中地區如此,所有後方都爲糧食和壯丁的輸送奔走。戰争不斷的秦楚之際,兵源是所有軍隊面臨的問題,當時抓壯丁補充新兵的應該不止是劉邦和蕭何。我們認爲兔子山遺址出土的"秦楚之際古文簡"可能正反映了當時的這種情況。

　　我們在本文中强調,"秦楚之際古文簡"的文字字形、用字法中經常有秦文字的特徵出現。田煒先生説:"儘管反秦政權試圖恢復六國古文,但這些'六國古文'已不可避免地被打上了秦文字的印記,因此秦楚之際恢復的'六國古文'和真正戰國時代的六國古文的面貌是很不一樣的。"其實不僅文字如此,國家制度更是如此。反秦政權雖然試圖恢復東方六國的制度,但完全復原是不可能的事情,因此簡文的内容不可避免地反映了秦制度的影響。例如我們討論的"事俫(吏卒)",如果我們的解釋不誤,很有可能只是用(他們想象的)楚文字寫秦文書的詞彙而已。我們期待,也相信,隨着兔子山簡牘進一步公開,"秦楚之際古文簡"的這種秦楚兩國因素混雜的特徵會比現在更加清楚。

　　本文是提交給"楚文化與長江中游早期開發國際學術研討會"(武漢,2018年9月14～19日)的論文,今據以收入。

益陽兔子山遺址 J9⑦出土簡牘初探 155

圖二六
竹簡(七・四)

圖二三
竹簡(七・一)

圖二七
竹簡(七・五)

圖二四　　圖二五
竹簡(七・二)　竹簡(七・三)

附圖　兔子山遺址出土竹簡 J9⑦1～5 圖版

談小方盤城出土漢簡中的
"詣府"簿與"詣府"文書

1998年10月,爲了配合小方盤城(T.14＝D25)的加固維修工程①,敦煌市博物館在小方盤城南側的廢墟文化層進行發掘②,發現了一批漢代簡牘,據説共有369枚③。這就是本文所要討論的小方盤城出土漢簡。這批簡牘至今没有全面公開④,但有些圖録收録其中幾枚簡的圖版⑤,也有幾篇論文介紹這批簡牘⑥。根據筆者統計,目前我們能看到圖版的小方盤城出土漢簡總共43枚,雖然數量不多,但其内容不容小覷。根據目

---

① T.14是斯坦因在1907年調查時編的遺址編號,D25是甘肅省文物考古研究所在1979～1982年調查時編的編號。參看Stein, Mark Aurel, *Serindia: Detailed Report of Explorations in Central Asia and Westernmost China*, London: Oxford University Press, 1921(中文版:中國社會科學院考古研究所譯《西域考古圖記》,廣西師範大學出版社,1998年);吴礽驤《河西漢塞調查與研究》,文物出版社,2005年。
② 此次發掘的詳細情況,參看楊俊《敦煌小方盤遺址維修加固試掘簡報》,"絲綢之路與敦煌歷史文化"學術討論會,敦煌,2018年11月3日。
③ 關於1998年小方盤城出土漢簡的數量,承蒙張德芳先生告知。
④ 據説馬上要全面公開。張德芳先生和石明秀先生告知筆者,預期出版的《敦煌市博物館館藏漢簡》一書收録1998年小方盤城出土的所有漢簡。
⑤ 敦煌市博物館《敦煌文物》,甘肅人民美術出版社,2002年,第34～36頁;楊永生《酒泉寶鑑》,甘肅文化出版社,2012年,第73～74頁;敦煌市博物館《敦煌市博物館館藏珍貴文物圖録》,萬卷出版公司,2017年,第4～9頁。
⑥ 李岩雲、傅立誠《漢代玉門關址考》,《敦煌研究》2006年第4期;李岩雲《1998年敦煌小方盤城出土的一批簡牘涉及的相關問題》,《敦煌學輯刊》2009年第2期;李岩雲《敦煌漢簡相關問題補遺》,《敦煌研究》2010年第3期。

前公開的43枚簡,我們完全能夠確定小方盤城是玉門都尉府遺址①。就憑這一點,這批簡已經非常值得關注。

只要弄清楚小方盤城的遺址性質,我們就有可能對小方盤城出土簡牘進行更加深入的研究。本文作爲其一例,討論小方盤城出土漢簡中與"詣府"相關的簡牘。"詣"意爲到,"府"是都尉府,"詣府"是來訪都尉府的意思。"詣府"簡牘是與都尉府相關的文書,因爲在玉門都尉府遺址出土,筆者才注意到了這種文書。藉此機會,搜集和整理"詣府"簡牘,對此進行初步分析。請識者指正。

一、"詣官"簿與"詣府"簿

本文的出發點是永田英正先生的"詣官"簿研究②。"詣官"之"官"指候官,所謂"詣官"簿是有人來訪候官時製作的來訪者記錄。永田先生全面搜集了1930~1931年出土居延漢簡中的"詣官"簿,利用"詣官"簿的記載探討候官的功能和職掌。在此看一下永田先生在該論文開頭引用的兩個例子:

(1) 第九燧長宣召詣官,六月壬子下餔入。(254.6/A8)
(2) 第廿三候史良詣官,受部吏奉,三月乙酉平旦入。(224.13+168.5/A8)③

開頭的人名是來訪甲渠候官的人,"六月壬子下餔入"、"三月乙酉平旦入"說明這些人來到甲渠候官的時間。"詣官"簿有時候還記載這些人來訪的目的,例(2)"受部吏奉(領取第廿三部官員的俸禄)"是其一例。我們通過

---

① 管見所及,最早利用1998年小方盤城出土簡牘指出這一點的是冨谷至《紹介:敦煌市博物館編『敦煌文物』》(Picture Album of Dunhuang Relics)》《東洋史研究》第62卷第1號,2003年6月)。其後李岩雲和傅立誠兩位先生發表《漢代玉門關址考》一文,詳細討論這個問題。

② 《居延漢簡にみる候官についての一試論——破城子出土の〈詣官〉簿を中心として》,收入永田英正《居延漢簡の研究》,同朋舍,1989年。中文版:《試論居延漢簡中所見的候官——以破城子出土的"詣官"簿爲中心》,收入張學鋒譯《居延漢簡研究》,廣西師範大學出版社,2007年。

③ 簡牘整理小組《居延漢簡》(壹)~(肆),中研院歷史語言研究所,2014~2017年。

這個記載可以了解候官的具體工作內容。

按理説，既然候官有"詣官"簿，都尉府也應該有這種記録才對。永田先生在該論文注(10)（中文版第375頁注①）中引用了敦煌漢簡中的這個例子：

(3) 大煎都隧長尉良持器詣府　黍月戊子日下餔時入關。

(23/1561/T.V.i.6)①

此外，注(15)（中文版第379頁注①）引用了肩水金關出土的簡：

(4) 肩水左後候長樊襃詣府，對功曹　二月戊午平旦入。(15.25/A32)

這兩枚簡的書寫格式與"詣官"簿基本相同，只是與"詣官"相應的地方寫作"詣府"。從簡文的內容和格式看，這兩枚簡應該可以説是"詣府"簿。但後者出土於肩水金關，前者説"入關"，這兩枚簡似乎也可以看作入關記録。因此永田先生對後一例作如下解釋：

這枚簡出土於肩水金關，因此或許可以看作前往肩水都尉府的人通過肩水金關時的通關記録。但參考"詣官"簿的存在，有可能都尉府有"詣府"簿，我們也可以把這枚簡看作這種簿録。②

1973年出土的肩水金關漢簡已經全部公開，我們知道這類簿籍在肩水金關漢簡中還有不少。在此看一下保存狀態較好的幾例：

(5) 廣漢燧長張霸　送佐胡敝、候史蘇章詣府　五月八日入。

(73EJT37∶82)

(6) 千秋燧長辛匡　詣府　八月廿六日南入，九月廿四日出。

(73EJF3∶277＋73EJF3∶479)③

(7) 臨澤候史西方級　詣府　用馬一匹（正面）

---

① "23"是大庭脩《大英圖書館藏敦煌漢簡》（同朋舍，1990年）的簡號，"1561"是甘肅省文物考古研究所《敦煌漢簡》（中華書局，1991年）的簡號，"T.V.i.6"是斯坦因的整理號。本文引用斯坦因所獲敦煌漢簡時，按照這個格式引用。

② 這個翻譯是筆者參考《居延漢簡研究》中文版自己製作的，與中文版不盡相同。

③ 關於這兩枚簡的綴合，參看姚磊《〈肩水金關漢簡（伍）〉綴合（四）》，簡帛網，2016年9月18日。

七月晦北。(背面)(73EJF3∶348)

既然肩水金關出土了這麼多"詣府"簿,我們只能認爲這些簿籍是肩水金關製作的通關記錄。换句話説,這些"詣府"簿不是都尉府製作的來訪者記錄。

"詣府"簿的記載内容和格式與出入關致籍很相似①。在此只看一例:

(8) 廏佐范惲　用馬一匹,騮,牡,齒七歲,高五尺八寸　十月辛丑入。
十一月甲子出。(73EJT3∶64)

出入關致籍的格式雖然有多種,但基本内容是如下三點:① 通關者的身份和名字、② 攜帶物品、③ 出入關時間。"詣府"簿的内容與此大致相同,"詣府"簿或許可以看作出入關致籍的一種。但"詣府"簿有"詣府"二字,有時也交代詣府的目的,這種信息是出入關致籍所没有的。因此,我們暫且把"詣府"簿從出入關致籍中分出來,當作獨立的一種通關記錄。

關所爲什麼要製作"詣府"簿? 在漢代,如果前往都尉府的人入關,關所有義務在這個人到達都尉府之前把這件事向都尉府匯報。居延新簡中的建武四年十一月戊戌都尉府檄(EPF22.151)云②:

(9) 府告居延甲渠鄣候:卅井關守丞匡十一月壬辰檄言:"居延都田嗇夫丁宫、禄福男子王歆等入關。"檄甲午日入到府。匡乙未復檄言:(A面)"男子郭長入關。"檄丁酉食時到府。皆後宫等到,留遲。記到,各推辟界中,定吏主當坐者名,會月晦。有(B面)
教。　　　　　　　　建武四年十一月戊戌起府。(C面)

這是居延都尉府寫給甲渠候的文書,都尉府命令甲渠候調查文書没

---

① 出入關致籍是怎樣的簿籍,也是需要討論的問題。關於這個問題,我們同意青木俊介先生的意見。參看青木俊介《肩水金關漢簡の致と通關制度》,《日本秦漢史研究》第12號,日本秦漢史學會,2014年6月。

② 關於這件檄書,冨谷至先生有詳細的考證。參看《檄書攷》,收入冨谷至《文書行政の漢帝國》,名古屋大學出版會,2010年;中文版:劉恒武、孔李波譯《文書行政的漢帝國》,江蘇人民出版社,2013年。

有按時送到都尉府的原因。在此需要注意的是，只要有前往都尉府的人入關，卅井縣索關每次都要向都尉府匯報。換句話説，卅井縣索關不是定期把前往都尉府的人員名單提交給都尉府，而是只要有前往都尉府的人入關，馬上就向都尉府匯報。我們懷疑"詣府"簿的製作與這個匯報工作有關。對關所而言，對前往都尉府的人的處理方式與一般的通關者不同，因此爲他們製作特殊的通關記録。

二、小方盤城出土的"詣府"文書

小方盤城出土漢簡中"詣府"的例子，目前能看到的有如下兩例①：

(10) 倉曹言：遣守屬忠送罷匈奴譯，詣府。(Ⅱ98DXT1②：1)

(11) ●功曹言：關守候博同産弟病死，願以令取寧②，重言，詣府。

(Ⅱ98DXT4②：33)

這兩枚簡是以"某曹言"開始，以"詣府"結束。寫這些文書的是倉曹、功曹等曹。這些曹顯然是接待這些來訪者的部門。也就是説，這些曹是都尉府的部門。長城沿綫的官署中只有都尉府設曹，從這個角度看，這裏出現的倉曹和功曹也只能是都尉府的曹。

值得注意的是，這兩枚簡雖然講"詣府"之事，但書寫格式和内容與"詣府"簿有所不同。首先，這兩枚簡的開頭一句是"某曹言"。這説明這兩枚簡是古文書學所謂的"文書"③，而不是簿籍。因此我們把這種文書稱爲"詣府"文書。

其次，"詣府"文書没有交代詣府者的來訪時間，只交代詣府者的身

---

① 這兩枚簡的圖版見於李岩雲《敦煌漢簡相關問題補遺》。
② "願以令取寧"一句，李岩雲《敦煌漢簡相關問題補遺》釋作"願以取【令】取寧令"，白軍鵬《敦煌漢簡校釋》(上海古籍出版社，2018年，第321頁)釋作"願以取令取寧令"。今按，"以令取寧"是西北漢簡中常見的句子，例如居延漢簡312.24云："……不幸死，願以令取寧，唯府報，敢言之。"
③ 古文書學所謂"文書"的定義是"甲方對乙方表示意願的文件"。參看佐藤進一《新版 古文書學入門》第1～3頁(法政大學出版局，1997年)。

份、名字和來訪目的。這表明"詣府"文書的製作者和製作目的與"詣府"簿不同。也就是説,"詣府"文書是都尉府諸曹的辦公記録,重要的是誰爲了什麽事來訪都尉府,不用管來訪者的到達時間。"詣府"簿則是關所等通行管理部門製作的通關記録,詣府者的通行時間才是最重要的事。

如果以上理解不誤,"詣府"文書和"詣府"簿不同,"詣府"文書是只有都尉府諸曹才會製作的内部記録。因此"詣府"文書只有在都尉府遺址才有可能出土。肩水金關漢簡中有不少"詣府"簿,"詣府"文書却一件也没有。這個現象似乎可以證實我們的推論。因此可以説,小方盤城出土"詣府"文書,説明小方盤城是都尉府遺址。

三、小方盤城出土的"詣府"簿

（一）小方盤城出土的"詣府"簿與"詣府"簿中所見的"東門"

如上所述,過去發現的"詣府"簿大都是關所製作的出入關記録。就目前公開的小方盤城出土漢簡而言,明確寫"詣府"的簡都不是"詣府"簿。然而小方盤城出土漢簡中也有都尉府製作的出入都尉府記録,這些記録似乎可以看作"詣府"簿的一種。在此看一下其具體例子①:

(12) 龍勒柱車二兩,吴充等二人　　二月甲辰,入東門。(Ⅱ98DXT4∶2)
(13) 龍勒柱車二兩,吴充等二人　　二月甲辰,出東門。(Ⅱ98DXT4∶8)
(14) ☑　　閏月戊寅入東門,即時出。(Ⅱ98DXT4∶13)
(15) 止姦候長郭良迹　　二月丁未,入東門。(Ⅱ98DXT4∶9)
(16) 郡倉就家高褒,車五兩輪步倉　　三月癸巳,入東門。(98DXC∶1)

從字面上看,這是出入東門的記録,但此"東門"指的是玉門都尉府的東門,因此出入東門其實是出入都尉府的意思。

在此重新看一下上引的敦煌漢簡"詣府"簿:

(3) 大煎都隧長尉良持器詣府　　桼月戊子日下餔時入關。(23/1561/T.V.i6)

---

① 這5例的圖版見於李岩雲、傅立誠《漢代玉門關址考》。

例(3)寫"入關",而例(12)～(16)寫"入東門",這個區別反映着製作官署的不同。也就是説,前者是關所製作的"詣府"簿,因此記録入關時間;後者是都尉府製作的"詣府"簿,因此記録入都尉府東門的時間。

　　例(12)～(16)都没有説"詣府",應該是有理由的。例(12)～(15)没有交代他們來訪都尉府的目的,這是因爲這些詣府者的目的地不是都尉府,他們只是在往來的路上經過了都尉府而已。例(12)、(13)是同一個人在入東門的那天離開都尉府,例(14)"入東門,即時出"的情況與此相類。這些馬上離開都尉府的人可能只是爲辦理通行手續、補給物資、休息等目的經過了都尉府而已。例(15)"止姦候長郭良迹"之"迹"當是"日迹"之"迹",也就是説郭良是爲例行巡邏經過都尉府的。這些例子都不算是"詣府",因此這些簿籍上没有説"詣府"。例(16)是把郡倉的物資運輸到步倉的人的入門記録。目前還不知道這個步倉在什麽地方,但從這個寫法看,步倉可能不在都尉府中。

　　這些"詣府"簿的性質類似於出入關記録。漢代的"傳"(旅行通關之時需要出示的身份證件)上經常説"移過所縣邑門亭河津關,毋苛留",可見去遠地旅行的人要在路上經過的"過所"出示"傳"①。都尉府的東門是"傳"中所謂的"門",因此只要有人經過玉門都尉府東門,不管此人的目的地是否玉門都尉府,都要記録。

　　在此順便討論一下小方盤城出土漢簡中所見的"東門"。東門在小方盤城出土漢簡中有不少例子,目前能看到的 43 枚簡牘中,除了以上引用的 5 例,還有如下 2 例②:

(17) 玉門都尉府,以亭行。
　　　三月乙丑③,東門卒夏以來。(Ⅱ98DXT1②:17)

(18) 大煎都候令史辛敢、士吏張長送卒還,到東門。　☐

---

　　① 關於過所,參看冨谷至《文書行政の漢帝國》第 292～295 頁(中文版第 250～252 頁)。
　　② 這兩例的圖版見於敦煌市博物館《敦煌文物》。例(17)的圖版還見於李岩雲《敦煌漢簡相關問題補遺》,這枚簡的簡號是根據這篇論文引用的。
　　③ 此"乙丑"之"乙",李岩雲《敦煌漢簡相關問題補遺》釋作"己"。

例(17)是封檢，根據上面的記載，這件文書是"東門卒"送過來的。東門卒當是守都尉府東門的卒。這個例子説明，寄給玉門都尉府的文書有時在東門接受。例(18)説有人"到東門"，這個例子也説明，玉門都尉府東門有關卡的作用，只要有人出入玉門都尉府，都在東門記録。從東門的這些功能看，這個東門可能是玉門都尉府的正門。

玉門都尉府東門的位置現在大致清楚。1992～1995年甘肅省文物局考察組對疏勒河流域漢代長城進行調查，發現小方盤城的東邊有圍牆。《疏勒河流域漢代長城考察報告》説："障的東面115米處有一道由南向北的塢牆，殘長75米，牆高1.5米，寬2米，東西塢牆殘存18米。"①現在我們通過衛星照片也可以確認小方盤城圍牆的存在(參看下節圖二、三)。李岩雲、傅立誠兩位先生關注這個發現，説"簡文所記東門應指小方盤城東塢牆北端之障門"。玉門都尉府東門是否在"東塢牆北端"恐怕還很難説，但在東圍牆的某個地方是可以肯定的。

居延新簡EPT65.39云：

(19) 甲渠鄣守候　詣府東門，免冠叩頭，死罪死罪，過罪累仍

這枚簡用草書書寫，而且没有寫甲渠鄣守候的名字，可見這是甲渠侯官寫給居延都尉府的檢討書的草稿。饒有趣味的是"詣府東門"一句，看來居延都尉府的正門也在東邊。

(二) 馬圈灣漢簡中所見的"東門"

值得注意的是，馬圈灣漢簡中也出現用法相同的"東門"。在此舉幾個例子②：

(20) ☐候史馬慶、燧長霜普等詣官，請奉，事已。　正月甲午，出東門。(523)

(21) 大福候長張武、推賢候史高護詣官。　二月壬戌，入東門。(684)

(22) 大煎都候長王習、私從者，持牛車一兩。　三月戊申，出東門。(526)

---

① 甘肅省文物局編，岳邦湖、鍾聖祖著《疏勒河流域漢代長城考察報告》，文物出版社，2001年。第33頁。

② 張德芳《敦煌馬圈灣漢簡集釋》，甘肅文化出版社，2013年。

(23) ☐候晏、妻子,持牛車一兩。　九月乙巳,出東門。(527)

例(20)、(21)説"詣官",顯然是"詣官"簿。例(22)、(23)沒有"詣官"一句,是因爲這些人沒有在候官辦理什麼事情,只是經過了候官而已。這個道理與上引的小方盤城出土"詣府"簿相同。例(20)、(22)、(23)簡號相連,似乎本來是同一件簿籍的一部分①。若果真如此,"詣官"二字的有無和簿籍的種類沒有關係,不管有沒有"詣官"二字,這些簿籍都是"詣官"簿。以此類推,上引的例(12)～(16)雖然沒有"詣府",但確實很有可能是"詣府"簿。

冨谷先生認爲這些簿籍類似於出入關記録,據此把 D21 和玉門關聯繫起來②。這些簿籍確實類似於出入關記録,但這種記録不是只有關所才製作的,而很有可能是所有"過所"都製作的。因此出入關記録簿籍的出土並不能説明這個地方是關所遺址。冨谷先生沒有考慮到這一點,不得不説是不妥當的。

吴礽驤先生引用這些"詣官"簿認爲馬圈灣烽燧遺址(D21)是玉門關候(玉門候)的治所,"東門"是 D21 的塢門③。D21 是否玉門候官目前還難以確定④,但即使這個"詣官"簿不是 D21 的文書,此"東門"也無疑是候官的東門。我們在第一節引用的居延漢簡"詣官"簿(例〔1〕〔2〕),與"入東門"相應的地方只寫"入"。此"入"是入候官的意思,那麼馬圈灣漢簡"詣官"簿的"入東門"也應該是入候官的意思⑤。

馬圈灣漢簡中還有"西門"的例子:

---

① 關於馬圈灣漢簡的出土地點,參看甘肅省文物考古研究所《敦煌漢簡》所收"建國後新獲漢簡編號索引表"。其實 523～531 號簡都是格式相同的簿籍,很有可能當時構成一件簿籍。

② 《漢代邊境の關所——玉門關の所在をめぐって——》,《東洋史研究》第 48 卷第 4號,1990 年,第 654～655 頁;《文書行政の漢帝國》第 316～317 頁(中文版第 271～272 頁)。冨谷先生在《文書行政の漢帝國》中沒有像原論文那樣強調"D21＝玉門關"説,但似乎也沒有完全放棄這個可能性。

③ 吴礽驤《玉門關與玉門關候》,《文物》1981 年第 10 期。附帶講,吴先生認爲"玉門關候"與"玉門候"可互稱,"玉門關候"至東漢稱"玉門障尉",因此按照他的解釋,所謂"玉門關候的治所"是一般所謂的候官。

④ 藤田高夫先生詳細討論這個問題,參看《出土簡牘より見たD21 遺址の性格》,收入冨谷至編《邊境出土木簡の研究》,朋友書店,2003 年。

⑤ 附帶講,甲渠候官只有一個東門,因此沒必要特意寫"入東門",而只寫"入"即可。

(24) 庚申，卒六人　　其五人㷱西門外
　　　　　　　　　　一人堊　　　　　　(811)
(25) 壬寅，卒四人　　其一人實虛
　　　　　　　　　　三人塗西門外垣下足(813)
(26) ☐　　　　　　　二人㷱西門外　　(943)

以上三例都是卒日作簿，馬圈灣漢簡中所見的"西門"只出現在這種簿籍中，沒有一例"入西門"或"出西門"的例子。因此吳礽驤先生指出，因爲東門是D21的正門，出入東門的人都記錄。這個說法很有啓發性。如上所述，我們推測小方盤城出土漢簡中所見的"東門"是玉門都尉府的正門，情況與此相類。

四、玉門都尉府和玉門關的位置關係

本文雖然只討論了小方盤城出土漢簡中的"詣府"文書和"詣府"簿，但筆者相信，只看這幾枚簡也能夠證明小方盤城是玉門都尉府所在。這同時能夠證明玉門關也在這個地方。《漢書·地理志下》敦煌郡條龍勒縣的本注云：

　　有陽關、玉門關，皆都尉治。

根據這個記載，玉門關是玉門都尉府治所[1]。反過來說，既然小方盤城是玉門都尉府遺址，我們可以確定玉門關也在這個地方。自從斯坦因以來不少學者認爲小方盤城是玉門關遺址[2]，此說雖然有不準確之處，但大致上是不錯的。

---

[1]　或許有人認爲此"都尉"不是玉門都尉，而是玉門關都尉。但根據敦煌漢簡，無法確認玉門關都尉的存在。關於這個問題，陳夢家《玉門關與玉門縣》(《考古》1965年第9期；後收入陳夢家《漢簡綴述》，中華書局，1980年)和藤田高夫《出土簡牘より見たD21遺址の性格》有討論。如果玉門關果真屬於玉門都尉管轄，漢志本條的"都尉"只能是玉門都尉。

[2]　關於玉門關的位置，過去有很多爭論，在此無法一一介紹。紀忠元、紀永元主編《敦煌陽關玉門關論文選萃》(甘肅人民出版社，2003年)全面收集關於玉門關的重要論文，可以參看。

問題是玉門都尉府和玉門關的具體位置。參考肩水金關遺址的結構，玉門關的關門應該在長城綫上，官衙在關門旁邊。按照這個思路考慮，我們認爲岳邦湖、鍾聖祖兩位先生的意見最有説服力：

> 小方盤城西端約 150 米處，又有一條南北走向的長城，南接陽關，北連北部長城，有烽燧四個。我們認爲，玉門關只有在這條長城綫才能起到關隘的作用……如果玉門關址設在南北長城綫之外，其意義又何在呢？①

在岳、鍾兩位先生之前，關於玉門關位置的討論只關注東西走向的長城綫。岳、鍾兩位先生指出玉門關在南北長城綫上，這是非常精闢的意見。只要關上南北長城綫的關門，這個地區的東西往來就可以徹底切斷。《漢書·李廣利列傳》云："（武帝）大怒，使使遮玉門關，曰：'軍有敢入，斬之。'貳師恐，因留屯敦煌。"如果玉門關在南北長城綫上，這個很有名的故事也就好解釋了。

李岩雲、傅立誠兩位先生在岳、鍾兩位先生研究的基礎上，並根據敦煌博物館多年來的調查成果，提出了更加具體的看法：

> 玉門關關口則處在小方盤城西 150 米處的南北長城綫上，並與小方盤城西側障牆連接，與小方盤城西側的拱口形成一個有機整體……筆者認爲玉門關城址應位於小方盤西側殘存的大量文化層處與關口相連。

李、傅兩位先生的看法與岳、鍾兩位先生基本相同，但重要的是他們指出小方盤西側有大量文化層，這個地方與玉門關口相連。這一點是過去没有人指出過的，非常值得注意。

2018 年 11 月，筆者有機會參觀小方盤城，確認了南北長城的位置②。筆者發現，李、傅兩位先生所製示意圖中的南北長城的位置與實際情況不符，其實長城和小方盤城西牆之間的距離只有約 30 米。因此長城和小方盤城西牆之間已經没有再建另外一個圍牆的空間。根據我們的實地調

---

① 《疏勒河流域漢代長城考察報告》第 80 頁。
② 關於南北長城的具體位置，承蒙張俊民先生指教。

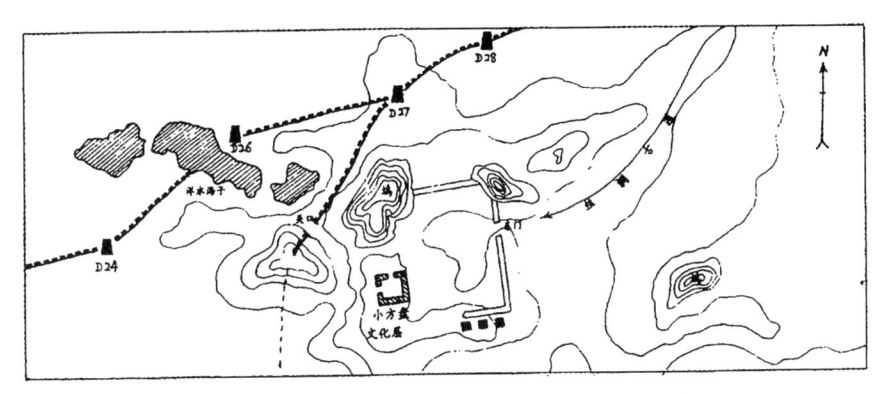

圖一　小方盤城周圍地形示意圖(采自《漢代玉門關址考》圖1)

查，也沒有發現長城和小方盤城之間有別的圍牆的痕迹。也就是說，小方盤城(即玉門都尉府)西外牆是利用長城。障城的外牆利用長城的情況在其他地區也能見到①，不足爲奇。

我們根據以上考察結果，製作了圖三。附帶說明，我們此次調查沒能確認小方盤城以北的南北長城的走向。根據李、傅兩位先生的平面圖，長城避開洋水海子改變方向往東北走，然後與東西長城連接。在此參考這個意見畫了長城綫，但這個部分恐怕很不準確。

下面對玉門關的位置作一些推測。因爲南北長城的位置比李、傅兩位先生的示意圖更東，我們可以確定他們所謂"小方盤西側殘存的大量文化層處"位於長城西側，即都尉府外面。我們難以想象玉門關的關門和官衙在這個地方。

---

① 例如筆者曾經調查過戰國趙北長城遺址包頭市段，發現長城沿綫上的不少障城的外牆利用長城。國家文物局《中國文物地圖集》内蒙古自治區分冊(西安地圖出版社，2003年)下册第60~61頁介紹的遺址中有如下幾例：
(1) 後垻障址……東牆利用長城，南北93米，東西93米。
(2) 科爾瑪障址……北牆利用長城，南北25米，東西30米。
(3) 邊牆壕障址……北牆利用長城，南北150米，東西70米。
(4) 昆都侖召障址……北牆利用長城，南北100米，東西100米。
(5) 哈德門溝障址……南牆利用長城，南北203米，東西213米。
(6) 大垻溝障址……北牆利用長城，南北32米，東西32米。
(7) 梅力更西障址……北牆利用長城，南北65米，東西65米。

另外，我們翻查了斯坦因製作的 T.14 遺址平面圖①，發現李、傅兩位先生所謂大量文化層處是 "Modern shrine" 所在的位置。因此這個文化層是否漢代的文化層，非常可疑。但當時爲什麼在這個地方蓋廟是值得思考的問題。這個位置正好位於都尉府西外牆的正中處對面，當時選這個地方不像是偶然。漢代這個地方有什麼建築，後代利用這個地方蓋廟的可能性也似乎不能否定。若果真如此，當時這個地方或許有玉門都尉府或玉門關的附屬建築。

我們認爲，既然玉門都尉府和長城貼在一起，最自然的解釋是掌管玉門關的官署也在都尉府内。説玉門都尉府内有玉門關的管理部門或許更準確②。我們懷疑這就是《漢書·地理志》"有陽關、玉門關，皆都尉治"的意思。

如果以上推測大致不誤，玉門關的關門也應該在都尉府旁邊。李、傅兩位先生認爲都尉府西外牆有門，這個西門是關門。這個可能性目前也不能否定。希望關門的遺構在地下還存在，有一天被發現。

圖二　小方盤城衛星照片（資料來源：谷歌地球，Image © 2018 DigitalGlobe，2013 年 12 月 6 日攝）

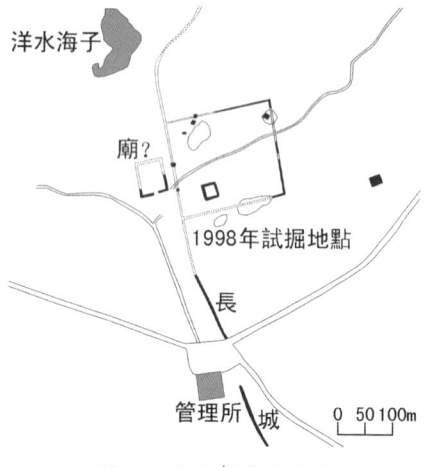

圖三　小方盤城平面圖

---

①　*Serindia*, vol.3, p.40.

②　根據冨谷至先生研究，額濟納河流域的關所只有肩水金關和居延縣索關兩個，分別屬於肩水都尉府和居延都尉府管轄（《文書行政的漢帝國》中文版第 266～267 頁）。既然都尉府是關所的上級機構，玉門都尉府内有玉門關的管理部門是很自然的事。

結　語

本文對小方盤城出土漢簡中的"詣府"簿和"詣府"文書進行了分析，並把簡文内容和小方盤城遺址相對照，對玉門都尉府和玉門關的具體位置作了一些推測。關於玉門都尉府和玉門關的位置，我們得到了如下結論：

> 玉門都尉府正門在東邊，漢代在東門處記録來訪都尉府的人。玉門都尉府西約 30 米處有南北走向的長城，都尉府西圍牆利用了南北長城。這個長城綫上有關門，在這個地區東西往來的人都要經過這個關，這就是玉門關。掌管玉門關的官署也在都尉府内。

玉門都尉府和玉門關的位置是歷來争論的問題，1998 年小方盤城出土漢簡爲解决這個問題起了關鍵作用，其重要意義自不待言。經過 20 世紀以來不斷進行的遺址調查，現在清楚地知道小方盤城周圍還有圍牆、東西走向的長城、南北走向的長城等不少遺構，漢代簡牘也出土過好幾次。我們真切希望相關考古部門對小方盤城周圍的遺址繼續進行考古調查，給學界帶來更多的知識和驚喜。

附記

本文是在 2018 年 10 月 20 日"第四届簡帛學國際學術研討會暨謝桂華先生誕辰八十周年紀念座談會"上所做報告的基礎上修改而成的。其後的 2018 年 11 月 3 日，筆者有幸參加"絲綢之路與敦煌歷史文化"學術討論會，並參觀了小方盤城。通過這兩次會議，張德芳先生告知筆者《敦煌市博物館館藏漢簡》馬上要出版之事和 1998 年小方盤城出土漢簡的數量等信息；張俊民先生關於南北長城的位置給筆者提供了非常重要的意見。筆者根據這些信息對本文作了較大的修改。在此一併致謝。

原載鄔文玲主編《簡帛研究二○一八　秋冬卷》（廣西師範大學出版社，待刊），今據以收入。

長沙五一廣場東漢簡牘中所見的"山徒"小議

一

"山徒"一詞見於長沙五一廣場東漢簡牘 CWJ1③：195(《長沙五一廣場東漢簡牘選釋》一四二)①，這枚簡的釋文如下(釋文中個別斷句根據筆者的理解略有改動)：

> 脩、种、國等相賦斂(斂)，沽酒；受賕請，相與群飲；食山徒，取其錢；令丸、逹私市肉、胃(第一行)、鹽、豉，皆不雇直；知若無任徒，寬緩，令爲養；私使炊讓(釀)便處徒，所不當得爲。宏，官吏(第二行)

這裏列舉了脩、种、國等人的種種罪行。按照我們的理解，在此列舉的罪行有六項：第一，"相賦斂"(互相拿出財物)②，"沽酒"(賣酒)③。第

---

① 長沙市文物考古研究所等《長沙五一廣場東漢簡牘選釋》，中西書局，2015年。以下簡稱爲《選釋》。
② 關於"相賦斂"的意思，參看李蘭芳《〈長沙五一廣場東漢簡牘選釋〉札記數則》，簡帛網，2017年5月2日。本文所引李蘭芳先生的意見都出自該文。
③ "相賦斂，沽酒"構成一個罪行，承蒙莊小霞先生指教。李力先生也告知筆者，漢代對酒實行專賣。自從武帝天漢三年"初榷酒酤"以來，漢代屢屢禁止私人賣酒。詳細情況參看沈家本《酒禁考》，收入沈家本撰，鄧經元、駢宇騫點校《歷代刑法考》，中華書局，1985年。

二,"受賕請"(接受賄賂)①,"相與群飲"(一起喝酒)②。第三,"食山徒,取其錢"。第四,"令丸、達私市肉、胃、鹽、豉,皆不雇直"。也就是說,他們爲自己讓丸、達二人去買肉、胃、鹽、豉等食品,但都沒有付報酬③。第五,"知若無任徒,寬緩,令爲養"。這句話的意思是,他們知道若這個人是"無任徒"(無人擔保之刑徒)④,竟然免除了他的刑役,讓他做"養"(做飯的人)⑤。第六,"私使炊釀便處徒"。也就是說,他們私自讓炊在方便的地方釀酒⑥。這些行爲都是"所不當得爲"的⑦。

這枚簡原是册書的一部分,此外還有三枚簡與這枚簡相關:CWJ1②:125、CWJ1③:137、CWJ1③:198-3,這些簡似乎都是同一份册書的一部分。在此簡單地看一下:

(1) CWJ1②:125(《選釋》二〇)

　　☒□寺舍。其月不處日,脩與种、勤、牧、真傳种(第一行)

---

① 可能有不少人認爲"受賕請"構成一個罪。但冨谷至先生指出,漢代"受賕"本身不是罪,"受賕枉法"才能構成罪。參看《儀禮と犯罪のはざま——賄賂罪をめぐって(儀禮與犯罪的間隙——圍繞賄賂罪)》,收入冨谷至《漢唐法制史研究》,創文社,2016年。

② 漢代無故聚衆喝酒是被禁止的。《漢書·文帝紀》"朕初即位,其赦天下,賜民爵一級,女子百户牛酒,酺五日"顔師古注引文穎云:"漢律:三人以上無故群飲酒,罰金四兩。"

③ "雇直"是付錢的意思。《後漢書·孝桓帝紀》永壽元年二月條:"其百姓吏民者,以見錢雇直。"李賢注:"雇,猶酬也。"

④ 關於"無任徒"的意思,參看《選釋》第219頁的注釋和李蘭芳文。

⑤ 睡虎地秦簡《秦律十八種·金布律》(72號簡)云:"都官有秩吏及離官嗇夫,養各一人。"整理者注:"養,做飯的人,《公羊傳》宣公十二年注:'炊烹者曰養。'"(睡虎地秦墓竹簡整理小組《睡虎地秦墓竹簡》,文物出版社,1990年,第38頁)

⑥ 筆者同意《選釋》的意見,認爲"炊"是人名。莊小霞先生在研討會上跟筆者説她懷疑此"炊"是動詞。但下引 CWJ1③:198-3 云"令若炊爲釀酒",此"炊爲釀酒"之"炊"恐怕不能理解爲動詞。如果"炊"和"釀"同樣是動詞,應該寫作"炊釀爲酒"。因此筆者仍然認爲"私使炊釀便處徒"是"私使炊【爲】釀便處徒"(私自讓炊成爲在方便處釀酒的人)的意思。可能是因爲上一句是"令(若)爲養",此句省略了"爲"字。

⑦ 《選釋》在"所"下加逗號,把"不當得爲"看作一句。我們懷疑此"所"屬下讀。《選釋》引用的《漢書》"不當得爲"的例子其實都是"所不當得爲"的例子:

(1) 昌邑哀王歌舞者張修等十人……太傅豹等擅留,以爲哀王園中人,所不當得爲,請罷歸。(《漢書·昌邑王傳》)

(2) 首匿、見知縱,所不當得爲之屬,議者或頗言其法可蠲除。(《漢書·蕭望之傳》)

第二例中,"所不當得爲"和"首匿"、"見知縱"並列。可見"所不當得爲"是漢代的一種罪名。

☐市牛肉廿斤，象（豕）肉十斤，鮐五斤，復從石沽（第二行）

(2) CWJ1③：198-3（《選釋》一四三）

等①，宏念可讓（釀）爲酒，遣丸於市，市米一斛，令若、炊爲讓（釀）酒。酒孰（熟），胡客從宏沽酒一杆，直（第一行）卅。歆復沽一杆，直卅。後不處日，閏復沽二器，直錢二百。脩復沽一器，直錢百。建沽一（第二行）

(3) CWJ1③：137（《選釋》一三二）

沽四器，直錢四百，俱持詣宏。宏曰："誰持夾者？"脩、种、真等曰："持少禮賀新婦入寺舍（第一行）也。"宏曰："可。"即呼勤、牧、种、真、紆、國、脩從作所歸曹中，置肉案上，頃（傾）資寫（瀉）酒置杆中②，以（第二行）

(1)由於殘缺了一半，無法準確理解文義，所講的内容似是爲"相與群飲"作準備的情形。(2)首先講述宏讓丸去買東西，這是"令丸、達私市肉胃鹽豉"的情形；其次説"令若、炊爲釀酒"，這一句與"令（若）爲養，私使炊釀便處徒"相當；最後詳細講述"沽酒"的情形。(3)當位於(2)後，兩者雖然不能連讀，但文義連貫。也就是説，胡客、歆、閏、脩、建等人買了宏讓人釀好的酒，拿着這些錢一起去宏那裏，把錢給宏，説這是"新婦入寺舍"的賀禮。宏接受了這個賀禮，然後把大家叫過來一起大吃大喝。這顯然是他們"相賦斂，沽酒，受賕請，相與群飲"的情形。

綜上所述，CWJ1③：195列舉了脩、种、國等人的六項罪行。其他三枚簡中可以看到"相賦斂，沽酒"、"受賕請，相與群飲"、"令丸、達私市肉胃鹽豉，皆不雇直"、"令（若）爲養"、"私使炊釀便處徒"五項的具體情形。唯獨"食山徒，取其錢"這一項，在目前能看到的簡牘中完全没有講到。

────────

① 此"等"，原釋文缺釋。
② "傾資"之"資"和"杆"同樣是盛酒器。例如馬王堆漢墓一號墓遣策中有108號簡"白酒二資"、109號簡"温（醞）酒二資"、110號簡"助（酹）酒二資"、111號簡"米酒二資"等例子，可以參考。參看湖南省博物館、復旦大學出土文獻與古文字研究中心編纂，裘錫圭主編《長沙馬王堆漢墓簡帛集成》，中華書局，2014年。圖版見於第貳册第230～231頁，釋文注釋見於第陸册第189～190頁。

似乎至今還沒有人解釋清楚"食山徒,取其錢"的意思。例如《選釋》對"食山徒"三字加注云:"食,讀爲'飼'。山徒,疑指在山中勞作之徒。"(第219頁)《選釋》說"疑指",說明他們只不過按照字面意思作解釋而已,沒有任何別的根據。李蘭芳先生透露了京師出土文獻研讀班的討論,說莊小霞先生認爲此處句讀應當改爲"相與群飲食,山徒取其錢",但同時還說"'山徒取其錢'意仍不明確"。

我們認爲此"山徒"是"顧山"之徒的意思。下面詳細作解釋。

二

"顧山"是西漢平帝元始元年(公元1)實施的制度。《漢書·平帝紀》元始元年六月條云:"天下女徒已論,歸家,顧山錢月三百。"顏師古注云:

> 如淳曰:"已論者,罪已定也。令甲:'女子犯罪,作如徒六月,顧山遣歸。'說以爲當於山伐木,聽使入錢顧功直,故謂之顧山。"應劭曰:"舊刑鬼薪,取薪於山以給宗廟,今使女徒出錢顧薪,故曰顧山也。"師古曰:"如說近之。謂女徒論罪已定,並放歸家,不親役之,但令一月出錢三百,以顧人也。爲此恩者,所以行太皇太后之德,施惠政於婦人。"

顏師古在此引用如淳和應劭的解釋,並基本同意如淳的意見,說女性犯了罪不用親自服役,只要每月交三百錢,找人代替服役即可。顏師古還說這個制度是爲了"行太皇太后之德",這個信息是如淳、應劭都沒有提到的,值得注意。

出土文獻中有與"顧山"有關的記載,即江蘇儀征胥浦101號漢墓出土的所謂"何賀山錢竹簡"(M101:83,圖一)[①]。可惜的是發掘報告所載照片很不清晰,簡上的字無法釋讀。根據摹本和發掘報告的釋文,簡文如下:

---

① 揚州博物館《江蘇儀征胥浦101號西漢墓》,《文物》1987年第1期。

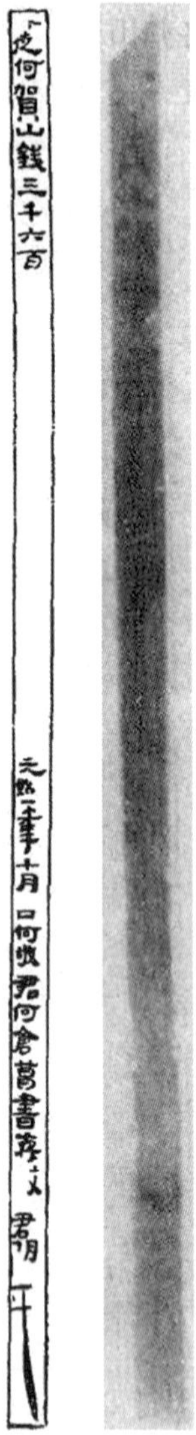

174 簡帛研究論集

【女】徒何賀山錢三千六百。　　元始五年十月□日,何敬君、何蒼菖書存□①君明□②。

對我們的討論而言,最重要的是"【女】徒何賀山錢三千六百"一句。發掘報告把簡頭的殘字釋爲"女",很有可能是對的。"何賀"是女徒的人名,"山錢"是"女徒何賀"要交的錢。3 600 錢相當於一年的山錢（300×12＝3 600）。從這個記載看,女刑徒在十月繳納一年的山錢。這枚簡是元始五年的記録,顧山制度實施僅四年後。總言之,這枚簡的記載和《平帝紀》及顏師古注的記載完全相符。

值得注意的是"山錢"這個名稱。也就是説,女刑徒爲"顧山"付的錢叫"山錢"。其實《平帝紀》"顧山錢月三百"的"山錢"也是這個意思。"顧"讀爲"雇",是"雇直"之"雇","山錢"是其賓語。"顧山錢月三百"可以翻譯爲"每月付三百錢的山錢"。

知道了"山錢"的意思,"山徒"也就好理解了。"山徒"之"山"與"山錢"之"山"用法相同,是"顧山"之"山"。也就是説,"山徒"指的是女刑徒出錢僱用的、替她服役的人。五一廣場簡説"食山徒,取其錢",在此所謂"其錢"應該是"山錢"。

根據以上的討論,來解釋"食山徒,取其錢"一句。"食",當如整理者所説,讀爲"飼"。也就是説,脩、种、國等人給山徒提供食物。"取其錢"的意思是拿了山徒的山錢。"食山徒,取其錢"的意思是：脩、种、國等人只給山徒提供食物,而扣了山徒應該可以拿的山錢。

按理推測,山徒的糧食費應該是從女刑徒繳納的山

摹本　照片

圖一

① 此字整理者釋作"【文】"。根據摹本,字形與"文"不符。
② 此字整理者釋作"【白】"。根據摹本,字形與"白"不符。

錢出的,剩下的錢給山徒。脩、种、國等人可能負責安排山徒的一些事物,他們利用這個職權以飽私囊。我們通過這枚簡可以了解漢代貪官的一個小伎倆,可以說是一件饒有趣味的事。

三

"山徒"亦見於敦煌懸泉漢簡,這個例子對我們的討論極爲重要①。張俊民先生曾經介紹過"山徒"出現的敦煌懸泉漢簡②,釋文如下:

  神爵四年三月山徒名籍(158)
  鬼新衛明　故效穀步廣里　　徒子贛來編書繩十丈(164)
  鬼新龍通　故濟南郡菅平國　徒子贛藉厲石(192)

這三枚簡本是一份名爲"山徒名籍"的簿籍的一部分,第一枚簡是標題簡,第二枚、第三枚是正文簡。正文的兩枚簡都以鬼薪刑的刑徒名開始,其次交代這個刑徒的籍貫,最後講述"徒子贛"的行爲。既然稱爲"徒",這裏的"山徒"應該是這位子贛。這位子贛似乎代替鬼新衛明和龍通兩個人服役。

如果此"山徒"果真是顧山之徒的意思,這個例子與《漢書·平帝紀》顏師古注的說法有兩個重要的不同點。第一,這份山徒名籍有宣帝神爵四年(公元前58)的紀年。這說明顧山制度不是平帝元始元年首創的制度。第二,鬼薪是男犯服的刑罰。也就是說,顧山制度不是專對女性的恩典。

或許我們應該重新重視顏師古注所引應劭的說法:

  應劭曰:"舊刑鬼薪,取薪於山以給宗廟,今使女徒出錢顧薪,故曰顧山也。"

---

① 此事承蒙張俊民先生指教。
② 以上簡文見於張俊民《敦煌懸泉置探方 T0309 出土簡牘概述》,長沙市文物考古研究所《長沙三國吴簡暨百年來簡帛發現與研究國際學術研討會論文集》,中華書局,2005年;後收入張俊民《簡牘學論稿——聚沙篇》,甘肅教育出版社,2014年,第180頁。

鬼薪是男犯服的刑罰，顧山是對女性的恩典，按理說兩者是扯不上關係的。過去我們無法理解應劭爲何提出這種顯然不對的解釋。但現在發現的山徒名籍，內容正是鬼薪的山徒的名籍，似乎與應劭所說相符。

我們知道，在文帝改制前，鬼薪白粲刑是只適用於特權階層的特殊的勞役刑。宫宅潔先生說，"鬼薪白粲刑在勞役刑體系中具有獨特地位，和'城旦舂—隸臣妾—司寇'分屬不同的系統，是適用於犯了應判處城旦舂刑的特權階層（上造以上有爵者、葆子、皇族）的刑罰，處在依存於城旦舂刑的地位"①。從鬼薪刑的這種特殊性推測，顧山制度或許本來是爲了鬼薪白粲刑的刑徒制定的，後來王莽把這個制度改爲對所有女刑徒的恩典。這是應劭注"舊刑鬼薪……，今使女徒……"的意思。

但敦煌懸泉漢簡的山徒名籍是宣帝時即文帝改制後的文書，當時鬼薪白粲刑應該没有如上所說的特殊性。而且現在能看到的山徒名籍正文只有兩枚，現在只有鬼薪的名籍也有可能是偶然，或許原來的山徒名籍中也有鬼薪以外的刑徒。事實究竟如何，目前無法確知。

此外需要指出的是，元始元年的女徒顧山不是後來一直持續的制度。《後漢書·光武帝紀上》建武三年秋七月條有如下記載②：

> 庚辰，詔曰："吏不滿六百石，下至墨綬長、相，有罪先請。男子八十以上、十歲以下，及婦人從坐者，自非不道、詔所名捕，皆不得繫。當驗問者即就驗。女徒雇山歸家。"

從這個詔書可知，光武帝在即位後恢復了女徒顧山制度。反過來說，女徒顧山制度在平帝後的某個時候失去了實效性。

桓譚在給光武帝的奏章中也提到顧山制度。《後漢書·桓譚列傳》云：

> 今人相殺傷，雖已伏法，而私結怨讎，子孫相報，後忿深前，至於

---

① 宫宅潔《勞役刑體系の構造と變遷（勞役刑體系的結構與變遷）》，《中國古代形制史の研究》，京都大學學術出版會，2011年，第102頁；楊振紅等譯《中國古代刑制史研究》，廣西師範大學出版社，2016年，第87～88頁。

② 這個例子的存在承蒙莊小霞先生提醒。

滅户殄業,而俗稱豪健,故雖有怯弱,猶勉而行之,此爲聽人自理而無復法禁者也。今宜申明舊令,若已伏官誅而私相傷殺者,雖一身逃亡,皆徙家屬於邊;其相傷者,加常二等,不得雇山贖罪。如此,則仇怨自解,盗賊息矣。

從這個記載看,"其相傷者,……不得雇山贖罪"也是桓譚主張申明的"舊令"之一。但桓譚的這一句也有可能是以建武三年七月的詔書爲前提才說的。

總之,結合以上資料,或許我們可以提出這種假說:顧山制度在平帝元始元年之前存在,本來是鬼薪刑的刑徒能夠享受的特殊制度。元始元年的女徒顧山的性質類似於皇帝即位時的特赦。《平帝紀》説,平帝即位時"帝年九歲,太皇太后臨朝,大司馬莽秉政,百官總己以聽於莽"。當時太皇太后的地位之高可想而知,因此才有了女徒顧山這個恩典。但後來光武帝也采用了這個制度,於是女徒顧山在東漢時期成爲固定的制度。

我們現在知道的相關資料實在太少,以上所説最多只能算是一個假説。而且我們得承認,這個假説與傳世文獻所見的顧山制度有很大的距離,也有一些不好解釋的問題。問題的關鍵是"山徒"。因爲我們認爲"山徒"是顧山之徒,才得出了這種假説。我們的解釋是否正確?期待今後新資料的出現以徹底解決這個問題。

附記

本文是在2017年8月10日"2017年中國社會科學論壇(史學):第六届中國古文書學國際研討會"上所做報告的基礎上修改而成的。會上莊小霞先生爲筆者的報告作評論,提出了不少中肯的意見。討論時張俊民先生提醒筆者説敦煌懸泉漢簡中也有"山徒"的例子。會後還承蒙不少學者指教。筆者參考他們的意見,對本文進行了較大的修改。在此一併致謝。

原載黄正建主編《中國古文書學研究初編》(上海古籍出版社,2019年),今據以收入。

安徽天長紀莊漢墓
"賁且"書牘解釋

　　安徽天長紀莊漢墓 M19：40-10 木牘是一個叫賁且的人寫給墓主謝孟的書信①。參考劉樂賢先生的命名方法，我們把它稱爲"'賁且'書牘"②。此信的開頭說"賁且伏地再拜請，孺子孟馬足下"。賁且既然叫謝孟"孺子孟"，當是謝孟的長輩。

　　關於這枚木牘，發掘簡報有釋文。此釋文的水平相當高，爲我們進行研究打下了很好的基礎，唯一可惜的是此釋文沒有斷句。發掘簡報發表後不久的 2006 年 12 月，何有祖先生發表了《安徽天長西漢墓所見西漢木牘管窺》③。2007 年 5 月，山田勝芳先生利用發掘簡報所載的木牘探討漢代女性的徭役問題，其中也有關於"賁且"書牘的較爲詳細的解釋④。

---

　　① 天長市文物管理所、天長市博物館《安徽天長西漢墓發掘簡報》，《文物》2006 年第 11 期。以下簡稱"發掘簡報"，把其撰寫者稱爲"整理者"。
　　② 劉樂賢《天長紀莊漢墓"丙充國"書牘補釋》，武漢大學簡帛研究中心主辦《簡帛》第 3 輯，上海古籍出版社，2008 年；後收入劉樂賢《戰國秦漢簡帛叢考》，文物出版社，2010 年。以下簡稱"劉文"。劉文討論的是 M19：40-5 木牘。這是一個叫丙充國的人寫給墓主謝孟的書信，劉文稱之爲"'丙充國'書牘"。
　　③ 何有祖《安徽天長西漢墓所見西漢木牘管窺》，簡帛網，2006 年 12 月 19 日。此文後來改名爲《天長漢墓所見書信牘管窺》，發表於《簡帛》第 3 輯。以下簡稱"何文"。
　　④ 山田勝芳《前漢武帝代の地域社會と女性徭役——安徽省天長市安樂鎮十九號漢墓木牘から考える》，《集刊東洋學》97 號，東北大學中國文史哲研究會，2007 年；中文版：莊小霞譯《西漢武帝時期的地域社會與女性徭役——由安徽省天長市安樂鎮十九號漢墓木牘引發的思考》，卜憲群、楊振紅主編《簡帛研究二〇〇七》，廣西師範大學出版社，2010 年。但山田先生沒有參考何文。他在論文末尾加附記說："我認爲，雖然何先生的（轉下頁）

2008年4月，王貴元先生也對這些木牘進行了全面的討論①。他們都提出了許多很好的意見。我們拜讀了這些研究後，獲益甚多，同時也產生了一些自己的看法。現在寫出我們對"賁且"書牘的解釋，希望方家批評指正。

一

【釋文】

　　　　賁且伏地再拜請，

　　孺子孟馬足下[1]：賁且賴厚德[2]，到東郡。幸毋（無）恙。賁且行守丞[3]，上計[4]，以十二月壬戌到雒陽[5]，以甲子發[6]，與廣陵長史卿俱[7]。以賁且家室事羞辱左右[8]，賁且諸家死有餘罪。毋（無）可者，各自謹而已；家毋（無）可鼓者，且完而已[9]。賁且西，故自巫爲所以請謝者[10]：即事復大急[11]，幸遺賁且記[12]；孺子孟遍亡桃（逃）事[13]，願以遠謹(以上A面)爲故[14]。書不能盡意[15]，幸少留意志[16]。逋至，未留東陽[17]，毋使逋大事。寒時幸進酒食。連（?）察諸[18]。賁且過孟故縣[19]。毋緩急[20]，以吏亡（無）劾[21]，毋（無）它（他）事。伏地再拜。

　　　　孺子孟馬足下。(以上B面)

【注釋】

[1] 此處何文、王文斷句爲"賁且伏地再拜請：孺子孟馬足下……"。今按：以在"馬足下"下用冒號爲宜。《司馬遷報任少卿書》，《文選》卷四一以"太史公牛馬走司馬遷再拜言，少卿足下"起句，《漢書·司馬

(接上頁)論文在文字解釋上有值得參考的地方，但拙文的解釋基本上沒有修改的必要。"（這是筆者所做譯文，與莊先生的翻譯有所不同）他仍然保持何文已經糾正的錯誤解釋，因此他對"賁且"書牘的釋讀有不少問題。我們不一一指出其錯誤，只介紹山田文中有新意的地方。

① 王貴元《安徽天長漢墓木牘初探》，張光裕、黃德寬主編《古文字學論稿》，安徽大學出版社，2008年。以下簡稱"王文"。

遷傳》則以"少卿足下"起句,可參。

[2]"賴厚德"的説法亦見《楚辭・九辯》:"賴皇天之厚德兮,還及君之無恙。"

[3]"行守丞",疑是"行守丞【事】"的意思。傳世文獻中偶爾有寫漏"行……事"之"事"字的例子,如《後漢書・光武紀》建武二十七年條云:"驃騎大將軍行大司馬劉隆即日罷。"關於行官,參看大庭脩《漢代官吏的兼任》(收入林劍鳴等譯《秦漢法制史研究》,上海人民出版社,1991年3月)。

[4]計,整理者作"訂",此從何文釋。此處何文、王文斷句爲"上計以十二月壬戌到雒陽"。今按:"上計以十二月壬戌到雒陽"不成句,"上計"下應當逗開。

[5]雒,整理者、王文作"洛",此從何文釋。

[6]此處何文、王文斷句爲"以甲子發兵廣陵"。今按:此斷句不可從。按照其斷句,賁且爲上計之事十二月壬戌之日到了雒陽,第三天就發兵前往廣陵。賁且當是代理臨淮郡守丞的官員(詳見下一節),根本沒有發兵的權力,而且這次是來上計的。他帶雒陽的兵去廣陵顯然不合情理。此處當以"以甲子發"爲一句。類似的句式有《漢書・李陵傳》"以九月發,出遮虜鄣"等。

[7]與,整理者釋作"兵"。"俱"字下,原釋文有"□"。今按:所謂"兵"字當是"與"字。"與某某俱"是很常見的句式。簡文字形如下:

從字形看,整理者釋此字爲"兵"有一定的道理。但漢代有"與"與"兵"相混的現象,如馬王堆帛書《戰國縱橫家書》有這種例子(參看裘錫圭《讀〈戰國縱橫家書釋文注釋〉札記》之第(16)條,裘錫圭《中國出土古文獻十講》,復旦大學出版社,2004年,第369頁),據我們統計,《戰國縱橫家書》中這種現象一共有20例(91行、137行、147行、150行、152行、153行[2例]、156行[3例]、158行、166行[2

例〕、176 行、177 行、226 行、229 行、236 行、257 行、269 行）。在此介紹一部分例子：

91 行：臣以足下之所兵〈與〉臣約者告燕王。

177 行：秦不能兵〈與〉燕趙爭。

269 行：秦因大怒，益師，兵〈與〉韓是（氏）戰於岸門。

可見漢代"兵"、"與"訛混的現象廣泛存在。根據以上情況，此字釋作"兵"或"與"似都不算錯。在此根據文義逕釋作"與"。關於原釋文的"□"及此處的斷句，參看本文附記。

［8］羞，整理者作"受（？）"，此從何文釋。今按：左右，在書信中常指對方。不直稱對方，表示尊敬。《司馬遷報任少卿書》："是僕終已不得舒憤懣以曉左右。"此外，M19：40 - 5"充國願孟幸厚鳶（？）左右"之"左右"，似與此同例。

［9］何文："自謹"指自我約束。《史記·三王世家》："王可自謹，無自令身死國滅，爲天下笑。"今按："無可者，各自謹而已"與"家無可鼓者，且完而已"當是並列句。據此可知，前一句"毋可者"之"可"下可能有脫字；後一句"且完而已"之"且"是"賁且"。也就是説，前一句是"各"去做"自謹"，後一句是賁"且"一人去做"完"。具體的意思待考。何文讀"鼓"爲"屬"，認爲"可屬者"是可託付的人；王文認爲"鼓"通"顧"，指出錢僱人服役。

［10］今按：亟，急也（參看宗福邦等主編《故訓匯纂》"亟"字條，商務印書館，2003 年，第 66 頁）。此處"謝"指的當是謝孟。"自亟爲所以請謝者"的意思是"（因爲賁且要向西方去）自己主動地（即不能等謝孟提出來）抓緊做要向謝孟請求的事"。此下兩句"即事復大急，幸遺賁且記"、"孺子孟通亡桃（逃）事，願以遠謹爲故"是其具體內容。

[11] 即，整理者作"即（？）"，何文、王文遂作"即"。復，整理者作"復（？）"，何文遂作"復"，王文作"近"。今按：此處"即"疑是如果的意思（何文）。"即事復大急"的意思是"如果事情又出現非常緊急的情況"。

[12] 遺，整理者作"遣"，此從何文釋。

[13] 逋，整理者作"通"，何文作"歸"。今按：此字在本木牘中有三例：

　　A 面第 6 行：△亡桃（逃）事

　　B 面第 1 行：△至未留東陽

　　B 面第 1 行：毋使△大事

張家山漢簡《二年律令》有 5 例"逋"字（143、157、398、399、482 號簡），在此列舉較爲清晰的 3 例：

143 號簡　　157 號簡　　399 號簡

再看"脯"字之"甫"的字形：

馬王堆三號墓遣策 267 號簡　　張家山二四七號墓遣策 21 號簡

逋，逃也。"逋亡"，如《史記·秦始皇本紀》秦始皇三十三年條："發諸嘗逋亡人、贅壻、賈人略取陸梁地，爲桂林、象郡、南海，以適遣戍。"逃事，逃避勞役，如《韓非子·詭使》："士卒之逃事伏匿、附託有威之門，以避徭賦。"逋事，如睡虎地秦簡《法律答問》164 號簡："可（何）謂逋吏（事）及乏繇（徭）？律所謂者，當繇（徭），吏、典已令之，即亡弗會，爲逋吏（事）……"總之，"孺子孟逋亡逃事"是說謝孟逃避了勞役。

[14] 此處何文斷句爲"願以遠，謹爲故書，不能盡意"；王文斷句爲"願以

遠。謹爲故書，不能盡意"。今按：當以"願以遠謹爲故"爲一句（下一句"書不能盡意"是書信套句，見下注）。"以……爲故"是漢代常用的句式。《漢書·吳王劉濞傳》"以侵辱之爲故"孟康注云："故，事也。"顏師古注云："言專以侵辱諸侯爲事業。""遠謹"疑是"即使身在遠方，但謹慎行事"的意思。

[15] 今按："書不能盡意"，書信不能完全地表達自己的心意。《司馬遷報任少卿書》："書不能盡意，故略陳固陋。"此外，東牌樓東漢簡牘有"書不悉"、"言不悉"之辭，如"書不悉，小大休罪"（三三/1065號）、"言不悉，不以身爲憂念"（三四/1137號）等，亦可參考。

[16] 今按："少留意志"當是傳世文獻所見的"少留意"，是稍微留意的意思。例如《史記·蘇秦列傳》"今無臣事秦之名而有彊國之實，臣是故願大王少留意計之"，《李斯列傳》"不敢避斧鉞之誅，願陛下少留意焉"，《賈誼新書·益壤》"若使淮南久縣屬漢，特以恣奸人耳。惟陛下幸少留意"等。

[17] 未，整理者作"來"，此從何文釋。何文云：這小句（引者按，即"逋至未留東陽"）大意是歸到了東陽，但是沒有作停留。今按：如果他所釋爲"歸"的字確實是"逋"字，謝孟不可能"逋"到東陽去。頗疑"逋至"與"未留東陽"要逗開，大意是"（謝孟）逃避勞役過來了，沒有留在東陽"。

[18] "連（？）"，整理者缺釋，何文作"甚（？）"，王文作"遵"。今按：此字簡文如下：

1. "連（？）"　2. 張家山漢簡遣策18號簡"車"

漢代"車"字有時候按"十"→"田"→"十"這種筆順寫（參看上揭"車"字），我們所謂"連"字的"車"似就是按照這個筆順寫的。如果此字確實是"連"，此處或許是頻、繼續的意思（參看楊樹達《詞詮》卷二"連"條，中華書局，1954年，第82頁）。"諸"，指示代詞（《詞詮》卷五"諸"條，第202頁）。"連察諸"的大意疑是"請頻繁地好好想想（以上所請求的)這些事"。

[19] 孟,整理者作"還",此從何文釋。

[20] 緩,各家作"綏",此從劉文釋。今按:緩急,謂危急或發生變故之事。天長漢簡中還有"緩急毋恙"的例子(M19:40-5、M19:40-18),參看劉文第六條"充國謹得奉聞,孟能急毋恙"。

[21] 吏,整理者作"支",此從何文釋。今按:此處的意思是"因爲官員没有彈劾,(平安無事)"。

【白話譯】

賁且伏地再拜請,孺子謝孟閣下:

託皇天的洪福,我到了東郡。希望你安然無恙。我代理守丞去上計,十二月壬戌之日到了雒陽,其兩天後的甲子之日從雒陽出發,與廣陵國的長史同行。由於我的家事讓你蒙羞受辱,我諸家死有餘辜。如果没有可以……的人的話,各自自己約束自己而已;如果家裏没有可以"鼓"的人的話,我自己"完"而已。我要向西方去,所以自己抓緊做要向謝孟請求的事;如果事情又出現非常緊急的情況的話,請給我書信;你逃避了勞役,希望你即使身在遠方,也盡力謹慎行事。書信不能完全地表達自己的心意,請稍微留意。你逃避勞役過來了,没有留在東陽,不要(你的這次行爲)致使逃避大事。現在天氣寒冷,請多吃多喝。請頻繁地好好想想這些事(?)。我經過了你的故縣。没發生什麼變故,因爲官員没有彈劾,平安無事。伏地再拜。

孺子謝孟閣下。

二

此木牘中最有意思的是提到上計的事:

賁且行守丞,上計,以十二月壬戌到雒陽,以甲子發,與廣陵長史卿俱。

我們在第一節已經説明,此"上計"之"計",整理者原來釋爲"訂",後來何有祖先生指出是"計"字。這一改釋非常重要。因爲這一改釋我們得到了能窺見西漢時期上計制度實際情況的資料①。本節從上計制度的角度對此木牘進行分析②。

首先,我們看一下寫信人貢且的身份。他是代理"守丞"上計的,此"守丞"是"郡太守之丞"的意思③。西漢時期,郡派遣守丞上計,王國派遣長史上計。

(1)《漢書·循吏傳》王成條:

後詔使丞相、御史問郡國上計長吏、守丞以政令得失……。

(2)《漢書·循吏傳》黃霸條:

時京兆尹張敞舍鶡雀飛集丞相府,霸以爲神雀,議欲以聞。敞奏霸曰:"竊見丞相請與中二千石、博士雜問郡國上計長吏、守丞……。"

(3)《續漢書·百官志一》司徒條·劉昭注所引《漢舊儀》:

郡國守[丞]、長史上計事竟,遣公出庭,上親問百姓所疾苦。記室掾史一人大音讀敕畢,遣敕曰:"詔書殿下禁吏無苛暴。[守]丞、[長]史歸告二千石,順民所疾苦……。"④

(4)《續漢書·百官志一》司空條·劉昭注所引《漢舊儀》:

---

① 懸泉置漢簡中也有一些與上計有關的記載,侯旭東《從朝宿之舍到商鋪——漢代郡國邸與六朝邸店考論》收集和整理過這些材料,可參。蒙侯先生賜知,此文將在《清華大學學報》2011年第4、5期上發表;日文版將發表在《中村圭爾先生退官記念文集》上。筆者承侯先生厚意,提前讀到了此文。謹此致謝。

② 關於漢代的上計制度,參看鎌田重雄《郡國の上計》,收入鎌田重雄《秦漢政治制度の研究》,日本學術振興會,1962年。以下簡稱"鎌田文"。我們在本文中引用的資料都是鎌田文引用過的。

③ 參看鎌田文第390~391頁。另外,鎌田重雄《樂浪封泥に見えたる守丞と長史》(收入《秦漢政治制度の研究》)也詳細討論"守丞"的意思,並介紹幾個"郡名+守丞"的例子。

④ 中華書局標點本(1965年)第3561頁。"郡國守[丞]、長史上計事竟"之"丞"字,據孫星衍輯《漢舊儀》補。"[守]丞、[長]史歸告二千石"之"守"字,據文意補;"長"字,據孫星衍輯本補。孫星衍輯本的這一條見於周天游點校《漢官六種》,中華書局,1990年,第70頁。

御史大夫勅上計[守]丞、長史曰："詔書殿下布告郡國：臣下承宣無狀，多不究，百姓不蒙恩被化，守[丞]、長史到郡，與二千石同力爲民興利除害，務有以安之，稱詔書……"①

懸泉置漢簡 IIT0115③：205 也有"守丞"上計的記載：

……朔己未，敦煌大守千秋、守部候修仁□□□、丞破胡謂☑與守丞俱上永光三年計丞相府，乘用馬二匹，當舍傳舍，從者如律令。掾光，書佐順。　　二月甲□☑②

傳世文獻的例子充分說明，皇帝、丞相、御史大夫等中央政府最高層的人要知道各郡國的情況、輿論時，經常向上計來的守丞和長史詢問。所以有"百郡計吏，觀國之光"的説法（見《續漢書·百官志二》大鴻臚條·劉昭注所引永元十年大匠應順上言）。可以説，守丞和長史是作爲郡國的代表被派往長安的。賁且雖然不是守丞，但既然能代理守丞上計，應該是在郡府裏有一定地位和聲望的人。

饒有趣味的是"與廣陵長史卿俱"一句。"廣陵長史"是廣陵國的長史，顯然也是爲上計來的，因此賁且才"與廣陵長史俱"（可以參考上引懸泉置漢簡"與守丞俱上永光三年計丞相府"一句）。天長紀莊 19 號墓屬於漢代臨淮郡東陽縣，該墓以南就是廣陵國屬地③。我們懷疑賁且可能是臨淮郡的官員；因爲臨淮郡與廣陵國相鄰，賁且與廣陵長史一起去上計。

其次，我們復原一下賁且當時的行程。如果他果真是臨淮郡的官

---

① 中華書局標點本第 3562 頁。"上計[守]丞、長史"之"守"字，據文意補；"守[丞]、長史到郡"之"丞"字，據孫星衍輯《漢舊儀》補。孫星衍輯本的這一條見於《漢官六種》第 73~74 頁。

② 這條引文見於張俊民《敦煌懸泉置出土漢簡所見人名綜述（一）》，《隴右文博》2006 年第 2 期；簡帛研究網，2007 年 4 月 28 日。斷句參考侯旭東《從朝宿之舍到商鋪——漢代郡國邸與六朝邸店考論》。

③ 發掘簡報云："該墓以南爲廣陵國（今江蘇省揚州市）屬地，北部毗鄰東陽古城遺址（今江蘇省盱眙縣東陽鄉）。《漢書·地理志》的臨淮郡條目之下有東陽縣，臨淮郡遺址就在今安徽省鳳陽縣境內。在木牘文字中，多處出現'東陽'二字，如……。由此可見，此墓的葬地屬於漢代臨淮郡東陽縣。"（第 20 頁）

員,應該從臨淮郡治所的徐縣出發。他在書信的開頭說"到東郡",然後說"以十二月壬戌到雒陽,以甲子發"。此"東郡"指的疑是東郡治的濮陽,賁且可能是從濮陽走水路(黄河)去雒陽的。再然後,他說"西"。此"西"說的應是去當時的京師長安。大概是從武帝末年開始,上計是正月元日舉行,而且皇帝親自受計。如《續漢書·禮儀志中》劉昭注所引蔡質《漢儀》云:

> 正月旦,天子幸德陽殿,臨軒。公、卿、將、大夫、百官各陪[位]朝賀。蠻、貊、胡、羌朝貢畢,見屬郡計吏,皆[陛]覲,庭燎……[群]計吏中庭北面立……

雖然這是東漢時期的記載,但西漢中晚期的上計禮儀應該與此差不多。賁且"以十二月壬戌到雒陽,以甲子發",並"西",就是爲了趕正月元日的上計①。從此信的記載看,此信當是賁且從雒陽到長安的路上寫的。附帶說,賁且在書信的末尾還說"過孟故縣"。那麼謝孟的故縣應該是賁且所走路綫上的某一個縣。

最後談談此信(也可以說是安徽天長紀莊 19 號墓)的年代。整理者根據墓葬結構和隨葬遺物推斷其年代,云:

> M19 出土的陶罐與常州出土的同類器相似,陶瓮則與四川綿陽

---

① 查看懸泉置漢簡的例子,敦煌太守都是在十一月底爲上計的官員發傳文書的,如:

1. 甘露三年十一月辛巳朔乙巳,敦煌大守千秋、長史奉憙、丞破胡謂過所縣河津:遣助府佐楊永視事上甘露三年計最丞相御史府,乘用馬一匹,當舍傳舍,從者如律令。(IIT0213②:139)
2. 河平元年十一月丁未(引者按,當是"酉"之誤)朔己未,敦煌大守賢、守部騎千人愛行丞事……友上計丞相府,當舍傳舍,從者如律令。(IIT0313②:1,10)
3. 陽朔二(引者按,當是"元"之誤)年十一月丁卯,遣行丞事守部候彊奉上陽朔元年計最行在所,以令爲駕乘傳,奏卒史所奉上者。(II90DXT0112②:108)

甘露三年十一月乙巳是 11 月 25 日,河平元年十一月己未是 11 月 23 日,陽朔元年十一月丁卯是 11 月 24 日。這三郡都在 23~25 日發傳文書,這應該不是偶然。例 1 見於張俊民《敦煌懸泉置出土漢簡所見人名綜述(一)》,例 2、3 見於張俊民《敦煌懸泉漢簡所見人名綜述(三)——以敦煌郡太守人名爲中心的考察》,《簡帛研究二〇〇五》,廣西師範大學出版社,2008 年。

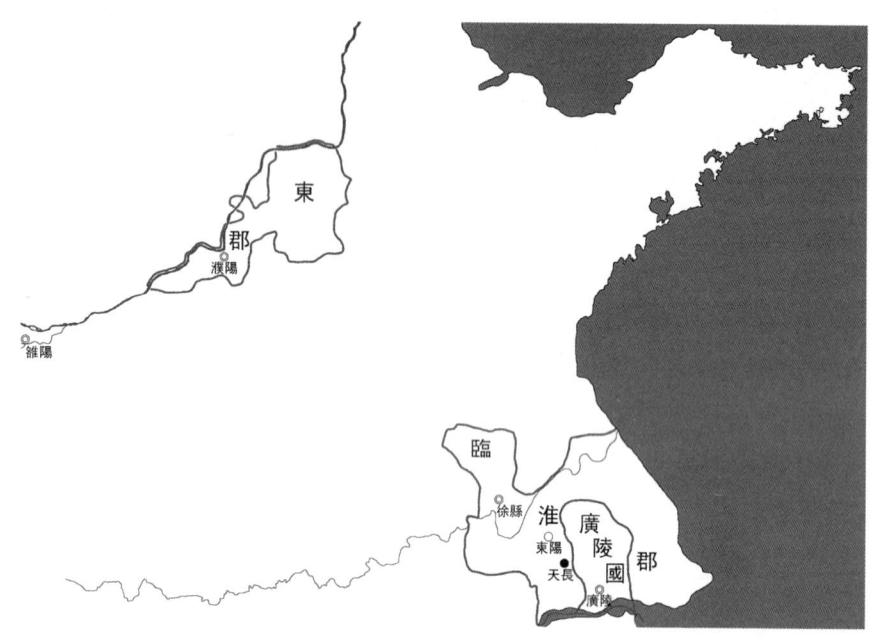

附圖　與"貢且"書牘有關地圖

根據譚其驤主編《中國歷史地圖集》第二册(地圖出版社,1982年)第19～20頁製作

永興雙包山一號漢墓出土的同類器相似。出土的漆器中,銀釦漆奩與本地區三角圩1號墓出土的同類器相似。M19出土的星雲紋鏡是西漢中期的標準器,該鏡乳丁較少(4枚)且高,是剛出現時的特徵。因此我們推斷,此墓的年代爲西漢中期偏早。

山田勝芳先生有不同的看法。他認爲"貢且"書牘是武帝設置廣陵郡時(元狩二年～六年)寫的東西,其中提到的"十二月壬戌"的"十二月"是元狩四年。他認爲貢且是作爲廣陵郡的"行守丞"隨從廣陵長史的,因此當時應該有廣陵郡。他還說12月8日(即壬戌)貢且到雒陽,10日發兵,隨着軍隊去東郡。但這些解釋根本不能成立,他在這種誤讀的基礎上得出的結論是很難令人同意的。

此信所見情況與西漢中晚期的情況、上計制度完全一致,整理者的結論應該是正確的。根據鎌田先生研究,歲首正月舉行上計是武帝末年以後一般化的①。因此這枚木牘所講的上計很有可能是武帝末年以後的情況。

此外,既然這枚木牘提到廣陵國,這當然是廣陵國存在時候的事。《漢書·地理志下》廣陵國條本注云:

> 高帝六年屬荊州,十一年更屬吳,景帝四年更名江都,武帝元狩三年更名廣陵。莽曰江平。

據此可知此信最晚也是新莽之前寫的。

附記

本文是 2011 年 6 月 5～7 日在中國社會科學院歷史研究所舉行的"中國社會科學院中國古代史論壇:出土簡帛與地方社會"的宣讀論文。

本文草成後,曾寄呈高村武幸先生。高村先生對拙見提出很重要的意見,並提供與本文有關的一些研究成果的信息。

論壇上,關於"與廣陵長史卿俱以賁且家室事羞辱左右"的解釋承蒙不少學者提出意見。本文第一稿此處的釋文、斷句是"與廣陵長史卿俱□。以賁且家室事羞辱左右,……",並説此"□""當是'去'、'往'之類意思的字"。主持人王素先生説應該是"與廣陵長史卿俱"構成一句;另外一位主持人馬怡先生給我們介紹她調查"賁且"書牘原物時的發現,説"俱"字下有刮燒掉的痕迹,過去我們認為是殘缺字的墨迹其實不是字;凌文超先生指出銀雀山漢簡 681 號簡、696 號簡,居延漢簡 393.1A 所見"舁"字的字形與筆者所釋為"與"的字相似(銀雀山漢簡所見"舁"字不止這兩例,參看駢宇騫編著《銀雀山漢簡文字編》,文物出版社,2001 年,第 93 頁。但筆者認為這兩個字形的差距還是比較大的):

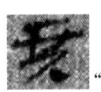

"賁且"書牘　　銀 681　　銀 696　　居 393.1A

---

① 鎌田文第 378～381 頁。根據鎌田文的考證,高祖時期到武帝元鼎時期,上計在歲首十月舉行;元封時期到太始時期,在春三月泰山封禪時舉行;武帝末年以後,在歲首正月舉行。

論壇的會場上，侯旭東先生告知筆者，懸泉置漢簡中也有與上計有關的記載，並在會後把他的有關論文賜給筆者。

筆者已在本文的相關處吸收了各位的意見，謹此一併致謝。

原載卜憲群、楊振紅主編《簡帛研究二〇一一》（廣西師範大學出版社，2013年），今據以收入。

長沙尚德街東漢
簡牘拼綴二則

　　長沙尚德街東漢簡牘是 2016 年底被公開的簡牘，發掘報告説："該工地出土簡牘的古井共 9 口，發掘編號分别爲 2011CSCJ359、J436、J437、J446、J453、J465、J531、J482、J575。"據發掘報告統計，出土簡牘共 257 枚，其中有字簡及有墨迹簡牘 171 枚。其中出土簡牘最多的是 J482，出土 174 枚，其中 134 枚爲有字簡①。

　　整理者對 J482 出土簡牘采用了較爲特殊的排列方式，既不按照出土編號排列，也不按照整理號排列。他們首先根據内容對簡牘進行分類，分爲公文、雜文書、私信、習字、殘簡五類，並且在各類内把内容和格式相近的簡牘放在一處。如此排列爲我們進一步研究提供了有利的條件，我們很容易找到與自己閲讀的簡牘相關的其他簡牘。

　　其實，整理者放在一處的簡牘中有一些是可以拼綴的。我們在研讀長沙尚德街東漢簡牘時發現了兩組可以拼綴的木牘。本文介紹我們拼綴的簡牘，並對簡文作簡單的考釋②。

---

　　① 長沙市文物考古研究所《長沙尚德街東漢簡牘》，嶽麓書社，2016 年。以上信息見於第 76 頁。

　　② 關於長沙尚德街東漢簡牘的拼綴，有人指出 50 號牘和 55 號牘可以拼綴。abc（網名）《〈長沙尚德街東漢簡牘〉初讀》，簡帛網論壇（http://www.bsm.org.cn/bbs/read.php?tid=3443），2017 年 3 月 2 日。但這是 J531 出土簡牘的拼綴。據管見所及，似乎没有人發表過 J482 出土簡牘的拼綴意見。

一、104 號牘+114 號牘

首先,爲了查檢方便,列舉我們所拼綴木牘的著録信息:

104 號牘(2011CSCJ482②:7-4):彩色圖版第 133 頁,黑白圖版第 186 頁,釋文注釋第 237~238 頁。

114 號牘(2011CSCJ482②:8-5):彩色圖版第 134 頁,黑白圖版第 187 頁,釋文注釋第 238 頁。

整理者把這兩塊木牘放在一處,而且説這兩塊木牘的内容有關係。其實這兩塊可以直接拼綴,拼綴後有些字的筆畫完全密合。參看下圖:

114B+104B①"再下必"　　　104A+114A"十一月廿四日"

附圖一是拼綴後的圖版。這件簡牘正面和背面的文章可以連讀,而且這封書信的長度是漢代書信常見的約 23 釐米,即漢代的約一尺②。也就是説,經過這次拼綴,一封幾乎完整的書信得到了復原。這封書信用隸書寫,而不像尚德街東漢簡牘的其他大部分簡牘那樣使用草書。可見這是正式寄來的書信,而不是草稿。

我們根據拼綴後的圖版重新做釋文:

十一月廿四日,翁陵禧報誦,師:前☒
別後安善。到縣,與五從事夫人相見,告以禧箕、(104A+114A)

---

① 本文按照閲讀順序排列所拼綴簡牘的整理號。例如"114B+104B"的意思是,拼綴 114 號牘背面和 104 號牘背面,拼綴後 114 號牘在右,104 號牘在左。

② 根據《長沙尚德街東漢簡牘》附表二"尚德街東漢簡牘統計表",114 號牘的長度是23.4 釐米。漢代的書信一般使用長度爲一尺的簡牘或帛,參看楊芬《出土秦漢書信匯校集注》,武漢大學博士學位論文,導師:李天虹教授,2010 年 5 月,第 185~186 頁。

箸、裯、袘寄師，悉在箕中。前日過，何不以相付？今遣黄唐再下，必以付，來上。小大改異告區。禧惶恐白。(114B+104B)

"翁陵禧"是致信人。整理者説"翁陵，疑爲地名。禧、師，皆人名。"或許還可以考慮另外一種可能性："翁"是自稱，"陵"是姓或氏。"翁陵禧"在這封信中直呼對方的名字。而且按照漢代書信的習慣，對方的名字是要提行另寫的，而這封信不這麼做，"翁陵禧報誦"後接着寫"師"。這些信息説明致信人是收信人的長輩。因此，致信人自稱"翁"合乎情理。

"與五從事夫人相見"之"從事"是州的屬吏①。《續漢書·百官志四》司隸校尉條云"從事史十二人"，其本注詳細説明各種從事的名稱和職掌：

> 本注曰：都官從事，主察舉百官犯法者。功曹從事，主州選署及衆事。別駕從事，校尉行部則奉引，録衆事。簿曹從事，主財穀簿書。其有軍事，則置兵曹從事，主兵事。其餘部郡國從事，每郡國各一人，主督促文書，察舉非法，皆州自辟除，故通爲百石云。

東漢時期没有"五從事"這種官，此"五從事"似只能理解爲五位從事的意思②。但從情理上推測，當時禧不大可能見五位從事的夫人，而只見一位從事的夫人。因此我們認爲此"五"是姓。例如走馬樓吳簡中出現不少姓"五"的人③。按照這個解釋，"五從事"的意思是姓五的從事的夫人。

"告以禧箕、箸、裯、袘寄師，悉在箕中"，這句話的主語當是五從事夫人。也就是説，前些時日五從事夫人把禧的箕、箸、裯、袘寄在師那兒，在和禧見面時把這件事告訴了他。從這一內容看，五從事夫人和禧、師之間有很深的交情。

"前日過，何不以相付"是禧指責師的話。從上文"別後安善"看，禧和

---

① 關於從事，參看嚴耕望《中國地方行政制度史甲部·秦漢地方行政制度》第九章之(五)州從事，中研院歷史語言研究所，1990 年第 3 版。

② 《後漢書·方術列傳上》任文公條有州刺史派"五從事"的故事，云："哀帝時，有言越嶲太守欲反，刺史大懼，遣文公等五從事檢行郡界，潛伺虛實。"此"五從事"是五位從事的意思。

③ 可以參看長沙市文物考古研究所等《長沙走馬樓三國吳簡》(文物出版社)每卷之"人名索引"。例如竹簡〔壹〕，姓"五"的人見於第 1140 頁。

師最近見過面，"前日過"指的是這件事。禧說："既然我的東西在你那兒，你爲何在上次經過你家時不直接給我？"

"來上"之"上"，原釋文作"二"。此"上"與"今遣黃唐再下"之"下"相對應。長輩派人到晚輩那兒叫"下"，其相反叫"上"。禧決定派黃唐再次去師那兒，"必以付，來上"的意思是"你務必把我的東西交給黃唐，讓他到我這兒來給我。"

"小大改異告區"之"改異"，原釋文作"□畢"。類似的說法見於東牌樓東漢簡牘的書信中①，如：

(1) 津頓首：……。改異小大②，還具告。怱=(怱怱)，書不盡言，面乃再拜③。●子約省。幸甚==(幸甚幸甚)。(五〇/1068號牘)

(2) ……。小大復聞。怱=(怱怱)，因反不永□□□。叩頭拜言。幸甚==(幸甚幸甚)④。(五二/1144號牘)

(3) ●子約：……。大小改易數告。景再拜。(七〇/1166號牘)

從這些例子可以知道，這種句子一般在書信的主要內容結束後出現，用這種話結尾似是東漢時期的習慣。

此外，三六(1059)號牘有這種例子：

(4) 月廿五日，舉頓首言，掾□□侍前：……內異何易，還信具戒。怱=(怱怱)，不悉。舉頓首再拜。

此"內異何易，還信具戒"的主要意思應該與上三例差不多。從"還具告"、"還信具戒"、"復聞"這些說法看，這些句子應該是要求對方（即收信人）經常給自己（即致信人）寫信。

---

① 長沙市文物考古研究所、中國文物研究所《長沙東牌樓東漢簡牘》，文物出版社，2006年。

② "改異"之"改"，整理者缺釋，長沙東牌樓東漢簡牘研讀班釋爲"頃"(《〈長沙東牌樓東漢簡牘〉釋文校訂稿》，《簡帛研究二〇〇五》，廣西師範大學出版社，2008年)。今按，雖然此字筆畫不甚清晰，但從能看出的筆畫和辭例看，此字當是"改"。

③ "再拜"，整理者釋爲"□津"，此從長沙東牌樓東漢簡牘研讀班的改釋。

④ "叩頭拜言。幸甚==",整理者釋爲"論許玄(？)香(？)頓(？)首(？)"，此從長沙東牌樓東漢簡牘研讀班的改釋。

雖然説法不同，但漢代書信經常寫這種話，例如：

(5) 曹宣伏地叩頭白記，董房、馮孝卿坐前：……二卿時₌(時時)數寄記書，相問音聲，意中快也。(居延舊簡 502.14＋505.38＋505.43)①

(6) ……有來者，願幼功時賜餘教，緩急毋恙。伏地再拜，以聞幼功馬足下。(天長漢簡 M19：40-18)②

"小大改異"是"不管是大事還是小事，所有變化"的意思。"告區"之"區"，或許其下漏重文符號，"區區"是自稱的謙詞③。

最後，根據以上的理解，做出這封信的白話譯文：

十一月二十四日，翁陵禧寫信。師：

上次……自從上次分別後，安然無恙。我到達了縣，與五從事夫人見面。她告訴我説，她把箕、箐、襹、袘寄在你那兒，所有東西都放在箕中。上次經過你家時爲何不直接給我？現在派黃唐再次去你那兒，你務必把我的東西交給黃唐，讓他到我這兒來給我。以後有什麽變化，請都告訴我。

禧敬上

二、199 號牘＋213 號牘＋222 號牘

這組木牘的著錄信息如下：

199 號牘(2011CSCJ482②：23－4)：彩色圖版第 137 頁，黑白圖版第 190 頁，釋文注釋第 241 頁。

213 號牘(2011CSCJ482②：25－3)：彩色圖版第 138 頁，黑白圖版第 191 頁，釋文注釋第 242 頁。

---

① 居延舊簡的詳細著錄信息，參看謝桂華、李均明、朱國炤《居延漢簡釋文合校》(文物出版社，1987 年)之"居延漢簡簡號、出土地點、圖版頁碼對照一覽表"。

② 天長市文物管理所、天長市博物館《安徽天長西漢墓發掘簡報》，《文物》2006 年第 11 期。

③ 這一解釋承蒙郭永秉先生指教。

222 號牘(2011CSCJ482②：28－2)：彩色圖版第 138 頁，黑白圖版第 191 頁，釋文注釋第 243 頁。

附圖二是拼綴後的圖版。無論是正面還是背面，拼綴處的筆畫都密合，此拼綴當無疑問。這封書信的情況與上一例相類，用隸書書寫，長度爲漢代的一尺①，應該是一封完整的書信②。附帶説，《長沙尚德街東漢簡牘》所收 213 號牘的照片比其他兩枚小一點，我們在製作圖版時調整了它的大小比例。也就是説，《長沙尚德街東漢簡牘》所收圖版的縮小比例不統一，這一點值得注意。

我們重新製作的釋文如下：

卬再拜：一日損信，贛書具知，扣□。日欲往書，迫
不知所存。又府卿昨問言："素不下其訊(199B+213A+222B)
□之未乎？"今其事已諾，火(?)明日欲關。府卿
付之，自當別其檢，非特付都郵火(?)。勿憂，且忍□
原貰。在今恩=(忽忽)，不悉。卬再拜。□見□□☑(222A+213B+199A)

開頭和結尾"卬再拜"之"卬"是致信人的名字，右旁筆畫不甚清晰，難以辨認。

"一日損信，贛書具知"的意思是：一旦失信，就得奉上書信詳細説明。看來這位致信人没有按照約定辦事，因此寫了這封信向對方解釋。

"扣□"之"□"，不識。從上下文來推測，此字或許是"頭"的草書。但字形與一般的"頭"不同，而且只有此處用草書也不合情理。不止如此，從用字習慣來説，漢代一般寫"叩頭"，漢代的出土文字資料中也没有"扣頭"的例子③。

"日欲往書，迫不知所存"這一句是解釋這位致信人爲何一直没有寫

---

① 根據"尚德街東漢簡牘統計表"，199 號牘的長度是 23.4 釐米，213 號牘是 23.3 釐米，222 號牘是 23.35 釐米。
② 整理者認爲 199 號牘和 213 號牘的上端殘損，是不對的。
③ 但傳世文獻中可以找到"扣頭"的例子，如《論衡·儒增》："夫人之扣頭，痛者血流，雖忿恨惶恐，無碎首者。"《風俗通義·怪神》："巫扣頭服罪，乃殺之。"

信。類似的句子常見於漢代的書信中,例如:

(1)……欲自往,迫薪候長不得職至□辨□承憂,死罪。(居延舊簡 214.16A)
(2)夏侯掾坐前:毋恙。頃致猥勞居官,起居毋它。欲詣前,迫掾教使嚴□(A)萬歲候長、燧長,嚴立犇走,守河積四日,未可得渡。又因頓首叩頭死罪。(B)(居延新簡 EPT65.26)①

"日欲往書,迫不知所存"的意思是:我每天想給你寫信,但因爲不知道(那個東西)存在什麽地方(,所以一直没有這麽做)。在此没有説清楚"所存"的東西是什麽,但很有可能是收信人向致信人索要的東西,或許是下文所説的"火"。

"又府卿昨問言:素不下其訊□之未乎"之"乎",整理者釋作"平"。府卿指郡丞。例如《武榮碑》有如下一句:

君即【吴】郡府卿之中子,敦煌長史之次弟也。

此"吴郡府卿"指吴郡丞武開明,《金石録》卷 14《漢吴郡丞武開明碑》跋云:

右《漢吴郡丞武開明碑》,云……。又云:"永和二年,舉孝廉,除郎謁者。漢安二年,遷大長秋丞、長樂太僕丞。永嘉元年,喪母去官,復拜郎中,除吴郡府丞。壽五十七,建和二年十一月十六日遭疾卒。"②

這是"府卿"指郡丞的確鑿的例子③。致信人在此給收信人透露了府卿跟他説的話,但由於其中兩個字没能釋出,難以確知句意。

其下一句是"今其事已諾,火明日欲關"。從這句話來看,收信人要的是"火",而且要得到這個"火"需要郡丞的許可。此"火"當是只有這位郡丞所屬的郡能夠提供的非常特殊的東西,可惜現在其詳細情況不得而知。

---

① 甘肅省文物考古研究所等《居延新簡》,中華書局,1994 年。
② 金文明校證《金石録校證》,廣西師範大學出版社,2005 年,第 240～241 頁。
③ 詳細考證參看永田英正編《漢代石刻集成》,同朋舍出版,1994 年,〔本文篇〕第 138 頁。

我們把這個字釋爲"火"本身也恐怕有問題。

"府卿付之,自當別其檢,非特付都郵火",這句話的意思是:既然是郡丞交給的東西,自當另附封檢,而不止是把"火"交給都郵。"都郵"之"都",整理者釋作"督"。"都郵"在里耶秦簡中出現了幾例,例如:

(1) 三月丁丑水十一刻=(刻刻)下二,都郵人□行。(8-62背)
(2) 十一月癸卯旦,過酉陽都郵。(8-1432背)①

"都郵"當是設在都鄉的郵。《里耶秦簡校釋》對"都郵"作解釋,説:"都,都鄉之省。……都郵人,即都鄉之郵人。"②綜合以上情況,這個"火"由郡丞提供,附上封檢,而且通過郵寄送。這是非常正式的寄送方法。可能致信人要強調這一點。

"勿憂,且忍□原貰",難以確知其意。從目前能釋出的字看,這句話大致的意思可能是:請不要擔心,再稍微忍耐一下,請諒解。"原",整理者釋爲"京"。此字字形與東牌樓東漢簡牘四九(1064)號牘所見"原(𠊓)"基本相同。此"原"當是原諒的意思。"貰",整理者引用《説文》"貸也"作解釋,但這個解釋顯然與上下文意不合。"貰"也有寬赦的意思,如《國語·吳語》云:"吾先君闔廬,不貰不忍。"韋昭注云:"貰,赦也。"

"忽忽,不悉"是書信常見的套語,意思是時間很倉促,不詳細寫。例如上引的東牌樓東漢簡牘三六(1059)號牘云:

月廿五日,舉頓首言,掾□□侍前:……恩=(忽忽),不悉。舉頓首再拜。

類似的例子也見於古書所載的書信中,例如《文選》所收"書"中可以找到這些例子:

(1) ……因表。不悉。(孔融《論盛孝章書》)
(2) 植白,季重足下:……適對嘉賓,口授不悉,往來數相聞。曹

---

① 湖南省文物考古研究所《里耶秦簡〔壹〕》,文物出版社,2012年。
② 陳偉主編《里耶秦簡牘校釋(第一卷)》,武漢大學出版社,2012年,第48頁。

植白。(曹植《與吳季重書》)

(3) 璩白：……因白。不悉。璩白。(應璩《與滿公琰書》)

類似的套語還有"不盡"、"不多"、"不備"、"不宣備"、"不既"、"不具"等①。

這封信的白話譯文如下：

㑥再拜：

　　一旦失信，就得奉上書信詳細説明。我每天想給你寫信，但因爲不知道(那個東西)存在什麽地方(，所以一直没有這麽做)。另外，府卿昨天問我説："平時不下……，有没有……?"現在那件事已經得到了許可，"火"明日要向上級稟告。既然是郡丞交給的東西，自當另附封檢，而不止是把"火"交給都郵。請不要擔心，再稍微忍耐一下，請諒解。現在時間很倉促，不詳細寫了。㑥再拜。……

---

① 參看彭礪志《尺牘書法：從形制到藝術》，吉林大學博士學位論文，導師：叢文俊教授，2006年6月，第119~124頁。

附　圖

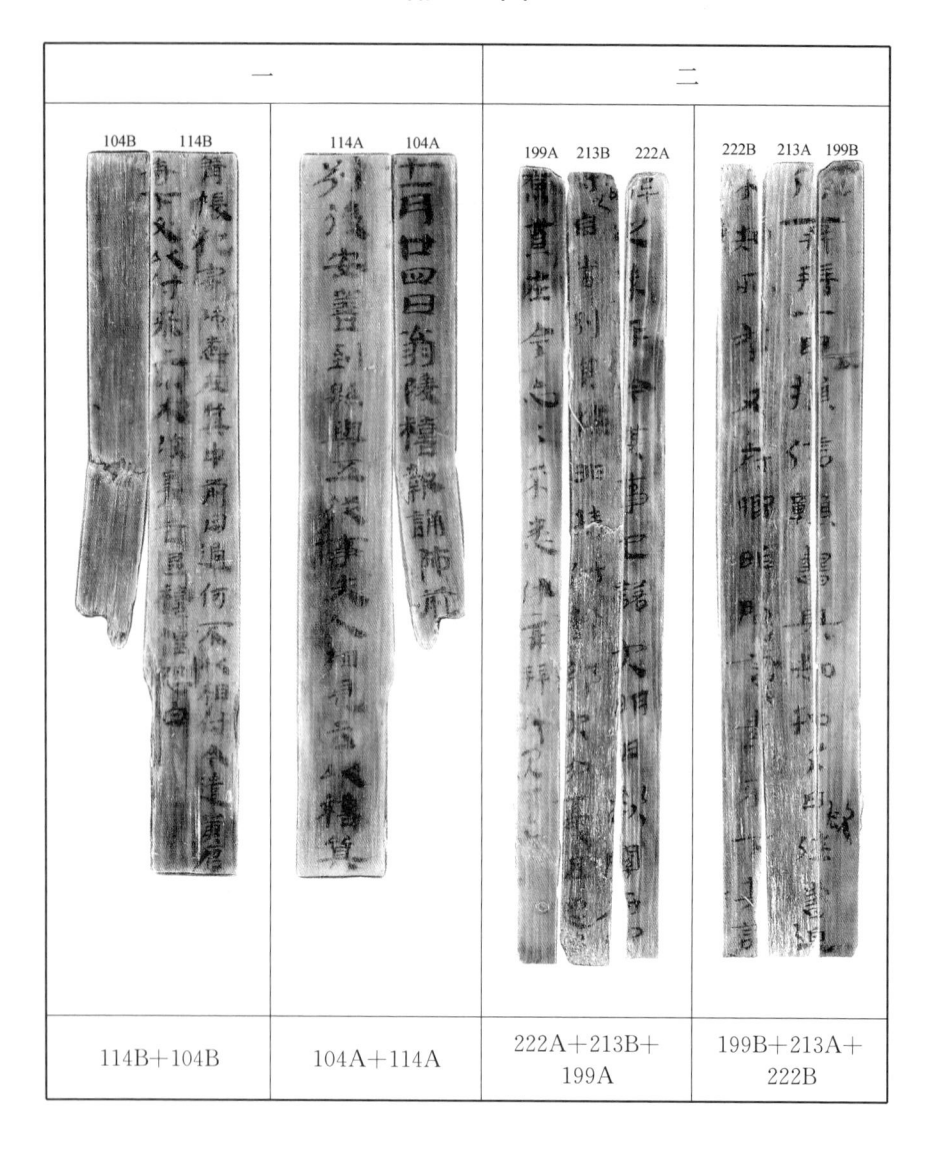

一		二	
104B　114B	114A　104A	199A　213B　222A	222B　213A　199B
114B＋104B	104A＋114A	222A＋213B＋199A	199B＋213A＋222B

原載中國文化遺產研究院《出土文獻研究》第 16 輯（中西書局，2017 年），今據以收入。

張家山二四七號漢墓遣策釋文考釋商榷(六則)

張家山二四七號漢墓出土有一份遣策,共有竹簡四十一枚①。據筆者了解,目前除了整理者的釋文注釋外,還有劉釗先生②、何有祖先生③、田河先生④、劉國勝先生⑤的研究。雖然這些研究解決了不少問題,但正如田河先生所說,這份遣策"書寫草率,字迹粗劣。再加殘泐等原因,釋讀有相當難度",所以還有一些可以討論的問題。本文附驥尾,討論張家山二四七號漢墓遣策釋文考釋的幾個問題。懇請識者批評指正。

(一) 12號簡第二欄"疎(梳)比(篦)一,有□"

田河先生云:"有□:原12號簡,第二字整理者缺釋,該字作,似可釋爲'龠'。……簡文中的'龠'當是一種盛梳篦的器具。"

按,"疎"當作"疏"⑥。"有□"疑不是兩個字,而是"雙"字的草率的寫

---

① 張家山二四七號漢墓竹簡整理小組《張家山漢墓竹簡〔二四七號墓〕》,文物出版社,2001年。
② 劉釗《〈張家山漢墓竹簡〉釋文注釋商榷(一)》,簡帛研究網,2002年2月1日;《古籍整理研究學刊》2003年第3期;劉釗《出土簡帛文字叢考》,臺灣古籍出版有限公司,2004年。
③ 何有祖《張家山漢簡釋文與注釋商補》,簡帛研究網,2004年12月26日。
④ 田河《張家山二四七號漢墓遣冊釋文中存在的幾個問題》,復旦大學出土文獻與古文字研究中心網站,2008年10月21日。
⑤ 劉國勝《讀漢墓遣冊筆記(二則)》,簡帛網,2008年10月23日。
⑥ 關於"疏"和"束"之別,參看裘錫圭《讀〈戰國縱橫家書釋文注釋〉札記》之第(11)條,《文史》第36輯,1992年;裘錫圭《古代文史研究新探》,江蘇古籍出版社,1992年;裘錫圭《中國出土古文獻十講》,復旦大學出版社,2004年。

法。馬王堆一號漢墓遣策 238 號簡有"象疏比一雙"①,馬王堆三號漢墓遣策 323 號簡有"疏比一雙"②,詞例與此相同。

此字上半部分"㠯"(即原釋文的"有")似是"雔"的錯寫(看校時按:此説法不確,請參本文"追記")。下半部分的字形基本上與馬王堆三號漢墓遣策 338 號簡"雙"字相同。

1. 12 號簡　　2. 馬一 238 號簡　　3. 馬三 323 號簡　　4. 馬三 338 號簡③

(二) 17 號簡第二欄"回璧四具"

田河先生云:"'回璧'當指圓璧,'回'有圓意。如《周禮·春官·典同》:'回聲衍',鄭玄注:'回,謂其形微圓也。'……。"

按,"回"疑是"白"字的草率的寫法(本遣策還有二例"白"字,但其字形有所不同)。馬一 293 號簡、馬三 279 號簡有"木白璧"。17 號簡"白璧"和馬王堆遣策"木白璧"當是同一種物品。據發掘簡報,張家山二四七號墓出土"木璧形器"一件④。雖然數量不合,但此"木璧形器"很有可能就是遣策所説"白璧"。

1. 17 號簡"白璧"　　2. 3 號簡"白帶"　　3. 21 號簡"白魚"

(三) 19 號簡第二欄"介一椑"

田河先生作"□一椑",並推測第一個字是從肉從元的"肒"字,讀爲"脘"。

---

① 湖南省博物館、中國科學院考古研究所編《長沙馬王堆一號漢墓》,文物出版社,1973 年。
② 湖南省博物館、湖南省文物考古研究所編著《長沙馬王堆二、三號漢墓》第一卷"田野考古發掘報告",文物出版社,2004 年。
③ "馬一"是馬王堆一號漢墓遣策的簡稱,"馬三"是馬王堆三號漢墓遣策的簡稱,以下同。
④ 荆州地區博物館《江陵張家山三座漢墓出土大批竹簡》,《文物》1985 年第 1 期。

張家山二四七號漢墓遣策釋文考釋商榷(六則)　203

　　按，第一個字左旁不是"肉"。本遣策"肉"字作(29 號簡"肉")、(33 號簡"脯")。與這些"肉"字相比，右上角的筆法顯然不同。筆者懷疑這是"船"字的草率的寫法。例如《二年律令》6～7 號簡有六例"船"字，其中一字作，其右下的"口"形，右側一竪也向外撇出，與此字寫法相似。

　　如果第一個字果真是"船"，那麼第三個字可能是"艘"字。鳳凰山八號漢墓遣策有"船一艘"①，走馬樓西漢簡牘也有"船一艘"的例子②。"艘"字還見於《漢書·溝洫志》"謁者二人發河南以東漕船五百艘"，顔師古注云："一船爲一艘。"

簡文

　　若以上推論不誤，這是像 18 號簡"軺車一乘，馬一匹"一樣的明器(張家山二四七號漢墓出土了木車模型和木馬，"軺車一乘，馬一匹"指的當是此木車模型和木馬)。但墓中没有出土這種明器。

　　(四) 21 號簡第二欄"脯簽(籢)一合"

　　原注釋云："簽，即'奩'字，盛物器，長沙馬王堆一號墓遣策有'食檢(籢)'。"

　　按，"脯奩"亦見於鳳凰山八號漢墓遣策、九號漢墓遣策、一六七號漢墓遣策及馬王堆三號漢墓遣策：

1. 黑中脯檢一合(鳳八《散》705 簡、金 100 簡)③
2. 大畫脯檢一合(鳳八《散》706 簡、金 101 簡)
3. 大脯檢一合(鳳九《散》790 簡)
4. 小脯檢一合(鳳九《散》791 簡)
5. 大脯檢一枚(鳳一六七《散》953 簡、25 簡)④
6. 小脯檢一枚(鳳一六七《散》952 簡、24 簡)

---

① 金立《江陵鳳凰山八號漢墓竹簡試釋》，《文物》1976 年第 6 期，簡 78。
② 謙慎書道會展 70 回記念《日本書法的傳承》，謙慎書道會，2008 年，簡 a、簡 e。此兩枚簡亦見西林昭一、宋少華編《簡牘名迹選 2　湖南篇二》，二玄社，2009 年。
③ "《散》～簡"是李均明、何雙全編《散見簡牘合輯》(文物出版社，1990 年)的簡號，以下同。"金～簡"是注 10 所引金立論文的簡號。
④ "～簡"是吉林大學歷史系考古專業赴紀南城開門辦學小分隊《鳳凰山一六七號漢墓遣策考釋》(《文物》1976 年第 10 期)的簡號。

7. 漆泙脯檢一合（馬三 267 號簡）①

與出土實物相對照，可知"脯盒"指的是橢圓形的盒。金立先生解釋第 1 例說"出土有黑色中型橢圓盒一件，不見肉脯"，解釋第 2 例說"出土有彩繪大橢圓盒一件"；吉林大學歷史系考古專業赴紀南城開門辦學小分隊解釋第 3 例說"隨葬大橢圓盒一"，解釋第 4 例說"隨葬小橢圓盒一，內盛肉食"；馬三的整理者解釋第 7 例說"脯（引者按：是"脯"的誤釋），參證實物，疑爲橢圓意"②。根據發掘簡報，張家山二四七號漢墓出土了兩件橢圓漆盒。此"脯簽一合"當是這兩件橢圓漆盒中的一件。

看出土實物，真的內盛肉食的只有第 4 例一例而已。"脯盒"似乎不一定是盛脯用的。若果真如此，"脯盒"之"脯"不是乾肉的意思，但也不一定是像馬三的整理者所說的橢圓的意思。待考。

附帶說，在漢簡遣策中，意爲乾肉的"脯"都作"肺"。李家浩先生曾經指出："《馬王堆一號漢墓》（文物出版社，1973 年）遣册考釋 34 號簡'牛脯'、35 號簡'鹿脯'、36 號簡'弦（胘）脯'等的'脯'字，原文與馬王堆三號漢墓遣册'心肺'之'肺'寫法相同，這大概是因'脯'跟'肺'形近而致誤。"③此外，梁春勝先生對"甫"、"市"相混的現象做過系統的分析，可參④。但將"脯盒"之"脯"和乾肉之"脯"相比較，其字形似乎有明顯的區別。

	"脯盒"之"脯"	乾肉之"脯"
馬一		34 35 36 37 86 136 137

---

① "鳳八"是鳳凰山八號漢墓遣策的簡稱，"鳳九"是鳳凰山九號漢墓遣策的簡稱，"鳳一六七"是鳳凰山一六七號漢墓遣策的簡稱，以下同。
② 《長沙馬王堆二、三號漢墓》第一卷"田野考古發掘報告"，第 65 頁。
③ 李家浩《信陽楚簡中的"柿枳"》，《簡帛研究》第 2 輯，法律出版社，1996 年。
④ 梁春勝《楷書部件演變研究》，復旦大學博士學位論文，指導教師：張涌泉教授、施謝捷教授，2009 年，第 241 頁。

續表

	"脯奩"之"脯"	乾肉之"脯"
馬三	267	150　156　157　171　172
張家山	21	33

至於鳳八、鳳九、鳳一六七"脯奩",因爲至今還没有公開照片,我們無法確認其字形。但從上面的分析來看,它們也很有可能作本表左邊的字形。這種字形的不同是無意的,還是有意的?也有待進一步研究。

(五) 32 號簡第一欄"綃(締)帪(襪)一"

原注釋云:"締,《文選·過秦論》注:'連接也'。古代襪爲布質,後部開口,用帶緊結。"

按,"帪"當讀爲"幭",是覆物、包物之巾。此字右旁(以下用"△"表示)亦見於馬一、馬三:

1. 素信期繡檢(奩)△一,素周掾(緣),繻緩繒飭(飾)。(馬一 256 號簡)

2. 素長壽繡小檢(奩)△一,赤周掾(緣)。(馬一 257 號簡)

3. ■右方巾、沈(枕)、△。(馬一 258 號簡)

4. 連紩合(袷)衣△一。(馬三 358 號簡)

5. 赤繡檢(奩)△一。(馬三 368 號簡)

6. 斿(游)豹檢(奩)△一,素裏,桃華掾(緣)。(馬三 369 號簡)

7. 素信期繡檢(奩)△一,赤繻掾(緣)。(馬三 370 號簡)

簡文

1　2　3　4　5　6　7

將"嬬"的右旁與△相比,其不同點只不過是前者有兩個"目"形的部件,而後者有一個"目"而已(看校時按:此説法不盡準確,請參本文"追記")。

朱德熙、裘錫圭兩位先生對馬一△作考釋,認爲此字是"幭"字,並説"《説文·巾部》:'幭,蓋幭也',《廣雅·釋器》釋'幭'爲'幞',即覆物、包物之巾。墓中出土的九子奩和五子奩外都裹着繡花絹夾袱,這就是簡文所謂'幭'。"①

關於馬三△,伊強先生云:"朱駿聲《説文通訓定聲》:'幭者,覆物之巾。覆車、覆衣、覆體之具皆得稱幭。'因此,'連絑合(袷)衣幭'可能指的是一種'覆衣'的幭。"②

根據第一欄、第二欄的記載內容,本遣策 1 號簡、5 號簡、4 號簡、10 號簡、32 號簡五枚很有可能原來相連接(釋文采用寬式):

禪縑襦一	五穜囊一	桑薪三車	☐ (1 號簡)
素複襦一	□囊一	漆丈二	(5 號簡)
布禪襦一	秫米囊一		☐ (4 號簡)
絉複衾一	稻米囊一		(10 號簡)
縞䘵一	梁米囊一		(32 號簡)

張家山二四七號漢墓遣策采用分欄的格式,分欄書寫的文獻在原則上都要"旁行"讀,也就是説要橫讀③。因此,根據 1 號簡第一欄"禪縑襦"、5 號簡第一欄"素複襦"、4 號簡第一欄"布禪襦",我們可以推測此三枚原來相鄰;根據 4 號簡第二欄"秫米囊"、10 號簡第二欄"稻米囊",32 號簡第二欄"梁米囊",我們可以推測此三枚原來相鄰。

雖然我們不能肯定原來的排列順序即是如此④,但從第二欄的內容來看,至少 10 號簡和 32 號簡原來相鄰是可以肯定的。那麼參考 10 號簡

---

① 朱德熙、裘錫圭《馬王堆一號漢墓遣策考釋補正》,《文史》第 10 輯,1980 年;《朱德熙文集》第五卷,商務印書館,1999 年。
② 伊強《談〈長沙馬王堆二、三號墓漢墓〉遣策釋文和注釋中存在的問題》,北京大學碩士學位論文,指導教師:李家浩教授,2005 年,第 26 頁。
③ "旁行"一詞見於《墨子·經上》:"讀此書旁行。"
④ 按照田河先生的排列方案,此五枚的排列順序是 5、1、4、10、32。

第一欄"衾"①,"縮纈(襪)"可能是大斂所用的"覆體之具"。錢玄、錢興奇編著《三禮辭典》大斂條云:

> 按1982年,江陵馬磚一號戰國墓發掘,尸外裹衣衾十一件。外亦用絞捆紮。1972年,長沙馬王堆西漢軑侯墓地發掘,一號墓主女尸,全身裹殮各式衣着、衾被十八層,連同貼身衣二件,共二十層。則戰國與西漢之制,與《儀禮》所記均不盡同。②

馬山一號楚墓的發掘報告説"包裹外用九道錦帶(略)横紮"③,馬王堆一號漢墓的發掘報告説"貼身衣外面包裹各式衣着、衾被及絲麻織物十八層……。從頭到脚層層包裹,然後橫紮絲帶九道……。"④將這些記載和遣策的内容相對照,可以推測張家山二四七號漢墓當時也是以類似的方式埋葬的。

至於"縮纈(襪)"之"縮",因爲至今出土的漢代遣策中没有相同的例子,目前難以確定其確切的意思。但若此字果真像原注釋那樣讀爲"締",而且是"用帶繫結"的意思,那麽"締"可能就是指襪外用帶橫紮(看校時按:此説法不確,請參本文"追記")。

(六)竹簡排列

程鵬萬先生早已指出整理者的排列方案有問題:"遣册也有分欄書寫的,張家山M247出土遣册41枚,多數竹簡上書寫兩類隨葬物品,有4枚竹簡是書寫三類隨葬物品,書寫格式與敦煌肩水金關出土的'守御器簿'的書寫格式相同。肩水金關出土的'守御器簿'爲分欄書寫,則張家山M247出土遣册也應是分欄書寫,張家山漢簡的整理者没有指出,竹簡的順序當可重新排列。"⑤

---

① 此衾當是大斂所用之衾。《儀禮·士喪禮》:"死于適室,幠用斂衾。"鄭注:"斂衾,大斂所并用之衾。衾,被也。"
② 錢玄、錢興奇編著《三禮辭典》,江蘇古籍出版社,1998年,第113～114頁。
③ 湖北省荆州地區博物館《江陵馬山一號楚墓》,文物出版社,1985年,第12頁。
④ 湖南省博物館、中國科學院考古研究所編《長沙馬王堆一號漢墓》上册第30頁。
⑤ 程鵬萬《簡牘帛書格式研究》,吉林大學博士學位論文,指導教師:吴振武教授,2006年,第71～72頁(編按:該論文於2017年由上海古籍出版社出版)。

田河先生在程鵬萬先生研究的基礎上，進一步討論這個問題，其結論是：6、8、2、5、1、4、10、32、9、12、7、3、11、13、14、30、33、34、29、15、19、18、16、17、25、28、21、22、31、26、20、27、23、24、40、39、38、41、37、35、36。

田河先生的排列方案雖然比原釋文的排列合理得多，但還有一些地方值得商榷。例如33、34、29的排列：

☒囊一　　脯一束（33號簡）
☐囊一　　書一笥（34號簡）
便煎一　　肉一笥（29號簡）

這樣排列，第二欄"脯"和"肉"被割裂開，我們認爲是不妥當的。而且34號簡第一欄"☐囊一"，據何有祖先生研究，是"墨囊一"①。那麼34號簡應該與39號簡"筆一，有管"、40號簡"研一，有子"相連接。若將34號簡挪到別的地方，這就涉及第二欄內容的安排。如果第二欄的內容有變化，就會引起其他簡排列的改動。這樣，挪動一枚簡就會有使整個排列瓦解的危險。

下面看我們目前的結論。由於41號簡是殘片，這枚簡的位置我們暫且不討論：

錦幠一	笲囊一	卮一合	☒	2號簡（K35）
襌繡幠一	黃卷一囊	版圖一	☒	8號簡（K12）
絺幠一	黃卷☐一②，棺中		☒	6號簡（K17）
襌繡襦一	五穜囊一	桑薪三車③	☒	1號簡（K42）
素複襦一	☐囊一	騰丈二		5號簡（K19）

---

① "墨囊一"亦見連雲港市陶灣黃石崖西漢西郭寶墓出土的衣物疏，可以參考。連雲港市博物館《連雲港市陶灣黃石崖西漢西郭寶墓》，《東南文化》1986年第2期；石雪萬《西郭寶墓出土木謁及其釋義再探》，《簡帛研究》第2輯；馬怡《西郭寶墓衣物疏所見漢代織物考》，卜憲群、楊振紅主編《簡帛研究二○○四》，廣西師範大學出版社，2006年；田河《連雲港市陶灣西漢西郭寶墓衣物疏補釋》，復旦大學出土文獻與古文字研究中心網，2009年9月3日。但以往各家都把"墨囊一"釋作"墨橐一"。

② "黃卷☐一"，原釋文作"黃卷☐"，漏"一"字。此從劉釗先生釋。

③ "桑薪三車"之"桑"，原釋文缺釋。此從劉釗先生釋。

張家山二四七號漢墓遣策釋文考釋商榷(六則)　209

布襌襦一	秫米囊一	☒	4號簡(K24)
綊複衾一	稻米囊一		10號簡(K4)
繡䙅一	梁米囊一①		32號簡(K36)
緹斂一	食囊二		30號簡(K37)
布襌衣二	素□四□	☒	9號簡(K8)
絲袍一	錦巾一		7號簡(K14)
芘袍一	疏比一雙	☒	12號簡(K7)
紺袍一	白帶一	☒	3號簡(K30)
素絝一	黑帶一，有鉤、鞞刀		11號簡(K2)
繡履一	盛一合	☒	13號簡(K27)
騷履一兩	簽一合	☒	14號簡(K23)
白魚一落	脯簽一合		21號簡(K33)
蒜一落	竹簽一合		22號簡(K28)
李一落	素冠、縠冠各一		25號簡(K18)
卵一落	金鍪一，有枓		26號簡(K10)
☒	甌、鍑各一		31號簡(K21)
□一落	盂一 ☒		20號簡(K38)
瓜一落	盎一		27號簡(K6)
鞠一落	澡巾一	☒	28號簡(K3)
霍一落②	菁部婁一③		24號簡(K25)
薑一落	漿部婁一 ☒		23號簡(K26)
研一，有子	沐部婁一		40號簡(K5)
筆一，有管	甕二④		39號簡(K29)
墨囊一	書一笥	☒	34號簡(K13)

---

① "梁米囊一"之"梁"，原釋文作"粱"。此從何有祖先生釋。
② "霍一落"之"霍"，原釋文作"藿"。參看田河論文之文字校釋[3]。
③ "菁部婁一"之"菁"，原釋文作"著"。此從何有祖先生釋。
④ "甕二"之"甕"，原釋文作"□土"。此從田河先生釋。

☐一筲，有匕　☐史先笥一①☐　　　　　　　　15號簡（K41）

鹽一筲　　　吴人男女七人　　　　　　　16號簡（K32）

鹽介一筲②　白璧四具　　　　　☐　　　17號簡（K39）

豉一筲　　　軺車一乘，馬一匹③☐　　　18號簡（K22）

醬一筲　　　船一㮏　　☐　　　　　　　19號簡（K20）

便煎一　　　肉一笥　　　　　　　　　　29號簡（K11）

☐囊一　　　脯一束　　　　　　　　　　33號簡（K16）

伏机一　　　鋌一　　　　　　　　　　　36號簡（K34）

劍一　　　　卑虒二合　　　　　☐　　　38號簡（K1）

矛一　　　　枚杯七　　　　　　☐　　　37號簡（K31）

☐矢九　　　畫杯七　　　　　　☐　　　35號簡（K40）

通過這樣排列，本遣策的物品大致可以分類如下：

(a) 葬具：錦裙一、襌縑裙一、綈裙一、襌縑襦一、素複襦一、布襌襦一、紾複衾一、繡襪一、緹斂一、布襌衣二、綈袍一、紫袍一、紺袍一、素絝一、縑履一、漆履一兩

(b) 食物：白魚一笿、蒜一笿、李一笿、卵一笿、☐一笿、瓜一笿、鞠一笿、薑一笿、薤一笿

(c) 文具：研一（有子），筆一（有管），墨囊一

(d) 葅醢：☐一筲（有匕），鹽一筲，鹽芥一筲，豉一筲，醬一筲

(e) 其他：便煎一，☐囊一，伏机一，劍一，矛一，☐矢九，筭囊一

(f) 粢食：黃卷一囊，黃卷☐一（棺中），五種囊一，☐囊一，秫米囊一，稻米囊一，粱米囊一，食囊二

(g) 内具：素☐四☐，錦巾一，疏比一雙，白帶一，黑帶一（有鉤、鞞刀），盛一合，簽一合，脯簽一合，竹簽一合，素冠、縠冠

---

① "史先笥一"之"先"，原釋文作"光"。此從何有祖先生釋。此外，"史先笥"前似有殘文，此承蒙郭永秉先生指教。
② "鹽介一筲"之"筲"，原釋文作"莆"。此從田河先生釋。
③ "馬一匹"之"匹"，整理者漏釋。此從田河先生釋。

各一
(h) 炊具：金鍪一(有科)、甗、鍑各一
(i) 盛水具、盥洗具：盂一，盆一，澡巾一，著部婁一，漿部婁一，沐部婁一，罋二
(j) 文書：書一笥，囗史先笥一
(k) 木製明器：吳人男女七人，白璧四具，軺車一乘(馬一匹)，船一梭
(l) 肉食：肉一笥，脯一束
(m) 飲具：鋋一①，卑虎二合，枚杯七，畫杯七，巵一合
(n) 其他：版圖一，桑薪三車，漆杖二

我們應該承認，如果仔細分析，上述分類還是存在不少問題。例如(a)"緹斂一"，如果這是奩的一種，不屬於(a)類；(e)"便煎"是什麼，目前未明；(f)"囗囊一"，何有祖先生釋作"熏(?)熏囊一"。雖然此"囗"不太可能是"熏熏"，但不能否定是"熏"的可能性。"熏囊"是盛香草的囊②，這與粢食完全無關。這些例子都有可能否定整個排列的合理性。

總之，本遣策有些簡殘損得比較嚴重，而且也很有可能有缺簡，因此已經無法完全復原。加上本遣策中還有一些詞難以解釋，目前還不清楚這些物品究竟是怎樣的東西，因此無法與其他物品繫聯。基於上述這些原因，我們只能確定這樣一個大致的排列順序。

附記

筆者在撰寫本文的過程中，承蒙郭永秉先生、周波先生指教。謹致謝忱。

看校追記

關於第一則12號簡第二欄"疏比一雙"之"雙"，陳劍先生告知此字上

---

① "鋋"是"當時爲銅蒜頭壺起的專名"(劉國勝《讀漢墓遺册筆記(二則)》)。雖然劉國勝先生沒有討論此"鋋"的用途，但如果我們的排列基本不誤，那麼"鋋"的用途可能是盛酒水用的。

② 唐蘭《長沙馬王堆漢軑侯妻辛追墓出土隨葬遣策考釋》，《文史》第10輯。

半部分是"雨",此字當隸定爲"䨇"。"䨇"字見《玉篇·雨部》,云:"雨皃。"但也有"䨇"是"雙"之異體字的説法。《正字通·雨部》云:"張有《復古編》云'雙'別作'䨇''䨇',即俗'雙'字。"今按:《復古編》原文是"雙,所江切。隹二枚也。从手持之。會意。俗作䨇、䨇,非。"(原文據《北京圖書館古籍珍本叢刊》5 所收明代初刻本《增修復古編》)將"雙"用作"䨇"字的例子確實見於唐宋人書中,如張説《遊洞庭湖湘二首》之一"䨇童有靈藥"(引自《漢語大字典》"䨇"字條),不知《正字通》所據是否這些例子。

關於第三則 19 號簡第二欄"船一桜",郭永秉先生告知走馬樓吳簡〔壹〕2512 號簡有"船十一桜"的例子。

關於第五則 32 號簡第一欄"綌幭一",陳劍先生告知所謂"綌"字當釋"絡"。《説文·糸部》云:"絡,治敝絮也。""絡布"一詞見睡虎地 4 號秦墓出土 6 號木牘。"絡幭"就是用絡布做的幭。另外,所謂"幭"字其實从"女"从"巾"从"䁈"("䁈"字見《説文·目部》)。此字可隸定爲"䁈"。

編校追記

本文第四條指出,馬王堆三號漢墓遣策和張家山二四七號漢墓遣策中,"脯盦"之"脯"與乾肉之"脯"字形有別,進而認爲"脯盦"之"脯"不是乾肉的意思。本文發表後,湖北省文物考古研究所《江陵鳳凰山西漢簡牘》出版(中華書局,2012 年)。據此可以確認,鳳凰山墓地出土遣策中,"脯盦"之"脯"與乾肉之"脯"字形基本上沒有區別(由於不少圖版不清晰,在此使用摹本):

	"脯盦"之"脯"	乾肉之"脯"
鳳八	脯 100 脯 101	脯 46
鳳九	脯 31 脯 32	脯 49
鳳一六八	脯 13	脯 20 脯 63

雖説如此,筆者仍然認爲"脯盒"之"脯"不是乾肉的意思。例如鳳凰山九號墓簡牘,除了"大脯檢一合"(31號簡)、"小脯檢一合"(32號簡)外,還有"脯一笥"(49號簡);鳳凰山一六八墓簡牘,除了"大脯檢一合"外,還有"脯六串"(63號簡)。如果"脯盒"是裝脯用的盒子,當時爲何沒有把脯肉放在這些盒子裏?可見"脯盒"不是裝脯用的。因此筆者認爲,馬王堆三號漢墓遣策和張家山二四七號漢墓遣策中"脯盒"之"脯"與乾肉之"脯"使用不同的字形可能是有理由的。

原載劉釗主編《出土文獻與古文字研究》第3輯(復旦大學出版社,2010年),今據以收入。

"霻"字小記

一

張家山247號墓漢簡遣策12號簡有如下記載：

疏比一霻（雙）①

"霻"的原字形是下圖之 a。原整理者認爲 a 是兩個字，並釋爲"有□"。田河先生認爲此字下半"𦥑"是"龠"②。我們曾經指出此字是"雙"字，但當初誤認爲上半"⿱"是"雈"的錯寫。後來陳劍先生向筆者告知，此字上半是"雨"，此字當隸定爲"霻"，"霻"是"雙"的異體字③。這樣，此字的釋讀才徹底得到了解決。

　　a.　　　　b.　　　　c.

最近公開的鳳凰山 8 號漢墓所出遣策中也有"霻"字：

---

① 張家山二四七號漢墓竹簡整理小組《張家山漢墓竹簡〔二四七號墓〕》，文物出版社，2001年。
② 田河《張家山二四七號漢墓遣册釋文中存在的幾個問題》，復旦大學出土文獻與古文字研究中心網站首發，2008年10月21日。
③ 廣瀨薰雄《張家山二四七號漢墓遣策釋文考釋商榷（六則）》，《出土文獻與古文字研究》第 3 輯，復旦大學出版社，2010 年。

"藿"字小記　215

𩰫₌荅一(149號簡)①

"𩰫"的原字形是圖b。這批簡的整理者是彭浩先生,他將此字釋作"𩰫",並加注云:"𩰫,疑是藿字。藿是豆葉,出土物中不見。"(第52頁)將此字下半釋作"雙"、認爲此字是藿字,都是有問題的。

其實鳳凰山9號漢墓所出遣策中有如下記載:

雙一笿(荅)(45號簡)

"雙"的原字形是圖c。此"雙"與8號墓遣策149號簡"𩰫荅一"之"𩰫"指的顯然是同一種食物。這批簡的整理者李家浩先生在此處加注云:"于豪亮先生生前對筆者説,'雙'、'蔥'二字古音相近,疑簡文'雙'應該讀爲'蔥'。其説可從。"(注〔二五〕,第80頁)

讀"雙"爲"蔥"無疑是正確的。我們還可以補充一個證據。馬王堆漢墓帛書《五行》中有幾處用"嚖"字表示"聰"(聰明之聰)這個詞②,具體如下:

(1) "不忘則嚖₌(聰)。聰)者,聖之臧(藏)於耳者也。猶孔₌(孔子)之聞輕者之鼓(?)而得夏之盧也。"嚖(聰)則聞君子道₌(道)。道)者,天道也。聞君子道之志耳而知之也。(217~218行)

(2) "不嚖(聰)不明(明)"。嚖(聰)也者,聖之臧(藏)於耳者也乚。【明也】者,知(智)之臧(藏)於目者【也】乚。嚖(聰),聖之始也。明(明),知(智)之始也。故曰"不嚖(聰)明(明)則不聖₌知₌(聖智。聖智)必繇(由)嚖(聰)明(明)乚。(242~244行)

(3) 未嘗聞君子之道,【謂之不】嚖(聰)。同之聞也,獨不色然於君子道,故胃(謂)之不嚖(聰)。(271行)③

(1)是第6章經文"不忘則恖(聰),恖(聰)則聞君子道"(183行)的説

---

① 湖北省文物考古研究所《江陵鳳凰山西漢簡牘》,中華書局,2012年。本文所引江陵鳳凰山的幾座漢墓所出漢簡和整理者的意見都引自此書,以下不一一注記。
② 此通假例承蒙郭永秉先生告知。
③ 國家文物局古文獻研究室《馬王堆漢墓帛書〔壹〕》,文物出版社,1980年。

文;(2)是第 13 章經文的説文,經文的相應部分(190 行)殘缺;(3)是第 17 章經文"未嘗聞君子道,胃(謂)之不悤(聰)"(195 行)的説文①。説文"曌",經文都寫作"悤"。根據此例,我們可以説,從西漢早期的用字習慣看,用"雙(或兩)"字表示"蔥"這個食物是很自然的事。

二

張家山 247 號墓是西漢吕后時期的墓葬②,鳳凰山 8 號墓是文景時期的墓葬③。這説明"兩"字在西漢早期已經出現。這個事實能夠糾正過去對"兩"字的理解。

關於"兩"字,目前最系統、詳細的研究當是張涌泉先生的《"雙"字孳乳考》④。張先生在這篇文章中梳理了各種"雙"俗字的形成過程。在此看一下與"兩"相關的論述:

"霎"字六朝時已見。唐蘇鶚《蘇氏演義》卷上云:"只如田夫民爲農,百念爲憂,更生爲蘇,兩隻爲雙,……如此之字,皆後魏流俗所撰,學者之所不用。"所謂"兩隻爲雙",即指"霎"字而言。……"霎"字的創制,也許是受了"雙"字的啓發:兩個"隻"合在一起爲雙,"兩"和"隻"合在一起不是同樣是雙嗎?所以"霎"不過是"雙"的另一種表現形式罷了。

俗書"兩"與"雨"不分,故"霎"俗又書作"霎"。敦煌寫本斯 388 號郎知本《正名要録》"正行者楷,脚注稍訛"類,"雙"下脚注"霎"。又故宫博物院舊藏裴務齊正字本《刊謬補缺切韻·江韻》:"雙,所江反,

---

① 關於《五行》的分章,參看龐樸《帛書〈五行篇〉校注》,《中華文史論叢》1979 年第 4 輯,1979 年 10 月;後收入龐樸《帛書五行篇研究》,齊魯書社,1980 年,1988 年第 2 版;《竹帛〈五行〉篇校注及研究》,萬卷樓圖書公司,2000 年。
② 《張家山漢墓竹簡〔二四七號墓〕》前言云:"墓中曆譜是從漢高祖五年(公元前二〇二年)至吕后二年(公元前一八六年)間的","據墓中所出曆譜可知,墓主人去世當在西漢吕后二年(公元前一八六年)或其後不久。"
③ 參看《江陵鳳凰山西漢簡牘》第 59 頁。
④ 收入張涌泉《漢語俗字研究(增訂本)》,商務印書館,2010 年,第 348～356 頁。

手持二隹,從又者手也。亦霍,非。"儘管文字學家們以"霍"爲"訛"爲"非",但這種寫法在六朝以迄唐五代却非常流行。魏《劉雙周造塔記》"雙"作"霍",已開先例。……

"霍"字產生以後,隨之又出現了一些繁化的俗體:雙、霍、雙、雙。《正字通·雨部》:"雙,即俗雙字。"①宋秦觀《和虛飄飄》詩云:"勢緩雙垂綫,聲乾葉下條。""雙"即"雙"字。"霍"本是從雨(兩)從隻的會意字,俗書復贅"隹"作"雙",則成了"雨(兩)雙"(即四隻),可謂大乖字理。

根據張先生的研究,過去"雙"最早的例子是宋代的例子②。現在我們發現了西漢早期的例子,此字最早出現的時代恐怕更早。這樣一來,根據目前可知的資料,雙、雙、雙這三個"雙"字的俗字中,雙是最早出現的一個了。這個事實完全推翻了張先生的結論。

現在看來,"雙"很有可能不是對"雙"復贅"隹"而形成的字。事實與此相反,"雙"才是簡省"雙"之"隹"而形成的字。如張先生所指出,漢代前後"雙"也有省作"隻"的③。"雙"省作"雙"、"雙"省作"隻",這兩個現象是並行的。

順着這個思路推測,"雙"很有可能是"雙"的俗體。也就是說,"雙"是在"雙"、"雙"之後出現的。最後才有了"兩隻爲雙"這種說法。

如果以上結論基本不誤,我們需要重新考慮一個問題:"雙"從"雨"是什麽用意?漢代或漢代之前的人似乎不太可能對"雙"贅"雨"造"雙"的異體字,"雙"從"雨"恐怕另有什麽原因。由於相關資料太少,目前難以得到

---

① 《正字通·雨部》這一條的原文是"張有《復古編》云'雙'别作'雙'、'雙',即俗'雙'字。"也就是說此"雙"是(宋)張有《復古編》的例子。

② 如下述,"雙"字亦見《玉篇·雨部》。如果這不是唐宋間修訂時增補的字,這是過去可知的"雙"字最早的例子。

③ 例如鳳凰山167號墓遣策35號簡云"緒卑虒一隻",其注釋云:"《史記·龜策列傳》:'王獨不聞玉櫝隻雉。'隻,《集解》引徐廣曰:'隻一作雙。'鳳凰山一六八(引者按,疑是一六七之誤)號漢墓遣策凡言'隻'者,出土實物多爲雙。'雙'簡省作'隻',蓋漢代習俗。"附帶講,《江陵鳳凰山西漢簡牘》没有這枚簡的照片,而誤載了36號簡"食卑虒一隻"的照片(第164頁)。這枚簡的照片見吉林大學歷史系考古專業赴紀南城開門辦學小分隊《鳳凰山一六七號漢墓遣策考釋》(《文物》1976年第10期)圖一:35。

合理的解釋①。期待以後有新資料出現,給我們解開這個謎底。

原載西南大學出土文獻綜合研究中心、西南大學漢語言文獻研究所主辦《出土文獻綜合研究集刊》第 1 輯(巴蜀書社,2014年),今據以收入。

---

① "霎"如果不是字形訛變產生的俗字,也有可能本來不是"雙"的俗字,而是爲表示其他的詞造的字。《玉篇·雨部》云:"霎,雨皃。"此"雨皃"或許是"霎"的本義。

王肅《喪服要記》與漢魏時期的喪葬習俗

（與古橋紀宏合寫）

通過 20 世紀以來中國各地考古發掘的開展，我們有幸能夠看到中國古代的許多文物。墓葬出土的隨葬品占其中很大的一部分，我們通過這些隨葬品能夠了解當時的喪葬習俗。最近發現王肅《喪服要記》的不少内容與經書不一致，却和漢魏時期的文物可以相對應。我們通過王肅《喪服要記》和出土文物的互證，可以更深入地了解王肅《喪服要記》，並較爲系統地復原漢魏時期的喪葬習俗。本文介紹我們研讀王肅《喪服要記》的一些體會。

一、《喪服要記》概論

王肅《喪服要記》一書，現已散佚。《隋書・經籍志》、《舊唐書・經籍志》、《新唐書・藝文志》有著録，而《郡齋讀書志》、《直齋書録解題》則没有著録。現在殘存的幾條佚文，見於《水經注》、《北堂書鈔》、《藝文類聚》、《法苑珠林》、《通典》、《太平御覽》等。但《太平御覽》的佚文也有可能抄自前代類書。綜合以上各種情況考慮，《喪服要記》大概是在唐代到宋代間散佚的。

目前可知的佚文可分爲兩種。第一種佚文以"魯哀公祖載其父孔子問曰"或"魯哀公葬父孔子問曰"開始，形成一個故事。第二種是其他類型的佚文，馬國翰《玉函山房輯佚書・經編・儀禮類》輯録若干條。根據其所輯佚文，内容雖然比較零散，但講的大多是經學上的意見。

《喪服要記》這個書名，根據《隋書・經籍志》可知，除了王肅以外，還有蜀蔣琬、晋劉逵、晋賀循也使用過。木島史雄先生曾經對賀循《喪服要記》進行研究，根據現存佚文指出此書没有采用注解經傳的形式，而是全面地搜集經傳中有關喪服的記載，按照喪禮中發生的事情對此進行分類，並作解釋；如果經傳中没有記載，則作補充説明①。他推測《要記》的"要"表示總結的意思，並把這種結構的喪服書稱爲"喪服手册"②。那麽王肅《喪服要記》的形式也與賀循《喪服要記》相類嗎？爲了解決這個問題，我們先看直接涉及經學問題的《喪服要記》第二種佚文。

馬國翰所輯的第二種佚文共13條，都見於《通典》。但其中有些内容是否《喪服要記》佚文不無疑義。今據《通典》原文示之③：

(1) 傅純問賀曰："……又王氏以別子爲祖，諸侯母弟則不盡爲祖矣。"（卷七三）

(2) 王肅云："禮，有親喪而君來弔，則免絰，貫左臂，去杖，迎拜於大門之外，見馬首，不哭，先入門右，庭中北面。君升自東階，南面哭，主人乃哭。君出，又拜送大門外。"（卷八三）

(3) 王肅云："又按禮，三年之喪，終服不弔。期之喪，既練而弔。大功之喪，既葬而弔。"（卷八三）

(4) 或難曰"……王肅、賀循皆言：老疾三諫去者，爲舊君服齊。……王、賀《要記》猶自使老疾三諫去者，爲舊君服齊。"（卷九〇）

(5) 殷仲堪答宗氏庶子服出母：按王、賀以父在服齊縗周，父没不服。（卷九四）

(6) 魏王肅云："無服。"季祖鍾云："繼母在如母出則爲父所去不服也。"④（卷九四）

---

① 木島史雄《六朝前期の孝と喪服》，小南一郎編《中國古代禮制研究》，京都大學人文科學研究所，1995年，第398～399頁。
② 木島史雄《六朝前期の孝と喪服》第449～453頁。"手册"，原文用的是"マニュアル(manual)"。
③ 《通典》，據中華書局校點本，1988年。
④ "季祖鍾"以下，馬國翰以爲也是《喪服要記》佚文。但季祖鍾亦見於《通典》卷九五，在其記載中批駁步熊。《通典》屢次記載步熊和晋代束晳等人的問答，而且卷九六明言"晋步熊"。可見季祖鍾是晋代以後的人，因此"季祖鍾"以下不可能是王肅所引。

(7) 儉又答曰："……鄭、射、王、賀唯云：周則沒閏。"（卷一〇〇）

(8) 魏王肅曰："禮，師弟子無服，以弔服加麻臨之，哭之於寢。"（卷一〇一）

(9) 魏王肅云："司徒文子改葬，其叔父問服於子思。子思曰：禮，父母改葬，緦而除，不忍無服送至親也。"肅又云："本有三年之服者，道有遠近，或有艱故，既葬而除，不待有三月之服也。非父母，無服，無服則弔服加麻。"（卷一〇二）

(10) 王肅以爲宜服改葬緦，卒事反故服。（卷一〇二）

(11) 晉尚書下問改葬應虞與不。按王肅《喪服記》云：改葬緦，既虞而除之。（卷一〇二）

(12) 司徒荀組表言："……鄭康成、王子雍皆云：棺毀見屍，痛之極也。今遇賊見毀，理無輕重也。"①（卷一〇二）

(13) 宋蔡廓問雷次宗云："……又按王肅云：斬縗之喪，未葬，直云主喪不除。"（卷一〇三）

這些佚文中，明言書名《要記》者，只有(4)"王、賀《要記》"而已②。"賀《要記》"應是賀循《喪服要記》③，所以"王《要記》"指的是王肅《喪服要記》。因此只有"老疾三諫去者，爲舊君服齊"可以確定爲王肅《喪服要記》的佚文。

這條佚文的上下文如下：

> 晉崇氏問淳于睿曰：……。
>
> 或難曰："今去官從故官之品，則同在官之制也。故應爲其君服斬。<u>王肅、賀循皆言：'老、疾、三諫去者，爲舊君服齊。'</u>則明今以老、疾、三諫去者，不得從故官之品，可知矣。今論者欲使解職歸者從老、疾、三諫去者例爲君服齊，失之遠矣。"
>
> 釋曰："按《令》：'諸去官者從故官之品，其除名不得從例。'《令》

---

① "今遇賊"以下，馬國翰以爲也是《喪服要記》佚文。但從文意推測，似非佚文。

② (11)"《喪服記》"或許是《喪服要記》。但其下文有"改葬緦"一句，這是《儀禮·喪服記》語。因此難以確定此"《喪服記》"指的是《喪服要記》還是《儀禮·喪服記》。

③ 馬國翰還把這條歸入賀循《喪服要記》。

但言諸去從故官之品，不分別老、疾、三諫去者，則三諫去得從故官之例。王、賀《要記》猶自使老、疾、三諫去者爲舊君服齊，然則去官從故官之例，其見臣服斬，去官皆應服齊①，明矣。夫除名伏罪，不得從故官之例，以有罪故耳。老、疾、三諫去者，豈同除名者乎？又解職者嘗在於朝，今歸家門，與老、疾、三諫去者豈異，而難者殊其服例哉。"

在這段文章中，當時的《令》(《晋令》)和王肅、賀循《喪服要記》的關係成爲問題。在此所引《令》文是："諸去官者從故官之品，其除名不得從例。"程樹德《九朝律考·晋律考》把這條佚文歸入《官品令》。今按，《宋書·禮志五》載諸官輿服制度，其中有"諸去官，及薨、卒、不禄、物故，家人所服，皆得從故官之例"一段。其中"薨、卒、不禄、物故"指的當是在官死亡者。所以這條規定講的是去官者和其家人，及在官死亡者的家人所用的儀服，說他們所用儀服按照以前在職時的官品（即"故官之品"）確定。我們懷疑《通典》所引《晋令》來自《宋書·禮志五》所見的這條規定，《通典》只是從喪服的角度引用其相關部分而已②。

既然去官者所用儀服按照以前在職時的官品確定，那麼去官者和在官者在禮儀上沒有區别。因此《通典》所載的"難"者解釋《令》文說："今去官從故官之品，則同在官之制也。"然後接着說："故應爲其君服斬。"因爲在官者爲君服斬衰，去官者也應該同樣爲舊君服斬衰。但王肅、賀循《喪服要記》都說："老、疾、三諫去官者，爲舊君服齊衰。"於是問題出來了：去官者爲舊君究竟要"服斬衰"還是要"服齊衰"？

《通典》所載"難"者和"釋"者二人都是試圖協調《令》和《要記》的。前者把"解職歸者"和"老、疾、三諫去者"區別開來，認爲《令》文所謂"去官"

---

① "其見臣服斬，去官皆應服齊"，中華書局校點本根據北宋本、傅校本、明抄本、明刻本、王吳本改爲"敢見臣服斬，皆應服齊"，但文義未明，今不從。今按，根據《通典》下文"釋"者所云"見臣爲其君服斬"、"見臣之制"，此"見"當是"現"的意思，"去官"與"見(現)臣"並列。"去官從故官之例，其見臣服斬，去官皆應服齊"的意思是：《令》"諸去官者從故官之品"的意思是在職的臣下要服斬衰；若已經去官，都應該服齊衰。

② 《通典》所引《令》"故官之品"的"品"，《宋志》作"例"，其文字差異較大。但"從故官之品"與"從故官之例"實際上意義相同。其實《通典》所引"釋"者既云"去官者從故官之品"，又云"去官從故官之例"，可見當時這條的"品"往往作"例"，《宋志》亦是其例。

指的是"解職歸者",他們與在官者同樣爲舊君服斬衰;但因老、疾、三諫這些情況而去官的人服齊衰。後者則認爲《令》文所謂"去官"也包括"老、疾、三諫去者",因此根據《喪服要記》的記載"去官者"與"老、疾、三諫去者"同樣服齊衰。也就是説,去官者原則上比在官者(即"見臣")降一等。但除名者是例外,連齊衰也不可以服。按照這個解釋,《令》文"從故官之品"的意思不是去官者的儀服與在官時完全相同,而只是以在職時的官品爲準確定而已。

其實"老、疾、三諫去者,爲舊君服齊"不是王肅、賀循他們提倡的。《儀禮·喪服》齊衰三月章有兩條"爲舊君"的規定,鄭玄對此早已作了同樣的解釋。第一條是:

> 爲舊君、君之母、妻。《傳》曰:爲舊君者,孰謂也?仕焉而已者也。
>> 鄭玄注:仕焉而已者,謂老若有廢疾而致仕者也。

這一條相當於王肅、賀循《喪服要記》所謂"老、疾、三諫"之"老、疾"。第二條是:

> 舊君。《傳》曰:大夫爲舊君。何以服齊衰三月也?大夫去,君埽其宗廟,故服齊衰三月也。……何大夫之謂乎?言其以道去君,而未絶也。
>> 鄭玄注:以道去君,爲三諫不從,待放於郊。

這一條相當於王肅、賀循《喪服要記》所謂"老、疾、三諫"之"三諫"。

可見《喪服要記》和鄭玄注的解釋基本相同,只是王肅、賀循《喪服要記》把《儀禮·喪服》的兩條内容合併爲一條而已。值得注意的是《喪服傳》説第二條是大夫去君未絶者的禮,而王肅、賀循《喪服要記》除去了"大夫"、"未絶者"這些周制的特殊條件。這應該是爲了把《儀禮》的這些規定運用到當時社會中。

除了馬國翰所輯以外,還能找到第二種佚文。《北堂書鈔》卷八〇云:

> 王肅《喪服要記·序》云:"古之制禮,其品有五。吉禮,祭禮是

也。凶禮,喪禮是也。賓禮,朝享是也。軍禮,師旅是也。嘉禮,冠婚是也。五者民之大事,舉動之所由者也。①

這條佚文簡潔地説明了儒家五禮。

通過對以上兩條佚文的分析,我們能夠看出王肅《喪服要記》用簡單易懂的話概括儒家儀禮。換句話説,王肅《喪服要記》第二種佚文的特點在於總結《儀禮·喪服》的内容,讓它適合於當時社會。因此我們也認爲《要記》的"要"是總結的意思。但我們不認爲王肅《喪服要記》没有采用注解經傳的形式。因爲根據《隋書·經籍志》"《喪服要記》一卷,王肅注"、《舊唐書·經籍志》"《喪服要紀》一卷,王肅注",《喪服要記》分爲正文和注文。正文應是經、傳、記及其他有來歷的文章。王肅是編排這些文章,並對此附加注釋。"老、疾、三諫去者,爲舊君服齊"這條佚文也可以理解爲王肅所加的一個注解。

那麽王肅爲什麽要編纂這種書? 魏晋時期,社會要求儒家禮制的實施。翻閲《隋書·經籍志》可知,東漢到南北朝時期,許多關於禮的著作出現,尤其關於喪服禮的著作特别多②。漢代以後儒家禮制漸漸被實施,當時的社會形勢迫切要求官員按照儒家的禮制實施各種儀式③。關於禮的著作應該是在這種社會背景下出現的、供官員實施各種儀式時參考的書④。我們認爲王肅《喪服要記》也是其中一種。

附帶講一下《喪服要記》和鄭玄説的關係。衆所周知,王肅經學的特點在於反駁鄭玄。他的《孔子家語序》表明了批正鄭玄的意志。因此可能

---

① 據南海孔氏本。其孔廣陶校注云:"玉函山房輯《喪服要記》一卷,脱此條。"

② 參看藤川正數《魏晋時代における喪服禮の研究》,敬文社,1960年,第61~63、88~90頁。

③ 參看狩野直喜《禮經と漢制》,1938年;後收入狩野直喜《讀書籑餘》,みすず書房,1947年。内藤湖南《中國中古の文化》,1947年;後收入《内藤湖南全集》第10卷,筑摩書房,1969年,第270~274頁、第314~315頁。神矢法子《晋時代における違禮審議——その嚴禮主義的性格》,《東洋學報》第67卷,第3·4號,1986年。《「母」のための喪服》,日本圖書刊行會,1994年。關於魏晋時期禮制整備和經學的關係,亦可參看古橋紀宏、喬秀岩《魏晋禮制與經學》,北京大學《儒藏》編纂與研究中心編《儒家典籍與思想研究》第2輯,2010年。

④ 參看内藤湖南《中國中古の文化》第315~316頁。

有人會懷疑王肅編纂《喪服要記》也出自同樣的理由。但我們認爲這個可能性不大。第一條佚文和《儀禮》鄭玄注内容基本相同,可見王肅在《喪服要記》中所講的經學上的意見未必和鄭玄相對立。看來王肅編纂《喪服要記》的目的不是爲了反駁鄭説,而純粹是爲了在真實社會中實施儒家古禮①。

二、《魯哀公葬父篇》佚文概要

以下討論第一種佚文。這是孔子的故事,馬驌將這些佚文都連結起來,删掉重複,整理成一篇較爲完整的文章,載入《驛史·孔子類記》中②。朱彝尊也整理了這些佚文,同樣編成一篇,並稱之爲《魯哀公葬父篇》③。馬國翰在《驛史》整理的基礎上進行了校訂,一一交代出處,便於查檢④。王仁俊對此補充了一條第一種佚文,將其收入《玉函山房輯佚書續編·經編·禮類》⑤。此外王謨《漢魏遺書鈔·三禮翼》、孫星衍《孔子集語·六藝下》、黄奭《黄氏佚書考·子史鈎沉》也搜集了第一種佚文。

爲便於稱引,本文也對於第一種佚文使用《魯哀公葬父篇》這一稱呼。我們先看《玉函山房輯佚書》所輯的《魯哀公葬父篇》全文⑥:

> 魯哀公祖載其父。孔子問曰:"寧設表門乎?"公曰:"不也。夫表門起於禹,禹治洪水,故表其門,以紀其功。吾父無功,何

---

① 在實施儒家古禮這一點上,王肅與當時的鄭派學者主張相同。例如《魏書·禮志二》所載延昌四年崔亮上言云:"魏武宣后以太和四年六月崩,其月既葬,除服即吉。四時行事,而猶未禘。王肅、韋誕並以爲今除即吉,故特時祭。至於禘祫,宜存古禮。高堂隆亦如肅議,於是停不殷祭。"高堂隆經學上的意見往往依據鄭説,但就禫前不得殷祭這一點而言,與王肅的主張無異。參看古橋紀宏、喬秀岩《魏晉禮制與經學》第 274~275 頁。
② 《驛史》卷八六"孔子類記一"。王利器整理《驛史》,中華書局,2002 年,第 1955~1956 頁。
③ 《經義考》卷一三六"儀禮七"。
④ 《玉函山房輯佚書·經編·儀禮類》。
⑤ 上海古籍出版社,1989 年,第 43~44 頁。附帶指出,此處有錯頁,第 43 頁下葉左接於第 44 頁下葉右。
⑥ 我們根據引文所見之原書對引文進行了校改。關於其出處,馬國翰只交代書名和卷數,篇名等爲我們所加。

用焉?"(《太平御覽》卷五四八·禮儀部二十七·凶門)

"寧設菰廬乎?"公曰:"菰廬起太伯,太伯出奔,聞古公薨,還赴喪,故作菰廬,以彰其尸。吾父無太伯之罪,何用此焉?"(《太平御覽》卷五四八·禮儀部二十七·廬)

"寧設五穀囊乎?"公曰:"不也。五穀囊者,起於伯夷、叔齊,讓國不食周粟,而餓于首陽之山,恐其魂之餓也,故設五穀囊。吾父食味含哺而死,何用此焉?"(《藝文類聚》卷八五·百穀部·穀,《太平御覽》卷七〇四·服用部六·囊)

"寧設挂樹乎?"公曰:"不也。挂樹者,起於介子推,子推,晉之人也。文公有內難,出國之狄,子推隨其行,割肉以續軍糧。後文公復國,忽忘子推。子推奉唱而歌,文公始悟當授爵祿,子推奔介山,抱木而燒死。國人葬之,恐其神魂賈於地,故作挂樹焉。吾父生於宮殿,死於枕席,何用挂樹焉?"(《水經注》卷六·汾水)

"寧設魂衣乎?"公曰:"魂衣起宛荊,宛荊於山下道逢寒死,羊角哀迎其屍,恐神之寒,故作魂衣。吾父生服錦繡,死於衣被,何用此焉?"(《太平御覽》卷八八六·妖異部二·魂魄)

"寧設桐人乎?"公曰:"桐人起於虞卿,齊人虞卿,遇惡繼母,不得養父,死不得葬,自知有過,故作桐人。吾父生得供養,何桐人焉?"(《太平御覽》卷五五二·禮儀部三十一·葬靈)

"寧設三桃湯乎?"公曰:"不也。桃湯起於衛靈公,有女嫁楚。乳母送之,道聞夫死,欲將新婦還。婦曰:'女有三從,今屬於人,死當卒哀。'因素車白馬,進到夫家,治三桃湯以沐死者,出東北隅,禮三終,使死者不恨。吾父無所恨,何用桃湯焉?"(《太平御覽》卷九六七·果部四·桃)

如上所述,第一種佚文的開頭原來有兩種:一種是"魯哀公祖載其父,孔子問曰"(《水經注》,《藝文類聚》卷八五、《太平御覽》卷七〇四、卷九六七),另一種是"魯哀公葬父,孔子問曰"(《太平御覽》卷五四八、卷五五二、卷八八六)。我們按照馬驌以來的方法,只保留了開頭的"魯哀公祖載其父",其下的都刪去了。

"祖載"一詞見於《白虎通·崩薨》:"祖於庭何?盡孝子之恩也。祖者,始也。始載於庭也。乘軸車,辭祖禰,故名爲祖載也。"這是《禮記·檀弓上》"祖於庭"的解釋。"祖載"的意思是將死者的遺體運到廟裏,讓死者在埋葬前向祖先的靈魂告別。按照這個解釋,"祖載其父"的意思被包括於"葬父"中。因此《魯哀公葬父篇》的內容可以理解爲:魯哀公爲其父定公舉行葬禮,孔子向哀公問與埋葬有關的幾種儀式。

《玉函山房輯佚書續編》所補充的佚文如下[①]:

> 故蕭《喪服要記》曰:魯哀公葬其父。孔子問曰:"寧設魂衣乎?"哀公曰:"魂衣起伯桃,伯桃荊山之下道逢寒死,友人羊角哀往迎其屍,愍魂神之寒,故改作魂衣。吾父生服錦繡,死于衣被,何用衣爲?"
>
> 問曰:"何須幡上書其姓名?"荅曰:"幡招魂,置其乾地,以魂識其名,尋名入於闇室,亦投之於魄,或入於重室。重者重也,以重之內具安祭食。以存亡各別,明闇不同,故鬼神闇食,生人明食。故重用篷篠裹,其食具以安重內,置其坤地也。"(《法苑珠林》卷九七·送終篇·遺送部)

《法苑珠林》引用了《魯哀公葬父篇》的兩個問答,其中關於幡的問答不見於其他典籍。而且孔子問句的格式不是"寧設……乎",與其他問答不同。這條佚文說明《魯哀公葬父篇》原來的內容並不止《玉函山房輯佚書》所搜集的這些,問答的格式也不是那麼單一。

此外《酉陽雜俎》卷一三《尸穸》有如下記載:

> 桐人起虞卿,明衣起左伯桃,挽歌起紼謳。

"桐人起虞卿"、"明衣起左伯桃"與《魯哀公葬父篇》的內容完全一致,《酉陽雜俎》的這一段當是從《魯哀公葬父篇》來的[②]。

---

① 王仁俊只示書名和卷數,篇名等爲我們所加。本文所引的《法苑珠林》根據《高麗大藏經》一百卷本。《法苑珠林》還有一百二十卷本,"送終篇·遺送部"在此版本的卷一一六。

② 今村與志雄先生早已在解釋"桐人起虞卿"時引用了王肅《喪服要記》,參看《酉陽雜俎》2,平凡社,1980年,第297頁。至於"挽歌起紼謳",乍看起來也似乎是從《魯哀公葬父篇》來的。但根據《酉陽雜俎續集》卷四《貶誤》論挽歌起源云:"予近讀《莊子》曰:紼謳於所生,必於斥苦。司馬彪注云:紼讀曰拂,引柩索。謳,挽歌,斥疏緩,苦急促。言引紼謳者,爲人用力也。"可知此句來自《莊子》司馬彪注。

《魯哀公葬父篇》的内容和史書所述的孔子傳記有矛盾。劉毓崧對這個問題在《通義堂文集》卷三中扼要地指出："未審《要記》本於何書,且以爲魯哀公葬父之時與孔子問答,而不知孔子反魯歲月,與定公葬期相距甚遠。"其自注云："定公以十五年二月薨,是時孔子早已去魯,至哀公十一年孔子反魯,則相隔已十數年矣。"

不僅如此,此故事的情節也不合情理。在這個故事中,魯哀公説他不舉行孔子提到的所有儀式。這等於哀公否定了孔子的建議,頗不類儒家文獻。孔子提到的很多習俗也不見於經書。

由於這些問題,本篇的真實性一直遭到懷疑。馬國翰對這些佚文説:"皆好事者託於孔子,子雍不審而誤引之也。"侯康也在《補三國藝文志》中説:"今據《經義考》所輯《魯哀公葬父》一篇,語多誕妄。"馬國翰説王肅誤引,但還没説王肅改作,而孫星衍在《孔子集語》中説:"《喪服要記》語不盡純,是王肅依託,姑附載之。"他認爲本篇雖然不完全係王肅偽造,但有一部分可能是王肅所增改。

《魯哀公葬父篇》是否歷史事實,很值得懷疑,但這個故事不大可能係王肅偽造。其實《魯哀公葬父篇》與今本《孔子家語》所載故事很相似。關於今本《孔子家語》和《漢書·藝文志》所載《孔子家語》的關係,及王肅偽造或增改《孔子家語》的程度,歷來有爭論,但今本《孔子家語》的大多數故事在傳世古書中能找到内容基本相同的故事①,可見那些故事不是王肅憑空杜撰的。王肅在《孔子家語序》中説《孔子家語》的正文來自孔猛家,王肅只是注解者。如上所述,《喪服要記》也由正文和王肅注構成,情況與此相同。從今本《孔子家語》的情況來類推,《魯哀公葬父篇》雖然也有經過王肅增改的可能性,但應該有時代更早的資料來源。

---

① 關於今本《孔子家語》與其他傳世古書的關係,早已有孫志祖《家語疏證》、陳士珂《孔子家語疏證》等考證。最近鄔可晶先生詳細地梳理其源流關係,他指出,整部《孔子家語》44 篇 369 章中,内容未檢到與其他古書相合者只有約 14 章(《〈孔子家語〉成書時代和性質問題的再研究》,復旦大學博士學位論文,2011 年,指導教師:裘錫圭教授,第二章《從傳世古書中與〈家語〉相同或類似的内容看〈家語〉的成書時代和性質》)。

《魯哀公葬父篇》也有可能是《喪服要記》王肅注。因爲王肅有時候也在注文中引用孔子的故事，例如《孔子家語·辯政》王肅注詳引孔子評論中行文子的故事①。然而王肅注所引孔子故事的情況與正文差不多。例如上引的孔子評論中行文子的故事，雖然王肅沒有表明其出處，但其内容與《韓非子·説林下》、《説苑·權謀》基本相同②。因此，總而言之，無論《魯哀公葬父篇》是《喪服要記》的正文還是王肅注，都不大可能係王肅僞造。

那麽王肅在《喪服要記》中采録《魯哀公葬父篇》的目的是什麽？如下節所述，本篇談到的很多習俗不見於經書。即使是見於經書的習俗，也有和經書不合的地方。這些習俗可能反映着當時的民間習俗。我們認爲王肅是爲了否定這些儒家禮制外的習俗而采録這個故事的。王肅要説的是這些習俗不合禮制，是不應該實施的。

三、《魯哀公葬父篇》所見名物考證

本節對《魯哀公葬父篇》的内容進行分析。由於引用本篇的文獻每次都只引一段，我們已經無法得知這些佚文原來的順序。各本輯佚書引用的順序似乎都沒有什麽規律。爲便於理解各種名物在喪禮中的位置，按照喪禮的舉行順序對這些名物進行考證。其具體順序是：幡、三桃湯、魂衣、菰廬、五穀囊、桐人、桂樹、表門。

（一）幡

《喪服要記》"幡"的一段見於《法苑珠林》：

---

① 《孔子家語·辯政》："子曰：夫道不可不貴也。中行文子倍道失義，以亡其國，而能禮賢以活其身。"王肅注："中行文子得罪於晋，出亡至邊。從者曰：'謂此嗇夫者，君子也。故休馬，待駿者。'文子曰：'吾好音，子遺吾琴。好珮，子遺吾玉。是以不振吾過，自容於我者也。吾恐其以我求容也。'遂不入。車人聞文子之所言，執而不殺之。孔子聞之曰：'文子倍道失義，以亡其國，然得之，由活其身，而能禮賢以爲宜，以然後得也。'"（引文據《四庫全書》本）

② 王肅完全能夠把這個故事放入正文中，但沒有這麼做。這個事實可能暗示着王肅對他得到的《孔子家語》正文沒有隨意加以改變。

問曰："何須幡上書其姓名？"荅曰："幡招魂。置其乾地，以魂識其名，尋名入於闇室，亦投之於魄。或入於重室。重者重也①，以重之内具安祭食。以存亡各別，明闇不同，故鬼神闇食，生人明食。故重用籩篠裹，其食具以安重内，置其坤地也。"

"幡上書其姓名"説明"幡"是寫死者姓名的東西。我們認爲這相當於儒家經書中所謂的"銘"。《儀禮‧士喪禮》曰："爲銘，各以其物。亡則以緇，長半幅，䞓末，長終幅，廣三寸。書銘于末，曰'某氏某之柩'。竹杠長三尺，置于宇西階上。"在此詳細地比較這兩者。

我們先看使用目的。根據《喪服要記》"幡招魂"，"幡"的使用目的是招魂。而"銘"的使用是爲了區別死者、表示對死者的愛敬之意。《禮記‧檀弓下》云："銘，明旌也。以死者爲不可別已，故以其旗識之。愛之斯録之矣，敬之斯盡其道。"②

但近年有些學者對"銘"的使用目的提出了不同的看法。谷田孝之先生説："銘可能不僅是死者的標識。'取銘置于重'也是爲了告訴死者的靈魂其應該憑依之處。在殯時'祝取銘置于肂'也出於同樣的用意。"③西岡弘先生也基於折口信夫"祭禮的紙幣或旗旌是爲憑依用的"之意見，認爲"置銘旌不僅是愛慕尊敬的意思，……也是把游離的靈魂招唤的憑據"④。如果根據谷口、西岡兩位先生的意見，"銘"原來的使用目的也是招魂，和《喪服要記》的"幡"一致了。

我們再看用法。根據《儀禮》士喪禮、既夕禮及鄭玄注，"銘"的用法大

---

① "重者重也"，宋磧砂大藏經本、四部叢刊本都作"重者也"，王仁俊所引與此相同。宋磧砂大藏經本、四部叢刊本其"重者也"下有注。宋磧砂大藏經本的注文説"徒用反"，説明此"重"要讀去聲。四部叢刊本的注文也作"重，去聲"。但"重室"之"重"當是器名（詳下），應讀平聲。注文與正文互相矛盾，此處當有誤脱。高麗大藏經本的正文作"重者重也"，其下有注云"徒用反"，大正新修大藏經本從此。根據這個版本，"重者"的"重"是器名，"重也"的"重"是其釋語，注文説讀去聲是針對下"重"的。這個版本，文義通順，當可從。

② "愛之"以下，《禮記》鄭玄注以爲是重與奠的説明。但《儀禮‧士喪禮》鄭玄注以"愛之斯録之矣"解釋"銘"，今從此。

③ 谷田孝之《中國古代喪服の基礎的研究》，風間書院，1970年，第496頁。

④ 西岡弘《中國古代の葬禮と文學》改訂版，汲古書院，2002年，第122頁。

致如下①：始死之日，作"銘"，把它放在西階上。同日，在中庭設置"重"的時候，把"銘"搬到中庭，放在"重"處（"祝取銘置于重"）。"重"是喪禮中用以懸鬲的木架，相當於靈魂所憑依的"主"。"主"是在埋葬後做的。在未做"主"之前，"重"代以受祭②。第三日，在堂舉行大斂。大斂結束後，把屍體搬到西階上，裝入棺柩，埋在那兒的肂中（以上是殯禮）。此時，把"銘"搬回到西階上，豎立在肂的東邊③。啓殯之日，把"銘"再搬到中庭，放在"重"處（"取銘置于重"）。送葬的前日，陳列葬具，其中有茵，茵是鋪在棺柩下面的疏布④。此時，把"銘"從"重"處搬到這兒，放在茵上⑤。送葬之日，把這些葬具和棺柩一起搬到墓地，首先將茵裝入墓穴⑥。"銘"應該在這個時候和茵一起被裝入墓穴⑦。爲了醒目，我們用表格整理以上內容：

時　　間	"銘"的用法
始死之日	作"銘"，放在西階上
	在中庭設置"重"，把"銘"搬到中庭，放在"重"處
第三日（大斂）	把"銘"搬回到西階上，豎立在肂的東邊
啓殯之日	把"銘"搬到中庭，放在"重"處
送葬前日	把"銘"放在茵上
送葬之日	"銘"和茵一起裝入墓穴

---

① 參看池田末利《儀禮Ⅳ》，東海大學出版會，1976年。西岡弘《中國古代の葬禮と文學》改訂版。
② 關於"重"，參看錢玄、錢興奇《三禮辭典》，江蘇古籍出版社，1998年，第600～602頁。《三禮辭典》所引"重"圖，可能基於黃以周《禮書通故》。但關於"重"的具體形狀，有爭論。參看川原壽市《儀禮釋攷》第9冊，朋友書店，1975年，第430～432頁。
③ "祝取銘置于肂"鄭玄注："爲銘設柎，樹之肂東。"
④ "加茵用疏布"鄭玄注："茵，所以藉棺者。"
⑤ "祝取銘置于茵"鄭玄注："重不藏，故於此移銘加於茵上。"
⑥ "至於壙，陳器于道東，西北上，茵先入。"鄭玄注："當藉柩也。"
⑦ 上引"祝取銘置于茵"鄭玄注說"重不藏"云云。他的意思是，因爲"銘"是要埋在墓中的，但"重"則不埋在墓中，所以把它從"重"那兒移到茵上。胡培翬《儀禮正義》在解釋此句時也很清楚地說"當與茵同入壙也"。

"幡"的用法,《喪服要記》説有兩種。第一種是"置乾地,以魂識其名,尋名入於闇室,亦投之於魄"。按照《禮記·郊特牲》"魂氣歸于天,形魄歸于地",魂是死者的精神部分,魄是死者的物體部分。因此"魄"可以理解爲屍體或容納屍體的棺柩,"投之於魄"是將"幡"放在屍體或棺柩上的意思。"幡"的這種用法是:首先放在乾(即西北)地;然後,因爲死者的靈魂知道自己的名字,以"幡"上寫的自己的名字爲目標回到家進入"闇室",所以治喪者也要把"幡"放在屍體或棺柩上。這樣,能夠將死者的靈魂引導到屍體。也就是説,把"幡"放在屍體或棺柩上是爲了把死者的靈魂引導到"闇室"。據此可以推測"闇室"指的是安置屍體的棺柩或者其周圍的空間。

我們認爲"闇室"應該是肂。肂是大斂結束後暫時掩埋棺柩的坑,在喪家西階上。《儀禮·士喪禮》鄭玄注云:"肂,埋棺之坎者也。掘之於西階上。"《儀禮》説當殯的時候"祝取銘置于肂"。此"置于肂",雖然鄭玄説是豎立在肂東邊的意思,但恐怕原來只是放在肂(即棺柩)上的意思,與《喪服要記》"投之於魄"基本相同。而且如上所述,谷田孝之先生認爲《儀禮》"取銘置于肂"是爲了告訴死者的靈魂其應該憑依之處。死者的靈魂能夠以"銘"爲目標進入肂裏。這與《喪服要記》"魂識其名,尋名入於闇室"之意一致。

《喪服要記》所説的"幡"的第二種用法是"或入於重室"。也就是説,安置屍體的"闇室"之外,還有叫"重室"的空間,治喪者又用"幡"把靈魂引入"重室"。"重用篷篨裹,其食具以安重內,置其坤地也"是"重"的具體用法。用篷篨將"重"包裹起來,將食物放在"重"內。《儀禮·士喪禮》云:

> 重,木刊鑿之。甸人置重于中庭,參分庭一在南。夏祝鬻餘飯,用二鬲于西牆下。冪用疏布,久之,繫用靲,縣于重。冪用葦席,北面,左衽,帶用靲,賀之,結于後。祝取銘,置于重。

《喪服要記》"重用篷篨裹"與《士喪禮》"冪用葦席"一致;"其食具以安重內"與《士喪禮》"夏祝鬻餘飯,用二鬲于西牆下……,繫用靲,縣于重"相對應;"置其坤地也"與《士喪禮》"置重于中庭,參分庭一在南"也基本相同。

我們認爲,用"幡"把靈魂引到"重室"的習俗是《士喪禮》所說的"祝取銘,置于重"。"重室"可能是用蓬篨裹"重"做出來的黑暗空間,靈魂在那裏飲食。用蓬篨裹"重",所以稱爲"室"。根據《儀禮》,喪家中庭設有"重",用它給靈魂供食。"銘"除了"置于肂"以外,也放在這個"重"處。這可以理解爲靈魂被"銘"引到"重",才能飲食。這與《喪服要記》"或入於重室"的意思完全一致。

總之,《喪服要記》說放"幡"的地方有兩個,一個是"闇室",另一個是"重室"。根據《儀禮》,喪家宅第也有兩個放"銘"的地方,一個是西階上的肂,另一個是中庭的"重"。"闇室"相當於肂,"重室"相當於中庭的"重"處,兩者是一一對應的。《喪服要記》的"幡"和經書的"銘",雖然名稱不同,但可能來自同樣的習俗。

從出土文物來看,漢代確實有用"銘"或"幡"的習俗。武威磨咀子漢墓出土了四件幡幢形物,此幡幢形物上面都寫有"某某之柩"[①]:

(1) 姑臧西鄉閭導里壺子梁之【柩】。(磨咀子4號墓)

(2) 姑臧渠門里張□□之匞。(磨咀子22號墓棺蓋上)

(3) 平陵敬事里張伯升之柩。過所毋哭。
(磨咀子23號墓棺蓋上,圖一)

(4) 姑臧東鄉利居里壺□(磨咀子54號墓)

圖一 磨咀子23號墓出土幡幢形物

這些幡幢形物在出土時覆蓋棺柩上,武威漢簡的整理者認爲這是《儀

---

① 甘肅省博物館、中國科學院考古研究所《武威漢簡》,文物出版社,1964年,圖版貳叁、摹本二五,考釋見於第148頁。(3)、(4)的彩色照片見於甘肅省博物館《甘肅省博物館文物精品圖集》,三秦出版社,2006年,第109~110頁。

禮》所見的"銘"。雖然有人反對整理者的意見①，但這些幡幢形物上面寫"某某之柩"，與《儀禮・士喪禮》"書銘于末曰某氏某之柩"完全一致。它們是《儀禮》所見"銘"或《喪服要記》所謂"幡"，當無疑義。雖然《儀禮》等經書並沒有明説"銘"最後怎麽處理，但鄭玄等《儀禮》的注者説"銘"最後和茵一起埋葬，這一點也對把幡幢形物解釋爲"銘"有利。

"銘"在埋葬時放在什麽地方？這一點，不僅《儀禮》等經書未載，鄭玄他們也沒有明説。從上下文看，或許鄭玄他們認爲"銘"與"茵"一起鋪在棺柩下。若果真如此，那些幡幢形物的出土情形與他們的解釋不一致。但從情理上説，"銘"覆蓋棺柩上比鋪在棺柩下似乎更好理解。因此我們認爲武威磨咀子漢墓幡幢形物的出土情形與《儀禮》經文不一定有矛盾，説不定反而可以補《儀禮》之缺。

（二）三桃湯

《喪服要記》"三桃湯"見於《太平御覽》：

> 王肅《喪服要記》曰：昔者魯哀公祖載其父，孔子問曰："寧設三桃湯乎？"公曰："不也。桃湯起於衛靈公，有女嫁楚。乳母送之，道聞夫死，欲將新婦還。婦曰：'女有三從，今屬於人②，死當卒哀。'因素車白馬，進到夫家，治三桃湯以沐死者，出東北隅，禮三終，使死者不恨。吾父無所恨，何用桃湯爲？"

這段記載説明桃湯是給死者沐浴用的。桃古來被相信有辟邪作用③，桃湯的記載也見於古書中④。按照儒家的喪禮，始死之日給死者沐浴。《荀

---

① 最近馬怡先生也對幡幢形物進行了考證，認爲這種幡幢形物當時應該叫"旐"。《武威漢墓之旐——墓葬幡物的名稱、特徵與沿革》，《中國史研究》2011 年第 4 期；亦收入黎明釗編《漢帝國的制度與社會秩序》，OXFORD UNIVERSITY PRESS，2012 年。

② 根據《儀禮・喪服傳》、《大戴禮記・本命》，"三從"是從父、從夫、從子。據此"從人"的"人"當校改爲"夫"。

③ 守屋美都雄《荆楚歲時記》，帝國書院，1950 年，第 9～12 頁列舉與桃的辟邪作用有關的史料。

④ 例如《漢書・王莽傳下》云："莽……又感漢高廟神靈，遣虎賁武士入高廟，拔劍四面提擊，斧壞户牖，桃湯赭鞭鞭灑屋壁，令輕車校尉居其中，又令中軍北壘居高寢。"此外南朝民俗文獻中有將桃湯當作辟邪藥水服用的記載。《寶顔堂秘笈・廣集》所收《荆楚歲時記》正月一日條云："飲桃湯"，杜公瞻注引《典術》云："桃者，五行之精，厭伏邪氣，制百鬼也。"

子·禮論篇》："始卒，沐浴、鬠體、飯唅，象生執也。"但儒家經書雖然有一部分受這個迷信的影響，沒有説沐浴要用桃湯。

《儀禮·士喪禮》詳細記録沐浴之禮：

> 沐巾一，浴巾二，皆用綌，於笲。櫛，於簞。浴衣，於篋。皆饌于西序下，南上。管人汲，不説繘，屈之。祝淅米于堂，南面，用盆。管人盡階，不升堂，受潘，煮于垼，用重鬲。……外御受沐入。主人皆出，户外北面。乃沐，櫛，挋用巾。浴，用巾，挋用浴衣。澡濯棄于坎。

據此，死者的沐浴用淘米水。《禮記·喪大記》分開沐與浴，云："君沐粱，大夫沐稷，士沐粱。"君、大夫、士都不使用桃湯。不僅儒家文獻，其他文獻也没有用桃湯爲沐浴水的例子，出土文物中也還没有發現與此有關的東西。

但是時代很晚的例子，有記載説清代喪禮上有時候用"三桃湯"給死者沐浴。袁枚《小倉山房詩集》卷二一《哭阿良》云："三女性柔嘉，名之曰阿良。……或汝悔女身，棄瓦欲换璋。故且入輪回，再沐<u>三桃湯</u>。"卷三一《撫孤行爲畢尚書作》又説："尚書親視含斂，泣下數行，楄柎爲藉幹，袒免爲服喪，<u>三桃湯</u>、五穀囊，一一布置加周詳。"袁枚、畢尚書（即畢沅）是當時第一流的文化人，既然連他們都在喪禮中使用"三桃湯"，可見這個習俗在清代相當廣泛地流行。

荷蘭漢學家高延(Johann Jakob Maria de Groot)在其著作《中國宗教制度》中介紹當時有這樣一個民間習俗：病人到了病危時被搬到用木板做的床上，這張床叫"水床"，因爲病人在這張床上沐浴。對我們尤其重要的是高延説沐浴用的温水裏有時加桃葉①。雖然這不是死後的習俗，但《禮記·喪大記》云："始死，遷尸于牀。"即爲了給死者沐浴而設床。西岡

---

① Johann Jakob Maria de Groot, *The Religious System of China, Its Ancient Forms, Evolution, History and Present Aspect, Manners, Customs and Social Institutions Connected Therewith*, 1892－1910；日文版：清水金二郎、荻野目博道譯《中國宗教制度》第1卷，大雅堂，1946年，第1部，第1章。

弘先生指出"水床"與此有相通之處,而且搬病危人的習俗和古代的廢牀(《禮記·喪大記》)、易簀(《禮記·檀弓上》)有關係①。根據此說,高延介紹的桃水沐浴和《喪服要記》"三桃湯"應該來自同一個習俗。

還有一點值得注意的是《撫孤行爲畢尚書作》中"三桃湯"和"五穀囊"(詳下)同時出現。這似乎說明這個記載與《喪服要記》有某種關聯。至少可以說,清代"三桃湯"的習俗源自《喪服要記》中所見的"三桃湯"。若是如此,用"三桃湯"給死者沐浴的習俗可以追溯到漢魏時期,一直延續到清代。

(三)魂衣

《魯哀公葬父篇》"魂衣"的一段見於《法苑珠林》和《太平御覽》。《法苑珠林》云:

> 故蕭《喪服要記》曰:魯哀公葬其父。孔子問曰:"寧設魂衣乎?"哀公曰:"魂衣起伯桃,伯桃荆山之下道逢寒死,友人羊角哀往迎其屍,愍魂神之寒,故改作魂衣。吾父生服錦繡,死于衣被,何用衣爲?"

羊角哀的故事最早見於《烈士傳》,他的友人叫左伯桃。《後漢書·申屠剛列傳》"布衣相與,尚有没身不負然諾之信,況於萬乘者哉"李賢注云:

> 《烈士傳》曰:"羊角哀、左伯桃二人爲死友,欲仕於楚,道阻,遇雨雪不得行,飢寒,自度不俱生。伯桃謂角哀曰:'俱死之後,骸骨莫收,内手捫心,知不如子。生恐無益而棄子之能,我樂在樹中。'角哀聽之,伯桃入樹中而死。楚平王愛角哀之賢,以上卿禮葬伯桃。角哀夢伯桃曰:'蒙子之恩而獲厚葬,正苦荆將軍冢相近。今月十五日,當大戰以決勝負。'角哀至期日,陳兵馬詣其冢,作三桐人,自殺,下而從之。"②

---

① 西岡弘《中國古代の葬禮と文學》改訂版,第57頁。
② 《烈士傳》的這一段亦見於《太平御覽》卷一二·天部十二·雪、卷四〇九·人事部五十·交友四、卷四二二·人事部六十三·義下、卷五五八·禮儀部三十七·冢墓二。羊角哀、左伯桃的故事還見於敦煌本句道興《搜神記·行孝》:"羊角哀得左伯桃神夢曰:'昔日恩義甚大,生死救之。'遂即將兵於墓大戰,以毃(擊)鼓動劍,大叫揮之,以助伯桃之戰。角哀情不能自勝。遂拔劍自刎而死。願於黄泉相助,以報併糧之恩。楚王曰:'朋有(友)之重,自刎其身,其〈奇〉哉,奇哉也。'"此文收入王重民等編《敦煌變文集》卷八,人民文學出版社,1957年。又參見程毅中《清平山堂話本校注》,中華書局,2012年。

根據這個記載,羊角哀、左伯桃是楚平王時人,其時代在魯哀公時之前。文中"荆將軍"有人認爲是荆軻①,但荆軻是戰國末期的人,不可能出現於羊角哀的夢中。"荆將軍"不一定是真實存在的人,也有可能是杜撰的。

史書中也有羊角哀、左伯桃墓的記載。《魏書·地形志上》濮陽郡廩丘縣注云:"有羊角哀左伯桃冢、管公明冢。"周應合《景定建康志》卷四三·風土志二·諸墓對此墓有很詳細的考證:

> 左伯桃墓、羊角哀墓並在溧水縣南四十五里,儀鳳鄉孔鎮南,大驛路西。
>
> 考證:《烈士傳》云:"左伯桃、羊角哀,燕人也。二人爲友,聞楚王待士,乃同入楚,至梁山,值雨雪糧少,伯桃乃併糧與哀,令往事楚,自餓死于空樹中。哀至楚爲上大夫,乃告楚王,備禮葬于此。一夕,哀夢伯桃告之曰:'幸感子葬我,奈何與荆將軍墓相鄰,每與吾戰,爲之困迫。今年九月十五日,將大戰以決勝負。幸假我兵馬,叫噪塚上以相助。'哀覺而悲之,如期而往,歎曰:'今在塚上,安知我友之勝負。'乃開棺,自刎而死,就葬伯桃墓中。"劉孝標《廣絶交》云:"續羊左之徽烈。"正謂是也。唐大曆六年,顏真卿過墓下,作詩吊之。熙寧中,太子中允關朻知縣事夢二人告之曰:"余羊左也,爲魏倫所苦。"出祭文百餘篇示朻。既覺,僅能記其一語,云:"千花落兮莫酒空。"明日問之,邑人有魏倫者,以錢買羊左墓木,將伐焉。朻遽止之,乃表墓。事見胡宗愈詩。書此爲諸墓,先又加詳焉,非語怪也,將以厲薄俗也。

可見魏晉南北朝一直到宋代,羊角哀、左伯桃的故事和墓是家喻戶曉的。有很多人相信這個故事,也有不少人爲其作詩。

然而《太平御覽》所引《喪服要記》佚文云:"魂衣起苑荆,苑荆於山之下道逢寒死。""伯桃"作"苑荆"。羊角哀之友不太可能有左伯桃以外的名

---

① 例如洪楩《清平山堂話本》。

字,因此我們認爲"苑荆"應該是從"伯桃荆山之下"來的錯寫。明代張岱《夜航船》卷九云:"左伯椀制明衣"①,可見"苑"是"桃"字所從"兆"之訛。此句當校改爲"魂衣起伯桃,伯桃於荆山之下道逢寒死"。

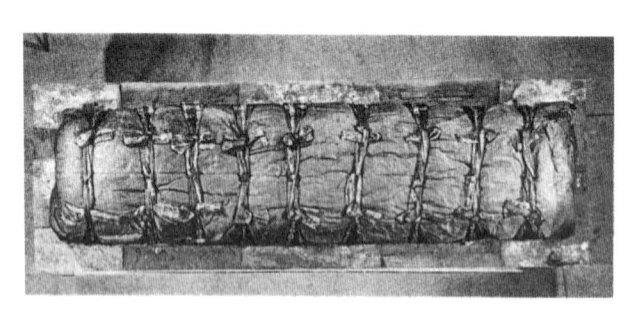

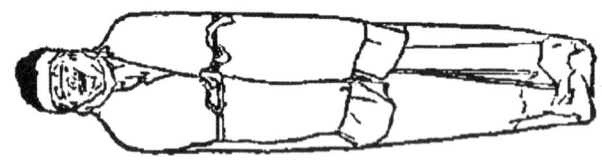

圖二　馬山一號楚墓

"魂衣"在《喪服要記》中既然是爲了使死者避免寒冷而設的,應是給死者屍體穿上的衣服。出土文物中確實有把衣服穿在屍體上的實例。第一是江陵馬山一號楚墓(圖二),棺内被衣衾和衣衾包裹充塞,"整個衣衾包裹由十三層衣衾裹成,屍骨在最内層。包裹外用九道錦帶横紮","揭去衣衾包裹的第十三層後,便露出了穿着錦袍的人骨架"②。第二是馬王堆一號漢墓,"貼身衣外面包裹各式衣着、衾被及絲麻織物十八層,連同貼身衣兩件,共二十層。從頭到脚層層包裹,然後横紮絲帶九道,再在其上覆蓋印花敷彩黄紗錦袍一件,'長壽繡'絳紅絹錦袍一件"③。這種用衣衾從頭到脚層層包裹屍體、充塞棺内的樣子,似乎用《喪服要記》"愍魂神之寒"

---

①　《夜航船》,據劉耀林校注本,浙江古籍出版社,1987年。《夜航船》此文作"明衣",而且其上文云:"虞卿制桐人",都類似《酉陽雜俎》。但未知此文是否直接來自《酉陽雜俎》。
②　湖北省荆州地區博物館《江陵馬山一號楚墓》,文物出版社,1985,第11～18頁。
③　湖南省博物館、中國科學院考古研究所編《長沙馬王堆一號漢墓》,文物出版社,1973年,上册第30頁。

一句能夠很好地解釋。因此我們認爲《喪服要記》"魂衣"講的正是這種習俗。

按照《儀禮》，給死者穿衣服共三次：襲、小斂、大斂，但都沒有出現"魂衣"這個詞。然而"魂衣"見於經書的注解，《周禮・春官・司服》"大喪，共其復衣服、斂衣服、奠衣服、廞衣服，皆掌其陳序"鄭玄注云：

> 奠衣服，今坐上魂衣也。

鄭玄説東漢時有"坐上魂衣"的習慣。賈公彦疏云：

> "奠衣服，今坐上魂衣也"者，案下《守祧職》云"遺衣服藏焉"，鄭云"大斂之餘也"，至祭祀之時，則出而陳於坐上，則此奠衣服者也。

賈疏的意思是：喪禮時爲了大斂準備衣服，但其中有一部分在大斂時不使用。被剩下來的這些衣服要藏在廟祧。這叫做"奠衣服"，《周禮・春官・守祧》稱之爲"遺衣服"。喪後在祭祀時拿出來放在坐上，這就是"坐上魂衣"。

《周禮・守祧》賈疏又説：

> 云"遺衣服，大斂之餘也"者，案《士喪禮》云"小斂十九稱，不必盡服"，則小斂亦有餘衣。必知據大斂之餘者，小斂之餘，至大斂更用之。大斂餘，乃留之。故知其遺衣服無小斂餘也。

這説明小斂衣服的剩餘在大斂時全都使用，所以只有大斂衣服的剩餘才能成爲"遺衣服"。根據以上賈疏，鄭玄所謂"魂衣"是死者靈魂所憑依的衣服[1]，一般用斂衣的剩餘。

漢代史書中有"魂衣"的實例。《漢書・王莽傳下》地皇二年正月條云："賜臨藥，臨不肯飲，自刺死。使侍中票騎將軍同説侯林，賜魂衣、璽韨。"沈欽韓《漢書疏證》以《周禮》注疏所見"魂衣"作解釋，説："以此傳證之，蓋如後世魂帛象人形，設靈床上者。"[2]可見他認爲《王莽傳》所謂的

---

[1] 劉善澤《三禮注漢制疏證》，岳麓書社，1997年，第177頁，解釋《周禮》注疏所見的"魂衣"云："是'魂衣'云者以其神靈憑焉，因以爲名也。"

[2] 沈欽韓還引用《喪服要記》"魂衣"一段，但説"肅之所言，未可信也"。

"魂衣"是靈魂所憑依的"坐上魂衣"①。但"坐上魂衣"在經學上是大斂衣服的剩餘，而《王莽傳》的"魂衣"則不可能是大斂衣服的剩餘。《王莽傳》此處的下文是王莽給王臨賜諡的策書②，可見此處講的是王莽給王臨賜諡的情形，王莽所賜"魂衣、璽韍"的"璽"是刻諡號的璽印，那麼此"魂衣"也應該是在賜諡時與璽韍一起賜的。賜諡一般在入殮後③，因此王莽賜魂衣也應該在大斂後。看來王莽賜的"魂衣"不是大斂用的衣服，而是專門爲了祭祀準備的"坐上魂衣"。

唐代的喪禮也有"坐上魂衣"的習俗。《酉陽雜俎·尸穸》云："亡人坐上作魂衣，謂之上天衣。"

這些"坐上魂衣"是祭祀時靈魂憑依、象徵死者的衣服，而《喪服要記》的"魂衣"是穿在屍體上，以使靈魂避免寒冷的衣服。兩者的目的、用途截然不同。這應該怎麼解釋？我們認爲"魂衣"是一個比較廣泛的概念。《酉陽雜俎·尸穸》云："明衣起左伯桃"，這個記載也應該是基於《喪服要記》。上引《夜航船》也説"左伯椀制明衣"，内容與《酉陽雜俎》非常相似。這兩部書都把"魂衣"改爲"明衣"。"明衣"這個詞見於《儀禮·士喪禮》，云："陳襲事于房中，……明衣裳用布。"《儀禮》"明衣"是在襲的時候穿在屍體上的衣服。但《後漢書·范冉傳》李賢注云："禮：送死者衣曰明衣，器曰明器。"據此可知"明衣"也是隨葬衣服的泛稱。《喪服要記》的"魂衣"顯然不限於襲時使用的衣服，所以《酉陽雜俎》、《夜航船》所謂"明衣"應該是這個"送死者衣"的意思。可見他們也把《喪服要記》的"魂衣"理解爲一個意義廣泛的詞。

總而言之，我們認爲"魂衣"原來的意思是死者的靈魂穿的衣服，喪禮、祭禮中給死者使用的衣服都可以稱爲"魂衣"。作爲隨葬品的"明衣"、

---

① 劉善澤《三禮注漢制疏證》也用《王莽傳》"魂衣"來解釋《周禮》注疏"魂衣"，認爲兩者是同類的。

② 原文是"使侍中票騎將軍同説侯林賜魂衣、璽韍，策書曰：'……迹行賜諡，諡曰繆王'"。

③ 《周禮·春官·大史》賈疏云："其卿大夫……諡成，使大史將往賜之，小史至遣之日往，爲讀之。"《續漢書·禮儀志下》云："太常上祖奠，……。治禮引太尉入就位，大行車西少南。東面奉諡策，太史令奉哀策立後。太常跪曰進，皇帝進。太尉讀諡策，藏金匱。"

祭祀用的"坐上魂衣"都是其中的一個用法,《喪服要記》"魂衣"是前者的意思。

(四)菰廬

《喪服要記》"菰廬"的一段見於《太平御覽》卷五四八·禮儀部二十七·廬:

> 王肅《喪服要記》曰:魯哀公葬父,孔子問曰"寧設菰廬乎?"哀公曰:"菰廬起太伯,太伯出奔,聞古公崩,還赴喪,故作菰廬,以彰其尸。吾父無太伯之罪,何用此爲?"

此條又見於《北堂書鈔》卷九三《居喪》"設菰廬"注。既然《北堂書鈔》把此條收入《居喪》中,可知"菰廬"是服喪者所居的廬。

"吾父無太伯之罪"之"父",當是衍文。魯哀公和定公的關係相當於吴太伯和古公亶父,此句的意思應該是魯哀公没有吴太伯之罪,所以不需要設菰廬居喪。

"菰廬"亦見於史書。《通典》卷八〇云:

> 安帝隆安四年,太后李氏崩。(原注:李氏生孝武,即帝之祖母。)帝服齊縗三年,百寮疑所服。尚書左僕射何澄等議:"太皇太后名位允正,體同皇極,理制備盡,情禮合伸。《春秋》之義,母以子貴,既稱夫人,禮服宜從重。故成風著夫人之號,文公服三年之喪。子於父之所生,體義情重。且禮,祖不厭孫,固宜遂服無屈,而緣情立制。嫌文不明,則宜從重,應同爲祖母後齊縗周。永安皇后無服,但一舉哀,百官亦一周。"詔可。於西堂設菰廬,神武門施凶門柏歷。

《通典》卷八一也說此事:

> 東晋安帝崇安四年[①],太皇太后李氏崩。祠部郎徐廣議:"《左氏春秋》母以子貴,成風稱夫人,文公服三年之喪。凡子於父之所生,體尊義重。且禮,祖不厭孫,固宜遂服。若嫌禮文不存,則宜從重。同

[①] 中華書局校點本《通典·校勘記》指出:《通典》避玄宗諱,改"隆"爲"崇"。

於爲祖母後服齊縗三年,百官一周。"廣又尋按漢文所生薄太后亡,朝臣亦重服。太常殷茂曰:"太皇太后名稱雖尊,而據非正體,主上纂承宗祖,不宜持重。謂齊服爲安。"徐野人云:"若以魯侯所行失禮者,《左傳》不見譏責,而漢代持服,與正嫡無異。殷太常所上服事,於禮中尋求,俱無明文。然僕之所言,專據《春秋》也。"車胤答云:"漢代皆服重,且大體已定。此當無復翻革耶。"於是安帝服齊縗三年,百寮並服周。於西堂設菰廬,神武門施凶門柏歷。

卷八一所引的徐廣議和卷八〇所引的何澄等議內容基本相同,兩者應該是同一次所議,是何澄、徐廣聯名上奏的。

東晉安帝爲其祖母李太皇太后服齊衰三年,此時在西堂設置"菰廬"。這是由於安帝認可何澄等議。但根據卷八〇的記載,其議云"應同爲祖母後齊縗周",何澄等主張服周(期年),不是三年,和安帝服三年互相矛盾。今按,卷八一所引徐廣議云"同於爲祖母後服齊縗三年",據此卷八〇所引何澄等議"齊縗周"當是"齊縗三年"之誤。"爲祖母後服齊縗三年"見於《禮記·喪服小記》,云:"祖父卒,而后爲祖母後者,三年。"這比擬父亡後爲母服齊衰三年,所以其鄭玄注云:"祖父在,則其服如父在爲母也。"

儒家經書不說"菰廬",但爲父母服喪時居住的廬稱爲"倚廬"。《儀禮·喪服》斬衰章云:"居倚廬,寢苫,枕塊。"《禮記·喪大記》云:"父母之喪,居倚廬,不塗。"又謂服齊衰者不設"倚廬"而設"堊室"。《禮記·雜記下》云:"疏衰皆居堊室,不廬。"但其孔疏云:"此下文'疏衰',謂期親以下。"這說明此文的"疏衰"限於齊衰期以下,不含齊衰三年。因此,安帝爲祖母服齊衰三年,像父亡後爲母服齊衰三年一樣,應居"倚廬"。也就是說,安帝所設的"菰廬"相當於經書的"倚廬"。清人胡敬《崇雅堂駢體文鈔》卷三《羅君榮光廬墓圖記》云:"古之人遭親喪,成壙而歸,倚廬於外,地則牆東戶北,身則枕塊寢苫,別其名爲菰廬,差其等爲堊室,載在通德之論,見諸曲臺之經。"以"菰廬"爲"倚廬"的別名。

但安帝不用"倚廬"而用"菰廬"也許有理由。因爲《白虎通·喪服》關於廬的設置地點說"倚廬"設在中門外、東牆下,而安帝把"菰廬"設在西堂。安帝的"菰廬"和經書的"倚廬"不完全一致。根據《通典》，安帝此時又設置"凶門"和"柏歷"，這些都不見於經書，應該是當時的民間習俗。恐怕安帝"菰廬"也基於民間習俗，未必基於儒家禮制。若果真如此，按照當時的習俗，爲父母服喪者所居的廬，不管是否遵從儒家禮制，都能稱爲"菰廬"。《喪服要記》用"菰廬"這個詞應該是這個原因。

（五）五穀囊

《喪服要記》五穀囊的一段見於《藝文類聚》卷八五・百穀部・穀、《太平御覽》卷七〇四・服用部六・囊。《藝文類聚》云：

> 王肅《喪服要記》曰：昔者魯哀公祖載其父，孔子問曰："寧設五穀囊乎？"公曰："不也。五穀囊者，起伯夷、叔齊，不食周粟而餓死首陽山，恐魂之飢，故作五穀囊。吾父食味含哺而死，何用此焉？"

"五穀囊"不僅不見於經書，當時史書也沒有記載。但漢代的遣策中有"五種囊"、"五穀囊"的記載：

(1) 五穜（種）囊一。(張家山二四七號漢墓遣策1號簡，圖三)[①]

(2) 五穜（種）十囊，囊盛一石五斗。(馬王堆一號漢墓遣策152號簡)[②]

(3) 五穜（種）五囊，囊各盛三石，其三石黍。(馬王堆三號漢墓遣策204號簡)[③]

(4) 五穀囊一，繡。(江陵鳳凰山一六七號漢墓遣策55號簡)[④]

(5) 五種囊。(邗江胡場五號漢墓出土檢)[⑤]

圖三

[①] 張家山二四七號漢墓竹簡整理小組《張家山漢墓竹簡〔二四七號墓〕》，文物出版社，2001年。

[②] 湖南省博物館、中國科學院考古研究所編《長沙馬王堆一號漢墓》，第142頁。

[③] 《長沙馬王堆二、三號漢墓》第一卷"田野考古發掘報告"，文物出版社，2004年，第61頁，圖版三五。黍，原釋文作采，此從何有祖先生釋，説見《馬王堆二、三號漢墓簡牘釋文與注釋商榷》，簡帛研究網，2004年12月19日。

[④] 湖北省文物考古研究所《江陵鳳凰山西漢簡牘》，中華書局，2012年。囊，原釋文作橐，此從水根先生釋，説見《江陵鳳凰山漢墓簡牘集釋》，吉林大學碩士學位論文，2013年，指導教師：吳振武教授。

[⑤] 揚州博物館、邗江縣圖書館《江蘇邗江胡場五號漢墓》，《文物》1981年第11期。"五種囊"之"囊"，整理者釋作"橐"。

這些"五種囊"、"五穀囊"與《喪服要記》"五穀囊"當是同一種物。鳳凰山一六七號墓還出土了五穀囊實物。發掘簡報所載《鳳凰山一六七號墓頭箱隨葬品一覽表》中有"五穀橐一繡"，云："並列五個小口袋，內盛五穀雜糧。"①可惜發掘簡報沒有說清楚其五穀囊在出土時還有沒有"五穀雜糧"，五穀囊的照片至今也沒有公開過。

此外，敦煌新店臺的晉代墓葬（60M1）中出土了兩件"五穀瓶"（圖四）②。瓶上寫的內容基本相同，在此介紹60M1：27瓶：

　　　升平十三年閏月甲子朔廿一日壬寅，張弘妻氾心容盛五瓶₂穀〈穀瓶〉③。

根據整理者考證，升平十三年是哀帝太和四年（369年）④，墓主氾心容之夫張弘是前涼將領，死於永和七年（351年），其事迹見於《晉書·張軌傳》。此五穀瓶當是從五穀囊派生出來的。

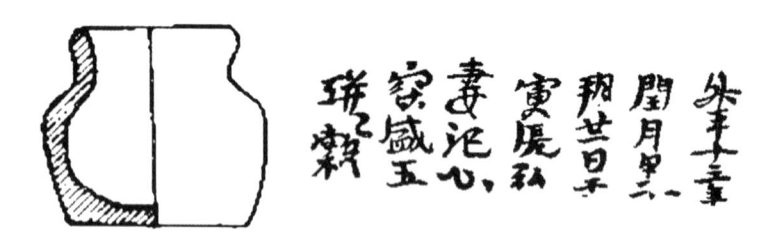

圖四

我們再看時代更晚的例子。《夜航船》卷九·禮樂部《禮制·喪事》登載"五穀瓶"云：

　　　《喪服小記》：魯哀公曰："五穀囊起伯夷、叔齊，不食周粟而死，

---

① 鳳凰山一六七號漢墓發掘整理小組《江陵鳳凰山一六七號漢墓發掘簡報》，《文物》1976年第10期。
② 敦煌文物研究所考古組《敦煌晉墓》，《考古》1974年第3期。
③ "五瓶₂穀"之"₂"表示要乙正。60M1：26作"五穀瓶"。
④ "升平"爲晉穆帝年號，僅五年。但升平五年，前涼張天錫，改建興四十九年，奉升平之號。

故作五穀囊。吾父食味含哺而死,何用此焉?"今人遂爲五穀瓶。此"喪服小記"當作"喪服要記"①。據此可知明代還有"五穀瓶"的習俗,而且當時人正認爲這個習俗是從"五穀囊"派生出來的。

"五穀囊"的習俗在清代仍然存在。上引《小倉山房詩集》卷三一《撫孤行爲畢尚書作》云:"尚書親視含斂,泣下數行,楄柎爲藉幹,袒免爲服喪,三桃湯,五穀囊,一一布置加周詳。"

通過以上的例子,我們可以知道五穀囊在西漢早期已經出現,隨葬五穀囊的習俗從漢代到明清時代一直存在。這可以證明隨葬五穀囊是漢魏時期也流行的民間風俗。

(六) 桐人

《魯哀公葬父篇》"桐人"的一段見於《太平御覽》卷五五二:

> 王肅《喪服要記》曰:魯哀公葬父,孔子問曰:"寧設桐人乎?"公曰:"桐人起於虞卿,齊人虞卿,遇惡繼母,不得養父,死不得葬,自知有過,故作桐人。吾父生得供養,何桐人爲?"②

桐人是木偶的意思。《説文》云:"偶,桐人也。"儒家一般用"俑"表示隨葬用的偶人。

埋葬木俑的習俗至少在西周時代已經存在③,明清時代還有這個習俗。木俑出土的例子也不少。

在此只介紹馬王堆三號漢墓的例子④。此墓出土了 106 件木俑,"除

---

① 這一點,《夜航船》劉耀林校注已經指出。
② 孫楷第《傀儡戲攷原》(上雜出版社,1952 年)第 6 頁引用這一段,但其斷句是:"虞卿遇惡,繼母不得養,父死不得葬",並認爲"惡字下疑脱一字"。孫先生設想脱文的存在純屬臆測,而且按照他的斷句文意也不通順,此説難以信從。關於虞卿,今村與志雄先生把《酉陽雜俎》"桐人起虞卿"的虞卿解釋爲戰國時代趙國上卿的虞卿,其傳在《史記·平原君虞卿列傳》。參看《酉陽雜俎》2,第 297 頁。但戰國時代的虞卿和《喪服要記》哀公所説的虞卿時期不合。《喪服要記》的虞卿應是別人或者係傳説王肅撰。
③ 目前出土的時代最早的木俑是梁帶村芮國墓地 502 號墓出土的木俑,根據整理者研究,此墓屬於西周晚期。參看陝西省考古研究院等《梁帶村芮國墓地——二〇〇七年度發掘報告》,文物出版社,2010 年,第 47~49、212 頁、彩版五二~五四。
④ 《長沙馬王堆二、三號漢墓》第一卷"田野考古發掘報告",第 170~179 頁。

二件出自西椁箱，二件（桃枝小俑）出自中棺蓋板上外，其余均出自北椁箱，可以分爲六種類型"。

  (1) 著衣女侍俑：4 件
  (2) 著衣歌舞俑：20 件（歌俑 12 件，舞俑 8 件）
  (3) 雕衣俑：4 件
  (4) 皁衣俑：4 件
  (5) 彩繪立俑：72 件
  (6) 桃枝小俑：2 件

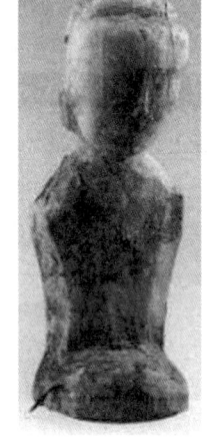

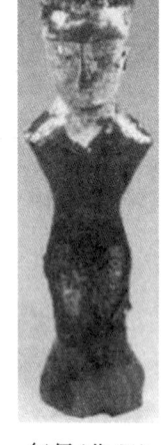

  馬王堆三號漢墓出土木俑之珍貴在於不僅數量多、保存狀態好，而且與遣策記載可以相對照。此墓出土遣策將木俑分爲"男子明童"、"女子明童"二類。42 號簡是男子明童的總結簡：

  右方男子明童　　九人宦者　　　百九十六人從
  凡六百七十六人　二人偶人　　　三百人卒
  其十五人吏　　　四人擊鼓鐃鐸　百五十人奴

59 號簡是女子明童的總結簡：

  右方女子明童　　廿人才人
  凡百八十人　　　八十人婢
  其八十人美人

歌俑(北 82)　　舞俑(北 81)

圖五　馬王堆三號漢墓著衣歌舞俑

根據這個記載，當初埋葬的男子明童是 676 件，女子明童是 180 件，總共 856 件。木俑的種類涉及生活的方方面面，這當是爲了照顧死者的生活。可見三號墓出土的木俑只不過是其中的一部分而已。發掘報告説"木俑絶多數出於北椁箱，即頭箱，表明頭箱是象徵墓主人生前居室的前堂部分，也就是歌舞宴享的地方"。此説可從。例如 45 號簡"河閒舞者四人"和 46 號簡"鄭舞者四人"指的是著衣歌舞俑中的舞俑 8 件；47 號簡"楚歌者四人"指的是12件歌俑中的4件,等等。

文獻中也有埋葬"桐人"的記載。例如我們在"魂衣"條引用的《烈士傳》云:"角哀至期日,陳兵馬詣其冢,作三桐人,自殺,下而從之。"

儒家似乎一開始就否定用桐人爲隨葬品。《孟子·梁惠王上》:"仲尼曰:'始作俑者,其無後乎。'爲其象人而用之也。"儒家批評這個習俗是因爲俑是人的形狀。《禮記·檀弓上》説:"孔子……謂爲俑者不仁,不殆於用人乎哉。"這也采用同樣的説法。但到了漢代,儒家開始從厚葬的角度否定埋葬桐人的習俗。《鹽鐵論·散不足》云:

> 古者,明器有形無實,示民不可用也。及其後,則有醯醢之藏,桐馬偶人彌祭,其物不備。今厚資多藏,器用如生人。郡國縣吏,素桑楺偶車櫓輪,匹夫無貌領,桐人衣紈綈。

此篇的開頭,賢良説:"宮室輿馬,衣服器械,喪祭食飲,聲色玩好,人情之所不能已也。故聖人爲之制度以防之。間者,士大夫務於權利,怠於禮義;故百姓仿傚,頗踰制度。"

《潛夫論·浮侈》也云:

> 今京師貴戚,郡縣豪家,生不極養,死乃崇喪。或至刻金鏤玉,檽梓梗枏,良田造塋,黃壤致藏,多埋珍寶偶人車馬,造起大冢,廣種松柏,廬舍祠堂,崇侈上僭。

《喪服要記》把桐人的起源歸於虞卿的特殊事情來否定其普遍性,和儒家的兩種説法都不同。而且其用詞也和儒家一般用"俑"不同。

(七) 桂樹

《魯哀公葬父篇》"桂樹"的一段見於《水經注·汾水》"又南,過平陶縣東,文水從西來流注之"注:

> 王肅《喪服要記》曰:昔魯哀公祖葬其父,孔子問曰:"寧設桂樹乎?"哀公曰:"不也。桂樹者,起于介子推。子推,晋之人也。文公有内難,出國之狄,子推隨其行,割肉以續軍糧。後文公復國,忽忘子推,子推奉唱而歌,文公始悟,當受爵祿,子推奔介山,抱木而燒死。

國人葬之,恐其神魂賈于地,故作桂樹焉。吾父生于官殿,死于枕席,何用桂樹爲?"

余按:孔子非璠璵送葬,安用桂樹爲禮乎?王肅此證,近於誣矣。

在這個故事中,孔子向魯哀公説"難道不設桂樹嗎?"這個口氣顯然表明孔子認爲應該設"桂樹"。但哀公回答説"桂樹"的習俗來自介子推,他父親(即定公)之死與介子推情況不同,因此不需要使用"桂樹"。

酈道元按語所説的"孔子非璠璵送葬"的故事見於《吕氏春秋·孟冬紀·安死》:

魯季孫有喪,孔子往弔之,入門而左,從客也。主人以璵璠收,孔子徑庭而趨,歷級而上,曰:"以寶玉收,譬之猶暴骸中原也。"徑庭歷級,非禮也。雖然,以救過也。

亦見於《孔子家語·曲禮子夏問》:

季平子卒,將以君之璵璠斂,贈以珠玉。孔子初爲中都宰,聞之,歷級而救焉,曰:"送而以寶玉,是猶曝尸於中原也。"

這個故事講的是季孫平子的喪事。當時魯昭公被逐在國外,季平子是魯國實際上的國君。璵、璠是國君佩帶的寶玉,因此喪主的季孫桓子要把璵、璠當作隨葬品。這已經是僭禮了。不僅如此,如果墓中有寶玉,盜墓賊必定會挖掘盜取。子葬父,致使父墓被盜掘,等於放棄父屍在野地,這又是不孝。因此孔子才不顧自己犯"徑庭歷級"的非禮,也要阻止季桓子的錯事。

酈道元按語的意思是説:孔子阻止季桓子用璵、璠爲隨葬品,其意在於否定過剩隨葬。既然如此,他怎麽可能認爲應該使用"桂樹"?因此《喪服要記》的故事係王肅杜撰。

《喪服要記》這段文章有幾個不好解釋的地方。第一,我們從未聽説過把桂樹作爲隨葬品的習慣。桂樹在文學作品中被描述爲有神秘作用的樹,傳説中月亮上有桂樹。漢墓的畫像石中往往有月亮,月亮上的大樹可能是桂樹①。即使如此，也不會把桂樹本身隨葬在墓中。第二，桂樹雖然是很貴重的香木，但也應該沒有寶玉貴重。酈道元"孔子非璠璵送葬，安用桂樹爲禮乎"是什麼邏輯？第三，哀公説"恐其神魂賈于地，故作桂樹焉"。此"賈于地"是什麼意思？第四，介子推"賈于地"和作"桂樹"有什麼關係？

有些清代學者懷疑這段文章中有錯字。全祖望認爲"賈于地"之"賈"是"賣"之誤，此説後來得到趙一清、戴震、楊守敬等的贊同；馬驌將"桂樹"之"桂"改爲"掛"，楊守敬也改爲"挂"。

我們先討論"賈于地"。"五穀囊"條説"伯夷、叔齊……<u>餓死首陽山，恐魂之飢</u>"，"魂衣"條説"伯桃荆山之下<u>道逢寒死</u>，友人羊角哀往迎其屍，<u>愍魂神之寒</u>"，而本條説"<u>子推奔介山，抱木而燒死。國人葬之，恐其神魂賈于地</u>"。比較此三條，可知本條"抱木而燒死"與"賈于地"在意義上有關聯。因此"賈"不太可能是"賣"之誤字。

我們認爲"恐其神魂賈于地"之"賈"不是誤字，而當讀爲"枯"。《楚辭·九章·惜往日》云：

<u>介子忠而立枯兮</u>，文君寤而追求。封介山而爲之禁兮，報大德之優游。思久故之親身兮，因縞素而哭之。

"賈"讀爲"枯"符合先秦秦漢文獻的用字習慣。王念孫《讀書雜誌·漢書第十四·貨殖傳》"人争取賤賈任氏獨取貴善富者數世"條云：

"人争取賤賈"者，賈讀爲盬，謂物之麤惡者也。……其字或作榛楛之楛，或作甘苦之苦，或作沽酒之沽，或作榮枯之枯，或作古今之古。此傳則作商賈之賈，皆以聲相近而字相通。賤賈猶言賤惡，謂人之買物皆争取其賤而惡者。

此外《論語·子罕》"求善賈而沽諸"、"沽之哉"之"沽"，漢熹平石經作

---

① 參看艾素珊（Susan N. Erickson）著，何志國譯《東漢時期的錢樹》，收入何志國《漢魏搖錢樹初步研究》，科學出版社，2007年，第315～316、328頁。關於桂樹的神秘作用及它和月亮的關係，也看出石誠彦《上代支那の日と月との説話について》，1927年；後收入《支那神話傳説の研究》增補改訂版，中央公論社，1973年，第86～87頁。

"賈";《荀子·儒效》"君子不如賈人",楊倞注云:"賈與估同"①。

下面討論"桂樹"。《酉陽雜俎》卷一三《尸穸》云:"送亡者,又以黄卷、蝎錢、菟毫、弩機、紙疏、挂樹之屬,又作轜車。"②"挂樹",《通雅》卷三五引作"掛樹"。可見唐代確實有叫"挂樹"或"掛樹"的隨葬品。馬驌、楊守敬作"掛樹"、"挂樹"可能根據這段記載。認爲"桂"是"挂(掛)"之誤,字形上也很容易接受。

但我們至今不知道此"挂樹"是怎樣的物品。《尸穸》所見的"挂樹"和黄卷、蝎錢、菟毫、弩機、紙疏並列,看來"挂樹"不是那麽高級的東西。黄卷等物品在目前可知的出土資料中已經出現過③,所以"挂樹"或許也有出土例。但"挂樹"不見於《尸穸》以外的任何文獻,我們無法確定哪些出土文物是"挂樹"④。因此我們認爲,雖然以"桂"爲"挂"的解釋有一定的説服力,但也不妨考慮其他可能性。

目前可知的《魯哀公葬父篇》佚文中與隨葬有關的是"五穀囊"、"桐人"、"桂樹"三種,其中"五穀囊"是食的習俗,"魂衣"是衣的習俗,那麽從"吾父生於宫殿,死于枕席,何用桂樹爲"來看,"桂樹"應是住的習俗。也

---

① 參看《古字通假會典》,齊魯書社,1989 年,第 865、866 頁。
② 日本元禄十年(1697)刊《酉陽雜俎》以《津逮秘書》本爲底本,却改"挂樹"爲"桂樹",也没有説其根據。
③ "黄卷"是一種食物,見於漢墓出土的幾種遣策。"菟毫"是一種筆,見於吐魯番出土《苻長資父母墟墓隨葬衣物疏》(75TKM99:16),中國文物研究所等編《吐魯番出土文書〔壹〕》,文物出版社,1992 年,第 91 頁。"弩機"也有漢墓出土的例子(如馬王堆二號墓,參看《長沙馬王堆二、三號漢墓》第 21 頁)。"紙疏"的"疏"當讀爲"梳","紙疏"是用紙做的梳子,例如上引《苻長資父母墟墓隨葬衣物疏》也有"故疏(梳)"的例子。
④ 簡陽鬼頭山東漢崖墓 3 號石棺上有樹木圖畫和"柱銖"銘文(内江市文管所、簡陽縣文化館《四川簡陽縣鬼頭山東漢崖墓》,《文物》1991 年第 3 期),邱登成先生、林向先生推測此"柱銖"是摇錢樹在漢代的名稱(邱登成《漢代摇錢樹與漢墓仙化主題》,《四川文物》1994 年第 5 期,第 23 頁。林向《中國西南出土的青銅樹——從三星堆青銅樹説起》,《青銅文化研究》第 1 輯,第 69~70 頁)。林巳奈夫先生説此畫像石的最早的報告把"柱銖"讀爲"錢樹"(但上引發掘報告没有讀爲"錢樹"),然後説即便"銖"可以讀爲"樹","柱"也難以讀爲"錢"(林巳奈夫《石に刻まれた世界》,東方書店,1992 年,第 150 頁;中譯本:唐利國譯《刻在石頭上的世界》,商務印書館,2010 年,第 172 頁)。"銖"和"樹"古音都是禪母侯部,確實可以相通。因此我們曾經考慮過"桂樹"或"挂樹"與"柱銖"有關係。但我們目前没有找到文獻上的根據,在此把此假説寫出來,以備後考。

就是説，"桂樹"應該代表死者的住宅。再説，"五穀囊"用以安慰餓死的伯夷、叔齊，"魂衣"用以安慰凍死的左伯桃。從這些説法來看，"桂樹"應該用以安慰"賈（枯）"死的介子推。

以此爲切入點考慮，"桂樹"有可能是"封樹"之誤。封樹是在墓地堆土植樹的意思，正好可以理解爲死者的住宅。《白虎通·崩薨》"棺槨厚薄之制"條云：

> 喪葬之禮，緣生以事死，生時無，死亦不敢造。太古之時，穴居野處，夜被帶革，故死衣之以薪，内藏不飾。中古之時，有宫室衣服，故衣之幣帛，藏以棺槨，封樹識表，體以象生。

這一段明確地説"藏以棺槨，封樹識表"是象生者的宫室。

因爲封樹需要花費大量的人力和物力，而且很容易惹人盜墓，這個習俗從秦漢時代到魏晉時代一直成爲一個社會問題。在此只引魏晉時代的三個例子。一個是《三國志·魏文帝紀》黄初三年條：

> 冬十月甲子，表首陽山東爲壽陵，作終制曰：……封樹之制，非上古也，吾無取焉。壽陵因山爲體，<u>無爲封樹</u>，無立寢殿，造園邑，通神道。……

此"爲封樹"的説法可以與《喪服要記》"設桂樹"、"作桂樹"相對照。另外兩個例子是《晉書》王祥列傳和石苞列傳：

> 及疾篤，著遺令訓子孫曰：……<u>氣絶但洗手足，不須沐浴，勿纏尸</u>，皆辦故衣，隨時所服。所賜山玄玉佩、衛氏玉玦、綬笥皆勿以斂。西芒上土自堅貞，勿用甓石，<u>勿起墳壠</u>。穿深二丈，椁取容棺。……（王祥列傳）

> 苞豫爲終制曰："……自今死亡者，皆斂以時服，<u>不得兼重</u>。又不得飯唅，爲愚俗所爲。又不得設床帳明器也。<u>定窆之後，復土滿坎，一不得起墳種樹</u>。……（石苞列傳）

此二例雖然没有用"封樹"一詞，但前一例"起墳壠"、後一例"起墳種樹"正是封樹的意思。我們之所以特意引用此二例是因爲他們把"封樹"與沐浴、斂衣一起提到。根據我們的解釋，《喪服要記》中的"三桃湯"與沐浴有關，"魂衣"是斂衣。如果"桂樹"是"封樹"之誤，《喪服要記》的這些習俗都能與上引的記載對上了。

值得指出的是，《安死》的第一句是"世之爲丘壟也，其高大若山，其樹之若林，其設闕庭、爲宮室、造賓阼也若都邑，以此觀世示富則可矣，以此爲死則不可也"。也就是說，封樹是《安死》第一個批評的厚葬習俗。"孔子非璵璠送葬"的故事則是《安死》的最後一段。那麼酈道元或許始終是拿《呂氏春秋·安死》批評王肅的。酈道元的意思是：孔子連（《安死》中厚葬程度最輕的）"以璵璠收"都反對，何況（《安死》開頭批評的）封樹呢？這樣解釋，酈道元的按語也好理解①。

(八) 表門

《喪服要記》"表門"的一段見於《太平御覽》卷五四八·禮儀部二十七·凶門、《路史·後紀》卷一三《疏仡紀·夏后氏·上》羅苹注。《太平御覽》說：

> 王肅《喪服要記》曰：魯哀公葬父，孔子問："寧設表門乎？"哀公曰："表門起於禹。禹治水，故表其門閭，以紀其功。吾父無功，何用此焉？"

據此，"表門"是爲了顯彰死者的功績。但叫"表門"的葬具不見於經書，也不見於史書。

《太平御覽》把這段佚文載入"凶門"一項。也就是說，《太平御覽》以"表門"爲"凶門"的一種。《路史》羅苹注引用《喪服要記》是爲了解釋"而牆置翣綢練，設旐，立凶門，用明器，有金革則殯而致事。而人于死者益以致"。也就是說，羅苹也用"表門"解釋"凶門"。我們在"倚廬"項已經講過，"凶門"是儒家禮制外的東西。《宋書·孔琳之傳》云：

> 琳之……又曰："凶門栢裝，不出禮典，起自末代，積習生常，遂成

---

① 以上所說是從文義推測的，屬於校勘學所謂"理校"。"桂"和"封"雖然都從"圭"形，但其字形畢竟有距離，有待進一步研究。

舊俗。爰自天子,達于庶人,誠行之有由,卒革必駭。"

還有晉代論者謂"凶門"形狀似於"重",是"重"的遺制。《宋書·禮志二》云:

案蔡謨説:以二瓦器盛死者之祭,繫於木,表以葦席,置於庭中近南,名爲重。今之凶門,是其象也。禮既虞而作主,今未葬,未有主,故以重當之。禮稱爲主道,此其義也。范堅又曰:凶門非古。古有懸重,形似凶門,後人出之門外,以表喪。俗遂行之。

但這些"凶門"都是表喪的,不是顯彰死者功績的。而且《喪服要記》中"表門"以外還有"重"。如果"表門"是"凶門",這也是"重"的遺制,《喪服要記》不會分別列舉"表門"和"重"。因此可知《喪服要記》的"表門"不是"凶門"。

俞樾《茶香堂叢鈔》卷一○《紗囊盛食》説到《繹史》所引《喪服要記》,云:"今世喪家縣麻布於門,疑即古表門之遺制。"翟灝《通俗編》卷三云:"按凶門既本古懸重,而若柏枝之歷歷然。今喪家結白絹爲旐,表之門外,俗呼爲子前者,當即是也。"據此清代有時候喪家門外懸掛麻布或白絹用以表喪,俞樾以爲這是"表門"的遺制。但這也不是顯彰功績的,與表門不同。

值得注目的是,《喪服要記》的這段佚文中有"表其門閭"的説法。閭,《説文解字·門部》云"里門也",不是喪家的門。據此可知"表門閭"是在里門表揚功績的習俗。這個詞散見於文獻中。《六韜·文韜·盈虛》云:"民有孝慈者,愛敬之。盡力農桑者,慰勉之。旌別淑慝,表其門閭。"《後漢書·安帝紀》元初六年二月條云:"貞婦有節義,十斛,甄表門閭,旌顯厥行。"李賢注云:"甄,明。旌,章也。里門,謂之閭。旌表者,若今樹闕而顯之。"《僞古文尚書·畢命》云:"表厥宅里。"孔疏云:"知其善者,表異其所居之里。若今孝子、順孫、義夫、節婦表其門閭者也。"據此可見漢代已經有"表門閭"的習俗,這個習俗到唐代一直存在。而且唐代以後也多見於史書,但在此都從省略。

"表門閭"一般是爲了宣揚生者的德行,但有時也宣揚死者的功績。

《三國志·魏書·三少帝紀》甘露三年六月丙子條注云：

>《楚國先賢傳》曰：(應)余字子正，天姿方毅，志尚仁義，建安二十三年爲郡功曹。是時吳、蜀不賓，疆場多虞。宛將侯音扇動山民，保城以叛。余與太守東里袞當擾攘之際，迸竄得出。音即遣騎追逐，去城十里相及，賊便射袞，飛矢交流。余前以身當箭，被七創，因謂追賊曰："侯音狂狡，造爲凶逆，大軍尋至，誅夷在近。謂卿曹本是善人，素無惡心，當思反善，何爲受其指揮？我以身代君，以被重創，若身死君全，隕没無恨。"因仰天號哭泣涕，血淚俱下。賊見其義烈，釋袞不害。賊去之後，余亦命絶。征南將軍曹仁討平音，表余行狀，並修祭醊。太祖聞之，嗟歎良久，下荆州復<u>表門閭</u>，賜穀千斛。

《晋書·孝友列傳》許孜條也有"表門閭"宣揚死者的記載：

>咸康中，太守張虞上疏曰："臣聞聖賢明訓存乎舉善，褒貶所興，不遠千載。謹案所領吳寧縣物故人許孜，至性孝友，立節清峻，與物恭讓，言行不貳。當其奉師，則在三之義盡；及其喪親，實古今之所難。咸稱殊類致感，猛獸弭害。雖臣不及見，然備聞斯語，竊謂蔡順、董黯無以過之。孜没積年，其子尚在，性行純愨，今亦家於墓側。臣以爲孜之履操，世所希逮，宜標其令迹，甄其後嗣，以酬既往，以獎方來。《陽秋傳》曰：'善善及其子孫。'臣不達大體，請臺量議。"疏奏，詔旌<u>表門閭</u>，蠲復子孫。

《喪服要記》的"表門"講的應該是這個習俗。

四、《魯哀公葬父篇》與漢魏時期的喪葬習俗

我們根據《魯哀公葬父篇》能夠大致復原漢魏時期的喪葬過程：始死之日，用"幡"招魂，將死者的靈魂引到"闇室"（堋）或"重室"（用篷篨裹重的空間），用"三桃湯"給死者洗頭。然後爲死者加"魂衣"，居喪者設"菰廬"，在"菰廬"中居喪。埋葬時，隨葬"五穀囊"、"桐人"、"桂樹"，以此保障

死者在地下世界的起居飲食。埋葬後，爲死者表門閭，讓世人知道死者的事迹。

《魯哀公葬父篇》的一些內容與經書的記載可以相對照。"幡"相當於經書中的銘，"桃湯"相當於經書中的沐浴，"魂衣"相當於經書中的明衣、斂衣，"菰廬"相當於經書中的倚廬。但這些習俗或多或少有與經書不符的地方。這些習俗和經書禮制可能起源於同一種習俗，但儒家把這些習俗發展成經書禮制，所以其內容有不同之處。

《魯哀公葬父篇》也有完全不見於經書的習俗，即"五穀囊"、"桐人"、"桂樹"、"表門"。但這些習俗大都可以與史書所見的當時習俗或漢魏時期的出土隨葬品相對照。"五穀囊"、"桐人"可以與漢魏時期的出土隨葬品相對照，古籍中也有記載。"表門"的習俗可以與史書所見的當時習俗相對照。至於"桂樹"，如果是"挂樹"或"掛樹"之誤，可以與唐代文獻所記的隨葬品相對照；如果是"封樹"之誤，可以與先秦至魏晉時期的喪葬習俗相對照。

《魯哀公葬父篇》所見的物品中，"幡"、"魂衣"、"五穀囊"、"桐人"等四件物品與漢魏時期的出土文物可以相對照。今日我們能夠看到的出土文物應該反映着當時的民間習俗。這些東西既然不見於經書，當與儒家禮制有所不合，正是漢魏時期的儒者批評的那些東西。

目前所知的不少出土文物在文獻中沒有記載，或與文獻記載有所不同，因此我們難以確切理解這些物品在當時有什麼意義。一般的文獻只談作者理想的禮制，不談當時現實社會的習慣。而《魯哀公葬父篇》因爲要批評這種民間習俗，如實地記載了這些習俗。《魯哀公葬父篇》可以彌補其他文獻之不足，十分珍貴。

五、《魯哀公葬父篇》原資料的形成年代

最後討論本篇原資料的形成年代。

本篇有幾個可考年代的特點。第一個特點是本篇的內容和《史記》所述的孔子傳記有重大的矛盾。根據《史記·孔子世家》，孔子去魯在定公

十四年,定公逝世在十五年,孔子根本不可能参加定公的葬禮。但近年有學者指出《史記》中的這些紀年係司馬遷所編造,當時未必成爲定論①。《韓非子·内儲説下》云:

> 仲尼爲政於魯,道不拾遺。齊景公患之,黎且謂景公曰:"去仲尼猶吹毛耳。君何不迎之以重禄高位,遺公女樂以驕榮其意？哀公新樂之,必怠於政,仲尼必諫,諫必輕絶於魯。"景公曰:"善。"乃令黎且以女樂六遺哀公。哀公樂之,果怠於政。仲尼諫不聽,去而之楚。

這個故事明確地説孔子去魯在哀公即位之後。可見戰國末、西漢初確實有這樣的傳説。

在《魯哀公葬父篇》中,哀公即位時孔子還在魯國。其原資料應該是不受《史記》的影響而形成的。若果真如此,考慮《史記》開始流行於社會的時代,其形成年代應在西漢中期以前。

第二個特點是《魯哀公葬父篇》中孔子所講的内容與《儀禮》不一致。本篇假託孔子和哀公的問答,其中孔子提到的習俗大多不見於現在的《儀禮》,"三桃湯"、"五穀囊"、"桐人"、"桂樹"、"表門"都不見於《儀禮》。其他的"幡"、"魂衣"、"苽蘆",雖然《儀禮》記載了類似的葬具,但在《魯哀公葬父篇》中孔子不用《儀禮》所見的名稱。

儒家喪禮原來可能有和《儀禮》不一致的地方。《墨子·非儒》説明儒家喪禮云:"登屋窺井,挑鼠穴,探滌器,而求其人焉。"除了"登屋"相當於《儀禮》的"復"以外,其内容都不見於《儀禮》以及其他經書。雖然孫詒讓《墨子間詁》説"窺井以下,並喪禮所無,蓋謾語也",但此篇既然以《非儒》爲名,一定是批評儒家的。因此這些不見於《儀禮》的内容應該是儒家當時主張和使用的禮法和名稱。

但如果《魯哀公葬父篇》原資料的形成在《儀禮》成爲儒家經書以後的話,不管贊同還是批評儒家,其故事裏孔子説的内容應該都按照儒家經書

---

① 渡邊卓《古代中國思想研究》,創文社,1973年,第1部第2編第1章之三"去魯"。

《儀禮》來撰寫。然而孔子在本篇中並不使用《儀禮》所見的禮法和名稱，這表示其原資料形成的時候儒家還沒有把《儀禮》當作儒家的標準，據此統一禮法和名稱。本篇原資料的形成既然沒有受到《儀禮》的影響，其時期應在《儀禮》得到經書地位之前。

《漢書·儒林傳》云："漢興，魯高堂生傳《士禮》十七篇。"所謂《士禮》指的就是現在的《儀禮》。或謂高堂生爲博士①，但其當博士的時期不明②。《漢書·藝文志》六藝略"禮"云："經七十篇"，這當是"經十七篇"之誤，也是現在的《儀禮》。其自注云："后氏，戴氏。""后氏"指的是后倉，在武帝或宣帝時當博士；"戴氏"指的是后倉的弟子戴德（大戴）、戴聖（小戴），其學在宣帝時立學官③。據此可以说《儀禮》最晚在西漢後期確立了儒家經書的地位。

第三個特點是記載介子推燒死的傳説。顧炎武已經考證過這個傳説，指出《左傳》、《呂氏春秋》、《史記》説到介子推而不説燒死，介子推"立枯"之説始自《楚辭·九章·惜往日》，"燔死"之説始自《莊子·盜跖》④。

---

① 《儀禮·士冠禮》賈疏引《漢書》云："魯人高堂生爲漢博士，傳《儀禮》十七篇。"《周禮》賈疏《序周禮廢興》云："漢興，至高堂生博士傳十七篇。"

② 參看洪乾祐《漢代經學史》上册，臺北：國彰出版社，1996年，第718～719頁。

③ 《漢書·儒林傳》贊云："自武帝立五經博士，……。初，書唯有歐陽，禮后，易楊，春秋公羊而已。至孝宣世，復立大小夏侯尚書，大小戴禮，施、孟、梁丘易，穀梁春秋。"《漢書·百官公卿表下》宣帝本始二年云："博士后倉爲少府，二年。"《文選》卷六〇李善注引《七略》云："宣皇帝時，行射禮，博士后倉爲之辭。"《漢書·儒林傳》云："聖號小戴，以博士論石渠。"論石渠在宣帝甘露三年。參看張金吾《兩漢五經博士考》卷二；王國維《漢魏博士考》、《漢魏博士題名考》；洪乾祐《漢代經學史》上册，第428～430、446、448、721～727頁。有些學者懷疑后倉成爲禮博士不在武帝時。張金吾説："后倉事宣帝爲博士，則后氏禮非武帝所立可知。"他還根據《經典釋文》序錄"漢初立高堂生禮博士"，説："后倉傳高堂生禮者，後人遂以高堂生禮爲后氏禮。班氏云云，蓋亦從後追稱耳。"王國維在《漢魏博士考》説："禮之有博士，可考者始於后蒼，在昭、宣二帝之世。而蒼又兼傳《齊詩》，不知爲齊詩博士與禮博士與？疑武帝時，禮博士或闕而未補，或以他經博士兼之，未能詳也。"王國維又對宣帝時大戴、小戴從后氏禮分別立學官之事提出疑問，指出只有戴聖當后氏禮的博士。他在《漢魏博士考》説："《儒林傳》贊乃謂：宣帝立大小戴禮。不知戴聖雖於宣帝時博士，實爲后氏禮博士，尚未自名其家，與大戴分立也。……贊又數大小戴禮，……則又因後漢所立而誤也。"他又在《漢魏博士題名考》載戴聖而不載戴德。但即使宣帝時只有后氏禮立學官，后氏禮既然以現在的《儀禮》爲經書，我們仍然可以説當時《儀禮》獲得了經書的地位。

④ 《日知錄》卷二五《介子推》。

裘錫圭先生根據這些資料指出："介子焚死的傳説在戰國時代就已經流行了"①。關於《莊子·盜跖》的形成時期，羅根澤、關鋒認爲在戰國末期②。《魯哀公葬父篇》説介子推燔死，又説"賈于地"。按照我們的解釋，"賈"讀爲"枯"，是枯死的意思。本篇的内容和《楚辭·九章·惜往日》、《莊子·盜跖》相同，所以其原資料形成的時代上限在戰國末期。

根據以上三個特點，我們認爲本篇原資料的形成當在戰國末期到西漢中期。

本篇原資料的作者是怎樣的人？從本篇的内容看，孔子好像根本不懂儒家的喪禮，對喪禮的知識不如哀公似的，這不像是儒家寫的故事。而且本篇各段孔子所提的習俗都來自特殊的情況，不應普遍實施。我們從此能夠看出批評厚葬習俗的意圖。另外，孔子在本篇中主張實施的這些習俗中有儒家早已明顯批評的"俑"，而且其名稱也不是儒家早已使用的"俑"而是"桐人"，本篇批評"桐人"的理由也和儒家不同。不用説王肅，只要是儒家，就不可能作這種主張的。似乎只有主張節葬、批評儒家的墨家才會寫出這種故事。因此我們認爲這個故事出於後期墨家之手。

三國時代，社會形勢要求官員實施儒家禮制。王肅作爲儒家官員，爲了糾正民間習俗、促進儒家制度，編了一本總結儒家喪禮的手册《喪服要記》。按照我們的假説，《魯哀公葬父篇》原資料出自後期墨家之手，但其批評對象是當時民間的厚葬習俗，其目的倒與王肅一致。本篇原資料的故事有一部分批評到儒家采用的習俗，所以那部分的習俗和儒家經書的禮法有共通起源，互相類似，例如"幡"、"魂衣"、"菰廬"。但到了三國時代，這些習俗也和儒家經書不一致了。於是王肅企圖利用這個故事來破壞當時堅固存在的民間非儒家喪葬習俗。

---

① 裘錫圭《寒食與改火——介子推焚死傳説研究》，收入裘錫圭《古代文史研究新探》，江蘇古籍出版社，1992年。

② 羅根澤《莊子外雜篇探原》，1936年；後收入羅根澤《諸子考索》，人民出版社，1958年，第309頁。關鋒《莊子外雜篇初探》，收入《莊子内篇譯解和批判》，中華書局，1961年，第354～355頁。澤田多喜男先生整理過這兩篇論文對《莊子》外、雜篇各篇形成時代的意見，參看澤田多喜男《莊子のこころ》，有斐閣，1983年，第193～194頁。

附記

本文草成後，承蒙橋本秀美先生指教。我們參考橋本先生的意見作了一些修改和補充。謹致謝忱。

原載北京大學國際漢學家研修基地編《國際漢學研究通訊》第 9 期（北京大學出版社，2014 年），今據以收入。

馬王堆帛書研究

《五十二病方》的重新整理與研究

2008年9月復旦大學出土文獻與古文字研究中心、湖南省博物館、中華書局的《馬王堆漢墓簡帛集成》編纂出版合作項目正式啟動①,10月底湖南省博物館重新拍攝馬王堆漢墓簡帛的數碼彩色照片。筆者因爲負責《五十二病方》的整理工作,有幸能夠利用其照片。此次拍攝的照片非常清晰,過去無法辨認的不少字形和反印文可以辨認②,甚至縑帛的經緯也能夠看得很清楚。加上因爲電腦圖像處理軟件的發達,反印文可以翻轉,釋讀比過去有了很大的優勢和便利。可以説我們擁有了原整理者當年無法想象的好條件③。我們憑借這些優勢獲得了不少新發現,本文介紹其中的一部分。

本文分三節加以叙述。第一節是《五十二病方》的整體結構與折疊方式,第二節是拼合方面的發現,第三節是釋文方面的發現。我們的發現有很多是根據反印文得到的。有時候也因爲有了反印文才能證明我們的結論。這種反印文往往是利用圖像處理軟件,加以放大、翻轉處理,調整圖

---

① 參看《〈長沙馬王堆漢墓簡帛集成〉編纂出版合作協議簽字儀式在復旦大學舉行》,出土文獻與古文字研究中心網站,2008年9月5日(http://www.gwz.fudan.edu.cn/SrcShow.asp?Src_ID=500)。
② 所謂"反印文"是左右折疊或加空帛爲襯所印的文字的水平鏡像。此定義根據陳劍《簡帛古書拼綴雜談》,復旦大學出土文獻與古文字研究中心講座,2010年6月28日。但《五十二病方》反印文的一半是上下折疊所印,詳下文。
③ 馬王堆漢墓帛書整理小組《馬王堆漢墓帛書〔肆〕》,文物出版社,1985年。我們稱這部書的作者爲"原整理者",這部書所收圖版爲"原圖版",釋文爲"原釋文",注釋爲"原注"。

像的亮度、對比度才能辨認出來的。但此類文字，用電腦還能看得比較清楚，恐怕印刷之後就什麽都看不出來了。因此我們不得不放棄在本文中收録反印文的圖版，請讀者諒解。

一、《五十二病方》的整體結構與折疊方式

關於這個問題，小曽户洋、長谷部英一、町泉壽郎三位先生（以下以小曽户先生爲代表）獲得了很突出的成果①。他們調查了《五十二病方》所有帛片的反印關係，據此復原帛書的整體結構及當時的折疊方式。根據其研究，《五十二病方》和《足臂十一脈灸經》、《陰陽十一脈灸經甲本》、《脈法》、《陰陽脈死候》一起寫在兩張帛上，一張帛書寬度爲 48 釐米，長度爲 110 釐米。兩張帛首先背靠背地疊在一起，然後以第一張帛爲内側上下對折一次，再然後以小曽户先生所謂"蛇腹折"的方式折疊。"蛇腹折"是日語，是因爲其折疊的形狀像蛇爬行的樣子而起的名字，其實是經折裝的意思（參看復原圖，見下）。

每張帛在折疊後變成原來的十六分之一大。爲了討論的方便，本文使用"頁"這個概念。也就是説，每張帛有十六頁。我們看一下小曽户先生復原的帛書整體照片：

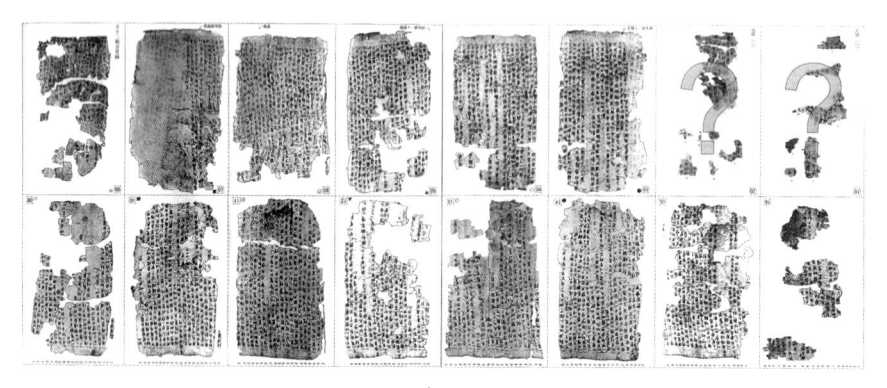

帛一

① 馬王堆出土文獻譯注叢書編集委員會編，小曽户洋、長谷部英一、町泉壽郎著《馬王堆出土文獻譯注叢書　五十二病法》，東方書店，2007 年。帛書折疊方式的復原圖也引自此書。

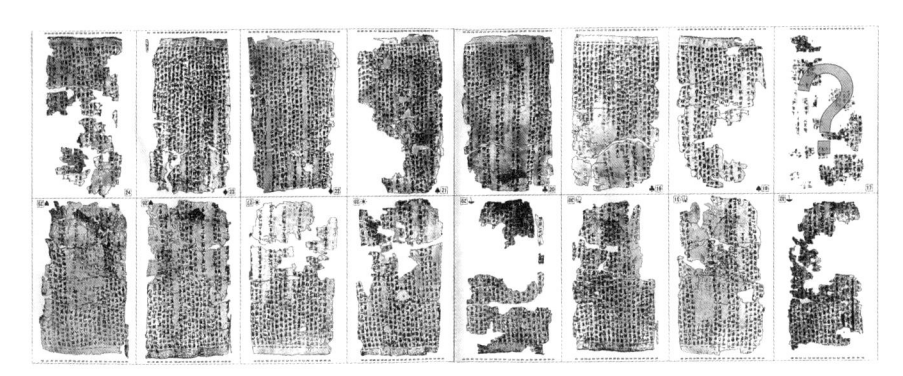

《五十二病方》的重新整理與研究　265

帛二

頁碼和各篇行數的關係及反印關係如下表：

帛　一

1	?			16			病方 138－149
2	♤	＊	病方倒映文	15	♤		病方 119－137
3	●	＊	足臂 1－15	14	●	＊	病方 100－118
4	◇	＊	足臂 16－34	13	◇	＊	病方 79－99
5	▲		陰陽甲 37－56	12	▲	＊	病方 60－78
6	◎	＊	陰陽甲 57－71　脈法 72－79	11	◎		病方 40－59
7	■		脈死候 80－88	10	■		病方 20－39
8	☆	＊	病方目錄	9	☆		病方 1－19

帛　二

17	?			32	◆	＊	病方 446－462
18	♠		病方 150－170	31	□	＊	病方 426－445
19	○	＊	病方 171－190	30	□		病方 406－425
20	○		病方 191－212	29	◆		病方 385－405
21	♠	＊	病方 213－233	28	△	＊	病方 364－384
22	♣		病方 234－256	27	△	＊	病方 345－363
23	♣	＊	病方 257－277	26	★		病方 324－344
24			病方 278－297　病方 298－303	25	★	＊	病方 304－323

表中的黑體數字表示頁碼。例如"第 9 頁"指的是《五十二病方》第 1～19 行的一大塊。頁碼後的符號表示反印關係,符號相同的兩頁表示它們有反印關係。符號後的" * "表示該頁上有較爲清晰的反印文。例如第 3 頁有第 14 頁的反印文,第 14 頁有第 3 頁的反印文。一般來說,帛書上的反印文基本上是單方向的,如果某頁有清晰的反印文,與它有反印關係的一頁上則看不出反印文,而且有反印文的是被疊在下面的一頁①。這部醫書也能看到這個現象,但偶爾也能看到有反印關係的兩頁都有反印文。這或許與這部書較爲特殊的折疊方式有關。

小曽户先生的改動主要有兩處:第一處是第 16 頁,小曽户先生指出原圖版所謂殘片 1 屬於第 16 頁;第二處是第 24 頁,小曽户先生指出第 298～303 行是第 24 頁的一部分。

第 1 頁、第 2 頁、第 17 頁,原整理者没能復原,而我們復原了一部分。本文第二節第(一三)條是第 1 頁的復原,第(五)條是第 17 頁的復原。在此談第 2 頁。小曽户先生懷疑第 1 頁、第 2 頁是空白頁,這兩頁相當於這部醫書的"扉頁"。其實過去没有公開的照片中有一張所謂"病方倒映文"的照片②。這是一張空白頁,陳松

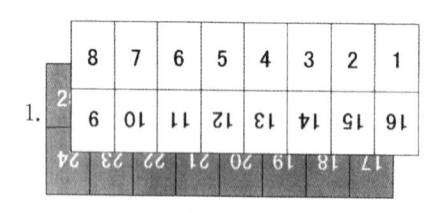

1. 將兩張帛背靠背地疊在一起(有字面在外面)。

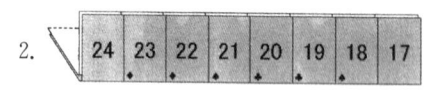

2. 以帛一爲内側,對折一次。因此帛一相對的兩頁有反印關係,如 1 - 16、2 - 15、3 - 14……。

3. 以經折裝的形式折疊。因此帛二在原則上相鄰的兩頁有反印關係,如 19 - 20、22 - 23、25 - 26 等。但有一處折疊方法較爲特別,因此形成 18 - 21、29 - 32 的反印關係。

折疊方法復原

---

① 關於這個現象,承蒙陳劍先生指教。
② "病方倒映文"是湖南省博物館給我們提供照片時的名稱。

長先生曾經專門討論過馬王堆帛書空白頁,其中也介紹了這張《五十二病方》的空白頁①。根據陳先生研究,空白頁有兩種情況:

> ……"空白頁"又分兩種情況,一種是畫有朱絲欄而沒抄寫文字的"空白頁";一種則是完全没有畫欄格,只有"倒印文"的帛片,……。

前一種是專門用來保護絹面的:

> 經與抄有文獻的帛片形制進行比較後,我們推測,有深褐色絹邊的帛片並不是用來抄寫文獻的,而是專門用來保護絹面的。

《五十二病方》的空白頁屬於後一種:

> ……如帛書《出行占》和《五十二病方》兩種雖然也有倒印文的所謂"空白頁",但既没有褐色絹邊,也没有足夠的覆蓋帛片,《五十二病方》就僅有 1 頁而已。

雖然陳先生對後一種空白頁的用途没有作明確的解釋,但似乎認爲後一種和前一種同樣是用來保護絹面的,只是因爲《出行占》、《五十二病方》的等級在墓主人看來不太高,其保護措施也不太講究而已。然而《五十二病方》的空白頁和專門用來保護絹面的空白頁情況有很大的不同。因此《五十二病方》的空白頁不太可能是用來保護絹面的。

我們發現《五十二病方》空白頁滿面是第 15 頁的反印文。根據小曾户先生復原的折疊方式,與第 15 頁有反印關係的應該是第 2 頁。第 2 頁正好是缺的一頁,而且小曾户先生早已推測是空白頁。《五十二病方》空白頁的情況與小曾户先生的推測完全一致。據此可以確定這張空白頁就是這部醫書的第 2 頁。這反過來證明小曾户先生的復原是正確的。

還有一點值得指出的是,陳劍先生發現《"物則有形"圖》的下半有這部醫書第 24 頁的正印文,並認爲"此正印文的形成……似只可能由放置於上的《五十二病方》該片滲印於此處而成,亦即其放置上下順序依次爲

---

① 陳松長《馬王堆帛書"空白頁"及相關問題》,《文物》2008 年第 5 期。

《五十二病方》該片、《物則有形》圖下半即此片、《物則有形》圖上半"①。按照小曾户先生的復原，這部醫書第 24 頁正好在最下方最外層。也就是説，小曾户先生的復原與《"物則有形"圖》所見正印文的情況也完全吻合。這點也能證明小曾户先生復原的正確性。

二、拼合方面的發現

本節介紹四十三塊殘片的拼合（另外還拼上了兩塊無字殘片，見第〔一二〕條），分十三條加以説明。

每條分四項説明：(a) 是新拼合的殘片，此處用的是原圖版。我們也説明此殘片見於原圖版的什麽地方。(b) 是拼合前和拼合後的帛片比較，拼合前的圖版使用原圖版，拼合後的圖版是我們用新照片拼合的圖版。(c) 是相關釋文，我們對與新拼合的殘片有關的地方標了下劃綫，字體加粗。(d) 是拼合説明，説明此拼合的根據，有時談到文義的解釋。

爲了使頁面儘量整齊，本節所使用圖版的放大（或縮小）比率很不統一。

(一) 第 3～5 行

(a) 新拼合的殘片

39 頁 3 列 6 行

---

① 此説見董珊《馬王堆帛書"物則有形"圖與道家"應物説"》，本輯（編按：即《文史》2012 年第 2 輯）第 31～32 頁。

(b) 拼合前和拼合後的帛片比較

拼合前　　　　　　　　拼合後

(c) 釋文

【一，□】①□□胸，令大如荅，即以赤荅一斗并【□】，復冶□【□□
　　　　□□□□□□□□】₃孰（熟）而□【□飲】其汁＝（汁，汁）宰（滓）
　　皆索└，食之自次（恣）殹。痛斬☐₄
一，冶齊石②，【以】淳酒漬而餅之，……₅

(d) 拼合説明

5 行"齊石"之"齊"，筆畫密合。

因爲發現了此處的殘片，第 3～5 行開頭殘缺字數的推算應該比過去準確。此外，4 行"食之自次殹"之"殹"，原釋文作"解"。

所謂"解"　　　參考：334 行"殹"

附帶指出，第 5 行"淳酒"上一字，當可以補"以"字。類似的辭例有"漬以淳酒而垸之"（259 行）等。

---

① 本文所示釋文，用"【□□□□□】"表示缺文。
② "石"，原釋文缺釋，此從陳劍先生釋，説見陳劍《馬王堆帛書〈五十二病方〉、〈養生方〉釋文校讀札記》（發表於復旦大學出土文獻與古文字研究中心編《出土文獻與古文字研究》第 5 輯，上海古籍出版社，2013 年。以下簡稱爲《札記》）第（三〇）條注。

270　簡帛研究論集

(二) 第 68～69 行

(a) 新拼合的殘片(兩塊)

① 39 頁 2 列 6 行 　　② 39 頁 4 列 2 行

(b) 拼合前和拼合後的帛片比較

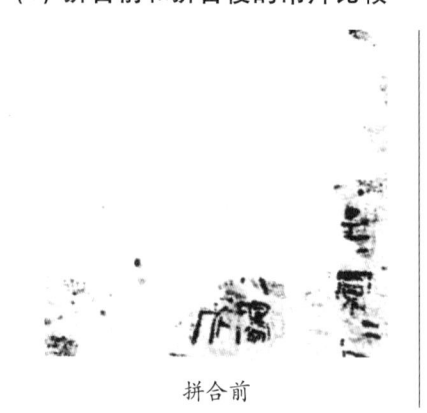

拼合前 　　拼合後

(c) 釋文

【夕】下：以黃=芩=（黃芩，黃芩）長三寸﹂，合盧大如□□豆卅（三十），去皮而并冶，【□□□】□大把，擣（搗）而煮之，令₆₈沸，而潛去其宰（滓），即以【其】汁淒夕下①。巳（已），乃以脂【□□□】，因以所冶藥傅₆₉之﹂。節（即）復欲傅之，淒傅之如前。巳（已），夕下靡。₇₀

---

① "以【其】汁淒夕下"，原釋文作"以汁□□淒夕下"，此改釋承蒙陳劍先生指教。

(d) 拼合説明

殘片①,"大把"之"把",筆畫密合。

殘片②,"因以"之"因",筆畫密合。

另外,反印文可以對應(兩個殘片上有《陰陽十一脈灸經甲本》48～50行的反印文)。

"大把",量詞。此詞亦見於本篇 248～249 行"青蒿大把二"、《養生方》71～72 行"取車踐(前),産蒸之,大把二"。

(三) 第 85 行

(a) 新拼合的殘片(兩塊)

① 第 87 行"之╷"下 　　　　② 39 頁 3 列 9 行

(b) 拼合前和拼合後的帛片比

拼合前 　　　　　　　　　拼合後

(c) 釋文

蛭食(蝕)人腑股,【即】①産(生)其中者,并黍𠃊、尗(菽)𠃊、秫(朮)而炊之,丞(蒸)以熏,瘳病。₈₅

……₈₆

蚖:釜(齏)蘭,以酒沃,歙(飲)其汁,以辛(滓)封其痏,數更之𠃊。₈₇

(d) 拼合説明

殘片①,《足臂十一脈灸經》30～31 行處有"炊之丞以熏"五字的反印文,殘片①上的"以熏"二字可以對應。此反印文較爲清晰,從原圖版也容易看出。我們以此爲例說明我們所謂"反印文可以對應"的具體情況。

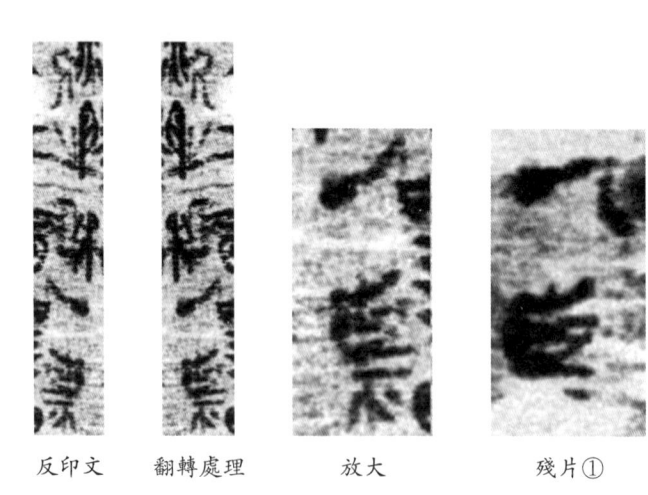

反印文　　翻轉處理　　放大　　殘片①

原整理者把殘片①放在 87 行,原釋文是"數更之,以熏☐"。其實"數更之"下有"𠃊"符號,表示此病方以"數更之"結束。把"以熏"放在其下顯然不合理。通過這次新拼合,85 行和 87 行的兩個病方才恢復了原貌。

殘片②,"病"字,筆畫密合。

本篇中還有不少"瘳"字的例子,如 334～335 行"病不☐者一人〈入〉

---

① "【即】",原釋文補"膝",此從陳劍先生釋,説見《札記》第(一一)條。

湯中即瘳,其甚者五六入湯中而瘳",但没有"瘳病"的例子。但傳世文獻中有"瘳疾"的例子,如《晋書·王坦之傳》云:"良藥效於瘳疾,未若無病之爲貴也。"

(四) 第 138～149 行

(a) 新拼合的殘片(四塊)

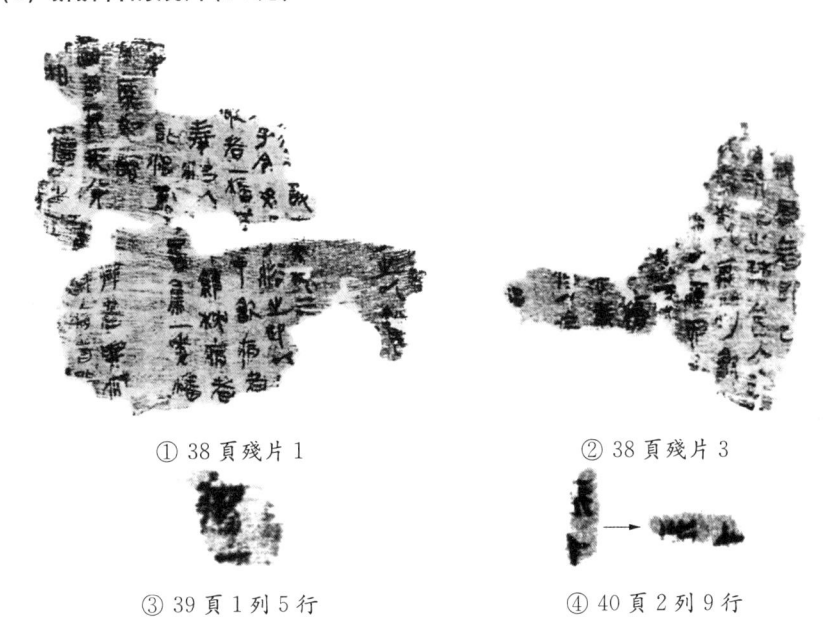

① 38 頁殘片 1

② 38 頁殘片 3

③ 39 頁 1 列 5 行

④ 40 頁 2 列 9 行

(b) 拼合前和拼合後的帛片比較(見下頁)

(c) 釋文

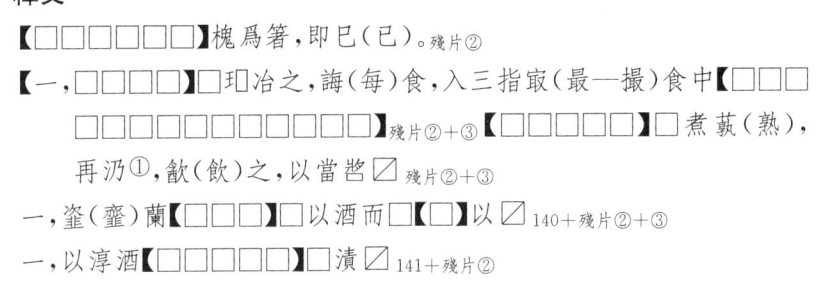

　　【□□□□□□】槐爲箸,即巳(已)。殘片②

　　【一,□□□□】□珥冶之,誨(每)食,入三指冣(最一撮)食中【□□□
　　　　□□□□□□□□□□□】殘片②+③【□□□□□】□煮藙(熟),
　　　　再汋①,歓(飲)之,以當酱□殘片②+③

　　一,銮(鑾)蘭【□□□】□以酒而□【□】以□140+殘片②+③

　　一,以淳酒【□□□□】□漬□141+殘片②

① "汋",原釋文作"浡(漿)",此從陳劍先生釋,説見《札記》第(四九)條。

一，以湯沃【□□□□□】□痏【□□】歓（飲）☐142+殘片②

疕：取蘭實①【□□□□】去毒【□】□之，以鉛【傅】疕。143+殘片④+②

一，炙樗【□□□□□】傅疕。☐144+殘片④+②

【人】病馬不閒（癎）者：【□□□□□】□，治以酸棗根三【□□□□□□】汨以浴病=者=（病者。病者）女子□145+殘片②+①男子【□□□□□□】男子令女子浴之，即以□【□□□□】□即以女子初有布146+殘片①燔【□□□□□】冣（最—撮）者一桮（杯）酒中，歓（飲）病者☐147+殘片①

拼合前 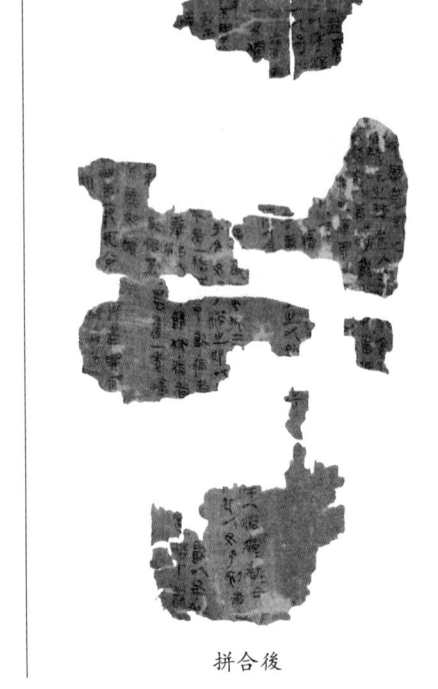　　　　　　　　拼合後

① "實"，原釋文缺釋，此從劉欣先生釋，說見《馬王堆漢墓帛書〈五十二病方〉校讀與集釋》（以下簡稱爲《校讀與集釋》），復旦大學碩士學位論文（指導教師：劉釗教授），2010年，第53頁。

《五十二病方》的重新整理與研究　275

【人病□不瘝：□□□□□】奉，治以□雞、柍，病者【□□□
　　　□□□□】歙（飲）以布如 149/殘片1+148【□□□□□□□】□者【□】
　　　艮，治以□蜀焦（椒）一委（捼），燔【□□□□□】置酒中，歙
　　　（飲）。殘片①+149
【人病羊不瘝：□□□□】□靡（摩）如數。殘片①
【人病蛇不瘝：□□□】□出舌，取蛇兌（蜕）【□】鄉（嚮）者，與
　　　□【□□□□□□□□□□□□】殘片① 【□□□□□□】□柏
　　　【□□□□】□病者能□殘片①

(d) 拼合説明

　　這是第 16 頁整頁的復原。此頁有《痊》、《人病馬不瘝》兩個標題；殘片①的倒數第 2 行有"出舌，取蛇兌（蜕）"五字，這當是《人病蛇不瘝》的病方。據此可知，第 16 頁中有《□者》、《痊》、《人病馬不瘝》、《人病□不瘝》、《人病羊不瘝》、《人病蛇不瘝》六種病方。因爲釋文改動處其多，我們不一一詳述。

　　殘片①，小曾户先生早已指出是第 16 頁的一部分。

　　殘片②，最後一行"治"殘筆與殘片①"治以酸棗根"之"治"筆畫密合，因此殘片①和殘片②可以拼合（附圖）。

　　殘片③，根據殘筆可知，此殘片第一個字是"宊"的下部，而殘片②"誨食入三"的下一個字是"指"的上部。若拼合此兩塊殘片，此處的釋文是"誨（每）食，入三指宊（撮）食中"。類似的辭例見於《養生方》19 行"誨（每）飲，三指宊（撮）入酒中"。《養生方》是"飲"的例子，而此處是"食"的例子，所以要將"三指撮"放入"食中"。根據這個辭例，我們確定殘片②和殘片③可以拼合（附圖）。

　　殘片④，和殘片②"去"、"傅"字筆畫密合，可以拼合（附圖）。

　　通過以上拼合，第 16 頁有了三塊大帛片：原釋文第 138～147 行上

部的殘片、殘片①＋②＋③＋④、原釋文第 142～149 行下部的殘片。接下來要確定這三個殘片的相對位置。

第 138～147 行上部的殘片"一，炙樽"和"【人】病馬不瘸者"間有較大的空白。殘片①＋②＋③＋④"傅疟"和"治以酸棗根三"間也有同樣的空白。根據這個空白，我們能夠確定"一，炙樽"和"傅疟"屬於同一行，"【人】病馬不瘸者"和"治以酸棗根三"屬於同一行（附圖）。

我們再比較殘片①＋②＋③＋④和第 142～149 行下部的殘片的空行情況，能夠確定這兩個殘片的相對位置。

調整帛片的位置後發現，原圖版第 144 行的"疟"字不可能在這個位置。細看圖版，其實這是一塊小碎片。因爲《疟》這一病方只有兩行，這塊碎片只能移到前一行。

(五) 第 17 頁
(a) 新拼合的殘片（兩塊）

① 38 頁殘片 5　　　　② 41 頁殘片 12

(b) 拼合後的帛片（見下頁）
(c) 釋文

　　　　□皆□
　　□＝食＝（□食：□食）者，【□□□】□□
　　　物皆【□□□】治之□

《五十二病方》的重新整理與研究　277

之柔【□□□】農（膿）☒
癰（膿）而□，其巳（已）潰☒
及傅。巳（已）傅藥☒
【□□】者，在足指若☒
【□】皆冶。其巳（已）冶☒
【□】有□☒

（無）

拼合前　　　　　　　　　拼合後

(d) 拼合説明

　　第六行"及傅"之"傅"、第七行"者"，筆畫密合。

　　第二行"□食"顯然是一個病方名。根據《五十二病方》目録，只有《諸食病》有可能與這個病方名對上。而且《諸食病》的位置正好是原整理者没能復原的第17頁。根據以上情況，我們認爲這是第17頁的殘片。

　　我們懷疑原圖版 38 頁殘片 4 和殘片 6 也屬於第 17 頁，但没能找到其確切位置。

(六) 第 284～285 行

(a) 新拼合的殘片

39 頁 3 列 5 行

278　簡帛研究論集

(b) 拼合前和拼合後的帛片比較

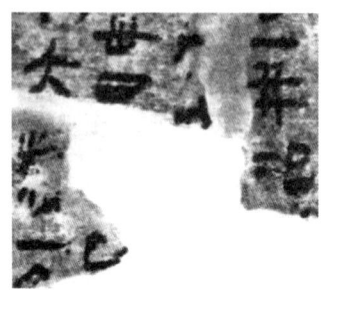

拼合前 　　　　　　　　　拼合後

(c) 釋文

　　一，爛=疽=（爛疽：爛疽）者，疽□起而□痛【□】□□骨①【□】冶，以
薏（蔉）膏未湔（煎）者炙②銷（消）以和□傅之⌐。日三③【傅】₂₈₄₌
樂=（傅藥，傅藥）前洍（洗）以温水。服藥卅（三十）日，疽巳
（已）。嘗試。●令。₂₈₅

(d) 拼合説明

　　第一，"痛"字筆畫密合。第二，"疽巳（已）"意思通順。

（七）第 356～360 行

(a) 新拼合的殘片（兩塊）

① 39 頁 1 列 3 行 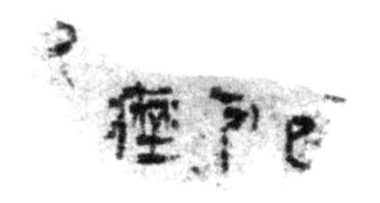　　　　　② 39 頁 2 列 3 行

---

　　①　"骨"，原釋文缺釋，此從劉欣先生釋，説見《校讀與集釋》第 100 頁。
　　②　"炙"，原釋文作"灸"，此從赤堀昭、山田慶兒兩位先生《〈五十二病方〉〈新發現中國科學史資料的研究　譯注篇〉，京都大學人文科學研究所，1985 年，第 240 頁）、裘錫圭先生（《馬王堆醫書釋讀瑣議》，《湖南中醫學院學報》1987 年第 4 期；《古文字論集》，中華書局，1992 年）釋。
　　③　"三"，原釋文作"一"。

《五十二病方》的重新整理與研究　279

(b) 拼合前和拼合後的帛片比較

拼合前　　　　　　　　　　拼合後

(c) 釋文

　一，濡加(痂)：冶巫(筮)夷(荑)半參,以肥濡削貛膏□夷上膏【□□□□】
　　□善以水洇(洗)加(痂),乾而傅之,以₃₅₆布約之。□□死人胻骨,燔
　　而冶之,以識(膱)膏□而【□□】巳(已)。▨₃₅₇

　一，產痂：先善以水洇(洗),而炙蛇膏令消,傅。三傅而巳(已)。
　　【●】令。₃₅₈

　一，痂方：取三歲膱(膱)豬膏,傅之。燔胕(腐)荊箕,取其灰以瘞□
　　三【而巳(已)】。【●】令。₃₅₉

　一，乾加(痂)：冶蛇牀實,以牡麇(麌)膏饍,先秳(刮)①加(痂)潰,即
　　傅而炙,□乾,去【□】□【傅】▨₃₆₀

(d) 拼合説明

　殘片①,356行"上膏"之"上"、358行"而巳"之"而",筆畫密合。

────────
　① "秳",原釋文作"括",讀爲"刮"。劉欣先生改釋爲"秳",懷疑是"括"之訛(《校讀與集釋》第121頁)。陶安、陳劍兩位先生指出秦漢簡帛文字中"昏/舌"常訛爲"古",將原釋文所謂"括"釋爲"秳"(《〈秦讞書〉校讀札記》,《出土文獻與古文字研究》第4輯,上海古籍出版社,2011年,第400～401頁)。

280　簡帛研究論集

殘片②,360 行"炙",筆畫密合。

此兩個殘片上的字、反印文可以對應。

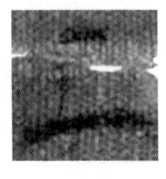

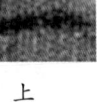

　　　上 　　　　而 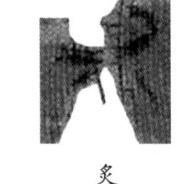　　　　炙

(八) 第 365～368 行
(a) 新拼合的殘片(四塊)

① 39 頁 3 列 8 行 　　　② 38 頁最後一行左

③ 39 頁 1 列 4 行 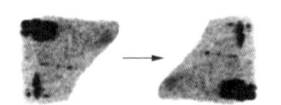　　　④ 40 頁 4 列 9 行

(b) 拼合前和拼合後的帛片比較(見下頁)
(c) 釋文

　　一,癰自發者,桐本一□①所,以澤(釋)泔煮【□□】泔▢₃₆₅

　　一,癰種(腫)者,取烏家(喙)、黎(藜)盧,治之鈞②,以彘膏【□】之,以布裹,【□□】䣛③之,以尉(熨)穜(腫)④所。有(又)可【□□】₃₆₆

―――――

① "□",原釋文作"節"。
② "鈞",原釋文缺釋,此從陳劍先生釋,說見《札記》第(三七)條。
③ "䣛",原釋文缺釋,此從劉欣先生釋,說見《校讀與集釋》第 124 頁。
④ "穜",原釋文作"潼",此從劉欣先生釋,說見《校讀與集釋》第 124 頁。

《五十二病方》的重新整理與研究　281

　　手。令癰瘇(腫)者皆巳(已)。367
一，癰首，取芷半斗，細劑(劑)，而以善酨六斗【□□□】沐之，如此
　　【□】。□醫以此教惠□╱368

拼合前　　　　　　　　拼合後

(d) 拼合說明

　　殘片①，反印文可以對應。
　　殘片②，反印文可以對應。
　　殘片③，如果放在殘片②的上面，拼接處構成"以布裹"一句，這是很常見的句式。此殘片上還有"泔"，按照目前的位置，正好其上面有"以釋泔煮"一句。根據這些情況，暫時把這個殘片放在此處。
　　殘片④，"膝"字筆畫密合。

膝

282　簡帛研究論集

（九）第 369～370 行
(a) 新拼合的殘片

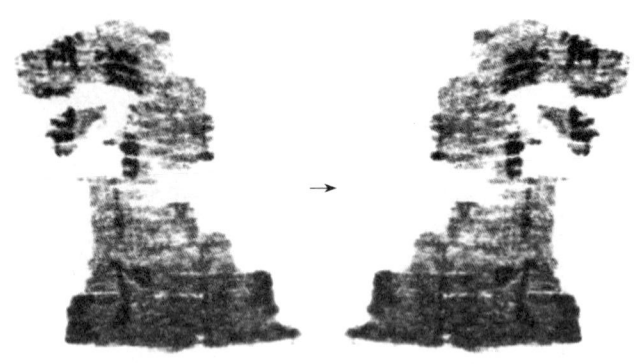

39 頁 2 列 8 行

(b) 拼合前和拼合後的帛片比較

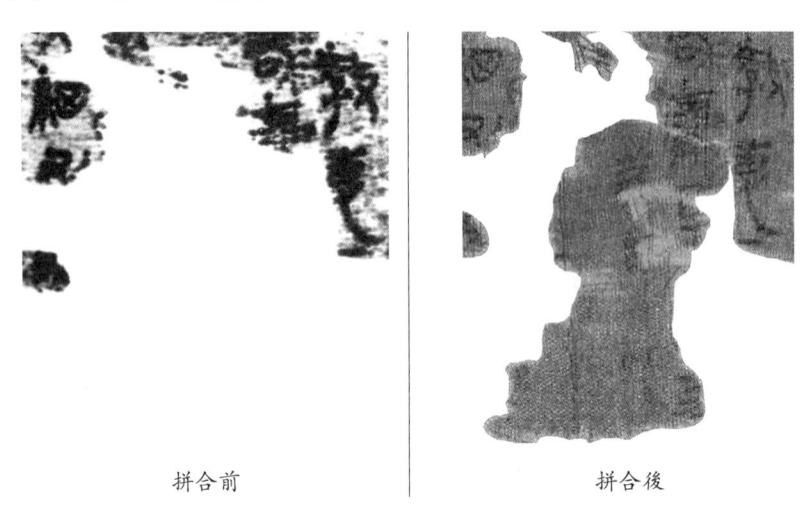

拼合前　　　　　　　　拼合後

(c) 釋文

　　一，身有癃者曰："睪（皋），敢〖告〗大山陵：某〖不〗幸病癃，我直（值）百疾之【□】，我以明（明）月炻（炙）若，寒且【□】若，369 以柞槍柱若，以虎蚤（爪）抉取若，刀而割若，葦而刖若。今【□】若不去，苦湮（唾）□若。"即以370 朝日未食，東鄉（嚮）湮（唾）之。371

《五十二病方》的重新整理與研究　283

(d) 拼合説明

第 5 行 "寒" 筆畫密合(附圖)。

本方的原釋文有很多問題,已有不少學者提出糾正意見。"身有癃者曰:羃(皋),敢〚告〛大山陵" 的釋文和解釋、"柞槍柱若" 之 "柱",從裘錫圭先生意見①。"東鄉(嚮)" 之 "東",從赤堀、山田兩位先生②和裘錫圭先生意見。"炻" 讀爲 "炙"、此病方的呪語都以 "若" 斷開,是范常喜先生的意見③。

經過這次拼合,我們進一步弄清了此呪語的意思。按照原釋文,此呪語以 "而刖若肉,□若不去,苦" 結束。現在看來,此呪語當以 "今【□】若不去,苦洏(唾)□若" 結束,"苦"、"洏" 不能斷開。苦唾就是苦的唾沫,與下 "東嚮唾之" 對應。苦唾亦見於本篇 330 行 "且以苦洏(唾)□端"④。

附帶指出,原釋文所謂 "肉" 其實是 "今"。

　　　　所謂 "肉"　　　　參考:380 行 "今"

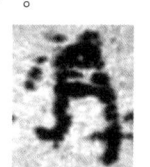

(一○) 第 391～396 行

(a) 新拼合的殘片(兩塊)

　　① 40 頁 4 列 8 行　　　② 38 頁

---

① 裘錫圭《馬王堆醫書釋讀瑣議》。
② 赤堀昭、山田慶兒《五十二病方》,第 264～265 頁。
③ 范常喜《〈五十二病方〉札記一則》,簡帛網,2006 年 9 月 6 日。
④ 330 行 "苦洏" 之 "洏",原釋文作 "酒",此改釋承蒙陳劍先生指教。"端",原釋文缺釋。

(b) 拼合前和拼合後的帛片比較

拼合前　　　　　拼合後

(c) 釋文

【蟲蝕：□□】在於朕（喉），若在它所，其病所在曰【□□□□
□□□□】覈（核），毀而取【□□】₃₉₀而【□】之，以唾溲之①，令
僕=（僕僕）然，即以傅=（傅。傅）以②【□□□□□□□】
湯，以羽靡（磨）□【□】，₃₉₁垢【□】盡③，即傅=藥=（傅藥。傅藥）
薄厚盈空（孔）而止⌐。【□□□□□□□□】明日有（又）泊
（洗）以湯₃₉₂，傅【藥】如前⌐。日壹泊（洗）傷，壹傅藥，三
【□□□□□□□□】數，肉產，傷【□□】₃₉₃肉而止=（止。止）
即泊（洗）去藥⌐。已（已）去藥，即以甗【□□□□□
□□□】疕瘳而止。【□】₃₉₄三日而肉產，可八⌐九日而傷=

---

①　"唾"，原釋文缺釋，此根據殘筆和反印文釋。"溲"，原釋文作"洒"。"溲"，《說文·水部》："浸㳷也。"此處當是加水調和的意思（似是"浸㳷"的引申義）。《禮記·內則》："去其皽，爲稻粉，糔溲之以爲酏。"

②　"以"，原釋文缺釋。

③　"垢"，原釋文缺釋，此承蒙陳劍先生指教。"盡"，原釋文缺釋，此承蒙陳劍先生、郭永秉先生指教。

《五十二病方》的重新整理與研究　285

平=(傷平,傷平)【□□□□□□】,可①十餘日而瘳如故╙。傷
【□】395欲裹之則裹之,□欲□勿□【□□□□□□】布②矣。
傅藥先旦,未傅【□】396傅藥,欲食即食。服藥時▨397

(d) 拼合説明

　　殘片①,反印文可以對應。

　　殘片②,393行"洎"、"傷",筆畫密合。

　　其實394行"去藥"之"藥"、395行"八╙九日"之"九
日",原釋文早已根據上下文補。我們這次找到了寫這些
字的殘片。393行"洎(洗)傷"之"傷",原釋文作"日"。原
整理者是把"傷"的下半部誤認爲是獨立的字。經過這次
拼合,我們知道了這其實是"傷"的一部分,此處"壹洗傷"
和"壹傅藥"是並列的。

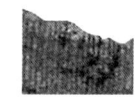

洎傷

(一一) 第399~404行

(a) 新拼合的殘片(十一塊)

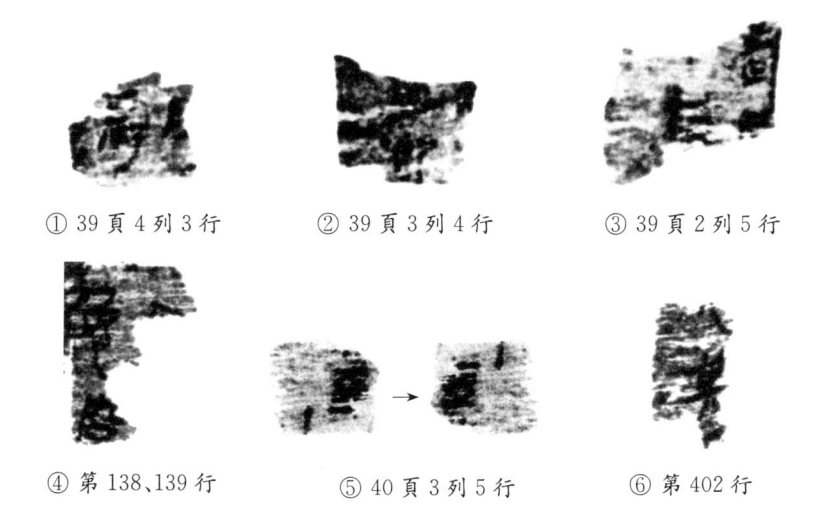

①39頁4列3行　　②39頁3列4行　　③39頁2列5行

④第138、139行　　⑤40頁3列5行　　⑥第402行

----

　① "可",原釋文缺釋,此根據殘筆和辭例釋(上文有"可八九日而傷平"一句)。此承
蒙陳劍先生指教。

　② "布",原釋文缺釋,此從劉欣先生釋,説見《校讀與集釋》第131頁。

286　簡帛研究論集

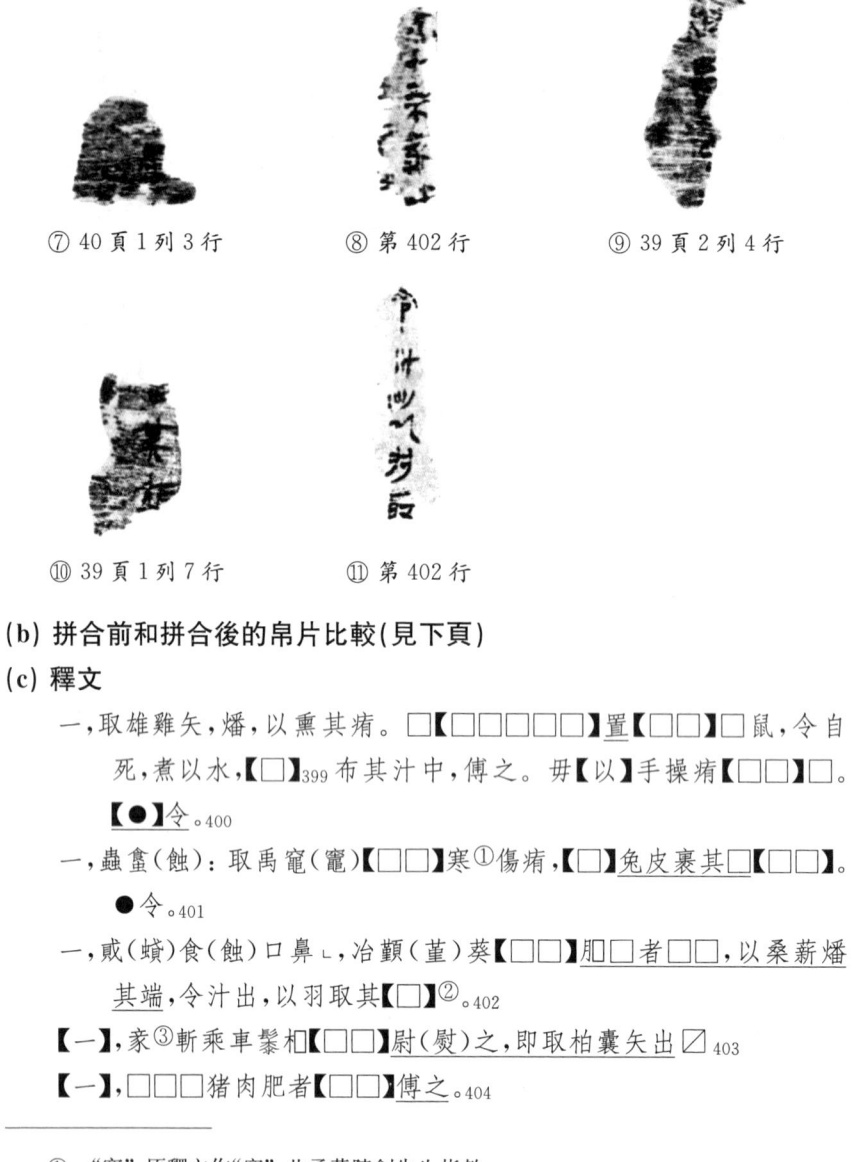

⑦ 40頁1列3行　　⑧ 第402行　　⑨ 39頁2列4行

⑩ 39頁1列7行　　⑪ 第402行

(b) 拼合前和拼合後的帛片比較(見下頁)

(c) 釋文

　　一,取雄雞矢,燔,以熏其痔。□【□□□□】置【□□】□鼠,令自死,煮以水,【□】₃₉₉布其汁中,傅之。毋【以】手操痔【□□】□。【●】令。₄₀₀

　　一,蟲䱌(蝕):取禹䉼(竈)【□□】寒①傷痔,【□】兔皮裹其□【□□】。●令。₄₀₁

　　一,䘌(蟨)食(蝕)口鼻∟,冶顫(菫)葵【□□】肥□者□□,以桑薪燔其端,令汁出,以羽取其【□】②。₄₀₂

　　【一】,豪③斬乘車鬃和【□□】尉(熨)之,即取柏囊矢出▢₄₀₃

　　【一】,□□□猪肉肥者【□□】傅之。₄₀₄

――――――――――

　　① "寒",原釋文作"塞",此承蒙陳劍先生指教。
　　② "其",原釋文缺釋,此根據反印文釋。"其"下,根據帛片的殘損情況,只缺一或二字。從上下文看,似可以補"汁"。
　　③ "豪",原釋文作"㿗(遽)"。

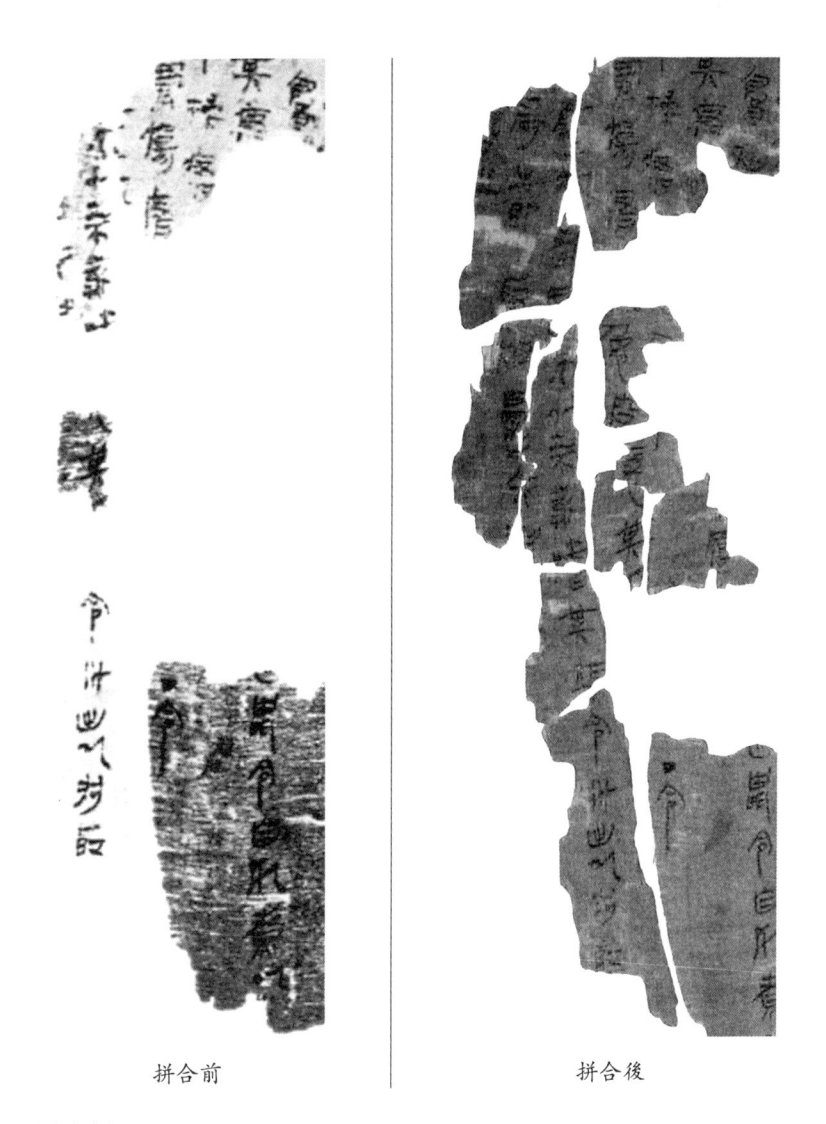

《五十二病方》的重新整理與研究　287

拼合前　　　　　　　　　　　拼合後

(d) 拼合說明

　　殘片①、②、③，本來就是一塊殘片，被原整理者誤剪開。"肌□者"三字，筆畫密合，據此可以確定這些殘片的確切位置。

　　殘片④、⑤、⑥，反印文可以對應。殘片⑤和⑥拼合後，"裏"的筆畫密合。

　　殘片⑦和殘片⑥拼合後，"其"字的筆畫密合。

288　簡帛研究論集

殘片⑧、⑨，反印文可以對應。殘片⑧和⑨拼合後，"囊矢"的筆畫密合。
殘片⑩、⑪，反印文可以對應。殘片⑧和⑩拼合後，"燔"的筆畫密合。殘片⑩和⑪拼合後，"端"字的筆畫密合。

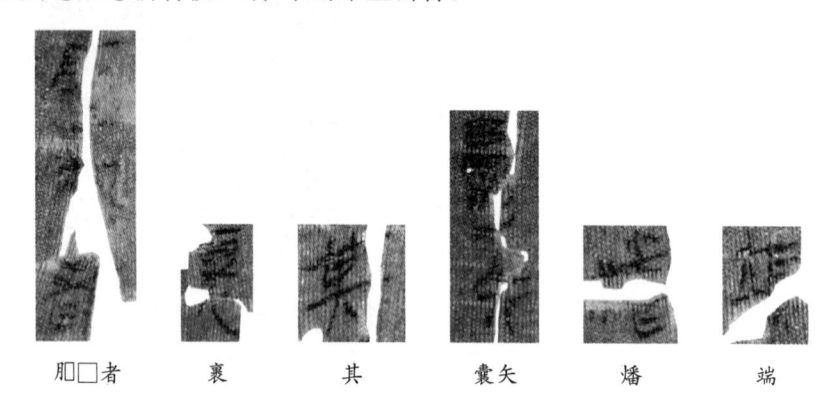

肕□者　　裏　　其　　囊矢　　燔　　端

原圖版把殘片⑥、⑧、⑪都放在 402 行，但位置都不對，因此 402 行的原釋文頗有問題。我們看一下 402 行的原釋文：

一，彧（蟲）食（蝕）口鼻╚，冶顛（菫）葵□□□，以桑薪燔□□其□□令汁出，以羽取□

按照原釋文，下劃綫部分文章不連貫，文義也難以理解。通過新拼合，此處的釋文可以改爲"以桑薪燔其端，令汁出，以羽取其□"，意思就清楚多了。

（一二）第 419～423 行

(a) 新拼合的殘片（三塊）

①40 頁 1 列 10 行　　②40 頁 2 列 7 行　　③第 419～421 行

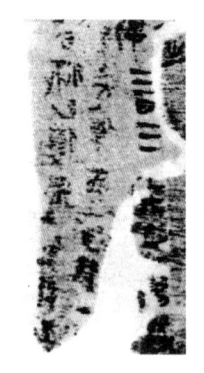

(b) 拼合前和拼合後的帛片比較

拼合前　　　　　　　　拼合後

(c) 釋文

　　身疕=(疕：疕)毋(無)名而養(癢)，用陵(菱)叔〈枝(芰)〉熬，冶之，以
　　　犬膽和，以傅=之=(傅之。傅之)久者，輒復【之】，□疕已(已)。
　　　●嘗試。●【令】₄₁₉

⋯⋯₄₂₀

⋯⋯₄₂₁

⋯⋯₄₂₂

一，行山中而疕出其身，如牛目，是胃(謂)日□□□□掌中三日三。₄₂₃

(d) 拼合説明

殘片①,反印文可以對應,帛書的形狀也密合。

殘片②,"復"的筆畫密合。其實這個殘片本來不是殘片。原整理者因爲要把殘片③拼到這個地方,剪掉了這一塊。但按照原整理者的整理,拼接處不成字,這個拼合顯然是錯的(附圖)。

原圖版 　　　　　　　　新圖版

殘片③,反印文可以對應。這一塊帛片上有較爲清楚的 428 行"傅涿已傅灰=盡漬"、429 行"盡即可瘳矣╰傅藥時禁□"的反印文;也能確認 429 行"瘳矣╰傅"的左邊有"中三日三"的反印文。考慮這個兩塊帛片的相對位置,"中三日三"應當屬於 423 行。

此外我們還拼上了兩塊無字殘片。與有反印關係的帛片比較,殘片的形狀基本一致,這能夠證明此拼合的正確性①。因爲無字殘片的拼合意義不大,我們沒把這兩塊算在新拼合的殘片裏面。

(一三) 附方

(a) 新拼合的殘片(八塊)(見下頁)

(b) 拼合後的帛片(見下頁)

---

① 郭永秉先生説:"在整理帛書的過程中,我發現像《春秋事語》、《戰國縱橫家書》這類折疊之後,有反印文關係的互相疊壓在一起的帛片,往往殘損的形狀都是一致的。"[《馬王堆帛書〈戰國縱橫家書〉整理瑣記(三題)》,本輯(編按:即《文史》2012 年第 2 輯)第 23 頁]我們發現《五十二病方》也有同樣的現象。

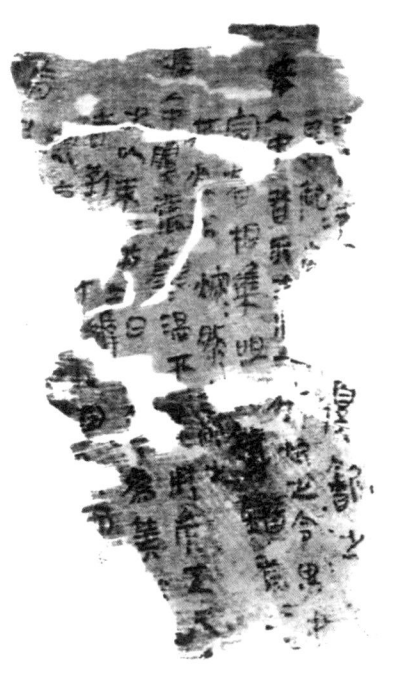

《五十二病方》的重新整理與研究　291

① 41頁殘片7 　　　　　② 41頁殘片8

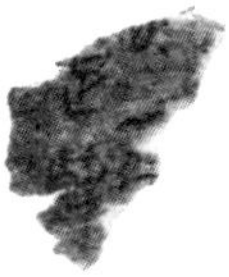

③ 41頁殘片9 　　　　　④ 41頁殘片11

⑤ 41頁殘片13 　　　　　⑥ 41頁殘片14

292　簡帛研究論集

⑦ 38頁殘片1(一部分)　　⑧ 41頁殘片19

（無）

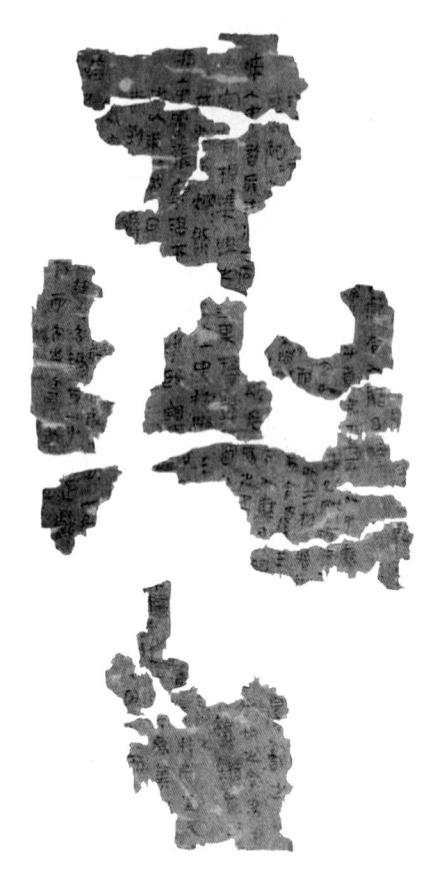

拼合前　　　　　　拼合後

《五十二病方》的重新整理與研究 293

(c) 釋文

【□□□□□□□□□】□取【□】半斗,乾□【□□□□□□□□□】_{殘片⑥+⑤}【□□□□□□】櫛,令人靡(摩)身體(體)。_{殘片④+⑥+⑤}

【□□□□□□】流水【□】斗煮美棗一斗,以手靡(摩)【□□□□□ □□□□□□】_{殘片④+⑥+⑤}【□□□□□□□】湯〈湯〉,以【□□】巳(已)破扣□☑_{殘片④+⑥+⑤}

【□□□□□□】□而【□□】此三物脂□【□□□□□□□□ □□】_{殘片④+⑥+⑤}洎□煮【□□□□□】之,洎以【□□】易,令復三【□□□□□□□□□□】_{殘片①上+④+⑥+⑤} 晨起=(起,起)□【□□□□□□】□【□□】令人靡(摩)身體(體)【□□】復歙(飲)之。_{殘片①上+④+⑥+⑤+①下}

瘻入中者:取流水二石【□□□】竅(核),受湯〈湯〉之五【□□ □□】一斗,炊之,令男女【□】_{殘片①上+⑧+⑥+①下}完者相雜咀之三果(顆)、樽、箕置八【□□□□□以】鐵鐺(鐺)煮=(煮,煮)□【□】_{殘片①上+⑧+⑥+①下}箕火令㷉㷉然□旦□中如數,三【□□ □□□□□】歙(飲)之。_{殘片①上+⑧+⑥+①下}

瘻入中,腹張(脹),寒溫不【□□】即取寒及□【□□□□□□】□□用布五尺□_{殘片①上+⑧+⑥+⑦+①下}之以束=(束,束)胅【□】日【□□□ □□□□□】□擣之一斗□爲箅□□【□】_{殘片①上+⑥+⑦+①下}者到【□□】遲【□□□□□□□□□□□□】因□而【□□】_{殘片①上+⑦+①下}□□【□□□□□□】發□,取糞一斗☑_{殘片①上+②+③}

病足【篋:□□□□】篋=(篋,篋)去湯〈湯〉可一寸,□足篋【□□□ □□□□□□□】_{殘片①上+②+③}【□□□□□】操而去之,膏盡□□。_{殘片②+③}

(d) 拼合說明

因爲附方的字體很特殊,很容易就可以確定上舉的八塊殘片是附方的殘片。我們發現第 16 頁有殘片①下部、②、⑥上的字的反印文。根據這些反印文,我們也能夠確定這三塊屬於本醫書的第 1 頁。也就是說,在

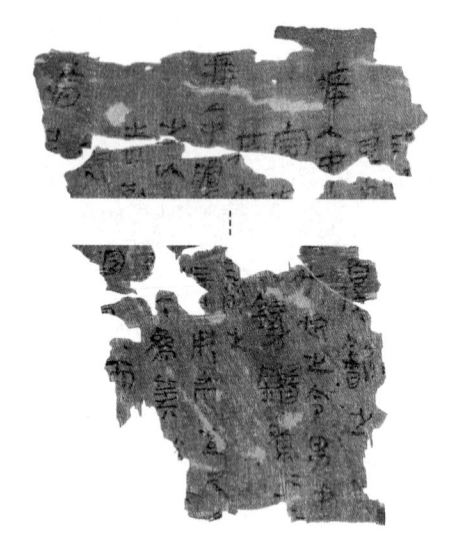

294　簡帛研究論集

《足臂十一脈灸經》、《陰陽十一脈灸經甲本》、《脈法》、《陰陽脈死候》、《五十二病方》之後，又補鈔了一些病方；在寫滿第 32 頁後，又回到最前面，繼續寫在第 1 頁的空白部分。

　　殘片①下部、②、⑥，根據反印文能夠確定其位置。

　　殘片①上部有《痿入中者》、《痿入中（，腹脹，寒溫不……）》、《病足【籄】》三個病方的開頭。殘片①下部"復飲之"、"飲之"下有空白，這些是病方的結束句。把這兩個情況結合起來看，殘片①上部和下部的相對位置可以確定（附圖）。按照這個復原，《痿入中》第一行的末尾是"令男女【□】"，下一行開頭是"完者相雜咀之"，"男女"和"相雜"相對應；《痿入中（，腹脹，寒溫不……）》第一行的末尾是"用布五尺□"，下一行開頭是"之以束"，意思通順。這證明我們復原的準確性。

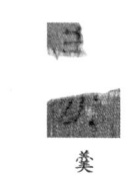

　　殘片②和③可以拼合，拼接處形成"羹"字（附圖）。因為我們知道殘片②的確切位置，殘片③的位置也據此可以確定。按照這個復原，殘片③上"足籄"二字屬於《病足【籄】》的一行，這也能證明這個復原的準確性。

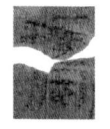

　　殘片④、⑤可以和⑥拼合。第一，殘片④和⑥拼接處的"煮"字、殘片⑤和⑥拼接處的不識字，筆畫密合（附圖）。第二，殘片④、⑤、⑥拼合後，形成了兩個"令人摩身體"句。因為我們知道殘片⑥大概的位置，殘片④、⑤的位置也據此可以確定。

羹

煮

升

《五十二病方》的重新整理與研究　295

　　殘片⑦和殘片①下部可以拼合,拼接處形成"升"字(附圖)。因爲我們知道殘片①下部的確切位置,殘片⑦的位置也據此可以確定。

　　殘片⑧,目前沒有可靠的根據能夠確定其確切位置。但通過以上的復原,這一頁中能容得下這麽大的一塊殘片的地方只有目前的位置。如果把殘片⑧放在目前的位置,"相雜咀之﹗殘片①三果(顆)﹗殘片⑧"、"瘻入中,腹張(脹),寒溫不﹗殘片①【□□】即取寒﹗殘片⑧"兩行似乎能讀通。因此暫時把它放在這個位置。

　　經過以上的復原,本頁和第 16 頁呈對稱形。這從側面説明我們拼合的正確性。

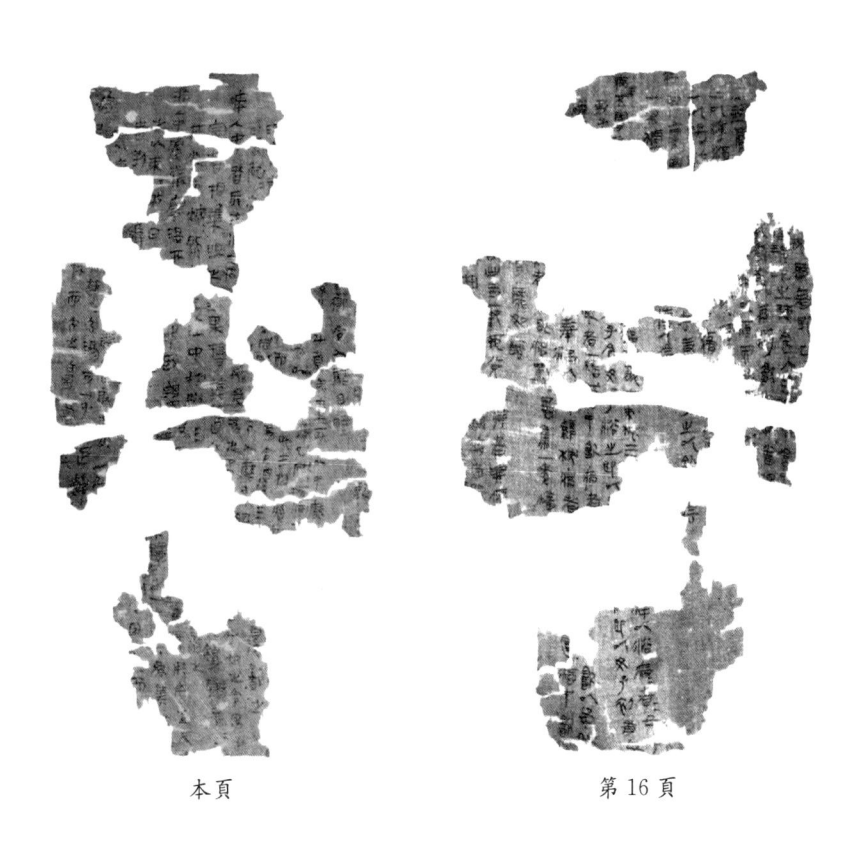

本頁　　　　　　　　　　　第 16 頁

三、釋文方面的發現

陳劍先生的《札記》一文討論《五十二病方》釋讀方面的問題，討論的問題多達49條。我們也在釋文方面得到了不少發現，但大部分發現很瑣碎，也有不少字是根據反印文釋出來的，不適合撰文介紹。我們選一些對文義的理解較有影響的發現加以介紹。

（一）第1行

這是《諸傷》題下的病方，原釋文如下：

【諸傷】：□□膏、甘草各二，桂、畺（薑）、椒□□……

"椒"下一字還有筆畫，當是"朱"。

原圖版　　摹本①　　參考：179 行"朱"

"朱"下似可以補"萸"。本篇中桂、薑、椒、茱萸的組合還有兩例：

1. 271 行：白蔹（蘞）、黄耆、芍樂（藥）、桂、畺、林（椒）、朱（茱）臾（萸），凡七物

2. 275 行：以白蔹、黄芑（耆）、芍藥、甘草四物□者（煮），桂、薑（薑）、蜀焦（椒）、樹（茱）臾（萸）四物而當一物

此外，椒、茱萸的組合有 179 行"朱（茱）臾（萸）、椒"。

（二）第 8～9 行

這是《諸傷》題下的病方，原釋文如下：

一，燔白鷄毛及人髪，冶【各】等。百草末八灰，冶而□□□□□□一垸温酒一音（杯）中○，8 飲之。9

鷄，釋爲"雞"更加準確。本篇中"雞"，原釋文都釋作"鷄"，以下不一一説明。

---

① 本文所用摹本都是我們利用新圖版製作的。新圖版雖然比原圖版清晰，但黑白印刷後的清晰度恐怕不一定比原圖版好。除非有特别的需要，否則本文不使用新圖版，以摹本代之。

"百草末八灰"之"灰",當釋爲"亦"。

原圖版　摹本

○,劉欣先生指出是"而"①。

原圖版　摹本

本方的釋文、斷句應當改爲如下:

　　一,燔白雞毛及人髮,冶【各】等。百草末八亦冶而……一垸(丸)溫酒一音(杯)中而₈飲之。₉

原注云:"百草末八灰,指百草末的用量爲上述毛髮灰的八倍。"原整理者認爲"灰"指的是"毛髮灰"是不對的。"百草末八亦冶"是"百草末,使用量爲白雞毛、人髮的八倍,也弄碎"的意思。白雞毛、人髮是焙烤後研末,百草末則只要打碎即可。

按照本方,將白雞毛及人髮的灰、百草末弄碎搓成藥丸,放在酒裏喝。《漢書·禮樂志》所載《景星》歌有"百末旨酒布蘭生"一句,顏師古注曰:"百末,百草華之末也。旨,美也。以百草華末雜酒,故香且美也。"此"以百草華末雜酒"的方法與本方相似。

(三) 第 49 行

這是《嬰兒病癇方》題下的病方,原釋文如下:

　　嬰兒病閒(癇)方:取雷尾〈尿(矢)〉三果(顆),冶,以猪煎膏和之。小嬰兒以水【半】斗,大者以一斗,三分和,取₄₈一分置水中,撓,以浴之。浴之道頭上始,下盡身,四支(肢)毋濡。三日一浴,三日已。已浴,輒棄其₄₉水圂中。……₅₀

---

① 《校讀與集釋》第 14 頁。

"三日一浴"之"三",原注説係衍文。其實這個字不是"三"而是"而"。"而日一浴,三日已",意思通順無礙。

原圖版　　摹本

(四)第 82 行

這是《癘》題下的病方,原釋文如下:

一,溾(唾)之,賁(噴):"兄父產大山,而居□谷下,……。"

"居"下一字,反印文也很清晰,當是"氏"①。我們參考原圖版、反印文復原此字:

原圖版　　反印文(原圖版)　　復原

氏,讀爲"是"。此句的意思是父兄生在大山,你住在這個谷下。

(五)第 112～113 行

這是《癲疾》題下的病方,原釋文如下:

顛(癲)疾:先㑴(侵)白鷄、犬矢。發,即以刀剝(劙)其頭,從顛到項,即以犬矢【濕】之,而中剝(劙)鷄□112,冒其所以犬矢濕者,三日而已。……113

㑴,其實就是"侵",此從陳劍先生意見②。

剝,本方中有兩例,原釋文都讀爲"劙"。劉欣先生參考馬王堆帛書《周易·剝卦》之"剝"字作"剟"形,讀剝爲剟③。"剝"其實是"刐"的繁形,"刐"是表剝皮、割裂等之意的剝字。秦漢文字中从豕之字常可寫作从象,从象之字與从彔之字常相訛混④。

---

① 此承蒙郭永秉先生指教。
② 《校讀與集釋》第 47 頁。
③ 同上注。
④ 參看陳劍《金文"彖"字考釋》,《甲骨金文考釋論集》,綫裝書局,2007 年。

濕,當釋爲"灃"。

原圖版　　摹本

灃,讀爲"溉"。《説文·水部》云:"一曰:灌注也。"既然此字是"灃",原釋文在"以犬矢"下補"濕"也應該不妥當,此處當補"溉"。

總之,本方的釋文應當改爲如下:

　　顛(癲)疾:先侍(偫)白雞、犬矢。發,即以刀剝(劓)其頭,從顛到項,即以犬矢【溉】之,而中剝(劓)雞□₁₁₂,冒其所以犬矢灃(溉)者,三日而已。……₁₁₃

(六)第 115 行

115~131 行是題爲《白處方》的病方,所見病名分別如下:

　　第一病方(115~116 行)……白處
　　第二病方(117~129 行)……施
　　第三病方(130~131 行)……白癳、虖

這三種病名指的應該是同一種病。原注對白處云:"應爲有皮膚色素消失症狀的皮膚病,如白癜風之類。"對施云:"下方作癳、虖,應爲白處的別名。"對白癳云:"帛書《周易》褫作攎,故癳字從虖聲。"

115 行"白處方"之"處",大部分殘缺,無法辨認字形。

原圖版　　摹本

此處帛片嚴重變形,現在只能確認最下部的一橫筆。本題在《五十二

病方》目録中也殘去。施謝捷先生認爲此"處"當改爲"虒"①。我們同意施先生的意見,在此略做補充。

"白瘨"之"瘨",原字形如下:

原圖版　　摹本

所謂"虖",魏啓鵬、胡翔驊兩位先生説"一説,虖疑即虒。"②李家浩先生同意原釋文,認爲此字從"也"聲。但他説原注所引《周易》"攡"字實是"攄"字,其所從右旁與《五十二病方》的"虖"無關③。《周易》的所謂"攡"字原字形如下:

《周易·六十四卦》6 行上

此字右旁和《五十二病方》的所謂"虖"字形完全相同,並不從"也"。關於此字,《周易》的原整理者張政烺先生釋作"攡",並加注釋:"攡,王弼本作攠。此字左從手,右從虚,虎下加一横畫,蓋即虒。"他後來對這個注釋作補充,引用了《康熙字典·手部》:"攟(俗攄字)。"④

馬王堆漢墓出土遣策中也有不少"虒"的例子:

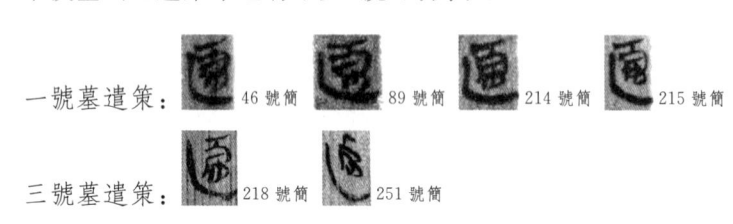

一號墓遣策:　46 號簡　89 號簡　214 號簡　215 號簡

三號墓遣策:　218 號簡　251 號簡

關於遣策中的"虒",朱德熙、裘錫圭兩位先生有考釋⑤。

---

① 説見《札記》第(一四)條注。
② 魏啓鵬、胡翔驊《馬王堆漢墓醫書校釋》(壹),成都出版社,1992 年,第 79 頁。
③ 李家浩《釋老簋銘文中的"濾"字——兼談"只"字的來源》,《古文字研究》第 27 輯,中華書局,2008 年。
④ 《馬王堆帛書周易經傳校讀》,中華書局,2008 年,第 70 頁。
⑤ 《馬王堆一號漢墓遣策考釋補正》,《文史》第 10 輯,1980 年,第五條"卑虒"。

參考這些例子,所謂"虛"無疑就是"虒"。虒、施二字可以相通。《説文》"弛"字重文作"弛",李家浩先生認爲"弛"實從"它"聲①。"施"也是从"它"聲的②。

我們回頭看"白處"之"處"。"處"古音與"施"、"虒"有距離,難以相通。而且其字形雖然殘缺了大部分,但仍能看出最下部的一筆是橫畫,與"處"的字形不合。根據殘筆和文義,我們認爲此字很有可能是"虒"。

(七) 第 122~123 行

這是《白瘢方》題下的病方,原釋文如下:

　　炙之之時,□食甚□□□122搜,及毋手傅之。……123

"炙之之時"下的"□食",根據反印文可知其實是一個"養"。

原圖版　　反印文摹本

"甚"下第二個字,當釋爲"禁"。

原圖版　　新圖版　　摹本

"禁"下當補"毋"。本篇 238 行有"服藥時禁毋食彘肉、鮮魚",與此同例。此"【毋】搜"與下文"毋手傅之"是並列句。搜,讀爲"搔"。《詩·大雅·生民》"釋之叟叟",《釋文》云:"叟,《爾雅》作溲",《史記·屈原賈生列傳》"而作《離騷》",《索隱》本騷作"慁"③。

---

① 《釋老簋銘文中的"濾"字》,注⑨。
② 徐寶貴《以"它""也"爲偏旁文字的分化》,《文史》2007 年第 3 輯。
③ 參看高亨纂著,董治安整理《古字通假會典》,齊魯書社,1989 年,第 759 頁。

總之，此處釋文應當改爲如下：

炙之之時，養（癢）甚□禁【毋】122搜（搔），及毋手傳之。……123

（八）第124～125行

這是《白瘕方》題下的病方，原釋文如下：

旦服藥，先毋食□二、三日。服藥時毋食124魚，病已如故。治病毋時。●二、三月十五日到十七日取鳥卵，已□即用之。……125

陳劍先生指出"旦服藥"之"旦"，當釋爲"且"；"先毋食□二、三日"之"□"當是"葷"①。

"服藥時"之"服"，其實是"及"。此字反印文比較清楚。

原圖版　　　反印文摹本

"且服藥，先毋食葷二、三日"與"及藥時，毋食魚"相對。吃藥前，不能吃葷食；吃藥時，不能吃魚。等病好了，不用吃藥，也不用遵守這些禁忌（"病已，如故"）。

"二、三月"之"二"，當是"以"。

原圖版　　　摹本

總之，此處釋文和斷句應當改爲如下：

且服藥，先毋食葷二、三日；及藥時，毋食124魚。病已，如故。治病毋時。●以三月十五日到十七日取鳥卵，巳（已）【□】即用之。……125

---

① 《札記》第（一五）條。

(九) 第 189 行

這是《瘙病》題下的病方，原釋文如下：

　　一，以醯、酉（酒）三乃（汭）煮黍稷而飲其汁，皆□□。189

稷，當釋爲"稈"。《説文·禾部》："稈，禾莖也。"

原圖版　　　摹本　　　參考：214 行"稈"

(一〇) 第 195～197 行

這是《癲》題下的病方，原釋文如下：

　　積（癲）：操柏杵，禹步三，曰："賁者一裏胡，漬者二裏胡，漬者三裏胡。柏杵白穿，一母一□，□195 獨有三。賁者潼（腫），若以柏杵七，令某僨（癲）毋一。"必令同族抱□積（癲）者，直（置）東鄉（嚮）窗道外，196 歧椎之。197

195 行"一母一□"之"母"，當釋爲"毋"。

195 行　　　參考：196 行

此處原釋文的斷句也有問題，當改爲"柏杵臼穿一，毋（無）一"，與下文"以柏杵七，令某癲毋一"同例。"穿一，無一"意爲"貫穿一次，一個癲疝也沒有"①。

196 行"賁者潼（腫）"之"潼"，小曾户先生釋作"穜"，讀爲"撞"，斷句爲"賁者穜（撞）若，以柏杵七，……"②。

---

① "毋一"的解釋承蒙裘錫圭先生指教。
② 小曾户洋、長谷部英一、町泉壽郎著《馬王堆出土文獻譯注叢書　五十二病法》第 103 頁。

304　簡帛研究論集

"令某瀆毋一"之"瀆",當釋作"瀆"。

"必令同族抱"之下一字,原字形如下,當是"令"。

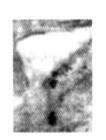

原圖版　　摹本

窗,釋爲"窻"更準確。

此處以"令瀆(癩)者直東鄉(嚮)窻"構成一句。類似的辭例還有本篇 200 行"令癩者東嚮"、206 行"令癩者屋雷下東嚮"、210 行"令癩者北首卧北鄉(嚮)廡中"等。直,當也。

原釋文在"道外"下斷開也不對。道,由也。本篇 49 行"浴之道頭上始",與此同例。

總之,本方的釋文、斷句應當改爲如下:

瀆(癩)╚:操柏杵,禹步三,曰:"賁者一裏胡╚,瀆者二裏胡╚,瀆者三裏胡╚。柏杵白穿一,毋(無)一,□【□】195 獨有三。賁者種(撞)若,以柏杵七,令某瀆(癩)毋(無)一。"必令同族抱,令瀆(癩)者直東鄉(嚮)窻,道外 196 攱椎之。197

巫師先喊呪語,然後讓癩者的同族抱住癩者,讓癩者向東面的窗户站立,從外面"攱椎"癩者。攱,原注云:"逐鬼。"《説文·攴部》:"毃攱,大剛卯,以逐鬼魃也。從攴、巳聲。讀若巳。"① 巫師在呪語中説用柏杵打癩,實際上是用大剛卯當作柏杵打癩者。

(一) 第 204~205 行、第 210 行

這是《癩》題下的兩個病方,原釋文分别如下:

一,以辛巳日古(辜)曰:"賁辛巳日,"三;曰:"天神下干疾,神女倚序聽神吾(語),某狐叉非其處所,已;不 204 已,斧斬若。"即操布攱之二七。205

―――――――――――

① "攱"字的解釋承蒙裘錫圭先生指教。

一,令穨(癩)者北首卧北鄉(嚮)廡中,禹步三,步嘑(呼)曰:"吁!狐麃,"三;"若智(知)某病狐▢₂₁₀

205 行"古(辜)",李家浩先生指出當釋爲"由"。此"由"是"祝由"之"由",是詛呪之意①。

205 行"狐叉"、210 行"狐▢",原字形如下(原圖版):

205 行　　210 行

"狐"下一字都是"父"。從 210 行"某病狐父"可知,狐父是病名。值得注意的是 210 行的"狐麃"。這説明古代人相信狐麃是這個病的病因,這就是"狐父"這個病名的由來。

204～205 行"某狐父非其處所,已;不已,斧斬若"的斷句當改爲"某狐父非其處所。已。不已,斧斬若"。本篇 96 行云:"已。不已,青傅汝。"與此同例。饒有趣味的是"斧斬若"之"斧"與下文"操布戹之二七"之"布"相對應。"斧斬若"是設令之辭,未必真的要用斧頭砍病人,而很有可能是用布當作斧進行祝由術②。

(一二) 第 213 行

這是《癩》題下的病方,原釋文如下:

一,穨(癩)者及股癰、鼠復(腹)者,▢中指蚤(搔)二【七】,必瘳。₂₁₃

按照原釋文,"中指蚤(搔)二【七】"是"用中指搔扒十四次"的意思。

細看圖版,我們仍然能看出"二"字下的字不是"七",而是"莊"。

---

① 李家浩《馬王堆漢墓帛書祝由方中的"由"》,《河北大學學報》(哲學社會科學版) 2005 年第 1 期。
② 此承蒙陳劍先生指教。

| 原圖版 | 新圖版 | 摹本 |

莊，當讀爲"壯"，是艾炷的計數單位。《金匱要略·雜療方》救卒死而張口反折者方云：

灸手足兩爪後十四壯了。

參考這個例子，可知"中指蚤"的"蚤"不應該讀爲"搔"，而應該讀爲"爪"。如本篇 371 行"以虎蚤(爪)抉取若"，《雜禁方》9 行"取雄佳左蚤(爪)四，小女子左蚤(爪)四"，可以參考。

"中指"上的缺字當補"灸"。在中指上施灸，亦見於本篇 155 行：

一，久(灸)左足中指。

總之，本病方的釋文應當改爲如下：

一，𤼣(癃)者及股癰、鼠復(腹)者，【灸】中指蚤(爪)二莊(壯)，必瘳。213

(一三) 第 287 行

這是《疽》題下的病方，原釋文如下：

一，諸疽物初發者，取大叔(菽)一斗，熬孰(熟)，即急抒置甑□□□□□□□□置其□□286 醇酒一斗淳之，□□○即取其汁盡飲之。……287

286 行"抒"，陳劍先生指出當釋爲"邦"①。

---

① 《札記》第(三五)條。

《五十二病方》的重新整理與研究　307

287 行"淳之"下的三個字,當釋爲"至上下"①。

　　　原圖版　　　摹本　　　參考:164 行"至"

"醇酒一斗淳之至上下"似是從上到下用醇酒一斗澆灌的意思。
(一四)第 328 行
這是《胻膫》題下的病方,原釋文如下:

　　一,取雄式,孰(熟)者(煮)餘疾,鷄羽自解,隋(墮)其尾,
　　□□□□□皆燔冶,取灰,以猪膏和【傅】。328

關於這一條,陳劍先生有考證②。按照陳劍先生的意見,這條釋文可以改爲如下:

　　一,取雄式(二),執蟲餘(徐)疾,雞羽自解隋(墮),其弱
　　□□□□□皆燔冶,取灰,以猪膏和【傅】。328

我們查看新圖版後發現"弱"和"皆"間的五個殘字是"者及人頭蠚"③。我們先看"者及"二字:

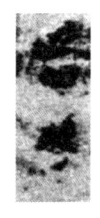

　　　原圖版　　　新圖版　　　摹本

① 劉欣先生已指出第三個字是"下",説見《校讀與集釋》第 100~101 頁。
② 《札記》第(三九)條。
③ "者"之釋,承蒙陳劍先生指教;"人",從劉欣先生釋,説見《校讀與集釋》第 110~111 頁。

308　簡帛研究論集

再看"人頭�（鬚）"：

原圖版　　新圖版　　摹本

"騎"是"鬚"字古體。此字亦見於本篇342行，云"燔騎（鬚）灰等"，陳劍先生對此有考釋，指出"鬚"在帛書中意爲"脱落的頭髮"①。本方"人頭鬚"與上文"雞羽自解墮"相對應。這個例子可以給陳劍先生的説法提供一個證據。

（一五）第372～375行

這是《癃》題下的病方，原釋文如下：

一，白苣、白衡、菌○桂、枯畺（薑）、薪（新）雉、●凡五物等。已冶五物□□□取牛脂□□□細布□□，372并以金銚熇桑炭，毚（纔）弟（沸），發覃（歊），有（又）復熇弟（沸），如此□□□□布【抒】取汁，即取水373銀靡（磨）掌中，以和藥，傅。且以濡漿細□□□之□□□□。傅藥毋食□374麃肉、魚及女子。已，面類□□者。375

陳劍先生指出"弟"，當釋爲"茀"；"如此□□□□布【抒】取汁"改爲"如此□，卽【以】布□取汁"②。

372行"細布"之"布"，當釋爲"刜"。"細刜"一詞見於368行。

原圖版　　摹本 　　參考：415行"刜"

---

① 《札記》第（四二）條。
② 《札記》第（三五）條。

《五十二病方》的重新整理與研究　309

附帶指出，根據反印文，"刋"下一字是"藥"。

374 行"且以濡漿細□□□之"之"之"上二字，當釋爲"復傅"。傅字之"人"旁，反印文能辨識。

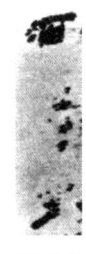

原圖版　　摹本

"之"下二字，當是"如此"。

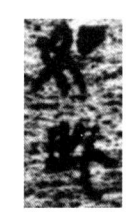

原圖版　　摹本　　參考：131 行"如此"

375 行"面頯□□者"之兩個缺字，根據反印文，當是"瘍狀"。

原圖版　　摹本

310　簡帛研究論集

總之,本方的釋文、斷句應當改爲如下:

　　一,白茞、白衡、菌○桂﹂、枯畺(薑)、薪(新)雄,●凡五物等。已冶五物【□□】□取牛脂□□細刉藥【□□】₃₇₂……旦以濡漿細,復傅之。如此【□□□】傅藥。毋食【□】、₃₇₄彘肉、魚,及女子。已,面頰瘳狀者。₃₇₅

(一六) 第 378 行

這是《癰》題下的病方,原釋文如下:

　　一,頤癰者,冶半夏一,牛煎脂二,醯六,并以鼎□□□如□粆,以傅。……₃₇₈

粆,當釋爲"粖"。粖字見於《説文·𥹷部》,是"鬻"字的或體。鬻,《説文》云:"涼州謂鬻爲鬻。"

原圖版　　新圖版　　摹本

原注云:"粆,疑讀爲糜。此句大意是用鼎將藥物煮成粥糜狀。"原整理者雖然釋字有誤,但對文義的解釋卻正確。

(一七) 第 408～409 行

這是《乾瘙方》題下的病方,原釋文如下:

　　乾騷(瘙)方:以雄黄二兩,水銀兩少半,頭脂一升,□【雄】黄靡(磨)水銀手□□□□□□₄₀₈雄黄,埶撓之。先埶洒騷(瘙)以湯,潰其灌,撫以布,令□□而傅之。一夜一□₄₀₉

"【雄】黄"上一字還有"冫"的殘筆,當是"冶"。"冶雄黄"亦見於本篇 338 行。"【冶雄】黄"、"靡(磨)水銀"都構成一句,當斷開。

洒,當釋爲"洝",讀爲"洗"①。

---

① 參看劉釗《馬王堆漢墓帛書〈雜療方〉校釋札記》,《古文字研究》第 28 輯,中華書局,2010 年。關於"洒"的改釋,以下不一一説明。

"令□□而傅之"之兩個殘字,當是"毋汁"。

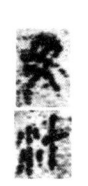

原圖版　　摹本　　參考:410 行"毋"、372 行"汁"

汁,從傷口流出來的體液。本篇 332 行有"癰潰,汁如糜",可以參考。本方的意思是,先用熱水好好沖洗患部,弄破其沖洗面,用布按在其糜爛面上,吸去體液,然後敷藥。

(一八) 第 413～414 行

這是《乾瘙方》題下的病方,原釋文如下:

　　一,取犁(藜)盧二齊,烏豙(喙)一齊,礜一齊,屈居(据)□齊,芫華(花)一齊,并和以車故脂,如□□□₄₁₃裏。善洒,乾,節(即)炙裹樂(藥),以靡(磨)其騷(瘙),□靡(磨)脂□□脂,騷(瘙)即已。₄₁₄

413 行"如□□□",劉欣先生指出"如"下一字是"之"①。根據反印文,"之"下一字是"以"。

414 行"□靡(磨)脂□□脂",開頭一個殘字其實是兩個字,陳劍先生懷疑是"日一"②,我們認爲是"日以"。

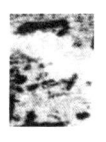

原圖版　　摹本

兩個"脂"間的兩個字,當是"盡益"。

---

① 《校讀與集釋》第 135 頁。
② 説見《校讀與集釋》第 135 頁。

312　簡帛研究論集

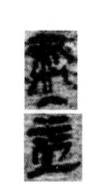

原圖版　　　摹本　　　　參考：93 行"盡"、24 行"益"

"日以磨,脂盡,益脂"是"天天摩擦患部,如果車故脂用完了,再加上"的意思。

(一九) 第 438 行

這是《□蠱者》題下的病方,原釋文如下:

　　一,病蠱者:以烏雄鷄一、蛇一,并直(置)瓦赤鋪(䩵)中,即蓋以□,□東鄉(嚮)竈炊之,令鷄、蛇$_{438}$盡燋,即出而冶之。……

"□東鄉(嚮)竈"之"□",當釋爲"爲"。

原圖版　　　摹本　　　　參考：437 行"爲"

(二〇) 第 443～445 行

這是《魅》題下的病方,原釋文如下:

　　一,祝曰:"濆者魅父魅母,毋匿□□□北□巫婦求若固得,□若四膿(體),編若十指,投若$_{443}$□水,人殴(也)人殴(也)而比鬼。"每行□,以采蠡爲車,以敝箕爲輿,乘人黑豬,行人室家,□□$_{444}$□□□□□若□□徹胆魅□魅□□□□所。$_{445}$

"北□巫婦"中的缺釋字,當是"皆"。

原圖版　　　摹本　　　　參考：367 行"皆"

《五十二病方》的重新整理與研究　　313

"□若四體"中的缺釋字,當是"縣"。

原圖版　　摹本　　參考:129 行"縣"

"投若□水"中的缺釋字,當是"於"①。

原圖版　　摹本　　參考:390 行"於"

"每行"之"每",其實从"日"。

原圖版　　摹本

原釋文認爲本方的呪語以"人殹而比鬼"結束,是不對的。"人殹人殹而比鬼"和"晦行"顯然有意義上的聯繫。

"魅□魅□",赤堀昭、山田慶兒兩位先生懷疑是"魅父魅母"②。根據殘筆,下一個缺釋字當是"婦"。

原圖版　　參考:443 行"婦"

總之,此處釋文、斷句應當改爲如下:

　　一,祝曰:"漬者魅父魅母,毋匿,符實③□北,皆巫婦,求若固得。

----

① 此承蒙陳劍先生指教。
② 《五十二病方》,第 284 頁。
③ "符"、"實"二字,校稿時釋出。實,滿也。此句呪語的大意是,滿地有符,到處有巫師,要抓你當然能抓到。

縣若四體(體),編若十指,投若₄₄₃於水。人殹,人殹而比鬼,晦行□,以采〈㝹〉蠱爲車,以敝箕爲輿,乘人黑猪,行人室家,□【□₄₄₄□□□】□□□□若□【□】徹胆,魅【□】魅婦【□】□□所。"

本方的呪語每一句都押韻。母、匿、北、婦、得、之,職通韻;體、指、水、殹、鬼,脂、微合韻①;車、輿、猪、家、胆、所,押魚部韻②。

原載《文史》2012年第2輯(中華書局,2012年),日文版(名和敏光先生譯)載《中國出土資料研究》(中國出土資料學會,2013年),今據中文版收入。

――――――――――

① 原注云:"體、指、水、鬼,古脂部韻。"今按:水,以歸微部爲宜,參看陳復華、何九盈《古韻通曉》,中國社會科學出版社,1987年,第350頁。鬼,古微部韻。

② 劉欣先生已指出車、輿、猪、家押魚部韻,説見《校讀與集釋》第142頁。

馬王堆漢墓帛書《導引圖》
整理瑣記(三題)

　　2008年9月復旦大學出土文獻與古文字研究中心、湖南省博物館、中華書局的《長沙馬王堆漢墓簡帛集成》編纂出版合作項目正式啟動①，筆者負責《經法》、《五十二病方》、《導引圖》的整理工作。我們曾經介紹過《五十二病方》的整理情況②。此次介紹《導引圖》的整理情況。

　　過去參加《導引圖》整理工作的是周世榮、馬繼興、張政烺、李學勤、唐蘭、顧鐵符六位先生。以下以"原整理者"代表這六位先生。《導引圖》的初步整理成果在《文物》1975年第6期上發表。1979年4月，《馬王堆漢墓帛書·導引圖》出版，内容包括《馬王堆三號漢墓出土導引圖》（原大彩色照片）、《馬王堆三號漢墓出土導引圖復原圖》（原大彩色摹本）及《導引圖論文集》，在圖的復原、題記釋文上比1975年的初步成果有改進之處。1985年3月出版的《馬王堆漢墓帛書〔肆〕》收録其中的《導引圖》圖版（但所收爲縮小的黑白照片，而且分四頁收録）及題記釋文。

　　原整理者的整理質量極高，爲我們此次整理工作提供了非常好的基

---

① 參看《〈長沙馬王堆漢墓簡帛集成〉編纂出版合作協定簽字儀式在復旦大學舉行》，出土文獻與古文字研究中心網站（http://www.gwz.fudan.edu.cn/SrcShow.asp?Src_ID=500）2008年9月5日。

② 廣瀨薰雄《〈五十二病方〉的重新整理與研究》，《文史》2012年第2輯，中華書局，2012年。

礎。也正是因爲如此，我們此次得到的新發現少得可憐。在此一併寫出來，供大家參考。本文討論三個方面的問題：第一，殘片拼合；第二，釋文；第三，疑似《導引圖》殘片的殘片和《導引圖》的整體結構。

一、圖 26 殘片拼合

我們發現了圖 26 的殘片：

拼合前　　　　　　　　　　拼合後

拼合此殘片後，"虎扣引"的筆畫密合①；殘片上端還有衣服的畫，其衣服的顏色、手腕的角度都一致。根據這兩點，此拼合當無可疑。

"虎扣引"是以動物形象命名的標題。這當是模仿老虎形象的軀體運動術式。《導引圖》中這類標題還有不少，如圖 8"螳螂"、圖 25"鶴訡"、圖 27"龍登"、圖 35"沐猴謹引炅中"、圖 40"猨呼"、圖 41"熊經"、圖 44"鷂"等。

---

① "引"字之釋，承蒙郭永秉先生指教。"扣"字左邊，陳劍先生認爲也不一定是"手"旁。此字待考。

馬王堆漢墓帛書《導引圖》整理瑣記（三題）　317

手腕部放大 　　　題記圖版 　　　題記鉤摹

以老虎命名的導引術式可以說是常見的。例如張家山漢簡《引書》26號簡有"虎偃"：

虎匽（偃）者，并兩臂，後揮肩上左右。

據傳說是東漢末年華佗創造的"五禽戲"中有虎戲：

虎戲者，四肢距地，前三擲，却二擲，長引腰，乍却仰天，即返距，行前、却各七過也。（《雲笈七籤》卷三十二·雜修攝部一·導引按摩）

使用"引"字的術式名大多是"引＋病名"的格式，如圖 15"引積"、圖 20"引聾"、圖 23"引膝痛"、圖 24"引胠積"、圖 39"引瘻痛"等。但"……引"的格式也不是沒有，例如張家山漢簡《引書》有"渠引"（24 號簡）①、"八經之引"（33、74、104 號簡）。此二例，"引"前的字表示的不是病名，而很有可能是某種動作。"虎扣引"當與此同例。

---

① "渠引"之"渠"，原釋文作"虎"，此從劉釗先生釋（《〈張家山漢墓竹簡〉釋文注釋商榷（一）》，簡帛研究網，2002 年 2 月 1 日）。另外《引書》105 號簡有"巨引"，云："偃治巨引。"參考"治八經之引"（33、74、104 號簡）的辭例，"巨引"應該也是一種導引術式。陳斯鵬先生懷疑"渠引"與"巨引"所指相同（《張家山漢簡〈引書〉補釋》，《江漢考古》2004 年第 1 期）。此說似可從。"巨引"、"渠引"都是躺着做的（"渠引者，前一足，危撟一臂而偃。"）參考"前一足，危撟一臂而偃"的姿勢，此"巨（渠）"或可讀爲"矩"。

二、圖 42 題記"蠅恳"的解釋

圖 42 的圖、題記如下：

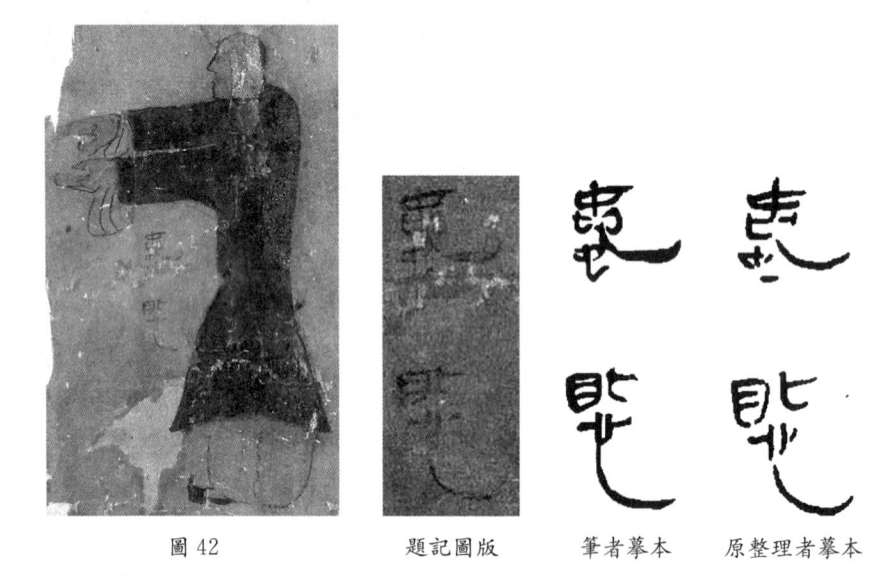

圖 42　　　題記圖版　　筆者摹本　　原整理者摹本

此題記，原釋文釋作"□恨"，但《馬王堆三號漢墓帛畫導引圖的初步研究》釋作"蟲(？)恨"，云："'蟲'字不詳，或釋為'龜'字，以為與古導引法中的'龜咽'有關。"①唐蘭先生云："上字左邊似是虫旁，疑亦動物名。恨字疑當讀為墾，象墾地發土的樣子。"②

我們認為上字是"蠅"。馬王堆醫書中有幾個從"黽"的字，如：

五十二病方 54　　五十二病方 245　　養生方 90　　雜療方 77
　蠅　　　　　　　繩　　　　　　　　　　黿

圖 42 題記上字的右旁和馬王堆醫書中所見"黽"大致相同。而且此

---

① 湖南省博物館、中醫研究院醫史文獻研究室《馬王堆三號漢墓帛畫導引圖的初步研究》，《導引圖論文集》。

② 《試論馬王堆三號墓出土導引圖》，《導引圖論文集》。

字从"虫"。符合這兩個條件的字,除了"蠅",恐怕很難找出第二個字。

根據《導引圖》題記的格式,"蠅㞢"很有可能是以動物形象命名的標題。若果真如此,"㞢"應該表示蒼蠅的某種動作,最有可能的是飛一類的意思①。但我們至今沒有找到合適的詞,待考。

三、疑似《導引圖》殘片的殘片和《導引圖》的整體結構

我們在第一節介紹了圖 26 殘片的拼合。這説明當年原整理者留下了一些《導引圖》殘片。我們翻查馬王堆帛書殘片,確實能看到不少疑似《導引圖》殘片的殘片。但這些殘片,除非可以拼合,否則難以確定是否《導引圖》殘片。因此我們爲判斷是否《導引圖》殘片定了以下四個標準:

第一,圖中人物的服飾。原整理者已在這個方面作過分析②。根據其研究,《導引圖》中四十四人所穿着的服飾可分如下三類:

  第一類 着褶袴式服裝。褶是一種夾袍,袴同褲子,即上衣爲長服,下體爲褲。屬於此類的……共三十人。大部分均綰髮或戴巾幘,戴冠的只有三人(略),全部均穿履。

  第二類 着禪襦式服裝。屬於此類的……共六人。或綰髮,或戴幘,均赤足。

  第三類 裸上體者八人,均綰髮、赤足。其中有穿短袴(褲)的二人(略),穿短裳(裙)的六人(略)。

其後指出:

  這類服飾圖像……與官吏貴族所穿戴的"褒衣大袑"或"衣紋繡

---

① 這一點承蒙陳劍先生、施謝捷先生指教。
② 《馬王堆三號漢墓帛畫導引圖的初步研究》第四節《導引圖》中有關服飾問題的討論。

者"等長袍及地的服裝有顯著不同。同時綰髮和戴幘也不是統治階級上層貴族的頭飾。特別是從一些裸露肢體圖像的原來塗色來看，往往同一人的上下體膚色有顯著不同，而下肢膚色均偏暗褐色。這似乎説明了圖中所繪的鍛煉者主要是包括勞動人民在内的庶民階層。

雖然"圖中所繪的鍛煉者主要是包括勞動人民在内的庶民階層"等看法有問題①，但《導引圖》中人物所穿的衣服確實與其他圖中人物所穿的衣服不同。例如有些殘片上有赤足的畫。除了《導引圖》，其他的圖中不太可能出現赤足的人物。因此我們可以斷定畫有赤足的殘片是《導引圖》殘片。

第二，圖中人物的姿勢。導引的動作很有特色，其他圖中不會出現。

第三，畫的風格。雖然"風格"難以用比較客觀的詞表達出來，但把殘片上的畫和《導引圖》中的畫相比較，有些殘片基本可以確定是《導引圖》殘片。

第四，題記。人物的旁邊有題記，也是《導引圖》特有的。

我們根據以上四個標準搜集了十塊疑似《導引圖》殘片的殘片，下面分別介紹，並列舉在《導引圖》中有可能可以拼合的位置。但這只是指出可能性而已。由於殘片照片的大小比例與《導引圖》不同，我們無法判斷可否拼合。

我們在列出有可能可以拼合的位置時，使用《導引圖論文集》所收《馬王堆出土導引圖墨綫復原圖》。此《墨綫復原圖》與原大彩色摹本的《馬王堆三號漢墓出土導引圖復原圖》不同，是在帛書原物照片的基礎上，用墨綫復原現在缺損的部分。因此我們很容易知道哪些部分現在缺損。這是我們特意使用《墨綫復原圖》的理由。

---

① 施謝捷先生跟筆者説，即使是貴族，在做導引時也要做這種打扮。陳劍先生也説"勞動人民"、"庶民階層"等詞應該作爲當時的時代烙印看待。

(一) 頭部殘片

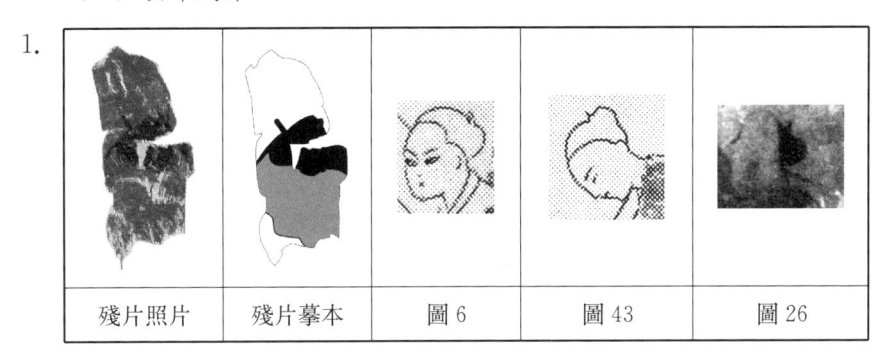

1.

| 殘片照片 | 殘片摹本 | 圖6 | 圖43 | 圖26 |

【説明】簪子、綰髮、面部的畫法與《導引圖》一致（例如參看圖26），此殘片當是《導引圖》殘片。目前完全缺頭部的圖像有三個：圖2、圖6、圖43。從頭的方向、角度看，其中圖6、圖43符合此條件。

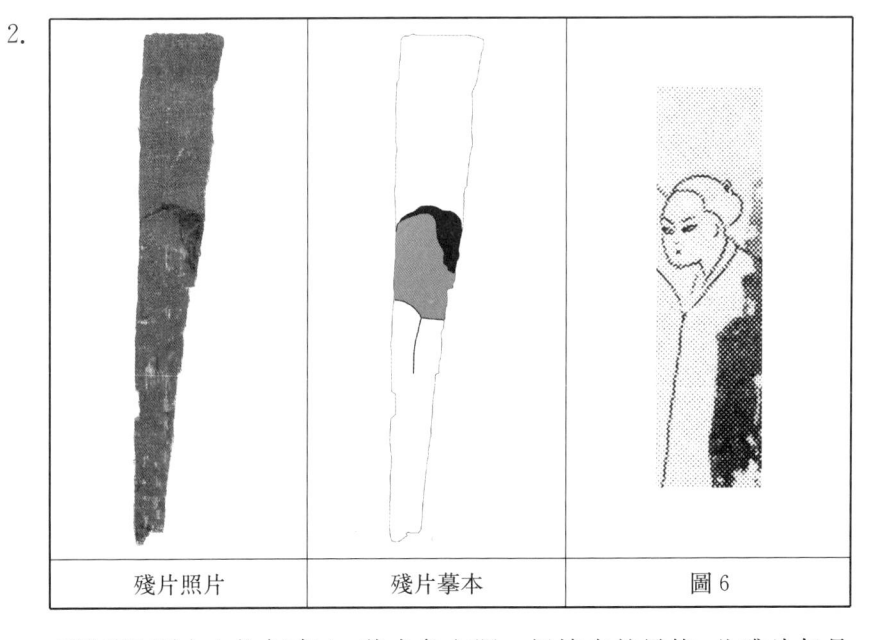

2.

| 殘片照片 | 殘片摹本 | 圖6 |

【説明】圖中人物似直立，着赤色衣服。根據畫的風格，此殘片似是《導引圖》殘片。若果真如此，只有圖6符合此條件。但殘片上的人物穿的是赤色衣服，而不是圖6所穿的灰色長服。

3.

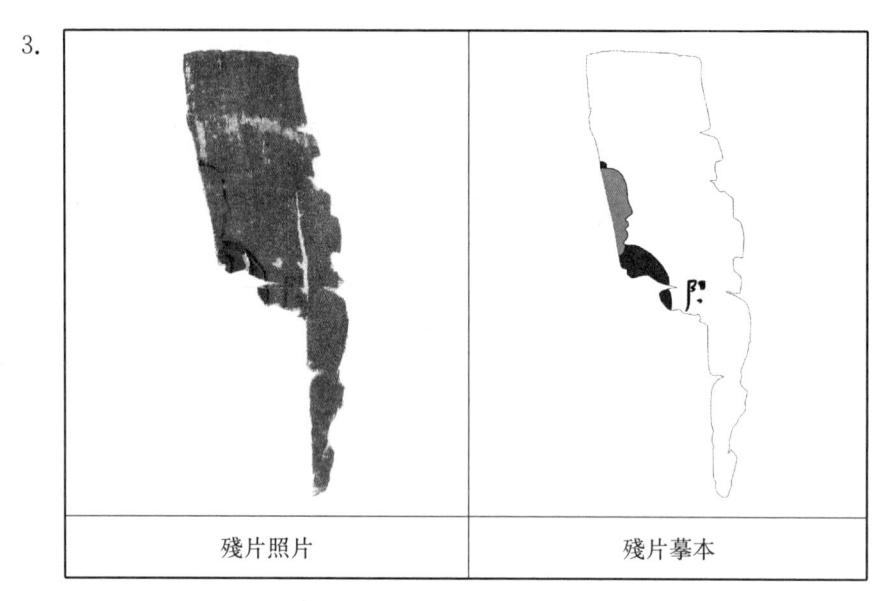

| 殘片照片 | 殘片摹本 |

【説明】側身，着藍色衣服。圖像右邊有題記殘字一字。根據畫的風格、題記這兩點，可以確定此殘片是《導引圖》殘片。此題記殘字疑是"陽"字。現存的圖中沒有符合此條件的圖。

（二）軀幹部殘片

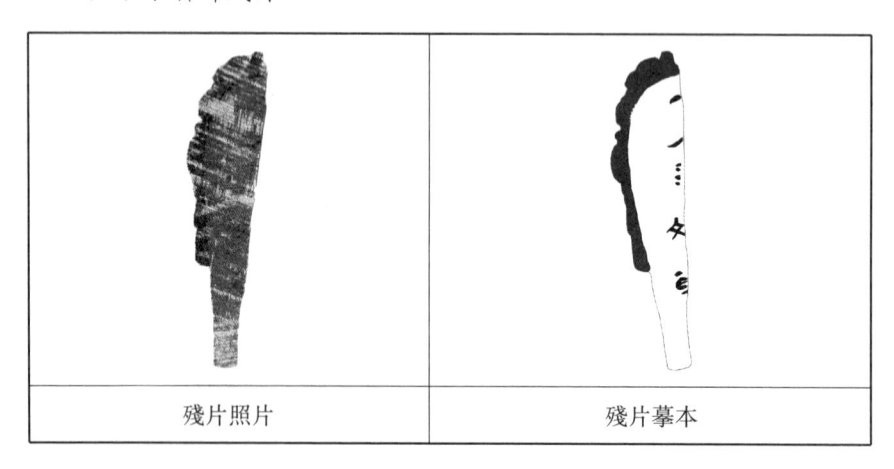

| 殘片照片 | 殘片摹本 |

【説明】殘片上畫的當是藍色長服，其右邊有題記殘字五字。題記殘缺嚴重，難以釋讀。現存的圖中沒有符合此條件的圖。

（三）手部殘片

《導引圖》中的人手的畫法很有特色，而且手的姿勢也很有特色。因此，畫有人手的殘片比較容易確定是否《導引圖》殘片。我們找到的殘片有如下 3 塊：

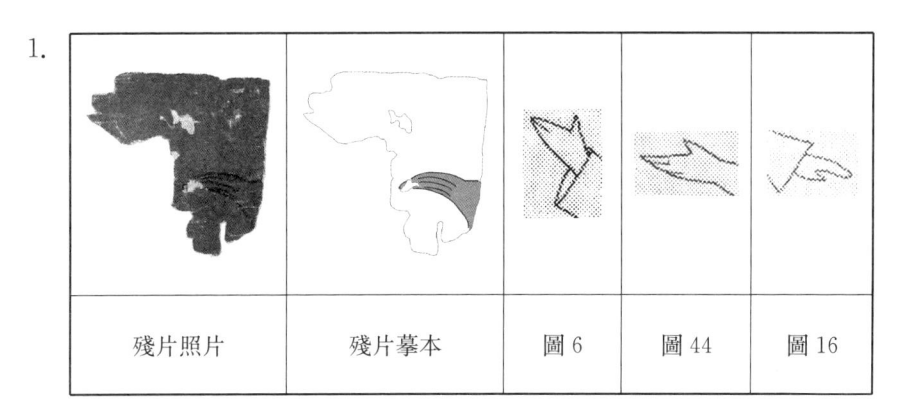

1.

| 殘片照片 | 殘片摹本 | 圖 6 | 圖 44 | 圖 16 |

【説明】關於畫有手的殘片，有手掌向上、向下兩種可能性。如果手掌向上，圖 6 右手、圖 44 左手符合此條件；如果手掌向下，圖 16 左手符合此條件。

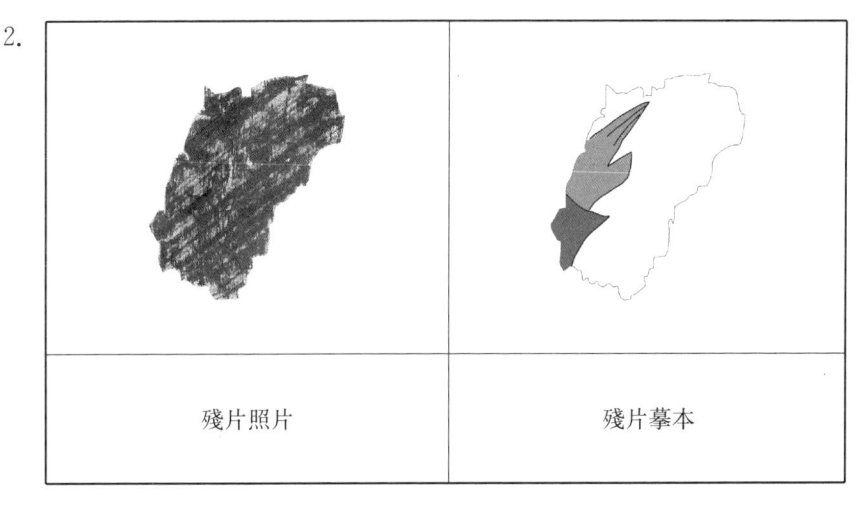

2.

| 殘片照片 | 殘片摹本 |

【説明】赤袖。現存的圖中没有符合此條件的圖。

324　簡帛研究論集

3.

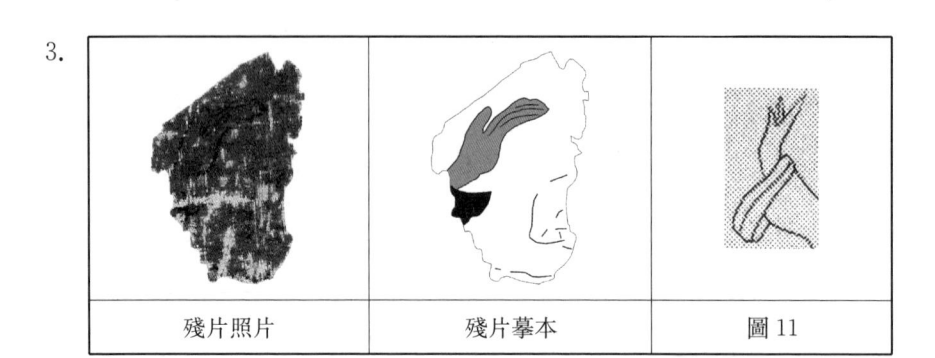

| 殘片照片 | 殘片摹本 | 圖 11 |

【説明】藍袖。右邊還有一些黑綫,但難以判斷是否筆畫。圖 11 右手符合此條件,但袖口的顏色爲白色。

(四)足部殘片

我們在上面已經講過,畫有赤足的殘片基本可以斷定是《導引圖》殘片。我們找到的殘片有如下 3 塊:

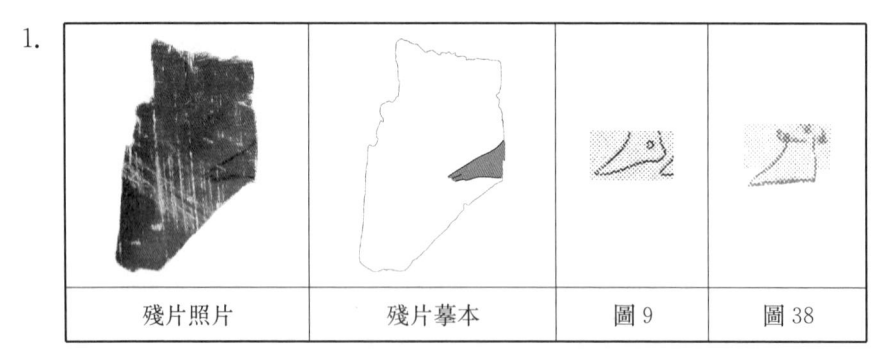

1.

| 殘片照片 | 殘片摹本 | 圖 9 | 圖 38 |

【説明】圖 9 右足、圖 38 符合此條件。

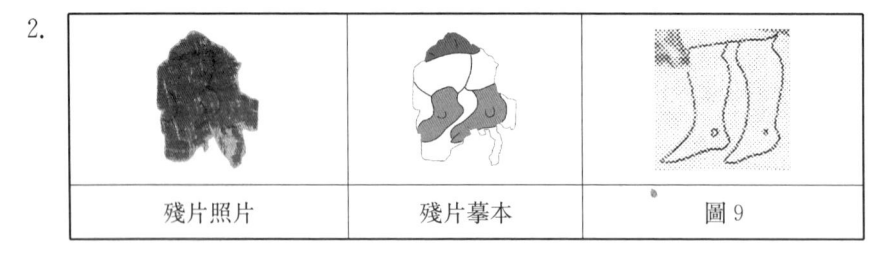

2.

| 殘片照片 | 殘片摹本 | 圖 9 |

【説明】着赤色長服、白褲。只有圖 9 符合此條件。

3.

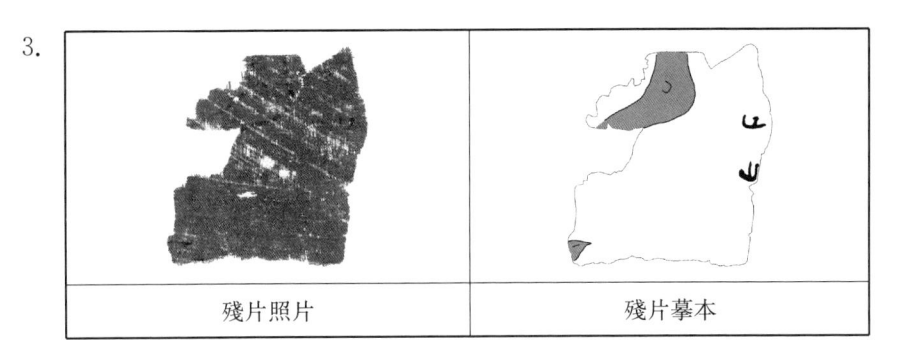

| 殘片照片 | 殘片摹本 |

【説明】殘片左下角有手；右邊有一些筆畫，似是殘字。現存的圖中没有符合此條件的圖。

我們找到的殘片中有四塊殘片（即頭3、軀幹、手2、足3）連一處合適的位置也没有找到。因此我們不得不懷疑《導引圖》原來畫的人物不止四十四個。

根據原整理者的復原，《導引圖》每行畫有十一個人，其結構很整齊。我們認爲，即使《導引圖》原來畫的人物不止四十四個人，這種整齊的結構很有可能依然存在。也就是説，《導引圖》原來畫的人物如果不是四十四個人，那麽每行比現在多一兩個人，即四十八個、五十二個……①。現在最後一排的四人（即圖11、22、33、44）都缺左半，可見其後一定還有帛。如此看來，《導引圖》原來究竟是否只有四十四個人還是有問題的。

另外，《導引圖》左上半部分殘缺比較嚴重，有不少殘片的位置其實並不是没有可以改動的餘地。或許通過調整一些殘片的位置，現在没有可以拼合之處的幾塊殘片也能夠找到合適的去處。

似乎至少可以説原整理者《導引圖》的復原不是完全没有問題，有需要改動的地方。但我們没能找到比它更合理的復原方案。這個問題有待進一步研究。

---

① 程少軒先生懷疑《導引圖》原來畫四十八個人。郭永秉先生也有相同的意見，説每行十二個人符合古代中國人的數字觀。筆者也認爲這個可能性最大。

《導引圖》照片

《導引圖》復原圖

附記

本文是在 2013 年 3 月 30 日第二屆復旦大學出土文獻與古文字研究中心與韓國延世大學人文學研究所學術交流會"文學及文化文本的意義與解釋"上所做報告《馬王堆漢墓帛書〈導引圖〉整理情況介紹》的基礎上修改而成的。在會後承蒙不少同事指教,筆者已在本文中逐一反映他們的意見。在此一併致謝。

編校追記

第一則"虎⿰扌引"之"⿰扌"，疑是"狼"。筆者按照這個理解重新製作那個"⿰扌"字的摹本，在此把它與舊摹本及《導引圖》圖 8"堂（螳）狼（螂）"之"狼"字比較一下：

圖 26： (舊)  (新) 　圖 8： (照片)  (摹本)

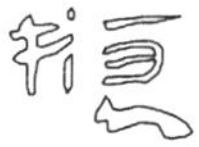

原載復旦大學出土文獻與古文字研究中心編《出土文獻與古文字研究》第五輯（上海古籍出版社，2013 年），又載延世大學人文學研究院、復旦大學出土文獻與古文字研究中心合編《文字與解釋——學術交流會論文集》（中西書局，2015 年），今據後者收入。

馬王堆漢墓帛書《陰陽五行》甲篇整體結構的復原

（與名和敏光合寫）

　　《陰陽五行》甲篇整體結構的復原是《長沙馬王堆漢墓簡帛集成》留下的一個很大的遺憾①。根據《集成》的復原，這幅帛書由 36 塊大帛片構成。其中上半截帛片和下半截帛片的關係基本没有疑問，但左右可以相連接的帛片則很少，根據占文的内容可以相連接的帛片也不多。可以説，目前這 36 塊大帛片的順序可以改動的餘地很大。如果帛片的順序要改動，文本也會隨之變化。根據目前的復原程度，單獨把這幅帛書中的具體占文抽出來利用不會有太大的問題，但要把這幅帛書整體當作一部文獻利用，恐怕會有危險。

　　《集成》出版後，我們二人試圖拼綴《陰陽五行》甲篇的殘片。整理圖版末尾"陰陽五行甲篇殘片"列舉的 379 塊殘片中，我們目前拼綴了 102 塊殘片。此外還拼綴了《集成》（柒）"帛書帛畫殘片"中的 7 塊殘片，也發現了整理圖版拼錯了的殘片 27 塊。通過這些拼綴工作，以前無法連接的一些大帛片也可以連起來了。我們把這個發現和折疊方法、占文的内容等條件結合起來進行分析，得出了一個較圓滿的復原方案。現在把這個結論寫出來，供學界參考。

　　需要説明的是，本文使用的圖版是我們用《集成》（柒）收録的"原始圖版"自己製作的，與《集成》的圖版有很大的不同。但本文無法一一交代哪些殘片是我們拼綴的、這些殘片是從哪裏來的、拼綴根據和理由是什麽。

---

① 湖南省博物館、復旦大學出土文獻與古文字研究中心編纂，裘錫圭主編《長沙馬王堆漢墓簡帛集成》，中華書局，2014 年。以下簡稱爲《集成》。

作爲權宜的措施，本文末尾附了《殘片拼綴一覽表》，簡單交代我們拼綴殘片的結論。詳細的拼綴情況，我們擬撰另文説明①。

一、《陰陽五行》甲篇整理情況回顧

據我們了解，《陰陽五行》甲篇目前有三套復原方案。第一是陳松長先生在《馬王堆帛書〈式法〉研究》一文中提到的"原帛書整理小組"的方案②，第二是《集成·陰陽五行甲篇》"説明"提到的"湘博方案"，第三是《集成》的方案。我們首先釐清這三套方案的關係③。

1974年3月，國家文物局組織成立馬王堆漢墓帛書整理小組。這是所謂"原帛書整理小組"。根據《長沙馬王堆漢墓簡帛出土與整理情況回顧》④，《陰陽五行》當時無人整理，1976年交由李學勤先生擔綱。也就是説，所謂"原帛書整理小組"的方案其實是李學勤先生拼綴的成果。其具體方案，陳松長先生在上引文章中描述如下：

> 帛書《式法》的原件現已殘裱爲39頁，原帛書整理小組根據原物折疊的痕迹，已用照片剪貼，將其復原拼合爲一幅共斷裂成16塊的長卷。我們根據原帛上文字互相浸染的痕迹可以看出，這幅帛書在存放時，先是上下對折，然後是左右分别往裏折，再是左面向裏折了3次，右邊向裏折了2次，最後再合攏來存放的。

這個説明有一些令人不解之處。根據這個説明，"原帛書整理小組"的方

---

① 目前有兩篇文章發表：名和敏光《馬王堆漢墓帛書〈陰陽五行〉甲篇〈諸神吉凶〉綴合校釋》，"紀念馬王堆漢墓發掘四十周年國際學術研討會"論文集，待刊。名和敏光《馬王堆漢墓帛書〈陰陽五行〉甲篇〈衍〉、〈雜占之四〉綴合校釋》，"《長沙馬王堆漢墓簡帛集成》修訂國際研討會"報告，上海，2015年6月27~28日；已刊於《出土文獻》第8輯，中西書局，2016年。
② 陳松長《馬王堆帛書〈式法〉研究》，《湖南省博物館館刊》第1期，2004年。
③ 2015年6月27~28日，湖南省博物館、復旦大學出土文獻與古文字研究中心、中華書局在上海舉辦了"《長沙馬王堆漢墓簡帛集成》修訂國際研討會"，會上陳松長、劉樂賢兩位先生給我們説明"原帛書整理小組"和所謂"湘博方案"的來龍去脈。會後劉樂賢先生給我們提供了"原帛書整理小組"方案的照片。關於"湘博方案"和《集成》方案的關係，筆者也請教了程少軒先生。本節是根據此三位的説明撰寫的。
④ 收入《集成》（壹）。以下簡稱爲"《回顧》"。

案是一套 16 塊大帛片的方案。但根據其下文講的折疊方法，這幅帛書不會斷裂成 16 塊。另外，這幅帛書上有不少反印文（即與正文相比呈水平鏡像的印文）①，說明這幅帛書不可能"先是上下對折"。根據我們對這個復原方案的了解，這個方案沒有文字説明。據此可以推測，上引的説明可能是陳先生對這個方案的解釋，而不一定是"原帛書整理小組"當初的想法。按照我們的算法，這個方案是一套 32 塊大帛片的方案。至於折疊方法，我們看不出"原帛書整理小組"當初是怎麽想的。

　　2002 年，湖南省博物館爲了出版馬王堆二、三號漢墓發掘報告，組織整理馬王堆漢墓帛書。此次整理使用的是文物出版社新拍攝的原大彩色照片。《回顧》説"劉樂賢先生承擔《式法》（《陰陽五行》甲）的拼綴"。其成果就是所謂"湘博方案"。陳松長、劉樂賢兩位先生回憶説，當時吳鐵梅先生給他們看李學勤先生整理的黑白照片（即所謂"原帛書整理小組"方案）。劉樂賢先生在這個方案的基礎上進行拼綴，但最終也没能完成整理工作。《回顧》説"由於《陰陽五行》等少數篇目依舊存在很多問題，故遲遲未能全面完成整理工作"。

　　2008 年 9 月，《集成》編纂出版合作項目正式啓動。爲了工作之便，湖南省博物館給各位整理者提供了爲馬王堆二、三號漢墓發掘報告製作的拼合照片。2011 年 6 月，程少軒先生接手整理《陰陽五行》甲篇，同時也拿到了湖南省博物館提供的拼合照片（即湘博方案）的電子版。湘博方案只有圖版，没有任何文字説明。因此程先生只好推測湘博方案的意思利用。在此看一下程先生"依湘博方案推測"的"《陰陽五行》甲篇摺疊示意圖（見下頁）"②：這個折疊方法與上引陳松長先生文章所説的"左右分别往裏折，再是左面向裏折了 3 次，右邊向裏折了 2 次"基本一致。如上所述，按照這個折疊方法，這幅帛書不會斷裂成 32 塊。因此這個折疊方法不可能是從"原帛書整理小組"的方案得出來的。也就是説，這個折疊方法應該是從"湘博方案"得出來的結論。

----

　　① 關於印文的定義，參看陳劍《馬王堆帛書的"印文"、空白頁和襯頁及折疊情況綜述》，紀念馬王堆漢墓發掘四十周年國際學術研討會，長沙，2014 年 12 月 12～14 日。
　　② 此圖見於《陰陽五行甲篇》釋文注釋開頭的"説明"，《集成》（伍）第 65 頁。

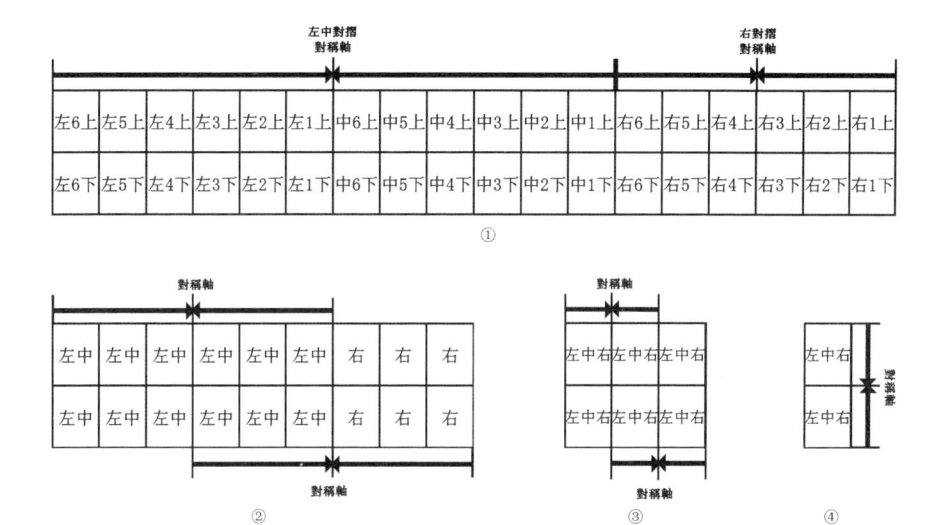

馬王堆漢墓帛書《陰陽五行》甲篇整體結構的復原　331

| 左6上 | 左5上 | 左4上 | 左3上 | 左2上 | 左1上 | 中6上 | 中5上 | 中4上 | 中3上 | 中2上 | 中1上 | 右6上 | 右5上 | 右4上 | 右3上 | 右2上 | 右1上 |
| 左6下 | 左5下 | 左4下 | 左3下 | 左2下 | 左1下 | 中6下 | 中5下 | 中4下 | 中3下 | 中2下 | 中1下 | 右6下 | 右5下 | 右4下 | 右3下 | 右2下 | 右1下 |

①

②　③　④

　　比較湘博方案和"原帛書整理小組"方案，可以知道湘博方案在大帛片位置的調整和殘片的拼合上有很大的進步①。但這畢竟也是没有完成的方案，其中有不少問題。"説明"説：

　　　　但是，湘博方案其實是有很大缺陷的。首先，這種摺疊方式相當奇怪。如果原帛長度有一丈左右，很難解釋爲什麽疊起時要先將右邊部分和左中部分分别對摺。其次，左、中兩部分殘損皆嚴重，凡對稱之帛片殘損程度皆類似（略），而右邊一部分則保存完整，若是依示意圖摺疊，不太可能會造成這種殘損效果。

程少軒先生明知道湘博方案有問題，但"由於此次整理時間有限，我們並無更多時間仔細考慮《陰陽五行》甲篇的拼綴問題，只能暫依湘博方案爲基礎處理帛書"（"説明"）。可以説，《集成》的方案也是一套没有最終完成的初步拼綴方案。

　　其實程先生在《集成》出版之前已經有了一些具體修改方案。《集成》發印前夕，他了解到北大漢簡《堪輿》的内容，據此基本復原好了《陰陽五行》甲篇的

---

①　由於"原帛書整理小組"方案和湘博方案没有公開，我們無法詳細介紹兩者的區别，請讀者諒解。

《堪輿》章。他同時也知道了《堪輿》章才是湘博方案的癥結所在,關於《陰陽五行》甲篇整體結構的復原也據此看出了端倪。但這個時候《集成》的所有圖版和釋文均已排定待印,無法大改,所以他只好用"看校補記"的形式簡單説明大概的修改方案。關於當時的情況和《堪輿》章的復原方案,程先生在《馬王堆帛書〈陰陽五行〉甲篇〈堪輿〉章的重新復原》一文中有詳細説明①,請讀者參看。

程先生在《重新復原》中對整體結構的復原也提出了一些修改意見:

> 經過改拼(引者按:即《堪輿》章帛片的改拼),可以斷定以湘博方案爲基礎做出的三十六幅帛塊復原方案是錯誤的。該篇帛書正確的復原,應該是一套三十二幅帛塊的方案。
>
> 按照帛書摺疊的一般規律,並參考《陰陽五行》甲篇的反印痕跡,這幅帛書摺疊的最簡方案,應該是先左右對摺,再左右對摺三次、上下對摺一次。②

因爲程先生的這個新發現,整體結構的復原就有希望了。首先,按照這個摺疊方法,有反印關係的兩塊大帛片必須放在左右對稱的位置。其次,有一些大帛片可以連接,這些大帛片當然要放在相鄰的位置。其三,占文的内容和順序也要合理。這三個條件都能夠滿足的復原方案不會有多少。

然而程先生至今没能拿出具體的復原方案。其實,以目前的復原程度,拿出具體的復原方案恐怕還很難。我們因爲拼綴了不少殘片,才有條件討論這個問題。

二、摺疊方法對整體結構復原的意義

現在我們知道,《陰陽五行》甲篇是由 32 塊大帛片構成的帛書,其摺

---

① 程少軒《馬王堆帛書〈陰陽五行〉甲篇〈堪輿〉章的重新復原》,紀念馬王堆漢墓發掘四十週年國際學術研討會。以下簡稱爲"《重新復原》"。

② 陳劍先生也説過相同的看法。他説:"《集成(伍)》第 67 頁本篇'説明'部分的'看校補記'已指出'該篇帛書正確的復原,應該是一套三十二幅帛塊的方案'。即 16×2,全篇多左右反印關係,大致應也是左右對摺 4 次,然後上下對摺而成。"(見《馬王堆帛書的"印文"、空白頁和襯頁及摺疊情況綜述》)

馬王堆漢墓帛書《陰陽五行》甲篇整體結構的復原　　333

疊方法是：首先左右對折四次，然後上下對折一次。本節闡釋這個折疊方法對整體結構的復原具有怎樣的意義。

《陰陽五行》甲篇在攤開時呈現下圖所示的情形：

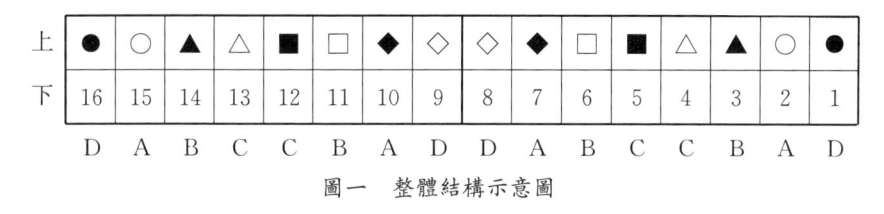

上	●	○	▲	△	■	□	◆	◇	◇	◆	□	■	△	▲	○	●
下	16	15	14	13	12	11	10	9	8	7	6	5	4	3	2	1
	D	A	B	C	C	B	A	D	D	A	B	C	C	B	A	D

圖一　整體結構示意圖

這幅帛書現在沿折痕斷裂，成爲三十二塊帛片。我們從首到尾按次序給每塊帛片編號，即 1 上、1 下、2 上、2 下……16 上、16 下。●、○等符號表示反印關係。因爲反印文是被印在第一次對折時相疊在一起的另一面，有反印關係的兩塊帛片位於左右對稱的位置。A、B、C、D 的意思詳下。

"左右對折四次，上下對折一次"的折疊方法如下圖：

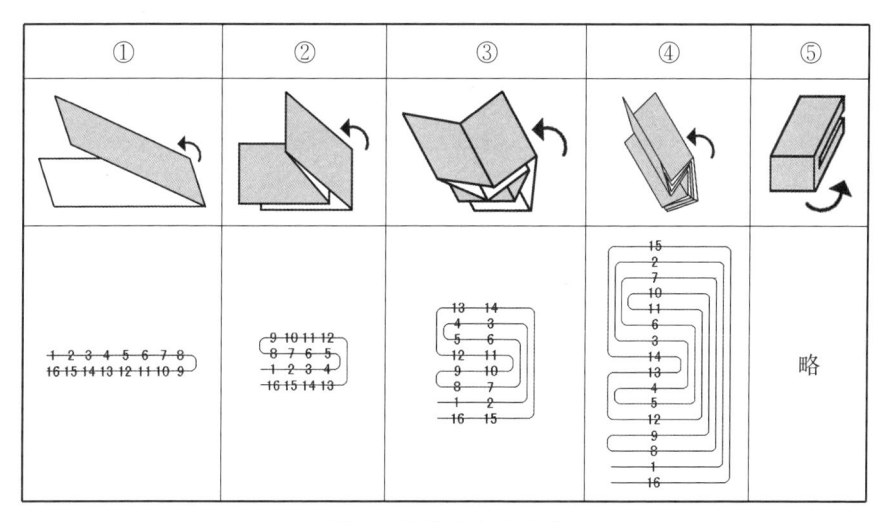

圖二　折疊方法示意圖

第一欄的①、②、③、④、⑤表示折疊的順序。第二欄是立體圖，此圖直觀地表示折疊時的情形。第三欄是側視圖，此圖表示每塊帛片在折疊時的上下順序。阿拉伯數字是帛片編號，據此可以知道每塊帛片在折疊過程中的位置。我們省略了⑤的側視圖，只是因爲此圖太占地方，沒有任何別的用途。其實⑤是把④上下重疊起來而已，因此看④的側視圖，也可以知道⑤折疊完成時每塊帛片的上下疊壓順序。

第一次折疊只有一種選擇，以有字面爲内折疊（由卷首向尾部折疊、由尾部向卷首折疊，其實是一回事）。第二次以後的折疊都有兩種選擇（以上層爲内折疊、以下層爲内折疊）。因此"首先左右對折四次，然後上下對折一次"這個折疊方法在理論上有 $16(=1\times2^4)$ 種。目前我們還不知道《陰陽五行》甲篇當時采用的是其中的哪一種。圖二是其中最單純的一種，爲了進一步闡釋從帛書的折疊方法能導出來的規律，我們用這個單純的模式進行分析。

每塊帛片殘損的形狀都有一定的規律，這是因爲這些殘損是在折疊情況下造成的。最容易理解的是，有反印關係的互相疊壓在一起的帛片，往往殘損的形狀都一致①。其實，既然帛書的殘損是在折疊情況下發生的，那麽不但有反印關係的兩塊帛片殘損的形狀相類，與此兩塊帛片相鄰的帛片也在一定程度上相類。爲了更加清楚地説明這一點，再用一個圖：

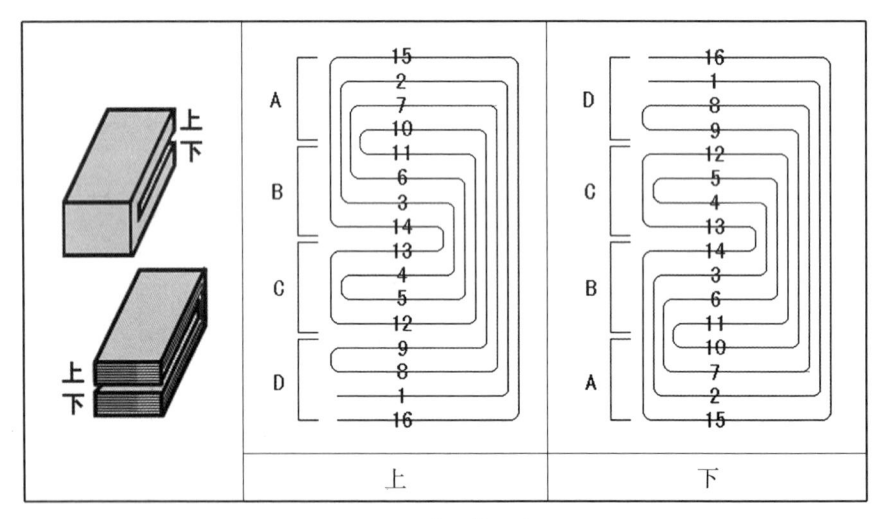

圖三　折疊狀態示意圖

---

① 參看郭永秉《馬王堆帛書〈戰國縱橫家書〉整理瑣記（三題）》，《文史》2012 年第 2 輯，中華書局，2012 年 5 月，第 23 頁。

此圖表示帛書在折疊時的狀態。如果按照圖二所示的方法折疊，帛片 15 和帛片 2 位於最外層，帛片 7 和帛片 10 位於其內一層（不管帛書的上半截還是下半截，其情况都如此）。帛片 15 和帛片 2、帛片 7 和帛片 10 各有反印關係，因此其兩組帛片的殘損形狀分別一致。更進一步看，(15、2)和(7、10)也可以看作相鄰的兩對，其兩對（即四塊）帛片的殘損形狀也會在一定程度上相類。我們把這四塊帛片歸納爲一個大組，那麼由 32 塊構成的帛書可以分爲四個大組。我們給這四大組從外層到內層按順序命名爲 A、B、C、D。

附帶說明，"首先左右對折四次，然後上下對折一次"的 16 種方法，其帛片的上下疊壓順序各有不同。但不管采用哪一種方法，疊壓在一起的四塊帛片的組合都是一樣的。參看下圖：

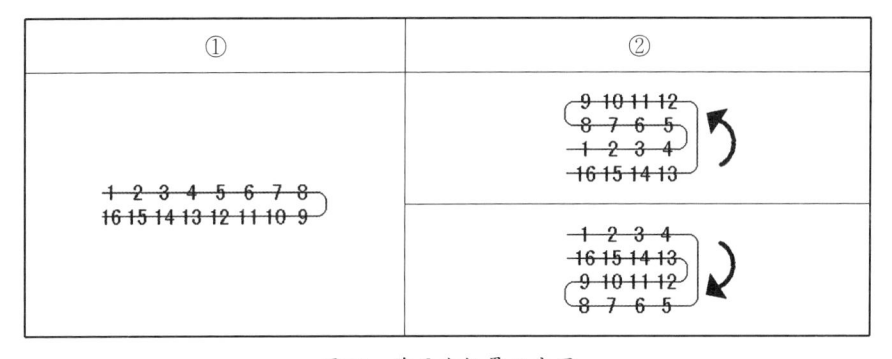

圖四　前兩次折疊示意圖

前兩次的折疊方法只有這兩種，後面的折疊都以此時構成的帛片組合爲單位，因此 A、B、C、D 四組的內容不會發生變化。

看《陰陽五行》甲篇帛片的殘損狀態，正好可以分爲四個組（圖五）。在此爲了讓討論儘量簡單化，帛片不分上下，當作 16 塊帛片進行分類。在此用《集成》（壹）的頁碼表示每塊帛片相當於《集成》圖版的位置。例如"244－245"的帛片，上半截見於《集成》（壹）第 244 頁，下半截見於第 245 頁。需要說明的是"263 右－260"和"263 左－266"，這是程少軒先生參考北大漢簡《堪輿》提出修改方案的地方（參看《重新復原》）。我們現在知道，第 263 頁由兩塊大帛片構成，其右半是 260 帛片的上半截，左半是 266 帛片的上半截。

336　簡帛研究論集

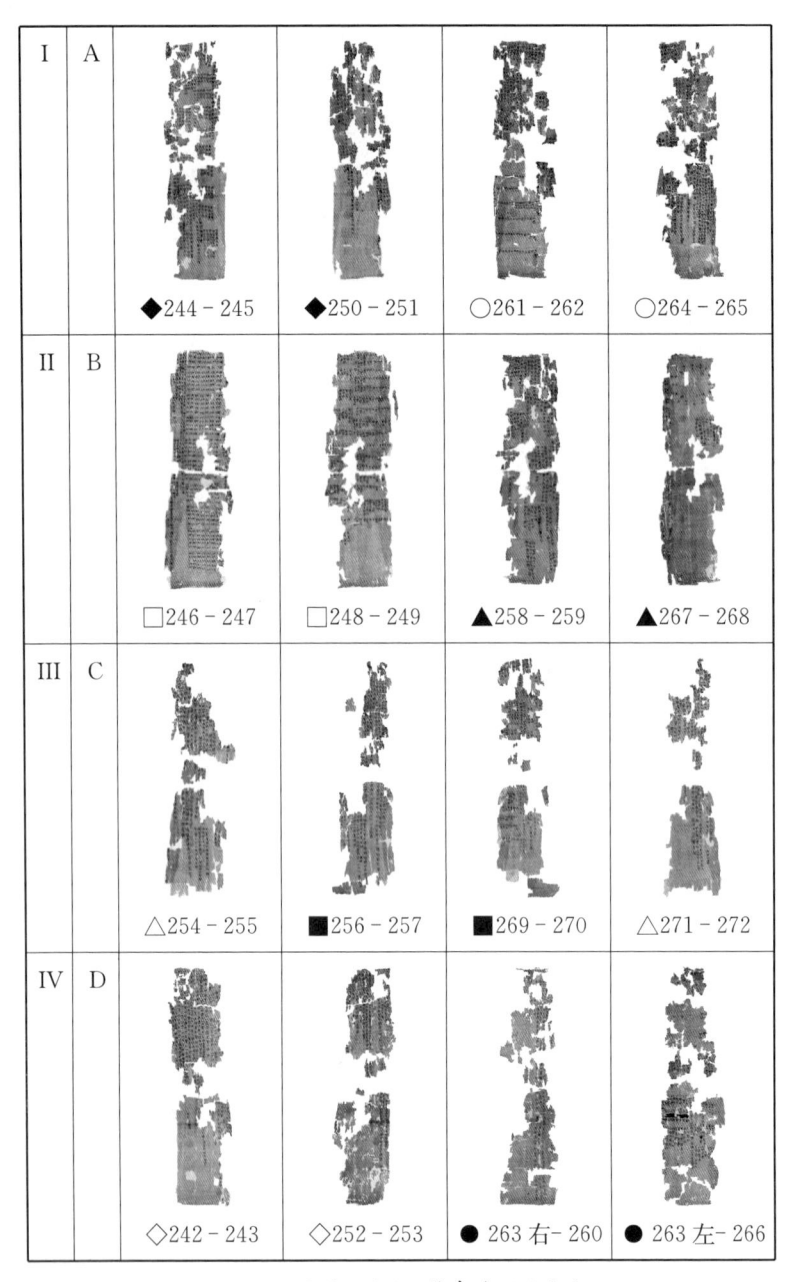

I	A	◆244-245	◆250-251	○261-262	○264-265
II	B	□246-247	□248-249	▲258-259	▲267-268
III	C	△254-255	■256-257	■269-270	△271-272
IV	D	◇242-243	◇252-253	●263右-260	●263左-266

圖五　《陰陽五行》甲篇帛片形狀分類

帛的下半截保存狀態較好，因此每組帛片的形狀都差不多。上半截的殘損狀態比較嚴重，但正因爲如此，我們根據其形狀能夠把它們分爲四個組。其中最容易分出來的是 II 組，這一組的四塊帛片都保存得相當完整。其次是 I 組，這一組的帛片雖然現在斷裂成好幾塊殘片，但仍然可以復原成比較完整的形狀。III 組是殘損最嚴重的一組，也比較容易分出來。IV 組一半比較完整，另一半殘損得比較厲害，但上端的殘損形狀都相似，可以看作一組。

263 左帛片有較爲清晰的滲印文（反字），263 右帛片與此相應處也有同樣的滲印文（正字，比前者模糊）。此滲印文來自 252 帛片，其中《諸神吉凶》章第 25 行"緊牛燊室逹婁"六字的滲印文比較好認。有意思的是，242 帛片"齊躧齊無音出者"等字（《雜占之一》章第 8 行）也滲透到 263 左、263 右兩頁上（雖然字很不清晰，但紅色欄綫能看得出來）。這說明這四塊帛片確實是在折疊時相疊在一起的（見文末附圖肆：1）。263 右、263 左、252、242 是我們歸爲 IV 組的四塊，也就是說我們的分組中至少 IV 組得到了證明。附帶說，因爲滲印文自上向下滲透，可知這四塊帛片在折疊時的上下順序是 242→252→263 左→263 右。

如果我們以上的分組不誤，只要我們搞清楚這 I、II、III、IV 四組分別相當於 A、B、C、D 中的哪一組，《陰陽五行》甲篇帛片的整體結構就基本可以確定了。其實，爲了方便起見，我們已經把我們的結論寫在上表中，按照 A、B、C、D 的順序排列了 I、II、III、IV 四組。接下來說明其理由。

三、各帛片的確切位置

（一）A 組、D 組

我們以相連接的帛片爲切入點進行分析。

在編寫《集成》的階段，只知道 242－243（IV 組）和 244－245（I 組）、250－251（I 組）和 252－253（IV 組）的兩對帛片相連接。其決定性根據是前一對，《天一》章被寫在 242～245 的四頁上。

在《集成》發印前夕，程少軒先生發現 261－262（I 組）和 263 右－260（IV 組）、263 左－266（IV 組）和 264－265（I 組）的兩對帛片可以相連接。

其決定性根據是《堪輿》章,程先生指出263頁的左半和266頁可以拼綴在一起。我們在《集成》"看校補記"和《重新復原》的基礎上製作了這兩對帛片的圖版(見附圖叁)。復原圖版後發現,263右-260帛片的左半完全是空白。這説明263右-260帛片是《陰陽五行》甲篇的末尾。那麼與此相對應的263左-266帛片就是《陰陽五行》甲篇的開頭了。能看得出來,263左-266帛片的右邊也是空白,作爲帛書的開頭很合適。據此可以確定IV組相當於D組,與此相鄰的I組相當於A組。

既然D組、A組一半的位置定下來了,那麼另一半的位置也可以自動地定下來。這幅帛中間右半是以A→D的順序排列,中間左半是以D→A的順序排列,因此前者是250-251(I=A組)和252-253(IV=D組),後者是242-243(IV=D組)和244-245(I=A組)。

我們用圖來確認以上的結論:

263右	261				244	242	252	250				264	263左
260	262				245	243	253	251				265	266
D	A	B	C	C	B	A	D	D	A	B	C	C	B	A	D

(二)B組、C組的歸組

我們發現,258-259(II組)和261-262(I=A組)可以相連接。要説明這一點,需要從262頁的一些殘片的綴合説起:

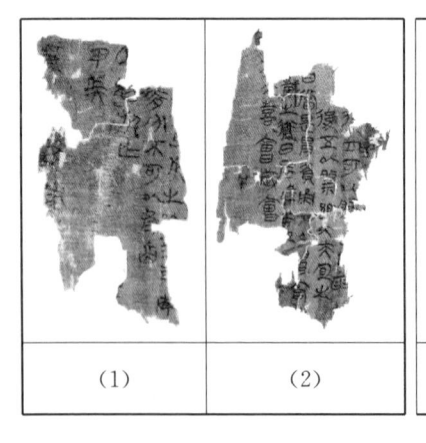

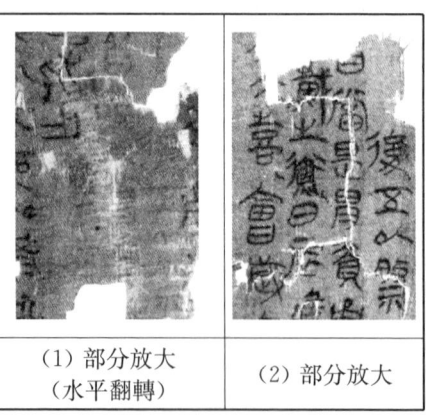

(1)	(2)	(1)部分放大 (水平翻轉)	(2)部分放大

馬王堆漢墓帛書《陰陽五行》甲篇整體結構的復原　339

殘片(1)由兩個小殘片拼綴而成,上半殘片見於原始照片"陰陽五行甲篇—25"①,下半殘片見於《宜忌》第 4～9 行下(272 頁);殘片(2)由殘片 2、374、46 三個小殘片拼綴而成。殘片(1)和殘片(2)有反印關係,而殘片(2)可以綴到《堪輿》章(265 頁)②。因此,根據反印關係,(1)應該綴到 262 頁的右上角。

在綴合以上殘片後,我們發現殘片(1)第一行的"父死之以",與 258-259 帛片最後一行(即《築〔一〕》章第 7 行)的文句完全一致(參看右圖)。此處的釋文如下:

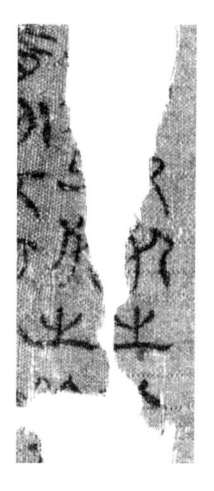

　　　……月上【旬□□《築(一)》7上□□□】父③死之。以④……《築(一)》7下
　　　……月上殘片75⑤【旬□□上□□□】父死之。以□東南……殘片(1)

此外《築(一)》中還有"母死之"、"父死之"的句子:

　　　□月,陰從丑逆行;鑿居,母死之。《築(一)》1上
　　　□月,陽從寅順行;築居,父死之。《築(一)》2上

據此可以確定,《築(一)》章第 7 行和殘片(1)第 1 行當是相鄰的兩行。也就是説,261-262 接於 258-259 後。相應地,與之有反印關係的 264-265 和 267-268 也可以連接。

這樣一來,以"築"為主題的占文就都到一處來了⑥。

―――――――――
　①　《集成》(柒)第 157 頁。這塊殘片不見於整理圖版末尾的"陰陽五行甲篇殘片"中,似是被誤刪了。
　②　程少軒先生對殘片 2、殘片 46 加注云:"據北大漢簡,該片當屬於《堪輿》章之《堪輿占法》。"(《集成》(伍)第 112、113 頁)他在《重新復原》中已補綴。我們也發現這些殘片與 265 頁的帛片可以直接拼接。
　③　此"父",程少軒先生釋為"毋(母)"。但從殘筆看,當是"父"。
　④　此"以"係我們所釋,程少軒先生的釋文作"□"。
　⑤　這是我們新拼綴的殘片。
　⑥　其實《集成》給那些占文命名為"築(一)"、"築(二)"是因為已經考慮到這些占文很有可能在一起。我們的發現正好印證了這個推測。

340　簡帛研究論集

帛　片	章　題
258－259	室 築(一)
261－262	雜占之六 築(二) ……

所謂的《雜占之六》位於《築(一)》和《築(二)》的中間，其占文中有"宫室"、"廧"、"鑿"等詞，可見這一章的占文也與建築有關。

現在，我們把《陰陽五行》甲篇復原到這個程度（數字加底紋的地方是在此確定位置的帛片）：

263 右	261	258		244	242	252	250		267	264	263 左
260	262	259		245	243	253	251		268	265	266
D	A	B	C	C	B	A	D	D	A	B	C	C	B	A	D

據此可知，II 組帛片（246－247、248－249、258－259、267－268）是 B 組。那麼剩下的 III 組帛片（254－255、256－257、269－270、271－272）就是 C 組了。

（三）B 組、C 組剩下帛片的具體位置

從占文的内容看，254－255 和 258－259 應該可以連接。爲了説明這一點，先説明殘片 8 的拼綴。這塊殘片可以拼綴到 254 帛片的左上角（下頁圖）。此處帛片變形比較嚴重，無法完全拼接。但仍能看出拼接處的"事"、"傷"、"方"、"南"四字筆畫都可以連接，此拼綴當無可疑。

254－255 的後半部分《集成》命名爲"雜占之三"，但通過這個拼綴可知，這一章講的是"土功事"和"築"。這個內容與 258－259 的《雜占之四》、《室》有關係。兩者連接處的相關釋文如下：

　　春三月上旬甲、乙以築東方，以大爲小，以爲室□……《雜三》5
　　夏三月上旬丙、丁以築南方，其□□☑《雜三》6

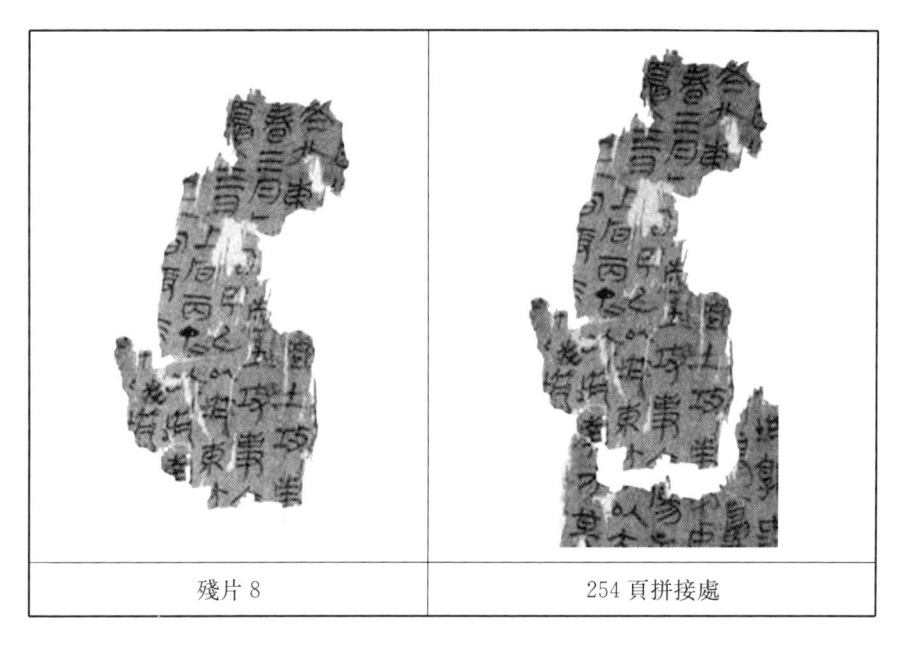

馬王堆漢墓帛書《陰陽五行》甲篇整體結構的復原　341

| 殘片 8 | 254 頁拼接處 |

【秋三月】上旬庚、辛以築【西方】……《雜三》7

【冬三月上旬壬、癸以築北方】……《雜三》8　　以上 254－255

……　中間殘缺

□一所居，□□所居①，少歲所居，【□】安，大兇，□②死。●更始基室，吉③。……《雜四》16　以下 258－259

●凡築，必【□】下旬。室有東嚮，室高於上室，兇。廡中宮窗，下室益地□，上室【□□】《室》1上深於上室之屋，兇。《室》1下

《雜占之三》最後四行都是"（春夏秋冬）三月上旬……，以築（東南西北）方"云云，而《室》第 1 行說"凡築，必【□】下旬"，内容上有關聯。兩者中間雖然有《雜占之四》，但其占文中也有"更始基室"一句，可見這個占文也以

---

① "□所居"係根據我們新拼綴的殘片釋（殘片 184）。下一行"下旬室"同。
② "安大兇□"係根據我們新拼綴的殘片釋（殘片 369）。根據原始圖版（陰陽五行甲篇—18,《集成》（柒）第 150 頁），這本來不是殘片，是整理者誤剪掉的。
③ "基室吉"係根據我們新拼綴的殘片釋（殘片 218）。

建築爲主題。

如果 254-255 和 258-259 可以連接，相應地，與之有反印關係的 267-268 和 271-272 也可以連接。連接 267-268 和 271-272 後，發現從《堪輿》開始有的紅色下欄綫可以連起來了（見附圖伍）。這條下欄綫很特殊，其下還留着很多空白，但没有寫字。這種下欄綫只見於 266、265、268、272 四塊帛片上，而且在 272 中間結束。從這一點看，也可以知道這四大帛片原本是相鄰的。

現在我們把《陰陽五行》甲篇復原到這個程度：

263右	261	258	254		244	242	252	250		271	267	264	263左
260	262	259	255		245	243	253	251		272	268	265	266
D	A	B	C	C	B	A	D	D	A	B	C	C	B	A	D

關於剩下的四塊大帛片，不能像以上帛片一樣根據可靠的證據證明其確切位置。但程少軒先生告訴我們，他懷疑以"祭"爲主題的占文原本在一處。這個懷疑是很有道理的。那麽以"祭"爲主題的幾塊帛片只能排列如下：

帛　　片	組	章　題
271-272	C	祭(三) 宜忌
269-270	C	諸日 祭(二)
248-249	B	祭(一)

與此相應的帛片的位置也可以據此確定。

通過以上的分析，《陰陽五行》甲篇 32 塊帛片的位置就都確定下來了：

263右	261	258	254	256	246	244	242	252	250	248	269	271	267	264	263左
260	262	259	255	257	247	245	243	253	251	249	270	272	268	265	266
D	A	B	C	C	B	A	D	D	A	B	C	C	B	A	D

此圖中標陰影的是存有較清晰反印文的帛片。按照《陰陽五行》甲篇的折疊方法，存有清晰反印文的帛片一定相隔出現①。其實我們在考慮Ｂ組、Ｃ組帛片位置時已經考慮到這一點。換句話説，從占文的内容和反印文的出現規律看，Ｂ組和Ｃ組的帛片只能如此排列。

總之，從占文的内容、反印文、清晰反印文的分布情况、滲印文等種種條件考慮，這個復原方案恐怕是唯一的可能性。

四、《陰陽五行》甲篇的折疊方法

我們在上文從折疊方法導出了一些規律，這些規律對《陰陽五行》甲篇整體結構的復原起到了關鍵性作用。但我們也説了"首先左右對折四次，然後上下對折一次"這個折疊方法在理論上有16種可能性，我們還不知道《陰陽五行》甲篇當時采用的是其中的哪一種。在復原好《陰陽五行》甲篇的整體結構後，終於可以嘗試解決這個問題了。

第一個綫索是 242→252→263 左→263 右的滲印文。上文已經説明，因爲滲印文自上向下滲透，這四塊帛片在折疊時按照這個順序相疊。

第二個綫索是 251(A)、253(D)、243(D)、245(A) 四塊帛片上的滲印文。這些滲印文來自 266 帛片(《堪輿》)(見附圖肆：2)。據此可知這四塊帛片在折疊時相疊在一起。也就是説，在折疊時，Ｄ組下半在Ａ組下半之上。

第三個綫索是Ｃ組的殘損狀態。Ｃ組的帛片與其他組的帛片相比，其殘損最爲嚴重。從這一點看，Ｃ組在折疊時應該位於最外層。

根據以上三個綫索，《陰陽五行》甲篇的折疊方法可以確定(下頁圖)。圖中的 1、2 等數字與第二節圖一"整體結構示意圖"中的編號對應。在⑤中給每一層標了《集成》整理圖版的頁碼，以此表示所有帛片的疊壓順序。

---

① 參看陳劍《馬王堆帛書的"印文"、空白頁和襯頁及折疊情況綜述》。

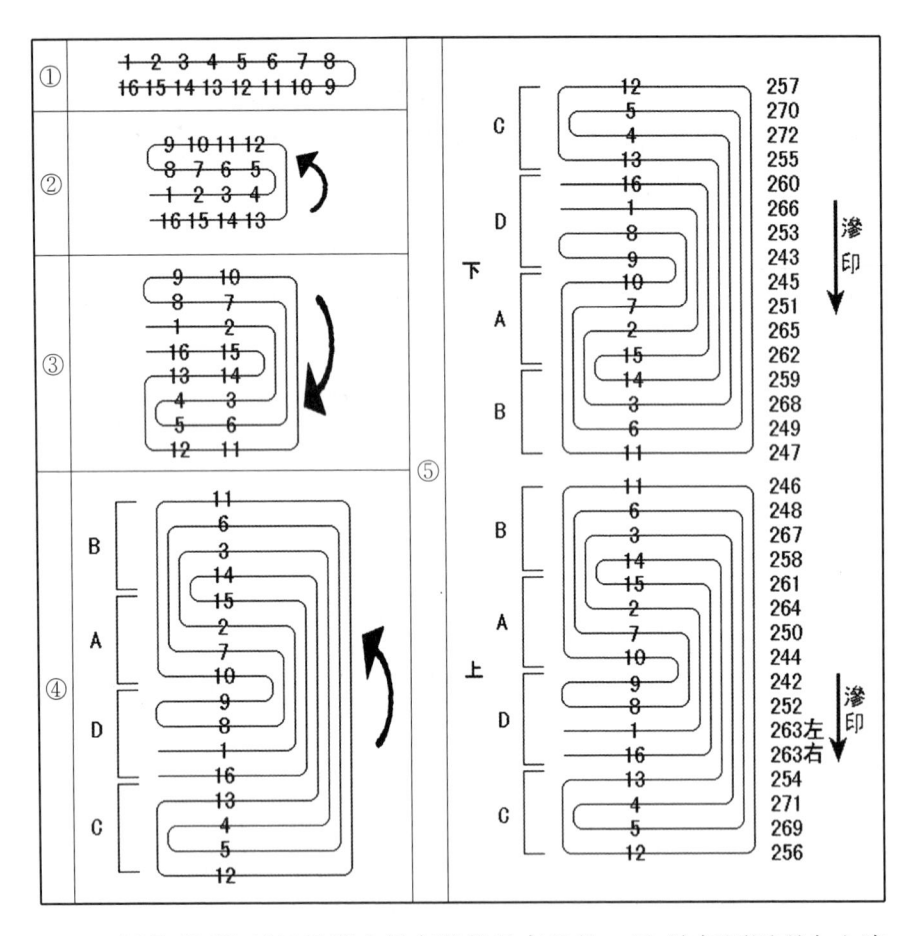

B組是《陰陽五行》甲篇中保存狀態最完整的一組，這個原因現在也清楚了。也就是説，按照這個折疊方法，B組位於最内層，所以没有受到太大的損壞。C組的情况與此相反，因爲在折疊時位於最外層，殘損最嚴重。

五、結　語

我們在有了自己的結論後，回過頭來看《集成》的復原方案，發現我們的結論和《集成》的方案没有多大區别。如果以對折綫爲準把帛書分開看，其順序幾乎是一致的：

馬王堆漢墓帛書《陰陽五行》甲篇整體結構的復原　345

左	右
242－243 244－245 246－247	263 左－266 264－265 267－268
256－257 254－255	271－272 269－270
258－259 261－262 263 右－260	248－249 250－251 252－253

　　我們拋開帛書的復原，只看閱讀順序。只有加底紋的兩對帛片順序相反，但其他地方基本上可以按照《集成》的順序閱讀。説到底，我們只不過把《集成》所謂"右邊部分"（242～253 頁）分開成兩塊（242～247 頁和248～253 頁），分别放在"中間部分"（254～263 頁右）的前面和"左邊部分"（263 左～272 頁）的後面而已。其實這也是情理之中的事。因爲有占文内容、折疊痕迹、反印文等限制條件，能够成立的可能性本來就不是很多。

　　整體結構的復原工作完成後，接下來要做的是分章。程少軒先生通過《堪輿》章的復原指出《雜占之五》和《雜占之七》可以合併爲一章（《重新復原》）。此次我們也有一些分章方面的發現。例如《築（一）》、《雜占之六》、《築（二）》可以合併。《諸神吉凶》的所謂（上）和（下）必須分爲兩章。《上朔》後的一行：

　　　【端月、二月、三月、四月、五月、六月、七月、八月、九月】、十月、十
　　一月、十二月。

《集成》把這一行當作《祭（一）》的第一行，但加注云"此行抄於該章表格之右。疑書手在抄寫時，先縱行抄寫十二月，後又未按縱行抄録表格，而改以橫行抄寫，此行遂廢去"。現在我們知道這一行和《祭（一）》不相連，當然不屬於《祭（一）》章。根據我們的復原，《祭（二）》與《祭（一）》相連，兩者都是表格，應該以合併爲宜。

以上講的這些都是很容易看出來的地方,需要合併或分開的地方此外應該還有一些。但要討論這個問題,需要仔細考慮占文的內容,在此不展開討論了。

附記：

當初我們根據《集成》"看校補記"推測程少軒先生的復原方案撰寫了本文。在寫完本文草稿後,我們請教了程少軒先生。程先生給我們提出了不少重要的修改意見,並示給我們《馬王堆帛書〈陰陽五行〉甲篇〈堪輿〉章的重新復原》全文。我們在拜讀這篇文章後才具體了解程先生在《集成》出版之前把《陰陽五行》甲篇復原到什麽程度。於是我們在《重新復原》的基礎上對本文作了修改,但本文的結論本身没有受到其任何影響。

附　殘片拼綴一覽表

凡例

一、本附録用表格的方式列舉我們目前的拼綴成果。根據殘片出處的不同,分爲如下三個表:

表(一)　《陰陽五行》甲篇整理圖版誤拼的殘片

表(二)　見於整理圖版"陰陽五行甲篇殘片"的殘片

表(三)　不見於整理圖版,只見於原始圖版的殘片

二、此處拼綴的每一塊殘片均編號,每表編號從 001 開始。如果需要引用表(一)、表(三)中的殘片,依此引用,如"表(三)殘片 005"。如果引用表(二)中的殘片,用"陰陽五行甲篇殘片"的殘片號碼,如"殘片 204"。

三、表(一)由"原處"、"釋文"、"去處"、"拼合根據"四欄構成。

(1)"原處"一欄説明這塊殘片見於《陰陽五行》甲篇整理圖版的何處,具體用《集成》整理圖版的頁碼、章題和行號表示。例如表(一)殘片 001"1-242 雜占之一 1-4 行"的意思是這塊殘片見於《集成》(壹)第 242

頁、《雜占之一》第1～4行。

(2)"釋文"一欄是殘片的釋文。此釋文中,行號和"☒"符號一律省略。空白行的存在儘量反映,例如殘片020"者死亡"和"□□"間有兩行空白行,因此釋文在此處空兩行。

(3)"去處"一欄說明這塊殘片拼綴到何處。其表示方法與"原處"同。但拼綴後的行號會發生變化,此表所示行號是我們新釋文的行號,與《集成》不盡一致。另外有些地方由於重新分章等目前無法編號,這種地方不標行號。

(4)"拼綴根據"一欄簡單說明我們拼綴的根據,基本上用"筆畫密合"、"反印文"、"《集成》誤剪"等一句說明。如果殘片需要旋轉、翻轉等處理,在此欄中交代。此表中所謂"翻轉"指水平翻轉。

(5)有些殘片我們目前只知道係《集成》誤拼,還沒有找到其去處。我們把這種殘片附在本表之末。

四、表(二)由"殘片號"、"釋文"、"去處"、"拼綴根據"四欄構成。"殘片號"是整理圖版"陰陽五行甲篇殘片"的編號。其他三欄的表示方法與表(一)同。

五、表(三)由"原處"、"釋文"、"去處"、"拼綴根據"四欄構成。其表示方法基本與表(一)同。但"原處"一欄,只用原始圖版的頁碼表示。例如殘片001"7‐157"的意思是這塊殘片見於《集成》(柒)第157頁。

(一)《陰陽五行》甲篇整理圖版誤拼的殘片

	原　處	釋　文	去　處	拼綴根據
001	1‐242 雜占之一 1‐4行	●台(?) ●室□ ● ●	1‐252 諸神吉凶(上) 18‐21行	反印文。①

---

① 參看名和敏光《馬王堆漢墓帛書〈陰陽五行〉甲篇〈諸神吉凶〉綴合校釋》,紀念馬王堆漢墓發掘四十週年國際學術研討會論文集,待刊。

續表

	原　處	釋　文	去　處	拼綴根據
002	1-244 女發1行	吉星	1-245 徙5行	筆畫密合（旋轉180度）。殘片上還留有一點紅色欄綫。
003	1-246 上朔4欄"順六"之右	順	1-247 上朔8欄"順六"之"順"	筆畫密合（旋轉180度、翻轉）。
004	1-247 上朔8欄"順六"	順	1-256 衍1行	筆畫密合。①
005	1-247 上朔4行	必	1-248 祭（一）1-13欄	反印文。
006	1-248 祭（一）2-7欄	祭福	1-248 祭（一）2-7欄	筆畫密合（順時針旋轉90度、翻轉）。
007	1-250 諸神吉凶（上）1-4行	●河吉日 ●泰吉日辛壬 ●二天子吉日壬戌 ●衍吉日□辛丑	1-250 諸神吉凶（上）11-14行	筆畫密合。
008	1-250 諸神吉凶（上）8-9行	兇日子寅申 辟違婁	1-252 諸神吉凶（上）25-26行	反印文。②
009	1-250 諸神吉凶（上）16-17行	兇日丙 兇日丙	1-252 諸神吉凶（上）21-22行	反印文。③

---

① 參看名和敏光《馬王堆漢墓帛書〈陰陽五行〉甲篇〈衍〉〈雜占之四〉綴合校釋》，《長沙馬王堆漢墓簡帛集成》修訂國際研討會報告。
② 參看名和敏光《馬王堆漢墓帛書〈陰陽五行〉甲篇〈諸神吉凶〉綴合校釋》。
③ 同上注。

續表

	原處	釋文	去處	拼綴根據
010	1-252 諸神吉凶(上) 22-30行	●□吉日 ●熱吉日己丑未乙丑 ●大父母吉日己亥丑 ●殤吉日甲乙壬癸吉星 ●馬君之吉日乙丑庚丑 □室之吉日甲乙吉星埂 姊日星才矛吉 兌日四正之月星才□ □星熒室違婁□	1-252 諸神吉凶(上) 24-32行	筆畫密合。①
011	1-257 雜占之四 11-12行	兌乚秋 □乚□□	1-257 雜占之四 10-11行	筆畫密合。②
012	1-257 雜占之四12行	酒	1-257 衍2行	筆畫密合(旋轉180度)。③
013	1-257 雜占之四 13-14行	午白辛酉黑癸 翼矛必殺豕□	1-257 雜占之四 9-10行	筆畫密合。④
014	1-263 雜占之七 2-5行	賊□ 斗東 須女胃 不可甬	1-263右 雜占之五、雜占之七5-8行	筆畫密合。
015	1-263 雜占之七	(無字殘片)	1-263 雜占之七 (往下移)	反印文(被裱反)。

① 參看名和敏光《馬王堆漢墓帛書〈陰陽五行〉甲篇〈諸神吉凶〉綴合校釋》。
② 參看名和敏光《馬王堆漢墓帛書〈陰陽五行〉甲篇〈衍〉〈雜占之四〉綴合校釋》。
③ 同上注。
④ 同上注。

續表

	原　處	釋　文	去　處	拼綴根據
016	1-264 堪輿占法 11-12行	之參 必以兵	1-264 堪輿占法 11-12行	筆畫密合、反印文、紅色欄綫（旋轉180度）。
017	1-270 諸日4-5行	子丑	1-270 諸日2行	筆畫密合、反印文、紅色欄綫。
018	1-270 諸日、祭(二)	（有紅色欄綫的空白殘片）	1-270 諸日、祭(二)（往右移）	紅色欄綫。
019	1-271 祭(三)5-6行	甲寅旬 之旬南門	1-271 祭(三)5-6行	筆畫密合（與殘片60可以拼綴）。
020	1-272 宜忌4-9行	父死之以□東南 麥分不可以有旨 者死亡 □□	1-260 築(一)	反印文，參看本文第三節(二)。
021	1-272 宜忌7-9行	丑 子 亥	1-262 五行禁日 等1欄	筆畫密合。

附：需要剔除的殘片

	原　處	釋　文	去　處	備　考
022	1-245 女發2-3行 雜占之二	室□ □		順時針旋轉90度
023	1-255 雜占之三7行	□東□		旋轉180度
024	1-258 雜占之四 15-16行	□良女英□ 經之兕□		

馬王堆漢墓帛書《陰陽五行》甲篇整體結構的復原　351

續表

	原　處	釋　文	去　處	備　考
025	1-258 築(一)6-7行、 雜占之五1行	筮東南正上旬十二 月下旬□ 月上		
026	1-261 雜占之六 3-5行	可以□ 毋爲 毋爲□		
027	1-266 堪輿神煞表 1-3欄	兇甬 星　大兇 　　大吉 　　大兇 星　大吉　丁 　　大兇　丁 辰　大吉　甲戌□ 　　大兇　甲戌壬 　　大吉　乙己癸		參看《重新復 原》。

(二) 見於《陰陽五行甲篇殘片》的殘片

	殘片號	釋　文	去　處	拼綴根據
001	1	□	1-253 諸神吉凶(上)	反印文(與殘片6有反印 關係)、紅色欄綫(旋轉 180度)。
002	2	後四可以祭 後五以祭樂 皆當是胃賁甬 戜之衡﹂日辰唯 □大喜﹂會歲會	1-265 堪輿占法 15-19行	筆畫密合,參看本文第 三節(二)、《集成》殘片 注〔二〕、《重新復原》。
003	3	至□□ 後三可以祭□ 後六以祭賤者 順逆吉兇□ 當春三 咎會歲 □□	1-264 堪輿占法 14-20行	反印文(與殘片11、70有 反印關係),參看《集成》殘 片注〔三〕、《重新復原》。

續表

	殘片號	釋　文	去　處	拼綴根據
004	4（部分）	春 乙未丙申辛 甲申⌐丁未⌐庚 其作適⌐女□ 庫以臧後□ 前四可以取婦 帝尙玉嚞樹 唯利蜀芮⌐ □	1-264 堪輿占法 11-19行	反印文、紅色欄綫，參看《集成》殘片注〔六〕、《重新復原》。
	4（部分）	星唯不吉 重堪唯日辰 之軫角	1-264 堪輿占法 9-11行	筆畫密合、紅色欄綫。
005	5	□正室 □□屋之兇日⌐丙 癸亥七日有賊□ 其兇□ 室□ 火禁	1-263右 雜占之五、七 3-8行	筆畫密合〔與表（一）殘片011可以拼綴〕。
006	6	軫緊牛須女去 庚辰下君之日或死 □申戌乙未●丁亥 歸(？通？)莀於𦣞入 月九日□ □之臣其身有咎必甲 日廿四日□	1-243 雜占之一 1-7行	整理者誤剪。
007	7	之民□□ □以薺兵□ □以薺果喪 以臨正室	1-261 雜占之六	反印文（與殘片278有反印關係）。
008	8	西北【□□□】起土 攻事 冬北東【□□】起土 攻事傷	1-254 雜占之三 3-7行	筆畫密合，參看本文第三節（三）。

馬王堆漢墓帛書《陰陽五行》甲篇整體結構的復原　353

續表

	殘片號	釋　文	去　處	拼綴根據
		春三月上旬甲乙以築東方 夏三月上旬丙丁以築南 上旬庚辛以築		
009	9 (上半)	●午酒酉旬	1-250 諸神吉凶 (上)4行	反印文,參看《集成》殘片注〔十三〕。
010	10	□ 受之月□ 天子以至庶人 勿□唯福之 端月生 □	1-256 衍3-6行、 雜占之四 1-4行	文字內容。這塊殘片與殘片160有反印關係,把殘片160放在與此相對應的地方也很合適。①
011	11	□月 昏浴 昏浴 昏浴 浴	1-261 築(一)、雜占之六8-12行	筆畫密合、紅色欄綫、反印文(與殘片3有反印關係)。
012	12	□卯□ 十二月 □月申(?)	1-244 女發1-3行	反印文(與殘片227有反印關係)、文字內容,參看《集成》殘片注〔十六〕。
013	13	巳午 熒	1-263右 雜占之五、七4-5行	筆畫密合、紅色欄綫。
014	14	南地	1-244,245 天地4行	筆畫密合。
015	20	利取	1-242,244 天一11行	筆畫密合。
016	24	不死其子代之 以立正必爲一賊。	1-255 諸神吉凶(下) 35-36行	筆畫密合。

① 參看名和敏光《馬王堆漢墓帛書〈陰陽五行〉甲篇〈衍〉〈雜占之四〉綴合校釋》。

續表

	殘片號	釋文	去處	拼綴根據
017	27	□大詡	1-257 衍1行	筆畫密合、紅色欄綫。①
018	28	□癸巳以出	1-256 雜占之四8行	反印文、紅色欄綫。②
019	30	□則□ 兇●筑 □□不利	1-258 室2-4行	筆畫密合、反印文。
020	34	□ □不可以祭祀 □爲部 斗	1-269 諸日1-4行	筆畫密合(與殘片35可以拼綴)。
021	35	□之不 其會 丙丁才	1-269 諸日2-4行	筆畫密合。
022	36	日生則從	1-267 刑日1行	筆畫密合、反印文,參看《集成》殘片注〔二五〕。
023	46	土攻取婦 樂大夫宜之 蜀旬 □	1-265 堪輿占法15-18行	筆畫密合,參看本文第三節(二)、《集成》殘片注〔二七〕、《重新復原》。
024	47	步 □	1-262 雜占之六6-7行	反印文。
025	48	會	1-265 堪輿占法14行	筆畫密合,參看《集成》殘片注〔二八〕。
026	49	雍,庚辛 ∟去以	1-247 雜占之二	筆畫密合。
027	57	以 星冊福	1-248 祭(一)2-7欄	筆畫密合、紅色欄綫。

---

① 參看名和敏光《馬王堆漢墓帛書〈陰陽五行〉甲篇〈衍〉〈雜占之四〉綴合校釋》。
② 同上注。

續表

	殘片號	釋　文	去　處	拼綴根據
028	60（右半）	□□ 子是火起主 甲寅旬以祭	1-271 祭(三)3-5行	反印文。
029	61	□星才去	1-250 諸神吉凶（上）11行	筆畫密合。
030	62	乙酉□ 己丁酉	1-250 諸神吉凶（上）8-9行	筆畫密合。
031	63	吉星矛	1-250 諸神吉凶（上）9行	筆畫密合。
032	64	生室九益 丈夫	1-244 天一 11-12行	筆畫密合,參看《集成》殘片注〔三七〕。
033	69	辰戌傷 丑未傷二	1-261 築(二)11-12行	筆畫密合,參看《集成》殘片注〔三九〕。
034	70	之民病(?) □之 毋增高下,皆 毋下古門	1-261 築(一)、雜占之六 11-14行第一欄	反印文(與殘片3有反印關係)、紅色欄綫(與殘片11可以拼綴)。
035	71	□未(?)吉。 吉 丑吉	1-261 築(二)4-9行	筆畫密合。
036	72	子受 必治一月 時取	1-256 衍2-4行	筆畫密合。①
037	73	妾	1-256 衍4行	殘片72和73本是一塊殘片,《集成》誤剪開。②

① 參看名和敏光《馬王堆漢墓帛書〈陰陽五行〉甲篇〈衍〉〈雜占之四〉綴合校釋》。
② 同上。

續表

	殘片號	釋文	去處	拼綴根據
038	75	月上 月上	1-258 築(一)、雜占 之六 7-8 行	筆畫密合，參看本文第三節(二)。
039	77	辰 爲妻入	1-265 堪輿占法 17-18 行	筆畫密合。
040	80	會日	1-264 堪輿占法 14 行	《集成》誤剪、筆畫密合(與殘片 276 可以拼綴)。
041	83	張翼 參此	1-249 祭(一)1- 14～15 欄	筆畫密合、反印文。
042	84	丁丑	1-247 上朔 7 欄,三月 四月順七	筆畫密合(逆時針旋轉 90 度)。
043	87	甲月 戌端	1-264 堪輿式圖	反印文、紅色欄綫(逆時針旋轉 90 度)。
044	88 (右半)	□人	1-269 諸日 2 行	筆畫密合。
	88 (左半)	□ 巳	1-269 諸日 2-3 行	《集成》誤剪。
045	89	酉吉寅 傷季子	1-261 築(二) 10-11 行	筆畫密合(與殘片 69 可以拼綴)，參看《集成》殘片注〔四三〕。
046	93	治一	1-256 衍 1 行	筆畫密合、紅色欄綫。①
047	94	以 兇	1-269 祭(二)5 欄	筆畫密合、紅色欄綫(逆時針旋轉 90 度)。
048	95	主有五得 □客主皆吉 吉日癸酉乙酉 星	1-250 祭(一)(?)、 諸神吉凶 (上)1-2 行	文字內容、空白行的位置，參看《集成》殘片注〔四六〕。

① 參看名和敏光《馬王堆漢墓帛書〈陰陽五行〉甲篇〈衍〉〈雜占之四〉綴合校釋》。

馬王堆漢墓帛書《陰陽五行》甲篇整體結構的復原　357

續表

	殘片號	釋　文	去　　處	拼綴根據
049	98	長 會	1-264 堪輿占法 12-13行	筆畫密合、反印文，參看《集成》殘片注〔四七〕。
050	99	大利 居∟取	1-244 天一 12-13行	筆畫密合。
051	100	□□ 取婦 □	1-250 祭（一）（?） 1-3行	筆畫密合（與殘片204、217可以拼綴）、紅色欄綫。
052	103	□時□ 知（?）得之□	1-256 衍6行、雜占之四1行	反印紅色欄綫（已變爲黑色）。①
053	112	牛秋 未必	1-250 諸神吉凶（上）15-16行	筆畫密合、反印文。
054	113	大咎	1-243 雜占之一5行	筆畫密合、殘片形狀。
055	117	亥 □	1-244 女發3行 雜占之二1行	筆畫密合、紅色欄綫。
056	119	□以繒□ □正室	1-263左 雜占之七 1-2行	筆畫密合（與殘片5可以拼綴），參看《集成》殘片注〔四九〕。
057	121	□巳	1-248 祭（一）1-3～4欄	紅色欄綫。
058	123	三月己 □	1-250 諸神吉凶（上）16行	反印文、殘片的形狀、空白行的位置。

---

① 參看名和敏光《馬王堆漢墓帛書〈陰陽五行〉甲篇〈衍〉〈雜占之四〉綴合校釋》。

续表

	殘片號	釋　文	去　處	拼綴根據
059	126	帀辱 將	1-242 天一 9-10 行	文字內容。
060	135	因以入爲外 □□□□□	1-254 雜占之三 6 行	筆畫密合，參看《集成》殘片注〔五三〕。
061	143	子	1-263 左 堪輿式圖	文字內容、大小、風格（旋轉 180 度）。
062	150	軫角	1-263 右 雜占之五、 七 6 行	筆畫密合、反印文。
063	153	午卯 子□	1-269 祭（二）7 欄	反印文（與殘片 72 有反印關係）。
064	160	縈牛 埂 與鬼	1-269 祭（二）8 欄	反印文（與殘片 10 有反印關係）。
065	168	東辟䢐婁朡 兇日庚□□	1-252 諸神吉凶（上） 26-27 行	筆畫密合〔與表（一）殘片 008 可以拼綴〕①，參看《集成》殘片注〔六〇〕。
066	170	亥十	1-263 左 堪輿式圖	筆畫密合（旋轉 180 度）。
067	171	益十年 子乚取	1-244 天一 11-12 行	筆畫密合。
068	176	僉之者荆 □□□	1-263 右 雜占之五、 七 2-3 行	紅色欄綫。
069	183	祭 有福 吉	1-248 祭（一）2- 6～7 欄	筆畫密合、紅色欄綫，參看《集成》殘片注〔六四〕。

---

① 參看名和敏光《馬王堆漢墓帛書〈陰陽五行〉甲篇〈諸神吉凶〉綴合校釋》。

馬王堆漢墓帛書《陰陽五行》甲篇整體結構的復原　　359

續表

	殘片號	釋　　文	去　　處	拼綴根據
070	184	□所居 下旬室	1-258 雜占之四 16行、室1行	筆畫密合，參看《集成》殘片注〔六五〕。
071	185	壬辰	1-267 刑日10行	筆畫密合。
072	186	未	1-253 諸神吉凶 （上）29行	反印文（與殘片215有反印關係）。
073	188	軫	1-263左 堪輿式圖	文字内容、紅色欄綫。
074	190	亥九月 二日當 其	1-244 女發3行 雜占之二 1-2行	筆畫密合〔與表（三）殘片004可以拼綴〕、反印文。
075	204	州邦 □子所 壬酒西	1-250 祭（一）（?） 2-4行	筆畫密合（與殘片227、217、100可以拼綴）、反印文、紅色欄綫。
076	211	有（?）五得（?） 文柏昊 陽文德武以 客有咎	1-250 祭（一）（?） 1-4行	筆畫密合〔與表（三）殘片005可以拼綴〕、反印文、紅色欄綫。
077	215	申□ □日八日 月居	1-243 雜占之一5- 8行、天一1行	紅色欄綫、文字内容、空白行的位置。
078	217	西客 子戊子酒 星婁 西張 辛 □ 辛	1-250 祭（一）（?）、 諸神吉凶（上） 6-10行	筆畫密合（與殘片204、100可以拼綴）、反印文，參看《集成》殘片注〔七七〕。

續表

	殘片號	釋　文	去　處	拼　綴　根　據
079	218	庚(?)申(?) 堪室吉	1-258 雜占之四 15-16行	筆畫密合、紅色欄綫。
080	221	乙未　辛丑	1-267 刑日9行	紅色欄綫。
081	223	以臧 爲(?)	1-265 堪輿占法 16-17行	筆畫密合。
082	227	可以 四(?)月下壬	1-250 祭(一)(?)	筆畫密合[與表(三)殘片005、殘片204可以拼綴]。
083	230	七	1-263左 堪輿式圖	文字内容、大小、風格。
084	233 (下半)	(無字殘片)	1-263右 雜占之七	反印文、紅色欄綫(翻轉)。
085	238	傷 □傷妻子 以出入豕 巳以出入□	1-257 雜占之四 8-11行	筆畫密合[與表(一)殘片011可以拼綴],參看《集成》殘片注〔八〇〕。①
086	247	當 □四日 兑東室	1-271 祭(三)2-4行	筆畫密合。
087	256	從虫	1-267 刑日1行	筆畫密合(與殘片36可以拼綴,逆時針旋轉90度)。
088	263	取	1-258 築(一)、雜占之六6行	筆畫密合。

---

① 參看名和敏光《馬王堆漢墓帛書〈陰陽五行〉甲篇〈衍〉〈雜占之四〉綴合校釋》。

馬王堆漢墓帛書《陰陽五行》甲篇整體結構的復原　361

續表

	殘片號	釋　　文	去　　處	拼綴根據
089	266	□益□	1-258 築(一)、雜占 之六 6 行	筆畫密合。
090	267	攻之 攻筑　　□ □益	1-258 築(一)、雜占 之六 3-6 行	筆畫密合,參看《集成》殘片注〔八四〕。
091	269	端月 □一日當月 □□□	1-244 女發 3 行 雜占之二 1-2 行	文例。
092	272	發	1-244 女發 2 行	文字内容、風格。
093	276	以 復兵事 □會乙卯辛 會日復(?)	1-264 堪輿占法 11-14 行	筆畫密合,參看《集成》殘片注〔八六〕。
094	277	□日甲	1-269 諸日 4 行	筆畫密合(翻轉)。
095	278	參 行臧 □鄉辰 □女□	1-264 堪輿 14-17 行	筆畫密合,參看《集成》殘片注〔八七〕。
096	282	祭□ 生四日□ 立兕東 甲辰旬分□ □	1-271 祭(三) 2-6 行	筆畫密合(與殘片 247 可以拼綴),參看《集成》殘片注〔九〇〕。
097	290	□	1-253 諸神吉凶(上)	反印文(與殘片 6 有反印關係)、紅色欄綫。
098	299	埱尾□	1-270 宜忌、諸日間	反印文(與殘片 238 有反印關係),參看《集成》殘片注〔九五〕。

續表

	殘片號	釋　文	去　處	拼綴根據
099	347	咎五日當 □子□□	1-245 雜占之二 1-2行	文例。
100	369	安大兇□	1-258 雜占之四16行	《集成》誤剪,參看本文第三節(三)。
101	374	不利蜀 □言(？否?)乃	1-265 堪輿占法 17-18行	筆畫密合(與殘片2、46可以拼綴),這塊殘片粘在與原來所在位置相應的地方,參看本文第三節(二)。
102	379	虛	1-263左 堪輿式圖	《集成》誤剪(旋轉180度)。

(三) 不見於整理圖版,只見於原始圖版的殘片

	原　處	釋　文	去　處	拼綴根據
001	7-157	立者 甲兵 □	1-260 築(一)、雜占之六10-13行 第二欄	筆畫密合[與表(一)殘片017可以拼綴]、反印文,參看本文第三節(二)。
002	7-163	脾 □	1-264 堪輿占法 17-18行	反印文。
003	7-278	木禁	1-262 五行禁日 等6欄	筆畫密合。
004	7-294	月戌 一月酉 寅【十】月巳十 當突婦赤月 吉日□	1-244 女發1-3行、 雜占之二 1-2行	反印文[與表(三)殘片005有反印關係]、筆畫密合(與殘片190可以拼綴)。

續表

	原　處	釋　文	去　處	拼綴根據
005	7-294	以祭六十福 武以祭五十福 武以祭七十福 凡 兇 兇	1-250 祭(一)(?)、 諸神吉凶 (上)1-8行	文字內容、紅色欄綫。
006	7-306	台	1-267 刑日圖	筆畫密合。從帛的經緯和字的方向關係看,只有這個地方符合條件。
007	7-306	(無字殘片)	1-264 堪輿式圖	反印文。

　　原載中國文化遺產研究院《出土文獻研究》第 15 輯(中西書局,2016 年),今據以收入。

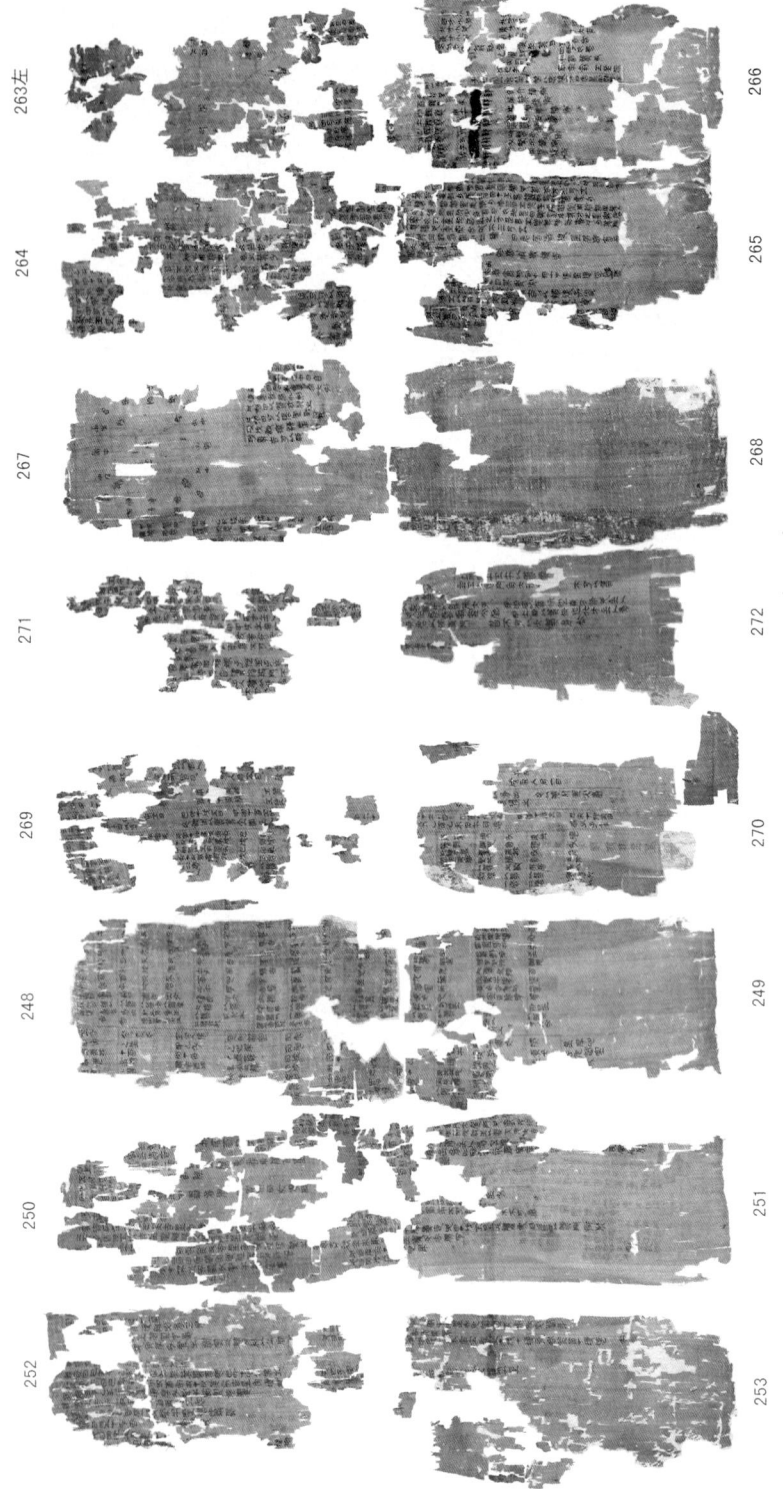

附圖壹 《陰陽五行》甲篇全圖（右半）示意

附圖貳 《陰陽五行》甲篇全圖（左半）示意

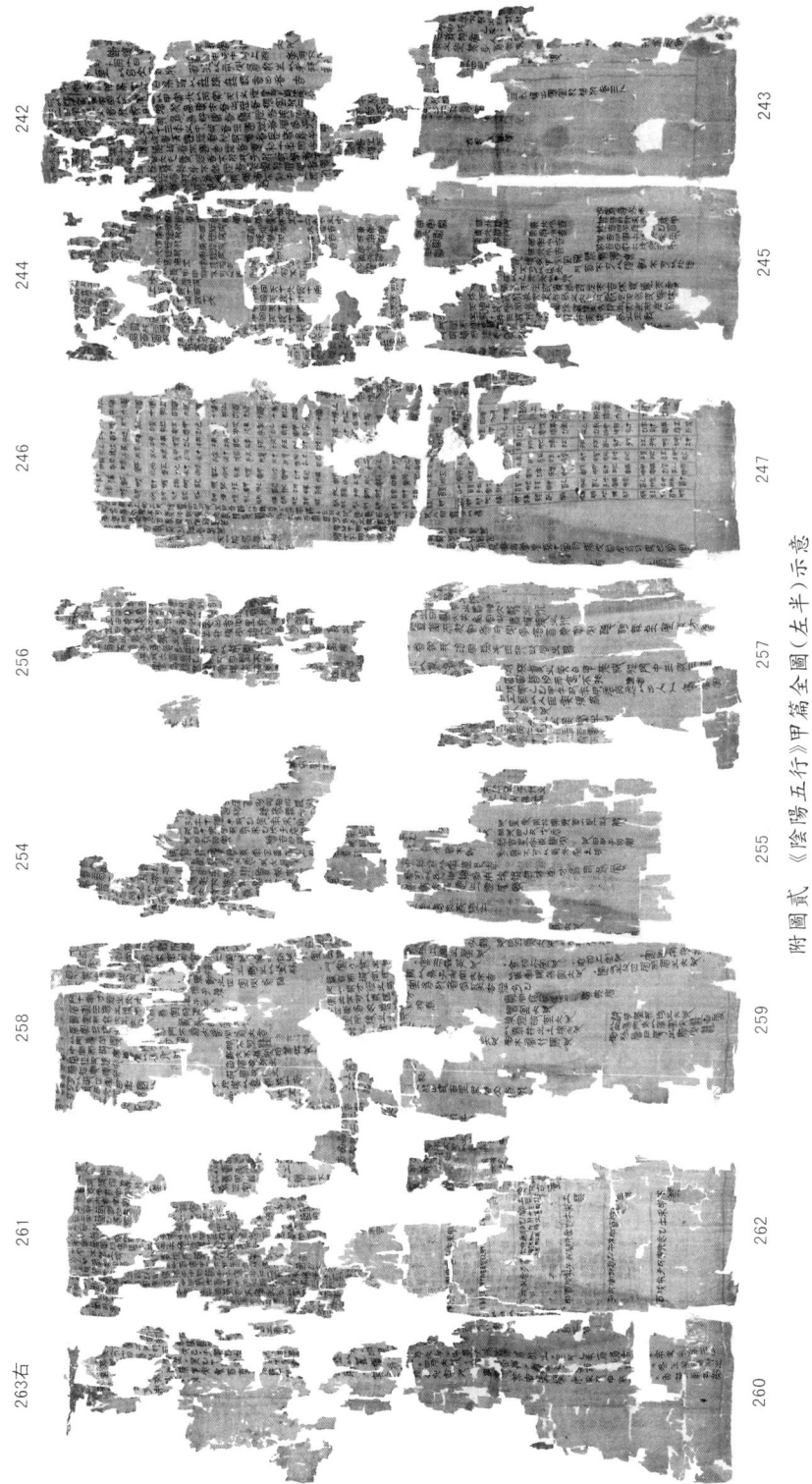

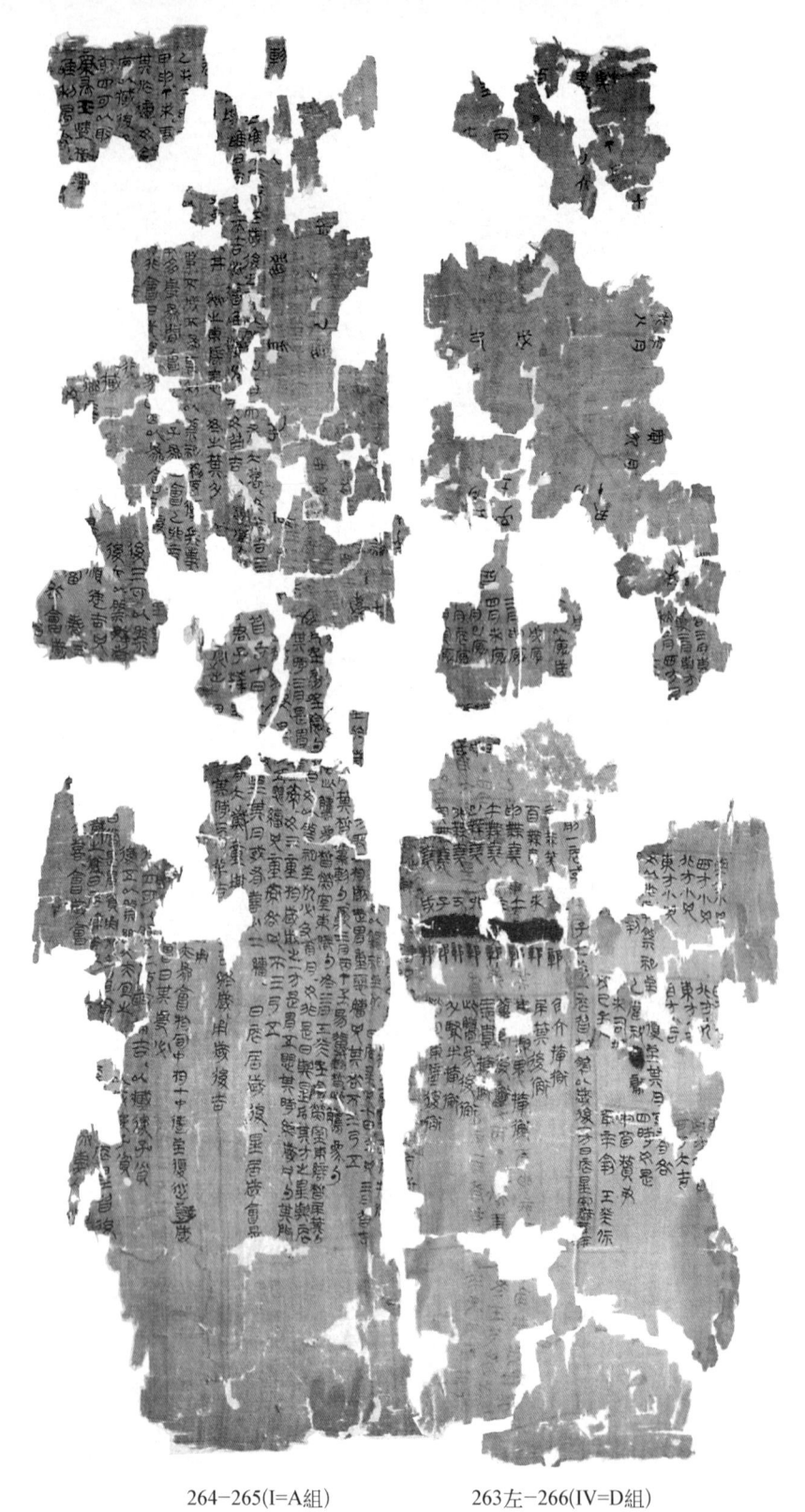

264-265(I=A組)　　　　　263左-266(IV=D組)

附圖叁：1　D、A組帛片復原圖(1)

263右-260(IV=D組)　　　　261-262(I=A組)

附圖叁：2　D、A組帛片復原圖(2)

242
(水平翻轉)

252

263左
(水平翻轉)

263右

附圖肆：1 242→252→263左→263右的滲印文

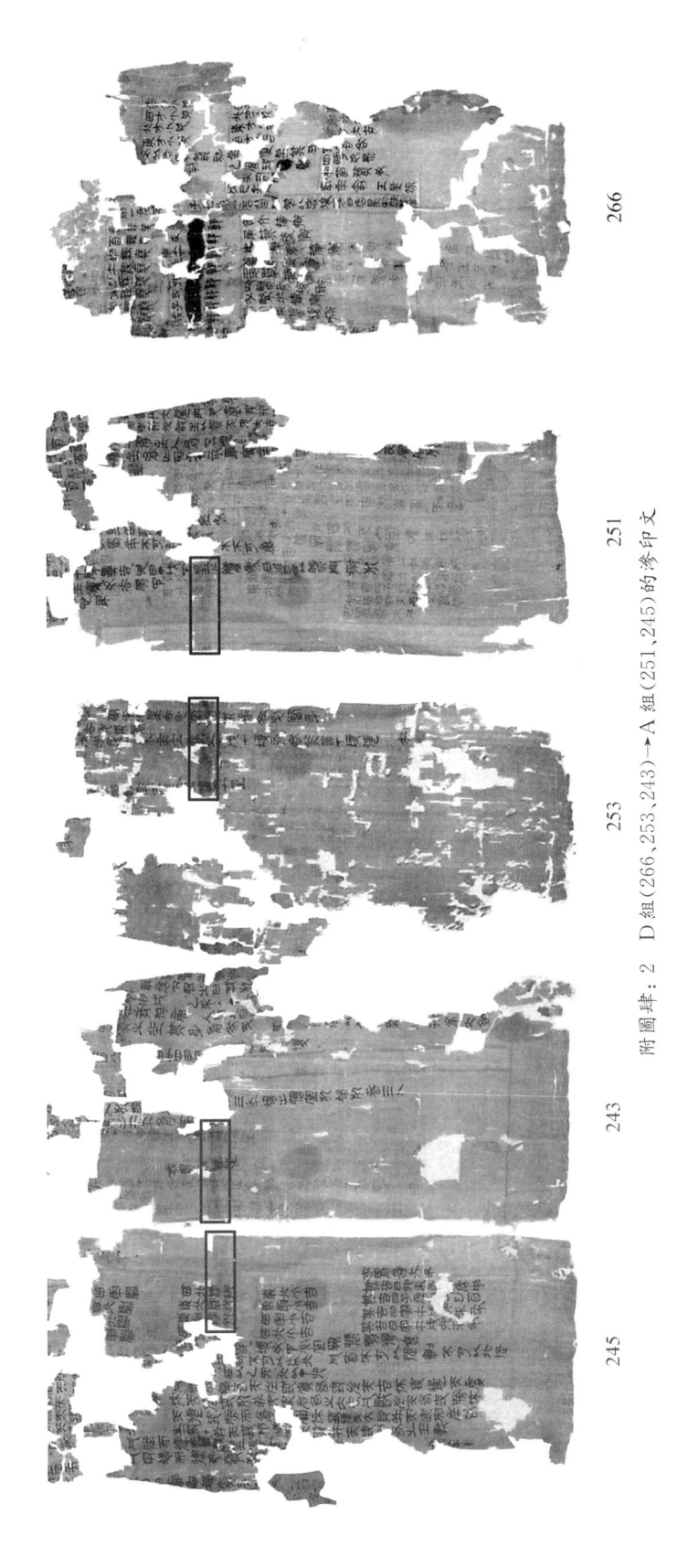

附圖肆：2　D組（266、253、243）→A組（251、245）的滲印文

附圖伍 266—265—268—272 的紅色下闌綫

談《太一將行圖》的復原問題

《太一將行圖》可以說是馬王堆漢墓出土帛畫中學界的爭論最激烈的帛畫之一。該圖的命名本身就有好幾種意見，除了《太一將行圖》外，還有《社神圖》、《神祇圖》、《避兵圖》、《太一出行圖》、《社神護魂圖》、《兵禱太一圖》、《太一祝圖》等。這一現狀已經足夠說明學界對該圖的性質、内容、用途等的理解存在着很大的分歧①。

學界對《太一將行圖》的看法有如此大的分歧，最主要的原因是該圖殘損很嚴重，其復原也有不少問題。最早發表該圖照片和摹本的周世榮先生說："由於當年筆者文中所引用帛畫圖文是根據修復後裱裝的帛畫原件繪製，由於裱裝時圖形殘缺與錯位，因而給研究者帶來許多困惑。"②我們認爲，要進一步推動《太一將行圖》的研究，該圖的復原乃是關鍵。

過去周世榮先生發表過一些修改方案，也有幾位學者對該圖的復原提出了很好的意見（詳細情況見下）。筆者在以往研究的基礎上嘗試了復原，有了一些新的看法。現在把它寫出來，請識者批評指正。

---

① 關於該圖的研究情況，參看喻燕姣《馬王堆漢墓帛畫〈太一將行圖〉研究述評》，陳建明主編《湖南省博物館館刊》第 4 輯，嶽麓書社，2007 年。內容幾乎相同的文章亦收入：陳建明主編《馬王堆漢墓研究》，嶽麓書社，2013 年，第 524~538 頁；陳建明主編《湖南出土帛畫研究》，嶽麓書社，2013 年，第 284~298 頁。爲了討論之便，本文暫時使用"太一將行圖"這個名稱。

② 周世榮《馬王堆漢墓〈神祇圖〉帛畫發現獨角獸——麒麟殘片》，《中國文物報》2014 年 8 月 1 日。這篇文章的存在分別承蒙劉彬徽先生、陳劍先生提醒。

一、這幅帛書的折疊方法——
從所謂"麒麟殘片"説起

2014年8月,周世榮先生發表了《馬王堆漢墓〈神祇圖〉帛畫發現獨角獸——麒麟殘片》一文,説"最近發現曾經遺漏的圖形中還有'獨角獸'殘片",並繪製了復原圖(圖一):

圖一

這塊殘片見於《太一將行圖》照片中,其具體位置是圖的左下角、青龍之下①。其實這是青龍頭部的滲印圖像(圖二,下頁)。

管見所及,最早在論文中對這塊殘片作解釋的是李淞先生②。他説"青龍之下還有一個若隱若現的龍首,可見綫條勾勒的龍角、一隻眼及部

---

① 其放大照片見於湖南省博物館、復旦大學出土文獻與古文字研究中心編纂,裘錫圭主編《長沙馬王堆漢墓簡帛集成》(以下簡稱爲"《集成》")(貳),中華書局,2014年,第148頁。

② 李淞《依據疊印痕迹尋證馬王堆3號漢墓〈"大一將行"圖〉的原貌》,《美術研究》2009年第2期。本文引用的李淞先生的看法都出自此文,不另出注。

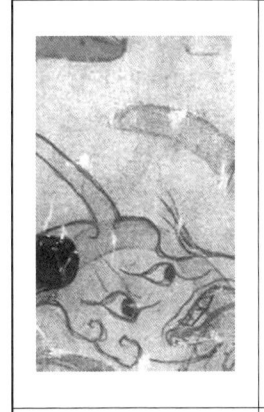

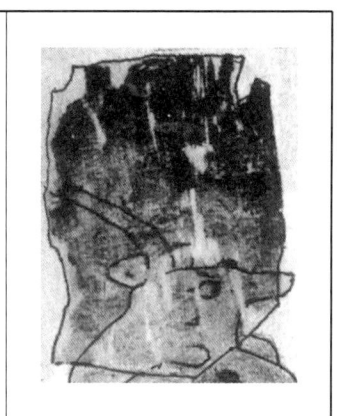

談《太一將行圖》的復原問題　373

| 1. 青龍頭部 | 2. 殘片照片(180度旋轉) | 3. 周世榮先生所製墨綫復原圖 |

圖二

分輪廓，但方向倒置。……奇怪的是這個隱約可見的龍首却近於其上'青龍'的頭，並與青龍方向相同（都是面向右側、角向左伸）。應該不是原生痕迹，是疊印所致"云云。此説無疑是正確的。也就是説，所謂"獨角獸（麒麟）"圖像根本不存在。

《太一將行圖》中不僅能夠看到反印圖像，也有較爲清晰的滲印圖像。過去對反印圖像和滲印圖像的認識有不足之處，這才引起了種種混亂。如果充分利用這些印圖文，對帛書原貌的復原很有幫助①。下面我們根據滲印圖像討論所謂"麒麟殘片"的位置。但要確定滲印圖像的位置，同時也要考慮這幅帛的折疊方法。因此我們把這兩個問題放在一起討論。

喻燕姣先生是最早利用《太一將行圖》的滲印圖像討論這幅帛折疊方法的學者，她製作的折疊示意圖如圖三②：

---

① 關於馬王堆帛書的印文和折疊方法，參看陳劍《馬王堆帛書的"印文"、空白頁和襯頁及折疊情況綜述》，紀念馬王堆漢墓發掘四十周年國際學術研討會，2014年。本文使用的相關語詞都根據該文的定義。
② 喻燕姣《馬王堆漢墓帛畫〈神祇圖〉研究二則》，《湖南省博物館館刊》第9輯，嶽麓書社，2013年。内容幾乎相同的文章亦見於陳建明主編《湖南出土帛畫研究》第281～284、299～304頁。

374　簡帛研究論集

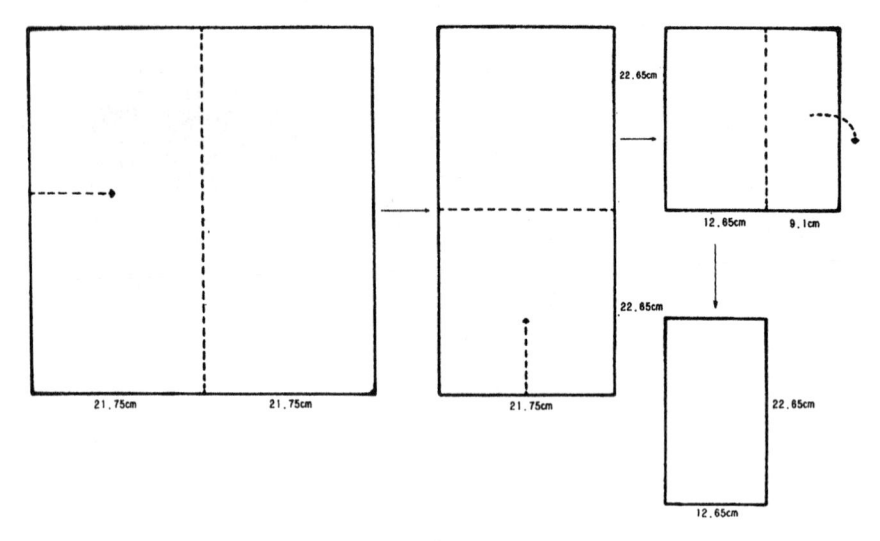

圖三

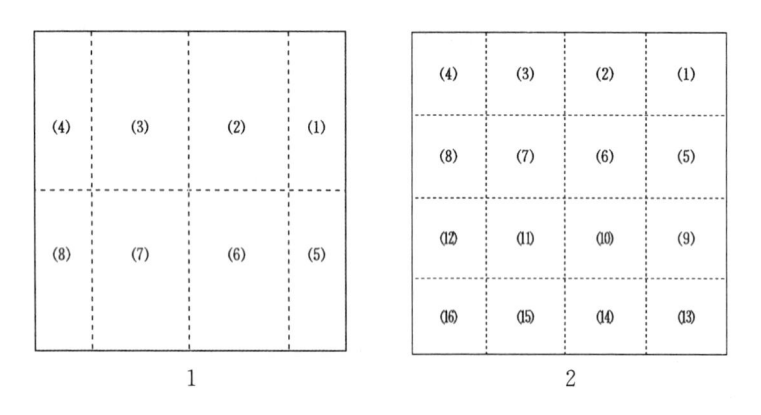

圖四

　　今按,這個方案恐怕有問題。第一,按照喻先生的方案,這幅帛的折痕應該如圖四:1,但從目前這幅帛的殘損情況看,實際情況當如圖四:2。根據這個折痕,這幅帛折疊的次數不是三次,而是四次。這幅帛中間部分比較完整,上下部分殘損非常嚴重。這種殘損狀態應該是在折疊情況下造成的。那麼這幅帛在折疊時上下部分的八頁帛片和中間部分的八頁帛片應分別相疊在一起。

談《太一將行圖》的復原問題　375

第二，按照喻先生的方案，無法説明青龍頭部的滲印圖像是怎麽印成的。這個圖像被印的殘片目前在圖四：1的(8)右下角，而青龍頭部的原圖像在(7)正中間，無論怎麽折疊，青龍頭部的圖像都不可能印到那種地方。因此喻先生推測這塊殘片原本應該在(5)。但按照她復原的折疊方法，(7)和(5)之間的疊壓順序是(7)→(3)→(2)→(1)→(4)→(8)→(5)，中間隔了五頁帛片，(7)的滲印圖像不可能只出現在(5)上。

下面用圖四：2説明我們的復原方案。我們目前掌握的綫索有四個：第一，第一次折疊是左右對折。第二，根據武弟子像之二的滲印圖像，可以確定(6)→(5)的滲印關係。也就是説，在折疊時，(6)在(5)之上。第三，能容下青龍頭部滲印圖像的地方是這幅帛的上部[(1)(2)(3)(4)]和下部[(13)(14)(15)(16)]，因此在折疊時青龍頭部原圖像所在的(11)必須與其中的一頁相接觸。第四，這幅帛在折疊時上下部分的八頁和中間部分的八頁分别相疊在一起。能夠同時滿足以上四個條件的方案只有一種：青龍頭部的滲印圖像原本在(15)，折疊方法是首先左右對折兩次，然後上下對折兩次，參看圖五：

圖五

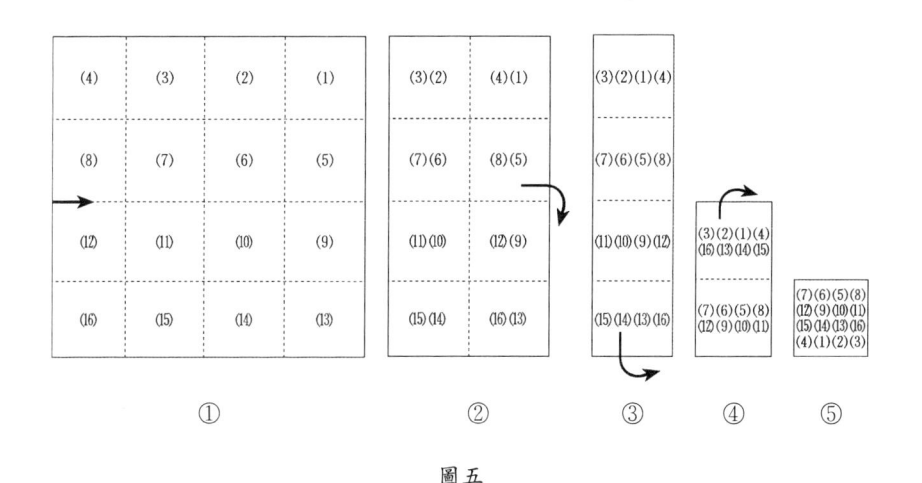

圖中的數字同時表示帛片的上下疊壓順序，例如②右上角的"(4)(1)"表示此處的疊壓順序是(4)→(1)；④上半"(3)(2)(1)(4)/(16)(13)

(14)(15)"表示此處的疊壓順序是(3)→(2)→(1)→(4)→(16)→(13)→(14)→(15)。總之，按照這個折疊方法，折疊後從上至下各層帛片的順序如下：

【(7)→(6)】→【(5)→(8)】→【(12)→(9)】→【(10)→(11)】→
【(15)→(14)】→【(13)→(16)】→【(4)→(1)】→【(2)→(3)】

放在魚尾號中的是圖文面兩兩相對的一組帛片，劃綫處有滲印圖像。(5)的滲印圖像是左右折疊而印者，因此與原圖像左右相反。(15)的滲印圖像是上下折疊而印者，因此應該與原圖像上下相倒、左右相反。但目前能看到的圖像只是上下相倒而已。那麼，如果我們的結論不誤，這塊殘片應該是被裱反了。

另外值得一提的是，青龍頭部滲印圖像的殘片被裝裱在(16)，而我們的結論是(15)，其位置很近。因此可以說，這塊殘片被裝裱的位置基本上正確地反映了帛書的原貌。

二、中央主神的復原

我們先列舉以往研究的復原方案(圖六)：

1   2   3   4

談《太一將行圖》的復原問題　377

5　　　　　　　　6

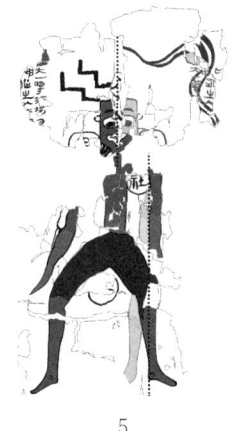

圖六

　　《太一將行圖》的照片最早發表在《文物研究》1986年第2期①。1990年,周世榮先生發表照片和摹本,引起了學界廣泛的關注(圖六:2)②。這是我們所謂原整理者的復原。這張照片也被收入不少圖錄,這個復原方案的影響至今很大(圖六:1)③。

　　2004年,周世榮先生指出該圖的拼接有問題。他説:"最近,我發現過去裝裱的《神祇圖》有誤。根據該圖折疊的水印痕,發現右上角的某些圖文,理當位於左上角。"④周先生在這篇文章中也發表了他新繪製的摹本,圖六:3是其主神部分。需要注意的是周先生早就注意到了"該圖折

---

　　①　周世榮《馬王堆漢墓中的人物圖象及其民族特點初探》,《文物研究》第2期,《文物研究》編輯部,1986年,第77頁。
　　②　周世榮《馬王堆漢墓的"神祇圖"帛畫》圖一,《考古》1990年10期,第926頁。
　　③　例如傅舉有、陳松長編著《馬王堆漢墓文物》,湖南出版社,1992年,第35頁;文物出版社、光復書局企業股份有限公司《輝煌不朽漢珍寶　湖南長沙馬王堆西漢墓(中國考古文物之美8)》圖版8,文物出版社,1994年;陳建明主編《馬王堆漢墓陳列》,湖南省博物館,2002年,第65頁。《集成》雖然指出原整理者的復原有問題,"但由於帛畫上部殘損嚴重,我們無法復原或是給出更好的拼接方案,所以只能基本上保持原整理小組的拼綴面貌"(《集成》(陸)第105頁)。
　　④　周世榮《難忘馬王堆漢墓的發掘與研究》,湖南省博物館編《千載難逢的考古發現——馬王堆漢墓發掘紀實》,內部資料,2004年,復原圖見於第95頁。

378　簡帛研究論集

疊的水印痕",據此作了調整。他的意見有很多可取之處。但可惜的是這篇文章似乎没有引起多少學者的關注,後來討論《太一將行圖》復原問題的學者很少引用這篇文章①。

2009年,李淞先生對原整理者的復原提出了質疑。李先生根據這幅帛書的疊印關係,指出"所謂'雷公'的面目是'太一'頭部疊印的虚幻鏡像,並非作者原繪"(參看圖七,本書第381頁)②。圖七:1是原整理者所謂的雷公頭部,圖七:2是所謂太一頭部。所謂雷公頭部的右邊有"太一將行"云云的反印文,而且所謂雷公頭部和所謂太一頭部呈鏡像對稱關係,前者的顏色比後者淡。這些情況都説明前者是後者的反印圖像。李淞先生進而據此主張圖七:2不是中心主神的頭,將其移到這幅圖的左上角,將所謂雷公的頭放在與此相對應的位置。也就是説,中央主神没有了頭部(圖六:4)。李先生的研究影響很大,恐怕有不少學者通過這篇論文才清楚地了解到《太一將行圖》復原圖中存在的問題。但如上所述,其實周世榮先生早已注意到了"該圖折疊的水印痕",也作了合理的調整。這一點,我們在下文説明。

2013年,喻燕姣先生發表了新的修改方案③。她承認所謂雷公頭部和所謂太一頭部的反印關係,但仍然認爲後者是中央主神的頭部。她把所謂雷公頭部分成左右兩塊,把殘片右半拼接到所謂太一的頭的右邊。她説:

> 根據整幅帛畫的對折方式,主神臉部中央應是對折軸綫,基本與帛畫的中下層對折軸綫相吻合。根據對折痕迹,第2塊(引者按:即所謂雷公的頭右半)的位置應移到第1塊(引者按:即所謂太一的頭)的右邊,而且應遮住主神左臉的一部分,因爲第2塊左下角人臉眼睛部分正是第1塊主神右眼的印痕,第1塊左邊的"大一將行"題記對應的印痕也正是第2塊右邊的文字。

---

① 據管見所及,提到周先生文章的學者只有喻燕姣先生一人。
② 以下所用摹本係筆者製作。
③ 喻燕姣《馬王堆漢墓帛畫〈神祇圖〉研究二則》。

由於喻先生在論文中收錄的圖版不是很清晰,我們用自己製作的摹本表示她的結論(圖六:5)。然而帛的另一部分"遮住主神左臉的一部分"這種情況恐怕很難出現。另外,根據主神手和腿的反印圖像,可以知道對折軸綫位於主神左肩膀的位置。如果像喻先生那樣認爲對折軸綫位於這位神頭部的中央,那麼軀體部分的對折軸綫就與此連接不上(參看圖六:5上的點綫)。

與喻燕姣先生幾乎同時,陳鍠先生也發表了修改方案(圖六:6)①。就中央主神的復原而言,重要的是她把所謂的雷公頭部(圖七:1右半)移到中央主神的右上。這個調整"補齊了右肩和部分右腮與口部"(引者按:應該説是"左"肩和"左"腮)。但她自己也承認,按照她的修改方案,無法合理説明該圖的對折軸綫和圖像的反印關係。

我們目前了解的修改意見是以上四種(看校時按:後來筆者知道黄儒宣先生也發表過復原方案,見《馬王堆〈辟兵圖〉研究》,《中研院歷史語言研究所集刊》第 85 本第 2 分,2014 年 6 月。黄先生對中央主神的復原與筆者相同,但由於本文已經無法大改,在此不詳細介紹。請黄先生和讀者諒解)。這四種方案雖然有這樣那樣的問題,但都有可取之處。第一,周世榮先生和喻燕姣先生保持原來的復原,認爲所謂太一頭部是中央主神的頭部。這確實是最合理的設想。第二,如李淞先生所指出,所謂雷公頭部的圖像和所謂太一頭部的圖像有反印關係。第三,周世榮先生和陳鍠先生把所謂雷公頭部圖像的殘片移到中央主神的右上,復原了主神的左肩,非常準確。其實我們只要綜合以上三點,就能得到正確答案,參看圖八。這個結論和周世榮先生的修改方案基本相同,我們只是根據該圖的對折軸綫把頭部的兩塊殘片往左移一點而已。現在我們知道,所謂太一頭部確實是中央主神頭部的圖像。因此,根據"太一將行"云云的題記,可以確定中央主神是太一。

我們發現還有一塊殘片可以拼綴到太一處,即過去認爲是雨師題記的殘片(圖九)。不難看出,這個地方的拼綴有問題。首先,"雨師"二字和

---

① 陳鍠《〈太一避兵圖〉圖像與内涵析辯》,《新美術》2013 年第 9 期。

其下的四行字明顯不銜接。其次，根據雨師頭部的圖像，其左邊應該還有後腦勺，因此那四行字的殘片不可能占這個地方。

我們發現那四行字下的紅色物體其實是武弟子像之三的手指。拼接後的圖版如圖十。無論從武弟子像之三的角度看，還是從題記的角度看，這塊殘片放在此處非常合適。根據這個拼合，太一的題記可以復原如下：

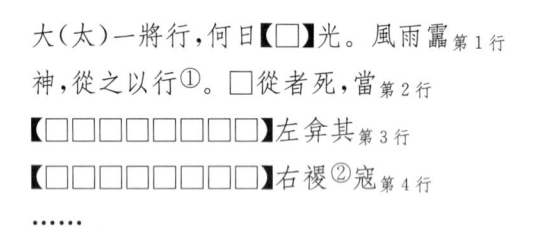

大（太）一將行，何日【□】光。風雨雷 第1行
神，從之以行①。□從者死，當 第2行
【□□□□□□□】左弄其 第3行
【□□□□□□□】右襐②寇 第4行
……

"光風雨雷"四字，過去當作一句讀，但應該在"光"下句讀開。行、光，押陽部韻。

"何日"之"何"，陳松長先生讀爲"荷"③，很有可能是對的。開頭兩句大致的意思是：太一將要出行，荷日而發光。太一右肩上有一個圓形物（圖十一），中間的字雖然沒有剩下多少筆畫，但把殘筆和題記結合起來看，此字疑是"日"。若果真如此，這位太一確實"荷日"。

下一句"風雨雷神，從之以行"也是説明這幅圖的內容。現在我們還能看到"雷公"、"雨師"二位神的圖像和題記，看來此圖中原來還有一位"風伯"。

其下因爲殘損嚴重，文義難以確知。但至少可以推測，這些句子很有可能也是説明這幅圖的內容。

看來太一的題記較爲詳細地説明了《太一將行圖》上半部分的意思，如果這個題記現在還在，過去的許多爭論就能夠得到解決。這個部分現在殘缺嚴重，是一件非常可惜的事。

---

① 此"行"，殘缺嚴重，《集成》釋文也缺釋。從殘筆的形體、文義、押韻等考慮，此字當是"行"。
② "襐"，《集成》釋文作"稷"。根據圖版，此字從"示"。
③ 陳松長《馬王堆漢墓帛畫"太一將行"圖淺論》，《美術史論》1992年第3期。

談《太一將行圖》的復原問題　381

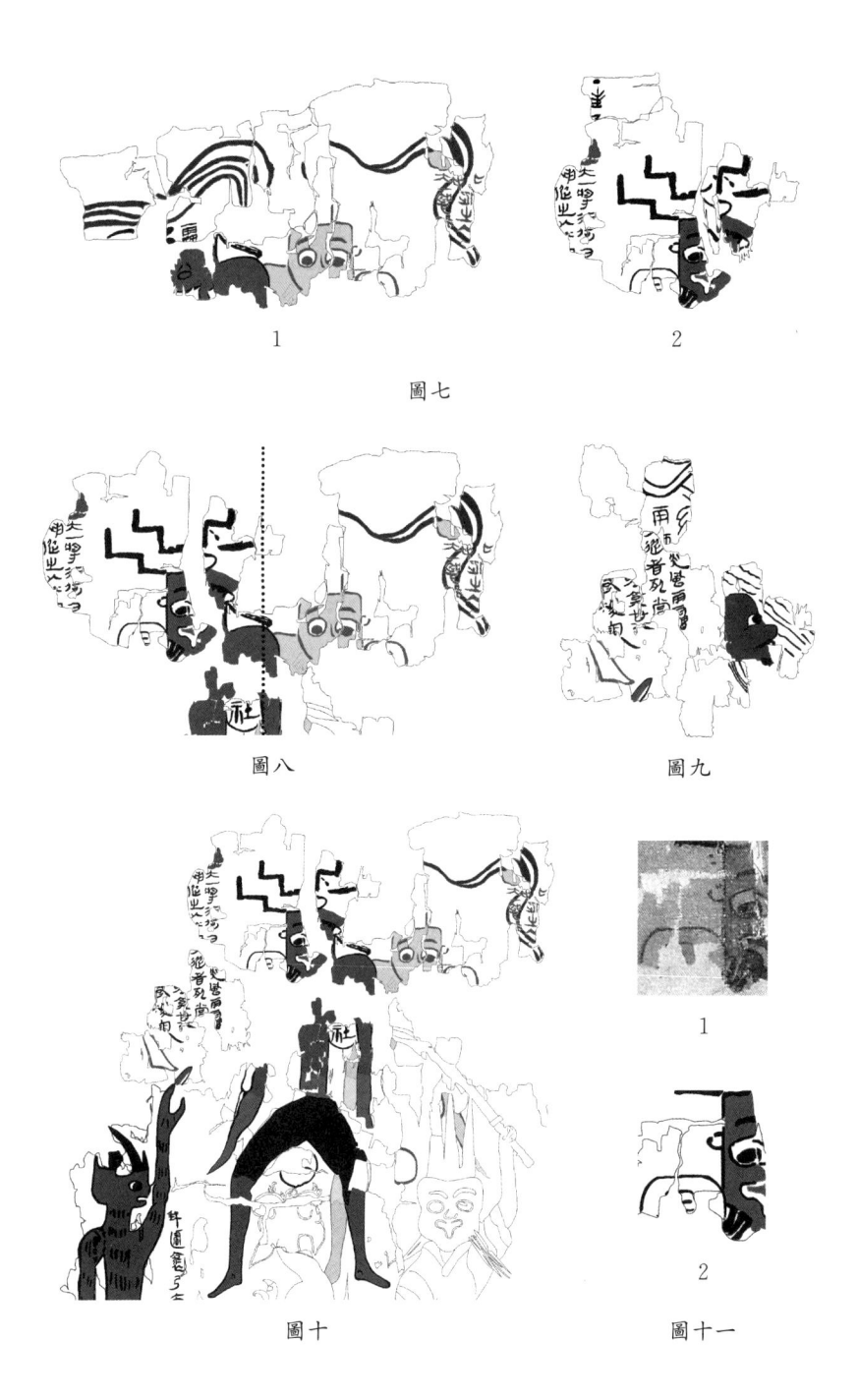

1　　　　　　　　　2
圖七

圖八　　　　　　　　圖九

1

2

圖十　　　　　　　圖十一

三、總題記的復原

《集成》在《太一將行圖》的復原上有一個很重要的發現,指出"大一祝曰某今日且"八字的殘片(圖十二)原本應該在帛畫右上部①。《集成》的釋文如下:

大(太)一祝曰:"某今日且【囗】神囗【囗】承弓,禹先行。赤包白包,莫敢我鄉(向),百兵莫敢我囗【囗】狂謂不誠,北斗爲正。"即左右郵(唾),徑行毋顧。②

圖十二

也就是説,"大一祝曰某今日且"成爲總題記的首句。通過這個調整,總題記的文章結構就大致清楚了。"某今日且【囗】……北斗爲正"是呪語,"即左右唾,徑行毋顧"是念完呪語後的動作。《集成》根據這個發現給該圖命名爲《太一祝圖》③。

我們感到有問題的是,"大一祝"不一定是總題記的開頭。寫有"大一祝曰……"的那塊殘片本是一塊小碎片,"大"字上面沒有任何空白。根據目前能看到的情況,這塊殘片的釋文前後都得加"囗"這個符號,也就是説我們無法確定"大一祝"是否爲一個文章的開頭。再說這塊殘片的位置,雖然我們知道它原本應該在帛畫右上部,但也無法確定其確切位置。從這塊殘片的形狀看,它不太可能是這幅帛的右上角。

既然"大一祝曰"不一定是首句,對這四個字的解釋也有商榷的餘地。按照《集成》的復原,"太一祝"恐怕只能理解爲祝的一種,因爲"某今日"云

---

① 參看《太一祝圖》注〔一〕,《集成》(陸)第104頁。
② 《集成》(陸)第103頁。
③ 2013年12月19日,來國龍先生在復旦大學出土文獻與古文字研究中心作講座《馬王堆太一祝圖考》。來先生也發現"大一祝曰"云云的那塊殘片應當位於總題記的開頭,並據此將該圖改稱爲《太一祝圖》。參看復旦大學出土文獻與古文字研究中心網站的報導《來國龍博士來我中心作講座》(http://www.gwz.fudan.edu.cn/srcShow_NewsStyle.asp?Src_ID=2197)。

云不可能是太一説的話。然而出土秦漢文獻中"祝曰：'……'"的格式很常見，例如：

> 一，祝曰："啻（帝）右（有）五兵，璽（爾）亡。不亡，深（探）刀爲爽（創）。"即唾之，男子七，女子二七。（《五十二病方》391/381行）

這是念完呪語後吐唾沫的例子。我們認爲《太一將行圖》總題記的結構與此相類。也就是説，"大一祝"之"祝"當作動詞解，"大一祝曰"的釋文和斷句應該改爲"……大一，祝曰"。

雖然不是很恰當的例子，但這種例子或許可以作爲參考：

> 巢者：候天甸（電）而兩手相靡（摩），鄉（向）甸（電），祝之曰："東方之王，西方【□□□】主冥=（冥冥）人星。"二七而【□】。

（《五十二病方》66行）

這個例子在呪語之前交代要作什麼動作，向什麼念呪語。我們懷疑"☒大一，祝曰：……"也大致是這個意思。也就是説，"太一"是念呪語的對象①。

我們的推論是否符合事實，尚待驗證。但至少可以説"大一祝曰"云云不一定是總題記的首句。在這個情况下，根據"大一祝曰"這四個字給此圖命名爲《太一祝圖》，不一定合理。我們認爲，既然如此，爲了避免無謂的混亂，最好不要給此圖再起新的名稱。

四、武弟子像之三題記"我虎裘"

武弟子像之三題記如下：

> 我虎裘②，弓矢毋（無）敢來。

---

① 陳偉先生在讀本文初稿後指出"太一祝曰"之"太一"有可能是"某"所祝的神名，並說"這類情形在簡牘中有見。如周家臺簡329～330祝的對象是'垣'，332～334祝（此字省略）的對象是車，338～339的對象是'曲池'，347～353的對象是'先農'"。

② "虎"，從李零先生釋。説見《馬王堆漢墓"神祇圖"應屬辟兵圖》，《考古》1991年第10期。

384　簡帛研究論集

此題記中費解的是"我虎裘"三字。李家浩先生認爲"我"是第一人稱代詞，跟它後面的"虎裘"是同位語，"虎裘"讀爲"蚩尤"①。蕭旭先生認爲"虎"讀爲襫，是"脱衣"義的本字；整句的意思是"我脱了裘衣，盗賊亦不敢來搶奪"②。

細看這位神的圖像（圖十三），全身畫有很多短綫，這些短綫表示的應該是衣服的毛。把圖像和題記對照起來看，這位神穿的應該是"裘"。周世榮先生説這位神"身着裘衣服"③，李零先生也説這位神"據題記是着裘衣，可以避弓矢，故手中無兵器"④。我們認爲這是最簡單合理的解釋。"虎裘"應該正是着裘衣的意思。

那麽"虎裘"之"虎"應該怎麽解釋？我們認爲此字當讀爲"施"。《五十二病方·白瘛方》有"虎"和"施"通假的例子，同一個病名有時候用"白虎"、"白瘛"表示，有時候用"施"表示⑤。"施"有

圖十三

————————

① 李家浩《論〈太一避兵圖〉》，袁行霈主編《國學研究》第 1 卷，北京大學出版社，1993 年。
② 蕭旭《馬王堆帛書〈太一祝圖〉校補》，復旦大學出土文獻與古文字研究中心網站，2015 年 2 月 28 日。
③ 周世榮《馬王堆漢墓的"神祇圖"帛畫》。
④ 李零《中國方術續考》，東方出版社，2000 年，第 225 頁。此信息承蒙程少軒先生告知。
⑤ 參看廣瀨薰雄《〈五十二病方〉的重新整理與研究》，《文史》2012 年第 2 輯，第 71～72 頁。

時候表示穿衣服的意思。例如：

　　　　(1) 越王服犢鼻，着樵頭。夫人衣無緣之裳，施左關之襦。《《吳越春秋·勾踐入臣外傳》》

　　　　(2) 立秋之日，夜漏未盡五刻，京都百官皆衣白，施皂鄰緣中衣，迎氣白郊。《《後漢書·禮儀中》》

例(1)，張覺先生譯爲"越王束着犢鼻，扎着頭巾。夫人下穿没有鑲邊的作裙，上着衣襟向左開闊的短襦"①。此例中的"服"、"着"、"衣"、"施"四個動詞的意思應該都很相近。例(2)之"京都百官皆衣白，施皂鄰緣中衣"，劉紹東先生譯爲"朝中百官都穿白衣服，内穿黑領黑邊的中衣"②。這也是動詞"衣"和"施"並列的例子。

此兩例"施"有一個共同的特徵。例(1)中，勾踐夫人先穿無緣之裳，再穿左關之襦。例(2)中，京都百官先穿白衣服，再穿黑領黑邊的中衣。也就是説，"施＋衣服"前面都有穿衣服的行爲，"施"的衣服可以説是其附屬品。"施"的這種用法可能來自施加之施。

也有單説"施＋衣服"的例子。《後漢書·輿服下》云：

　　　　袍者，或曰周公抱成王宴居，故施袍。

這條記載説明袍的由來，説袍本來是閑居時穿的衣服，周公爲了抱着成王玩，穿這種衣服。在此講的袍是漢代用爲朝服的衣服，不能説是其他衣服的附屬品。在此用"施"這個動詞可能是因爲袍是外衣。閑居時其實不用穿這種衣服，周公是因爲要抱成王，才特意加穿的。

我們認爲武弟子像之三題記"我虒裘"之"虒"的意思與此"施袍"之"施"相類。我們看其他兩個武弟子像，他們穿的是短衣，似是用絲織布做的。與此相比，武弟子像之三的衣服明顯不同，可以説很特殊。他顯然是爲了避兵才特意加穿這件裘衣的。"虒裘"之"虒(施)"可能包含着這種意思。如果爲了更清楚地反映出這個含義，增加一些詞翻譯這個題記的話，

---

① 張覺《吳越春秋全譯》，貴州人民出版社，1993年，第292頁。
② 章惠康、易孟醇主編《後漢書今注今譯》，嶽麓書社，1998年，第2577頁。

可以翻譯爲"我現在加穿了裘衣,任何弓矢都不敢來"。

五、新發現的《太一將行圖》殘片

《集成》(柒)第 308 頁"未命名殘片—3"有如圖十四所示的殘片①。這塊殘片上有"爍金作刃"四字,右上角的紅色似是原圖像,其他圖像是反印或滲印圖像。從文字的内容和風格以及圖像的風格看,這塊殘片當是《太一將行圖》的殘片。

這塊殘片顯然與該圖中的黃龍、青龍有關。我們先看題記:

圖十四

黃龍題記:黃龍持鑪。
青龍題記:青龍奉容。
殘　片:爍金作刃。

過去青龍題記有"青龍奉熨"、"青龍奉容"、"青龍奉壺"三種釋讀②。現在因爲"爍金作刃"殘片的發現,黃龍題記和青龍題記的意思就很清楚了。黃龍、青龍是在"爍金作刃",那麽"青龍奉容"之"容"只能讀爲"鎔"。這一點李家浩先生早已指出:

把"青龍捧容"和"黃龍持鑪"結合起來考慮,疑"容"應該讀爲"鎔"。"鎔"是鑄造器物的模型。《漢書·董仲舒傳》:"猶金之在鎔,唯冶者之所鑄。"《潛夫論·德化》:"猶鑠金之在鑪也,從篤變化,惟冶所爲,方圓薄厚,隨鎔制爾。"《漢書》顔師古注:"鎔,謂鑄器之模範

---

① 這塊殘片的存在承蒙陳劍先生告知。
② 參看喻燕姣《馬王堆漢墓帛畫〈太一將行圖〉研究述評》。

也。"若此,"黄龍持鑪"和"青龍捧鎔",大概都是指跟鑄造兵器有關的數術。①

我們應該重新重視李家浩先生引用的《越絶書·記寶劍》如下一段:

> 當造此劍之時,赤堇之山,破而出錫;若耶之溪,涸而出銅;雨師掃灑,雷公擊橐;蛟龍捧鑪,天帝裝炭;太一下觀,天精下之。歐冶乃因天之精神,悉其伎巧,造爲大刑三、小刑二:一曰湛盧,二曰純鈞,三曰勝邪,四曰魚腸,五曰巨闕。

這一段記載和《太一將行圖》的相似點是顯而易見的。李先生説"這段文字是講歐冶爲越王造湛盧、純鈞②等五劍時,得到雨師、雷公、蛟龍、太一等神祇的幫助。這些神祇大多見於《太一避兵圖》。不僅如此,更值得注意的是《越絶書》的'蛟龍捧爐'與圖文的'黄龍持鑪',用語十分相似"。"爍金作刃"殘片的發現更加讓我們知道《越絶書·記寶劍》的這一段記載對《太一將行圖》的理解有着非常重要的參考價值。

這塊殘片上的印圖,顏色和花紋與黄龍的鑪很相似,似是鑪的印圖。但兩者的形狀也有不一致的地方。此外,如果我們承認這個圖像是鑪的印圖,按照原整理者的復原,這塊殘片無法放在與鑪相對應的位置。或許我們應該根據這塊殘片懷疑鑪圖像的拼綴和位置有問題③,但没有任何證據能證明這一點。

總之,這塊殘片的存在説明《太一將行圖》的復原仍有不少問題。

原載湖南省博物館編《紀念馬王堆漢墓發掘四十周年國際學術研討會論文集》(嶽麓書社,2016年),今據以收入。

---

① 李家浩《論〈太一避兵圖〉》之"追記"。
② "純鈞",李先生引文作"純鉤"。有些古籍中所見的《越絶書》引文作"純鉤",參看李步嘉《越絶書校釋》,武漢大學出版社,1992年,第273～274頁。
③ 這塊殘片下邊和左邊比較整齊,因此我們懷疑過這塊殘片原本在《太一將行圖》的左下角。若果真如此,而且承認這是鑪的反印圖像,那麽鑪的殘片應該放在該圖的右下角。

秦漢律令研究

秦漢時代律令辨

一、問題所在

秦漢時代的"律"和"令"是怎樣的規範？兩者有什麽區别？這是我們要討論的問題。

我們先確認晋代以後"律"和"令"的定義：

(1)《太平御覽·刑法部四·律令下》所引杜預《律序》：律以正罪名，令以存事制。

(2)《唐六典·尚書刑部》刑部員外郎條：凡律以正刑定罪，令以設範立制，格以禁違正邪，式以軌物程事。

按照現代法律的分類説，律是刑法，令是行政法。這個定義顯然不符於秦漢時代的律、令。程樹德很扼要地指出這個問題：

> 魏晋以後，律令之别極嚴，而漢則否。《杜周傳》："前主所是著爲律，後主所是疏爲令。"文帝五年除盗鑄錢令，《史記·將相名臣年表》作"除錢律"。《蕭望之傳》引"金布令"，《後書》則引作"漢律金布令"，《晋志》則直稱"金布律"，是令亦可稱律也。①

程樹德舉了三個例子，我們認爲其中"盗鑄錢令"、"錢律"的例子最直接，因爲"盗鑄錢令"、"錢律"指的是同一條規定。同一條規定有時叫"律"，有

---

① 程樹德《九朝律考·漢律考一》"律名考"。

時叫"令"。按照晉代以後"律"和"令"的定義,這種現象是根本無法解釋的。

大庭脩先生曾試圖從"正文"、"補充法"的角度解釋"律"、"令"之別:

> 魏編纂了法典《法經》六篇,正文稱爲"法",補充法稱爲"律"。在秦代,將正文的"法"改稱爲"律",補充法也還叫作"律"。漢代繼承了秦的六律和補充法的諸"律",只是從補充法的諸"律"中編纂三篇加入正律作爲《九章律》,其餘的諸律也原封不動地繼承下來。漢代以後的補充法也有對律的補充,大多被稱爲"令"。只是秦令的存在與否目前尚不清楚。①

這是從睡虎地秦簡研究得出來的結論。從當時能利用的資料看,此説確實有一定的道理。但此後張家山247號墓漢簡《二年律令》、《奏讞書》②,嶽麓書院藏秦簡《律令雜抄》等秦漢法律文獻陸續出土③,此説現在有很多地方難以成立。例如大庭先生懷疑秦代不像漢代那樣有整理編纂後作爲追加法的令,但嶽麓書院藏秦簡《律令雜抄》的發現證明了秦令的存在。大庭先生相信《法經》、《九章律》的存在,也是有問題的④。最有問題的是大庭先生也承認在漢代正律的《九章律》以外也有律,那麽《九章律》和《九章律》以外的律有什麽區別?《九章律》以外的律和補充法的令又有什麽區別?

管見所及,關於秦漢時代"律"、"令"的區別,除了大庭脩先生的說法外,未見有人提出不同的看法。我們試圖從律令制定程序的角度解決這個問題。

---

① 大庭脩《律令法體系の變遷と秦漢の法典(律令法體系的變遷與秦漢法典)》,收入大庭脩《秦漢法制史の研究》,創文社,1982年,第17頁;中譯本:林劍鳴等譯《秦漢法制史研究》,上海人民出版社,1991年,第10～11頁。
② 張家山二四七號漢墓竹簡整理小組《張家山漢墓竹簡〔二四七號墓〕》,文物出版社,2001年。本文引用的張家山漢簡釋文都根據此書所載圖版製作,以下不一一注記。
③ 陳松長《嶽麓書院所藏竹簡綜述》,《文物》2009年第3期。
④ 參看拙文《〈晉書〉刑法志に見える法典編纂説話について(〈晉書・刑法志〉所見法典編纂傳説)》,收入《秦漢律令研究》,汲古書院,2010年。

二、令的制定程序

在討論秦漢時代令的制定程序之前,需要解决的問題很多。尤其關於秦令,過去的討論集中在秦令的存在與否,因此秦令的格式、秦令和漢令的關係等問題都是需要討論的。但由於篇幅的關係,在此只簡單地說明一下我們的看法①。

秦始皇二十六年,秦統一天下後,秦王政命令臣下議帝號:

A　秦初并天下,令丞相、御史曰:"……寡人以眇眇之身,興兵誅暴亂,賴宗廟之靈,六王咸伏其辜,天下大定。今名號不更,無以稱成功,傳後世。其議帝號。"

B　丞相綰、御史大夫劫、廷尉斯等皆曰:"……臣等謹與博士議曰:古有天皇,有地皇,有泰皇,泰皇最貴。臣等昧死上尊號,王爲泰皇,命爲制,令爲詔,天子自稱曰朕。"

C　王曰:"去泰著皇,采上古帝位號,號曰皇帝。他如議。"

D　制曰:可。(《史記·秦始皇本紀》)

A是秦王讓臣下議帝號的命令,B是臣下對這個命令的提議,C是秦王對提議的批覆,D是制可。這個格式與漢代的詔基本相同②。據此我們認爲《史記》的這個記載很有可能比較完整地保留了秦王政定帝號的命令書原文。

在此我們要注意的是B中的"命爲制,令爲詔"。關於這個提議,秦王也沒有反對。也就是説,秦王國稱爲"令"的命令在秦帝國改稱爲"詔"。那麼"令"和"詔"指的其實是同一種命令。里耶秦簡8—455(或461)號木牘有如下一句:

---

① 詳細討論,參看拙文《秦代の令について(秦代的令)》,收入《秦漢律令研究》。
② 關於漢代詔的格式,參看大庭脩《漢代制詔的形態》,收入《秦漢法制史研究》。除非有特別説明,本文所引大庭先生的意見都來自該論文。

>　　　以王令曰以皇帝詔。①

這一句更加明確地說明"令爲詔"的意思。

　　中田薰先生指出漢代"令"是來自皇帝"詔"的②,大庭脩先生在此基礎上探討"詔"的格式。他們早已正確地注意到漢代"令"和"詔"的關係,只是認爲皇帝"詔"不一定都編入"令典",這一點有問題而已。後來富谷至先生指出漢代"令"就是"詔",漢代没有叫"令"的法典:

>　　　漢代的令來源於皇帝下的詔敕,是要執行的規範。因此,令的格式不外乎詔本身。秦在統一六國之前没有使用"詔"這個詞,這類規範都被叫"令"。由此看來,秦統一六國以後的秦令就是皇帝的詔敕,有可能承襲秦制的漢令也是詔敕本身,這是再也自然不過的事。③

這是一個很精辟的意見。"令"就是"詔",這本是秦制,漢代只是繼承了這個制度而已,因此秦令和漢令基本相同。我們已經説過秦王政定帝號的命令格式與漢詔相同。可見這道命令是秦王的"令",而且是秦王下的最後一道"令","令"從此被改稱爲"詔"。

　　關於漢令的制定程序,大庭脩先生有非常精辟的研究。根據此研究,漢代的制詔可以分爲三類:

>　　　第一形式:皇帝憑自己的意志下達命令。
>
>　　　第二形式:官僚在被委任的權限内爲執行自己的職務而提議和獻策,皇帝加以認可,作爲皇帝的命令而發布。
>
>　　　第三形式:皇帝以自己的意志下達命令,其對象僅限於一部分特定的官僚,而且需要這些官僚進行答申。這一類再可分爲兩種:

---

①　張春龍、龍京沙《湘西里耶秦簡 8—455 號》,武漢大學簡帛研究中心主辦《簡帛》第 4 輯,上海古籍出版社,2009 年;湖南省文物考古研究所《里耶秦簡〔壹〕》,文物出版社,2012 年,簡號爲第 8 層之 461 號。

②　中田薰《支那における律令法系の發達について(中國律令法系的發展)》,《比較法研究》第 1 卷第 4 號,1951 年;後收入《法制史論集》第 4 卷,岩波書店,1964 年。

③　富谷至《晋泰始律令への道——第一部　秦漢の律と令(走向晋泰始律令之路——第一部　秦漢的律與令)》,《東方學報》第 72 册,2000 年 3 月,第 121 頁。

(1)向官僚徵求關於政策的意見；(2)指示政策的大綱或皇帝的意向，把促成其實現的詳細的立法程序委託給官僚。

漢令的具體例子，大庭先生已有介紹，此不贅述。我們介紹一些秦令的例子。

第一例是上面引用的秦王政二十六年定帝號的令，這是第三形式的令。

第二例是嶽麓書院藏秦簡《律令雜抄》所收令：

> ●丞相上廬江叚(假)守書言："廬江莊道時敗絕不補。即莊道敗絕不逋(補)，而行水道，水道異遠。莊道者……(0556)①

這個部分寫的是廬江假守上奏的修路請求。"莊道"是六達之道。《左傳》襄公二十八年："得慶氏之木百車於莊。"《釋名·釋道》："六達曰莊。"

張家山漢簡《二年律令·津關令》中格式與此相同的令文不少，如：

> 廿二．<u>丞相上魯御史書言</u>："魯侯居長安，請得買馬關中。"●丞相、御史以聞。制曰：可。(520號簡)

可見這是第二形式的令。

陳松長先生還透露過嶽麓書院藏秦簡的另外一條令文：

> 綰請許，而令郡有罪罰當戍者，泰原署四川郡，東郡、參(三)川、穎川署江胡(湖)郡，南陽、河內署九江郡，……(0706)②

這一條規定的是如果有人犯了罪要服戍邊刑，哪個郡的犯人要到哪個郡去服役。開頭"綰"疑是丞相王綰。這條令本來應該以某人的奏文開始，然後丞相王綰說"請許"，再然後加上他擬的規定。例如《二年律令·津關令》509、508號簡的一條格式與此相類似：

---

① 陳松長《嶽麓書院藏秦簡中的郡名考略》，《湖南大學學報》(社會科學版)2009年第2期。本釋文"●丞相上廬江叚守書言"是筆者根據該期刊所載照片做的，其他部分從陳松長先生文章轉引。

② 陳松長《嶽麓書院藏秦簡中的郡名考略》。本釋文從陳松長先生文章轉引。該期刊所載圖版中有"泰原署四川郡東郡"、"穎川署江胡郡"的照片，不知是否這一枚簡的照片。

十二．相國議："關外郡買計獻馬者，守各以匹數告買所内史、郡守，内史、郡守謹籍馬職（識）物、齒、高，移其守，及爲致告津關，津關案閲，出，它如律令。"御史以聞："請許，及諸乘私馬出，馬當復入而死亡，自言在縣官，縣官診及獄訊審死亡，皆〖告〗津關。"制曰：可。①

如果這個理解不誤，這條令也屬於第二形式。

目前我們還没有看到第一形式秦令的具體例子，但既然有第二、第三形式的秦令，不可能没有第一形式的秦令。因此我們認爲這些例子已經足夠説明秦令的制定程序與漢令（詔）基本相同。

三、律的制定程序

在討論秦漢律的制定程序前，先確認魏晉以後的制定程序：

(1) 魏新律

其後，天子又下詔改定刑制，命司空陳群、散騎常侍劉邵、給事黄門侍郎韓遜、議郎庾嶷、中郎黄休、荀詵等删約舊科，傍采漢律，定爲魏法，制新律十八篇，州郡令四十五篇，尚書官令、軍中令，合百八十餘篇。《晉書·刑法志》

(2) 晉泰始律令

文帝爲晉王……於是令賈充定法律，令與太傅鄭沖、司徒荀顗、中書監荀勖、中軍將軍羊祜、中護軍王業、廷尉杜友、守河南尹杜預、散騎侍郎裴楷、潁川太守周雄、齊相郭頎、騎都尉成公綏、尚書郎柳軌及吏部令史榮邵等十四人典其事。就漢九章增十一篇，仍其族類，正其體號……凡律令合二千九百二十六條，十二萬六千三百言，六十卷，故事三十卷。泰始三年，事畢，表上。武帝詔曰："……"武帝親自臨講，使裴楷執讀。四年正月，大赦天下，乃班新律。《晉書·刑法志》

---

① 509、508號簡的編連，從楊建先生的意見，説見《張家山漢簡〈二年律令·津關令〉簡釋》，《楚地出土簡帛文獻思想研究（一）》，湖北教育出版社，2002年。

首先皇帝下詔命令幾個大臣編纂律令，受詔的大臣們整理過去的律令、詔書等各種規範，將其編成新的律典和令典。在編纂完成後，皇帝將其向天下公布。

翻檢秦漢時代文獻，類似的記載不是完全沒有（參看本文結語），但"大赦天下，乃班新律"這種記載却一例也沒有。如果秦漢時代有這種大事的話，史書中應該有記載才對。這似乎暗示着秦漢不像魏晋以後那樣把律令制定看作天下大事。

管見所及，過去有三位學者對秦漢律的制定程序發表過意見：（1）堀敏一先生認爲，在秦代，"令"不是法典而是單行法令，"律"則是整理"令"而做的具有一定程度法典性質的法令；在漢代，皇帝按照需要下詔勑，然後把它編入律典、令典中①。（2）宮宅潔先生認爲"看每條律的内容，它們不像是單行的，而具有一定程度的系統性。在這個意義上，律不是單行的詔令，也不是收集詔令而做的'詔令集'。換句話說，律不是一條一條地堆積起來形成的，而是統一編纂的。律即使來源於詔令，也是在受到整理分類後，重新被編爲法典而形成的"②。（3）冨谷至先生認爲"漢代沒有與律並列的令典。令只不過是詔令的堆積而已，找合適的機會被編入律中，以受分類。令到了此時才根據内容起篇名，並形成所謂法典"③。

三位先生都根據睡虎地秦簡、張家山漢簡等出土文獻中所見律的内容和格式來推測律的制定程序。其實史書中有一些秦漢時代制定律的記載。我們首先看秦律的例子：

A　始皇置酒咸陽宫，博士七十人前爲壽……博士齊人淳于越進曰："臣聞殷周之王千餘歲，封子弟功臣，自爲枝輔。今陛下有海内，而子弟爲匹夫。卒有田常、六卿之臣，無輔拂，何以相救哉？事不師古而能長久者，非所聞也。今青臣又面諛以重陛下之過，非

---

① 堀敏一《晋泰始律令の成立（晋泰始律令的成立）》，《律令制と東アジア世界——私の中國史學（二）（律令制與東亞世界——我的中國史學（二））》，汲古書院，1994年。
② 宮宅潔《漢令の起源とその編纂（漢令的起源與其編纂）》，《中國史學》第5卷，1995年10月，第114頁。
③ 冨谷至《走向晋泰始律令之路——第一部　秦漢的律與令》第127頁。

忠臣。"

B 始皇下其議。

C 丞相李斯曰:"五帝不相復,三代不相襲,各以治,非其相反,時變異也。今陛下創大業,建萬世之功,固非愚儒所知。且越言乃三代之事,何足法也?異時諸侯並爭,厚招游學。今天下已定,法令出一,百姓當家則力農工,士則學習法令辟禁。今諸生不師今而學古,以非當世,惑亂黔首。丞相臣斯昧死言:古者天下散亂,莫之能一,是以諸侯並作,語皆道古以害今,飾虛言以亂實,人善其所私學,以非上之所建立。今皇帝并有天下,別黑白而定一尊。私學而相與非法教,人聞令下,則各以其學議之,入則心非,出則巷議,夸主以爲名,異取以爲高,率群下以造謗。如此弗禁,則主勢降乎上,黨與成乎下。禁之便。<u>臣請:史官非秦記皆燒之。非博士官所職,天下敢有藏《詩》、《書》、百家語者,悉詣守、尉雜燒之。有敢偶語《詩》、《書》者,弃市。以古非今者,族。吏見知不舉者與同罪。令下三十日不燒,黥爲城旦。所不去者,醫藥、卜筮、種樹之書。若欲有學法令,以吏爲師。</u>"

D 制曰:可。(《史記·秦始皇本紀》)

這是史上有名的秦始皇三十四年(前214)制定挾書律的詔。《漢書·惠帝紀》四年三月條云"除挾書律",《楚元王傳》云"至孝惠之世,乃除挾書之律",可見這道詔令是作爲秦"律"流傳到漢代的。這個記載說明挾書律是一條皇帝詔制定的。

再看西漢的例子:

A 即位十三年,齊太倉令淳于公有罪當刑,詔獄逮繫長安。淳于公無男,有五女,當行會逮,罵其女曰:"生子不生男,緩急非有益(也)。"其少女緹縈,自傷悲泣,乃隨其父至長安,上書曰:"妾父爲吏,齊中皆稱其廉平,今坐法當刑。妾傷夫<u>死者不可復生,刑者不可復屬</u>,雖後欲改過自新,其道亡繇也。妾願没入爲官婢,以贖父刑罪,使得自新。"

B　書奏天子，天子憐悲其意，遂下令曰："制詔御史：蓋聞有虞氏之時，畫衣冠，異章服以爲戮，而民弗犯，何治之至也。今法有肉刑三，而姦不止，其咎安在？非乃朕德之薄而教不明與。吾甚自愧。故夫訓道不純而愚民陷焉。《詩》曰：'愷弟君子，民之父母。'今人有過，教未施而刑已加焉，或欲改行爲善，而道亡繇至，朕甚憐之。夫刑至斷支體，刻肌膚，終身不息，何其刑之痛而不德也。豈稱爲民父母之意哉？其除肉刑，有以易之；及令罪人各以輕重，不亡逃，有年而免。<u>具爲令</u>。"

C　丞相張蒼、御史大夫馮敬奏言："肉刑所以禁姦，所由來者久矣。陛下下明詔，憐萬民之一有過被刑者終身不息，及罪人欲改行爲善而道亡繇至，於盛德，臣等所不及也。<u>臣謹議請定律曰：'諸當完者，完爲城旦舂；當黥者，髡鉗爲城旦舂；當劓者，笞三百；當斬左止者，笞五百；當斬右止，及殺人先自告，及吏坐受賕枉法，守縣官財物而即盜之，已論命復有笞罪者，皆棄市。罪人獄已決，完爲城旦舂滿三歲，爲鬼薪白粲；鬼薪白粲一歲，爲隸臣妾；隸臣妾一歲，免爲庶人。【鬼薪白粲滿三歲，爲隸臣；隸臣一歲，免爲庶人。】①隸臣妾滿二歲，爲司寇；司寇一歲，及作如司寇二歲，皆免爲庶人。其亡逃及有罪耐以上，不用此令。前令之刑城旦舂歲而非禁錮者，如完爲城旦舂歲數以免。'臣昧死請</u>。"

D　制曰：可。(《漢書·刑法志》)

這也是史上有名的漢文帝前元十三年(前168)廢止肉刑的詔。B末尾有"具爲令"一句。《漢書·宣帝紀》地節四年九月詔引這條令云"令甲：死者不可生，刑者不可息。"這些例子說明這道詔書是作爲"令"流傳的。但

---

① 補"鬼薪白粲滿三歲，爲隸臣。隸臣一歲，免爲庶人"一句，從張建國先生意見，說見《前漢文帝刑法改革及其展開的再檢討》，收入張建國《帝制時代的中國法》，法律出版社，1999年。此外，籾山明先生把《通典》、《唐六典》所收此詔的引文作爲張說的傍證，說見《秦漢刑罰史研究の現狀——刑期をめぐる論爭を中心に(秦漢刑罰史的研究現狀——以圍繞刑期的爭論爲中心)》，《中國古代訴訟制度の研究》，京都大學學術出版會，2006年；中譯本：李力譯《中國古代訴訟制度研究》，上海古籍出版社，2009年。

丞相張蒼、御史大夫馮敬在C的奏文中説"臣謹議請定律"，説制定"律"。這個例子也表明西漢時期"律"是下"詔"（即"令"）制定的。

《漢書·刑法志》還有景帝元年（前156）制定律的詔：

> 景帝元年，下詔曰："加笞與重罪無異，幸而不死，不可爲人。其定律：笞五百曰三百，笞三百曰二百。"

此詔明確地説"定律"。

再看東漢時期制定律的記載。《後漢書·章帝紀》元和二年（公元85）條云：

> 秋七月庚子，詔曰："《春秋》於春每月書王者，重三正，慎三微也。《律》十二月立春，不以報囚。《月令》冬至之後，有順陽助生之文，而無鞠獄斷刑之政。朕咨訪儒雅，稽之典籍，以爲王者生殺，宜順時氣。其定律：無以十一月、十二月報囚。"

此詔也和景帝元年制定詔一樣説"定律"。此外，《後漢書·魯恭傳》也有關於這道詔書的記載，云："孝章皇帝深惟古人之道，助三正之微，定律著令。""定律著令"也説明律是下詔制定的。

《二年律令》置吏律（219～220號簡）具體地規定了律令的制定程序：

> 縣道官有請而當爲律令者，各請屬所二千石官，二千石官上相國、御史，相國、御史案致，當請，請之。毋得徑請。徑請者（者），罰金四兩。

這條律講的正是第二形式詔的制定程序，即"官僚在被委任的權限内爲執行自己的職務而提議和獻策，皇帝加以認可，作爲皇帝的命令而發布"的程序。值得注意的是本條律開頭説"縣道官有請而當爲律令者"。第二、第三形式的詔都有"臣請"或與此相似的句子，例如制定挾書律的詔有"臣請"，廢止肉刑的詔有"臣謹議請定律"。這就是"縣道官有請"之"請"。第一形式詔是"皇帝憑自己的意志下達命令"，當然沒有"臣請"，但"其定律"起相同的作用。從"臣謹議請定律"、"其定律"的説法看，詔書中"臣請"或"其定律"以下的内容才是"律"。

以上例子說明，秦、兩漢時代，"律"一貫是通過皇帝"詔（令）"一條一條地制定的。因此律的制定程序也就是令的制定程序本身。《後漢書·魯恭傳》"定律著令"、《二年律令》置吏律"縣道官有請而當爲律令者"，很清楚地說明"律"的制定和"令"的制定其實是一回事。

四、律文中所見"犯令"、"不從令"的解釋

睡虎地秦簡的一些秦律中出現"不從令"、"犯令"等詞，這兩個詞被用爲違反律的意思。過去有一些學者根據這兩個詞主張秦代没有"律"、"令"之別①。本節對這個問題作解釋。

睡虎地秦簡中"不從令"有五例，"犯令"有三例。在此分別舉一例②：
(1)《秦律十八種·田律》(12號簡)③

　　百姓居田舍者，毋敢酤（酤）酉（酒）。田嗇夫、部佐謹禁御之。<u>有不從令者，有罪</u>。

(2)《秦律十八種·内史雜律》(191號簡)④

　　令敖史毋從吏（事）官府⑤。非史子殴，毋敢學學室。<u>犯令者，有罪</u>。

---

①　堀敏一《中國における律令法典の形成（中國律令法典的形成）》，《律令制與東亞世界——我的中國史學（二）》第66頁。宮宅潔《漢令的起源與其編纂》第115～116頁。冨谷至《走向晉泰始律令之路——第一部　秦漢的律與令》第95～98頁。
②　睡虎地秦墓竹簡整理小組《睡虎地秦墓竹簡》，文物出版社，1990年。本文引用的睡虎地秦簡釋文都根據此書所載圖版製作，以下不一一注記。
③　"不從令"一詞，此外還見於《秦律十八種》關市律（97號簡）、内史雜律（189號簡）、内史雜律（195～196號簡）、《秦律雜抄》除吏律（1～2號簡）。
④　"犯令"一詞，此外還見於《秦律十八種》倉律（57號簡）、《秦律雜抄》牛羊課（28號簡）。
⑤　"敖"字之釋，從董珊先生意見。説見《戰國題名與工官制度》（北京大學博士論文，2002年，導師：李零教授）第一章《趙國題名》第三節《銅兵器（下）》三《中央：得工》之【61】【62】。董珊先生説："'敖史'可能是'敖童之史'的簡稱，即此史年齡在十五歲以上，尚未弱冠（二十歲）或傅籍（十七歲），律文不允許年齡尚小的'敖史'在官府做事，大概是考慮到其尚在學習階段，閱歷和能力均不足以承擔大事。"

"犯令"、"不從令"的定義見於《法律答問》142號簡：

> 可(何)如爲犯令、灋(廢)令？律所謂者,令曰"勿爲"而爲之,是謂犯令。令曰"爲之"弗爲,是謂灋(廢)令殹。廷行吏(事)皆以犯令論。

根據此解説,違反律稱爲"犯令",不實行律稱爲"廢令"。律文中所見"不從令"當與"廢令"同義。

這些例子中,"令"指的是該律本身。"有不從令者"可以解釋爲"如果不遵守本律的話","犯令者"是"如果違反本律的話"的意思。此"令"指的似是包括律在内的很廣泛的命令。若果真如此,這説明秦代沒有作爲固有的法形式的"令"。

但只要知道律是下詔(令)制定的,律文中出現"令"的問題就渙然冰釋了。因爲違反某條律等於違反制定該律的令,所以違反律叫"犯令"。這種"令"的用法與挾書律"令下三十日不燒"之"令"完全相同：

> 丞相李斯曰："……臣請：史官非秦記皆燒之。非博士官所職,天下敢有藏《詩》、《書》、百家語者,悉詣守、尉雜燒之。有敢偶語《詩》、《書》者,弃市。以古非今者,族。吏見知不擧者與同罪。令下三十日不燒,黥爲城旦。所不去者,醫藥、卜筮、種樹之書。若欲有學法令,以吏爲師。"制曰：可。(《史記·秦始皇本紀》)

"令下三十日不燒"出現在挾書律文中。但從上下文看,挾書律中的"令"指的不是挾書律本身,而是制定挾書律的皇帝詔。"令下三十日"是"皇帝詔下達後三十天"的意思。

除去肉刑的令也有"不用此令"一句：

> 丞相張蒼、御史大夫馮敬奏言："……臣謹議請定律曰：'諸當完者,完爲城旦舂；當黥者,髡鉗爲城旦舂……其亡逃及有罪耐以上,不用此令。前令之刑城旦舂歲而非禁錮者,如完爲城旦舂歲數以免。'臣昧死請。"制曰：可。(《漢書·刑法志》)

丞相張蒼、御史大夫馮敬説"臣謹議請定律",其下的"諸當完者,完爲城旦春"、"當黥者,髠鉗爲城旦舂"等幾條規定是他們擬的律文。此律文中有"不用此令"、"前令之刑城旦"云云。此"令"指的也不是律本身,而是制定該律的皇帝詔。

最近公開的岳麓書院藏秦簡律令中也有三例"不從令"的例子①:

(3) ●田律曰:黔首居田舍者,毋敢酤(酤)酒。<u>有不從令者,遷之</u>。田嗇夫、士吏、吏部弗得,貲二甲。●第乙(0993)

(4) ●關市律曰:縣官有賣買殹,必令令史監。<u>不從令者,貲一甲</u>。(1265)

(5) 同罪。其徭使而不敬,唯大嗇夫得笞之,如律。新地守時修其令,都吏分部鄉邑間。<u>不從令者,論之</u>。●十九(0485)

值得注意的是(3)末尾的"第乙"和(5)末尾的"十九"。"第乙"讓人聯想到十干令"令乙";"十九"這種編號是令文的格式。也就是說,這些簡雖然只記錄律文,但還保留着皇帝詔(或秦王令)的格式。這些規定的格式可以説是"律"和"令"的中間形態。這種規定應該稱爲"律"還是"令"? 這恐怕只能取決於每個人的理解。

"犯令"一詞亦見於漢令。《史記·平準書》云(《漢書·食貨志下》也有幾乎相同的記載):

> 公卿言:"郡國頗被菑害,貧民無産業者,募徙廣饒之地。陛下損膳省用,出禁錢以振元元,寬貸賦,而民不齊出於南畝,商賈滋衆。貧者畜積無有,皆仰縣官。異時算軺車賈人緡錢皆有差。<u>請算如故</u>。諸賈人末作,貰貸賣買,居邑稽諸物,及商以取利者,雖無市籍,各以其物自占,率緡錢二千而一算。諸作有租及鑄,率緡錢四千一算。非吏比者、三老、北邊騎士,軺車以一算。商賈人軺車二算。船五丈以上一算。匿不自占,占不悉,戍邊一歲,没入緡錢。有能告者,以其半畀之。賈人有市籍者,及其家屬,皆無得籍名田,以便農。<u>敢犯令,没</u>

---

① (3)、(4)的圖版和釋文見於陳松長《嶽麓書院所藏竹簡綜述》。但我們所引釋文中有一些根據圖版修改的地方。(5)引自陳松長《岳麓書院藏秦簡中的郡名考略》,但陳先生在該文中没有公開這枚簡的圖版。

入田僮。"

《平準書》下文有"天子既下緡錢令",可見這是緡錢令。根據《漢書·武帝紀》元狩四年條"初算緡錢",緡錢令是元狩四年(前119)下的。《平準書》只引公卿的上奏,但這個奏文應該是得到了武帝的"制曰可"後發布的。此奏文的實質内容是"請"字以下,這個部分應該相當於"律"。也就是説,這也可以看作"律"文中有"犯令"的例子。

如此看來,律文中有"不從令"、"犯令"等詞,正好證明律本來是詔(令)的一部分。史書引用律文時,不僅引用律文,還抄録制定該律的詔書,因此我們能夠很清楚地知道律文中所見的"令"指的是什麽。但出土文獻中的秦漢律只有律文,而看不到制定該律的詔(令),因此引起了學者的種種誤解。其實律文所見"不從令"、"犯令"等詞的"令"具有特定的含義,"律"和"令"還是有區別的。

五、結　　語

總括以上的討論,秦漢時代"律"與"令"的區別在於"令"是皇帝詔本身,"律"是皇帝詔制定的規定。簡單地説,令是命令之令,律是法律之律。

律對人民具有强制力,是因爲律是皇帝詔(令)制定的。律文的大部分本來是臣下的上奏,没有任何强制力。但皇帝一旦把這個奏文引到詔(令)中,其奏文在理論上就變成皇帝發的命令,這樣才能夠具有强制力。可以説,這是將所有權力的來源集中在皇帝的秦漢帝國統治形態的一個表現。

我們現在回到程樹德指出的"令亦可稱律"的問題。我們在介紹嶽麓書院藏秦簡時説過,嶽麓書院藏秦簡所見的一些律文具有令的格式,這種規定稱爲"律"還是"令",只能取決於每個人的理解。我們用此句來解釋這個問題。例如,"錢律"指禁止人民私鑄錢幣的律,"盗鑄錢令"是制定錢律的令。稱爲"錢律",稱爲"盗鑄錢令",只不過是視點不同而已。

回顧過去的秦漢律令研究,中田薰先生、大庭脩先生開闢了漢令研究,他們的主要貢獻在於指出漢令來自皇帝詔,闡明漢令的具體制定程序。但他們認爲令是經過編纂的法典,不是所有詔都編入令中。冨谷至先生糾正了這一點,指出令和詔同義,漢代的令不是法典。我們從此更進一步,指出秦漢時代的律也和令同樣是一條一條制定的單行法令,並不是法典。

秦漢律本是一條一條制定的單行法令,典籍裏有不少明確的記載,當無可疑。但秦漢時代像魏晉以後一樣整理這些單行的律令編纂國家統一法典,這個可能性還是要考慮的。但縱觀漢代的史書,我們認爲這個可能性也基本可以否定。

我們看一下《漢書·刑法志》中所見的有關這個方面的記載。首先是武帝時期:

> 及至孝武即位……律令凡三百五十九章,大辟四百九條,千八百八十二事,死罪決事比萬三千四百七十二事。文書盈於几閣,典者不能徧睹。是以郡國承用者駁,或罪同而論異。姦吏因緣爲市,所欲活則傅生議,所欲陷則予死比,議者咸冤傷之。

我們不知道"律令凡三百五十九章"等數量是怎麼統計出來的。如果這是武帝時的統計,説明當時有這個條件,也就是説有地方收藏當時存在的所有律令。但這個記載反而暗示着這些律令没有被編成誰都能看到的國家統一法典。否則怎麼會出現"郡國承用者駁,或罪同而論異"這種情況?

其次是宣帝、元帝、成帝到東漢章帝時期:

> (宣帝)時涿郡太守鄭昌上疏言:"……今明主躬垂明聽,雖不置廷平,獄將自正;若開後嗣,不若删定律令。律令一定,愚民知所避,姦吏無所弄矣。今不正其本,而置廷平以理其末也,政衰聽怠,則廷平將招權而爲亂首矣。"宣帝未及修正。

> 至元帝初立,乃下詔曰:"……今律令煩多而不約,自典文者不能分明,而欲羅元元之不逮,斯豈刑中之意哉。其議律令可蠲除輕減者,條奏,唯在便安萬姓而已。"

> 至成帝河平中,復下詔曰:"……其與中二千石、二千石、博士及

明習律令者議減死刑及可蠲除約省者,令較然易知,條奏……"有司無仲山父將明之材,不能因時廣宣主恩,建立明制,爲一代之法,而徒鉤摭微細,毛舉數事,以塞詔而已。是以大議不立,遂以至今。

這些記載很清楚地説從武帝時期至"今"漢律令的整理没有完成。

我們接着看章帝以後的情况。和帝時期,陳寵整理了律令:

> 寵又鈎校律令條法,溢於甫刑者除之。曰:"臣聞禮經三百,威儀三千,故甫刑大辟二百,五刑之屬三千。禮之所去,刑之所取,失禮則入刑,相爲表裏者也。今律令死刑六百一十,耐罪千六百九十八,贖罪以下二千六百八十一,溢於甫刑者千九百八十九,其四百一十大辟,千五百耐罪,七十九贖罪。《春秋保乾圖》曰:'王者三百年一蠲法。'漢興以來,三百二年,憲令稍增,科條無限。又《律》有三家,其説各異。宜令三公、廷尉平定律令,應經合義者,可使大辟二百,而耐罪、贖罪二千八百,并爲三千,悉删除其餘令,與禮相應,以易萬人視聽,以致刑措之美,傳之無窮。"未及施行,會坐詔獄吏與囚交通抵罪。《後漢書·陳寵列傳》

陳寵在奏文中提到"今律令"的總刑罰數,這跟武帝時期的"律令凡三百五十九章"等統計相似。看來當時確實有條件能統計出當時律令的總數。但陳寵整理的律令也最後没有施行。

東漢末期,應劭整理律令等規定,編出了幾部書:

> 又删定律令爲《漢儀》,建安元年乃奏之。曰:"……今大駕東邁,巡省許都,拔出險難,其命惟新。臣累世受恩,榮祚豐衍,竊不自揆,貪少云補,輒撰具《律本章句》、《尚書舊事》、《廷尉板令》、《決事比例》、《司徒都目》、《五曹詔書》及《春秋斷獄》凡二百五十篇。蠲去復重,爲之節文。又集駁議三十篇,以類相從,凡八十二事。……"獻帝善之。《後漢書·應奉列傳》應劭條

應劭編的那幾部書,獻帝只"善之"而已,並没有向天下發布。當時獻帝"巡省許都",已經失去了實權。但應劭的律令整理與魏新律"制新律十八

篇,州郡令四十五篇,尚書官令、軍中令,合百八十餘篇"、晋泰始律令"凡律令合二千九百二十六條,十二萬六千三百言,六十卷,故事三十卷"的編纂很相似。我們認爲應劭的律令整理才是魏新律、晋泰始律令的先驅。

總之,經過兩漢、魏晋時代的這些人的不斷搜集和整理,律到了魏代,令到了晋代才成爲國家統一法典。

我們認爲,律和令的發展過程是並行的。令本是詔,是一條一條發布的。但根據漢代的文獻,漢令可以分爲三種:(1) 十干令(如令甲、令乙、令丙);(2) 挈令(如御史挈令、廷尉挈令、光禄挈令);(3) 事項令(如津關令、功令、符令)。而且這三種令都有編號,如令甲第六、御史令第四十三、功令第四十五等。據此可知漢代已經對令按照某種標準進行分類和排列。但這些令並不是國家編纂的統一法典,這一點冨谷至先生已有論證。魏編纂新律時,令仍然有州郡令、尚書官令、軍中令三種,到了晋代才成爲一部法典。

律本是皇帝詔制定的,也是一條一條發布的。秦漢時代對律按照内容進行整理和分類,如盗律、賊律等。這種律可能類似於事項令,不斷地增加新的律文,不是作爲國家法典的一章存在的。到了魏代,律成爲法典。

原載中國政法大學法律古籍整理研究所編《中國古代法律文獻研究》第 7 輯(社會科學文獻出版社,2013 年),文摘版載《歷史學文摘》2014 年第 1 期,今據前者收入。

秦漢墓葬出土律令的資料性質試論(之一)

一、本文的目的

要研究秦漢時代的律令,離不開秦漢時期墓葬出土的律令。其中睡虎地 11 號墓出土的《秦律十八種》、《效律》、《秦律雜抄》等秦律[1]和張家山 247 號墓出土的《二年律令》[2],無論從數量看還是從內容看,都稱得上秦漢律令研究的最基本文獻。此外還有不少未公開資料值得關注。例如關於秦代律令方面,2007 年嶽麓書院收購的秦簡中有不少秦代律令,整理者暫且定名爲《律令雜抄》,其數量有 1 000 餘枚[3]。其中秦令特別值得關注,這是直接證明秦令存在的非常重要的資料。關於漢代律令方面,2006 年發掘的睡虎地 77 號墓出土了法律簡,"該類竹簡共計 2 卷(V 組和 W 組)850 枚,大致完整。其中 V 組 306 枚,……有盜,告,具,捕,亡律等 16 種律文;W 組 544 枚,……有金布,户,田,工作課,祠,葬律等 24 種律文"[4]。發掘簡報説這座墓的時代是文帝末年至景帝時期。根據這個説明推測,這批資料所記載的很有可能是文帝廢止肉刑後的律,

---

[1] 睡虎地秦墓竹簡整理小組《睡虎地秦墓竹簡》,文物出版社,1990 年。
[2] 張家山二四七號漢墓竹簡整理小組《張家山漢墓竹簡〔二四七號墓〕》,文物出版社,2001 年。
[3] 陳松長《嶽麓書院所藏秦簡綜述》,《文物》2009 年第 3 期。
[4] 湖北省文物考古研究所,雲夢縣博物館《湖北雲夢睡虎地 M77 發掘簡報》,《江漢考古》2008 年第 4 期。

具有與過去出土的秦、漢早期律令不同的特殊價值。通過這些介紹就已經可以想見,這些資料在全面公開之後會給秦漢律令研究帶來很大的衝擊。

但墓葬所出律令的資料性質不是很清楚。按理説,律令應該屬於官文書的範疇。如果律令在官衙遺址出土,它無疑是官員在辦事時利用的官文書,其資料性質有綫索可以推測。但墓葬出土的簡牘,即使其内容像是官文書,也不一定是官文書原件,也有可能是爲隨葬而作的隨葬品。因此,墓葬出土的律令是什麽性質的文獻,與秦漢時代的官員平時看到的律令有没有不同之處,很難令人揣摩。

大庭脩先生很早就注意到了這個問題。他在《木簡學入門》一書中説:"從古墓出土的木簡類是爲了特定目的而埋葬的,這個目的要永遠在墓葬内實現。"① 然後説睡虎地 11 號墓所出的法律文獻是"法律書":

> 這些資料(引者按,即睡虎地秦簡中的各種法律文獻),對秦代法律研究而言,是未曾有的非常珍貴的史料。但資料價值我們暫且不談,試想當時有没有可能把内容互不相關的法律條文分别埋葬在一座墓葬中?想到此,我不得不認爲這些文獻是可以稱爲法律條文集,律答問集,爰書文例集的書籍。所以我説睡虎地 11 號墓出土了法律書。(第 105 頁)

大庭先生明確地指出墓葬所出律令是"書籍"(不是官文書),墓葬出土的"書籍"有針對性,其所涉及範圍和官衙遺址所出官文書有所不同。

我們的問題是從大庭先生的這個意見出發的。墓葬出土的律令既然是"書籍",是經過某人的編輯形成的。那麽這些書籍的作者在編書時有没有根據編書的目的對律令原文作改動?墓葬出土律令的内容、格式是否保留律令的原貌?筆者的答案是,就目前能看到的墓葬所出秦漢律令而言,其編者或抄寫者對律令原文往往有所删改。小文舉例

---

① 大庭脩《木簡學入門》,講談社,1984 年,第 96 頁。

說明這一點。

二、秦漢律令的原貌和秦漢墓葬出土律令

要討論秦漢墓葬所出律令是否完整地保留律令原貌,首先要知道秦漢時代律令的"原貌"是怎樣的。因此我們先闡明律令的原貌,然後把這個原貌和秦漢墓葬出土律令作比較。在此,爲了討論之便,先討論令,然後討論律。

(一) 令

秦漢時代的"令"其實就是皇帝詔①。大庭脩先生曾復原了居延 A33 出土的一道詔書②,我們據此可以知道漢代詔書的原貌:

御史大夫吉昧死言:丞相相上大常昌書言:"大史丞定言:元康五年五月二日壬子日夏至,宜寢兵。大官抒井,更水火,進鳴雞,謁以聞,布當用者。"●臣謹案:比原泉御者、水衡抒大官御井。中二千石=(二千石、二千石)令官各抒。別火(10.27)官,先夏至一日以除隧(燧)取火,授中二=千石=(二千石、二千石)官在長安、雲陽者,其民皆受。以日至易故火,庚戌寢兵,不聽事,盡甲寅五日。臣請布。臣昧死以聞。(5.10)

制曰:可。(332.26)

元康五年二月癸丑朔癸亥,御史大夫吉下丞相:承書從事,下當用者,如詔書。(10.33)

二月丁卯,丞相相下車騎將軍、將軍、中二=千=石=(二千石、二千石)、郡大守、諸侯相:承書從事,下當用者,如詔書。少史慶,令史宜王,始長。(10.30)

三月丙午,張掖長史延行大守事,肩水倉長湯兼行丞事下屬國、農、部都尉、小府、縣官:承書從事,下當用者,如詔書。/守屬宗,助

---

① 參看冨谷至《晋泰始律令への道——第一部 秦漢の律と令(走向晋泰始律令之路——第一部 秦漢的律與令)》,《東方學報》第 72 册,2000 年。
② 大庭脩《居延出土的詔書册(居延出土的詔書册)》,收入大庭脩《秦漢法制史的研究》,創文社,1982 年;中譯本:林劍鳴等譯《秦漢法制史研究》,上海人民出版社,1991 年。

府佐定。(10.32)

  閏月丁巳，張掖肩水城尉誼以近次兼行都尉事下候、城尉：承書從事，下當用者，如詔書。/守卒史義。(10.29)

  閏月庚申，肩水士吏橫以私印行候事下尉、候長：承書從事，下當用者，如詔書。/令史得。(10.31)

這個文件是由詔書和"詔後行下之辭"構成的。A33是肩水候官遺址所在。既然"行下之辭"中有"肩水士吏橫以私印行候事"發給其下屬的辭，這個文件當是肩水候官爲備案製作的詔書副本。那麼這個文件應該完整地保留了當時肩水候官從上級收到並發給下屬的詔書原貌。

居延漢簡中有如下一枚簡：

  ☐☐符令。制曰：可。孝文皇帝三年七月庚辰下。凡六十六字。(332.9+179.5)

這枚簡也出土於A33。宮宅潔先生説這份資料"完全保留了原詔敕的形式"①。這個説法不很準確。按照詔書的格式，"制曰可"處是要改行的。而且"孝文皇帝三年七月庚辰下"、"凡六十六字"顯然是後加的信息。雖然如此，這個文書的格式和信息確實比其他出土令完整。尤其"凡六十六字"這個記載值得注意。如第四節所述，文書末尾寫字數當是爲了確認這個文書有沒有刪節原文②。我們懷疑這是秦漢時代各個官署保存令文的最正規的格式。

接下來看漢代墓葬出土的令。首先要看的是松柏木牘：

  ●令丙第九

  丞相言："請令西成＝（成、成）固、南鄭獻枇杷各十。至，不足，令

---

 ① 宮宅潔著，顧其莎譯《廣瀬薰雄〈秦漢律令研究〉》，中國政法大學法律古籍整理研究所編《中國古代法律文獻研究》第 7 輯，社會科學文獻出版社，2013 年。

 ② 附帶講，篇末寫總字數亦見於出土典籍，如馬王堆帛書《經法》"經法凡五千"（第 77 行下），《戰國縱橫家書》15～19 章"●五百七十"（第 147 行）、"●八百五十八"（第 170 行）、"●五百六十三"（第 186 行）、"●五百六十九"（第 201 行）、"●三百●大凡二千八百七十"（第 209 行）等。參看國家文物局古文獻研究室《馬王堆漢墓帛書〔壹〕》（文物出版社，1980 年）、馬王堆漢墓帛書整理小組《馬王堆漢墓帛書〔叁〕》（文物出版社，1983 年）。

相備不足,盡所得。先告過所縣用人數,以郵、亭次傳。人少者,財助獻。起所爲檄,及界,郵吏皆各署起、過日時,日夜走,詣行在所司＝馬＝門＝(司馬門,司馬門)更詣大＝官＝(大官,大官)上檄御＝史＝(御史。御史)課縣留稽(遲)者。"御史奏:"請許。"

制曰:可。孝文皇帝十年六月甲申下。①

這個文書比較忠實地保留了詔書的面貌,其格式與上引的居延漢簡大致相同,但沒有總字數的記載。恐怕對這個文書的作者而言,只要忠實地抄寫令文正文即可,不用考慮這個令文有沒有刪節這個問題。

其次要看的是《二年律令·津關令》:

一. 御史言:越塞闌關,論未有令。●請闌出入塞之津關,黥爲城旦舂。越塞,斬左止(趾)爲城旦。吏卒主者弗得,贖耐。令、丞、令史罰金四兩。智(知)其請(情)而出入之,及假予人符傳,令以闌出入者,與同罪。非其所【當】爲【傳】而擅爲傳出入津關,以傳令闌令論,及所爲傳者。縣邑傳〈傳〉塞,及備塞都尉、關吏、官屬、軍吏卒乘塞者,【禁】其□【婢】、馬、牛出田、波(陂)、苑(?)、牧。繕治塞、郵、門亭行書者,得以符出入。●制曰:可。(488~491號簡)

二. 制詔御史:其令扞關、鄖關、武關、函谷〖關〗、臨晋關,及諸其塞之河津,禁毋出黃金、諸奠黃金器及銅。有犯令(492號簡)②

這是《津關令》的開頭兩條。令名單獨寫在一枚簡(525號簡)上,每條令文開頭只寫編號,沒有交代這些令是哪位皇帝什麼時候下的。這種格式與松柏木牘"令丙第九"頗不相同,編輯方法也比"令丙第九"隨便。看來這份《津關令》的作者所關心的側重點是《津關令》的內容本身,其頒布日期、正確字數等都無所謂。

武威旱灘坡漢墓也出土了律令③,但這批資料內容比較雜,其中包括

---

① 朱江松《罕見的松柏漢代木牘》,荆州博物館編著《荆州重要考古發現》,文物出版社,2009年,第211頁。
② 以上釋文,參看彭浩等《二年律令與奏讞書》,上海古籍出版社,2007年。
③ 武威地區博物館《甘肅武威旱灘坡東漢墓》,《文物》1993年第10期。

律文、令文和案例。我們曾指出武威旱灘坡漢簡的性質類似於張家山漢簡《奏讞書》①。在此只引其中一例：

   吏金二兩。在田律。民作原蠶，罰金二兩。令在乙第廿三。　　☐(簡6)

這個文件引用令文的目的是把它作爲判案的根據，因此其引文極爲簡略，完全失去了詔書的格式。

我們首先介紹皇帝詔的原貌、官署所保存令文的正規格式，然後看墓葬出土的幾例令文。通過比較這些令文可以清楚地知道，墓葬出土的令根據其目的采用各種各樣的格式，省略一些不需要的信息。武威旱灘坡漢簡是爲了判案引用令文，因此其內容極爲簡略。"令丙第九"和《津關令》的目的可能是了解令文本身，因此比較完整地保留詔書的格式。但兩者之間也有區別，松柏木牘是只有"令丙第九"一條，忠實地保留詔書原貌，附加的信息也比較完整。而《津關令》有好幾條，但其格式、信息比"令丙第九"簡略。我們據此可以確認，墓葬出土的令確實是有人爲特定目的整理編纂的，而且其整理方法根據其目的各不相同。

（二）律

筆者曾經指出，秦漢時代的"律"是皇帝詔制定的②。我們以秦代的挾書律爲例説明此事。《漢書·惠帝紀》四年三月條云"除挾書律"，《楚元王傳》云"至孝惠之世，乃除挾書之律"，可見挾書律在漢代是作爲"律"流傳的。但《史記·秦始皇本紀》中關於挾書律的記載如下：

   丞相李斯曰：五帝不相復，三代不相襲，各以治，非其相反，時變異也。今陛下創大業，建萬世之功，固非愚儒所知。且越言乃三代之事，何足法也？異時諸侯並争，厚招游學。今天下已定，法令出一，百姓當家則力農工，士則學習法令辟禁。今諸生不師今而學

---

① 廣瀬薰雄《出土文獻中的廷尉決事》，《漢帝國的制度與社會秩序》，OXFORD UNIVERSITY PRESS，2012年。
② 廣瀬薰雄《秦漢時代律令辨》，《中國古代法律文獻研究》第7輯。

古，以非當世，惑亂黔首。丞相臣斯昧死言：古者天下散亂，莫之能一，是以諸侯並作，語皆道古以害今，飾虛言以亂實，人善其所私學，以非上之所建立。今皇帝并有天下，別黑白而定一尊。私學而相與非法教，人聞令下，則各以其學議之，入則心非，出則巷議，夸主以爲名，異取以爲高，率群下以造謗。如此弗禁，則主勢降乎上，黨與成乎下。禁之便。<u>臣請：史官非秦記皆燒之。非博士官所職，天下敢有藏《詩》、《書》、百家語者，悉詣守、尉雜燒之。有敢偶語《詩》、《書》者，弃市。以古非今者，族。吏見知不舉者與同罪。令下三十日不燒，黥爲城旦。所不去者，醫藥、卜筮、種樹之書。若欲有學法令，以吏爲師</u>。

制曰：可。

這段記載由李斯的奏文和秦始皇的"制可"構成，這個格式與漢代的詔書基本相同。可見《秦始皇本紀》的這段記載引自詔書，而且基本完整地保留詔書原貌。這份詔書中，"臣請"以下具有規定的性質，我們認爲這個部分才是挾書律正文。因此可以説，這是秦始皇三十四年（前214）制定挾書律的詔。

我們再舉一個例子。《漢書·刑法志》云：

景帝元年，下詔曰：加笞與重罪無異，幸而不死，不可爲人。<u>其定律：笞五百曰三百，笞三百曰二百</u>。

這道詔書明確地説"定律"。

按理説，如果要完整地保留律文原貌，應該像《史記》、《漢書》那樣抄寫制定其律的詔書全文。既然司馬遷引用了制定"挾書律"的詔書，他是看到了這個詔書的。也就是説，當時確實有地方按照詔書的原貌保存挾書律。然而我們能看到的秦漢墓葬所出律文都不是詔書的格式，那麽我們目前能看到的律文應該是有人從詔書中摘抄過來的。

正是因爲我們現在看到的律文是詔書的摘録，有時候看起來作爲律文很奇怪。其比較典型的例子是睡虎地秦簡的一些秦律中所見的"不從令"和"犯令"。這兩個詞被用爲違反律的意思。例如：

有興,除守嗇夫、叚(假)佐居守者,上造以上①。<u>不從令,貲二甲</u>。(《秦律雜抄》1-2 號簡)

令敖史毋從吏(事)官府②。非史子殹,毋敢學學室。<u>犯令者,有辠</u>。　内史雜(《秦律十八種》191 號簡)

"不從令"可以解釋爲"如果不遵守本律的話","犯令者"可以解釋爲"如果違反本律的話"。這些例子中,"令"指的似正是該律本身。但律爲什麽可以稱爲"令"呢?這的確很奇怪。其實這正是因爲這條律是從詔書不施加工地摘抄過來的。"犯令"之"令"指的當是制定該律的詔。因爲違反某條律等於違反制定該律的令,因此違反律叫"犯令"。上引挾書律中有"令下三十日不燒"一句,情況與此相同。

我們再舉一個例子。《秦律十八種‧效律》和《效律》内容基本相同,但有意思的是律文的分合情況頗有不同。我們用表格的形式作比較。爲了醒目,每條開頭一句用加粗黑體字表示:

《秦律十八種‧效律》	《效律》
<u>入禾,萬【石一積而】比黎之爲户</u>,籍之曰:"其廥禾若干石,倉嗇夫某、佐某、史某、稟人某。"是縣入之,縣(168)嗇夫若丞及倉、鄉相雜以封印之,而遣倉嗇夫及離邑倉佐主稟者各一户,以氣(餼)人。其出禾,有(又)(169)書其出者,如入禾然。效(170) <u>嗇夫免而效</u>,效者見其封及隄(題),以效之,勿度縣,唯倉所自封印是度縣。終歲而爲出凡曰:"某廥出禾若干(171)石,其餘禾若干石。"<u>倉嗇夫及佐、史</u>,其	<u>入禾,萬石一積而比黎之爲户</u>,及籍之曰:"某廥禾若干石,倉嗇夫某、佐某、史(27)某、稟人某。"是縣入之,縣嗇夫若丞及倉、鄉相雜以封印之,而遣倉嗇夫及離(28)邑倉佐主稟者各一户,以氣(餼)人。其出禾,有(又)書其出者,如入禾然。<u>嗇夫免而效</u>,效者(29)見其封及隄(題),以效之,勿度縣,唯倉所自封印是度縣。終歲而爲出凡曰:"某廥(30)出禾若干石,其餘禾若干石。"(31) <u>倉嗇夫及佐、史</u>,其有免去者,新倉

---

① 原釋文把"上造以上"和"不從令"當作一句讀。這個斷句從古賀登先生的意見,此"上造以上"的意思是"要任命爵位在上造以上的人"。説見古賀登《漢長安城と阡陌‧縣鄉亭里制度(漢長安城與阡陌、縣鄉亭里制度)》,雄山閣,1980 年,第 367 頁。

② "敖"字之釋,從董珊先生意見。説見董珊《戰國題名與工官制度》(北京大學博士論文,2002 年,導師:李零教授)第一章《趙國題名》第三節《銅兵器(下)》三《中央:得工》之【61】【62】。

續表

《秦律十八種·效律》	《效律》
有免去者,新倉嗇夫、新佐、史主廥者,必以廥籍度之。其有所疑(172),謁縣嗇夫,縣嗇夫令人復度及與雜出之。禾贏,入之,而以律論不備者。 效(173) 禾、芻稾積廥,有贏不備而匿弗謁,及者(諸)移贏以賞(償)不備,群它物當負賞(償)而僞出之以彼(貱)賞(償),皆與(174)盜同灋。大嗇夫、丞智(知)而弗舉,以平皋人律論之,有(又)與主廥者共賞(償)不備。至計而上廥籍内史。入禾(175),發扉(漏)倉,必令長吏相雜以見之。芻稾如禾。 效(176)	嗇夫、新佐、史主廥者,必以廥籍度之。其有(32)所疑,謁縣嗇夫,縣嗇夫令人復度及與雜出之。禾贏,入之,而以律論不備者。禾、芻稾(33)積廥,有贏不備而匿弗謁,及者(諸)移贏以賞(償)不備,群它物當負賞(償)而僞出之以(34)彼(貱)賞(償),皆與盜同灋。大嗇夫、丞智(知)而弗舉,以平皋人律論之,有(又)與主廥者共(35)賞(償)不備。(36)入禾及發扉(漏)倉,必令長吏相雜以見之。芻稾如禾。(37)

如果效律在制定時已經分條,不會出現這種情況。這說明律文的分條是《秦律十八種·效律》的作者和《效律》的作者各自按照自己的理解作的。

饒有趣味的是,《秦律十八種·倉律》中也有内容與《效律》基本相同的規定,如:

《秦律十八種》倉律(21-27號簡)	《效律》(27-31號簡)
入禾倉,萬石一積而比黎之爲户。縣嗇夫若丞及倉、鄉相雜以印之,而遺倉嗇夫及離邑倉佐主稟者各一户以氣(餼)。自封印,皆輒出,餘之索而更爲發户。嗇夫免,效者發,見雜封者,以隥(題)效之,而復雜封之,勿度縣,唯倉自封印者是度縣。……倉	入禾,萬石一積而比黎之爲户,及籍之曰:"某廥禾若干石,倉嗇夫某、佐某、史某、稟人某。"是縣入之,縣嗇夫若丞及倉、鄉相雜以封之,而遺倉嗇夫及離邑倉佐主稟者各一户,以氣(餼)人。其出禾,有(又)書其出者,如入禾然。嗇夫免而效,效者見其封及隥(題),以效之,勿度縣,唯倉所自封印是度縣。終歲而爲出凡曰:"某廥出禾若干石,其餘禾若干石。"

兩者都是同一座墓出土的律文,内容大致相同,應該摘抄自一個來源。但律名不同,字句有出入,條文的分合情況也不同。如果國家或某個官府内有統一的版本,應該不可能出現這種現象。

綜上所述,我們目前能看到的律文既然都不具有詔書的格式,這些律文都是有人編輯整理過的。其原因似不難想象。如果要保留詔書的原貌,律文集就如同《史記》、《漢書》,用這種文獻查找律文極爲費事。把詔書最核心的律文部分摘抄出來,根據內容分條,並把相關律文匯在一起,是很自然的事。

三、墓葬出土律令的編者
   有没有改動律令正文?

通過上一節的討論可以知道,我們目前能看到的墓葬出土律令根據其編纂目的省略了一些原有的信息,並改變了原來的格式。那麼這些律令有没有改動字句的地方?

總的來説,令文比較忠實地保留詔書的原貌,删節不需要的字句比較容易,但改動原文似乎不太可能。至少我們目前還没能找出字句被改動的任何痕迹。

但律文是能找到字句被改動的實例的。關於這個問題,徐世虹先生提出了非常重要的意見[1]:

> 整理小組在對《秦律十八種》與《秦律雜抄》解題時都指出了其"摘録"的特點,這表明律文是否完整反映了其原貌是不可確定的,其中有可能摻雜了利用者在抄録時的技術處理。(第108頁)

徐先生是分析《秦律十八種》中所見的"有罪"一詞才提出這個看法的。在此舉一個"有罪"的例子:

> 百姓居田舍者,毋敢醢(酤)酉(酒)。田嗇夫、部佐謹禁御之。<u>有不從令者,有罪</u>。　　田律《秦律十八種》12號簡)

只看這個律文,無法知道"不從令"者具體被處以什麼刑罰。徐先生説"定罪量刑是刑罰的基本功能所在,而'有罪'這種籠統的表述則與之相悖,在

---

[1] 徐世虹《〈秦律十八種〉中的"有罪"蠡測》,《中國古代法律文獻研究》第7輯。

現實中不具有操作性"。這表明"有罪"應該不是律文原有的句子。她還指出了一個值得注意的現象,説"有罪"一詞只見於《秦律十八種》:

> "有罪"之語唯見於《秦律十八種》,而《秦律十八種》又側重於縣、都官機構職能的履行規範,在文本抄寫上具有"摘録"的特徵,綜合這些因素再看秦律抄本,其中有無秦律利用者的過濾成分,"有罪"是立法用語還是利用者的技術處理所致,是需要區別對待的。以目前所見的秦漢法律文獻,除《秦律十八種》中的田、廄苑、金布、工、徭、司空、内史雜、尉雜諸律見有"有罪"外,《秦律雜抄》《效律》《法律答問》乃至張家山漢簡《二年律令》無一例此類用語,這也從另一方面證明該語不具有立法意義上的功能。(第110頁)

徐先生的研究給我們一個很重要的啟示。在分析墓葬出土律文時,也要充分考慮其資料的目的。例如《秦律十八種》的目的是了解縣、都官機構職能的履行規範。對這個文獻的作者和讀者而言,違反這些規範會被處以什麽刑罰不是很重要,只要知道會被處罰即可。所以省略詳細的刑罰名,只寫"有罪"一句帶過。收集律文的其他法律文獻則不是,其目的是了解作什麼行爲會被處以什麼刑罰,因此會正確地記録刑罰名。

在此舉一個例子。嶽麓書院藏秦簡有如下一條律文:

> ●田律曰:黔首居田舍者,毋敢酤(酤)酒。有不從令者,遷之。田嗇夫、士吏、吏部弗得①,貲二甲。●第乙(0993)②

這條律文和上引《秦律十八種・田律》内容基本相同,但後者"有不從令者,有辠"之"有辠",前者作"遷之",交代具體刑罰名。前者還寫明對"田嗇夫、士吏、吏部"的刑罰,這也是後者所没有的。還有一點值得注意的是,這兩條律文的文章的順序也不同。我們用表格的形式比較這兩條律文:

---

① 此"吏部"當是"吏部主者"的意思。"吏部主者"見《二年律令》145、147號簡等。
② 陳松長《嶽麓書院所藏秦簡綜述》。

《秦律十八種・田律》	嶽麓書院藏秦簡田律
百姓居田舍者,毋敢醢(酤)酉(酒)。 田嗇夫、部佐謹禁御之。 有不從令者,有辠。	黔首居田舍者,毋敢醢(酤)酒。 有不從令者,遷之。 田嗇夫、士吏、吏部弗得,貲二甲。

兩者第二句和第三句的順序相反。

雖然有以上種種不同點,但我們認爲兩者是同一條律文的摘錄,這些不同點係律文的摘錄性質所致。這條律本來規定的是對"敢酤酒"的老百姓處以什麼刑罰,及對不取締這些行爲的官員處以什麼刑罰。嶽麓書院秦簡田律忠實地保留其内容。但對《秦律十八種》的目的而言,只要知道官員要取締老百姓的賣酒行爲即可。所以首先説這一點,而且加了"謹禁御之"四個字,使官員的義務更加清楚;最後簡單交代違反這個規定會被處罰。從此可以窺見《秦律十八種》對律文原文改動的幅度多麼大。

目前似乎有不少學者認爲,即使是内容基本相同的兩條律文,只要其字句有一些不同之處,中間應該經過了政府修改的過程。我們認爲這種理解難以成立。墓葬出土的律是詔書的摘錄,其字句也有被改動的地方。因此不能太拘泥字句上的很細微的區別。我們再舉一個例子:

《秦律十八種》(183 號簡)	嶽麓書院秦簡(1250)
行命書及書署急者,輒行之。不急者,日觱(畢),勿敢留。留者以律論之。 行書	●行書律曰:傳行書,署急,輒行。不輒行,貲二甲。不急者,日觱(畢)。留三日,貲一盾;四日上,貲一甲。二千石官書

這兩條律文内容基本相同,但字句有不少出入。其中最大的不同點是對違反行爲的處罰。嶽麓簡行書律詳細規定如果"不輒行"該怎麼處罰,而《秦律十八種》行書律只用"留者以律論之"一句帶過。陳松長先生在比較這兩條律文後説"這也許間接的説明秦始皇統一六國後,在秦代法律的制定方面經歷了一個細密修訂的過程"①。但依我們看,用"留者以律論之"

---

① 陳松長《嶽麓書院藏秦簡中的行書律令初論》,《中國史研究》2009 年第 3 期。

一句帶過與用"有罪"一句帶過是一個現象,《秦律十八種》行書律和嶽麓書院秦簡行書律應該來自同一條律文,只是《秦律十八種》的作者(或抄寫者)在摘錄(或抄寫)時改動了不少字句,才導致了目前看到的情況而已。

《秦律十八種》是改動原文的痕跡比較明顯,因此我們也能夠舉出證據來證明這一點。但秦漢墓葬出土的其他律恐怕大都對原文作過或多或少的改動。例如嶽麓書院秦簡《秦律雜抄》,陳松長先生說"我們看到這一部分竹簡中,不僅有秦律而且還有很多秦令的內容,並且這些律令都是針對某種事件或案例所節抄的律令條文"[①]。根據這個說明推測,嶽麓書院秦簡《秦律雜抄》所收律文恐怕也有不少改動。然而這個結論不能簡單地一般化。墓葬出土的律各自有各自不同的編纂目的,我們要對每批資料、每條律令進行細緻的分析,才能確定原文有沒有被改動的可能性。

四、結　語

綜上所述,我們首先指出秦漢時代的律令都來自皇帝詔。與皇帝詔相比,墓葬出土的律令或多或少有不同的地方。這說明:第一,墓葬出土的律令是書籍,各有各的編書目的。第二,墓葬出土律令根據其目的省略了一些原有的信息,並改變了原來的格式。我們還發現,墓葬出土的律令不僅改格式、省略信息,有時候連字句也改動。

在討論秦漢墓葬出土律令的資料性質時,我們最好把律令分爲幾個層次。考慮律令的編纂和流傳的過程,我們可以分爲如下三個層次:

第一層次:皇帝頒布時的律令
第二層次:有人搜集各種資料編纂的律令書
第三層次:墓葬出土的律令

簡單地説,皇帝下詔制定律令(第一層次),其後各種機構或人根據各種各

---

① 陳松長《嶽麓書院所藏秦簡綜述》,《文物》2009 年第 3 期。

樣的目的用各種各樣的方法整理律令(第二層次)。這些律令書在社會上流傳,輾轉抄寫,其中有些書被埋葬在墓中(第三層次)。今日我們能看到的都是第三層次律令,如果毫無根據地認爲這些律令保留了皇帝頒布時的原貌,會造成很大的誤解。

第一層次的律令見於《史記》、《漢書》等史書中。第三層次的律令是我們現在看到的東西。而第二層次的律令是我們看不到的,而且其情況肯定錯綜複雜。秦漢時代,在皇帝下詔後,有些機構整理和保管其詔書。這當是毫無疑問的。但當時流傳的本子不可能只有這一種。我們可以想象,每個機構爲辦事的方便只把與自己有關的律令摘抄過來,編一部律令集,把它當作内部文件發給下級官署;也有不少官員自己搜集和整理相關資料,編自己的律令集,這可以說是個人的工作筆記;有人爲了學習律令而編纂律令學的教材,等等。也就是說,第二層次的律令有各種各樣的本子。每種本子的編纂目的、編纂方法、收集律令的範圍、流傳範圍都不同。

《商君書·定分》中有很有名的一段記載,説明怎麼保存法令副本:

> 法令皆副置。一副天子之殿中。爲法令爲禁室,有鋌鑰爲禁而以封之,内藏法令。一副禁室中,封以禁印,有擅發禁室印,及入禁室視禁法令,及禁剟一字以上,罪皆死不赦。一歲受法令以禁令。

這段記載説所有法令製作兩個副本,一個放在天子的殿中,另外一個放在禁室中。每年一次根據禁室收藏的副本把法令頒發給官吏。用我們的話說,這種副本是第二層次律令中最接近第一層次的一類。

目前可知的出土令中似乎可以看到這類本子。就是上文引用的居延漢簡 332.9+179.5:

> ☑□符令。制曰:可。孝文皇帝三年七月庚辰下。凡六十六字。

根據文書末尾的詔書總字數,能夠知道這個文書有沒有"剟定法令,損益一字以上"。令文末尾寫總字數可能是爲了這個目的。

《後漢書·律曆志中》云：

　　　　永元十四年，待詔太史霍融上言："……。"詔書下太常，令史官與融以儀校天，課度遠近。太史令舒、承、梵等對："案官所施漏法，<u>令甲第六常符漏品，孝宣皇帝三年十二月乙酉下</u>，建武十年二月壬午詔書<u>施行</u>。……。"

"令甲第六常符漏品，孝宣皇帝三年十二月乙酉下"一句與上引居延漢簡、松柏木牘"令丙第九"相似。可見太史令舒他們當時參照的"令甲第六"也具有這些信息。太史令在上奏時參考的應該是最正規的文件。把這個記載和居延漢簡、松柏木牘"令丙第九"對照看，可以想見這種格式才是官府保存的最正規的令文格式。

　　與令相比，出土律的情況很混亂。即使是同一條律文，字句也往往有出入，條文的分合情況也不同，甚至有時候連篇名都不同。我們從出土律文一點也看不出某個國家機構統一整理的痕跡。因此我們懷疑，秦漢時代正式的法令只有令（皇帝詔）一種，律也包括在其中。只寫規定部分的律是某個機構或人編纂的摘抄本。

　　最後講一下第二層次律令和第三層次律令的關係。如上所述，大庭脩先生強調墓葬出土的文獻有特定目的。我們也贊同這個意見，並從這個角度對墓葬出土律令的資料性質作分析。但通過以上討論發現，墓葬出土的律令雖然根據編纂目的省略一些原有的信息，但不像是爲了隨葬特意製作的隨葬品。因此我們認爲墓葬出土的律令是第二層次律令中的某一種本子，而且是不太正規的那種，通過這些資料可以了解秦漢時代的官員平時利用怎樣的律令書。

　　其實官衙遺址出土的律令也都如此。有些律令是官署保存的正規文件，有些是官員爲辦案搜集的律令書，有些是給其他文件附上的律令摘錄，有些是在判案時引爲根據的，有些是習書，等等。律令的格式和信息量按照其目的都不相同。因此，如果要利用官衙遺址出土的律令，同樣也要首先考慮其資料性質。只不過考慮資料性質的綫索比墓葬出土的律令多一些而已。

編校追記

本文中引用的嶽麓書院藏秦簡田律(0993)和行書律(1250)已收入陳松長主編《嶽麓書院藏秦簡(肆)》(上海辭書出版社,2015年),這兩枚簡的整理號是280號簡和192號簡。值得注意的是,嶽麓簡(肆)公開的秦律中,還有一條律文的內容與280號簡基本相同:

> 黔首居田舍者,毋敢醢酒。不從令者,罨(遷)之。田嗇夫、吏、吏部弗得,貲各二甲。<u>丞、令、令史各一甲</u>。(115/1400)

"丞、令、令史各一甲"一句不見於280號簡,其他的內容兩者基本相同。

115號簡和280號簡,整理者都歸爲第二組。如果說這是兩條不同的律文,那是說不過去的。如果這兩條律文是同一條律文的兩個不同的版本,那麼至少其中一條律文被人改動過。其實280號簡開頭說"田律曰",說明這不是田律本身,而是田律的引文。但115號簡也不一定忠實地保留這條律文的原貌,因爲這條律文沒有"第乙",這個信息應該在某個階段被刪掉了。這個例子也說明,墓葬出土的律大都是摘錄,其字句往往有被人改動的地方。

另外,"毋敢醢酒"的"醢",筆者在本文中把睡虎地簡和嶽麓簡280號簡的相應的字釋爲"醯",不確。關於筆者對這個字的看法,請看本書所收《也談里耶秦簡〈御史問直絡裙程書〉》第130頁注①。

> 本文是提交給2014年中國社會科學院"國學研究論壇:中國古文書學國際學術研討會"(北京,2014年10月30~31日)的論文,今據以收入。

出土文獻中的廷尉決事

一

《舊唐書·經籍志上》刑法部著錄有《廷尉決事》二十卷。沈家本云："此書名不題漢而厠於漢人之間,當爲漢人書。"[1]程樹德云："考《唐志》刑法類廷尉決事,列於《漢建武律令故事》之下,應劭《漢朝議駁》之上,其爲屬漢無疑。"[2]

《廷尉決事》宋末散佚[3],《太平御覽》收録此書的四條佚文:

(1)《廷尉決事》曰:廷尉上:廣平趙禮詣雒治病,博士弟子張策門人李臧賣過所詣洛,還,責禮冒名渡津。平裴諒議:禮一歲半刑,策半歲刑。(卷598·文部十四·過所)

(2)《廷尉決事》曰:河内太守上:民張太有狂病,病發,殺母弟,應梟首,遇赦。議:不當除之,梟首如故。(卷646·刑部十二·梟首)

(3)《廷尉決事》曰:廷尉上:士張柱私賣餅,爲蘭臺令史所見。(卷860·飲食部十八·餅)

---

[1] 〔清〕沈家本《漢律摭遺》卷22"決事類",收入《歷代刑法考》第三册,第1778~1779頁,中華書局,1985年。
[2] 程樹德《九朝律考》卷1"漢律考",中華書局1963年,第34頁。
[3] 程樹德云:"《太平御覽》尚引《廷尉決事》,而《宋史·藝文志》已不載,則至宋末已全佚。"(《九朝律考》卷1·"漢律考"序)

(4)《廷尉決事》曰：廷尉高文惠上：民傅晦詣民籍牛塲上盜黍，爲牛所覺，以斧擲，折晦腳，物故。依律，牛應弃市。監棗超議：晦既夜盜，牛本無殺意，宜減死一等。（卷763·器物部八·斧）

雖然僅有四條佚文，但我們仍能從中窺見《廷尉決事》的基本結構。

第一，《廷尉決事》是收集漢代廷尉的判例（決事比）的書。

第二，四條佚文中，三條從"廷尉上"開始，一條從"河內太守上"開始。這是説明案情的部分。可見各條從"廷尉（或其他官員）上：……"開始是《廷尉決事》的通例。

第三，"廷尉上"下面是"議"，這是講判決的部分。第一條云"平裴諒議"，第四條云"監棗超議"。此"平"、"監"是廷尉府屬官的廷尉平和廷尉監：

《漢書·百官公卿表上》：廷尉，秦官，掌刑辟。有正、左右監，秩皆千石……宣帝地節三年初置左右平，秩皆六百石。

《續漢書·百官志二》：廷尉，卿一人，中二千石。正、左監各一人。左平一人，六百石。

據此可知，《廷尉決事》的"議"即使沒有説是誰説的，但應該都是廷尉府的官吏説的。

收集廷尉決事的書此外還有《魏廷尉決事》（見《隋書·經籍志二》史部刑法類、《新唐書·藝文志二》乙部史錄故事類）。從書名看，這是三國魏的廷尉決事。可惜一條佚文也沒有流傳下來。

流傳到今天的《廷尉決事》佚文就只有這四條，但目前所知的出土文獻中也有一些廷尉決事。如果把《廷尉決事》和出土文獻中的廷尉決事結合起來作分析，對《廷尉決事》、出土文獻中的廷尉決事都能有一些發明。本文首先介紹目前出土的廷尉決事，然後討論廷尉決事出土的意義。

二

(一) 張家山漢簡《奏讞書》①

張家山漢簡《奏讞書》中有廷尉決事②。在此以《奏讞書》案例四(28～35號簡)爲例做說明：

- 胡丞憙敢讞(讞)之。……● 鞫(鞫)：符亡,詐(詐)自占書名數,解取(娶)爲妻,不智(知)其亡,審。疑解罪,敦(繫)。它【如】縣論。敢讞(讞)之。
- 吏議：符有〖名〗數明所,明嫁爲解妻,解不智(知)其亡,不當論。
- 或曰：符雖已詐(詐)書名數,實亡人也。解雖不智(知)其請(情),當以取(娶)亡人爲妻論,斬左止(趾)爲城旦。
- 廷報曰：取(娶)亡人爲妻論之。律白,不當讞(讞)。

這個文書由四個部分構成：第一部分是地方官員向廷尉說明案情,並問這個案件應該怎麼處理(讞)。第二部分是"吏議",第三部分是"或曰",這兩個部分都是廷尉府官吏的意見。例如《奏讞書》案例二一云"廷尉穀、正始、監弘、廷史武等卅人議當之"(184～185號簡),可參。第四部分是"廷報曰"。此"廷"是廷尉的簡稱。《奏讞書》有些案例的判決部分明確地說是廷尉下的,如案例三"大僕不害行廷尉事謂……"(26號簡)、案例一七"廷尉兼謂……"(121號簡)③。

---

① 張家山二四七號漢墓竹簡整理小組《張家山漢墓竹簡〔二四七號墓〕》,文物出版社,2001年。

② 嶽麓書院藏秦簡也有《奏讞書》,其文章結構與張家山漢簡《奏讞書》相同。參看陳松長《嶽麓書院所藏竹簡綜述》,《文物》2009年第3期。因爲嶽麓書院藏秦簡《奏讞書》目前只公開幾枚簡的照片和釋文,在此不討論這批《奏讞書》。但我們推測嶽麓書院藏秦簡《奏讞書》的性質與張家山漢簡《奏讞書》基本相同。

③ 也有人認爲《奏讞書》之"廷"不是廷尉,而是法廷之意。例如池田雄一先生云："不管是郡的決事還是廷尉的決事,都可以稱爲'廷報'。"(《〈奏讞書〉の構成》,收入池田雄一《中國古代の律令と社會》,汲古書院,2008年,第654頁)宮宅潔先生云："與其認爲是指'廷尉'等特定機關,毋寧視爲意味着'法廷'即亦爲審判場所的官衙之'中庭'更好些。"(《秦漢時代の裁判制度——張家山漢簡〈奏讞書〉より見た》,《史林》81卷2號,1998年,第59頁)這些說法可商。參看蔡萬進《張家山漢簡〈奏讞書〉研究》,廣西師範大學出版社,2006年,第152～153頁。

《奏讞書》的這種格式與《廷尉決事》很像。尤其《廷尉決事》的"議"和《奏讞書》的"吏議"完全相同。因此我們認爲《奏讞書》中廷尉府參與的案件記錄來自廷尉決事。

《漢書·朱博傳》有這樣的故事：

> 遷廷尉，職典決疑當讞，平天下獄①。博恐爲官屬所誣，視事，召見正、監、典法掾史，謂曰："廷尉本起於武吏，不通法律，幸有衆賢，亦何憂。然廷尉治郡斷獄以來且二十年，亦獨耳剽日久。三尺律令，人事出其中。掾史試與正、監共撰前世決事吏議難知者數十事，持以問廷尉，得【爲】諸君覆意之。"正、監以爲博苟强，意未必能然，即共條白焉。博皆召掾史，並坐而問，爲平處其輕重，十中八九。官屬咸服博之疏略，材過人也。

朱博讓典法掾史撰寫"前世決事吏議難知者"，向朱博問這些案件的處理方法。在此也先有"吏議"，然後廷尉親自判斷。這與《奏讞書》"吏議"、"或曰"、"廷報曰"的手續一致。

值得注意的是典法掾史。"典法"是掌管法律的意思。從這個故事看，典法掾史只是"撰前世決事吏議難知者"而已，似乎無權參與正、監的"議"。換句話說，典法掾史的職掌是整理過去的案件，編纂案件記錄集，以便官員審判案件。我們推測，《奏讞書》中的廷尉決事就是這樣形成的。

籾山明先生引用《周禮·秋官·訝士》"凡四方之有治於士者造焉"鄭玄注"謂讞疑辨事先來詣乃通之於士也。士主謂士師也，如今郡國亦時遣主者吏廷尉議者"（引號中文字皆據籾山先生引文）云：

> 從後漢這樣的制度可知，在中央廷尉之下所討論的相關案件的結果，一定是由"主者吏"（負責審理案件者）帶回到各郡國去的。如

---

① 中華書局本斷此句爲"職典決疑，當讞平天下獄。"（第3403頁），不確。"決疑"是判決疑難案件，"當讞"是對讞問的案件下判斷（和"決疑"意思差不多），"平天下獄"是使天下的案件得到公平的處理。此句的意思是"決疑當讞"、"平天下獄"是廷尉"職典"（掌管）的事。

果秦至漢初也有同樣的制度,那麼收集、整理各種各樣司法經驗的,極有可能就是屬於郡的地方官吏們。①

但籾山先生對鄭玄注的理解恐怕有問題。首先他的引文漏了一個字:

……如今郡國亦時遣主者吏詣廷尉議者。

這句話的意思是"就像現在郡國也有時候派負責審理案件的人去參加廷尉府的議一樣",並沒有講到誰收集、整理案件記錄。也就是說,他所謂"郡的地方官吏收集、整理各種各樣司法經驗"的制度,並沒有史料根據。當然,郡國的官員將自己參與的案件記錄帶回去是合乎情理的,但他們也收集、整理其他郡國的案件的可能性似乎不大。

那麼《奏讞書》是否就是廷尉府的典法掾史編纂的案件記錄集本身?陶安先生認爲:"《奏讞書》所涉及之對象的地域範圍顯得過於偏頗一方,可見地理位置和案例記錄的多少是有關聯的。這份史料極有可能是在南郡或其周邊編纂的。"②

藤田勝久先生通過分析《奏讞書》所見地名,認爲"《奏讞書》收錄的案件基本上都是全國各地向中央奏讞的案件,《奏讞書》是在這種案件傳到南郡後被人整理的二手資料。"③

我們認爲藤田先生的看法是正確的。《奏讞書》全部二十二個案例的事件發生地點如下(括號內的數字是案例號碼):

南郡 6 例(一、二、五、一四、一五、一八)　　蜀郡 3 例(九、一〇、一一)
内史 5 例(三、四、一七、二一、二二)　　　　河東郡 2 例(一二、一三)
漢中郡 1 例(六)　　　　　　　　　　　　　　淮陽郡 1 例(一六)

---

① 籾山明著,李力譯《中國古代訴訟制度研究》之中文版序,上海古籍出版社,2009年。原書爲《中國古代訴訟制度の研究》,京都大學學術出版會,2006年。以下根據中文版引用。

② 陶安あんど《書評　籾山明著　中國古代訴訟制度の研究》,《東洋史研究》第 66 卷第 3 號,2007 年,第 67～75 頁。

③ 藤田勝久《中國古代國家と社會システム——長江流域出土資料の研究》,汲古書院,2009 年,第 316 頁。

北地郡2例(七、八)其　　　　　　他2例(一九、二〇)

南郡的案例確實最多，但也不過占全部案例的約四分之一強而已，其他郡的案例占約四分之三以上。《奏讞書》涉及這麽多的郡的案例，而且這些案例大都是最後由廷尉處理的。我們在上面已經説了，郡國有時候派官員去廷尉府參加"議"，他們很有可能將自己參與的案件的記録帶回去，但他們似乎不太可能收集、整理其他郡國的案件。那麽只有所有案件的結節點之廷尉府才能收集、整理全國各地的案件記録。

　　但在《奏讞書》中南郡的案例確實特別多，而且案例一四、一五是南郡内部解決的案件，廷尉府也没有參與。因此不能否認《奏讞書》中也有南郡自己整理的案例記録。

　　根據以上的討論，我們認爲《奏讞書》是以廷尉決事爲主要資料，加上南郡的案例編纂的。也就是説，《奏讞書》是在廷尉府編纂的廷尉決事傳到全國各地後，南郡附加自郡的案例記録做的書。

　　(二) 睡虎地秦簡《法律答問》[①]

　　籾山明先生指出，《法律答問》的格式與《奏讞書》"吏議"、"或曰"、"廷報"相同：

　　(a) 議……29、83號簡[②]

　　　　【例】或鬭，齧斷人鼻若耳若指若脣。論各可(何)殹？議：皆當耐。(83號簡)

　　(b) 或曰……8、44、121、122、174、196號簡

　　　　【例】司寇盜百一十錢，先自告。可(何)論？當耐爲隸臣。或曰：貲二甲。(8號簡)

　　(c) 廷行事……38～39、42、56、59、60、66、142、148、149、150、151、

---

① 睡虎地秦墓竹簡整理小組《睡虎地秦墓竹簡》，文物出版社，1990年。
② 29號簡原文是"士五(伍)甲盜一羊，羊頸有索，索直(值)一錢。問可(何)論？甲意所盜羊殹，而索繫羊，甲即牽羊去。議：不爲過羊。"整理者解釋此"議"云："議，議處，《易・中孚》象傳：'君子議獄緩死。'"將"議不爲過羊"譯爲"不應以超過盜羊議罪"(《睡虎地秦墓竹簡》第100頁)。此説可商。此句當解釋爲"議：不判處偷羊以上的罪"。

152、162號簡

【例】甲告乙盜直（值）□□，問乙盜卅，甲誣駕（加）乙五十，其卅不審。問甲當論不當？廷行事：貲二甲。(42號簡)

《法律答問》的"議"、"或曰"、"廷行事"與《奏讞書》"吏議"、"或曰"、"廷報"顯然一致。據此可以確定，"廷行事"之"廷"是廷尉的簡稱，而"廷行事"之"行事"是決事①。也就是説，"廷行事"就是廷尉決事。

籾山明先生説："圍繞疑罪的判斷，通過近於比較原型的公文書來表現的書籍是《奏讞書》，而以問答體編輯其疑問點的書籍則是《法律答問》。"②此説可從。《法律答問》没有具體的地名出現，可以説其整理程度比《奏讞書》强。因此我們已經無法得知《法律答問》的整理過程。但《法律答問》既然是南郡故地出土的，而且記載"廷行事"的問答只有其中的一部分，那麽《法律答問》可能和《奏讞書》一樣，也是將廷尉決事和南郡決事匯集而成的書。

（三）王杖簡

王杖簡目前有三種出土：王杖十簡（1959年出土）③、王杖詔書册（1981年發現）④、武威旱灘坡漢簡（1989年出土）⑤。我們用王杖十簡作討論。以下是王杖十簡的全釋文，此釋文不拘泥木簡的原貌，按照文意加標點、改行，簡號采用《武威漢簡》的簡號：

制詔御史曰："年七十，受王杖者，比六百石。入官廷不趨。犯罪耐以上，毋二尺告劾。有敢徵召侵辱(簡2)者，比大逆不道。"建始二年

---

① 于豪亮先生早已指出"廷行事"之"廷"是廷尉，也説"行事"同"決事比"相當，它們都是判例的意思。説見于豪亮《秦律叢考》"廷行事"條，收入于豪亮《于豪亮學術文存》，中華書局，1985年，第131～132頁。
② 籾山明《中國古代訴訟制度研究》第243頁。
③ 甘肅省博物館《甘肅武威磨咀子漢墓發掘》，《考古》1960年第9期。甘肅省博物館考古研究所編輯室《武威磨咀子漢墓出土王杖十簡釋文》，《考古》1960年第9期。甘肅省博物館、中國科學院考古研究所《武威漢簡》，文物出版社，1964年。
④ 武威縣博物館《武威新出土王杖詔令册》，收入甘肅省文物工作隊、甘肅省博物館編《漢簡研究文集》，甘肅人民出版社，1984年。
⑤ 武威地區博物館《甘肅武威旱灘坡東漢墓》，《文物》1993年第10期。

九月甲辰下。(簡3) 蘭臺令第卌三,御史令第卌三。尚書令滅受在金。(簡1)

　　制詔丞相、御史:"高皇帝以來至本【始】二年,勝(朕)甚哀老小。高年受王杖,上有鳩使百姓望見之(簡4),比於節。有敢妄罵詈毆之者,比逆不道。得出入官府郎弟,行馳道旁道。市賣復毋所與(簡5),如山東復。有旁人養謹者,常養扶持,復除之。明在蘭臺石室之中。王杖不鮮明(簡6),得更繕治之。"

　　河平元年,汝南西陵縣昌里先,年七十,受王杖。頰部游徼吴賞使從者(簡7)毆擊先,用詑地。大守上讞(讞)。廷尉報:罪名(簡8)明白,賞當棄市。(簡9)

　　孝平皇帝元始五年,幼伯生。永平十五年,受王杖。(簡10)①

　　王杖十簡由四個部分構成:建始二年(前31)詔、本始二年(前72)詔、河平元年(前28)的案例、受王杖者的信息。大庭脩先生重視案例的存在,認爲王杖簡是決事比②。滋賀秀三先生則重視制詔部分,認爲王杖十簡中的前九枚是一篇漢令,説:"漢代稱爲令的編纂物不僅記載詔的概要,還亂糟糟地包含着審判實例的概要等。"③其實王杖簡不是純粹的令,也不是純粹的決事比,而是令和案例的混合體。可以説,建始二年詔(即王杖詔書)是王杖簡的本文,本始二年詔和案例是其注④。

　　不管怎樣,王杖簡的案例部分是廷尉決事,這一點是毋庸置疑的。已

---

①　關於王杖十簡的排列順序,有很多爭論。我們同意吴伯綸《關於馬鐙問題及武威漢代鳩杖詔令木簡》(《考古》1961年第3期)的看法。詳見拙文《王杖木簡新考——漢代"律令學"的角度から》,《東洋學報》第89卷第3號,2007年。

②　大庭脩《漢代の決事比試論》,收入大庭脩《秦漢法制史の研究》,創文社,1982年;中譯本:林劍鳴等譯《秦漢法制史研究》,上海人民出版社,1991年。

③　滋賀秀三《武威出土王杖十簡の解釋と漢令の形態——大庭脩氏の論考を讀みて》,收入滋賀秀三《中國法制史論集——法典と刑罰》,創文社,2003年。滋賀秀三《(書評)大庭脩〈武威出土'王杖詔書·令'册書〉》,《法制史研究》38號,1989年,第284~286頁。引文來自後者。

④　請看拙文《王杖木簡新考》。

經有人指出，此案例部分的格式與《奏讞書》相同①。我們舉一個比較簡單的例子：

(a) 河平元年，汝南西陵縣昌里先，年七十，受王杖。潁部游徼吴賞使從者毆擊先，用詫地。大守上瀺(讞)。廷尉報：罪名明白，賞當棄市。(王杖十簡)

(b) ●漢中守瀺(讞)：公大夫昌笞奴相如，以辜死，先自告。相如故民，當免作少府，昌與相如約，弗免。已獄治，不當爲昌錯告不孝。疑罪。●廷報：錯告，當治。(《奏讞書》49～50 號簡)

一比較就很容易看出，王杖簡中的案例是廷尉決事。

律令和案例的混合體這一結構，武威旱灘坡漢簡比其他兩批王杖簡更爲明顯。武威旱灘坡漢簡共有 17 枚：

(簡 1) 制詔御史：奏年七十以上，比吏六百石。出入官府不趨。毋二尺告刻(劾)。吏擅徵召☐

(簡 2) 變事吏上，毆擊之，召。爰書②：變事痛所毆，以不能言變事。皆大逆不道，☐☐☐

(簡 3) 民無爵里名姓，吏擅事使。有行事：潁(穎)川東鄉佐坐論。☐

(簡 4) 諸自非九月，吏不得發民車、馬、牛，給縣官事。非九月時，吏擅發民車☐☐

(簡 5) 民占數，以男爲女，辟更繇，論爲司寇。　　☐

(簡 6) 吏金二兩。在田律。民作原蠶，罰金二兩。令在乙第廿三。　☐

---

① 井上亘《漢代の書府——中國古代における情報管理技術》，《東洋學報》第 87 卷第 1 號，2005 年。

② "召爰書"三字，費解。李均明、劉軍兩位先生斷句爲"毆擊之。召，爰書。……"(《武威旱灘坡出土漢簡考述——兼論"挈令"》，《文物》1993 年第 10 期；後收入李均明《初學錄》，蘭臺出版社，1999 年)，但這樣斷句，意思不通順。今按，此"爰書"是所謂"總目下文之詞"(參看王念孫《讀書雜志·漢書第十二》"行事"條)，"變事痛所毆，以不能言變事"(變事吏因爲被毆打的地方很疼，不能報告變事)是其内容。

（簡7）坐臧(贓)爲盜。在公令第十九、丞相常用第三。☐

（簡8）不道。在御史挈令第廿三。　　　☐

（簡9〔甲〕）赦,不得赦下蠶室。在蘭臺挈令第☐☐

（簡9〔乙〕）☐☐法。在衛尉挈令☐

（簡10）☐代户父不當爲正,奪户。在尉令第五十五。行事：大原武鄉嗇夫☐☐

（簡11）長安鄉嗇夫田順,坐徵召金里老人榮長,罵詈毆☐

（簡12）吏部中有蝗虫水火比盜賊,不以求移,能(耐)爲司寇。民☐

（簡13）流槐丞彭祖,坐辭訟以詔書示之衆,☐

（簡14）☐鄉吏常以五月度田,七月舉畜害,匿田三畝以上,坐☐☐

（簡15）☐☐☐吏召無匿人☐☐☐☐☐痛言

（簡16）☐建武十九年正月十四日己亥下。　　☐

武威旱灘坡漢簡的記載内容可以分爲三種(在此不談内容不明的簡15)：

(1) 律令……簡1、簡4、簡5、簡6、簡7、簡8、簡9(甲)(乙)、簡12、簡14、簡16。

(2) 案例……簡2、簡11、簡13。

(3) 律令和案例……簡3、簡10。

武威旱灘坡漢簡大都只寫律令,但也有少數簡記載案例。尤其值得注意的是簡3"有行事"和簡10"行事"。這兩枚簡在律令本文下寫行事,這顯然是"廷行事"。從這個格式看,武威旱灘坡漢簡的主要内容是律令,但如果有與該律令有關的廷尉決事,在律令本文下附加其廷尉決事。

附帶指出,史志記載中有一本叫《建武律令故事》的書。《隋書·經籍志二》史部刑法類云："梁有《建武律令故事》二卷,……亡。"但《舊唐書·經籍志》、《新唐書·藝文志》亦著録此書,《唐六典》卷六云："漢建武有《律令故事》上中下三篇,皆刑法制度也。"從這些記載來看,《建武律令故事》

至少到唐代之後才散佚①。根據《唐六典》"皆刑法制度也"，《建武律令故事》有可能像武威旱灘坡漢簡一樣是律令和廷尉故事結合起來做的書。

三

綜上所述，出土文獻中的廷尉決事目前有睡虎地秦簡《法律答問》、嶽麓書院藏秦簡《奏讞書》、張家山漢簡《奏讞書》、王杖簡。

《法律答問》、《奏讞書》的格式和《廷尉決事》基本相同。《法律答問》、《奏讞書》可能是在廷尉府編纂的廷尉決事流傳到全國各地後，南郡附加自郡的判例做的書。這些事實表明，從秦到三國魏，廷尉府不斷地收集和整理廷尉決事，並傳給全國各地，全國各地也在廷尉決事的基礎上附加各地的判例，編纂自己的決事。其中流傳到後代的是《廷尉決事》和《魏廷尉決事》。我們通過將《法律答問》、《奏讞書》和《廷尉決事》、《魏廷尉決事》結合起來作研究，雖然很粗略，但仍能看到廷尉故事從秦到三國魏流行的軌迹。

王杖簡是將律令和廷尉決事寫在一起的文獻。在流傳到後代的書中，《建武律令故事》可能是與王杖簡類似的書。

值得注意的是，目前可知的出土資料中有律令和廷尉決事一起出土的例子。這見於睡虎地秦簡、嶽麓書院藏秦簡、張家山漢簡、王杖簡：

(1) 睡虎地秦簡：【律令】《秦律十八種》、《效律》、《秦律雜抄》，【決事】《法律答問》。

(2) 嶽麓書院藏秦簡：【律令】《律令雜抄》，【決事】《奏讞書》。

(3) 張家山漢簡：【律令】《二年律令》，【決事】《奏讞書》。

(4) 王杖簡：律令和廷尉決事的混合體。

我們認爲，這些出土文獻的内容有這種共同點絶不是偶然，這應該是

---

① 興膳宏先生指出，《隋書・經籍志》説"梁有……卷。亡"的書，《舊唐書・經籍志》、《新唐書・藝文志》往往著録。因此《隋書・經籍志》對現存書、佚書的區别並不一定正確。參看興膳宏、川合康三《隋書經籍志詳攷》，汲古書院，1995年，第34～35頁。

當時斷獄實務的反映。也就是説,斷獄不僅要熟悉律令,還要熟悉廷尉故事,所以律令和廷尉故事才一起埋葬在墓中。如果這個理解不誤,今後還會有律令和廷尉故事一起出土的可能性。

補記

本文是 2010 年 5 月於香港中文大學舉行的"漢帝國的制度與社會秩序"國際學術會議上宣讀的論文。除了格式、錯字、漏字外,没有任何改動處。

在會上,金慶浩先生對本報告作了評論,李均明先生、邢義田先生提了意見。首先感謝這三位先生提出寶貴意見。根據筆者當時寫的筆記,三位先生的主要意見如下(但由於筆者的筆記非常簡單,没有完整地、正確地記録三位先生的評論、意見,其中或許有誤會之處,請三位先生多多包涵):

金慶浩先生對本報告"《法律答問》、《奏讞書》可能是在廷尉府編纂的廷尉決事流傳到全國各地後,南郡附加自郡的判例做的書"這一結論提出質疑。他認爲這些文獻也有可能就是南郡(金先生没有説是官署還是官員)做的。

李均明先生對《奏讞書》所見"吏議"、"或曰"的理解提出意見。本報告認爲"吏議"、"或曰"都是廷尉府官吏的意見,而他認爲也有可能是郡的官員的意見。因爲首先縣讞上級的郡,然後郡讞廷尉(《漢書·刑法志》"縣道官獄疑者,各讞所屬二千石官,二千石官以其罪名當報。所不能決者,皆移廷尉,廷尉亦當報之"),"吏議"、"或曰"正好位於縣的"讞"和"廷報"的中間。

邢義田先生對《廷尉決事》的成書年代提出意見。《廷尉決事》中有"一歲半刑"、"半歲刑"這種刑罰名,這些刑罰不見於秦漢時代的法律文書中。因此邢先生懷疑《廷尉決事》不是漢代形成的書,而是比漢代更晚的書。此外,在會議結束後,邢先生跟筆者説,《奏讞書》中有"南郡卒史蓋盧、摯、朔、段卒史鵰復攸庫等獄簿"這種標題簡(124 號簡),這説明《奏讞書》的資料來源不僅是廷尉決事,比我們現在想象的更複雜。

在此關於《廷尉決事》的成書年代補充筆者的看法。筆者也認爲《廷尉決事》的最後形成並不是在漢代，其中也包含漢代之後的內容。但這並不等於《廷尉決事》中沒有漢代的案例記錄。這就像漢墓出土的《奏讞書》中也有秦代的案例一樣。此外，後代人用當時的詞彙重新敍述前代的案件，這種可能性似乎也不能完全否定。

總之，我們應該承認，不管是《奏讞書》這種出土文獻，還是《廷尉決事》這種傳世文獻，它們的形成過程都非常複雜，目前不能完全闡明。但筆者認爲將這些文獻結合起來看，就能比以往更具體地了解這些文獻的資料來源。這就是撰寫小文的目的。

編校追記

本文發表後，嶽麓書院藏秦簡的所謂"《奏讞書》"正式發表：朱漢民、陳松長主編《嶽麓書院藏秦簡（叁）》（上海辭書出版社，2013年）。整理者把這部文獻定名爲《爲獄等狀四種》。

原載黎明釗編《漢帝國的制度與社會秩序》（OXFORD UNIVERSITY PRESS，2012年），又載復旦大學出土文獻與古文字研究中心編選《探尋中華文化的基因（二）》（商務印書館，2018年），今據後者收入。

青川郝家坪秦墓木牘補論

前　言

　　筆者曾經討論秦漢時代律的制定程序，提出了一個假説：秦漢時代的律是皇帝下制詔一條一條制定的（戰國時代的律是秦王下命令制定的）。爲了證明這一點，筆者列舉了文獻中所見的皇帝（或秦王）下制詔（或命令）制定律的記載，青川郝家坪秦墓木牘上所記載的秦武王二年王命是其中一例①。然而，舊稿發表後，筆者讀了當時没有注意到的或當時没有發表的資料和研究，發現筆者對青川郝家坪秦墓木牘的理解有很大的錯誤。筆者認爲，通過糾正這個錯誤，可以使青川郝家坪秦墓木牘對中國古代史研究的意義比過去更加清楚。本文的目的是説明這件事。

　　在進入正題之前，首先講一下舊稿發表後出現的青川郝家坪秦墓木牘研究的新情況，即《秦簡牘合集》的出版②。關於《合集》已經有不少書評和介紹③，因此我們只介紹《合集》中的青川郝家坪秦墓木牘部分。

---

　　①　廣瀬薰雄《秦漢時代の律の基本的特徴について》，收入廣瀬薰雄《秦漢律令研究》，汲古書院，2010年。本文把這篇文章稱爲"舊稿"。舊稿中引用青川郝家坪秦墓木牘的部分見於第147～148頁。
　　②　陳偉主編《秦簡牘合集》，武漢大學出版社，2014年；釋文注釋修訂本，武漢大學出版社，2016年，以下簡稱爲"《合集》"。如果有必要，加"初版本"、"釋文注釋修訂本"區别這兩種版本。
　　③　管見所及，在中國發表的書評有：胡平生《秦簡合集　同道相益——評〈秦簡牘合集〉》（《人民日報》2015年7月28日）、王子今《更深入的研究——評〈秦簡牘合集〉》（《光明日報》2015年8月3日）、侯旭東《秦簡整理的新里程碑》[《中華讀書報》2015年　（轉下頁）

木牘的圖版采用四川省文物考古研究所黃家祥先生提供的彩色照片［即《出土文獻研究》第 8 輯（上海古籍出版社，2007 年）所載照片的原件］和課題組新拍攝的紅外綫照片，紅外綫照片收録原大照片和放大照片兩套。其中紅外綫照片值得大書特書，課題組通過紅外綫照片發現武王二年王命的末尾以不同的筆迹寫"章手"。不止如此，此次首次公開另外一枚木牘（17 號木牘）的照片。過去連這枚木牘上是否有字也無法確定，課題組則指出這枚木牘上"似記述若干人不除道天數折合錢款之事"，這枚木牘的内容有可能和記録武王二年王命的 16 號木牘相關①。

釋文注釋的作者是陳偉先生和高大倫先生。釋文吸收了最新的古文字研究成果，目前最可靠。注釋采用集注形式，廣泛搜集相關研究，詳細介紹各家的意見。此外，釋文注釋末尾附録"主要參考文獻"。這些爲我們了解青川郝家坪秦墓木牘的研究情況提供很大的方便。

雖然如此，筆者認爲《合集》中還有一些解釋值得商榷。另外，按照集注的注釋方式，對問題的解決起了關鍵作用的研究和其他研究受到同等對待，有時候讀者難以看出最關鍵的是哪些研究。因此，本文重點介紹筆者認爲尤其重要的一些研究，在此基礎上講一下筆者自己的看法。如果想了解其他研究成果，請參看《秦簡牘合集》相關部分②。

（接上頁）8 月 12 日］、鄔文玲《〈秦簡牘合集〉評介》（《中國史研究動態》2016 年第 1 期）；在日本發表的書評有：湯淺邦弘、草野友子《秦簡牘の全容にせまる――陳偉主編〈秦簡牘合集〉》（《中國研究集刊》夜號，2015 年 12 月）、藤田勝久《陳偉主編〈秦簡牘合集〉の刊行について》（《中國出土資料研究》第 20 號，2016 年 7 月）。

① 以上所講的主要成果在《秦簡牘合集》郝家坪秦墓木牘的《概述》中有扼要的介紹。

② 本文是筆者在曾經作過的學術報告《郝家坪秦墓木牘"王命丞相戊内史匽氏臂更脩爲田律"句補論——讀〈秦簡牘合集〉札記（二）》（第三屆簡帛學國際學術研討會，桂林，2015 年 11 月 6～7 日）的基礎上作了很大的修改而成的。《合集》初版本没有引用本文要重點介紹的"尤其重要的研究"，其解釋有明顯的錯誤。那次學術報告的主要目的是糾正《合集》初版本的這些問題。其後《合集》釋文注釋修訂本參考筆者的意見修改了釋文和注釋，因此當初的目的已經基本達到了。但如上文所述，筆者認爲《合集》中仍然存在着值得商榷的部分，而且筆者還要糾正舊稿的錯誤。這是筆者決定發表本文的原因。

一、"王命丞相戊内史匽氏臂更脩爲田律"句的解釋

我們首先看本文要討論的青川郝家坪秦墓 16 號木牘正面簡文釋文（此釋文是根據最新的研究成果製作的，與舊稿中所示的釋文有所不同）：

> 二年十一月己酉朔₌（朔朔）日，王命丞相戊（茂）、内史匽氏、臂更脩爲田律：田廣一步，袤八則爲畛。晦（畝）二畛，一百道。百晦（畝）爲頃，一千道₌（道。道）廣三步。封高四尺，大稱其高。埒（埒）高尺，下厚二尺。以秋八月，脩封埒（埒），正彊（疆）畔，及發（發）千（阡）百（陌）之大草。九月，大除道及阪險。十月，爲橋，脩波（陂）隄，利津梁（？），鮮草。雖非除道之時，而有陷敗不可行，輒爲之。章手

本節討論的是開頭一句。"二年十一月己酉朔朔日，王命……"是"（武王）二年十一月一日，王命令"的意思，此句説明這枚木牘上所記律文的制定緣由。

"王命"下的"丞相戊"是《史記》中被立傳的甘茂，這一點沒有疑義。問題是其下"内史"云云的解釋。關於這幾個字，過去有不少學者提出了各種不同的解釋，但現在這個問題已經基本得到了解決。我們在此儘量簡明扼要地整理一下關於這句話的各種解釋，説明這句話的意思，並談談這句話的釋讀對中國古代史研究具有什麼意義。

（一）内史的名字是什麼？——"内史匽氏臂"的解釋

關於"内史"下的"匽氏臂"三字的解釋，《合集》引用了十一位學者的十三篇論文的説法。各家説法的異同情況錯綜複雜、盤根錯節，在此無法一一詳細介紹。簡單地説，大致情況如下：在釋字方面，關於"氏"字，除了"氏"説以外，還有"取"説、"民"説、"吏"説；關於"臂"字，除了"臂"説以外，還有"願"説。在文意理解方面，有些學者認爲内史的名字是"匽"，有些學者認爲是"匽氏"，有些學者認爲是"匽氏臂"；也有些學者認爲"匽氏

臂"是兩個人名，此説又可以分爲"匧氏"和"臂"二人説、"匧"和"氏臂"二人説。此外還有一種説法認爲"臂"不是人名①。

首先説明"氏臂"的字釋。第一字，不管是哪一種圖版，其筆畫都很清晰，從字形看只能是"氏"或"民"。自從黄文傑先生的研究出來後，此字的釋讀基本得到了解決，此字可以確定爲"氏"②。至於第二字，過去因爲圖版不很清楚，無法確定字釋。現在《合集》公開了很清晰的圖版，我們據此可以確定這是"臂"字（參看圖版）。

其次討論"匧氏臂"三字的意思。解決這個問題的關鍵是下引的三件（二件？）戈上所刻的銘文：

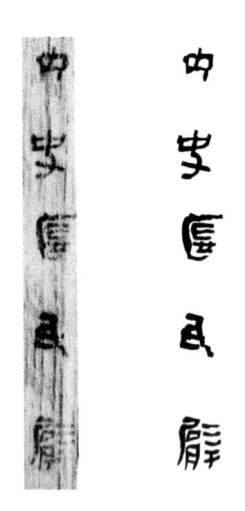

紅外綫照片　　筆者摹本
"内史匧氏臂"圖版

(a) 十四年□平匧氏戈：十四年□平匧氏造戟(内正)　平陸(内背)③
(b) 十四年上郡守匧氏戈一：十四年上郡守匧氏造，工鬲(内正)　洛都(内背)　博望(胡)④
(c) 十四年上郡守匧氏戈二：十四年上郡守匧氏造，工鬲(内正)　洛

---

① 詳見《合集》初版本〔貳〕第191～192頁；釋文注釋修訂本〔肆〕第228頁。
② 黄文傑《秦系簡牘文字譯釋商榷（三則）》，《中山大學學報（社會科學版）》1996年第3期。此外黄文傑《秦至漢初簡帛文字研究》（商務印書館，2008年）第136～141頁《"氏""民"辨》對這個問題展開了更加全面的討論。筆者在舊稿中把這個字釋爲"民"是錯誤的。
③ 關於這件戈的著録情况，請參看王輝、王偉《秦出土文獻編年訂補》(103)，三秦出版社，2014年。除了該書引用的論著外，還有《珍秦琳瑯　秦青銅文明》第116～117頁（澳門特别行政區民政總署文化康體部，2009年）也收録這件戈的圖版。
④ 《秦出土文獻編年訂補》(104)。該書引用的吴鎮烽《新見十四年上郡守匧氏戈考》一文，筆者未見，在此根據《秦出土文獻編年訂補》引用。附帶説，吴鎮烽《商周青銅器銘文暨圖像集成》17290（上海古籍出版社，2012年，第32卷第368～369頁）收録"上郡守匧氏戈"，這件戈尺度的説明與《秦出土文獻編年訂補》一致，形制的描述也幾乎完全相同，這件戈似是吴鎮烽先生在上引論文中介紹的那一件。但根據圖版，這件戈與《秦出土文獻編年訂補》(105)引用的"十四年上郡守匧氏戈二"顯然是同一件。因此我們懷疑"十四年上郡守匧氏戈一"和"十四年上郡守匧氏戈二"是同一件。

都(内背)　博望(胡)①

在此只翻譯内正面的銘文,(a)是"十四年,□平的匽氏所造的戟",(b)和(c)是"十四年,上郡守匽氏所造。工鄦(鑄造這件戈的工人的名字)"。根據這些例子可以確定,"匽氏"是人名。從戈的形制和銘文看,這三件戈當是秦惠王後元十四年(前 311 年)鑄造的。惠王後元十四年(前 311 年)和武王二年(前 309 年)只間隔兩年。這些戈銘中的"匽氏"和郝家坪秦墓木牘的"匽氏"無疑是同一人。那麼其下的"臂"只能理解爲另外一個人名。

以上的意見,董珊先生和吳良寶先生早已指出過。2006 年,董珊先生根據"十四年□平匽氏戈"提出了這個説法:

"匽氏"亦見青川木牘所記秦武王二年《更脩爲田律》。……現據前述秦惠文王時期兩件戈銘的"内史都(?)、操"、"内史操、呉"之文例(引者按,詳見下),木牘所記内史也可能是"匽氏"與"臂"兩人,這樣能夠跟珍秦齋所藏的這件十四年匽氏戈銘相互印證。②

董珊先生撰寫此文時,只有"十四年□平匽氏戈"的存在爲人所知。因此董珊先生比較慎重,用"也可能"這種説法。後來"十四年上郡守匽氏戈"的出現證實了董珊先生的解釋。吳良寶先生正是補充這個資料以證成董珊先生的説法:

從形制與銘文來看,戈的鑄造年代比較早,應是秦惠文王時的兵器。戈銘中的"匽氏",可與上引青川木牘、珍秦齋藏兵器的銘文相對照,視爲同一人應無問題。從秦惠文王時兵器"王八年内史戈""王四年相邦張義戈"銘文中的内史均爲兩個人的情況看,董珊説青川木牘中的"匽氏""臂"爲人名,甚是。

珍秦齋藏戈無從反映秦惠文王十四年時匽氏的職任情況,青川木牘則表明秦武王二年(前 309 年)時匽氏已出任秦國的内史。由於

---

① 《秦出土文獻編年訂補》(105)。
② 董珊《讀珍秦齋藏秦銅器札記》,蕭春源《珍秦齋藏金　秦銅器篇》,澳門基金會,2006 年,第 214 頁。

秦惠文王改元之前只有十三年,因此這件"上郡守匽氏戈"的鑄造年代只能是後元十四年(前311年)。匽氏在惠文王末期曾擔任上郡的郡守,這是戈銘可以補充史書相關記載之處。①

匽氏從上郡守調任内史這一事實頗爲耐人尋味。陳平先生曾指出:"秦在未統一六國前,其郡守是十分顯要的官職。特別是地處與六國對峙的前沿的各重要郡的郡守,更多爲一代名將。"②例如從"王五年上郡疾戈"、"王六年上郡疾戈"、"王七年上郡疾戈"可知,惠文王後元五年至七年,樗里疾任上郡守③。此外,根據陳先生研究,秦戈銘中提及的上郡守"壽"是向壽,"厝"、"趞"是司馬錯,"起"是白起④。明白了戰國秦上郡守的重要性,就能知道上郡守的匽氏後來調任内史是合情合理的事。

還有一點值得重視的是,董珊先生根據實例證明黄盛璋先生"秦丞相有左右,内史當也有左右"的推論⑤。所謂實例指的是如下三件戈銘文:

(d) 王四年相邦張義戈:王四年相邦張義、内史都(?)、操之造□界戟,□【工師】賤,工卯(内正)　錫(内背)⑥
(e) 王八年内史戈一:王八年内史操、□之造,【咸】陽二〈工〉幸(内)三(胡)⑦
(f) 王八年内史戈二:王八年内史操、□之造,咸陽工幸⑧

---

① 吴良寶《十四年上郡守匽氏戈考》,簡帛網,2012年5月22日。此文後收入宛鵬飛《飛諾藏金【春秋戰國篇】》,中州古籍出版社,2012年12月。
② 陳平《試論戰國型秦兵的年代及有關問題》,《中國考古學研究論集》編委會編《中國考古學研究論集——紀念夏鼐先生考古五十周年》,三秦出版社,1987年,第322頁。
③ 《秦出土文獻編年訂補》(96)~(98)。
④ 陳平《試論戰國型秦兵的年代及有關問題》。但董珊先生懷疑其中"厝"不是司馬錯(《戰國題銘與工官制度》,北京大學博士研究生學位論文,指導教師:李零教授,2002年),筆者也認爲此説可從。
⑤ 黄盛璋《青川秦牘〈田律〉争議問題總議》,《農業考古》1987年第2期,第130頁。
⑥ 《秦出土文獻編年訂補》(95)。此外又收入西漢南越王博物館《西漢南越王博物館珍品圖錄》,文物出版社,2007年,第87頁。
⑦ 《秦出土文獻編年訂補》(99)。此外又收入《珍秦琳琅　秦青銅文明》第114~115頁。
⑧ 《秦出土文獻編年訂補》(100)。

(d)云"內史都(?)操",(e)、(f)云"內史操□"。秦兵器銘文中所見的"王～年"都是惠文王後元的紀年①,(d)和(e)、(f)的鑄造年代只隔四年,因此這些銘文中所見的"操"應該是同一個人。若果真如此,"內史都(?)操"和"內史操□"都是兩個人的名字。當然也可以懷疑,"內史都(?)操"和"內史操□"都是一個人的名字,兩例中都有"操"純屬偶然。然而把這些例子和青川木牘"內史匽氏臂"結合起來看,"內史"下有兩個人的名字應該基本可以確定。

以上事實對理解戰國秦漢時代的內史具有非常重要的意義。爲了説明這一點,我們在此確認一下《漢書·百官公卿表上》內史條原文:

> 內史,周官,秦因之,掌治京師。景帝二年分置左內史、右內史。……

根據這段記載的説明,內史掌管治理京師。但西周金文中所見的內史不是這種官職,而是王室的史官②。像漢代內史那樣的治理京師的行政官內史究竟是什麼時候出現的,目前不明。過去有些學者主張戰國時代中期秦的內史不是治理京師的行政官,支持這個看法的人至今仍然不少③。但依筆者之見,上引的三件(二件?)戈的發現可以解決關於戰國秦內史職掌的問題。工藤元男先生在討論秦代內史時提到了兵器銘文,説"秦王政四年以前的青銅器雖然是內史之地製造的,但其銘文中沒有作爲督造者的內史之名,這也是因爲當時郡之內史還沒有形成的緣故吧"④。既然惠文王時期的兵器銘文中內史作爲督造者出現,從反面證明了工藤先生的這個意見。換句話説,戰國秦的內史至晚在惠文王時期已經是治理京師的行政官。

---

① 參看陳平《試論戰國型秦兵的年代及有關問題》第 321 頁。
② 參看張亞初、劉雨《西周金文官制研究》,中華書局,1986 年,第 29～30 頁。
③ 關於秦內史的研究情況,參看重近啓樹《秦の內史をめぐる諸問題》(收入《秦漢税役體系の研究》,汲古書院,1999 年)。
④ 工藤元男《內史の再編と內史・治粟內史の成立》,《睡虎地秦簡よりみた秦代の國家と社會》,創文社,1998 年,第 45 頁;中譯本: 廣瀬薰雄、曹峰譯《睡虎地秦簡所見秦代國家與社會》,上海古籍出版社,2010 年,第 39 頁。

既然惠文王時期的内史有左右,此事在考慮秦内史和漢代左右内史之間的關係時具有很重要的意義。《漢書·百官公卿表》説景帝二年分置左右内史,而《地理志上》京兆尹條説武帝建元六年分置。《公卿表》顔師古注説《地理志》誤,但錢大昭《漢書辨疑》指出《公卿表》的記載也不確,云:"案《公卿表》景帝元年'中大夫朝錯爲左内史',二年'左内史朝錯爲御史大夫',則分置左右,又在景帝之前。《地理志》以爲武帝建元六年分置者固非,而此表以爲景帝二年分置者亦未的也。"也就是説,左右内史的分置始於何時,史書中没有可靠的記載。惠文王後元年間的幾件戈及郝家坪秦墓木牘 16 號木牘告訴我們,左右内史制度似乎源自戰國秦①。

(二) 律名是什麽?——"更脩爲田律"的解釋

"更脩爲田律"五字無疑包含着律名,但究竟哪幾個字是律名呢? 學界對這個問題的看法不一。這個問題和每個學者對秦漢律的理解密切相關,恐怕目前還難以取得一致的看法。

青川郝家坪秦墓木牘公開以來,最被廣泛接受的説法可能是以"田律"爲律名。但李學勤先生、胡平生先生認爲"爲田律"是律名,支持這個解釋的學者也不少。此外張金光先生認爲"更脩爲田律"是律名,這個説法也有贊同者。《合集》是贊同以"田律"爲律名的説法。其理由是類似内容見於張家山漢簡《二年律令·田律》②。

我們同意"爲田律"説。因爲"脩(修)＋法令"這一説法在秦漢時代的文獻中有幾例,"脩爲田律"也可以理解爲其一例③。最早指出這一點的是李學勤先生,他引用睡虎地秦簡《語書》"脩灋律令"的例子,認爲"脩"是

---

① 但需要注意的是,漢代的左内史和右内史分别管轄不同區域,戰國秦的左右内史是否如此目前難以確知。如果和左右丞相相對比看,恐怕戰國秦左右内史的管轄地區相同的可能性更大。因此我們不能輕易把戰國秦的左右内史和漢代的左右内史直接聯繫起來。這一點,筆者在作關於這個問題的學術報告時(參看第 438 頁注②)承蒙汪桂海先生指教。

② 關於以上問題的詳細討論,參看《合集》初版本〔貳〕第 192～193 頁;釋文注釋修訂本〔肆〕第 228～229 頁。

③ 關於"脩(修)＋法令"之"脩(修)"的意思,筆者在拙著第 113～116 頁發表過自己的看法。雖然内容基本重複,但爲了討論之便,在此也講一下。

動詞，"爲田律"是律名①。我們看一下《語書》原文：

> 今灋律令已具矣└，而吏民莫用，鄉俗淫失（泆）之民不止└。是即灋（廢）主之明（明）灋殹，而長邪避（僻）淫失（泆）之民，甚害於邦└，不便於民。故騰爲是而脩灋律令、田令及爲閒私方而下之└，令吏明（明）布└，令吏民皆明（明）智（知）之，毋巨（詎）於罪└。（睡虎地秦簡《語書》3～5號簡）
>
> （現在法律令已經具備了，但官吏、老百姓都沒有加以遵守，習俗淫佚放恣的人未收斂。這是不執行君上的大法，助長邪惡淫佚的人，很有害於國家，不利於百姓。所以我修復法律令、田令和懲辦奸私的法規而發布它們，命官吏公布於眾，使官吏、百姓都清楚了解，不要違法犯罪。）②

需要注意的是，此"脩"不是修改的意思。黃盛璋先生引用這個例子，說"秦法律令皆出於秦王與中央治府所立，地方長官沒有立法之權，只能公布照辦。《語書》所謂'脩'仍爲古訓，乃是將秦中央已經訂立之法律條文再在地方公布一次，連修改之權也不可能有，（青川郝家坪秦墓）牘文之'脩'同爲此義。"③。這是很有道理的意見。

最近發現的嶽麓書院藏秦簡有"修令"的例子：

> 其繇使而不敬，唯（雖）大嗇夫得笞之如律。新地守時修其令，都吏分部鄉邑間。不從令者，論之。●十九(0485)④
>
> （如果出差辦事不謹慎，即使這個官員是大嗇夫，也可以按照律文用鞭打他。新地的太守經常修復其令，都吏在鄉邑間區分管轄。如果不按此令辦事，依法論處。●十九）

此"修"也是郡守"修"法令的例子，其用法與《語書》"脩"完全相同。

---

① 李學勤《青川郝家坪木牘研究》，《文物》1982年第10期。此文後收入李學勤《李學勤集——追溯・考據・古文明》（黑龍江教育出版社，1989年）；《李學勤文集》（上海辭書出版社，2005年）。

② 睡虎地秦墓竹簡整理小組《睡虎地秦墓竹簡》，文物出版社，1990年。白話文譯基本採用了該書的譯文（見第15頁）。

③ 黃盛璋《青川秦牘〈田律〉爭議問題總議》。

④ 這條律文見於陳松長《嶽麓書院藏秦簡中的郡名考略》，《湖南大學學報（社會科學版）》2009年第2期。釋文完全按照陳先生的引文，但我們改了一些斷句。

傳世文獻中也能找到"脩(法令)"的例子：

下令國中曰："昔我穆公自岐雍之間，修德行武，東平晉亂，以河爲界，西霸戎翟，廣地千里，天子致伯，諸侯畢賀，爲後世開業甚光美。會往者厲、躁、簡公、出子之不寧，國家内憂，未遑外事，三晉攻奪我先君河西地，諸侯卑秦。醜莫大焉。獻公即位，鎮撫邊境，徙治櫟陽，且欲東伐，復穆公之故地，<u>脩穆公之政令</u>。寡人思念先君之意，常痛於心。賓客群臣有能出奇計强秦者，吾且尊官，與之分土。"《史記·秦本紀》）

（[孝公]下令全國説："從前，我祖先穆公在岐山、雍州之間興起，修布德政，建樹武功，東邊平定晉國的内亂，以黄河爲國境，西邊稱霸戎翟，開闢千里國土，天子賜予他霸主稱號，天下諸侯都祝賀。穆公爲後世開創了基業，甚爲盛大美好。恰巧前幾代的厲公、躁公、簡公、出子治理秦國不安定，國内有憂患，無暇顧及國外之事，三晉攻奪了我先君開拓的河西之地，天下諸侯看不起秦國。這是莫大的耻辱。獻公即位後，安撫邊境，遷都櫟陽，準備東征，<u>恢復穆公開拓的領地，修復穆公的政令</u>。我思念先君的遺志，經常心痛。如果賓客、群臣中有誰能夠出奇謀讓秦國强大，我把他封爲高官，賜給他封地。"）

上乃下詔，深陳既往之悔，曰："……當今務在禁苛暴，止擅賦，力本農，<u>脩馬復令</u>，以補缺，毋乏武備而已。郡國二千石各上進畜馬方略補邊狀，與計計。"《漢書·西域傳下》渠犁條）

（皇上於是下發詔書，深切陳述對過去的悔恨，説："……當務之急是禁止官員苛刻和暴虐的行爲，停止隨意徵收賦税，致力於農業，<u>修復馬復令</u>，以此補充缺乏的物資，不讓武備導致缺乏。郡國的二千石官員各自奏言養馬的方略和救濟邊境的情况，與上計之吏一起上朝答辯。"）

《秦本紀》"脩穆公之政令"與"復穆公之故地"相對，可見此"脩"是修復的意思。《西域傳》所見"馬復令"具體指的是《漢書·食貨志上》所載漢文帝時晁錯的上奏"今令民有車騎馬一匹者，復卒三人。車騎者，天下武備也，故爲復卒"（現在請規定如下：如果老百姓擁有戰車和戰馬一匹，免除三個人的兵役。戰車和戰馬是天下的武備，所以免除他們的兵役）①。此兩例"脩"都只不過是

---

① 參看程樹德《九朝律考·漢律考一·令》"馬復令"條，中華書局，1963年，第26頁。

重新激活現在成爲空文的過去的法令而已。這個用法與上引睡虎地秦簡、嶽麓書院藏秦簡的"脩"完全相同。看了以上幾個例子,"脩＋法令"之"脩"的意思就更加清楚了。

如果"更脩爲田律"的"脩爲田律"是"修復《爲田律》"的意思,其上的"更"只能理解爲"再一次"意的副詞①。從語法上說,把"更脩"看作一個動詞的解釋也完全能夠成立,實際上也有學者提出這個看法。但就這句話而言,這個解釋恐怕難以成立。因爲"更"是變更的意思,與修復意的"脩"有所不同。黃盛璋先生在上引論文中已經指出這一點。

黃盛璋先生認爲"爲"與"脩"連讀。這個解釋從語法上可以成立,但如果"脩爲田律"是"脩爲《田律》",這句話不能理解爲"修復《田律》"的意思,而只能是"(把本來不是田律的某種法令)修改成《田律》"的意思。按照這個解釋,這道王命完全沒有提到要修改什麽,恐怕難以講通文意。黃先生説"脩(修)爲"這個説法經史常見,但根據筆者調查,意爲修復的"脩(修)爲"的例子一例也沒有找到。

可能有不少人覺得"爲田律"這個律名很奇怪。例如黃盛璋先生説"'爲田'所包狹,時間亦短暫,不僅古無此名,取爲律名與傳統律名相違,且與律文規定不能盡合"②。但其實"爲田律"這個名稱符合於秦漢時代律令的命名法,一點也不奇怪。秦漢時代經常以内容摘要稱呼具體的一條律文。例如張家山漢簡《二年律令》78號簡云:

> 諸有叚(假)於縣道官,事已,叚(假)當歸。弗歸,盈廿日,以私自叚(假)律論。
>
> (凡是從縣或道的官署借東西,辦完事,都要立即把它歸還給官署。如果不歸還的時間超過二十天,以"私自假律"論處。)

這裏出現"私自假律"這種律名,整理者指出這指的是77號簡所寫律文,即:

---

① 參看黃盛璋《青川秦牘〈田律〉爭議問題總議》。
② 黃盛璋《青川秦牘〈田律〉爭議問題總議》。

　　　　□□以財物私自假=貰=（假貸，假貸）人罰金二兩。……①
　　　　　（□□私自借貸財物，對借貸的人處以罰金二兩。……）

按照張家山漢簡整理者的整理，這條律文屬於《盜律》。但引用這條律文時，這條律文可以稱爲"私自假律"。

我們再舉一個比較誇張的例子。漢代有一條叫"證財物故不以實臧五百以上辭已定滿三日而不更言請者以辭所出入罪反罪之律"的律（見居延新簡 EPF22.1～2）。此律名的意思是"在供述關於財物的案件時，如果故意隱瞞事實，以此獲得的不義之財超過五百錢，而且供述確定後三天内不改供述説事實的話，根據這個供述造成的實際金額與虛假金額的差距，反而被處罰"②。這條律有時候被稱爲"證財物不以實律"（EPT53.181），也有時候被稱爲更簡單的名稱"證不請律"（EPT52.417）。

"爲田律"當是這種律名的一例。"爲田律"指的是"更脩爲田律"後引用的那條律文，"爲田律"是"關於'爲田'的律"的意思。這是指特定的一條律文的稱呼，而不是像"田律"那樣的泛稱。换言之，這條律文即使當時屬於《田律》，也可以稱爲"爲田律"。

（三）開頭一句的白話文譯和此句對中國古代史研究的意義

綜上所述，郝家坪秦墓木牘的開頭一句可以翻譯如下：

　　　　（秦武王）二年十一月一日，王命令丞相（甘）茂、内史匽氏和内史臂再次恢復（孝公十二年制定的）"爲田"之律。

筆者在舊稿中把"更脩爲田律"翻譯爲"命令重新修訂《爲田律》"。按照這個解釋，這枚木牘上記載的律是秦武王二年修訂的律文。但經過仔細分析文獻中所見的"脩＋法令"的例子，發現此"脩"不是修訂的意思，而

---

① 參看張家山二四七號漢墓竹簡整理小組《張家山漢墓竹簡〔二四七號墓〕》，文物出版社，2001 年，第 145 頁。

② 這個翻譯基本采用了大庭脩《秦漢法制史の研究》（創文社，1982 年）第 659 頁的翻譯。但大庭先生把"不更言請"翻譯爲"不重新請求供述内容的變更"，此"請"不是"請求"的意思，而是"情（實情）"的意思。附帶説明，這一段見於林劍鳴等譯《秦漢法制史研究》（上海人民出版社，1991 年）第 532 頁、徐世虹等譯《秦漢法制史研究》（中西書局，2017 年）第 467 頁。但這兩部譯著的翻譯與日文原文有一些出入，我們根據日文原文重新作了翻譯。

是原封不動地恢復曾經制定的法令的意思。按照這個解釋，在此記錄的是秦武王二年之前制定的律文。李學勤先生説："由牘文還可知，秦武王以前已有《爲田律》。"①此説當可從。

那麽這條《爲田律》是誰制定的？如胡平生先生所指出，"爲田律"的"爲田"應該是《史記·秦本紀》"爲田開阡陌"、《商君列傳》"爲田開阡陌封疆"的"爲田"②，即商鞅變法的"爲田"。既然如此，青川郝家坪秦墓木牘上所記載的《爲田律》很有可能是孝公十二年（前 350 年）商鞅"爲田開阡陌封疆"時制定的律。

關於商鞅制定的田制，即阡陌制，過去有許多學者討論過，阡陌制應該可以説是中國古代史研究中最重要的主題之一。我們通過以上討論獲得了講述商鞅田制具體內容的資料。青川郝家坪秦墓木牘雖然自發現以來一直被用爲研究商鞅田制的資料，但以往學者都認爲木牘上所記載的是秦武王二年修訂的律。從這個角度來看，我們發現的意義不可謂不大。

二、律文中關於阡陌的規定的解釋

本節討論《爲田律》律文的內容。本律文可以分爲兩個部分：第一部分是關於田地區劃的規定；第二部分是關於道路、橋梁、堤壩、渡口修繕的規定。在此只討論前者。

衆所周知，內容與《爲田律》幾乎相同的律文見於張家山漢簡《二年律令》（246～248 號簡）。要準確理解律文，必須比較這兩者。因此，爲了比較之便，下面列舉兩條律文中關於田地區劃的部分：

A　田廣一步，袤八則爲畛。畝二畛，一百道。百畝爲頃，一千道。道廣三步。封高四尺，大稱其高。捋（埒）高尺，下厚二尺。《爲田律》

---

① 李學勤《青川郝家坪木牘研究》。
② 胡平生《青川秦墓木牘"爲田律"所反映的田畝制度》，《文史》第 19 輯，中華書局，1983 年。此文後收入胡平生《胡平生簡牘文物論集》（蘭臺出版社，2000 年）。

B 田廣一步，袤二百卌步爲畛。畝二畛，一佰道。百畝爲頃，十頃一千道。道廣二丈。（《二年律令》）

《爲田律》中關於阡陌結構的部分，筆者在舊稿中翻譯如下：

　　寬一步、長八則（二百四十步）的田地爲畛。一畝爲二畛，每一畝田地設一條陌道。百畝爲一頃，每一頃田地設一條阡道。道寬爲三步。

現在看來，這是充滿謬誤、與阡陌的結構完全不符的解釋。關於阡陌的結構，渡邊信一郎先生早已根據文獻中所見的阡陌記載（也包括青川郝家坪秦墓木牘、張家山漢簡《二年律令》在内）提出了很合理的解釋①。筆者在舊稿中没有參考渡邊先生的研究成果作解釋，是很不應該的。雖然如此，依筆者看，渡邊先生的解釋也有一些細節值得商榷。因此，本節通過補充和糾正渡邊先生的解釋，説明筆者目前的看法。

首先確定一畝的面積是多少。傳世文獻中有記載説秦孝公把 240 平方步定爲 1 畝②，但這個記載的真僞不是没有疑問。然而張家山漢簡《算數書》的好幾個算題明確地説 1 畝是 240 平方步。作爲其一個例子，在此看一下《啓廣》（159 號簡）：

　　田從（縱）卅步，爲啓廣幾何而爲田一畝。曰：啓【廣】八步∟。术（術）曰：以卅步爲法，以二百卌步爲實。啓從（縱）亦如此。
　　（田縱爲 30 步，廣爲多少可得田 1 畝？答曰：8 步。算法曰：30 步爲法，240 平方步爲實。求田縱亦然。）③

此外，嶽麓書院所藏秦簡《數》1714 號簡云：

　　□田之述（術）曰：以從（縱）二百卌步者，除廣一步，得田一畝。

---

① 渡邊信一郎《阡陌制論》，收入渡邊信一郎《中國古代社會論》，青木書店，1986 年。
② 慧琳《一切經音義》卷七十七所引《風俗通義》佚文"秦孝公以二百四十步爲畮，五十畮爲畦"。
③ 此白話文譯采用了張家山漢簡"算數書"研究會《漢簡"算數書"——中國最古の數學書——》（朋友書店，2006 年，第 18 頁）的中國語譯。

除廣十步,得田十畞。除廣百步,得田一頃。除廣千步,得田【十頃】。
(□田之術曰:假如有縱240步的土地,從此分割出廣1步的面積,就能得到1畞的田地;分割出廣10步的面積,就能得到10畞;分割出廣100步的面積,就能得到1頃;分割出廣1 000步的面積,就能得到【10頃】。)①

根據以上的記載,我們可以確定,一畞的面積從秦代到漢代一直是240平方步。筆者在舊稿中把240方步的田地理解爲一畛,並認爲一畞是二畛(480平方步)。舊稿對律文的解釋從出發點就錯了。只要搞清楚這一點,律文的解釋自然就可以確定。

首先看第一句"田廣一步,袤八則爲畛"。"廣一步、袤八則(二百四十步)"説的是一畞的面積,而不是一畛的面積。因此這一句不能理解爲"寬度一步、長度八則的田地爲畛",而應該理解爲"每塊寬一步、長八則的田地設一條畛"。畛不是田地,應當理解爲田間的小路。如此解釋才能符合古書中所見的關於畛的訓詁②。

其次看第二句"畞二畛,一百道"。渡邊先生把"畞二畛"理解爲"每畞有二畛"(其他學者也大都如此理解)。但按照這個解釋,畞和畞之間有兩條畛,這很不合理③。此句應該是"每二畞田地有一條畛"的意思。畞和畞的中間設一條畛,因此説"畞二畛"。

既然畞和畞的中間設一條畛,舊稿把律文"一百道"翻譯爲"每一畞田地設一條陌道"自然是不對的。現在重新考慮,稱爲"陌"的道路不可能和百的數字毫無關係。從這個角度看,律文"一百道"只能是"(畞)一百道"即"每一百畞田地設一條道路"的意思。渡邊先生不把"百"讀爲"陌",是

---

① 朱漢民、陳松長主編《嶽麓書院藏秦簡(貳)》,上海辭書出版社,2011年。白話文譯參考了日本"中國古算書研究會"《嶽麓書院藏秦簡〈數〉譯注稿(2)》(簡帛網,2013年4月20日)的今譯。此外,《合集》在注釋中引用這一條,以此證明秦代的一畞是二百四十平方步。

② 關於畛的訓詁,參看宗福邦、陳世鐃、蕭海波主編《故訓匯纂》,商務印書館,2003年,第1486頁。

③ 佐竹靖彦先生早已指出這一點。參看《商鞅田制考證》,《史學雜誌》第96編第3號,1987年;後收入佐竹靖彦《中國古代の田制と邑制》,岩波書店,2006年。此説見於《中國古代の田制と邑制》第51頁。

極爲精闢的見解①。

通過以上考釋可以知道,"畮二畛,一百道"的文章結構其實是:"畮二,畛。(畮)一百,道。"也就是說,這句話的意思是,每二畮田地設一條畛,每一百畮田地設一條道路。

關於第三句"百畮爲頃,一千道"。舊稿把這一句理解爲"每一百畮(一頃)田地設一條阡道"也不對。《二年律令》中與此相對應的句子是"百畮爲頃,十頃一千道",從這一點看舊稿的解釋也根本無法成立。此"一千道"的句式與上文"一百道"相同,應該是"(畮)一千,道"的意思。至於《二年律令·田律》的那一句,雖然有點語焉不詳,但應該是"每十頃(即千畮)田地設一條道路"的意思。

至於第四句"道廣三步",此"道"應該包括每一百畮田地設的"道"和每一千畮田地設的"道"。也就是説,"陌"和"阡"的寬度都是三步。饒有趣味的是,這條律文没有使用"陌"、"阡"的名稱。如果這條律果真如筆者所説是商鞅變法時制定的,這也是很自然的事。因爲秦國在制定這條律文之前並不存在叫"陌"、"阡"的道路。

用圖表示以上結論,如下圖(見下頁)。其實筆者的示意圖和渡邊先生的示意圖基本相同,不同之處只有一點,即十頃田地的排列方法。排列方法可能有兩種:一種是按十塊一縱行排列,另一種是按五塊兩縱行排列②。渡邊先生采用後者。這個可能性確實不能完全否定,但筆者認爲前者的可能性比後者更大。

---

① 目前仍有不少學者把"一百道"之"百"讀爲"陌",並理解爲"一條陌道"的意思。例如《合集》釋文作"畮(畮)二畛,一百(陌)道"。再看張家山漢簡《二年律令》田律的研究,整理及彭浩、陳偉、工藤元男主編《二年律令與奏讞書》(上海古籍出版社,2007年)的釋文也作"畮二畛,一佰(陌)道"。此外冨谷至編《江陵張家山二四七號墓出土漢律令の研究》(朋友書店,2006年)把"二畛一百道"看作一句,把它翻譯爲"二畛爲一陌道"(第161頁)。

② 李零先生説:"10個百畮究竟怎樣排列?現在還不很清楚。估計有兩種可能,一種是像溝洫制那樣,按10塊一縱行排列;一種是按5塊兩縱行排列,中間以封壔爲隔。"參看李零《論秦田阡陌制度的復原及其形成綫索——郝家坪秦牘〈爲田律〉研究述評》,《中華文史論叢》1987年第1期;後收入李零《待兔軒文存 讀史卷》,廣西師範大學出版社,2011年。

青川郝家坪秦墓木牘補論　453

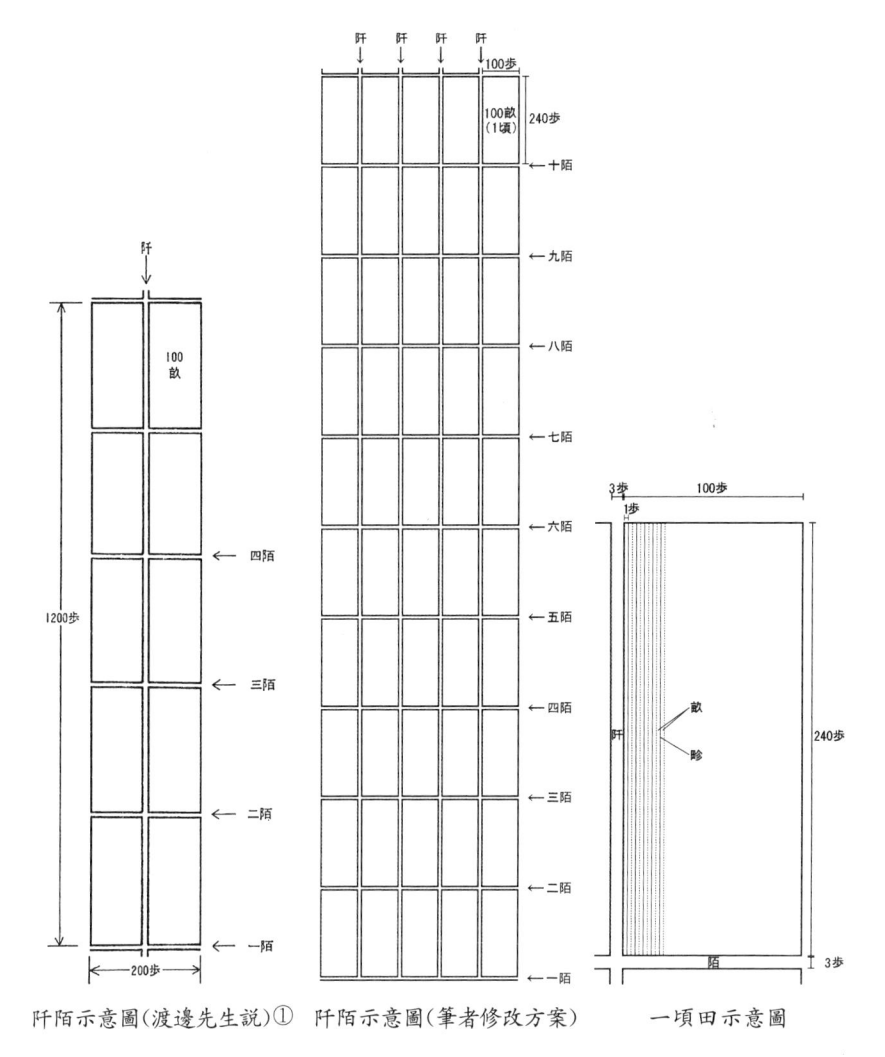

阡陌示意圖(渡邊先生説)①　阡陌示意圖(筆者修改方案)　一頃田示意圖

　　渡邊先生關注《樊利家買田券》的"桓千(阡)東、比是佰(陌)北五畝"(位於桓阡的東邊、比是陌的北邊的五畝田地)一句，説："這表示桓阡統轄的十條陌在阡的東西兩邊。從此得出來的最合理的結論是，阡的兩邊各有五陌，阡一共統轄十陌。"但按照渡邊先生的示意圖，此圖中的陌恐怕不

---

① 此圖采自《中國古代社會論》第78頁。

能説有十條,而只有五條。如果給每一項田地設一條陌,十項田地只能按十塊一縱行的方式排列。筆者認爲如此理解更自然。

附帶説,雖然有"阡東"這種説法,這不一定説明一條阡統轄的十項田地在阡的東西兩邊。《樊利家買田券》中還有"陌北"的説法,但我們没有必要認爲一條陌統轄的一項田地在陌的南北兩邊,道理與此完全相同。在概念上,一條阡統轄十項田地。但實際上,阡和田地相接排列好幾個,因此表示田地的位置時不一定要用統轄其田地的阡。在采用阡陌制的社會中,只要選擇與這個田地相接的阡和陌,並説明其阡和陌的東西或南北,就能夠準確地表示田地的位置。

結　語

以上糾正了筆者目前注意到的舊稿中的所有錯誤。在此重新把青川郝家坪秦墓 16 號木牘正面的簡文全文譯爲白話文,以此爲本文的結論:

(秦武王)二年十一月一日,王命令丞相(甘)茂、内史匽氏和内史臂再次恢復(孝公十二年制定的)"爲田"之律:

每塊寬一步、長八則(二百四十步)的田地設一條畛。每二畝田地設一條畛,每一百畝田地設一條道路。一百畝爲一項,每一千畝田地設一條道路。道寬爲三步。封(田地疆界的標誌)的高度爲四尺,大小以相稱爲準。埒(田間的土埂)的高度爲一尺,埒下部的厚度爲二尺。

秋八月,修繕封和埒,修整田地疆界,拔除阡陌的大草。九月,好好修治道路和坡道。十月,架橋梁,修理堤壩,修建渡口,拔草。即使不是修治道路的時候,如果道路破壞不能通行的話,也要及時修治。

章寫。

通過此次討論,我們發現,這道王命不是制定新律,而只是重新公布過去制定的舊律文而已。因此筆者在舊稿中引用這條律文作爲"秦王下命令定律的例子"是不對的。我們現在必須糾正,這道王命不是"定律"的王命,而是"脩律"的王命。

其實舊稿中的錯誤都是當時可以避免的。例如"内史匽氏臂"的解釋,如果當時注意到"十四年□平匽氏戈"和董珊先生的研究,能夠得到正確答案。至於阡陌的問題,渡邊信一郎先生早已解決。筆者得承認,舊稿中有一些疏忽草率之處。

本文中唯一稱得上創見的是,指出青川郝家坪秦墓木牘上所記載的是孝公十二年商鞅變法時制定的律。如果此説不誤,這條律對中國古代史研究具有非常大的意義。

最後提出一個大膽的假説。根據筆者的結論,秦孝公十二年(前 350 年)制定的《爲田律》在武王二年(前 309 年)被重新恢復,而且一般認爲是漢呂后二年(前 186 年)之物的《二年律令》中幾乎原封不動地收録這條律文。想到這裏,我們不得不想起《史記·商君列傳》的那句話:

爲田開阡陌封疆。

這一句簡明準確地講述《爲田律》的内容,尤其"爲田"一詞見於秦武王二年的王命,令人感到驚訝。然而這是偶然的一致嗎?筆者懷疑,或許司馬遷知道《爲田律》,《商君列傳》的這一句講的正是《爲田律》。

既然《爲田律》的内容流傳到呂后時期,這條律流傳到武帝時期也並不奇怪。司馬遷根據某些證據或理由認爲這條律文是商鞅變法時制定的,因此有了《秦本紀》和《商君列傳》中那些話。

這只不過是筆者的一個毫無根據的推測而已。但青川郝家坪秦墓木牘實在饒有趣味,筆者不由得做出這種推測。

中文版附記

本文是筆者用日文撰寫的論文《青川郝家坪秦墓木牘補論》(藤田勝久、關尾史郎編《簡牘が描く中國古代の政治と社會》,東京:汲古書院,2017 年)的中文翻譯。因爲日文版的主要對象是日本人,筆者在引用古籍記載時都附加了白話文譯。爲了儘量保持論文原貌,中文版也同樣附加了白話文譯,但爲此參考了一些撰寫日文版時沒有參考的研究。此外,引用日本學者的論著時，日文版直接引用日文原文，而中文版儘量參考了這些論著的中文版。因此中文版加了一些新注，交代筆者在翻譯時參考的論著。但此次翻譯在內容上沒有做任何改動。

日文版載藤田勝久、關尾史郎編《簡牘が描く中國古代の政治と社會》（東京：汲古書院，2017 年），中文版載西北師範大學歷史文化學院等編《簡牘學研究》第 7 輯（甘肅人民出版社，2018 年），今據中文版收入。

張家山漢簡所謂《史律》中
有關踐更之規定的探討

一、前　　言

張家山漢簡《二年律令》474～486號簡(以下簡稱"本律")主要是關於史、卜、祝的考試和任用的規定。從内容的關聯性、連續性來看，這幾條規定屬於同一類是毫無疑問的。整理小組將其歸爲《史律》(487號簡)①。

除了關於史、卜、祝的考試和任用的規定以外，本律中還有幾條有關踐更的規定。這些律文不僅規定史、卜、祝的踐更，還規定其他官員的踐更。本文根據這些有關踐更的規定來探討漢初的踐更制度。

關於踐更，已有濱口重國先生的卓越研究②。歷史上關於踐更的解釋有服虔説和如淳説兩種：

（1）服虔説③

《漢書音義》曰："以當爲更卒，出錢三百文，謂之過更。自行爲卒，謂之踐更。"

---

① 張家山二四七號漢墓竹簡整理小組《張家山漢墓竹簡〔二四七號墓〕》，文物出版社，2001年。以下引用該書釋文的時候稱"原釋文"，引用注釋的時候稱"原注釋"，不一一注記。
② 濱口重國《踐更と過更——如淳説の批判(踐更和過更——如淳説商榷)》，《秦漢隋唐史の研究(秦漢隋唐史研究)》，東京大學出版會，1966年。中文版收入劉俊文主編《日本學者研究中國史論著選譯》第三卷"上古秦漢"，中華書局，1993年。
③ 《史記·吳王濞列傳》"卒踐更，輒與平賈"注、《漢書·吳王濞傳》"卒踐更，輒予平賈"注。

(2) 如淳説①

　　如淳曰："更有三品，有卒更，有踐更，有過更。古者正卒無常人，皆當迭爲之，一月一更，是謂卒更也。貧者欲得顧更錢者，次直者出錢顧之，月二千，是謂踐更也。天下人皆直戍邊三日，亦名爲更，律所謂繇戍也。雖丞相子亦在戍邊之調。不可人人自行三日戍，又行者當自戍三日，不可往便還，因便住一歲一更。諸不行者出錢三百入官，官以給戍者，是謂過更也。《律説》：'卒踐更者，居也。居更縣中，五月乃更也。後從尉律，卒踐更一月，休十一月也。'《食貨志》曰：'月爲更卒，已復爲正，一歲屯戍，一歲力役，三十倍於古。'此漢初因秦法而行之也。後遂改易，有謫乃戍邊一歲耳。"

濱口先生論證這兩種説法中正確的是服虔説，而不是如淳説。也就是説，踐更是親自服更卒的義務，過更是交三百錢避免更卒的義務。張家山漢簡出土後的今天，濱口先生的結論仍然可以支持。或者可以説，張家山漢簡是證明濱口先生研究正確性的一個有力根據②。

　　濱口先生還發表過幾篇有關漢代勞役制度的論文③，這一系列研究

---

① 《漢書・昭帝紀》元鳳四年"三年以前逋更賦未入者，皆勿收"注。此外《史記・游俠列傳》"每至踐更，數過，吏弗求"《集解》也引用如淳説，但其引文與《漢書・昭帝紀》注有所不同。濱口先生對兩者的不同點也有所討論。

② 睡虎地秦簡《秦律十八種・廄苑律》云："以四月、七月、十月、正月膚田牛。卒歲，以正月大課之，最，賜田嗇夫壺酉（酒）束脯，爲旱（皂）者除一更，賜牛長日三旬。"（13 號簡）睡虎地秦墓竹簡整理小組《睡虎地秦墓竹簡》（文物出版社，1990 年）之《秦律十八種釋文注釋》【注釋】〔六〕云："更，古時成年男子有爲封建政權服役的義務，一月一換，稱爲更。一更，指服一次更役。《漢書・昭帝紀》注引如淳云：'更有三品，有卒更，有踐更，有過更。……《食貨志》曰：月爲更卒，已復爲正一歲，屯戍一歲，力役三十倍於古。'此漢初因秦法而行之也。'"只引用如淳説（第 23 頁）。張家山漢簡《奏讞書》99～123 號簡所見案件中也有"踐更"一詞（103 號簡），原注釋〔九〕云："踐更，《漢書・昭帝紀》注引如淳曰：'更有三品，有卒更、有踐更、有過更。……貧者欲得顧更錢，次直者出錢顧之，月二千，是爲踐更也。'"也只引用如淳説（第 222 頁）。廄苑律的"一更"暫且不論，《奏讞書》的"踐更"按照如淳説無法解釋，而按照服虔説才能解釋得通。

③ 濱口重國《〈踐更と過更——如淳説の批判〉補遺（〈踐更和過更——如淳説商榷〉補遺）》、《秦漢時代の徭役勞働に關する一問題（關於秦漢時代徭役勞動的一個問題）》等，均收入《秦漢隋唐史研究》。

對今天的研究大有裨益。但因爲張家山漢簡的出土,也有不少地方需要修正。本文在濱口先生這些研究的基礎上,將它們同張家山漢簡對照起來,就漢初的踐更制度陳述愚見。

爲了電腦寫作的方便,釋文儘量使用通行的字體。至於重文符號等簡文中原有的符號,本文不標示,或者將它直接轉成文字。

二、對本律所見更數的解釋

首先看本律中所見有關踐更的規定:

(1)【卜學童】能風(諷)書史書三千字,【得】卜。書三【千】字①,卜九發中七以上,乃得爲卜,以爲官处(?)。其能誦三萬以上者,以爲卜上計,六更。缺,試脩灋,卜六發中三以上者補之②。(477~478號簡)

（卜學童能夠背誦和書寫史書三千字,就可以占卜。能寫三千字,而且占卜九次中七次以上者,才可以當卜,以爲官处〔?〕。若其中有能念三萬言以上者,可以讓他做卜上計,六更。如果出現缺額,考試卜修法,任用占卜六次中三次以上者。）

(2)囗祝十四章試祝學童③,能誦七千言以上者,【乃得】爲祝,五

---

① "【得】卜"之"得",原釋文作"徵",並把"徵卜書三千字"當作一句讀;原注釋說"徵,引用"。但此字沒有"攵"旁,顯然不是"徵"字。再說,在讀寫文字的考試中,讓人引用文字算不上什麽考試,意思說不通。我們懷疑此字是"得",在"【得】卜"下斷開。按照我們的理解,這句話的意思是"只有能夠寫隸書三千字以上者才可以占卜"。也就是說,卜學童一開始不能占卜,首先要學習隸書,等學好隸書以後才可以開始練習占卜。

或許此字不是"得",應該按照整理者的意見斷句爲"衍卜書三千字"(即"衍"是動詞,"卜書"是字體的一種。但本律中文字的考試方法已經有讀字(誦)、寫字(書)、背誦(諷)三種,很難想象還有別的考試方法。因此我們認爲這個"衍"不大可能是某種考試方法。若果真如此,把它斷句爲"衍卜書三千字",就難以解釋這一句和上下文的關係。

② "卜六發中三以上者"之"卜",原釋文作"以"。但從此字的字形和上文"卜九發中七以上"的辭例看,此字應該是"卜"字。

③ "囗祝十四章"的第一個字,原釋文作"以",恐怕不對。同下文的"大祝試祝"相比較,"囗祝"可能指的是祝的一種。

更。大祝試祝,善祝,明祠事者,以爲冗祝①,冗之。(479號簡)

（□祝以十四章考試祝學童,只有能夠念七千言以上者,才可以當祝,五更。大祝考試祝,若有人善念祝文,通曉祭祀之事,可以讓他做冗祝,免除他的就業義務。）

---

① "冗祝"之"冗"(以下用"△"表示),與下文"冗之"之"冗"字形有所不同。何有祖先生指出這一點,並把這個字與楚文字"免"相比較,認爲這是"免"(《〈二年律令〉零釋》,簡帛研究網,2003年10月17日)。

管見所及,張家山漢簡中這個字還有兩例,原釋文均釋作"内":

吏及宦皇帝者、中從騎,歲予告六十日;它△官,卌日。吏官去家二千里以上者,二歲壹歸,予告八十日。(217號簡)

諸△作縣官及徒隸,大男,冬稟布袍表裏七丈,絡絮四斤,綺（袴）二丈,絮二斤。(418號簡)

此外,《奏讞書》56號簡有"内作"的例子(這一點承蒙周波先生指教):

采鐵長山私使城旦田,舂女爲薑（薑）,令内作,解書廷,佐□等詐簿爲徒養。

此"内作"之"内"無疑是"内"字。周先生認爲,既然有"内作"的例子,418號簡的"△作"也是"内作",因此"△祝"就是"内祝"。

綜上所述,關於"△祝"之"△",有① 冗字説、② 免字説、③ 内字説三種説法。無論采用哪一種説法,都不能解釋清楚字形上的問題。但從△的用法看,此字應該是"冗"。"冗"是與"更"相對的用語,表示沒有固定的服役義務。最明顯的例子是睡虎地秦簡《秦律十八種・工人程》的"冗隸妾"和"更隸妾":

冗隸妾二人當工一人,更隸妾四人當工〔一〕人,小隸臣妾可使者五人當工一人。(109號簡)

"冗"的這種用法還有:服養牛勞役的"冗皂者"(《秦律十八種》14號簡)、戍防邊境的"冗邊"(《秦律十八種》151號簡)等。再看官員的例子,有《秦律十八種》中比較常見的"冗吏"、《效律》2號簡"冗長"等。根據這些例子,可知職務名稱上加"冗"字表示一種身份。因此,"△祝"是"冗祝",指沒有踐更義務的祝。

217號簡的"△官"是"冗官"。"冗官"見於《漢書・申屠嘉傳》:"錯所穿非真廟垣,乃外堧垣,故冗官居其中,且又我使爲之,錯無罪。"關於"△官",原注釋云:"内官,宮中職官。"(第162頁)但管見所及,這種用法不見他處,而且内官作爲宗正的屬官見於《漢書・百官公卿表》。因此難以贊同原注釋的説法。

418號簡的"△作"是"冗作",可能指没有特定服務內容的勞役。睡虎地秦簡《秦律十八種・倉律》云:

隸臣妾其從事公,隸臣月禾二石,隸妾一石半……嬰兒之毋母者各半石。雖有母而與其母冗居公者,亦稟之,禾月半石。(49～51號簡)

這是有關隸臣妾的糧食發放的規定,其中出現"冗居"一詞。"居"是服勞役之意,"冗居"是不服什麼勞役而在官署的意思。"冗作"的意思可能與"冗居"大致相同。

(3) 史、卜年五十六，佐爲吏盈廿歲年五十六，皆爲八更。六十，
爲十二。五百石以下至有秩爲吏盈十歲，年當睆老者，爲十二更。
□□①、疇尸、茜御、杜主樂，皆五更，屬大祝。祝年盈六十者，十二
更，踐更大祝。(484~486號簡)

（年滿五十六歲的史、卜，做官整二十年、年滿五十六歲的佐，都是八
更。滿六十歲，十二更。從五百石以下到有秩的官員，做官整十年、年紀到
了睆老的人，十二更。□□、疇尸、茜御、杜主樂，都是五更，屬於大祝。年
滿六十歲的祝，十二更，在大祝那裏踐更。）

486號簡有"踐更"一詞，這些律文所記更數無疑與踐更有關。曹旅
寧先生認爲按照如淳說不能解釋486號簡"踐更"，因此把"踐更"理解爲
"擢昇"之意，並把更數解釋爲卜、祝的等級②。但《二年律令》408~409號
簡中有"其非從軍戰瘐也，作縣官四更，不可事，勿事"一句，可見更數與勞
役義務有關。我們不得不認爲，曹先生是因爲沒有注意到有關踐更的服
度說及濱口先生的研究，才得出了錯誤的結論。

在此整理一下這些規定中所見的史、卜和更數的關係：

六　更：其能誦三萬以上者，以爲卜上計，六更。(477~478號簡)
八　更：史、卜年五十六，佐爲吏盈廿歲年五十六，皆爲八更。(484~485號簡)
十二更：六十，爲十二。(485號簡)

再看祝和更數的關係：

五　更：□祝十四章試祝學童，能誦七千言以上者，【乃得】爲祝，
　　　　五更。(479號簡)
十二更：祝年盈六十者，十二更。(486號簡)

---

①　485號簡末尾，原釋文作"踐更□□"。根據圖版，由於竹簡左半殘缺，字形難
辨，但所謂"踐"字的右旁顯然不是"戔"；其下一字也與"更"字形有別，當不是"更"字。
而且所謂"踐更"二字下面有編繩痕迹，再無別的字。因此，所謂"踐更□□"應該改爲
"□□"。筆者認爲，這兩個字應該屬下句，與疇尸、茜御、杜主樂同樣是屬於大祝的
官職。
②　曹旅寧《秦律新探》，中國社會科學出版社，2002年，第324~325頁。

整理者對478號簡的"六更"加注云"踐更六次"（204頁）①，恐怕不對。從這些規定看，年齡越高，更數就越多。假如更數是踐更的次數，那麼年齡越高，踐更次數越多。這顯然與重視養老的漢代社會的實際情況不合。因此，增加更數應該是給予某些特權的行爲。

衆所周知，《漢書·昭帝紀》元鳳四年"三年以前逋更賦未入者，皆勿收"如淳注所引《律説》中有關於踐更的記載②：

　　《律説》："卒踐更者，居也。居更縣中，五月乃更也。後從尉律，卒踐更一月，休十一月也。"

如下文所述，這個記載説明的是踐更輪到的比例。以此推測，更數也可能表示踐更輪到的比例，意爲幾個月輪到一次踐更。也就是説，六更是六個月輪到一次，八更是八個月一次，十二更是十二個月一次。本律中所見的更數有五更、六更、八更、十二更四種。按照上述假説解釋更數的話，《律説》的"五月乃更"是六更，"卒踐更一月，休十一月也"是十二更。

《二年律令》有如下規定：

　　睆老各半其爵繇（徭），□入獨給邑中事。(407號簡)

根據這條規定，老百姓到了睆老的年齡，繇役就降爲二分之一。假如把它解釋爲從六更變成十二更的話，就與《律説》的記載驚人地一致。

爲什麽"～更"能表示"幾個月輪到一次踐更"的意思？此"更"原來的意思是"更代"、"更換"，五更是五個人輪換，十二更是十二個人輪換。因爲一次踐更的期限是一個月（詳下），所以五更意味着五個月一次踐更，十二更意味着十二個月一次踐更。

順便講，既然對一般的祝有更數的規定，爲什麽對一般的史、卜没有更數的規定？最有可能的是，一般的史、卜没有更數，即要求他們一年到

---

① 《二年律令》408～409號簡云："其非從軍戰痍也，作縣官四更，不可事，勿事。"關於這個"四更"，原注釋同樣地説"更，踐更。四更，踐更四次"（第188頁）。

② 參看第458頁注①。

頭工作。不過我們還要考慮這種可能性：原來對一般的史、卜也有更數的規定，只是我們現在所能看到的《二年律令》中沒有留下規定而已。

如果用圖表的形式整理以上的結論，如下所示：

	史	卜	祝
五　更			一般的祝
六　更		卜上計	
八　更	五十六歲的史	五十六歲的卜	
十二更	六十歲的史	六十歲的卜	六十歲的祝

六十歲的人的更數是十二更，而且《律説》也説"後從尉律，卒踐更一月，休十一月也"，那麼十二更應該是最大的更數。因此各種人的更數中，以十二更爲最高，根據各種各樣的條件而有所增減。留存今天的本律中，有關更數的規定雖然只有三條，但想必原來一定規定得更爲詳細。

三、踐更的就更期限
——濱口先生《律説》解釋的再商榷

上一節，根據本律中的有關踐更的規定，提出了一個假説。這個假説的主要根據是《律説》，但關於《律説》的解釋，歷來有爭論。筆者的解釋與濱口先生有所不同，如果采用濱口先生的説法，上述的假説就不能成立了。因此必須解決這個問題。

我們再次看《律説》原文：

《律説》："卒踐更者，居也。居更縣中，五月乃更也。後從尉律，卒踐更一月，休十一月也。"

濱口先生將這段文字翻譯爲"踐更者在所屬的縣當番，及五個月乃更代，其後，依據《尉律》的法規，改爲每踐更一個月，休息十一個月"，並説"可見更卒的就番方式，最初定於每隔數年踐更五個月，其後改爲每年一個月"。可見他把"居更縣中五月乃更也"視爲一句。

其實,與濱口先生相似的《律説》解釋在他以前已經存在。《史記·項羽本紀》"蕭何亦發關中老弱未傅,悉詣滎陽"《索隱》云:

> 按:姚氏云:"古者更卒不過一月,踐更五月而休。"又顔云:"五當爲三,言一歲之中三月居更,三日戍邊,總九十三日。古者役人歲不過三日,此所謂'一歲力役三十倍於古'也。"斯説得之。

"姚氏"指的是南朝陳時人姚察《漢書訓纂》[1],姚察在此所言"踐更五月而休"的根據無疑是《律説》"五月乃更"。這意味着陳代已經存在與濱口先生相似的《律説》解釋。顔師古認爲"踐更五月而休"的"五"是"三"的誤字,司馬貞也贊同他的説法,看來他們已經不能理解姚察的意思。

如此看來,從某種意義上講,濱口先生的説法是一種傳統的説法。但這種解釋有幾個疑點:第一,將"五月乃更"的"更"釋爲"更代"是否妥當?《律説》一文中用了四個"更"字,除了"五月乃更"以外,都是"踐更"的意思。既然如此,"五月乃更"的"更"是否應該也理解爲"踐更"? 第二,姚察認爲每年都有五個月的踐更義務,但若果真如此,庶民的負擔也太重了,這種解釋顯然缺乏合理性。濱口先生認爲更卒最初的就更方式是"每隔數年踐更五個月",但"每隔數年"這一解釋並沒有文獻依據。

濱口先生之所以采用"每隔數年"之解釋,是因爲他認爲最初的踐更時間是五個月。按情理,不可能每年都有五個月的踐更義務,因此如果一次踐更的期限是五個月,那必然是"每隔數年"了。然而,雖然不是漢代的例子,有記載表明秦代的就更期限不是五個月。即張家山漢簡《奏讞書》99～123號簡所記案件:

> 四月丙辰,黥城旦講气(乞)鞫曰:"故樂人,不與士五(伍)毛謀盜牛,雍以講爲與毛謀,論黥講爲城旦。"
>
> 覆視其故獄:元年十二月癸亥,亭慶以書言雍廷曰:"毛買(賣)

---

[1] 姚察事迹見於《陳書·姚察傳》、《南史·姚察傳》。《漢書訓纂》一書本傳有記載,此外也見於《隋書·經籍志二》:"《漢書訓纂》三十卷。陳吏部尚書姚察撰。"

牛一,質,疑盜,謁論。"毛曰:"盜士五(伍)牝牛,毋它人與謀。"牝曰:"不亡牛。"毛改曰:"廼巳嘉平可五日,與樂人講盜士五(伍)和牛,牽之講室。講父士五(伍)處見。"處曰:"守枅(汧)邑南門,巳嘉平不識日,晦夜半時,毛牽黑牝牛來,即復牽去。不智(知)它。"和曰:"縱黑牝牛南門外,廼嘉平時視,今求弗得。"以毛所盜牛獻和,和識,曰:"和牛也。"講曰:"踐更咸陽,以十一月行,不與毛盜牛。"毛改曰:"十月中與謀曰:'南門外有縱牛,其一黑牝,頪擾易捕也。'到十一月復謀,即識捕而縱,講且踐更,講謂毛勉獨捕牛,買(賣),分講錢。到十二月巳嘉平,毛獨捕,牽買(賣)雍而得。它如前。"●詰訊毛于詰,詰改辭如毛。其鞫曰:"講與毛謀盜牛,審。"二月癸亥,丞昭、史敢、銚、賜論,黥講爲城旦。

今講曰:"踐十一月更外樂,月不盡一日下總咸陽,不見毛。史銚初訊謂講,講與毛盜牛。講謂不也。銚即磔治(笞)講北(背)可□餘,北(背)□數日,復謂講盜牛狀何如。講謂實不盜牛。銚有(又)磔講地,以水漬(漬)講北(背)。毛坐講旁,銚謂毛,毛與講盜牛狀何如。毛曰:'以十月中見講,與謀盜牛。'講謂不見毛,弗與謀。銚曰:'毛言而是,講和弗□。'講恐復治(笞),即自誣曰:'與毛謀盜牛,如毛言。'其請(情)講不與毛謀盜牛。"診講北(背),治(笞)絤(胅)大如指者十三所,小絤(胅)瘢相質五(伍)也,道肩下到要(腰),稠不可數。

毛曰:"十一月不盡可三日,與講盜牛,識捕而復縱之,它如〖故〗獄。"●講曰:"十月不盡八日爲走馬魁都庸(傭),與偕之咸陽,入十一月一日來,即踐更,它如前。"毛改曰:"誠獨盜牛,初得□時,史騰訊毛,謂盜牝牛。騰曰:'誰與盜?'毛謂獨也。騰曰:'非請(情)。'即笞毛北(背),可六伐。居八九日,謂毛:牝不亡牛,安亡牛?毛改言請(情)曰:'盜和牛。'騰曰:'誰與盜?'毛謂獨也。騰曰:'毛不能獨盜。'即磔治(笞)毛北(背)、殿(臀)、股,不審伐數,血下汙池(地)。毛不能支治(笞)疾痛,即誣指講。講道咸陽來。史銚謂毛,毛盜牛時,講在咸陽,安道與毛盜牛?治(笞)毛北(背),不審伐數。不與講謀。它如故獄。"和曰:"毛所盜牛雅擾易捕。它如故獄。"●處曰:"講踐更咸陽,毛獨牽牛來,即復牽去。它如〖故〗獄。"魁都從軍,不訊,其妻租言如講。

●詰毛："毛筍（苟）不與講盜牛，覆者訊毛，毛何故不蚤（早）言請（情）？"毛曰："覆者初訊毛，毛欲言請（情），恐不如前言，即復治（笞），此以不蚤（早）言請（情）。"●詰毛："毛筍（苟）不與講盜，何故言曰與謀盜？"毛曰："不能支疾痛，即誣講，以彼治罪也。"診毛北（背），笞緄（胻）瘢相質五（伍）也，道肩下到要（腰），稠不可數，其殿（臀）大如指者四所，其兩股瘢大如指。騰曰："以毛讔〈讕〉，笞。它如毛。"銚曰："不智（知）毛誣指講，與丞昭、史敢、【賜】論盜牛之罪，問如講。"昭、敢、賜言如銚，問如辭。

●鞫之："講不與毛謀盜牛，吏笞諒（掠）毛，毛不能支疾痛而誣指講。昭、銚、敢、賜論失之。皆審。"

二年十月癸酉朔戊寅，廷尉兼謂汧嗇夫：雍城旦講气（乞）鞫曰："故樂人。居汧醋中，不盜牛，雍以講爲盜，論黥爲城旦。不當。"覆之，講不盜牛，講縠（繫）子縣。其除講以爲隱官，令自常（尚），畀其於於。妻子已賣者{者}，縣官爲贖。它收已賣，以買（價）畀之。及令除坐者貲，貲□人環（還）之。騰書雍。

因爲原文很長，在此不逐句解釋，案件的概略大致如下：

本案是原樂人名叫講的人提出的再審請求。秦王政元年十二月癸亥，一個叫毛的人由於偷牛的嫌疑在雍縣被捕。毛供認說：上一次嘉平結束約五天後，跟講一起在汧縣偷了牛。於是講以同謀的嫌疑被捕。但他否認罪行，說："我爲了在咸陽踐更，十一月出發了，所以不可能跟毛一起偷牛。"於是毛改變了供述，說："十月中旬跟講共謀偷牛；十一月再次共謀，給牛打上烙印後把它放掉；十二月嘉平結束後我一個人去偷了牛，然後把它拉到雍縣賣掉了。"根據這個口供，講被判有罪，並被處以黥城旦刑。

但後來講說："我爲了在外樂服十一月的踐更之役，十月結束的一天前我就到咸陽去集合，沒有見過毛。我是受不了殘酷的拷打，只好自誣服，其實沒有跟毛偷過牛。"

毛説："十一月（十月之誤？）結束的三天前，跟講一起去偷牛，給牛打了烙印後放掉了。"對此講反駁說:"十月結束的八天前我就做了走馬魁都的傭人,跟他一起去咸陽,十一月一日到咸陽,立刻去踐更。"於是毛只好改變口供,招認說:"實在不能忍受拷問的苦痛,誣陷講爲同謀犯。"

對本文的討論而言,這個案件的重要性在於踐更成爲不在現場的證明。爲了探討踐更的就更期限,現在我們根據毛的口供復原一下案件發生的過程:

(1) 跟講共謀

毛説,在十月中旬和十一月兩次跟講共謀:

> 十月中與謀曰:"南門外有縱牛,其一黑牝,頬擾易捕也。"到十一月復謀,即識捕而縱,講且踐更,講謂毛勉獨捕牛,買(賣),分講錢。(104~105號簡)

(2) 給牛打烙印

根據當初的口供,毛在十一月跟講一起給牛打了烙印。

> 到十一月復謀,即識捕而縱。(104號簡)

後來,因爲講有不在現場的證明,毛改變了口供,說十一月結束的三天前跟講一起給牛打了烙印。

> 十一月不盡可三日,與講盜牛,識捕而復縱之。(110~111號簡)

但講當初説"踐十一月更外樂,月盡一日下總咸陽,不見毛"(106~107號簡),毛的新口供依然不能否定講的不在現場證明。而且毛改變口供後,講説"十月不盡八日"如何如何,提及十月的事情。根據這個情況推測,這"十一月不盡可三日"的"十一月"應當是"十月"之誤。這樣,犯罪時間和不在現在證明就越來越往前推,即"十月不盡一日"(講)→"十月不盡可三日"(毛)→"十月不盡八日"(講)。

(3) 在汧偷牛

關於偷牛的時間,毛供述如下:

> 廼已嘉平可五日,與樂人講盜士五(伍)和牛。(100~101號簡)

嘉平是臘祭，按照一般的説法，在冬至後第三個戌日舉行。但秦代未必在戌日舉行嘉平，因此無法確定該年舉行嘉平的時間①。但十二月上旬舉行嘉平是可以確定的，因此偷牛可能發生在十二月十日左右②。

---

① 關於舉行臘祭的時間，《説文·肉部》云："臘，冬至後三戌，臘祭百神。"但周家臺三十號秦墓出土的、據説時代是秦始皇三十四年的曆譜有"（十二月）辛酉，嘉平"的記載，又有"正月丁卯，嘉平，視事"的記載。這可能意味着在十二月辛酉和正月丁卯之間舉行嘉平。據夏日新《臘日的習俗》（武漢大學中國三至九世紀研究所編《中國前近代史理論國際學術研討會論文集》，湖北人民出版社，1997 年），臘節不只一天，臘日前後的一系列活動也都應包括在臘節中。《漢書·武帝紀》云：

（太初二年）三月，行幸河東，祠后土。令天下大酺五日，膢五日，祠門户，比臘。

"比照臘日"舉行的大酺和膢舉行了五天，據此夏先生認爲臘祭舉行五天。

附帶指出，周家臺三十號秦墓曆譜"正月丁卯"這記載有問題。對此整理者將"丁卯"校改爲"丙寅"，認爲嘉平節日後開始治事（參看湖北省荊州市周梁玉橋遺址博物館《關沮秦漢墓簡牘·簡牘釋文與考釋》注〔九〕、〔一○〕，中華書局，2001 年，第 97 頁）。若果真如此，正月丙寅正好是十二月辛酉的六天後。也就是説，舉行五天的嘉平結束後開始治事。這正合乎夏先生的推測。

周家臺三十號秦墓還出土了秦二世元年的曆譜，其中有"以十二月戊戌嘉平，月不盡四日"的記載。十二月戊戌的確是戌日，但它是二十五日。由此追溯戌日，則爲十一月壬戌（十九日），十二月甲戌（一日），十二月丙戌（十三日）。那麼，假如冬至在十一月中旬，從冬至開始第三個戌日就是十二月丙戌，而不是十二月戊戌。

此外，從本案的發生經過看（參看下注），秦王政元年的嘉平很有可能也不是在"冬至後三戌"舉行的。根據這些例子推測，秦代舉行嘉平的日子每年都有變動。

② 本案中出現的紀日有四個，在此按照時間順序排列：

(1) 元年十二月癸亥……亭慶向雍廷引渡毛的日子(100 號簡)
(2) 二月癸亥……雍廷定讞罪行的日子(106 號簡)
(3) 四月丙辰……讞提出再審請求的日子(99 號簡)
(4) 二年十月癸酉朔汧寅……廷尉對汧嗇夫及雍縣下達命令的日子(121 號簡)

因爲本案記錄秦王政二年十月朔日的干支，所以元年的曆也大致上可以復原。秦曆的原則是，把閏月放在末年，輪流配置大月和小月。而且從干支來看，元年無疑是閏年。按照以上的原則來計算，秦王政元年十二月的朔日是戊申（閏月是大月的場合）或者己酉（閏月是小月的場合），只有這兩種可能性。那麼，十二月癸亥是十六日（戊申朔的場合）或者十五日（己酉朔的場合）。

下面探討舉行嘉平的時間。先看一般認爲是嘉平舉行日的戌日，丙戌是十一月七～九日，戊戌是十一月十九～二十一日，庚戌是十二月二日或三日，壬戌是十二月十四日或十五日。若冬至在十一月中旬，那麼從冬至開始第三個戌日是壬戌，即毛被引渡到雍廷的前一天。但既然毛偷牛是嘉平的約五天後，嘉平絕對不可能在壬戌舉行。

考慮到把偷來的牛從汧縣拉到雍縣的時間，在汧縣偷牛最晚也是十二月癸亥的五天前左右。舉行嘉平是其約五天前的事。因此舉行嘉平只能是十二月上旬。

(4) 在雍賣牛

此事未見口供。但十二月癸亥毛已經被捕，所以可以確認他在雍賣牛是嘉平的五天後以後、十二月癸亥以前。

針對毛的以上供述，講用踐更來證明自己不在現場：

> 踐更咸陽，以十一月行，不與毛盜牛。(103號簡)
> 踐十一月更外樂，月不盡一日下總咸陽，不見毛。(106號簡)
> 十月不盡八日爲走馬魁都庸(傭)，與偕之咸陽，入十一月一日來，即踐更。(111號簡)

在這個案件中，他們集中討論的是講去咸陽踐更的時間。如果只看這個討論，無法得知踐更的就更期限。但"踐十一月更外樂"是"在外樂服十一月的更"的意思，因此討論的前提是，這個踐更只有十一月一個月。這是當時踐更的就更期限只有一個月的確鑿證據。

再説，毛在雍廷接受拷問的時候，講從咸陽來到雍縣(114號簡)。這應該是講踐更結束後從咸陽回汧縣的路上。雍縣的官吏們對毛進行了第一次拷問，其八、九天後再次進行拷問，毛就招認了跟講一起偷牛之事，講從咸陽來到雍縣是這個時候。從這個經過推測，講到雍縣的時間可能是十二月底。也就是説，講最晚在十二月中已經服完踐更，離開咸陽。即便拷問有可能不是十二月中進行的，但二月癸亥是定講罪行的日子(106號簡)。那麼，當時的踐更不管怎麼長，都不會超過五個月。因此，當時踐更的就更期限不可能是五個月。

如果秦王政元年踐更一次的就更期限是一個月的話，很難想象這個制度到了漢代以後會變成每隔數年踐更五個月。如《漢書·食貨志》所引董仲舒的進言①，漢朝的踐更就更期限很有可能沿襲秦的制度，還是一次

---

① 《漢書·食貨志上》："至秦則不然，用商鞅之法，改帝王之制，除井田，民得賣買，富者田連仟伯，貧者亡立錐之地。又顓川澤之利，管山林之饒，荒淫越制，踰侈以相高。邑有人君之尊，里有公侯之富，小民安得不困？又加月爲更卒，已復爲正，一歲屯戍，一歲力役，三十倍於古。田租口賦，鹽鐵之利，二十倍於古。或耕豪民之田，見稅什五。故貧民常衣牛馬之衣，而食犬彘之食。重以貪暴之吏，刑戮妄加，民愁亡聊，亡逃山林，轉爲盜賊，赭衣半道，斷獄歲以千萬數。漢興，循而未改。"

一個月。

　　根據以上的理由，將《律説》"五月乃更"解釋爲"每隔數年踐更五個月"的説法很難成立。既然如此，此"更"不是"更换"的意思，而只能解釋爲"踐更"。因此"五月乃更"的意思當是"過五個月就踐更"，即六個月一次踐更，《律説》一文的意思可以翻譯如下：

　　　　踐更是當值的意思。踐更者在所屬的縣當值，過五個月就踐更。後來，依據《尉律》的法規，改爲每踐更一個月，休息十一個月。

　　按照這個解釋，《律説》把"踐更的就更期限是一個月"當作討論的前提。因此這段文字不能像濱口先生那樣理解爲關於踐更就更期限的説明，而應該解釋爲關於踐更輪到比例的説明。附帶説，"後從尉律"的"後"不可能是"到了後代"的意思。此"後"的意思是，最初六個月一次當值，高齡之後十二個月一次當值。

　　對就更期限的討論而言，《史記·游俠列傳》所載的郭解的故事很重要（《漢書·游俠傳》也有大致相同的記載）：

　　　　解出入，人皆避之。有一人獨箕倨視之，解遣人問其名姓。客欲殺之。解曰："居邑屋至不見敬，是吾德不脩也，彼何罪。"乃陰屬尉史曰："是人，吾所急也，至踐更時脱之。"每至踐更，數過，吏弗求。怪之，問其故，乃解使脱之。箕踞者乃肉袒謝罪。

這個故事説的是，有人對郭解無禮，郭解却請官員免除這個人的踐更義務。濱口先生説："此事發生之時，若依然實行的是往年的每隔數年一當番的舊規定，那麼從郭解爲箕倨者請求免番到箕倨者謝罪，便至少需要經過十年左右的時間，這即使是古代之事，顯然也過於悠長。因之，此時必已改爲每年一個月當番的制度。"但即使如濱口先生所説，箕倨者覺得奇怪也需要數年時間。如果是六個月一次當值的話，這個故事就好理解了。

四、踐更的性質

　　無論是服虔説還是如淳説，踐更的"更"是更卒的意思，這一點没有疑義。關於漢代的更卒,濱口先生說:"漢代的更卒,爲服力役者之謂,換言之,更卒應盡的義務,由不在兵籍的一般民丁承擔,而且其所應盡的義務是諸種力役。前人已經明確指出了這一點。"①他還說:"更卒的義務,原則上是讓老百姓給自己户口所在縣的土木工程等提供勞動力,因此可以說這是一種地方性勞役服務。"②但因爲張家山漢簡的出土,他的說法有些地方需要修正了。

第一,484～486號簡規定史、卜、祝及從五百石以下到有秩的官員的踐更。因此踐更的義務不限於一般人民。

第二,486號簡有"祝年盈六十者,十二更,踐更大祝",大祝是中央的官,可見滿六十歲的祝要在中央官署踐更。此外,根據《奏讞書》99～123號簡的案件,沔縣的樂人要在咸陽的一個叫外樂的官署踐更。這些都是因爲自己職務的關係去中央踐更的例子。根據這些例子,我們不能將踐更一律看作地方性勞役。

綜合以上兩點,我們必須擴大踐更之"更"的概念。也就是說,對一般人民而言,"踐更"的内容是履行更卒義務;但對官員而言,不一定如此。那麽,踐更之"更"的概念應該擴大到什麽程度?關於這個問題,可以考慮很多種可能性,但筆者認爲其中最有可能的是如下解釋:

(A)說:踐更的"更"不限於更卒,它指的是各種輪換從事的工作。因此,就一般人民而言,它指的是勞役;就官員而言,它指的是官員的任務,有時候需要在中央踐更。

本律中"冗之"(479號簡)是與更數相關的概念。一般認爲,冗官指的是只有官名其實没有固定職務的散官。若這個解釋不誤,更數和"冗"都應該與官員的日常業務有關。

《漢書·段會宗傳》的故事也可以作爲這種説法的根據:

段會宗字子松,天水上邽人也。竟寧中,以杜陵令五府舉爲西域

---

① 濱口重國《踐更和過更——如淳説商榷》。
② 濱口重國《關於秦漢時代徭役勞動的一個問題》。

都護、騎都尉、光禄大夫。西域敬其威信。<u>三歲，更盡還，拜爲沛郡太守</u>。以單于當朝，徙爲雁門太守。數年，坐法免。

西域諸國上書願得會宗，陽朔中復爲都護。……谷永閔其老復遠出，予書戒曰："……願吾子因循舊貫，毋求奇功，<u>終更亟還</u>，亦足以復雁門之踦。……"

<u>會宗更盡還</u>，以擅發戊己校尉之兵乏興，有詔贖論。拜爲金城太守，以病免。

這段記載將西域都護的任期稱作"更"。根據如淳注"邊吏三歲一更"，可知西域都護是三年輪換的輪值制。但雖然是輪值制，同一個人未必好幾次當值①，也不是交錢就可以免更。在這種意義上，意爲西域都護任務的"更"與在此討論的踐更之"更"性質有所不同。但既然稱爲"更"，此"更"應該與踐更之"更"有意義上的關聯，所以"更"不得不解釋爲"各種輪換從事的工作"。

但這種說法也不是完全沒有疑義。假如這種"更"指的是平時的一般業務，那麼多數官員在一年之内只工作兩三個月，這實在不合情理②。本律中規定更數的官員只有史、卜、祝的一部分和高齡的官員，所以這種說法到目前爲止還說得通。但如果設想本來還有更多的規定，這種說法就難以成立了。

或許還可以考慮另外一種解釋。目前可以確認在中央官署踐更的是滿六十歲的祝和樂人。他們都是需要特殊能力的官職。從這一點看，或許是因爲他們有這種特殊能力，不在自己所住的地方服勞役，而在中央官署踐更。如果是這樣的話，踐更的"更"可以解釋如下：

---

① 段會宗當過兩次西域都護，但第二次是應西域諸國的懇求，這顯然是一個特例。而且段會宗傳之贊云："至于地節，鄭吉建都護之號，訖王莽世，凡十八人，皆以勇略選。"從地節元年（前69）到王莽地皇四年（公元20）這九十年間，十八個人當過西域都護。假如一次任期是三年，這十八個人就不可能有當兩次都護的時間。

② 根據大庭脩《漢代官吏の勤務と休暇（漢代官吏的勤務和休暇）》（收入大庭脩《秦漢法制史の研究》，創文社，1982年；中譯本：林劍鳴譯《秦漢法制史研究》，上海人民出版社，1991年），漢代官吏的原則是"上至丞相，下至下級的官員，他們住在吏舍，只有休暇才能回家"（日文版第584頁）。因此漢代官吏除法定休暇之外都要工作。

(B)説：踐更的"更"基本上是更卒，這一點官員也一樣。但六十歲以上的祝、樂人等具有特殊技能的人例外地在中央官署工作。

如此解釋，姑且能夠避免各種矛盾了。但對官員的踐更，有時候理解爲勞役，有時候理解爲官員的任務，這種解釋恐怕不妥當。而且按照這種解釋，不能説明更數和"冗"相對的問題。因此我們認爲，至少目前(B)説並没有可以取代(A)説的説服力。

第三，六十歲以上的人仍然要服踐更之役。關於漢代年齡與徭役、兵役之間的關係，《鹽鐵論·未通篇》有所記載：

御史曰："古者，十五入大學，與小役；二十冠而成人，與戎；五十以上，血脉溢剛，曰艾壯。《詩》曰：'方叔元老，克壯其猶。'故商師若鳥，周師若荼。今陛下哀憐百姓，寬力役之政，二十三始傅，五十六而免，所以輔耆壯而息老艾也。丁者治其田里，老者修其唐園，儉力趣時，無饑寒之患。不治其家而訟縣官，亦悖矣。"

文學曰："十九年已下爲殤，未成人也；二十而冠；三十而娶，可以從戎事；五十已上曰艾老，杖於家，不從力役，所以扶不足而息高年也。鄉飲酒之禮，耆老異饌，所以優耆耄而明養老也。故老者非肉不飽，非帛不暖，非杖不行。今五十已上至六十，與子孫服輓輸，並給繇役，非養老之意也。……"

根據這個記載，可知展開鹽鐵專賣討論的昭帝六年，一般人民到五十六歲被免除兵役，到六十歲被免除徭役①。但《二年律令》中的幾條律文則明確地規定六十歲以上的人還要服徭役：

睆老各半其爵繇（徭），□入獨給邑中事。(407號簡)

不更年五十八，簪裹五十九，上造六十，公士六十一，公卒、士五（伍）六十二，皆爲睆老。(357號簡)

至於免除徭役的年齡，有如下規定：

---

① 參看濱口重國《漢の徵兵適齡について（漢代的徵兵適齡）》，收入濱口重國《秦漢隋唐史研究》。

> 免老、小未傅者、女子及諸有除者，縣道勿敢繇（徭）使。(412～413號簡)
>
> 大夫以上年五十八，不更六十二，簪褭六十三，上造六十四，公士六十五，公卒以下六十六，皆爲免老。(356號簡)

雖然按照爵位免除徭役的年齡有所不同，可是不更以下的人到了六十歲以後還要服徭役。

如上所述，六十歲以上的官員也有踐更義務。本律明確規定此事：

> 史、卜年五十六，佐爲吏盈廿歲年五十六，皆爲八更。六十，爲十二。五百石以下至有秩爲吏盈十歲，年當睆老者，爲十二更。□□、疇尸、菌御、杜主樂，皆五更，屬大祝。祝年盈六十者，十二更，踐更大祝。(484～486號簡)

至於官員的踐更義務免除的年齡，《二年律令》中沒有規定。

五、結　　論

本文試圖論證的主要是以下四點：

第一，更數表示的是踐更輪到的比例，即幾個月輪到一次踐更。最大的更數是十二更。

第二，《律說》是關於踐更輪到比例的說明，踐更的就更期限從一開始就是一個月。

第三，踐更的"更"不限於更卒。就一般人民而言，"更"指的是勞役；就官員而言，"更"指的是官員的日常業務，有時候需要在中央官署從事工作。

第四，漢初，大部分的人到了六十歲以後還有服役義務。

以上的結論只不過是爲了合理地解釋各種資料而設定的一個假說而已。這種假說雖然沒有内在矛盾，但缺乏足以證明這種解釋正確性的根據。在意見尚未成熟之際發表論文，心裏感到十分不安，但願這篇文章對討論秦漢時代的踐更制度有一些用處。

在本文的論證過程中,重要的參考資料之一是如淳注所引《律説》論及的"尉律"。上文已經詳細説明,如果按照筆者的假説解釋,尉律的記載和本律的有關更數的規定完全一致。衆所周知,《漢書・藝文志》、《説文・敘》引用了與本律内容基本相同的律文,《説文・敘》則把它當作尉律來引用①。就是説,本律所見的規定都跟尉律有密接的關係。

　　根據以上的理由,筆者認爲整理小組將本律看作"史律"有很大的問題,本律有可能就是尉律。對這個問題,筆者將來會在別處討論②。

　　　　原載馮天瑜主編《人文論叢》2004 年版(武漢大學出版社,2005年)。由於舊稿的中文表述有很多問題,這次作了大幅度的修改。但爲了儘量保留舊稿原貌,本文的論述方法、引用的文獻、簡牘釋文和相關研究等方面没有任何修訂和增補。

---

　　① 關於這一點,原注釋云:"《漢書・藝文志》和《説文・敘》引《尉律》均有與本條律文相似的内容。"從這個説法看,注釋者似乎認爲本律和《漢書・藝文志》、《説文・敘》所引尉律並非同一條律文。但若是如此,就很難解釋本律和尉律的關係。
　　② 《張家山漢簡〈二年律令・史律〉札記》,丁西新主編《楚地簡帛思想研究》(二),湖北教育出版社,2005 年。

更 徭 辨

一

秦漢時代的勞役制度，其類別和内容錯綜複雜，雖然已有非常豐富的研究，但至今依然新説紛出，別説秦漢勞役制度的真相，就連最新的研究動態也難以完全把握①。

我們先整理一下秦漢時代勞役的類別。歷來研究認爲，秦漢時代的勞役可分爲三類：① 更卒，是在自己所屬的縣服勞役；② 正卒，是兵役；③ 屯戍，是邊境守備。其根據是《漢書·食貨志上》所載董仲舒進言中的一文：

(1a) 又加月爲更卒，已復爲正，一歲屯戍，一歲力役，三十倍於古。

此文雖然提到"更卒"、"正"、"屯戍"三種勞役，但還有"力役"一詞。這樣的話，秦漢時代的勞役似乎有更卒、正、屯戍、力役四種。

濱口重國先生認爲"力役"是指勞役的一般總稱，並將此文作如下斷句：

---

① 關於秦漢時代勞役制度的研究情況，參看山田勝芳《秦漢財政收入の研究（秦漢財政收入之研究）》（汲古書院，1993年）之第四章《徭役、兵役》。另外，鷲尾祐子《〈更卒について——漢代徭役制度試論〉（關於更卒——漢代徭役制度試論）》《〈中國古代史論叢〉續集，立命館東洋史學會，2005年）之《參考文獻》列舉了秦漢勞役制度的相關研究，可以參考。

(1b) 又加月爲更卒,已復爲正一歲,屯戍一歲,力役三十倍於古。

也就是説,秦漢時代的勞役還是更卒、正、屯戍三種,力役是這三種勞役的統稱①。雖然對此文的解釋存在很多意見,但對"力役"的解釋却没有爭論。可以説,目前學界共同的看法是,秦漢時代的勞役只有更卒、正、屯戍三種。這個問題我們在第五節再討論。

關於其中的"正",《漢舊儀》有更具體的記述:

(2a) 民年二十三爲正,一歲而以爲衛士②,一歲爲材官、騎士,習射御、騎馳、戰陣。

此文的斷句也有另一種看法:

(2b) 民年二十三爲正一歲,而以爲衛士一歲,爲材官、騎士,習射御、騎馳、戰陣。③

很容易看出來,(1a)的斷句和(2a)相對應,而(1b)和(2b)相對應。

濱口重國先生指出"正"指"正卒",此看法得到了廣泛的贊同④。但對"正卒"具體内容的理解却有爭論。大庭脩先生采用(2b)的斷句,指出正卒(地方軍兵士)和衛士(中央軍兵士)是一般男子的兵役,而材官、騎士是專門兵種,不屬於正卒⑤。藤田勝久先生認爲衛士也是專門兵種,《漢

---

① 濱口重國《秦漢時代の徭役勞動に關する一問題(關於秦漢時代徭役勞動的一個問題)》,收入濱口重國《秦漢隋唐史の研究(秦漢隋唐史研究)》,東京大學出版會,1966年。

② "一歲而以爲衛士",《史記·項羽本紀》"蕭何亦發關中老弱未傅悉詣滎陽"《集解》所見《漢儀注》作"一歲爲衛士",《後漢書·百官志五》"亭"條劉昭注所引《漢官儀》作"一歲以爲衛士"。

③ 提出這個斷句的是大庭脩先生,説見《材官攷——漢代の兵制の一斑について(材官攷——漢代兵制管窺)》,《龍谷史壇》第36期,1952年2月。

④ 唯有西田太一郎先生對此表示反對,認爲"正"不是"正卒"而是"正丁"(有當兵義務的成年男子)。參看西田太一郎《漢の正卒について(關於漢代的正卒)》,《東洋の文化と社會(東洋的文化與社會)》1,1950年;《漢の正卒に關する諸問題(關於漢代正卒的幾個問題)》,《東方學》第10輯,1955年4月。但重近啓樹《秦漢税役體系の研究(秦漢税役體系的研究)》(汲古書院,1999年)第192頁指出西田説不能成立。

⑤ 大庭脩《材官攷》;《地灣出土の騎士簡册(地灣出土的騎士簡册)》,收入大庭脩《漢簡研究》,同朋舍出版,1992年;中譯本:徐世虹譯《漢簡研究》,廣西師範大學出版社,2001年。

舊儀》"正"指專門兵①。

　　以上兩條引文在字句解釋上有很多不同意見,由於其解釋的不同,學界在對勞役制度的分類上也産生了不少分歧②。在此暫且按照渡邊信一郎先生的分類加以整理③。筆者之所以選擇渡邊先生的分類,是因爲渡邊先生綜合了各説,其分類涉及與秦漢勞役制度相關的所有項目,便於了解秦漢勞役制度的整體結構:

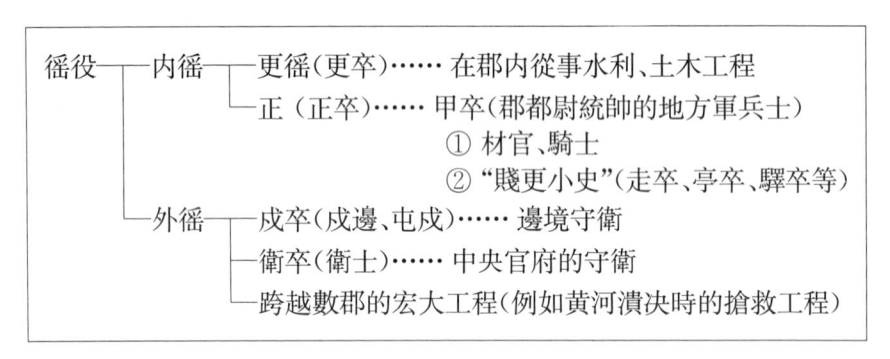

```
徭役──┬─内徭─┬─更徭(更卒)……在郡内從事水利、土木工程
      │      └─正(正卒)……甲卒(郡都尉統帥的地方軍兵士)
      │                     ① 材官、騎士
      │                     ② "賤更小史"(走卒、亭卒、驛卒等)
      └─外徭─┬─戍卒(戍邊、屯戍)……邊境守衛
              ├─衛卒(衛士)……中央官府的守衛
              └─跨越數郡的宏大工程(例如黄河潰決時的搶救工程)
```

渡邊先生認爲,徭役是指稱勞役的最大概念,他將徭役分爲内徭和外徭④;内徭是更卒和正卒中的材官、騎士;外徭是戍卒和正卒中的衛士,還有跨越數郡的宏大工程。

　　其實這樣整理有很多問題。例如,渡邊先生對正卒的解釋可能會引起很多反對意見。但本文要討論的不是這個問題。本文要討論的是其中的"更徭"。衆所周知,"徭(繇)"在漢代典籍中是意爲勞役的常見詞,但却不見於上引的兩條引文中。那麼"徭(繇)"和更卒、正卒、屯戍究竟是什麼關係? 渡邊先生認爲,徭役是更卒、正卒、屯戍等各種勞役

---

① 藤田勝久《中國古代國家と郡縣社會(中國古代國家與郡縣社會)》,汲古書院,2005年,第二編第五章《漢代の徭役勞動と兵役(漢代的徭役勞動與兵役)》。

② 關於這兩條引文的各種解釋,重近啓樹《秦漢税役體系的研究》第 188～202 頁有很詳細的介紹和討論。

③ 渡邊信一郎《漢代國家の社會的勞動編成(漢代國家的社會性勞動的編制)》,《殷周秦漢時代史の基本問題(殷周秦漢時代史的基本問題)》,汲古書院,2001年。

④ 内徭和外徭之别,見於《史記·律書》"故百姓無内外之繇,得息肩於田畝",《漢書·元帝紀》"冬,復鹽鐵官、博士弟子員。以用度不足,民多復除,無以給中外繇役"。

的統稱。關於這一點，學界似乎沒有什麼不同的意見，一般用"徭役"來表示秦漢時代的所有勞役。也有人認爲"更卒"指"徭役"，"踐更"意爲服"徭役"。

管見所及，第一個采用"更徭"之稱的是重近啟樹先生①。重近先生引用了漢代的文獻和出土資料中所見"更徭(繇)"之例，認爲"更徭"是一種勞役，也是秦漢時代的正式法律用語。他引用的"更徭"的例子如下：

(3) 庶民農工商賈，率亦歲萬息二千，百萬之家則二十萬，而更徭租賦出其中。(《史記·貨殖列傳》)

(4) 又修起學官於成都市中，招下縣子弟以爲學官弟子，爲除更繇。(《漢書·文翁傳》)

(5) 加之以口賦更繇之役，率一人之作，中分其功。(《鹽鐵論·未通篇》)

(6) 更繇省約，縣官以徒復作，繕治道橋，諸發民便之。……發徵無限，更繇以均劇，故百姓疾苦之。(《鹽鐵論·水旱篇》)

(7) 民占數，以男爲女，辟更繇，論爲司寇。(武威旱灘坡東漢墓出土漢簡第5號簡)②

其實這些"更徭"都可以釋爲"更"和"徭"兩種勞役。例如(6)"更繇以均劇"，鷲尾先生指出，既然説"均"，那麼此句不得不釋爲"更和徭都是"負擔甚重③。

筆者曾經發表過關於張家山漢簡所見踐更制度的研究，其中也將更和徭混爲一談④。但後來再翻檢有關資料，才發現更和徭是兩種不同的勞役。本文試圖闡明更、徭之別，以糾正舊作的錯誤。

---

① 重近啟樹《秦漢税役體系的研究》第四章《徭役の諸形態(徭役的各種形態)》。
② 武威地區博物館《甘肅武威旱灘坡東漢墓》，《文物》1993年第10期。
③ 鷲尾祐子《關於更卒——漢代徭役制度試論》第165頁。
④ 廣瀨薰雄《張家山漢簡所謂〈史律〉中有關踐更之規定的探討》，《人文論叢》2004年版，武漢大學出版社，2005年。以下引用筆者看法時，都出自此文。

二

我們先看踐更制度。筆者曾經討論過這個問題,在此不作詳細論述。要確認的只是以下三點。

第一,更卒是要輪流服的。《漢書‧昭帝紀》元鳳四年"三年以前逋更賦未入者,皆勿收"如淳注所引《律說》云:

> 卒踐更者,居也。居更縣中,五月乃更也。後從尉律,卒踐更一月,休十一月也。

據筆者研究,此文可以作如下解釋:

> 踐更是當值的意思。踐更者在所屬的縣當值,過五個月就踐更。後來,依據《尉律》的法規,改爲每踐更一個月,休息十一個月。

也就是説,首先六個月一次當值,後來十二個月一次當值。所以人人都清楚地知道自己什麼時候要當值。

《史記‧游俠列傳》郭解的故事可以證實這一點:

> 解出入,人皆避之。有一人獨箕倨視之,解遣人問其名姓。客欲殺之。解曰:"居邑屋至不見敬,是吾德不脩也,彼何罪。"乃陰屬尉史曰:"是人,吾所急也,至踐更時脱之。"每至踐更,數過,吏弗求。怪之,問其故,乃解使脱之。箕踞者乃肉袒謝罪。

在這個故事中,官吏一直沒有要求對郭解無禮的人踐更,但那個人知道自己的踐更期間"數過"。可見即使沒有官府的通知,老百姓自己算算也就可以知道自己的踐更期間是什麼時候。

第二,踐更是以月份爲單位設定的,一次的踐更時間是一個月。《奏讞書》案件一七(99~123號簡)是秦代的偷牛案件,其中嫌疑人利用踐更作爲自己不在現場的證明:

> 踐更咸陽,以十一月行,不與毛盜牛。(103號簡)
> 踐十一月更外樂,月不盡一日下總咸陽,不見毛。(106~107號簡)

十月不盡八日爲走馬魁都庸(傭)，與偕之咸陽，入十一月一日來，即踐更。(111號簡)

"踐十一月更外樂"是"在外樂服十一月的更"的意思。可見，秦代的踐更用"一月更"、"二月更"、"三月更"……"十二月更"表示①。

這種"～月更"的句子亦見於漢簡：

出十一月更錢五百　　甘露二(EPS4T2.93)②

此外，《論衡》也有記載說踐更的服役時間是一個月：

文吏自謂知官事，曉簿書。問之曰："曉知其事，當能究達其義，通見其意否？"文吏必將罔然。問之曰："古者封侯，各專國土，今置太守令長，何義？古人井田，民爲公家耕，今量租芻，何意？一業使民居更一月，何據？……"(《論衡·謝短》)

這些例子表明，秦代的踐更方式至少到東漢早期一直沒有改變。

第三，踐更是在自己所屬的縣當值。上引《律說》有"居更縣中"一句，這一點說得很明確。

總之，踐更是每人輪流當值，一次踐更服一個月的勞役，服役地點是自己所屬的縣。可以說踐更的內容非常固定，其負擔不算太重。

三

上一節說明，踐更是非常固定的勞役。什麼時候服役，服多長時間，在哪裏服役，每個人都自己能夠算出來。這同時意味着各縣每月的更卒都有定制，不可增減。

如果我們注意更卒的這些特徵，將更卒和徭役進行比較的話，就會發現，更卒和徭役是截然不同的兩種勞役。

睡虎地秦簡《秦律十八種》有徭律(115～124號簡)。關於徭役的徵

---

① 藤田勝久《中國古代國家和郡縣社會》第456頁也指出這一點。
② 甘肅省文物考古研究所等《居延新簡》，中華書局，1994年。

發方式,有如下規定:

> 縣爲恒吏(事)及灊(讖)有爲殹(也),吏程攻(功),贏員及減員自二日以上,爲不察。上之所興,其程攻(功)而不當者,如縣然。度攻(功)必令司空與匠度之,毋獨令匠。其不審,以律論度者,而以其實爲繇(徭)徒計。　　繇(徭)律(122~124號簡)①

第一句說,縣進行工程的時候,"由吏估計工程量,如施工時間超過或不足兩天以上,以不察論處"。這表明,徵發徭役時,首先由官員計算工程量,然後按其計算結果去徵發。而且其計算以日數爲單位。徭役的這種徵發和計算方式與定期輪流的更卒完全不同。

第二句是"上之所興,其程攻而不當者,如縣然"。關於"上",整理者翻譯爲"縣以上",可商。此"上"當指皇帝②。此句的意思是"皇帝徵發徭役時,官吏計算工程量,如果其計算不準確的話,與縣之徭役計算不當時同例"。也就是說,就算是皇帝徵發的徭役,也不允許徵發沒必要的勞動力。這反而說明,徵發徭役的不只是縣,皇帝也徵發。既然是皇帝徵發,那麼其工程往往會在中央進行。以下記述可以證實這一點:

> 今淮南地遠者或數千里,越兩諸侯,而縣屬於漢。其吏民繇役往<u>來長安者</u>,自悉而補,中道衣敝,錢用諸費稱此,其苦屬漢而欲得王至甚,逋逃而歸諸侯者已不少矣。(《漢書·賈誼傳》)

> 今小吏祿薄,<u>郡國徭役,遠至三輔</u>,粟米貴,不足相贍。(《鹽鐵論·疾貪》)

前一例是賈誼上疏中的一段。文帝六年,淮南王長由於謀反之罪被廢位,淮南成爲漢朝的直轄地。賈誼說,淮南的吏民爲了徭役往來長安。後一例中有"郡國徭役,遠至三輔"一句。由此可見,徭役往往要去遠地服役。

---

① 睡虎地秦墓竹簡整理小組編《睡虎地秦墓竹簡》,文物出版社,1990年,第47~48頁。

② 山田勝芳先生將"上"釋爲"王、中央"(第274頁),重近啟樹先生釋爲"中央政府"(第144頁)。筆者認爲他們的解釋可從。

這一點，與只要在縣内服役的更卒不同。

我們從史籍中可以找到皇帝徵發的徭役之例：

（A）高聞李斯以爲言，乃見丞相曰："關東群盜多，今上急益發縣治阿房宫，聚狗馬無用之物。臣欲諫，爲位賤。此真君侯之事，君何不諫？"《史記·李斯列傳》

（B）（元年）春正月，城長安。

三年春，發長安六百里内男女十四萬六千人城長安，三十日罷。……六月，發諸侯王、列侯徒隸二萬人城長安。

（五年）春正月，復發長安六百里内男女十四萬五千人城長安，三十日罷。……九月，長安城成。《漢書·惠帝紀》

（C）竊聞漢德隆盛，在於孝文皇帝躬行節儉，外省徭役。其時未有甘泉、建章及上林中諸離宫館也。未央宫又無高門、武臺、麒麟、鳳皇、白虎、玉堂、金華之殿，獨有前殿、曲臺、漸臺、宣室、温室、承明耳。孝文欲作一臺，度用百金，重民之財，廢而不爲，其積土基，至今猶存，又下遺詔，不起山墳。故其時天下大和，百姓洽足，德流後嗣。《漢書·翼奉傳》

這三例都是建造宫城的工程。（A）是秦二世時的事，明確指出阿房宫是"發縣"建造的。（C）是翼奉稱贊漢文帝，説文帝減省了"徭役"，因此當時没有"甘泉、建章及上林中諸離宫館"，未央宫"又無高門、武臺、麒麟、鳳皇、白虎、玉堂、金華之殿"。這反而説明長安的這些建築是徵發徭役建造的。

（B）是漢惠帝時的長安建設。惠帝每隔一年，在正月進行長安建設，其規模每次不同。尤其三年春、五年春的工程規模特別大。關於這兩次工程，葛劍雄先生曾經分析如下：

漢六百里等於今天二百餘公里，同時徵發勞役一般應按行政區劃，當時函谷關尚未東移，徵發當限於關内的内史，即以後的京兆、左馮翊、右扶風三輔加上弘農郡的弘農縣西部分（包括弘農、上雒、商縣三縣）地區。男女皆徵，目的在速成，同時也説明勞動力的缺乏。時間選在農閑,且每次三十日,不得太長,估計徵發人數占總人口的比例甚高。①

按照此説,徵發人員的範圍跨越了郡縣。若與三年六月"發諸侯王、列侯徒隸二萬人"相比,其徵發人數之多是顯而易見的。這種徵發方式和規模根本不是更卒。我們通過這些例子可以確認以下兩點:第一,皇帝徵發的徭役可以徵發大量的人員。第二,皇帝徵發的徭役可以超越郡縣之别徵發,工程地往往在中央。

通過以上考證,更卒和徭役的不同點可以整理如下:

	更　卒	徭　役
徵發者	縣	縣、上(皇帝?)
服役方式	定期輪流,幾個月一次當值 以月份爲單位	按工程之需,臨時徵發 以日數爲單位
服役期間	一個月	由官員計算決定,没有一定的服役期間
服役地點	自己所屬的縣	縣、中央等
徵發人數	各縣各月都有定數,不可增減	根據必要徵發,可增可減

濱口先生曾經指出,秦漢時代没有中央的勞役,而渡邊先生指出,中央政府和地方郡國之間存在的、跨越數郡的宏大工程當時還没有充分的制度化②。不過,若我們注意到徭役和更卒之别,就可以知道,這種中央的勞役或跨越數郡的宏大工程是徵發徭役完成的。

徭役和更卒相比,徵發徭役的時間、地點、人數都比較自由。雖然徵發的時間和人數要嚴格計算,但如果真的有必要的話,不管是多少天、多少人,都可以徵發。從這個角度來講,徭役可以説是一種萬能的勞役。但

---

① 葛劍雄《西漢人口地理》,人民出版社,1986年,第23~24頁。
② 濱口重國《關於秦漢時代徭役勞動的一個問題》,渡邊信一郎《漢代國家的社會性勞動的編制》。

對民衆來講,其負擔比更卒重得多。

更卒和徭役在原理上的區别大致如上。那麽,兩者的關係如何？關於這個問題,我們可以參考里耶秦簡。里耶秦簡中有兩枚木牘(但内容相同)引用了秦令,説"在運輸物資時儘量避免徵發徭役",首先要使用刑徒、債務者、踐更者等：

> 廿七年二月丙子朔庚寅,洞庭守禮謂縣嗇夫、卒史嘉、叚卒史穀、屬尉：令曰："傳送委輸,必先悉行城旦舂、隸臣妾、居貲贖責。<u>急事不可留,乃興繇(徭)</u>└。"今洞庭兵輸内史及巴、南郡、蒼梧,輸甲兵當傳者多。<u>節(即)傳之,必先悉行乘城卒、隸臣妾、城旦舂、鬼薪白粲、居貲贖責、司寇、隱官、踐更縣者</u>└。<u>田時殹,不欲興黔首</u>。嘉、穀、尉各謹案所部縣卒、徒隸、居貲贖責、司寇、隱官、踐更縣者薄,有可令傳甲兵,縣弗令傳之而興黔首,興黔首可省少弗省少而多興者,輒劾移縣。縣丞以律令具論當坐者,言名史泰守府。嘉、穀、尉在所縣上書。嘉、穀、尉令人日夜端行。它如律令。(J1⑯5正面、J1⑯6正面)①

在此明確地區分了踐更者和服徭役的人,説要在徵發徭役前使用踐更者。文中還説："急事不可留,乃興繇"(只有不能拖延的急事,才能徵發徭役),"田時殹,不欲興黔首"(在農忙期,不希望徵發民衆)。這説明,徭役要儘量避免徵發;徭役是臨時補充的勞役,只有在刑徒、債務者、踐更者等常規的勞動力不夠的情況下才可以徵發。

《漢書·鮑宣傳》所載鮑宣的上書中有如下一段：

> 凡民有七亡：陰陽不和,水旱爲災,一亡也。<u>縣官重責更賦租税</u>,二亡也。貪吏並公,受取不已,三亡也。豪强大姓蠶食亡厭,四亡也。<u>苛吏繇役,失農桑時</u>,五亡也。部落鼓鳴,男女遮迣,六亡也。盗賊劫略,取民財物,七亡也。

鮑宣舉"縣官重責更賦租税"爲二亡,舉"苛吏繇役,失農桑時"爲五亡,可

---

① 湖南省文物考古研究所等《湖南龍山里耶戰國——秦代古城一號井發掘簡報》,《文物》2003 年第 1 期。在此引用的釋文根據 J1⑯5 製作。

見漢代更卒和徭役也有區別。更值得注意的是，鮑宣說農民因爲徭役而失去農時。這種想法與里耶秦簡"田時殹，不欲興黔首"完全一致。

漢代，歷代皇帝大都下過減省徭役的詔。例如：

> 十一月癸卯晦，日有食之。詔曰："……令至，其悉思朕之過失，及知見之所不及，匄以啟告朕。及舉賢良方正能直言極諫者，以匡朕之不逮。因各敕以職任，<u>務省繇費以便民</u>。……"（《漢書·文帝紀》二年）

> 夏四月，詔曰："雕文刻鏤，傷農事者也；錦繡纂組，害女紅者也。農事傷則飢之本也，女紅害則寒之原也。夫飢寒並至，而能亡爲非者寡矣。朕親耕，后親桑，以奉宗廟粢盛祭服，爲天下先。不受獻，減太官，<u>省繇賦</u>，欲天下務農蠶，素有畜積，以備災害。……"（《漢書·景帝紀》後二年）

> 元平元年春二月，詔曰："<u>天下以農桑爲本</u>。日者省用，罷不急官，<u>減外繇</u>，耕桑者益衆，而百姓未能家給，朕甚愍焉。其減口賦錢。"（《漢書·昭帝紀》）

後兩例也將農事和徭役結合起來，可見"爲了不妨礙農時，統治者儘量要避免徵發徭役"的想法從秦至漢一貫存在。

四

以上所討論的都是勞役制度中的更和徭，也就是說是一般人民的更和徭。但官員也有更和徭。

《後漢書·輿服志下》通天冠條有"賤更小史"一詞：

> 服衣，深衣制，有袍，隨五時色。袍者，或曰周公抱成王宴居，故施袍。《禮記》："孔子衣逢掖之衣。"縫掖其袖，合而縫大之，近今袍者也。<u>今下至賤更小史，皆通制袍</u>，單衣，皁緣領袖中衣，爲朝服云。

這裏没有說明怎樣的官員叫"賤更小史"。但從字義來推測，"賤更小史"當是按照踐更方式輪流上班的基層官員。第一節介紹，渡邊先生認爲"賤更小史"屬於正卒的一種。他説,"賤更小史"是從老百姓中徵發的,具體有鈴下、門闌、門卒、白衣、侍曹、侍閣、五伯、辟車、街中、街里走卒、亭卒、驛卒等等①。這些官員見於以下記載中:

> 黄綬,武官伍伯,文官辟車。鈴下、侍閣、門蘭、部署、街里走卒,皆有程品,多少隨所典領。(《後漢書·輿服志上》導從車條)

> 先是,常又爲勝道高陵有子殺母者。勝白之,尚書問:"誰受?"對曰:"受夏侯常。"尚書使勝問常,常連恨勝,即應曰:"聞之白衣,戒君勿言也。奏事不詳,妄作觸罪。"(顔師古注:白衣,給官府趨走賤人,若今諸司亭長掌固之屬。)(《漢書·雨龔傳》)

但這些記載並没有説這些官員是"賤更小史"。即使是"賤更小史",這些官員也是高官的侍從,不像是隨便什麽人都能當值的職務。

筆者認爲,"賤更小史"的典型例是《二年律令·史律》所見史、卜、祝:

> 其能誦三萬以上者,以爲卜上計,六更。(477~478號簡)

> 以祝十四章試祝學童,能誦七千言以上者,乃得爲祝,五更。大祝試祝,善祝,明祠事者,以爲冗祝,冗之。(479號簡)

> 史、卜年五十六,佐爲吏盈廿歲年五十六,皆爲八更。六十,爲十二。五百石以下至有秩爲吏盈十歲,年當睆老者,爲十二更,踐更(484~485號簡)

> 疇尸、茜御、杜主樂,皆五更,屬大祝。祝年盈六十者,十二更,踐更大祝。(486號簡)

這些律文講的就是史、卜、祝等的踐更方式。爲便於理解,這裏用圖表來整理其踐更方式:

---

① 渡邊先生在第478頁注③所引論文中説,他在《漢魯陽正衛彈碑小考——正衛、更卒をめぐって(漢魯陽正衛彈碑小考——關於正衛、更卒)》(平成四年度科學研究費補助金總合研究(A)研究成果報告書《中國出土資料の基礎の研究(中國出土資料的基礎性研究)》,1993年)中詳細論述了"賤更小史"的問題。但筆者未見此文,因此無法評論。

	史	卜	祝	一般官吏①
五更			一般的祝	
六更		卜上計		
八更	五十六歲的史	五十六歲的卜		佐爲吏盈廿歲,年五十六
十二更	六十歲的史	六十歲的卜	六十歲的祝	① 佐爲吏盈廿歲,年六十 ② 五百石以下至有秩爲吏盈十歲,年當睆老者
冗			善祝,明祠事者	

根據筆者研究,更數表示的是踐更輪到的比例,意爲踐更幾個月輪到一次。也就是說,六更是六個月輪到一次踐更,八更是八個月一次,十二更是十二個月一次②。

管見所及,我們還可以找到一例"踐更小史",即《奏讞書》案件一七(99~123號簡)所見樂人。他去咸陽在外樂踐更:

> 踐十一月更外樂,月不盡一日下總咸陽,不見毛。(106號簡)

需要注意的是,這些官員雖然地位不高,但都不是那麼容易能當上的職業。史、卜、祝是通過考試選拔的,樂人是需要特殊技術的職業,不是隨便誰都能做。如果這些官員果真是"踐更小史",那麼"踐更小史"可能不是

---

① 在此將"佐"和"五百石以下至有秩"歸屬於一般官吏。但這些官吏也有可能不是一般官吏,而是史、卜的一種。
② 這種"更"的用法與唐代府兵制"番"的用法很相似。《新唐書·兵志》云:
> 凡當宿衛者番上,兵部以遠近給番,五百里爲五番,千里七番,一千五百里八番,二千里十番,外爲十二番,皆一月上。若簡留直衛者,五百里爲七番,千里八番,二千里十番,外爲十二番,亦月上。

此"番"也是輪番的意思,"五番"、"七番"、"八番"、"十番"、"十二番"各指五個月一次當值、七個月一次當值、八個月一次當值、十個月一次當值、十二個月一次當值。

正卒的一種,而是通過特殊的訓練、考試後才能做的。

此外,據《史律》,不僅是史、卜、祝這樣的小吏,還有"五百石以下"的長吏也有"更"。可見"賤更小史"和一部分官員按照踐更方式輪流上班。

以上考證說明,不少官員按照踐更方式上班。也就是説,官員的"更"指官員的常規任務。那麽官員的"繇"究竟指什麽呢?關於這個問題,邢義田先生有精辟的研究①。邢先生在探討尹灣漢墓五號牘的内容時,對其中的"繇"解釋如下:

> 尹灣五號牘將下列工作視爲官吏的"繇":(1)送罰戍、徙民至邊地;(2)上邑計;(3)送衛士、保宫〔奉〕(?);(4)市魚、市□□、市材等采購任務。這類的繇,並非本職而有出公差的性質,在文獻中也可見到:
>
> 1.《史記·項羽本紀》:"諸侯吏卒異時故繇使、屯戍,過秦中,秦中吏卒遇之多無狀。"
>
> 2.《史記·高祖本紀》:"高祖常繇咸陽。"
>
> 3.《史記·蕭相國世家》:"高祖以吏繇咸陽,吏皆送奉錢三,何獨以五。"
>
> 4.《漢書·蓋寬饒傳》:蓋寬饒爲衛司馬,"先是時,衛司馬在部,見衛尉拜謁,常爲衛官繇使市買"。
>
> 5.同上傳,蓋寬饒爲司隸校尉,"公卿貴戚及郡國吏繇使至長安,皆恐懼莫敢犯禁,京師爲清"。

根據邢先生研究,官員的繇不是本職而有出公差的性質。若與人民的繇相比,人民的繇也帶有臨時勞役的性質,兩種繇的性質完全一致。

因此,我們可以得出如下結論:"更"和"繇"是成對的概念;"更"是常規的職務(官員)或勞役(人民),"繇"是臨時的出差(官員)或勞役(人民)。

---

① 邢義田《尹灣漢墓木牘文書的名稱和性質》,《大陸雜志》第九十五卷第三期,1997年5月。此論文的存在承蒙高村武幸先生告知。

五

　　本文從人民和官員兩個方面探討更、徭之別。結果闡明,不管是人民還是官員,其更和徭的關係是一樣的。也就是説,更是常規的任務,徭是臨時的任務。

　　最後順便討論一下《漢書・食貨志上》所引董仲舒的進言:

> 又加月爲更卒,已復爲正,一歲屯戍,一歲力役,三十倍於古。田租口賦,鹽鐵之利,二十倍於古。

　　如第一節所述,歷來研究認爲"力役"是各種勞役的統稱,而不是什麼具體的勞役。因此有些學者將此文的斷句改爲"已復爲正一歲,屯戍一歲,力役三十倍於古"。但無論有多少理由,這種斷句難免有勉強之嫌。因爲此文的結構非常清楚,全是由四字句構成的:

> 月爲更卒,已復爲正,一歲屯戍,一歲力役,三十倍於古。
> 田租口賦,鹽鐵之利,二十倍於古。

筆者認爲,此句的考證應該從這一斷句出發。換句話説,不管其解釋看上去多麼有道理,如果不符合這一斷句的話,就證明其解釋必定有誤。

　　"月爲更卒,已復爲正,一歲屯戍,一歲力役"和"田租口賦,鹽鐵之利"顯然有對應關係。因此筆者推測,既然"田租口賦"和"鹽鐵之利"是內容不同的税,那麼"更卒"、"正"、"屯戍"、"力役"也應該是四種不同的勞役。《漢書・谷永傳》云:

> 且復初陵之作,止諸繕治宮室,<u>闕更減賦</u>,<u>盡休力役</u>,存䘏振捄困乏之人,以弭遠方。

此文也區分了"更"、"賦"和"力役"。這可以證實我們的推論。

　　那麼"力役"指的是什麼?筆者認爲,這正是徭役。徭役是秦漢時代最主要的勞役之一,却不見於董仲舒的進言中,可以説是一件很奇怪的事情。但如果"力役"指徭役的話,這個問題就迎刃而解。我們在此介紹一個根據,這是第三節所引《漢書・鮑宣傳》的一段:

凡民有七亡：……縣官重責更賦租稅，二亡也。……苛吏繇役，失農桑時，五亡也。

在此區別了"更賦租稅"和"繇役"。如果把《谷永傳》和《鮑宣傳》對照起來看，就很容易看出，前者"更"、"賦"與後者"更賦租稅"相對應，前者"力役"和後者"繇役"相對應。"力役"確實可以理解爲徭役。

根據以上考證，《漢書·食貨志上》的一文應當解釋如下：

加上每月輪流要當更卒，踐更結束之後又要做正卒，一年的邊境守備，一年的徭役，其服役日數是古代的三十倍。

歷來研究認爲，此文説的是，人的一生中有一年的正卒義務和一年的屯戍義務。這種理解恐怕不對。此文並沒有説人的一生中有多少天的勞役義務。此文的意思是，每人年年都有更卒、正卒、屯戍、力役，每年的服役日數越來越多，現今已達到了古代的三十倍。

綜上所述，本文的結論如下所示：

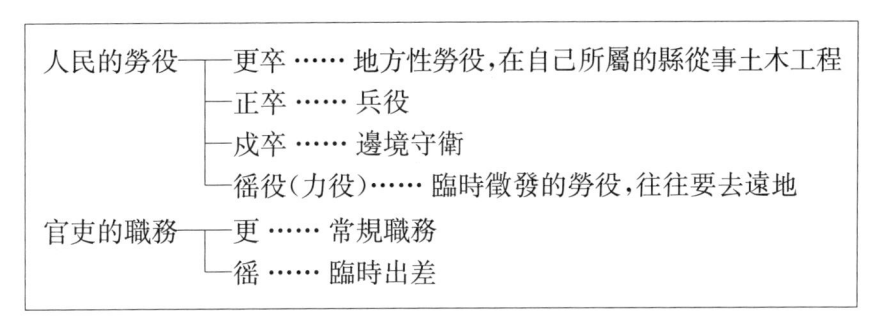

```
人民的勞役 ── 更卒 …… 地方性勞役，在自己所屬的縣從事土木工程
         ├─ 正卒 …… 兵役
         ├─ 戍卒 …… 邊境守衛
         └─ 徭役（力役）…… 臨時徵發的勞役，往往要去遠地
官吏的職務 ── 更 …… 常規職務
         └─ 徭 …… 臨時出差
```

本文是提交給中國社會科學院國際學術論壇"簡帛學論壇"（北京，2006年11月4～6日）的論文，今據以收入。

論松柏1號墓出土的記更數的木牘

一

"更數"是筆者以前根據張家山漢簡《二年律令·史律》的記載造的詞①。具體有以下五條：

(1) 其能誦三萬以上者，以爲卜上計，<u>六更</u>。(477～478號簡)

(2) 以祝十四章試祝學童，能誦七千言以上者，【乃得】爲祝，<u>五更</u>。(479號簡)

(3) 史、卜年五十六，佐爲吏盈廿歲年五十六，皆爲<u>八更</u>。六十，爲<u>十二</u>。(484～485號簡)

(4) 五百石以下至有秩爲吏盈十歲，年當睆老者，爲<u>十二更</u>，踐更……(485號簡)

(5) 疇尸、茜御、杜主樂，皆<u>五更</u>，屬大祝。祝年盈六十者，<u>十二更</u>，踐更大祝。(486號簡)

以上內容可以整理如下表：

---

① 廣瀨薰雄《張家山漢簡所謂〈史律〉中有關踐更之規定的探討》，馮天瑜主編《人文論叢》2004年卷，武漢大學出版社，2005年。

	史	卜	祝
五　更			一般的祝
六　更		卜上計	
八　更	五十六歲的史	五十六歲的卜	
十二更	六十歲的史	六十歲的卜	六十歲的祝

《史律》所見的更數有五更、六更、八更、十二更四種，年齡越高更數也越高。例如史、卜到了56歲成爲八更，到了60歲成爲十二更；普通的祝是五更，到了60歲成爲十二更。這說明，更數高意味着一種優待。因此筆者對更數做如下解釋：

> 更數也可能表示踐更輪到的比例，意爲幾個月輪到一次踐更。也就是說，六更是六個月輪到一次，八更是八個月一次，十二更是十二個月一次。

其實與此類似的輪番制度還見於唐代的府兵制。根據唐代的府兵制，府兵要定期宿衛京師。《新唐書·兵志》對其當值方式敍述如下：

> 凡當宿衛者番上，兵部以遠近給番，五百里爲五番，千里七番，一千五百里八番，二千里十番，外爲十二番，皆一月上。若簡留直衛者，五百里爲七番，千里八番，二千里十番，外爲十二番，亦月上。

此"番"是輪番的意思，"五番"是五個人輪番，"七番"是七個人輪番，"八番"是八個人輪番，"十番"是十個人輪番，"十二番"是十二個人輪番。因爲每次服一個月的兵役，所以"五番"、"七番"、"八番"、"十番"、"十二番"各指五個月一次當值、七個月一次當值、八個月一次當值、十個月一次當值、十二個月一次當值。此"番"的意思、用法與漢代的"更"完全相同。

雖然筆者在舊稿中收集了一些根據，但不得不承認舊稿的結論有不少推測的成分。2009 年，荆州博物館公布了松柏 1 號墓出土的西漢時代（據説是武帝早期）木牘的一部分①，其中有一枚木牘記載更卒的徵發情況，正好記有更數。我們可以利用此牘驗證舊稿的結論。因此撰寫此文，作爲舊稿的補充。

二

關於此牘，彭浩先生已經作了很好的研究②。彭文將此牘的内容概括如下：

> 此牘出土編號爲 47 號。無題記。内容是南郡屬縣和侯國的用卒數量。基本格式是在縣或侯國名後依次列出用卒的人數、更替的批數、每批人數及餘數、不足數或調劑至它處的人數。在牘文第二欄的第七行有用卒總數，第八行是每月的用卒數。

現在不拘泥木牘原來的格式，按照牘文的意思做出釋文。爲討論的方便，在各縣、侯國的前面加編號：

1. 巫：卒千一百一十五人，七更，更百卌九人，余卅九人。
2. 秭歸：千五十二人，九更，更百一十六人，其十七人助醴陽，余八人。
3. 夷陵：百廿五人，參更，更卅六人，余十七人。
4. 夷道：二百五十三人，四更，更五十四人，余卅七人。
5. 醴陽：八十七人，參更，更卌二人，受秭歸月十七人，余十二人。
6. 孱陵：百八人，參更，更百卌六人③，不足五十一人，受宜成五十八人、臨沮卅五人。

---

① 荆州博物館《湖北荆州紀南松柏漢墓發掘簡報》，《文物》2008 年第 4 期。朱江松《罕見的松柏漢代木牘》，荆州博物館編著《荆州重要考古發現》，文物出版社，2009 年。本文要討論的 47 號牘圖版收入後者。
② 彭浩《讀松柏出土的西漢木牘（四）》，簡帛網，2009 年 4 月 12 日。以下簡稱"彭文"。
③ "百卌六人"，彭文作"百四十六人"，但牘文没有"六十"之"十"。

7. 州陵：百廿二人，參更，更卅七人，余十一人。
8. 沙象(羨)：二百一十四人，參更，更六十人，余卅四人。
9. 安陸：二百七人，參更，更七十一人，不足六人。
10. 宜成：千六百九十七人，六更，更二百六十一人，其五十八人助屏陵，余八十九人。
11. 江陵：千六十七人，參更，更三百廿四人，余九十五人。
12. 臨沮：八百卅一人，五更，更百六十二人，其卅五人助屏陵、廿九人便侯，余卅一人。
13. 顯陵：百卅三人，參更，更卅四人，余十一人。
14. 邔侯國：二千一百六十九人，七更，更二百八十一人，其卅一人助便侯、廿九軑侯，余二百二人。
15. 中盧：五百廿三人，六更，更八十四人，余十九人。
16. 便侯：三百七十一人，參更，更百八十六人，受邔侯卅一、臨沮廿九，余廿三人，當減。
17. 軑侯：四百卅六人，參更，更百七十人，受邔侯廿九人，余廿三人，當減。

●凡萬四【百】七十人①。
月用卒二千一百七十九人。

我們用2秭歸縣的例子來說明牘文的意思：

秭歸：千五十二人，九更，更百一十六人，其十七人助醴陽，余八人。

秭歸縣的卒共有1 052人。"九更"是9人輪番的意思。因爲每更(即每月)116人服役，如果有116×9＝1 044人，就能實施九更制。但秭歸縣有1 052人，多8人，這就是"余八人"。至於"其十七人助醴陽"，這是每月116人的更卒中17人去援助醴陽的意思。按照筆者對更數的解釋，這些

---

① 牘文作"凡萬四七十人"。彭浩先生云："'凡萬四七十人'是各縣、侯國卒數的總計，'四'下有脫字，可能是'百'字。"此說似可從。

記載完全能説得通。這證明舊稿的解釋是對的。

牘文中有一些數字不符合我們的計算結果，彭文對此作了校改。但以下四處的校改似乎值得商榷：

（一）5 醴陽：八十七人，參更，更卌二人，受秭歸月十七人，余十二人。

彭文：按牘文所記"參更，更四十二人"，應需卒一百二十六人，醴陽實有八十七人，缺三十九人。"受秭歸月十七人"後，餘數應是二十二人，牘文"余十二人"，或誤。

（二）6 孱陵：百八人，參更，更百卌六人，不足五十一人，受宜成五十八人、臨沮三十五人。

彭文："百八人"與下文"參更，更百四十六十（引者按：此"十"當誤衍）人，不足五十一人"相差甚遠，即使加上"受宜成五十八人、臨沮三十五人"，也不能相合，估計"百八人"的數字有誤。

（三）16 便侯：三百七十一人，參更，更百八十六人，受邔侯卌一、臨沮廿九，余廿三人，當減。

彭文：據"參更，更百八十六人"，應需五百五十八人，牘文記"便侯三百七十一人"與之相差一百三十七人。又，"受邔侯四十一[人]、臨沮二十九[人]"，共七十人，不足所差之數，但牘文又記"余二十三人"，兩者矛盾。由此可知，"便侯三百七十一人"之數有誤。如果其他數字不誤，便侯的卒數應是六百零五人。

（四）17 軑侯：四百卌六人，參更，更百七十人，受邔侯廿九人，余廿三，當減。

彭文：如果"參更，更百七十人，受邔侯二十九人，余二十三[人]"不誤，"軑侯四百四十六人"或是五百一十六人之誤。

爲了醒目，我們用算式表達彭文的意思：

（一）$3_{(更)} \times 42_{(人)} - 87_{(人)} = 39_{(人)}$
$39 - 17 = 22_{(人)}$

（二）$3_{(更)} \times 1462 - 108_{(人)} = 330_{(人)}$

$58_{(人)}+35_{(人)}=93_{(人)}$

（三）$3_{(更)}\times186_{(人)}-\underline{605}_{(人)}+41_{(人)}+29_{(人)}=137_{(人)}$

（四）$3_{(更)}\times170_{(人)}-\underline{516}_{(人)}+29_{(人)}=23_{(人)}$

標下劃綫的是彭文校正後的數字。（三）的 605 人牘文作 371 人，（四）的 516 人牘文作 446 人。

彭文的這些處理很有問題。第一，校正後的數字和原來的數字差距太大，即使木牘上有不少寫錯（或計算錯）的地方，也很難想象其誤差會那麼大。第二，這四例都是"受（某縣、侯國）～人"的例子，而(1)和(3)、(4)的計算方法不同，這顯然有矛盾。第三，按照彭浩先生的理解，這枚木牘上的數字錯誤太多（17 個縣中 7 個縣有錯）。這反而讓人懷疑有錯誤的不是木牘上的數字，而是彭浩先生的解釋。

今按，這些數字都没有問題，只是彭浩先生對"受（某縣、侯國）～人"的解釋有錯。我們用醴陽縣的例子説明"受（某縣、侯國）～人"的意思：

醴陽八十七人，參更，更卅二人，受秭歸月十七人，余十二人。

按照這個記載，醴陽縣每月徵發 42 人更卒，其中 17 人是從秭歸縣的更卒調劑過來的（"受秭歸月十七人"），因此實際上醴陽縣每更徵發的是 42－17＝25 人。因爲醴陽縣的踐更方式是三更，如果有 25×3＝75 人，就能實施三更制。不過醴陽縣有 87 人卒，多 12 人（"余十二人"）。我們用算式表達"受（某縣、侯國）～人"的所有例子：

(1) $87_{(人)}-3_{(更)}\times(42-17)_{(人)}=12_{(人)}$

牘文："余十二人"

(2) $108_{(人)}-3_{(更)}\times(146-58-35)_{(人)}=-51_{(人)}$

牘文："不足五十一人"

(3) $371_{(人)}-3_{(更)}\times(186-41-29)_{(人)}=23_{(人)}$

牘文："余二十三人"

(4) $446_{(人)}-3_{(更)}\times(170-29)_{(人)}=23_{(人)}$

牘文："余二十三人"

498　簡帛研究論集

我們的計算結果與木牘上的數字絲毫不差。

按照我們的解釋,記更數的木牘的內容可以整理如下表。這是本文的結論:

	地名	卒的人數	更數	每更的人數	餘、不足數	調劑人數
1	巫	1 115	7	149	39〈72〉	
2	秭歸	1 052	9	116	8	17(助醴陽)
3	夷陵	125	3	36	17	
4	夷道	253	4	54	37	
5	醴陽	87	3	42 - 17	12	17(受秭歸)
6	孱陵	108	3	146 - 58 - 35	—51	58(受宜成) 35(受臨沮)
7	州陵	122	3	37	11	
8	沙羨	214	3	60	34	
9	安陸	207	3	71	—6	
10	宜成	1 697	6	261〈268〉	89	58(助孱陵)
11	江陵	1 067	3	324	95	
12	臨沮	831	5	162	31〈21〉	35(助孱陵) 29(助便侯)
13	顯陵	143	3	44	11	
14	邔侯國	2 169	7	281	202	41(助便侯) 29(助軑侯)
15	中盧	523	6	84	19	
16	便侯	371	3	186 - 41 - 29	23	41(受邔侯) 29(受臨沮)
17	軑侯	446	3	170 - 29	23	29(受邔侯)
	總計	10 470 〈10 530〉		2 179〈2 021〉①		

---

① 2 021 是減 17、58、35、29、41(從其他地方調劑過來的人數)而計算的數值。如果不考慮這些人,總數是 2 201。

"〈　〉"内的數字是我們通過計算糾正的。在17個縣中，3個縣的數字不合計算結果。其中12臨沮縣的"卅一"之"卅"當是"廿"的錯寫。這樣，不合計算結果的只有兩個縣了。

10宜成縣，"更二百六十一人"疑是"更二百六十八人"的錯寫。這樣，只要改一個字就符合計算結果：

$1\,697$（人）-6（更）$\times 268$（人）$= 89$（人）

剩下的只有1巫縣。但巫縣的錯誤所在難以推測。我們暫且以卒的人數、更數、每更的人數不誤計算出多餘的數值。

可以説，在牘文中，各縣的記載幾乎都没錯。而總計却不合計算結果。這只能認爲當時做統計的人計算錯了。

三

最後補充一點舊稿没有説清楚的事。

我們對更數的解釋，就民衆的勞役而言，還説得過去；但就官員的上班方式而言，就很難理解。比如説是六更的官員，一年只上班兩個月。這似乎很不合情理。曹旅寧先生曾經從這個角度批評舊稿：

> 從常理上説，政府工作人員有法定的歸休時間，但一年只工作兩個半月（五更）或一個月（十二更），其餘時間都在休息，恐怕與情理有悖。①

其實這種批評完全是誤會。

按照踐更方式上班的官員不是"其餘時間都在休息"。《奏讞書》案例一七有如下一段：

> 十月不盡八日爲走馬魁都庸（傭），與偕之咸陽，入十一月一日，來即踐更。（111號簡）②

---

① 曹旅寧《〈史律〉中有關踐更規定的再探討》，簡帛網，2007年5月12日。
② 張家山二四七號漢墓竹簡整理小組《張家山漢墓竹簡〔二四七號墓〕》，文物出版社，2001年。

這是一件偷牛案。偷牛的人説樂人講是他的幫兇。但這其實是誣陷。樂人講説，案發時間的十一月，他在咸陽踐更，而且從十月結束的八天前開始，他做走馬魁都的"傭"。樂人講根本没有時間參與偷牛行爲。

我們不談案件的詳情，需要注意的是身爲樂人的講竟然在不上班的時候受雇傭打工。這個例子説明，按照踐更方式上班的官員在不上班的時候作爲普通人民去其他地方找工作。换句話説，他們不是真正的官員，而是半民半官的一種形態。

《續漢書·輿服志下》通天冠條有如下記載：

> 通天冠：高九寸，正豎，頂少邪却，乃直下，爲鐵卷梁，前有山展筩，爲述，乘輿所常服。服衣，深衣制，有袍，隨五時色。袍者，或曰周公抱成王宴居，故施袍。《禮記》："孔子衣逢掖之衣。"縫掖其袖，合而縫大之，近今袍者也。今下至踐更小史，皆通制袍，單衣，皁緣領袖中衣，爲朝服云。

從字義來看，此"踐更小史(吏)"當是按照踐更方式上班的官員①。既然説"下至踐更小吏"，那麽"踐更小吏"是最底層的官員。我們在上面説明，按照踐更方式上班的官員平時作爲普通人民生活。"踐更小吏"這個詞正好能説明按照踐更方式上班的官員是怎樣的地位。

總之，按照踐更方式上班的官員是所有官員中最底層的官員，叫"踐更小吏"。他們是半民半官的特殊官員。大多數的普通官員一年到頭上班，只在法定的歸休時間休息。

原載復旦大學出土文獻與古文字研究中心編《出土文獻與傳世典籍的詮釋——紀念譚樸森先生逝世兩週年國際學術研討會論文集》(上海古籍出版社，2010年)，今據以收入。

---

① 因爲按照踐更方式上班的官員不限於"史"，因此"踐更小史"之"史"當讀爲"吏"。

簡帛醫書研究

讀馬王堆漢墓帛書《脈法》小札
—— 兼論張家山漢簡《脈書》的一處釋文

馬王堆漢墓帛書《脈法》本來是殘損相當嚴重的一篇①。因爲張家山漢簡《脈書》第56～65號簡的内容與馬王堆漢墓帛書《脈法》基本相同,我們才得以復原馬王堆漢墓帛書《脈法》的殘損處。張家山漢簡的整理者在《脈書》釋文的後面附上《馬王堆漢墓帛書〈脈法〉、〈陰陽脈死候〉重釋》②,給我們帶來很大的便利。

本文試圖在他們復原的基礎上更進一步,即拼合帛書殘片,使《重釋》復原的釋文更加準確。《馬王堆漢墓帛書〔肆〕》之《五十二病方》圖版最後收錄不少帛書殘片,整理者説:"載有《足臂十一脈灸經》至《五十二病方》五種古醫書的帛書,經過盡力拼復,還剩餘一些殘片,附印於此。"③也就是説,這些殘片雖然被放在《五十二病方》的最後,但不一定都是《五十二病方》的殘片,也有可能是《足臂十一脈灸經》、《陰陽十一脈灸經甲本》、《脈法》、《陰陽脈死候》的一部分。現在《脈法》得到了復原,我們據此能夠找出過去無法拼合的《脈法》殘片。

《馬王堆漢墓帛書〔肆〕》圖版第38頁有這樣的一塊殘片④:

---

① 馬王堆漢墓帛書整理小組《馬王堆漢墓帛書〔肆〕》,文物出版社,1985年。
② 張家山二四七號漢墓竹簡整理小組《張家山漢墓竹簡〔二四七號墓〕》,文物出版社,2001年,第245～246頁。以下簡稱爲"重釋"。
③ 馬王堆漢墓帛書整理小組《馬王堆漢墓帛書〔肆〕·釋文注釋》第76頁。
④ 施謝捷先生早已正確地拼合這塊殘片,見《〈脈法〉釋文與注釋》(《長沙馬王堆漢墓簡帛集成》稿)。但我們在本文中指出的兩個問題,即第80行的"病脈"、第79行的"揮"字,施先生的看法與本文不同。

504　簡帛研究論集

(圖版)　　　　　　　　　　(摹本)

這塊殘片上的字迹還很清晰，我們認爲是《脈法》第 78～80 行的一部分。《重釋》的有關釋文如下：

第 78 行：……【者，上白而小，此不可不】察殹。有

第 79 行：……【手直踝而簞之。它脈】盈，此

第 80 行：……【静，此獨勭（動），則主病。夫眽（脈）固有勭（動）者，骭】

上引的殘片正是引文中劃綫部分，上面寫的是"此不／揮之／病眽（脈）"。

我們試作了這個地方的圖版（下圖）：

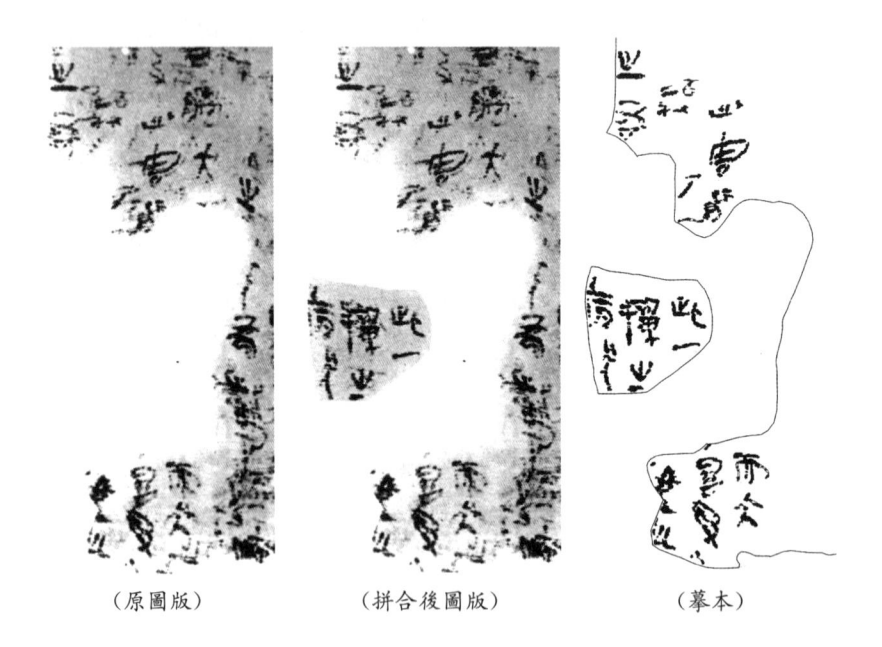

(原圖版)　　　(拼合後圖版)　　　(摹本)

讀馬王堆漢墓帛書《脈法》小札——兼論張家山漢簡《脈書》的一處釋文　505

經過這一拼合,我們發現《重釋》此處的釋文有兩個需要修改的地方。

第一,第 80 行的"病。夫眽"處,帛書作"病眽","病"和"眽"間沒有"夫"字。

第二,第 79 行的"簞",帛書作"揮"。張家山漢簡《脈書》此處前後的釋文是"相脈之道,左【手】上踝五寸案(按)之,右手直踝而簞之"①,整理者對"簞"字做如下解釋:

> 簞,疑爲"箄"字之訛,讀作"彈"。《素問·三部九候論》:"以左手足上,上去踝五寸接(引者按:是"按"字之誤)之,庶右手足當踝而彈之。"與此相合。

簞字古音是定母侵部,彈字是端母元部,二字讀音有距離。因此整理者才認爲"簞"字是"'箄'字之訛"。

魏啟鵬、胡翔驊兩位先生,及高大倫先生不認爲"簞"字是"箄"字之訛,而直接把它讀爲彈②。魏、胡兩位先生的研究和高先生的研究同時發表,其解釋也極爲相似,在此只引相對詳細的魏、胡兩位先生的解釋:

> 簞讀爲彈,兩者爲一聲之轉。《素問·三部九候論》可補此處之闕疑,"以左手足上,上去踝五寸按之,庶右手足當踝而彈之(《針灸甲乙經》卷四引文'庶'作'以','手'下無'足'字),其應過五寸以上蠕蠕然者不病。"這兩句是說,用左手湊進病人內踝上邊按着,用右手指當踝上叩彈,醫者以左手感受脈氣搏動的情況。這是古代脈學早期流行的遍身診法,與晉代以後獨取寸口的脈診法有區別。

他們都把"簞"和"彈"聯結起來做解釋,確實很有道理③。但或是認爲"簞"字是"箄"字之訛,或是讀簞爲彈,都有不安之處。現在我們發現的

---

① 此處所引釋文是施謝捷先生所作(見《〈脈法〉釋文與注釋》第 8/79 行[注 1]),與張家山漢簡整理者所作釋文有所不同。

② 魏啟鵬、胡翔驊《馬王堆漢墓醫書校釋(壹)》,成都出版社,1992 年,第 39 頁。高大倫《張家山漢簡〈脈書〉校釋》,成都出版社,1992 年,第 105 頁。

③ 但魏、胡兩位先生,以及高先生特意把"右手當踝而彈之"之"右手"翻譯爲"右手指",不知有何根據(這個疑問承蒙吳振武先生向我提出)。當時診脈具體怎麼叩彈,筆者仍沒能找到文獻記載。盼識者指教。

殘片上寫的就是"揮"字,讀爲"彈"字完全沒有問題(或許《脈法》的抄寫者要用从"手"从"單"的"揮"字來表示"用手叩彈"的意思)。

我們反過來看張家山漢簡《脈書》第 63 號簡的所謂"簞"字。其實它並不是"'簞'字之訛",而就是"簞"字。

（圖版）　（摹本）

此字讀爲"彈"字也没有問題。

通過"簞"字、"揮"字的釋讀,我們能夠確認"用右手當踝上叩彈,以左手感受脈氣搏動的情況"的"遍身脈診法"在西漢早期確實已經存在。對中國醫學史而言,這可以説是一個很重要的發現。

附記

"甘肅省第二屆簡牘學國際學術研討會"會上,吴振武先生給筆者的論文提出了不少意見,此次發表,參考吴先生的意見進行了修改。在此謹致謝忱。

看校追記

馬王堆漢墓帛書《五十二病方》第 428～429 行有"簞以捏去之"一句：

　　　一,㾕(瘙),先以黍潘孰(熟)洎(洗)㾕(瘙),即燔數年【陳】薰,【□】其灰,冶,輒【□□】傅㾕(瘙)。巳(已)傅灰,灰盡漬【□□□】簞以捏(理)去之。……

此"簞",原釋文作"摹",此根據圖版改。此字當讀爲彈,意爲叩彈。本病方在前面説把多年陳舊的薰草燃燒,把其灰末敷在患部,讓它吸盡患部的液汁。"彈以理去之"的意思是(等敷上的灰吸取患部的液汁)叩彈患部,去掉其灰。

在隸書裏,竹頭和草頭往往相混。此"䒸"讀爲"彈"的例子與張家山漢簡《脈書》"箪"讀爲"彈"的例子可以互相參照。

另外,此例也爲考慮漢代人所謂"彈"的具體動作提供了一個參考。

原載張德芳主編《甘肅省第二屆簡牘學國際學術研討會會議論文集》(上海古籍出版社,2012年),今據以收入。

敦煌漢簡中所見的韓安國受賜醫藥方的故事

一、T.XV.a.ii.42 簡概況

本文要討論的是 1906 年到 1908 年斯坦因在第二次中亞考察中發現的一枚漢簡，斯坦因給這枚簡編的編號是 T.XV.a.ii.42（本文附圖的 482 號簡）。這枚簡的圖版和釋文最早在 1913 年出版的沙畹《奧萊爾·斯坦因在東土耳其斯坦沙漠中所獲漢文文書》一書中發表，其簡號是 524①。其一年後的 1914 年，羅振玉和王國維出版了《流沙墜簡》，把這枚簡收入《小學術數方技書考釋》之方技類②。1984 年，林梅村、李均明兩位先生出版了《疏勒河流域出土漢簡》，此書全面梳理疏勒河流域出土漢簡，並重新編號，這枚簡的簡號是 482③。1990 年，大庭脩先生出版《大英圖書館藏敦煌漢簡》，此書收錄大英圖書館重新拍攝的敦煌漢簡照片，采用了林、李二位的簡號④。1991 年，甘肅省文物考古研究所編《敦煌漢簡》出版，首次全面公開馬圈灣漢簡的照片和釋文，同時也收錄過去疏勒河流域出土的幾批漢代簡牘，其中包括斯坦因所獲敦煌漢簡⑤。這可能是目前最容易

---

① Chavannes, E., *Les documents chinois découverts par Aurel Stein dans les sables du Turkestan oriental*, Oxford, 1913, pp.113～114.
② 羅振玉、王國維《流沙墜簡》，東山書社，1914 年，1934 年修訂。
③ 林梅村、李均明《疏勒河流域出土漢簡》，文物出版社，1984 年。
④ 大庭脩《大英圖書館藏敦煌漢簡》，同朋舍，1990 年。
⑤ 甘肅省文物考古研究所《敦煌漢簡》，中華書局，1991 年。

看到的敦煌漢簡照片,但這部書也重新編了簡號,這枚簡在該書中的簡號是 2013。

這枚簡講的是,有一個人從馬車摔落得了病,但服藥後康復。因爲這枚簡很有可能是醫書的一部分,也有一些研究古醫書的學者對這枚簡進行考釋。據管見所及,赤堀昭先生發表《流沙墜簡》所收醫方簡的譯注,提出了不少值得參考的意見①。此外周祖亮、方懿林兩位先生所著《簡帛醫藥文獻校釋》也收錄敦煌漢簡醫藥簡的校釋,這部著作可以視爲目前最新的研究成果②。

爲了討論方便,我們先看周祖亮、方懿林兩位先生所作的釋文:

股寒,曾載車馬驚隋(墮),血在凶(胸)中,恩與惠君方。服之廿日,□徵下。卅日,腹中毋積,匈(胸)中不復,手足不滿,通利。臣安國。

我們認爲這個釋文有一些可以改進的地方。我們的釋文如下:

股寒。曾載車,馬驚,隋(墮),血在凶(胸)中。恩與惠君方,服之廿日,徵(癥)下。卅日,腹中毋積,匈(胸)中不復,手足不滿,通利。臣安國……

首先,我們把"股寒"下的逗號改爲句號。"股寒"是病情,"曾載車"以下是病因,赤堀昭先生把兩者用句號斷開,我們認爲如此處理更妥當。

其次,"曾載車馬驚墮"由三個動作構成:(人)載車、馬驚、(人)墮,因此最好把這三者斷開。

第三,"恩與惠君方"應該屬下讀。把這五個字屬上讀,原來是沙畹的意見。此句的解釋是本文要重點討論的問題,我們在下一節討論。

第四,周、方兩位先生認爲"徵下"上有一個殘字,顯然不對。似乎他們誤把這枚簡的契口看作文字。"徵"讀爲"癥",是赤堀昭先生的意見。

---

① 赤堀昭《流沙墜簡と居延漢簡の醫方簡》,山田慶兒《新發現中國科學史資料の研究 譯注篇》,京都大學人文科學研究所,1985 年。這枚簡的考釋見於第 410～411 頁。

② 周祖亮、方懿林《簡帛醫藥文獻校釋》,學苑出版社,2014 年。這枚簡的考釋見於第 455 頁。

他引用了武威醫簡的如下例子作爲根據：

☑□□徵（癥）當下，從大便出。(72號簡)①

關於癥的意思，赤堀先生引用《諸病源候論》卷19"癥瘕病諸候"："癥者，由寒温失節，致腑臟之氣虛弱，而食飲不消，聚結在内，漸染生長，塊段②盤牢不移動者，是癥也。"根據這個定義，就我們討論的簡文而言，"癥"指的是簡文所謂"血在胸中"的血。也就是説，服用了二十天的藥後，鬱積在胸中的血下去了。

這種由於從馬車摔落心腹中有積血的症狀，傳世醫書中也有所記載。例如《金匱要略·胸痹心痛短氣病脈證治第九》有九痛丸的記載，其主治如下：

治九種心痛。……又治連年積冷，流注心胸痛，並冷衝上氣，落馬墜車血疾等，皆主之。

此外，《千金要方》卷二十五備急"被打第三"有"治墮馬落車及樹，崩血，腹滿短氣方"、"治墮落車馬，心腹積血，唾吐無數方"等醫藥方。看來這是中國古代比較常見的疾病。

第五，周、方兩位先生在"臣安國"下加了句號。也就是説，他們認爲這個文章在此結束。在他們之前，沙畹、赤堀昭、大庭脩等學者都如此理解。其實這枚簡是册書中的一枚，其前後原來應該還有文章。這位叫安國的人既然自稱"臣"，這段文章應當來自他給皇帝的章奏文書。汪桂海先生説："在章奏文書中，上書者皆自稱'臣某'，署名不署姓。稱'臣'，是表示上書者對皇帝而言是臣子的身份，署名不署姓是漢代文書制度内容之一。"③

---

① 甘肅省博物館、武威縣文化館《武威漢代醫簡》，文物出版社，1975年。

② 段讀爲瘕，"塊段"指癥塊病。參看丁光迪《諸病源候論校注》，人民衛生出版社，2013年，第385頁。赤堀先生把"塊段"二字屬上讀，在此按照我們的理解改動了引文的斷句。

③ 汪桂海《漢代官文書制度》第二章第三節之五"章奏文書的結構程序"，廣西教育出版社，1999年。引文見於第46頁。

通過以上的改動，這條簡文的意思大致清楚了。這是名字叫安國的人寫給皇帝的章奏文書的一部分。他説：他感覺大腿冰涼，這是因爲他以前坐馬車時，馬受到了驚嚇，他從馬車摔落，血鬱積在胸中的緣故。但他服用了二十天的藥後，鬱積在胸中的血下去了。三十天後，腹中沒有積聚，血再也不鬱積在胸中，手和腳都不腫脹，經脈暢通了。

這位叫安國的人服用的是什麽藥？這個答案在"恩與惠君方"五字中。

二、"恩與惠君方"一句的解釋
——兼論"安國"是誰

"恩與惠君方"，沙畹釋作"恩典惠君方"，把它翻譯爲"recette de M. Ngen Tien-houei"（恩典惠君的方子）。也就是説，沙畹把"恩典惠君"理解爲人名。沙畹把這個部分翻譯成"爲了曾經由於馬驚嚇，從馬車摔落，血鬱積在胸中，大腿冰涼的人的恩典惠君的方子"。他把"與"釋作"典"固然不對[①]。雖然如此，他把"恩典惠君"理解爲人名有一定的道理，過去得到了赤堀昭、大庭脩等學者的贊同。管見所及，至今沒有人明確提出與此不同的看法。

"恩與惠君方"五字中確實應該包含醫藥方名，而且這個醫藥方以人名命名[②]。例如武威醫簡中有"公孫君方"、"吕功君方"的例子，可以作爲參考：

（1）公孫君方

> 礬石二分半，禹餘量（糧）四分，藜米三分，厚朴三分，牡䗪三分，黄芩七分，凡六物，皆冶，合和，丸以白密，丸大如吾（梧）實。旦吞七

[①] 畀是漢代"與"的比較潦草的寫法。參看陸錫興《漢代簡牘草字編》，上海書畫出版社，1989年，第51～52頁；李洪財《漢簡草字整理與研究》，吉林大學博士學位論文，指導教師：林澐教授，2014年，下編《漢代簡牘草字彙編》第117～118頁。

[②] 羅振玉在《流沙墜簡》中説"諸簡載處方者姓名凡二：曰臣安國，曰漕孝寧"云云。羅振玉把"臣安國"當作醫藥方名是不對的。

丸,鋪吞九丸,莫(暮)吞十一丸。服藥十日知,小便數多,廿日愈(愈)。公孫君方(83號牘)

(2) 呂功君方

……分,人髮一分,煩(燔)之,□焦一□,□二分,□一分,凡八物,冶,【合和】,以溫酒飲方寸匕一,日三飲之。呂功君方。有農(膿)者自爲□□□□□□□□出,有血不得爲農(膿)。(85號牘甲)

"恩與惠君"看起來似乎與上引"公孫君"、"呂功君"同例。但"恩與惠君"作爲人名實在奇怪,而且如果"恩與惠君方"是醫藥方名,與上下文無法銜接。因此我們認爲,只有"惠君"是人名。古書中可以看到以惠爲氏的人,如戰國時代的惠施。鄭樵《通志·氏族略第四》"以謚爲氏"中有惠氏①,可以參考。

"恩與"當理解爲動詞,意思是恩賜②。"恩"字表明這是皇帝的賜予。也就是說,"恩與惠君方"的意思是皇帝把"惠君方"賜予了叫安國的人。

綜合以上討論,這條簡文可以翻譯如下:

(我感覺)大腿冰涼。這是因爲以前坐馬車時,馬受到了驚嚇,我從馬車摔下,血鬱積在胸中的緣故。皇上賜予我惠君方,我按照這個醫藥方服用了二十天的藥,結果鬱積在胸中的血下去了。三十天後,腹中沒有積聚,血再也不鬱積在胸中,手和腳都不腫脹,經脈暢通。臣安國……

如果我們的理解大致不誤,皇帝在知道了安國得病後,把皇家收藏的醫藥方賜予了他。可見安國是皇帝親近的大臣。這種人物很有可能見於

---

① 王樹民點校《通志二十略》,中華書局,1995年,第163頁。
② 大西克也先生指出,楚簡、秦簡、西漢早期簡中,表示"給予"意的"與"字一例也沒有,"與"表示"給予"意主要是東漢以後的用字習慣(《說"與"和"予"》,《古文字研究》第29輯,中華書局,2012年)。這個意見對我們的解釋不利。但大西先生只是說"與"表示"給予"意主要是東漢以後的用字習慣,反過來可以說這個用字習慣的出現年代也有可能早到西漢時期。用"與"字表示"給予"意的用字習慣從什麼時候開始,還有討論的餘地。另外,這枚簡的抄寫年代不明,晚到東漢時代也不無可能。

史載。按照這個思路考慮,我們認爲,這位名字叫"安國"的人應該是武帝時任御史大夫的韓安國。《漢書·韓安國傳》有如下記載:

> 安國爲御史大夫五年,丞相蚡薨。安國行丞相事,引墮車,蹇。上欲用安國爲丞相,使使視,蹇甚,乃更以平棘侯薛澤爲丞相。安國病免,數月,瘳,復爲中尉。

這段記載説韓安國"引墮車,蹇。……數月,瘳",所講情況與簡文完全一致。通過敦煌漢簡可以知道,韓安國的蹇足在幾個月後痊癒的背後還有武帝對他的關愛。這是一件饒有趣味的事。

敦煌出土的醫書中出現韓安國,或許會讓人感到奇怪。但古書與官文書不同,不一定是當地人撰寫的,因此其中出現敦煌地區以外的人的名字是不足爲怪的。例如武威漢代醫簡 84 號牘有"建威耿將軍方"一句①,此"建威耿將軍"是耿弇,《後漢書·耿弇列傳》云:"光武即位,拜弇爲建威大將軍。"②情況與此相同。另外值得一提的是,如下文所述,這枚簡是竹簡。森鹿三先生據此認爲這部醫書是從內地傳來的珍貴書③,我們認爲這是很有道理的意見。

三、T.XV.a.ii.42 簡的文獻性質

按照我們的理解,這枚簡講的從頭到尾只是韓安國的故事,並沒有説明惠君方的具體內容。上文説,這條簡文應當來自他給皇帝的章奏文書。我們如此説明,恐怕會有些人認爲這枚簡不是醫書的一部分。但這種看法難以成立。

《流沙墜簡·小學術數方技書考釋》之方技類收錄十一枚簡和一張殘紙,其中十枚簡(包括本文討論的簡)出土於 T.XV.a 遺址。這十枚簡都

---

① 甘肅省博物館、武威縣文化館《武威漢代醫簡》,文物出版社,1975 年。
② 參看赤堀昭、山田慶兒《武威漢代醫簡》,山田慶兒編《新發現中國科學史資料の研究 譯注篇》,第 395～396 頁。
③ 森鹿三《漢晉の木簡》,《東洋學研究 居延漢簡篇》,同朋舍,1975 年,第 89 頁。

是竹簡①，雖然大多殘缺，但可以看出形制都相同，而且字的風格也一致（參看附圖）。沙畹認爲它們出自一人之手，是一部醫書的一部分，羅振玉也説這些簡"疑是一書"，他們的意見應當可信。

附圖中，我們主要考慮簡的形制排列了這十枚簡，釋文如下（爲了查檢方便，釋文後引用《疏勒河流域出土漢簡》的簡號、斯坦因編號和《敦煌漢簡》的簡號）：

(1) ●治馬育方：石方□☒ (465/T.XV.a.ii.20/1996)

(2) ●治馬育方：石南草五分☒ (473/T.XV.a.ii.30/2004)

(3) ●治馬傷水方：薑、桂、細辛、皂莢、付（附）子各三分，遠志五分，桔梗五分，【雞】子十五枚，□☒ (469/T.XV.a.ii.26/2000)

(4) ●治傷寒□☒ (477/T.XV.a.ii.35/2008)

(5) 須臾當泄下。不下，復飲。藥盡，大下，立愈（愈）矣。良甚。(466/T.XV.a.ii.21/1997)

(6) 【□□】治久欬逆、匈（胸）庳（痺）、痿（痿）庳（痺）、止泄、心腹久積，傷寒方：人參、茈（紫）宛（菀）、昌（菖）蒲、細辛、薑、桂、蜀椒各一分，烏喙十分，皆合和，以 (481/T.XV.a.ii.40/2012)

(7) 股寒。曾載車，馬驚，隋（墮），血在凶（胸）中。恩與惠君方，服之廿日，徵（癥）下。卅日，腹中毋積，匈（胸）中不復，手足不滿，通利。臣安國 (482/T.XV.a.ii.42/2013)

(8) ☒諸絕。大黃主靡穀去熱，亭（葶）磨（藶）(470/T.XV.a.ii.28/2001)

(9) ☒□爲十二丸。宿毋食馬，以一丸吞之。(499/T.XV.a.ii.62/2030)

(10) ☒煮三沸，分以三灌（罐），五歆（飲），盡□。漕孝寧方 (521/T.XV.a.iii.27/2052)

可以很容易看出，除了本文討論的簡以外，其他都是醫藥方。因此，如果這些簡都屬於同一部書，這部書應該是醫書。

羅振玉云："每方之前又載病之徵候，多如後世醫者之診案。"他認爲

---

① 沙畹説這些簡都是竹簡。《流沙墜簡》説它們是木簡，恐怕有誤。

我們所謂韓安國的故事是診案，此説當可從。斯坦因發現的這些簡大都與馬有某種關聯①。惠君方當是這類醫藥方中的一個，韓安國的故事是作爲其相關診案被引用的。

總之，我們認爲，T.XV.a 出土的這幾枚簡是一部醫書的一部分，這部醫書由醫藥方和用這個醫藥方治病的記録構成。惠君方可能是關於由於騎馬或乘馬車受的傷的醫藥方，其具體内容應該另有説明（現在看不到），韓安國的故事是其相關診案。

附記

本文是 2017 年 11 月於上海中醫藥大學舉行的"絲路醫藥"學術論壇暨《中醫藥文化》第二届學術工作坊上宣讀的論文。會上得到了段逸山先生和袁開惠先生的意見，筆者參考他們的意見作了一些修改和補充，在此謹致謝忱。

原載《中醫藥文化》2018 年第 1 期（第 13 卷總第 74 期，2018 年），今據以收入。

---

① 這些簡中馬病的記載和人病的記載都有。例如(9)説"宿毋食馬"，可見這是醫馬方。(1)和(2)的"馬脊"則很有可能是人病。這個病名亦見於武威醫簡 87 號簡甲，云"治加（痂）及久（灸）創（瘡）及馬脊方"。我們懷疑此"馬脊"讀爲"馬鞍"，即馬鞍瘡。例如《肘後備急方·治百病備急丸散膏諸要方第七十二》華佗虎骨膏云："猪瘡、毒風腫及馬鞍瘡等，洗即瘥。牛領亦然。"敦煌漢簡 503（斯坦因未編號/2034）號簡云："治藥，以和膏，炊令沸，塗牛領。良。"在此出現"牛領"，似可以與"馬脊"聯繫起來解釋。如果以上解釋大致不誤，T.XV.a 出土的這些簡雖然大都與"馬"相關，但内容很雜，甚至有些簡只是病名中有"馬"字而已，實際上與馬没有關係。

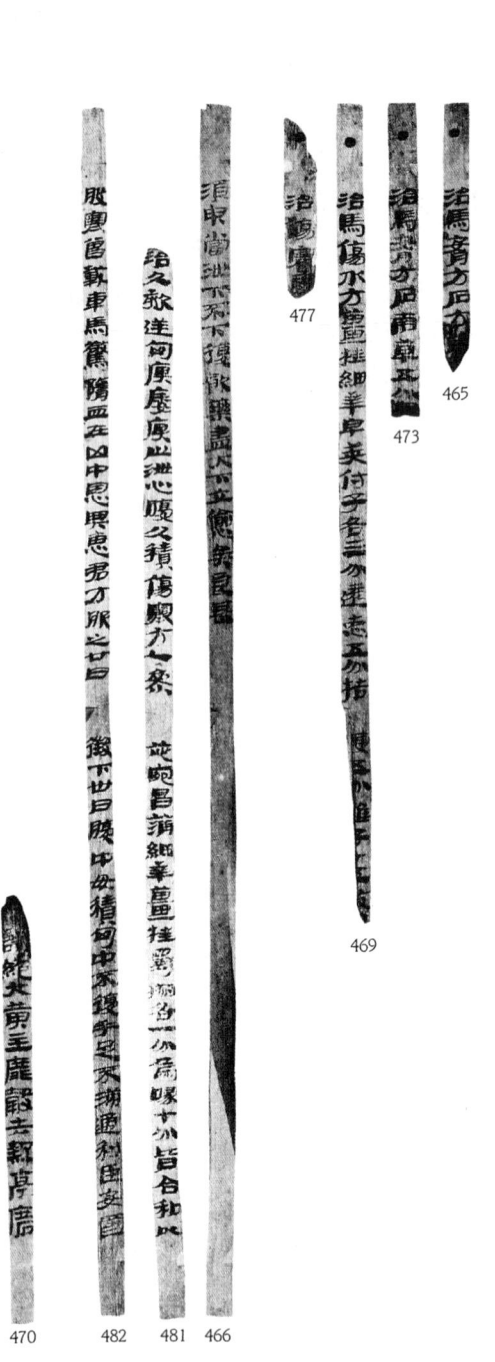

附圖　敦煌漢簡醫藥簡圖版(使用大庭脩《大英圖書館藏敦煌漢簡》所收圖版制作)

談老官山漢簡醫書中
所見的診損至脈論

前　言

　　老官山漢簡是成都市天回鎮老官山 3 號墓出土的簡牘。這座墓在 2012 年 7 月被發現，這個消息最早在報紙上被報導是 2013 年 12 月中旬①，發掘簡報在 2014 年 7 月發表②。根據發掘簡報，3 號墓出土竹簡共 920 枚，其中 716 枚是醫書。因爲醫書中出現"敝昔（扁鵲）"這個名字，報導、發掘簡報都說老官山漢簡的部分醫書極有可能是失傳的扁鵲學派經典書籍③。這個消息引起了學界很大的興趣。2017 年 12 月，老官山漢簡

---

　　①　李曉東、危兆蓋《出土"醫書"或爲扁鵲失傳經典》，《光明日報》2013 年 12 月 18 日。王聖、徐劍蕭、鮑泰良《2000 年前古藥方成功破譯》，《成都商報》2013 年 12 月 18 日。成都文物考古研究所《成都"老官山"漢墓》，《中國文物報》2013 年 12 月 20 日。
　　②　成都文物考古研究所、荊州文物保護中心《成都市天回鎮老官山漢墓》，《考古》2014 年第 7 期。以下簡稱爲"發掘簡報"。
　　③　關於扁鵲學派，有李伯聰先生的專著《扁鵲和扁鵲學派研究》（陝西科學技術出版社，1990 年）。老官山漢簡的整理者之一武家璧先生與發掘簡報幾乎同時發表了《成都老官山漢墓醫簡"敝昔"爲扁鵲考》一文（簡帛網，2014 年 7 月 6 日），文中引用了李伯聰先生書。老官山漢簡的整理者們使用"扁鵲學派"一詞很有可能來自李伯聰先生的研究。但值得一提的是，山田慶兒先生早在 1979 年根據《漢書・藝文志》的記載指出西漢時代的醫學有黃帝學派、扁鵲學派、白氏學派的三個學派。參看山田慶兒《〈黃帝内經〉の成立》，《思想》1979 年 8 月號；中文譯《〈黃帝内經〉的成立》，收入任應秋、劉長林《〈内經〉研究論叢》，湖北人民出版社，1982 年；山田慶兒《古代東亞哲學與科技文化：山田慶兒論文集》，遼寧教育出版社，1996 年。

醫書的整理者在《文物》上發表了老官山漢簡醫書的整理簡報和初步分析結論①。這兩篇文章給我們提供了不少重要信息，也收錄不少竹簡圖版。

發掘簡報發表至今有三年多，雖然老官山漢簡目前還没有全面公開，但老官山漢簡醫書的整理者們陸續發表論文，給學界透露了不少簡文内容。尤其值得注目的是 2016 年 10 月出版的《揭秘敝昔遺書與漆人》一書②。此書是老官山漢簡醫書的整理者們在過去所發表論文的基礎上撰寫而成的，全面系統地介紹了老官山漢簡醫書的内容。《揭秘》引用了不少簡文，也收錄了一部分簡的圖版，我們通過此書能夠了解老官山漢簡醫書的整體情況。

過去出土的秦漢簡帛醫書中有一些和傳世醫書密切相關的内容③，但對傳世醫書的來源和形成過程的探索有用的例子不是很多。老官山漢簡醫書則似乎有不少地方和傳世醫書可以相對照。而且老官山漢簡醫書有"扁鵲"這種非常明確的標誌，我們以此爲出發點，可以比過去更加具體地討論傳世醫書的來源和形成過程。

本文作爲其一個嘗試，探討老官山漢簡醫書中所見的診損至脈論。所謂診損至脈論是關於呼吸次數和脈搏次數的比例的理論。首先確定"平"（正常）之脈的呼吸次數和脈搏次數的比例，以此爲標準，把脈搏次數比"平脈"多的脈叫"至脈"，少的脈叫"損脈"。然後根據"至脈"和"損脈"的嚴重程度，診斷出疾病所在的身體部位和疾病的嚴重程度。我們把這個診斷方法稱爲"診損至脈法"，這個理論稱爲"診損至脈論"。

關於損至脈，《難經》、《脈經》有系統的論述。我們把這套理論稱爲

---

① 中國中醫科學院中國醫史文獻研究所等《四川成都天回漢墓醫簡整理簡報》（以下簡稱爲"整理簡報"）；柳長華等《四川成都天回漢墓醫簡的命名與學術源流考》（以下簡稱爲"學術源流考"），《文物》2017 年第 12 期。

② 梁繁榮、王毅《揭秘敝昔遺書與漆人：老官山漢墓醫學文物文獻初識》，四川科學技術出版社，2016 年。以下簡稱爲"揭秘"。

③ 馬王堆漢墓帛書《足臂十一脈灸經》、《陰陽十一脈灸經》、《脈法》、《陰陽脈死候》，以及內容與《陰陽十一脈灸經》、《脈法》、《陰陽脈死候》大體相同的張家山漢簡《脈書》是其一個例子。"十一脈灸經"是《靈樞·經脈篇》的祖本，我們通過"十一脈灸經"和《經脈篇》的比較，可以討論《經脈篇》的形成過程和年代。參看本文結言。

"診損至脈論"源自《脈經》卷四所收的《診損至脈》這一篇。此外,《素問》、《靈樞》也有幾篇對平脈有所論述。本文的目的是,把傳世醫書中的這些相關記載和老官山漢簡醫書相比較,闡明診損至脈論的形成過程和傳世醫書中所見的相關記載的撰寫時代。

目前老官山漢簡沒有全面公開,在這種情況下討論老官山漢簡有不少風險。但就老官山漢簡醫書中所見的診損至脈論而言,《整理簡報》和《揭秘》系統地介紹了相關簡文,而且其圖版也大都被公開。因此我們認爲,現在討論這個問題也不會有太大的問題。

一、老官山漢簡中所見的診損至脈論

根據目前公開的簡文,《敝昔診法》和《逆順五色脈藏驗精神》兩篇對平脈、損至脈有所論述①。在此引用目前可知的所有相關簡文,並做簡單的解釋。

(一)《逆順五色脈藏驗精神》

《逆順五色脈藏驗精神》(以下簡稱爲"《逆順》")中的相關記載有如下5條(附圖):

(1) 683(圖版:封面,釋文:57~58頁、73頁、99頁)②

人一息脈二勭(動)曰平。　人一息脈三勭(動)曰參₌擅₌(三顫③,三顫)者奪精。

---

① 關於老官山漢簡醫書的分篇和篇名,發掘簡報、《揭秘》、《整理簡報》各自提出不同的看法,不知所從。關於這個問題,參看《揭秘》第三章第二節"醫簡的種類和定名"和"學術源流考"。本文採用了《揭秘》的定名。在此引用的篇名的對應關係如下:
《敝昔診法》(《揭秘》)——《敝昔醫論》(發掘簡報)——《脈書·上經》(《整理簡報》)
《逆順五色脈藏驗精神》(《揭秘》、《整理簡報》)——《病源論》(發掘簡報)
② "683"是簡號,其後的"圖版"說明這枚簡的圖版見於《揭秘》或其他論文的什麼地方,"釋文"說明這枚簡的釋文見於《揭秘》的什麼地方。以下按照這個格式引用老官山漢簡醫書的簡文。
③ "擅"讀爲"顫",這個解釋分別得到蕭旭先生、張傳官先生和程少軒先生指教。下文"四澶"、"離澶"之"澶"同。

（2）684（圖版：封面，釋文：58頁、73頁、99頁）

　　●人一息脈四勭（動），四=亶=（四顫，〖四〗顫）者奪血。●人一息脈一勭（動）曰少氣。

（3）686（圖版：封面，釋文：73頁、99頁）

　　●人一息脈六勭（動）曰重=（重，重）者死。●人三息脈一勭（動）曰静=（静，静）者奪血。

（4）687（圖版：封面，釋文：73～74頁、99頁）

　　●人再息脈一勭（動）曰離=亶=（離顫，離顫），奪☐　☐【人☐息】脈一勭（動）曰絶不至，死。

（5）708（圖版：《整理簡報》圖九，釋文：74頁、99頁）

　　●人四息脈一勭（動）曰無=（無，無）者死。　　人一息脈五勭（動）曰暴，暴者奪精，死。

　　這五枚簡都保存得基本完整。從簡文的筆迹、內容和格式看，它們應該屬於同一篇。我們試圖根據內容排列這幾枚簡，但按照如上所示的排列方案，不管豎着讀還是橫着讀，其閱讀順序都有不好解釋的地方。這些簡的排列順序還有討論的餘地。

　　這幾枚簡系統地説明平脈和損至脈。683號簡第一欄説明平脈，這當是《逆順》中講述平脈、損至脈的一段的開頭。原文是"人一息脈二動曰平"，這句話的意思是：人呼吸一次脈搏跳動兩次稱爲平脈。這是正常的脈搏速度。

　　683號簡第二欄説，人呼吸一次脈搏跳動三次叫"三顫"，三顫的人精氣虛少①。這種脈搏速度比平脈快的脈稱爲至脈。此外，684號簡第一欄云"人一息脈四動"，708號簡第二欄云"人一息脈五動"，686號簡第一欄

---

① 下引《難經·十四難》云："二呼一至曰奪精。"凌耀星《難經校注》（人民衛生出版社，2013年）在解釋這一句時引用《素問·通評虛實論》"精氣奪則虛"王冰注："奪謂精氣減少如奪去也。"

云"人一息脈六動"。

損脈與至脈相反，是脈搏速度比平脈慢的脈。684號簡第二欄云"人一息脈一動"，687號簡第一欄云"人再息脈一動"，686號簡第二欄云"人三息脈一動"，708號簡第一欄云"人四息脈一動"。簡文中既然已經有"一息"、"再息"、"三息"、"四息"，剩下的687號簡第二欄應該是"【人五息】脈一動"。

《揭秘》已指出，在傳世醫書中，《黃帝內經》、《難經》、《脈經》、《諸病源候論》、《千金方》有類似的內容（第57～58頁）。我們認爲其中最值得關注的是《脈經》卷五《扁鵲脈法第三》，該篇開頭一段云：

> 扁鵲曰：人一息脈二至謂平脈，體形無苦。人一息脈三至謂病脈。一息四至謂痹者，脱脈氣，其眼睛青者，死。人一息脈五至以上，死，不可治也。都（一作聲）息病，脈來動，取極五至，病有六、七至也。

這段只講至脈，没有講到損脈，而且"一息三至謂病脈"、"一息四至謂痹者"這種術語與《逆順》不同。雖然如此，該篇對平脈的定義和《逆順》完全一致。如下所述，傳世醫書中平脈的定義與《逆順》完全相同的只有這篇。山田慶兒先生認爲，《脈經》卷五所收的《扁鵲陰陽脈法第二》、《扁鵲脈法第三》、《扁鵲華佗察聲色要訣第四》、《扁鵲診諸反逆死脈要訣第五》四篇都冠以扁鵲之名，當是扁鵲學派的著作①。現在發現《逆順》和《扁鵲脈法第三》的脈法基本相同，我們據此可以確定這些確實是扁鵲學派的著作。

此外，《難經·十四難》的論述和《逆順》比較接近。《難經·十四難》云：

> 十四難曰：脈有損至，何謂也？
> 然，至之脈，一呼再至曰平，三至曰離經，四至曰奪精，五至曰死，六至曰命絶，此至之脈也。何謂損？一呼一至曰離經，二呼一至曰奪精，三呼一至曰死，四呼一至曰命絶，此損之脈也。

---

① 山田慶兒《夜鳴く鳥》，岩波書店，1990年，第174頁。

這一段首先説明平脈("一呼再至曰平"),其次説明至脈,最後説明損脈。"奪精"、"死"這種術語也和《逆順》一致。《逆順》和《難經》有密切關係是顯而易見的。但其實兩者的意思很不相同。《逆順》説"一息"如何如何,《難經》説"一呼"如何如何。"息"是一呼一吸的意思,因此"人一息脈二動"和"一呼再至"的意思是不同的。《難經》下文云:"脈來一呼再至,一吸再至,不大不小曰平。"按照這個説法,《難經》所謂的平脈是"人一息脈四動"。也就是説,《難經》平脈的脈搏速度是《逆順》的兩倍。

《素問·平人氣象論篇》也有内容大致相同的論述,但平脈的定義又不同:

> 黄帝問曰:平人何如?
> 岐伯對曰:人一呼脈再動,一吸脈亦再動,呼吸定息脈五動,閏以太息,命曰平人。平人者,不病也。常以不病調病人,醫不病,故爲病人平息以調之爲法。人一呼脈一動,一吸脈一動,曰少氣。人一呼脈三動,一吸脈三動而躁,尺熱曰病温;尺不熱,脈滑曰病風;脈濇曰痺。人一呼脈四動以上曰死,脈絶不至曰死,乍疏乍數曰死。

《素問》説平脈是"人一呼脈再動,一吸脈亦再動,呼吸定息脈五動,閏以太息"。這個定義比《難經》更複雜。

《逆順》和《難經》還有一個很大的不同點,那就是損脈的分法。具體地説,《逆順》把至脈分爲四個階段,損脈分爲五個階段;《難經》的這段論述把至脈和損脈各分爲四個階段。既然分法不同,其理論框架肯定有所不同。

附帶説,《素問》在講完平脈後,按照"人一呼脈一動"、"人一呼脈三動"、"人一呼脈四動"的順序作説明。看來《素問》連損脈和至脈的區别都没有。因此《素問》的理論框架是和《逆順》、《難經》不同的另外一套。

我們在此只指出這些不同點,具體的分析在第三節進行。

(二)《敝昔診法》

《敝昔診法》(以下簡稱爲"《敝昔》")中有兩條簡文談到平脈和損至脈。根據《揭秘》的引文,簡文如下(個别文字的讀法和斷句根據筆者的理解略有改動）：

(1) 040（圖版：《學術源流考》圖一：6，釋文：61頁、88頁）

之次。故曰：脈再至曰平，參（三）至曰離經，□☑

(2) 034（釋文：61頁）

□，再員（損）離亶（顫），參（三）員（損）曰争（静），争（静）者奪血。

首先需要指出的是《敝昔》對"三至"的定名與《逆順》不同。《敝昔》"三至"應該相當於《逆順》"人一息脈三動"，但前者定名爲"離經"，後者定名爲"三顫"。"離經"這個定名與《難經》相同。"再至"、"三至"這種説法也與《難經》一致。這暗示《敝昔》的診損至脈法可能和《逆順》屬於兩個不同的系統，而和《難經》的系統比較接近。

上文已指出《逆順》"人一息脈二動曰平"和《難經》"一呼再至曰平"意思截然不同。《敝昔》只説"脈再至曰平"，目前無法確定這是"一息脈再至"的意思還是"一呼脈再至"的意思。但如果《敝昔》屬於《難經》的系統，《敝昔》"脈再至曰平"應該是後者的意思。

《敝昔》"三損曰争"相當於《逆順》"人三息脈一動曰静"，可見《敝昔》"争"讀爲"静"[①]。《敝昔》"再員（損）離亶（顫），參員（損）曰争（静）"與《逆順》完全一致，而與《難經》不同。從這一點推測，《敝昔》的診損至脈法可能位於《逆順》和《難經》的中間。

二、《脈經》卷四《診損至脈第五》所見的診損至脈論

我們在上一節引用了《素問》、《難經》和《脈經》的部分內容，這只是爲了理解《逆順》和《敝昔》的簡文的意思而已。只看這些引文，根本不能了解損至脈論的理論框架。因此，這一節更全面、系統地看傳世醫書中所見

---

① 《脈經》卷四《診損至脈第五》有"脈三損者……故曰争，氣行血留不能相與俱微"一句，此"争"也應該讀爲"静"。

的診損至脈論。

《脈經》卷四《診損至脈第五》是專門討論診損至脈論的一篇。該篇基本囊括了傳世醫書中能看到的關於損至脈的所有記載，因此這一節專門介紹這篇的内容。

《脈經》卷四《診損至脈第五》可以分爲三大段：

（一）脈有損至，何謂也？然，……。

（二）扁鵲曰：……。

（三）岐伯曰：……。黄帝曰：善。

第一段轉録《難經·十四難》，第二段轉録"扁鵲"之言，第三段轉録"岐伯"之言。爲討論之便，我們分別把這三段稱爲《難經》段、"扁鵲"段、"岐伯"段。

每段對損至脈的説明各有不同，説明這三段分別講述三個不同學派的看法。我們同意山田慶兒、李伯聰等學者的看法，認爲漢代的醫學有黄帝學派、扁鵲學派和白氏學派。只要承認這個假説，誰都會認爲"扁鵲"段來自扁鵲學派的著作，"岐伯"段來自黄帝學派的著作。李伯聰先生早已注意到了這一篇，指出"扁鵲"段是扁鵲學派的觀點，"岐伯"段是黄帝學派的觀點，並對此進行了詳細的分析①。現在發現了很有可能是扁鵲學派著作的《敝昔》和《逆順》的診損至脈論，可以進行更加具體的討論。

（一）《難經》段的診損至脈論

這段是《難經·十四難》的轉録，我們無須在此詳細介紹。但爲了討論的方便，簡單確認一下主要内容：

> 脈有損至，何謂也？然，至之脈，一呼再至曰平，三至曰離經，四至曰奪精，五至曰死，六至曰命絶，此至之脈也。何謂損？一呼一至曰離經，二呼一至曰奪精，三呼一至曰死，四呼一至曰命絶，此損之脈也。

---

① 李伯聰《扁鵲和扁鵲學派研究》，第 222～224 頁。

損脈之爲病奈何？然，一損，損於皮毛，皮聚而毛落；二損，損於血脈，血脈虛少，不能榮於五臟六腑也；三損，損於肌肉，肌肉消瘦，食飲不爲肌膚；四損，損於筋，筋緩不能自收持；五損，損於骨，骨痿不能起於床。反此者，至之爲病也。從上下者，骨痿不能起於床者，死；從下上者，皮聚而毛落者，死。

　　治損之法奈何？然，損其肺者，益其氣；損其心者，調其榮衛；損其脾者，調其飲食，適其寒溫；損其肝者，緩其中；損其腎者，益其精氣。此治損之法也。

這個部分説明損至脈的定義、病狀和治療方法。值得注意的是，《難經》的診損至脈論和五臟相結合。這一段説，損脈之病的病狀出現順序是皮毛→血脈→肌肉→筋→骨，這是所謂"從上下者"。至脈之病的病狀出現順序與此相反，即骨→筋→肌肉→血脈→皮毛，這是所謂"從下上者"。但奇怪的是，在説明損脈的治療方法時，不講皮毛等，只講五臟。凌耀星先生對此加了如下按語，可以參考：

　　本難在討論損、至之脈及其病狀時，舉皮毛、血脈、肌肉、筋、骨。而在討論治損之法時，則言肺、心、脾、肝、腎五臟。因肺主皮毛，心主血脈，脾主肌肉，肝主筋，腎主骨。症狀雖表現在肢體，而病本則在五臟。①

綜合以上内容，可以整理如下表：

		脈搏速度	名稱	症　狀	病　本	治　　法
損脈	一損 二損 三損 四損 五損	一呼一至 二呼一至 三呼一至 四呼一至	離經 奪精 死 命絶	損於皮毛 損於血脈 損於肌肉 損於筋 損於骨	損其肺 損其心 損其脾 損其肝 損其腎	益其氣 調其榮衛 調其飲食，適其寒溫 緩其中 益其精氣

---

① 凌耀星《難經語譯》，人民衛生出版社，2013年，第20頁。

續表

	脈搏速度	名稱	症狀	病本	治法
至脈	三至 一呼三至 四至 一呼四至 五至 一呼五至 六至 一呼六至 ？	離經 奪精 死 命絕	損於骨 損於筋 損於肌肉 損於血脈 損於皮毛	損其腎 損其肝 損其脾 損其心 損其肺	益其精氣 緩其中 調其飲食，適其寒溫 調其榮衛 益其氣

"脈有損至，何謂也"問答中，損脈和至脈各有四個階段；"損脈之爲病奈何"、"治損之法奈何"問答中，損脈（和至脈各）有五個階段，兩者間有矛盾。

闡明了平脈、損脈和至脈的概念和分類，接下來要說明的是證候。這是《難經》段的最後一段內容：

    脈來一呼再至，一吸再至，不大不小，曰平。

    一呼三至，一吸三至，爲適得病。前大後小，即頭痛目眩；前小後大，即胸滿短氣。一呼四至，一吸四至，病適欲甚。脈洪大者，苦煩滿；沉細者，腹中痛；滑者，傷熱；濇者，中霧露。一呼五至，一吸五至，其人當困。沉細即夜加，浮大即晝加，不大〔不〕小雖困可治，其有大小者爲難治。一呼六至，一吸六至，爲十死脈也。沉細夜死，浮大晝死。

    一呼一至，一吸一至，名曰損。人雖能行，猶當着床，所以然者，血氣皆不足故也。再呼一至，再吸一至，名曰無魂。無魂者，當死也，人雖能行，名曰行尸。

這個部分只講三至、四至、五至、六至、一損、二損的證候，《難經·十四難》的原文亦如此。《難經》的論述前後有矛盾，說明這段論述本身也是由來源不同的幾個部分拼湊而成的。

（二）"扁鵲"段的診損至脈論

"扁鵲"段的開頭一段如下：

> 扁鵲曰：脈一出一入曰平。再出一入少陰，三出一入太陰，四出一入厥陰。再入一出少陽，三入一出陽明，四入一出太陽。脈出者爲陽，入者爲陰。

"出"是出現，"入"是隱没，"一出一入"是"脈搏一次跳動的時間相當於一次歇止的時間，二者時間之比爲一比一"的意思①。其下"再出一入"、"三出一入"等的意思可以以此類推。這段根據"出"和"入"的比例把脈分爲少陰、太陰、厥陰、少陽、陽明、太陽的六種。

"扁鵲"段接着説明平脈的脈象：

> 故人一呼而脈再動，氣行三寸；一吸而脈再動，氣行三寸。呼吸定息，脈五動。一呼一吸爲一息，氣行六寸。人十息，脈五十動，氣行六尺。二十息，脈百動，爲一備之氣，以應四時。天有三百六十五日，人有三百六十五節。晝夜漏下水百刻。一備之氣，脈行丈二尺。一日一夜行於十二辰，氣行盡則周遍於身，與天道相合，故曰平。平者，無病也，一陰一陽是也。脈再動爲一至，再至而緊即奪氣。一刻百三十五息，十刻千三百五十息，百刻萬三千五百息，二刻爲一度，一度氣行一周身，晝夜五十度。

這段開頭説"故"，但這一段和前一段在邏輯上並没有必然的關係。這段的關鍵是"人一呼而脈再動，氣行三寸"、"一刻百三十五息"、"一度（即二刻）氣行一周身"這三個數值，這三個數值都是無法從"脈一出一入曰平"云云得出來的。這段云"天有三百六十五日，人有三百六十五節"、"一日一夜行於十二辰，氣行盡則周遍於身，與天道相合"，説明平脈"人一息氣行六寸"的氣行速度是在天人相關説的基礎上建立的假説。

其後"扁鵲"段詳細説明至脈和損脈的脈搏速度、氣行速度和證候。例如"三至"的説明如下：

> 脈三至者離經。一呼而脈三動，氣行四寸半。人一息脈七動，氣

---

① 參看沈炎南主編《脈經校注》，人民衛生出版社，2013年，第96頁。

528　簡帛研究論集

行九寸。十息脈七十動,氣行九尺。一備之氣,脈百四十動,氣行一丈八尺。一周於身,氣過百八十度,故曰離經。離經者病,一陰二陽是也。三至而緊則奪血。

三至脈的氣行速度是平脈的 1.5 倍(平脈：人一息氣行六寸→三至脈：人一息氣行九寸)。"一周於身,氣過百八十度"的"度"當是"節"之誤①。平脈的氣運行一周身需要一度的時間。同樣的時間,三至脈的氣運行一周半。因爲"人有三百六十五節",人體的一半是約一百八十節,一周半的人體是"一周於身,氣過百八十節"。

"扁鵲"段中,至脈有三至、四至、五至,損脈有一損、再損、三損、四損、五損。每種脈的名稱、脈搏速度和氣行速度如下表：

		名稱	脈　搏　速　度	氣行速度(平脈的幾倍)
平			人一息,脈五動	人一息,氣行六寸
至	三至	離經	人一息,脈七動	人一息,氣行九寸　　　(1.5 倍)
	四至	奪精	人一息,脈九動	人一息,氣行尺二寸　　(2 倍)
	五至	死	人一息,脈十一動	人一息,氣行尺五寸　　(2.5 倍)
損	一損	離經	人一息,脈再動	人一息,氣行三寸　　　(1/2 倍)
	再損	爭	人一息,脈一動	人一息,氣行一寸五分　(1/4 倍)
	三損	亡血	人一息復一呼,脈一動	人十息,氣行一尺　　　(1/6 倍)②
	四損	絶	人再息,脈一動	人十息,氣行七寸半　　(1/8 倍)
	五損		人再息復一呼,脈一動	人十息,氣行六寸　　　(1/10 倍)

值得注意的是,至脈的"離經"、"奪精"、"死"與《逆順》不同,而與《難經》完全一致。據此可知,與《逆順》相比,《難經》的內容和"扁鵲"段更接近。

至於"扁鵲"段損至脈的證候,如下表：

————————

① 下文有"一周於身三百六十五節"、"不及周身百八十節"、"不及周身二百節"等,可以參考。

② 原文是"十息……氣行尺五寸",《脈經校注》把"尺五寸"改爲"氣行尺五分"。但從文意看,三損的氣行速度當是平脈的六分之一,此句應該改爲"人十息,氣行一尺"。

		證　　候
至脈	三至	三至而緊則奪血。
	四至	諸脈浮濇者，五臟無精，難治。四至而緊則奪形。
	五至	氣浮濇，經行血氣竭盡，不守於中，五臟痿痹，精神散亡。脈五至而緊則死。
損脈	一損	苦少氣，身體懈墮矣。
	再損	血去不在其處，小大便皆血也。
	三損	氣閉實則胸滿臟枯而爭於中，其氣不朝，血凝於中，死矣。
	四損	忘失其度，身羸疲，皮裹骨。故氣血俱盡，五臟失神，其死明矣。
	五損	氣急，不下床，口氣寒，脈俱絕，死矣。

以上是"扁鵲"段的所有內容。總體來說，該部分的損至脈與《逆順》、《難經》的損至脈可以說一脈相承，但有一個很大的不同點。也就是說，"扁鵲"段的損至脈，脈搏速度和氣行速度相結合。如上所述，平脈"人一息氣行六寸"的氣行速度是在天人相關說的基礎上建立的假說。可以說，"扁鵲"段的診損至脈論與《逆順》、《難經》的診損至脈論相比，內容更複雜。

（三）"岐伯"段的診損至脈論

"岐伯"段從如下一句開始：

　　岐伯曰：脈失四時者爲至啟。至啟者，爲損至之脈也。

這一句明確地說，黃帝學派所謂"損至脈"是"脈失四時者"。正常人每個季節出現不同的脈象，所謂"脈失四時"指脈象與四季不相應的情況。"岐伯"段云：

　　春，脈當得肝脈，反得脾、肺之脈，損；夏，脈當得心脈，反得腎、肺之脈，損；秋，脈當得肺脈，反得肝、心之脈，損；冬，脈當得腎脈，反得心、脾之脈，損。

這是損脈的說明。關於至脈，"岐伯"段沒有說明，但道理應該與此相同。

"岐伯"段也說明損脈和至脈的證候。我們先看損脈的證候：

損之爲言，少陰主骨爲重，此志損也①；飲食衰減，肌肉消者，是意損也；身安臥，臥不便利，耳目不明，是魂損也；呼吸不相通，五色不華，是魄損也；四肢皆見脈爲亂，是神損也。

至脈的證候如下：

至之爲言，言語音深遠，視慣慣，是志之至也；身體粗大，飲食暴多，是意之至也；語言妄見，手足相引，是魂之至也；蘢蔥華色，是魄之至也；脈微小不相應，呼吸自大，是神之至也。是至脈之法也。

損脈和至脈各有志、意、魂、魄、神五種。根據《素問·宣明五氣篇》，志、意、魂、魄、神分別是腎、脾、肝、肺、心所藏②。再考慮五臟和五行的搭配③，以上内容可以整理如下表：

五行	四時	五臟	五臟所藏	損　脈	至　脈
水土木金火	冬春秋夏	腎脾肝肺心	志意魂魄神	少陰主骨爲重 飲食衰減，肌肉消者 身安臥，臥不便利，耳目不明 呼吸不相通，五色不華 四肢皆見脈爲亂	言語音深遠，視慣慣 身體粗大，飲食暴多 語言妄見，手足相引 蘢蔥華色 脈微小不相應，呼吸自大

在此以"夏，脈當得心脈，反得腎、肺之脈，損"爲例說明。因爲心的五行屬火，夏天當得心脈。腎脈的五行屬水，肺脈屬金。按照五行相克說，水（腎脈）克火（心脈），火（心脈）克金（肺脈）。"岐伯"段說，夏天出現這兩種脈象稱爲損脈。

總言之，"岐伯"段所謂的損至脈與脈搏速度毫不相關，其理論根據是

---

① 《素問·宣明五氣篇》云"腎藏志"、"腎主骨"，《靈樞·經脈》云"腎足少陰之脈"，因此此處云"少陰主骨爲重，此志損也"。
② 《素問·宣明五氣篇》："五臟所藏：心藏神，肺藏魄，肝藏魂，脾藏意，腎藏志。是謂五臟所藏。"
③ 《素問·玉機真藏論篇》："春脈者，肝也，東方木也"、"夏脈者，心也，南方火也"、"秋脈者，肺也，西方金也"、"冬脈者，腎也，北方水也"、"脾脈者，土也，孤臟，以灌四傍者也"。

四時脈論和五行相克説,即《素問・玉機真藏論篇》所謂的"春脈者肝也"、"夏脈者心也"、"秋脈者肺也"、"冬脈者腎也"。這套診損至脈論與上文所介紹的診損至脈論完全不同。换句話説,黄帝學派的診損至脈論和扁鵲學派的診損至脈論是完全不同的兩個系統。

三、扁鵲學派診損至脈論的演變過程

以上討論表明,黄帝學派的診損至脈論和扁鵲學派的診損至脈論是完全不同的兩個系統,《逆順》、《敝昔》、《難經・十四難》及《脈經》卷四《診損至脈第五》之"扁鵲"段屬於扁鵲學派系統。雖説如此,這幾篇所講的診損至脈論之間也有不同之處。我們認爲,通過這些不同點的分析,可以闡明扁鵲學派診損至脈論的大致的演變過程,進而可以推測這幾篇文章的形成年代。在此選幾個比較明確的不同點展開討論。

（一）平脈的定義

上文已經説明《逆順》對平脈的定義與《難經》、《素問》等不同。在此列舉幾處扁鵲學派對平脈的定義：

(1)《逆順》：人一息脈二動曰平。

《脈經》卷五《扁鵲脈法第三》：人一息脈二至謂平脈。

(2)《敝昔》：脈再至曰平。

《難經・十四難》：脈來一呼再至,一吸再至,不大不小曰平。

(3)《脈經》卷四《診損至脈第五》"扁鵲"段：人一呼而脈再動,氣行三寸;一吸而脈再動,氣行三寸。呼吸定息,脈五動。一呼一吸爲一息,氣行六寸。……一日一夜行於十二辰,氣行盡則周遍於身,與天道相合,故曰平。

扁鵲學派對平脈的定義可以分爲以上三種①。一眼就能看出,從第一種到第三種,平脈的説明越來越繁瑣。我們認爲,發生這種變化的原因

---

① 關於《敝昔》"脈再至曰平"的解釋,見上文。

是考慮的因素越來越多。

首先，第一種定義"人一息脈二動曰平"顯然與現實不符。正常成年人每分鐘呼吸 16～20 次，心率每分鐘 60～100 次，呼吸與脈搏的比例是 1∶4 到 1∶5。可見第一種定義純粹是一個理論假說。

第二種定義"一呼再至，一吸再至曰平"當是扁鵲學派的人在發現了第一種定義的問題後提出來的。這個定義很有可能以人體實測爲根據。

第三種定義"人一呼而脈再動，一吸而脈再動，呼吸定息，脈五動"顯然是對第二種定義加以修改而做的。這個修改應該來自理論方面的要求。我們在上一節已經說明，"扁鵲"段把脈搏速度和氣行速度相結合，而且爲了滿足天人相關說的要求，脈氣的運行規律必須非常整齊。因此，扁鵲學派的人關於脈氣的運行規律想出了如下三個假說：

(1) 人一息，氣行六寸。
(2) 二刻(一度)，二百七十息，氣行一周身。
(3) 晝夜百刻(五十度)，萬三千五百息，氣行五十周身。

我們認爲，平脈的第三種定義和脈氣的運行規律密切相關。如果"人一息脈五動"，270 息等於脈 1 350 動。一天的呼吸次數是 13 500，即 1 350 的十倍。這樣，呼吸次數和氣行速度的關係變得很整齊。

如果以上推論大致不誤，扁鵲學派平脈的定義是按照第一種(《逆順》)→第二種(《難經》)→第三種("扁鵲"段)的順序發展過來的。

順便說，扁鵲學派關於呼吸次數和氣行速度的假說也與現實不符。先看呼吸次數。如上所述，正常成年人每分鐘呼吸 16～20 次。二刻是 28 分 48 秒，因此二刻時間的呼吸次數是 460～576 次，即"二刻二百七十息"的兩倍左右。再看氣行速度。根據目前的科學知識，血流在人體內循環一周只需要約 20 秒鐘，即"二刻氣行一周身"的約 86 倍。因此可以說，扁鵲學派關於呼吸和脈氣的學說是根據一些理論想象出來的。

(二) 理論框架

《難經》的損至脈與五臟相結合，"扁鵲"段的損至脈與脈氣的運行規律相結合，而《逆順》的損至脈與這些因素都無法結合起來。

第一，《逆順》的至脈分四個階段（三至、四至、五至、六至），損脈分五個階段（一損、二損、三損、四損、五損），因此無法與五臟相結合。附帶說，《難經》中有一段把損脈和至脈分爲四個階段，這很有可能是從《逆順》的至脈來的。

第二，《逆順》對平脈的定義是"人一息脈二動"，無法與脈氣的運行規律相結合。

從内容看，《逆順》的診損至脈論應該是只根據呼吸次數和脈搏次數的比例而定的，可以說最原始。《難經》和"扁鵲"段的診損至脈論是其發展形態，只是兩者的發展方向不同而已。

（三）診損至脈論相關各篇的形成年代推論

通過以上的討論，我們可以確定，在扁鵲學派的各種診損至脈論中，《逆順》的診損至脈論最原始，《難經》和"扁鵲"段的診損至脈論是從原始的診損至脈論發展而來的。此外，《敝昔》的診損至脈論既有與《逆順》相同之處，又與《難經》接近，其形成年代應該位於《逆順》和《難經》的中間。

根據發掘簡報，老官山3號墓的下葬年代是西漢景帝、武帝時期。這個下葬年代給我們提供了一個可靠的年代標準。這座墓的墓主人隨葬了《逆順》和《敝昔》，說明當時的診損至脈論處於從原始階段到成熟階段的過渡階段。《敝昔》是位《逆順》和《難經》之間過渡階段的著作，其形成年代應該與墓主人的生活年代差不多。稍微具體地說，《敝昔》的形成年代是西漢早中期之際。《逆順》的形成年代在此之前，但目前無法確定年代上限。

《難經》和"扁鵲"段的形成年代在《敝昔》之後。而且從平脈的定義看，"扁鵲"段的形成年代比《難經》更晚。因此這兩篇的形成年代最早也早不過西漢中期。

四、《黄帝内經》中與扁鵲學派 診損至脈論相關篇章的性質

我們通過對《脈經》卷四《診損至脈第五》"岐伯"段的分析，指出黄帝學派的診損至脈論與脈搏速度毫不相關，其理論根據是四時脈論和五行

相克説。因此可以説，黄帝學派的診損至脈論和扁鵲學派的診損至脈論是完全不同的兩個系統。

但目前能看到的《黄帝内經》(即《素問》和《靈樞》)中，有些篇章是以扁鵲學派的診損至脈論爲理論基礎撰寫的。這些篇章只能是黄帝學派在接受扁鵲學派的診損至脈論後撰寫的論文。我們目前注意到的有兩篇，第一篇是《素問·平人氣象論篇》：

> 黄帝問曰：平人何如？
>
> 岐伯對曰：人一呼脈再動，一吸脈亦再動，呼吸定息脈五動，閏以太息，命曰平人。平人者，不病也。常以不病調病人，醫不病，故爲病人平息以調之爲法。人一呼脈一動，一吸脈一動，曰少氣。人一呼脈三動，一吸脈三動而躁，尺熱曰病温；尺不熱，脈滑曰病風；脈濇曰痺。人一呼脈四動以上曰死，脈絶不至曰死，乍疏乍數曰死。

"人一呼脈再動，一吸脈亦再動，呼吸定息脈五動，閏以太息，命曰平人"的定義與《脈經》卷四《診損至脈第五》"扁鵲"段完全相同。

黄帝學派的某些人既然采用了平脈的這個定義，與此同時也必須采用關於脈氣運行的天人相關説。《靈樞·五十營》講的正是這個主題：

> 黄帝曰：余願聞五十營奈何？
>
> 岐伯答曰：天周二十八宿，宿三十六分；人氣行一周，千八分，日行二十八宿。人經脈上下左右前後二十八脈，周身十六丈二尺，以應二十八宿。漏水下百刻，以分晝夜。故人一呼脈再動，氣行三寸，呼吸定息，氣行六寸。十息，氣行六尺，日行二分①。二百七十息，氣行十六丈二尺，氣行交通於中，一周於身，下水二刻，日行二十五分②。五百四十息，氣行再周於身，下水四刻，日行四十分。二千七百息，氣

---

① 這一句與計算結果不符。根據本篇的説明，1日是 28×36＝1008 分，但本篇抹去尾數，以 1 日爲 1000 分進行計算。本篇的另一個前提是 1 日＝13500 息。因此，日行 2 分＝27 息＝氣行 1 丈 6 尺 2 寸。如果以十息爲準説，是 10 息＝氣行 6 尺≈日行 0.74 分。參看《黄帝内經靈樞譯釋》(第三版)，上海科學技術出版社，1986 年，第 178 頁，注釋⑦。

② 此"二十五分"當是"二十分"之誤。

行十周於身，下水二十刻，日行五宿二十分。一萬三千五百息，氣行五十營於身，水下百刻，日行二十八宿。漏水皆盡，脈終矣。所謂交通者，並行一數也。故五十營備，得盡天地之壽矣，凡行八百一十丈也。

《五十營》説"人一呼脈再動，氣行三寸，呼吸定息，氣行六寸"，"二百七十息……一周於身，下水二刻"，"一萬三千五百息，氣行五十營於身"。這是我們所謂的脈氣運行的三個規律，内容與"扁鵲"段完全一致。

但《五十營》和"扁鵲"段有一個饒有趣味的不同點。也就是説，《五十營》所謂"一周於身"其實是"一周於二十八脈"的意思。因此其天人相關説從二十八宿的角度説明，云："天周二十八宿……人經脈上下左右前後二十八脈，周身十六丈二尺，以應二十八宿。"但"扁鵲"段並没有考慮經脈的長度，脈氣的運行速度是用人體的"節"來計算的，如"一周於身三百六十五節"，"不及周身百八十節"。因此其天人相關説從一年日數的角度説明，云："天有三百六十五日，人有三百六十五節。"

這個不同點恐怕説明黄帝學派和扁鵲學派的學風不同。黄帝學派可能比扁鵲學派更重視經脈學説，因此在采用扁鵲學派的氣行理論時，把它和經脈結合起來，撰寫了《五十營》這一篇。

這些篇章的存在説明，目前能看到的《黄帝内經》不是純粹的黄帝學派的著作，其中也有受扁鵲學派的影響而撰寫的篇章。就診損至脈論而言，《黄帝内經》采用的診損至脈論是最晚階段的。《素問・平人氣象論篇》和《靈樞・五十營》既然采用了最晚期的診損至脈論，其撰寫年代比《脈經》"扁鵲"段更晚，至早也是西漢晚期。

結　　言

本文討論了老官山漢簡醫書中所見的診損至脈論，結論主要有三點：

第一，黄帝學派的診損至脈論和扁鵲學派的診損至脈論是完全不同的兩個系統。扁鵲學派根據呼吸次數和脈搏次數的比例確定平、損、至三脈。黃帝學派根據四時的脈象確定平、損、至三脈。

第二，扁鵲學派的診損至脈論本身也隨着時代變化。平脈最原始的定義是"人一息脈二動"。後來考慮人體的實際情況、脈氣運行的理論、天人相關説等其他因素，不斷修改平脈的定義。但無論怎麽修改，診損至脈論始終與現實不符。

第三，從扁鵲學派診損至脈論的演變過程看，講到診損至脈論的扁鵲學派著作中形成年代最早的是老官山漢簡《逆順五色脈藏驗精神》，其次是《敝昔診法》。《敝昔診法》的形成年代可以定在西漢早中期之際。《難經》、《脈經》卷四《診損至脈第五》之"扁鵲"段的形成年代比《敝昔診法》更晚，大約是西漢中晚期。

《淮南子·泰族》云：

> 所以貴扁鵲者，非貴其隨病而調藥，貴其壓息脈血，知病之所從生也。

《鹽鐵論·輕重》中有文學説的一句話，云：

> 扁鵲撫息脈而知疾所由生。

前者云"壓息脈血"，後者云"撫息脈"，都把"息"和"脈"並列。這些話説的應該是診損至脈論。漢代人的心目中，扁鵲用這套脈法診病，這是扁鵲的神奇之處。如果這個理解不誤，診損至脈論可以説是扁鵲學派的核心理論①。

其實我們的最終目標是通過老官山漢簡醫書的研究闡明傳世醫書——尤其是《黃帝内經》——的形成過程和年代。這次對《素問·平人氣象論篇》和《靈樞·五十營》的形成年代提出了自己的看法。最後再談另外一個問題。

衆所周知，自從有了馬王堆漢墓帛書《足臂十一脈灸經》、《陰陽十一

---

① 《學術源流考》也引用《淮南子·泰族》和《鹽鐵論·輕重》的記載，説："由此可知，察脈息而診病乃扁鵲之特長。"

脈灸經》以及張家山漢簡《脈書》的發現，我們很清楚地知道《靈樞・經脈》中所能見到的十二經脈學說在西漢呂后、文帝時期還沒有形成。老官山漢簡醫書的發現爲這個問題提供了新的年代標準。老官山漢簡中專論經脈的醫書有《十二經脈》、《別脈》兩種。關於這兩篇醫書和《黃帝内經》十二經脈學説的關係，《揭秘》有很扼要的分析：

> 老官山漢墓出土醫簡《十二脈》較馬王堆出土的《足臂十一脈灸經》《陰陽十一脈灸經》"十一脈"系統多記載 1 條"心主之脈"，與現行《靈樞・經脈》"十二脈"一致，既是目前發現的最早文字記載"心主之脈"循行和病症的文獻，也是迄今發現最早用文字完整記載"十二正經"的經脈循行和病症的文獻。……雖然從《十二脈》首次記載了"心主之脈"循證和病症，到《靈樞・邪客》完善"心主之脈"的循行路綫，再到《靈樞・經脈》將"心主之脈"與"手""厥陰""心包絡"相配起來經歷了一個複雜的過程，但不可否認《十二脈》提出的包含"心主之脈"的"十二脈"經脈學説是與《靈樞・經脈》最爲接近的古文獻，應是《靈樞・經脈》"十二脈"經脈學説的主要文獻來源，甚或爲《靈樞・經脈》的祖本。
>
> 《別脈》反映了當時多種經脈系統並存的現況，與《十二脈》12 條"經脈"、3 條"支脈"一起代表了《靈樞・經脈》構建經脈"循環流注"模式之前經脈學説的早期狀態……
>
> 《靈樞・經脈》一直被視爲經脈理論的奠基之作，其構建的經脈理論的核心是建立了十二經脈"陰陽相接，如環無端"的循環流注模式，但其構建的方法，正如黄龍祥先生提出的（引者按，即《中國針灸學術史大綱》，華夏出版社，2001 年），是將不同時代、不同學派的經脈學説攪拌在一起，改變了六條經脈的循環方向，增添了許多無意義的"連環"分支。……而在老官山漢墓醫簡中同時出現的 12 條"經脈"、3 條"支脈"、9 條"別脈"保留了經脈被"循環流注"之前的原本狀態。（《揭秘》第 241～243 頁）

根據這個介紹，反過來説，我們現在可以確定，《黃帝内經》的十二經脈學説在景帝、武帝時期仍然没有形成。

《五十營》所謂的二十八脈指"十二經脈左右共爲二十四，加上任、督各一，左右蹻脈各一"①；而且《五十營》的"人經脈上下左右前後二十八脈，周身十六丈二尺"這個説法正是所謂經脈"循環流注"模式。也就是説，《五十營》這篇文章是黄帝學派根據自己的十二經脈學説改寫扁鵲學派的著作而成的。從這個角度看，也可以確定《五十營》的撰寫年代最早也是西漢晚期。

我們相信，隨着老官山漢簡醫書的公開，關於傳世醫書的形成過程可以討論的問題越來越多。

附記

本文是2017年10月15日"'出土文獻與傳世典籍的詮釋'國際學術研討會"上所做報告的修改版。因爲研討會結束後《文物》2017年第12期出版，此次作了相應的補充，並利用《四川成都天回漢墓醫簡整理簡報》所收圖版重新製作附圖。但本文的主要内容没有改動。

日文版載谷中信一編《中國出土資料の多角的研究》（汲古書院，2018年），中文修訂版載《"出土文獻與傳世典籍的詮釋"國際學術研討會論文集》（待刊），今據中文版收入。

---

① 《黄帝内經靈樞譯釋》（第三版），第178頁，注釋③。

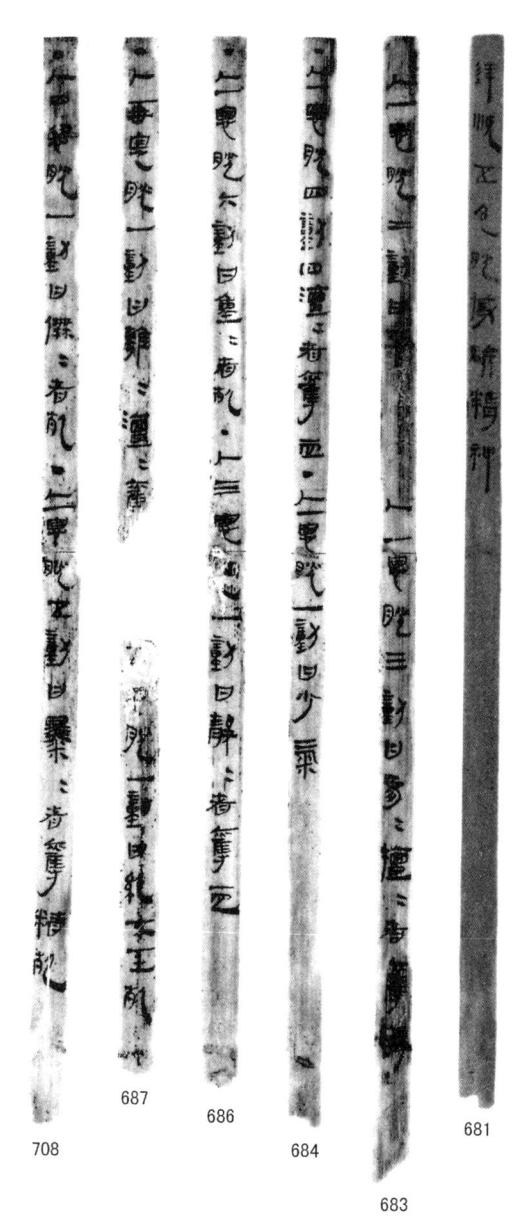

談老官山漢簡醫書中所見的診損至脈論　539

附圖　《逆順五色脈藏驗精神》中所見的診損至脈論
（681號簡的圖版采自《揭秘》封面，其他五枚簡的圖
版采自《整理簡報》圖九）